Faber & Faber

Bernd Wagner

VERLASSENE WERKE

BW.

Die folgenden Aufzeichnungen entstanden im letzten Jahr meiner Lehrerzeit in Schmachtenhagen und ab 1978 in Berlin, zuerst im Ostteil, später im Westen der Stadt. Das Tagebuch, das ich zwischen Sommer 1983 und Frühjahr 1984 führte, ist verlorengegangen. Verschiedene Notizen fanden sich nicht in Heften, sondern auf losen Blättern, so die »Gazetten«, deren Worte ich aus Zeitungen schnitt und aufklebte. Doch sie und die Zeichnungen (von denen jeweils nur einige exemplarische Beispiele reproduziert werden) gehören dem gleichen Prozess an: dem Versuch, der allgegenwärtigen äußeren Chronologie eine innere entgegenzusetzen. Er wurde durch eine Kommentarebene ergänzt, die mir bei der Durchsicht des Manuskriptes zu seinem besseren Verständnis notwendig erschien und im Buch durch vertikale Linien angekündigt und beendet werden.

Die darin handelnden Personen, bis auf wenige Ausnahmen, bei ihren Namen zu nennen, war mir ein Gebot der Redlichkeit. Es bedeutet nicht, dass ich ihnen im Sinne von Porträts gerecht zu werden glaube. Es sind betont subjektive, von der damaligen Zeit und den gemeinsamen Erlebnissen geprägte Eindrücke, die ich wiedergebe.

◂ »Mann mit Maske«

VERLASSENE WERKE

1976 – 1985

I

1976

Gestern letzter Schultag. Zum letzten mal Fahnenappell und Zeugnisvergabe, danach Schrank ausgeräumt und durch den Wald langsam nach Hause.

Das Notizbuch, in das ich diese Zeilen schrieb, hatte Schreibheftformat, unlinierte Seiten und war so dick wie ein vierhundertseitiger Roman. Vera hatte es mir anlässlich meiner Entlassung von der Armee geschenkt, wo ich nur heimlich auf einzelne Blätter schreiben konnte, die ich in Hebbels Tagebüchern verbarg, dessen beide Bände exakt in die Taschen meiner Kampfanzughosen passten. Sie sind ebenso verlorengegangen wie die Briefe an meine Mutter, die nach ihrem Tod von meiner Schwester verbrannt wurden. Was aus den Briefen jener Zeit an Vera geworden ist, weiß ich nicht. Das in geblümtes Papier eingeschlagene Tagebuch lag zwei Jahre lang unbenutzt in der Kommode, weil ich neben Aufsatz- und Diktatkorrekturen mehr als genug anderes zu schreiben hatte. Gedichte, die ich von meinen Waldgängen mit nach Hause brachte, und Erzählungen, von denen der Aufbau-Verlag eine Sammlung im Herbst herausbringen wollte. Die bevorstehende Publikation diente auch als Begründung für meinen zweiten Antrag auf Entlassung aus dem Schuldienst, diesmal mit dem Hinweis, dass ich, wie auch die Entscheidung ausfallen würde, im Herbst keinesfalls wieder in der Schmachtenhagener Schule erscheinen würde. Man glaubte mir und gab mich frei, ohne dass ich die für abtrünnige Lehrer übliche Repression zu fürchten hatte, nie wieder in einem volkseigenen Betrieb eingestellt zu werden: Sarah Kirsch hatte die Bürgschaft für meine Kandidatur für den Schriftstellerverband übernommen.

Vor mir lag also ein uferloses Meer freier Zeit, und da Vera mit den beiden Mädchen andere Pläne verfolgte, packte ich meinen bulgarischen Rucksack und machte mich auf nach Thüringen.

JAHRESTAG

Im VEB Pharma sollte zum dreißigsten Jahrestag der Befreiung eine neue Produktionsanlage eingeweiht werden und der Direktor dabei aufs Knöpfchen drücken. Als der Jahrestag vor der Tür stand, war die Anlage noch nicht fertig. Zuerst riss man sämtliche Gerüste ab. Dann musste die Feuerwehr mit ihren Schläuchen her, weil die Wasserleitung noch nicht installiert war. Der Minister drückte auf das Knöpfchen, die Feuerwehr ließ hinter einer Mauer Wasser in die Kessel, alles klatschte Beifall. Dann fuhr der Minister ab, und man begann die Gerüste wieder aufzubauen.

Inzwischen ist die Anlage fertig. Natürlich funktioniert sie nicht.

DSF

Die letzte Attraktion des Festes der Deutsch-Sowjetischen Jugend war eine Fahrt mit der Schwebebahn zum Hexentanzplatz im Harz. Vier Tage lang hat man der Bahn neue Drahtseile eingezogen, um gegen Unglücksfälle gefeit zu sein. Dann schirmte ein ganzes Heerlager Bereitschaftspolizisten das Gelände ab. Hinter jedem Baum eine Uniform.

BOTANISCHER GARTEN

Ede, Philosophiestudent und Kronsäufer unter der Jenaer Jugend, hatte eines Tages Lust auf »Rauschgift«. Die Biologen unter seinen zahlreichen Freunden mussten Bücher wälzen, um herauszufinden, aus welchen erreichbaren natürlichen Rohstoffen man das begehrte Zeug gewinnen könnte. Man entschied sich für eine seltene mexikanische Agave. Eine Delegation wurde in den Botanischen Garten entsandt, um die Pflanze zu entwenden. Das Vorhaben gelang, die Biologen trockneten und pulverisierten die Agave und reichten den Stoff Ede. Der kotzte einen Tag lang und kehrte danach zum Bier zurück.

BITTERFELDER WEG

Der Arbeiterschriftsteller H. hat eine neue Freundin, deren Vater einen hohen Posten beim Rundfunk bekleidet. H. beteiligt sich an einem Wettbewerb des Demokratische Rundfunks für Kurzerzählungen aus dem Arbeitsbereich. H. erhält den ersten Preis und dreitausend Mark. Daraufhin beurlaubt ihn der VEB (K) Bau von seiner Arbeit und verpflichtet ihn, einen Roman über die Baustelle Neulobeda zu schreiben. Das Gehalt läuft weiter. Gleichzeitig interessiert sich der Mitteldeutsche Verlag für das Projekt und schließt mit H. einen Vorvertrag ab, der umfangreiche finanzielle Zuwendungen einschließt. H. erhält die Möglichkeit, sämtlichen Direktionsbesprechungen beizuwohnen, fährt mit der Werksleitung zu den Patenbetrieben in die CSSR und nach Ungarn, frisst und säuft bei den Festtagen eifrig mit. Nach drei Jahren macht der Roman noch immer keine rechten Fortschritte. Der Verlag wird unruhig, der Betrieb fragt vorsichtig nach. Nach vier Jahren kündigt der Verlag. Auch seine Freundin verlässt ihn.

Man erwischt H., wie er in einem Selbstbedienungsladen eine Flasche Schnaps klaut. Jetzt arbeitet er wieder.

SOZIALISTISCHER REALISMUS

Weil dem Regisseur Seemann, dessen Filme zwischen 5 und 10 Millionen MDN zu kosten pflegen, ein bestimmtes Haus in Jenas Altstadt als zwar romantisch genug, doch etwas ungepflegt ins Auge stach, ließ er es neu verputzen. Das geschah binnen zwei Tagen. In der Zwischenzeit wurde allerdings die betreffende Szene gestrichen, so dass das renovierte Haus jetzt wie eine aufgedonnerte Kokotte zwischen ihren grauen Schwestern steht.

Diese Anekdoten hatte ich in Jena aufgeschnappt, wo mein Schulfreund Dieter Strekies im Dachgeschoss eines Fachwerkkastens wohnte, der fast das gesamte Tal an der Erfurter Straße füllte. Wir hatten zusammen die Schulbank der EOS gedrückt und obendrein den Beruf des sogenannten »Rohbaumonteurs« erlernt, was man in diesen Jahren für eine gute Ergänzung zum Abitur hielt. Zum Studium brachten Streckser keine zehn Pferde, und da er in einer der wenigen Aufführungen von *Spur der Steine* Manfred Krug als Brigadier Balla gesehn hatte, meldete er sich nach seiner Armeezeit zum Einsatz auf der Großbaustelle Neulobeda, um in drei Schichten Beton zu schütten. Aus dem Arbeiterwohnheim von Lobeda holte ihn dann die Jurastudentin Thea und zog mit ihm in die Erfurter Straße. Als Christin verschaffte sie Streckser eine Stelle als Heizer in einem evangelischen Pflegeheim und sorgte bald darauf dafür, dass er Familienvater wurde. Wir bekamen alle Kinder in jener Zeit! So als ob wir nicht allein sein konnten und, nachdem wir aus unseren alten Familien geflüchtet waren, sofort unters Dach einer neuen kriechen mussten. Wir setzten die Kinder so selbstverständlich in die Welt wie es die Natur von uns erwartete. Wir waren reine Natur, ließen uns Bärte wachsen, krochen als Männlein und Weiblein in selbstgeweißten Wohnhöhlen mit vom Grobmüll zusammengesuchten Mobiliar zusammen, verschmähten Kondome und Versicherungen und freuten uns, wenn die Frauen dicke Bäuche kriegten und zogen die Kinder, die da heraus kamen, mit Freuden auf. Es war unsere Art der Revolution, unsere Art, den neuen Menschen zu schaffen. Biermann hatte es uns vorgemacht, er hatte mit Havemanns Tochter ein Kind gezeugt und besuchte die beiden oft in Jena.

Ich habe ihn dort nie kennengelernt, und auch zu dem Kreis um Jürgen Fuchs waren meine Beziehungen nur locker, seit ich mich bei einer Silvesterfeier über die Inbrunst mokiert hatte, mit der man Biermann-Lieder hörte. Dabei kroch ich gewöhnlich selbst in das Tonbandgerät, um mir kein Wort entgehen zu lassen – aber doch nicht zu Silvester, da wollte ich das Tanzbein schwingen und nicht in religiöser Andacht zum Schweigen verdammt sein. Was noch hielt mich auf Distanz zu den Jenensern, die doch die einzige nennenswerte Alternative zum offiziellen Literaturbetrieb darstellten? Wollte ich mir zu diesem den Zugang offen halten, indem ich mich nicht zu eng mit den Staatsfeinden einließ? Mag sein, aber vor allem war mir das von ihnen organisierte Getriebe fremd. Wie Biermann war Fuchs in die Partei eingetreten, und der durch Thea in diesen Kreis gelangte Streckser wurde als Vertreter der Bauarbeiterklasse gedrängt, es ebenfalls zu tun. Doch das war für ihn genau so undenkbar wie für mich. Wir waren anarchische Kinder der sächsischen Provinz, und wo hinein wir zu wachsen im Begriff waren, war mehr als die DDR. Wir wollten Partei und Staat nicht von innen reformieren, wir wollten sie uns vom Halse halten und leben.

Wir wollten uns noch lustig machen dürfen über diesen ganzen Zirkus und nicht in klandestinem Ernst die Schriften von Havemann und Trotzki studieren. Die treue Seele Streckser besuchte dennoch die konspirativen Studien- und Diskussionsabende, doch als Fuchs in das Gartenhaus Havemanns nach Grünheide verschwand, dann in den Knast und schließlich nach Westberlin, zog sich Streckser von dem berufsrevolutionären Treiben zurück, weil er es, wohl mehr zu Unrecht als zu Recht, vor allem als ein Sprungbrett empfand, um in den Westen zu gelangen.

KURZE POLENREISE

Der Zollbeamte

Zollbeamter: »Sie sind also Herr Wagner.«
Ich: »Ja.«
Zollbeamter: »Ja, Herr Wagner, Sie sind also Student.«
Ich: »Nein, ich bin Schriftsteller.«
Zollbeamter: »So. Schriftsteller. Ja, Herr Wagner, wie stehen Sie als Schriftsteller eigentlich zu Ihren Hosen.«
Ich: »Ich verstehe Sie nicht.«
Zollbeamter: »Wenn Sie Schriftsteller sind, Herr Wagner, da müsste Ihnen doch klar sein, dass Sie in diesen Hosen unseren Staat repräsentieren.«
Ich: »Nein, das ist mir nicht klar.«
Zollbeamter: »Reden Sie doch nicht herum, ich habe Sie gefragt, wie Sie zu Ihren Hosen stehen.«
Ich: »Ich finde sie sehr praktisch.«
Zollbeamter: »Aber die sind doch abgeschnitten.«
Ich: »Ja, die sind abgeschnitten.«
Zollbeamter: »Also ziehen Sie sich erst andere Hosen an, dann kommen Sie wieder.«

Der Eiernudelfabrikant

Von Slubice nach Süden im Mercedes Automatic eines Eiernudelfabrikanten vom Bodensee (geboren und aufgewachsen in Jüterbog): »Nun schnallen Se sich mal an. Kennen Se nich, Sicherheitsgurt, was? So, Mann!« In solchen Fällen kann ich es selten verhindern, dass ich zum Erzkommunisten und Advokat des Teufels werde. Diesmal aber war das kaum nötig, weil der Eiernudelfabrikant diese Rolle gleich selbst mitspielte: »Nun werden Sie sagen, das ist sozialistischer Wettbewerb, aber ich sage Ihnen, das ist genau die gleiche Ausbeutung wie bei uns.« Besonders unangenehm, die Verteidigung des Prager Frühlings aus seinem Munde zu hören. Er hat mit Ota Sik gesprochen. Wo? Am Bodensee.

Der Zivilpolizist und sein Onkel

Er ist kaum Zwanzig und hatte ein kleines rotes Stoppschild dabei, vor dem alle Autos halten müssen. So kommen wir zügig über Zielona Gora nach Lwowek, wo er mich zum Rathaus bringt, das gerade restauriert wird. Inmitten von Farbtöpfen, Leitern, Werkzeugen sitzt vor einem zur Hälfte wieder hergestellten Fresko der Onkel des jungen Zivilpolizisten, ein langer hagerer Mann mit scharfgeschnittenem Gesicht und weißem Haar, die Beine übereinander geschlagen, in der Hand ein kleines Zigarettenspitzchen. Mit einem Lächeln und einer Handbewegung lädt er mich ein, mich umzusehen. Ich tue das gründlich, während er vor sich hin rauchend sitzen bleibt. Als ich mich verabschiede, nickt er mit dem Kopf, lächelt wieder. Der Zivilpolizist begleitet mich bis zum Ortsausgang und hält für mich ein Auto an, das mich ins Riesengebirge bringt.

Herr Galeski und Frau Galeski

Herr Galeski hat mich im Dorfladen von Zachelmie aufgegabelt, wo ich Brot, Käse und Tomaten kaufte und mich nach einer Unterkunft erkundigte. Ein großer dunkler Mann, der zusammen mit seiner Mutter in einem Haus am Ortsrand wohnt, das für die beiden viel zu groß ist. Es ist eine Festung, außen aus dem freundlichsten Stoff der Welt, Holz, innen aus Stein. Das ehemalige Landhaus eines hohen Tieres im Dritten Reich, das nun der alte Partisan und Offizier der polnischen Befreiungsarmee, der schon als Gymnasiast von den Deutschen erschossen werden sollte, bewohnt wird. Von allen Wänden glotzen die Requisiten des Germanentums: Geweihe, Eberzähne, die Schwanzfedern, die Friedrich Graf Schaffgotsch den Auerhähnen des Isergebirges ausrupfte, alte Kettenhemden, ein Brustharnisch, Reihen altdeutscher Geschichtswerke und als Krönung die Öl- und Pastellgemälde des ehemaligen Hausherrn. Obwohl er weiß, dass dieser Mensch besonders gern Hitlerporträts verfertigte, zeigt mir Herr Galeski stolz eine Mappe voll mit verzeichneten nackten Walküren, pfeiferauchenden Bauern und heroischen Berglandschaften. Im Gespräch danach mein Unvermögen, ihm bei der Erörterung der nationalen Frage zu folgen. Für Herrn Galeski scheint sie die zentrale zu sein, noch vor Religion und Gesellschaftsordung, und die Teilung Deutschlands schrecklicher und unverständlicher als für mich. »Ein Land, eine Nation, zwei Staaten – wie furchtbar.« Ich erzähle ihm von dem Eiernudelfabrikanten vom Bodensee. Wie kommt es, dass ich in der Fremde immer geneigt bin, die DDR zu verteidigen? Im Gespräch mit Herrn Galeski rechtfertige ich meine Existenz, indem ich über mein Schreiben folgendes sage: »Ja, es gibt Grenzen, und man kann innerhalb und außerhalb dieser Grenzen schreiben. ich lebe in diesem Land, also schreibe ich auch, bewusst oder unbewusst, innerhalb der Grenzen, die es errichtet. Aber ich bin unzufrieden damit. – Man muss ständig bis an den äußersten Rand dieser Grenzen und darüber hinaus schreiben, sie einer Spannung aussetzen, die zum Zerspringen oder Sichdehnen zwingt.« Herr Galeski beendet den Abend mit einem Zitat von Brandys: »Deutsche sind immer auf Dienstreise.« Ja, das ist es, was wir vor allem zu verlernen haben, das Dienen.

Frau Galeski: »Ein Gast im Haus ist Gott im Haus.« In diesem Fall ist Gott Atheist. »Was, Sie sind ungläubig? Und da haben Sie keinen Rosenkranz? Und Sie beten nicht? Und da können Sie gar nicht beichten? Sie armer Mensch!«

Wenn Herr Galeski vom Krieg erzählt, fragt seine Mutter stets: »Meinst du den ersten oder den zweiten?«

In der Nacht kann Herr Galeski nicht schlafen. Seine Herzklappen klappen im Winde, der von den Bergen herunter durch das offene Fenster streicht. Er steht auf und tritt auf den Balkon, um den Kloß aus seinem Hals zu spucken, der ihn würgt. An der Brüstung lehnen seine 90-jährige Mutter und ich, der ihr Gesellschaft leistet.

»Immer diese Nächte ...«, sagt seine Mutter. Die Abstände zwischen ihren Worten sind so groß wie die Abstände zwischen den Sternen am Himmel. »... in denen man nicht schlafen kann.« Sie und ihr Sohn sprechen mir zuliebe in gebrochenem Deutsch.

»Besonders die heißen Sommernächte«, sagt Herr Galeski.

»Wann sterbe ich nun endlich?« fragt seine Mutter. »Ich habe zu Gott gebetet, er soll mich zu sich nehmen, ich habe gesagt, ich habe so viel erlebt, nun ist es genug, aber er hat nicht geantwortet.«

»Der erste Krieg war noch nicht so schlimm«, sagt Frau Galeski, »da konnten die Frauen noch zu Hause bleiben, da sind nur die Männer in den Krieg gezogen. Frau Galeski seufzt, ihre Hand greift nach der Hand ihres Sohnes, die auf dem Balkongeländer liegt.

»Aber der zweite Krieg, der war schlimm, da mussten auch die Frauen dran glauben. Früh um Drei kamen sie zu unserem Haus. Ich war ganz allein mit Jelena. Vater war schon im KZ und du in die Wälder verschwunden. Da haben sie die Tür eingeschlagen, weil ich nicht schnell genug nach unten kam. Ein SS-Offizier und drei Gendarmen. Los raus hier, haben sie gesagt, ihr habt euch lange genug sattgefressen. Zehn Minuten Zeit hatten wir, um das Nötigste zusammenzupacken. Es war September, die Nächte wurden schon kalt, und ich wollte meinen Wintermantel mitnehmen. Es war ein ganz neuer mit Pelz an Kragen und Ärmeln.«

Frau Galeski sagt: »Der bleibt hier, sagte der von der SS. Es ist aber meiner, sagte ich. Der bleibt hier! Er wollte ihn mir aus der Hand reißen. Wenn Sie mir schon nicht gestatten, die Bettdecke mitzunehmen, sagte ich, muss ich wenigstens den Wintermantel behalten.

So zogen wir jeder an einer Seite des Mantels«, sagt Frau Galeski, »bis der SS-Mann mir mit dem Stiefel in den Bauch trat.«

»Hierhin«, sagt Frau Galeski, nimmt die Hand ihres Sohnes und legt sie auf die zitternde Bauchdecke.

»Hör doch auf«, sagt Herr Galeski. »Hör endlich auf. Geh in dein Zimmer und versuch zu schlafen.«

Herr Galeski erklärt einen japanischen Film. Über den Bildschirm huschen weiße Gestalten, postieren sich zu einer Gruppe, sitzen, schweigen, dann stößt einer einen Schwall fremder scharfer Worte hervor, die Gestalten fahren auf, huschen aneinander vorbei, eine jede einem vorgezeichneten Plan folgend, bis ihre Bewegungen wieder gerinnen, jede Stellung mit Ewigkeitswert. Herr Galeski sagt: »Dieser alte Mann liebt seine Tochter. Die Tochter liebt einen jungen Mann. Der alte Mann wird diese Liebe verteidigen, er ist ein guter Fechter.«

Abstieg von der Schneekoppe

Auf dem Gipfel länger zu bleiben war zwecklos, da der Nebel alles verhüllte. Ich folgte den roten Pfeilen, die mich in östlicher Richtung den Kammweg entlangführen sollten. Der Weg wand sich aber in Spiralen abwärts, und nach zwanzig Minuten stand ich wieder an der Stelle, von der aus ich an das letzte Stück des Aufstiegs gegangen war. Ich suchte die Karte hervor, um meinen Standort zu bestimmen. Der Karte nach zu urteilen, musste ich mich nördlich des Gipfels an einer Kreuzung befinden, von der aus auch mein Kammweg seinen Ausgang nahm. Ich bemerkte schließlich an einem Holzschild einen kleinen grünen Pfeil, der auf eine öde, mit handtellergroßen Steinen übersäte Fläche wies. In den Schutt hatte man Pfähle gerammt, die die Orientierung erleichtern sollten. Ich folgte diesen Pfählen. Der Wind blies hier noch schärfer als auf dem Gipfel, abgerissene Wolkenfetzen und Nebel trieben entlang, die Steine waren glitschig und glatt. Der Weg führte langsam, aber stetig bergab. Ich zog die Kapuze über den Kopf, weil mir die Ohren zu schmerzen begannen und die Haare nass ins Gesicht hingen. Eine halbe Stunde mochte ich gegangen sein, und noch immer waren nichts als Steine, Nebel und der nächste der Pfähle zu sehen. Bei Karl May pflegten die Stakemen solche Pfähle zu versetzen, um die Trecks in die Irre zu führen und auszurauben. Auch hier schien nichts anderes vorstellbar, als dass der Weg vor irgendeiner Schlucht in einer wasserlosen Steinwüste endete.

Natürlich war das nicht der Fall. Mein Weg führte zu einer verfallenen Baude, an deren Holzplanken zwei Wegweiser genagelt waren. Der eine zeigte weiter in Richtung des Kammweges, der andere auf einen kleinen Seitenpfad, welcher ganz selbstverständlich und unbeaufsichtigt ins Tschechische führte. Ich tat einen Schritt zur Seite und befand mich in einem anderen Land. Der Weg führte immer steiler abwärts, meine Knie schmerzten. Doch das alles konnte mir wenig anhaben: Ich ging, ich befand mich auf einem Weg. Auch dass der Rucksack schwer an den Schultern zog, war notwendig, denn hier wurde nicht spazierengegangen, hier wurde gewandert. Gewandert aber nicht wie der Wanderer auf dem Rennsteig, nein, ernsthafter, so wie Handwerksgesellen, die vor Abend in einer Herberge sein müssen, oder wie Soldaten auf Märschen oder Schmuggler – ich befand mich illegal auf fremdem Boden – mit einem Rucksack voll Armbanduhren, mit einem voller Flugblätter. Das lag alles plötzlich so dicht beisammen, weil es der Nebel, die Steine, das Gehen, der Rucksack zusammenhielten.

Die Steine machten größeren Felsblöcken Platz, die zum Teil schon mit Moos bewachsen waren. Später kamen die ersten Krüppelkiefern, deren nasse Nadelbüschel an die Beine schlugen. Die Krallen ihrer abgestorbenen Äste ragten in die Luft, die bloßgelegten Wurzelstränge erschwerten das Gehen. Mehr als einen Kilometer wand sich der Weg über diese Wurzeln abwärts. In einer Biegung lichtete sich plötzlich der Nebel und ein tiefes, von bewaldeten Hängen eingeschlossenes Tal wurde sichtbar. Die Berge auf der tschechischen Seite sind wilder, höher, fast alle durch Nadelwald verdunkelt. Dann durchbrach einen Moment lang die Sonne die Wolkendecke, huschte über die Hänge, tauchte in das Tal, spiegelte sich auf dem Dach eines tief unten liegenden Hauses und verschwand wieder. Ich ging weiter, der Weg führte jetzt bergauf. Links streckten sich große Flächen abgestorbenen Nadelwaldes; entwurzelte Bäume, vom Sturm geknickte Stämme lagen umher.

Vier, fünf Kilometer war ich gegangen, als der Weg steil abfiel und in einen ausgewachsenen, dichten Nadelwald eintauchte. An einer Quelle rastete ich. Ich bestätigte mir, mit wie wenig der Mensch auszukommen vermag: mit Speck, Brot, Wasser. In den Ferien. Der Weg war danach weniger beschwerlich: keine Steine, keine Wurzeln, kein Wind mehr, der Nebel lichtete sich; steil abfallende Strecken wechselten mit leicht ansteigenden. Meine Füße waren sich ihrer Tüchtigkeit bewusst und liefen, nicht aufzuhalten. Immer häufiger boten sich Ausblicke ins Tal, immer häufiger durchbrach die Sonne die Wolken. Mitunter hörte man das Kreischen von Motorsägen und nach einer Stunde Autobrummen.

Das Tal öffnete sich, die Straße und eine kleine Grenzortschaft wurden sichtbar. Hier aber keine alten Bauernhäuser, keine Heuhaufen, keine weidenden Schafe, dafür Ferienheime, Hotels, eine Bushaltestelle mit dem Zeichen CSAD. Irgendwie musste ich jetzt wieder auf polnisches Gebiet zurück. Ich durchquerte das Tal, ohne der Grenzhaltestelle zu nahe zu kommen, und steuerte auf einen mir mäßig hoch erscheinenden Berg zu. Der Karte nach musste er die Grenze zwischen beiden Ländern markieren. Das war ein seltsamer Berg: wie auf ein Zeichen hin begann es zu regnen, als ob auf diesem Berg, in diesem Wald nur Regen möglich sei; kein Pfad war zu erkennen, keine Pflanze außer riesigen Fichten, schwarz, tot. Als ich mich auf einen Fichtenstamm stützen wollte, knackte es, der Stamm kippte und blieb mit der Krone zwischen anderen Bäumen hängen. So ist das also, wenn man heimlich eine Grenze überschreitet. Mein Weg zwischen Baumstämmen und Felsen hindurch nahm kein Ende, die Steigungen schienen unendlich lang, ohne einen Blick auf den Gipfel freizugeben. Endlich stand ich vor einer kahlgeschlagenen Schneise, und ich erkannte die kleinen weißen Grenzsteine. Wo war Polen, wo die CSSR? Eine Weile irrte ich umher, bis ich auf einer Waldwiese zwei alte Frauen bemerkte, schaurig genug. Sie sammelten Heidelbeeren, die es hier, entlang der Grenze, in unübersehbaren Mengen gab. Nach einer Viertelstunde Handschwenken, Kopfnicken und -schütteln und beiderseitigem Geschrei wurde mir klar, dass Polen doch jenseits dieses Berges lag. Ich fand sogar einen Weg, den ich aber schnell wieder verließ, als ich bemerkte, dass er mich weiter bergauf führte. Auf meiner Karte war unterhalb des bisher eingeschlagenen Weges eine kleine Straße eingezeichnet, die mich aus den Bergen heraus in den von mir angesteuerten Ort, Jablonice, führen musste. Ich stieg also wieder ab. Nicht in gerader, steiler Richtung, sondern schräg zum Berghang. Zwischen den Steinen bemerkte ich jetzt überall Ziegenbart, der orangerot aus dem Schwarz des Waldes leuchtete. Wenn dieser Berg nicht verwunschen war, dann war es keiner.

Endlich stand ich mit zitternden Knien auf der schmalen gepflasterten Landstraße, die ich gesucht hatte. Während der zwei Stunden, die ich ihr folgte, sah ich nicht einen Menschen. Um so seltsamer war es, dass diese Straße existierte. Was mochte die Menschen bewogen haben, in dieser Einsamkeit Bäume zu roden, Erde aufzuschütten, Pflastersteine heranzufahren und sie einzusetzen, um zwei untergeordnete Ortschaften auf einer umständlichen, zwölf Kilometer langen Strecke zu verbinden? Als der Weg endlich aus dem Wald herausführte und vor mir eine große Wiese, eingezäunte Koppeln, Schafe, Kühe, Bauernhäuser, der Turm einer Kirche erschienen, warf ich mich ins Gras und schlief.

Ich wachte auf, als die Sonne bereits hinter dem Wald verschwunden war. Auf der Wiese lag das Heu in Haufen umher, und ich hätte jetzt Gelegenheit gehabt, meine erste Nacht im Freien zu verbringen. Aber irgendetwas zwang mich, den Rucksack wieder aufzuschnallen und ins Dorf zu gehen. Meine Beine waren schwer wie Stein, am liebsten wäre ich umgefallen und auf allen Vieren gekrochen – meine Füße ließen das nicht zu: sie stelzten mich durchs Dorf. Vorbei an niedrigen Häusern und hohen Bäumen und an den unzähligen Kapellen vorbei, die wie Splitter von Gebeten überall zwischen den Häusern und auf den Feldern standen.

Krzystof

Wir treffen uns am Abend in einer Jugendherberge im Riesengebirge.
Er sagt, in dem er auf sich zeigt: »Krzystof.«
Ich sage: »Bernd.«
Er sagt: »Tü Fan football?«
Ich sage: »Ja ljublju football. Tü widjesch championat?«
Er sagt: »Yes, yes. Tü widjesch Club Polski?
Ich sage: »Eto bül fantastitscheski. Lato, Gadocha, Deyna.«
Er sagt: »Deyna. Eto Strateg, Regisseur. Intuitivno.«
Er schnalzt dabei mit der Zunge und bewegt die Arme, als ziehe er an den unsichtbaren Zügeln eines Pferdegespanns.
Ich sage: »I Lubanski?«
Er sagte: »Ah Lubanski! Eto Genie!«
Ich sage: »Tü snajesch nemetzki futbolisti?«
Er sagt: »Bransch«, ich schüttle den Kopf, »Lauck«, ich schüttle den Kopf, »Sparwasser«, ich zucke die Schultern, »Kreische.«
Ich sage: »Yes.«
Ich setze mich aufs Bett. Er packt seinen Rucksack aus und wäscht sich.
Dann sagt er: »Tü ljubisch Musik?«
Ich sage: »Yes.«
Er sagt: »Bach?«

Ich sage: »Yes.«
Er sagt: »Missa h-moll?«
Ich sage: »Yes.«
Er sagt: »Kantati?«
Ich sage: »Yes.«
Er sagt: »Brrandenburrgerr Konzerrte?«
Ich sage: »Yes.«
Dann sage ich: »Tü ljubisch mondernski Musiki?«
Er sagt: »Yes.«
Ich sage: »Bob Dylan?«
Er sagt: »Yes.«
Ich sage: »Jimi Hendrix?«
Er sagt: »Yes.«
Ich sage: »Janis Joplin?«
Er sagt: »Yes.«
Ich sage: »Beatles?«
Er sagt: »Yes, only the gratest.«
Ich sage: »Yes, the greatest.«
Er sagt: »Kudo tü budjesch in the morning?«
Ich sage: »Ja nje snaju.«
Er sagt: »Ja tosche nje snaju.«
Er sagt: »Mü budjem wmestje. Unterstanding? Together.«
Ich sage: »Unterstanding. Mü budjem wmestje. Together.«
Er sagt: »Krakow.«
Ich sage: »Yes.«
Er sagt: »Beskidy.«
Ich sage: »Yes.«
Er sagt: »Warszawa.«
Ich sage: »Yes.«

Die DDR hat den totalen Sport erklärt!

Schweigen ist Silber, Reden ist Gold.

Die heiligen Kühe sind die zähesten.

Als es neulich an die Treppentür donnerte, dachte ich, die Russen aus dem Tbc-Heim am Grabowsee wollten mal wieder die Herausgabe der Schnapsvorräte des Konsumladens erzwingen, weil sie mich für dessen Geschäftsführer hielten. Aber diesmal war es ein in der LPG arbeitender Pole, der mir atemlos »Einkuhkalbt, einkuhkalbt, einkuhkalbt« entgegenrief, bis ich endlich begriff, dass er mich mit dem ebenfalls im Mühlenweg wohnenden Tierarzt verwechselte.

DIE BLUTVERGIFTUNG

Norbert war froh, nach seiner Haftentlassung in dieses schöne Dorf zu kommen. Man gab ihm eine Hütte mit Veranda, einen verwilderten Garten und den Hund seines Vorgängers, der es gewohnt war, den Schlaf Betrunkener zu bewachen.

Norbert arbeitete sich auf der LPG gut ein, und an den Abenden saß er mit den Polen in der Kneipe. Als der Sommer dem Ende entgegenging, rüstete die Gemeinde zum alljährlichen Sommerfest. Für Norbert gab es dabei vielfältige Arbeit zu verrichten. Er half beim Aufbau der Buden, zimmerte ein Podest für die Tanzkapelle, schleppte Tische, Stühle und Fässer heran. Der Bürgermeister, dem die Dienstfertigkeit Norberts auffiel, fragte ihn, ob er bereit sei, gemeinsam mit seinem Hund über Nacht die Bierfässer in einem Zelt zu bewachen. Norbert sagte mit Freuden zu und stellte fest, dass es schöner als selbst zu trinken ist, bei Mondschein dafür zu sorgen, dass andere nicht trinken.

Als er am Morgen mit Unterhosen und Strümpfen aus dem Zelt trat, trat er in einen rostigen Nagel. Obwohl der Schmerz höllisch war, kroch er, als die Ablösung kam, in seine Stiefel und ging zur Frühschicht in den Stall, denn er wusste, dass er, versäumt er die Arbeit, abends nicht zum Tanz erscheinen darf. Am Nachmittag musste er den Fuß aus dem Stiefel schneiden, so geschwollen war er. Er nahm ein Fußbad, umwickelte den Fuß mit einer Binde und humpelte abends, den einen Fuß in einem schwarzen Halbschuh, den anderen in einem Pantoffel, zur Festwiese.

Der Tanz war bereits im Gange, und niemand achtete auf Norbert. Er holte sich eine Flasche Schnaps und einen halben Kasten Bier und setzte sich damit auf das Podest, auf dem die Kapelle spielte, streckte den verwundeten Fuß ins Gras und starrte die Tänzer an. Da der Schmerz in seinem Fuß immer heftiger pochte, trank er ziemlich hastig, und noch bevor die Kapelle zu spielen aufhörte, lag er betrunken im Grase und schlief.

Dort soll er, berichtet das Saubermachkommando, bis kurz vor Mittag gelegen und sich dann in seine Hütte geschleppt haben, aus der man ihn, eine knappe Woche später, unter dem Bellen des halbverhungerten Hundes wieder heraustrug.

UNSERE LAGE

Unsere Lage war verzweifelt, aber nicht ausweglos. Zwar befanden wir uns in der Minderzahl (was sind zehn, zwölf Leute gegen hunderte?), doch mein Einfall gab uns noch einmal die Initiative in die Hand. Wir postierten uns hinter einer Betonbarriere, die nahe dem Nebeneingang den Raum durchschnitt. Vor uns also der gesamte, von einer runden Kuppel überdachte Innenraum der Kirche, hinter uns eine letzte Möglichkeit der Flucht. Unser Verteidigungsplan war so einfach wie genial: eine dunkle Leinwand mit der Darstellung des Gekreuzigten war in die Höhe zu recken und so anzustrahlen, dass sie jeden Eindringling auf die Knie zwingt. Der Mut des Königs würde ihn als ersten in die Halle führen, seine Demut ihn als ersten zu Boden sinken lassen. Er würde, gefolgt von seinen Vasallen, auf Knien über den Steinboden rutschen, den ausgebreiteten Armen Jesu entgegen, hinter der Leinwand aber würde ich stehen und mich, wenn der König nahe genug wäre, auf ihn stürzen und ihn würgen. Die zehn mir verbliebenen Genossen stürzten sich auf die vordersten der Vasallen, und so hätten wir das letzte Mal Gewalt geübt, das letzte Mal gesiegt und noch immer die Möglichkeit zur Flucht.

Die Leinwand wurde aufgerichtet. Ich stellte mich dahinter, und wir bemerkten, dass sich mein linker Arm ins Leere reckte, weil neben der Schulter das Bild zu Ende war. Mir blieb nichts anderes übrig, als mich so zu stellen, dass mein nackter linker Arm als die natürliche (und tatsächlich erschreckend wirkliche) Fortsetzung der Schulter Jesu erschien.

Das Heer des Königs rückte an. Aber es drang nicht, wie erwartet, durch den Haupteingang ein, sondern von allen Seiten lösten sich hinter den Säulen Gestalten in dunklen Rüstungen. Der König war nicht zu sehen, niemand fiel auf die Knie; statt dessen näherte sich mit kleinen Schritten eine immer dichter und breiter werdende Front. Meine Freunde, in ihren goldenen, eng schließenden Rüstungen, liefen unruhig umher.

Ich sah sie fragend an, die Leinwand begann zu wanken. Ich warf sie beiseite, rief »Rückzug!« und flüchtete durch die Hintertür. Mir folgten nur drei oder vier Genossen. Über eine Leiter gelangten wir auf eine Art Dachboden. Unter uns hörte man Waffengeklirr, wir sahen uns als Verräter, aber die noch Kämpfenden als Dummköpfe. Wir warteten auf die Ankunft der Feinde; wieder einmal war alles gescheitert, aber noch nichts zu Ende.

Der erste Traum, den ich aufschrieb. Zuvor hatten wir uns unsere Träume immer nach dem Aufwachen erzählt, doch inzwischen wurde ich an drei Tagen in der Woche allein munter. Vera hatte sich in einem Weißenseer Mietshaus, das von der im Souterrain logierenden Besitzerin vor allem an zukünftige Malerinnen vermietet wurde, einquartiert, um an der dortigen Kunsthochschule ungestört ihrem Abendstudium und anderen Aktivitäten nachzugehen, von denen ich lieber nichts Genaues wissen wollte. Seit unserer Trennung durch den Wehrdienst hatten wir nie wieder richtig zusammengefunden, und der Blitzschlag, der mich am Tag meiner Entlassung getroffen hatte, schien mich für immer gespalten zu haben.

Der Morgen graute, als ich in den Zivilsachen, in denen ich anderthalb Jahre zuvor Schmachtenhagen verlassen hatte, wieder aus dem Bus stieg. Die Felder auf dem Weg zu unserem Haus und das Birkenwäldchen davor kaum begrünt. Unser »Haus« war der marode Dorfkonsum, über dem wir das Obergeschoss bewohnten. Von der Verkäuferin war noch nichts zu sehen, doch die Tür zu unserer Treppe stand offen und auf ihr waren Gänseblümchen verstreut. Ich stieg hoch. Rechts das Arbeitszimmer; ich ging durch die Küche in das winzige Schlafzimmer, wo Luise in ihrem Kinderbett schlief und Veronika in unserem gerade die Augen öffnete. Zog mich aus und kroch zu ihr, und als ich nach einer Viertelstunde wieder zu mir kam, sah ich Tränen in Veras Augen. Und sah, während sie mich von sich schob, diese Augen hart werden und hörte aus ihrem Mund Worte, die aus mir das Blut fließen und scheinbar nie mehr wiederkehren ließen. Vera hatte gestanden, dass sie keine Liebe mehr für mich empfand, ja, dass sie die im Grunde erst jetzt kennengelernt habe, bei einem Mann, der mit ihr den Vorbereitungskurs für Malerei an der Abendschule besuchte und wegen dem sie sich von mir trennen wollte.

In den folgenden Wochen und Monaten lebte ich wie unter Wasser. Daran änderte sich auch nichts Wesentliches, als Vera ihre große Liebe stillschweigend beerdigte und sie später als die im Zuge der Zeit liegende freie Liebe wiederauferstehen ließ und sie auch mir zuwandte. Ich konnte mit ihr nur bedingt etwas anfangen, da ich die Liebe stets als das Gegenteil von Freiheit, nämlich als Bindung empfunden hatte. Sie wurde erst wieder enger, als mir Vera verkündete, dass sie ein zweites Kind erwartete, und zwar unzweifelhaft meines, das sie in der Hoffnung zur Welt zu bringen beabsichtigte, unserer Beziehung damit eine neue Grundlage zu geben. Doch seit Anna, deren bei der Geburt blaue Augen sich nicht gewandelt hatten, laufen konnte, war auch Veras Bewegungsdrang wieder größer geworden und sie nahm das Studium in Berlin erneut auf.

DIE SCHULE DES LEBENS

Ich sah im Fernsehen in der Stube nicht die Friedensfahrt, sondern drei sowjetische Mädchen, die saßen in Schulbänken.

Sie waren die schönsten ihrer Klasse, auch die entwickeltesten, schon über ihre Klassenkameradinnen hinaus, aber im Grunde auch über die Männerwelt der Zukunft, die ihnen nichts Gleichwertiges zu bieten hatte. Sie saßen in der hinteren Ecke des Klassenraumes, die Schulbänke standen auf einem großen, weiß gekachelten, klassizistischen Ofen. Eine von ihnen sprach, aus einem leise intrigierenden Schwatzen wurde eine laute Stellungnahme. Nicht die vorderste, hübscheste war es, sondern jene, die hinten saß, größer war und sich bisher geduckt hatte. Sie sagte, dass sie den Unterricht sinnlos fände. »Aber willst du nicht das Gute und Neue lernen?« Sie sprach sehr lange darüber, dass sich auch das Gute und Neue als sinnlos erwiesen habe. Dann erhob sie sich, schloss das Heft und verließ ihren Platz. Einer der Schüler nach dem anderen, fast die Hälfte der Klasse, stand ebenfalls auf und packte seine Sachen.

Auch ich, der ich in der vordersten Bankreihe allein zu Füßen des Ofens gesessen hatte, erhob mich. Auf meinem Heft, das ich nun schloss, stand, dass ich in der zweiten Klasse war. Aber nicht soviel Schüler wie aufgestanden waren, verließen wirklich den Raum. Auf dem Korridor lief ich neben einem kleinen Mann im Lodenmantel her, den bisher niemand bemerkt hatte.

Er war unser Lehrer, und ich sprach mit ihm. Besonders niedergeschlagen war er deshalb, weil es seine Lieblingsschülerin war, die als erste den Raum verließ (und sich längst außerhalb des Schulgebäudes befand). »Aber sie war doch so talentiert, die begabteste von allen.« – »Aber ihr fehlte die ursprüngliche, erhaltende Lebenskraft«, sagte ich, nun plötzlich kein Schüler mehr. Und weinend sprach ich weiter: »Während ich sie, als Kind, immer besessen hatte, doch jetzt, als Erwachsener, ist sie auch mir abhanden gekommen.«

Ich nehme erstmals seit der Kindheit wieder ein Buch mit unter die Bettdecke. Es ist mein eigenes.

Der Umschlag war glatt wie Veras Haut. Und darauf eine Berliner Stadtansicht in glühenden Herbstfarben und auch darin Abbildungen von ihren Gouachen und Ölarbeiten, die der Lektorin so gefallen hatten, als wir sie in die als Atelier eingerichtete Waschküche auf unserem Hof geführt hatten. Christa und Gerhard Wolf gaben sogar Geld dafür aus, um einige von ihnen in ihre Sammlung aufzunehmen.

Jetzt waren wir tatsächlich das Künstlerpaar, das zu werden wir erträumt hatten, als wir an der Erfurter Hochschule zusammenfanden, d. h. als ich mich auf das rotwangige Mädchen im selbstgeschneiderten Cordanzug stürzte, kurz nachdem es aus der thüringischen Provinz in die Blumenstadt gekommen war. Wer, wenn nicht sie, konnte mich von dem stumpfsinnigen Lehrerstudentendasein erlösen mit seiner Sauferei, so lange das Stipendium reichte, und mit Nachtschichten in der Leergutabteilung der Braugold-Brauerei, wenn es alle war. Wer, wenn nicht sie, konnte die Muse sein, die endlich die Liebesgedichte in mir zum Vorschein brachte, auf die ich so lange warten musste, weil es keine Adressatin gab. Gegen so viel angestauten guten Willen war Vera machtlos. Wir fanden in dem Teil von Erfurts Altstadt, der nicht abgerissen wurde, eine leere Mansardenwohnung und füllten sie mit Möbeln, die in den Ruinen hinter dem Anger zurückgeblieben waren. Schräge Wände, ein Biedermeiersekretär, Veras langsam dicker werdender Bauch sowie ein Loch in der Korridordecke, durch das wir mittels einer Leiter auf das Dach steigen konnten, um dem Glockengeläut der unzähligen Kirchen in unserer Nachbarschaft zu lauschen – da machte sich das Dichten gewissermaßen wie von selbst. Alles machte sich bei uns von selbst: das Tanzen, ihr Schneidern und Kochen und mein Essen mit Messer und Gabel, das Hören von Bachkantaten auf dem neuen Plattenspieler, Veras kleine Lasur- und Hinterglasmalereien, während ich vorlas, das Erzählen unserer Träume im Bett. Nur was dem Einschlafen voranging, war von Anfang an schwierig.
Was für ein aufreibender Kampf, bis wir ihre Entjungferung geschafft hatten, denn auch ich hatte nur völlig unzureichende Erfahrungen mit dem anderen Geschlecht, in Hausecken und auf der Eckbank im Internatszimmer gemacht, aber noch niemals in einem Bett. Meine Gier war zu groß, als dass ich Veras tief verwurzelten Widerwillen

gegen körperliche Nähe in Neugier oder gar in Lust umwandeln konnte. Als Kind hatte sie sonntags immer das elterliche Schlafzimmer säubern und dabei die gefüllten Kondome neben dem Ehebett wegräumen müssen; wenn sie danach den von einem Granatsplitter angeschwollenen Unterarm ihres Stiefvaters massieren musste, hatte sie mit Würgeanfällen zu kämpfen.

Kondome kamen also nicht in Frage. Kein Wunder, dass sie so schnell schwanger wurde. Aber ein um so größeres, wie sich aus einer für sie unangenehmen Betätigung etwas so Edles wie ein vollkommener kleiner Mensch hervorgehen konnte. Luise, von ihr zur Welt gebracht im Stephanus-Stift, während ich vor Angst und Liebe halb wahnsinnig durch das nächtliche Erfurt rannte, in einem Gefühlssturm, der zu stark für ein einzelnes Gedicht war und mich erstmals zum Schreiben einer Erzählung drängte, der einzigen meiner Frühphase, die mit einer Geburt und nicht mit dem Tod endete.

Sie fand vorerst keine Nachfolgerin, weil die lyrische Quelle in mir all zu heftig sprudelte, befeuert durch die Tatsache, dass ich für meine Ergüsse offene Ohren in einem »Zirkel schreibender Studenten« fand, der mich zum ersten »Poetenseminar« nach Schwerin delegierte. Ein ganzes Schloss voll dichtender FDJler, unter denen ich mich völlig deplatziert fühlte und doch auch enthusiasmiert, weil der Seminarleiter Manfred Streubel Gefallen an meinen Gedichten fand. Er gab sie an Gerhard Wolf weiter, dem ehemaligen Lektor beim Mitteldeutschen Verlag und Schutzherren so vieler junger Dichter. Als der mich nach Kleinmachnow einlud, war ich schon kaserniert in Potsdam-Eiche und erschien in Uniform in der Wolfschen Villa. Ich staunte nicht schlecht, wie komfortabel man als Schriftsteller in der DDR leben konnte. Besonders beeindruckte mich ein Glas Orangensaft, das mir Christa Wolf persönlich in das Arbeitszimmer ihres Mannes brachte und dessen Leuchten in einem merkwürdigen Kontrast zu ihrem doch eher dunklen Wesen stand – so ein flüssiges Sonnengold hatte ich noch nie gesehen. Nicht ganz so stark imponierte mir Gerhard Wolf. Sein undeutliches Genuschel, mit dem er meine Gedichte bedachte, erschien mir weder ihnen noch der Würde der Dichtung im allgemeinen für angemessen. Die Seiten mit den Versen, die er für druckbar hielt, hatte er mit dicken Bleistiftkreuzen verunstaltet! Später kamen noch die Häkchen der Lektorin vom Aufbau-Verlag hinzu und die schwungvollen Kringel von Sarah Kirsch, die als Gutachterin gewonnen worden war und mir obendrein den Weg in den Schriftstellerverband ebnete.

Wenn ich bei ihr im fünfzehnten Stock auf der Fischerinsel saß, fühlte ich mich wie auf dem Parnass. Hier oben gingen Poesie und Politik eine von mir nicht für möglich gehaltene Verbindung ein, auch wenn sich Sarahs Stirn beim Blick aus dem Fenster ein wenig umwölkte, weil tief unten ihr Sohn Moritz mit seiner Kindergartengruppe an einem Klettergerüst turnte. Er war nicht der Sohn von Rainer Kirsch, das wusste ich, sondern von dem noch berühmteren Karl Mickel, dessen Ruf als Frauenheld, streng marxistischer Lebenskünstler und Verfasser formvollendeter Verse voller Widerhaken gleichermaßen groß wie geheimnisumwittert war.

Ihn lernte ich in den Räumen des Berliner Schriftstellerverbands kennen, als ich zum ersten Mal meinen Beitrag bezahlte. Er kam gerade aus dem Büro der Sekretärin, mit der er bekanntermaßen ein Verhältnis hatte, und forderte mich, als ich ihm über den Weg lief, zu einem Match an der Tischtennisplatte im Vorraum des Sekretariats auf. Auch ein großer Sportsmann zu sein, bildete er sich nämlich ein. Dass er in dieser Hinsicht einer Selbsttäuschung unterlag, machte ihn mir sympathisch. Nach dem Spiel – oder war es an einem anderen Tag? – nahm er mich in seine Wohnung mit, die direkt unter oder über den Verbandsräumen lag.

Sie war sein innerstädtisches, vor allem im Winter genutztes Domizil, während er die Sommer in Wilhelmsruhe auf dem Grundstück seiner geschiedenen Frau zuzubringen pflegte. Wir setzten uns an dem vor dem Fenster postierten Esstisch, und als er Rotwein, Brot und Käse – drei verschiedene, mir allesamt unbekannte Sorten! – auftischte, war mir das etwas unangenehm. So ähnlich dürfte er mit seinem Damenbesuch frühstücken, nachdem er die Nacht mit ihm in seinem in Sichtweite stehendem Bett verbracht hatte – die Wohnung hatte nur einen Raum. Der aber war groß und mit dem der niedrigen Decke angemessenen kurzbeinigen Mobiliar gefüllt. Helles Naturholz, wahrscheinlich aus Skandinavien. Mickel, der selbst über ausgesprochen lange Beine verfügte, konnte herrlich gierig fressen und danach genau so exzessiv parlieren, referieren, schwadronieren. Es war die Mischung aus Fremd- und Vertrautheit, die mich anzog. Auf der einen Seite sächsisches Plebejertum und handfeste Sinnlichkeit, auf der anderen anscheinend profunde Kenntnisse in allen Geistes- und Naturwissenschaften und vor allem auf dem für mich undurchschaubaren Gebiet antiker und nichtantiker Metrik, die ihm eine Professur an der Hochschule für Schauspielkunst »Hanns Eisler« eingetragen hatte. Einerseits linientreuer Genosse, der allen Wendungen der Parteipolitik mit wissend lächelnder Einsicht in die Notwendigkeit zu folgen wusste, andererseits in seinen Gedichten ein messerscharfer Analytiker unserer Zustände. Er trug gern teure, von seinen Westreisen mitgebrachte Lederklamotten und paffte gleichzeitig so billige DDR-Zigarren, dass sich sein Meister Brecht im Grabe umgedreht hätte. War er ein kühler Dialektiker vom Schlage Müllers? Das wollte er sicher sein, aber dazu war er, zumindest mir gegenüber, von zu großer Offen- und Warmherzigkeit. Er sah sich als Rationalist, nehme ich an; zumindest deutete seine von ihm geäußerte Vorliebe für das 18. Jahrhundert darauf hin, während ich mich gerade über die frühen Romantiker zu Büchner und Grabbe vorarbeitete. Für ihn war die Weltrevolution in vollem Gange, für mich war sie gescheitert und meine Generation die erste, die an ihrem Leichengeruch zu ersticken drohte.

Und nun also erschien mein erstes Buch mit Erzählungen, die nicht frei von diesem bitteren Ruch waren. Geschrieben hatte ich sie in den frühen Morgenstunden vor Unterrichtsbeginn und ihrer Veröffentlichung nicht nur mit Vorfreude entgegengesehen. Meine Bedenken betrafen nicht die Kritik, deren DDR-spezifische Ausprägung ich schon zu gut kannte, um sie ernst zu nehmen und dann überrascht zu sein, als sie fast gänzlich ausblieb. Nein, es ging um meine Mutter, die mir vielleicht die Schilderung der Wagnerschen Familiensitten übelnehmen würde, um deren dunkle Seiten ich keinen Bogen gemacht hatte, auch nicht um die meines Vaters, der sich wegen seines Todes nicht mehr darüber aufregen konnte. Doch die Schwierigkeiten kamen nicht von familiärer Seite, sondern aus Schmachtenhagen. Aus einer Richtung also, von der ich nicht das Geringste befürchtet hatte, weil ich aus Erfahrung mit den Schülern wusste, dass die Bevölkerung nur höchst ungern Bücher in die Hand nahm. Um so überraschter war ich, als ich einen Leserbrief erhielt, in dem man mir mitteilte, dass ich mit meiner Erzählung »Mai« eine Ehe zerstört hätte. Darin schildere ich, wie ich bei einer Maifeier im Dorfgasthof mit unserer jungen Reinemachefrau Walzer getanzt habe, wie wir zusammen die Veranstaltung verlassen haben und sie, als wir uns fahrradschiebend ihrem Haus näherten, über ihren Mann sagte: »Bis hierher höre ich ihn schnarchen!« Das entsprach alles der Wahrheit, aber nicht, dass ich sie danach ins Buchenwäldchen gelotst habe, um mich dort auf einem Laubbett mit ihr bis zum Morgengrauen zu vergnügen. Das war reiner Wunschtraum! Bevor der Mann mit der Axt vor dem Konsum erschien, erklärte ich in einem Brief an ihm das Ende meiner Geschichte für ebenso freie Erfindung wie die Beschreibung ihrer Kinder als stets ungewaschene Rotznasen, was die Familie besonders getroffen hatte.

Wie aber konnte ich das vor ihnen und vor mir rechtfertigen? Wie für das Leben überhaupt gibt es für die Kunst keine Rechtfertigung, nur Verständnis. »Dichten allein ist schon Verrat«, hatte Goethe notiert, und mit meinem ersten Buch, dem ersten Federstrich habe ich den Weg des Verrats beschritten und bis heute, bis zu diesen Zeilen, nicht verlassen. Schreiben ist Verrat in vielerlei Hinsicht. Schon indem ich mich von meinen Mitmenschen absondere, um statt mit ihnen mit mir selbst zu sprechen, begehe ich Verrat. Im Schreiben selbst sind die Möglichkeiten des Verrats unendlich, während es nur eine des Gelingens gibt. Ich verrate mein besseres Ich an ein schlechteres, wenn ich die leichten Worte statt der schweren wähle, oder wenn ich mit den schweren prunken will; ich verrate es, wenn ich mit Rücksicht auf das Publikum oder die Zensur unwahre Worte verwende oder die wahren verschweige; ich übe Verrat, wenn ich an der falschen Stelle ein Semikolon setze. Und in meinem Fall ist die Gefahr des Verrats an jedem mit mir in Berührung kommenden Menschen allgegenwärtig, weil mir als Thema nicht viel mehr als mein eigenes Leben zur Verfügung steht. Das ist mehr als mit Einfalllosigkeit gepaarte Egomanie. Das war von Anfang an Notwehr gegen den Untergang in den Fluten der Vermassung und Anonymisierung. Was anderes konnte ich dem uniformierten »Wir« entgegensetzen als das »Ich«? Das Schreiben bedeutete für mich mehr als die Herstellung literarischer Produkte, es war und ist die wichtigste Möglichkeit zur Behauptung und Entfaltung meines Wesens. Wenn es sich der »Erzählung« bediente, wiederholte sich fast immer der gleiche Prozess: ich vollzog mit Worten Ereignisse nach, die ich durch ihre Intensität ohnehin schon als überwirklich erlebt hatte, spitzte sie zu, variierte sie und befreite mich nicht selten von ihren Bedrängnissen durch phantastische Fluchten. Meine Mitakteure aber bleiben immer auf der Strecke, das heißt in der Geschichte gefangen, während ich die Möglichkeit hatte, wieder aufzustehen und eine neue Erzählung zu beginnen. Säumen also Leichen den Weg des Erzählers? Man kann es auch anders betrachten: er erweckt Menschen zu einem dauerhafteren Leben als es ihnen sonst vergönnt wäre.

Was mich zum Schreiben zwingt, weiß ich: Ehrgeiz, die blödsinnige und durchschnittliche Sucht mich zu zeigen. Was aber rechtfertigt es? Nichts. Weder bin ich über alle Maßen phantasievoll noch intelligent. Ich kann nur nicht anders.

Meine Technik ist die der fortwährenden kleinen Explosionen.

Beim Schreiben schiebe ich ein kleines Feld konkreten Lebens vor mir her. Bin ich zu schnell und durchstoße das Feld, gelange ich in den Nebel abstrakter Vorstellungen.

Was in Schmachtenhagen in den Ohren rauscht, ist nicht die Ewigkeit, es sind Panzer. Die Panzer der NVA, die nachts aus den Kasernen um Oranienburg ausrücken und die Wälder durchpflügen. Sie erzeugen ein Grollen wie die russischen Panzer in meiner Kindheit, wenn sie vom Bahnhof losfuhren, das immer lauter wurde, bis es dann in unserer Straße zu einem ohrenbetäubenden Dröhnen und Rattern wurde.

Wer weiß, vielleicht begann der eigentliche Krieg erst nach 1945? Die Dinge geschehen erst dann, wenn sie im Grunde vorbei sind in ihrer Wirkung. 1939 bis 1945 war lediglich das grob-materielle Vorspiel, der geistige, also *der* Krieg begann danach. Und jetzt finden die Friedensverhandlungen statt; oder ist es nur eine Atempause?

Die Konsequenz aus diesem Gedanken wäre die Umkehrung der Hegelschen Geschichtsdefinition: Geschichte als Materialisation des Geistes. Die neue Definition würde lauten: Geschichte als Vergeistigung der Materie. Und schösse damit mindestens genau so weit an der Wirklichkeit vorbei wie Hegel, weil sie die Trennung dessen beibehielte, was nicht zu trennen ist.

NACH DEM BESUCH EINES KLEINEREN EILANDES

Nach dem Besuch eines kleineren Eilandes kamen wir auf eine weitere Insel, die ich als Teneriffa bezeichnete, in Wirklichkeit aber Taiwan war. Der schmale, mit Platten ausgelegte Hauptweg, der ins Innere der Insel führte, glich einem Friedhofsweg. Links und rechts standen Engel mit abgeschlagenen Armen und grabsteinähnliche Monumente. Allerdings fehlten die Laubbäume und immergrünen Gewächse, wie man überhaupt auf der gesamten Insel keine Pflanzen antraf. Alles war aus unverputztem Stein gebaut; die Gebäude, deren Kuppeln und Türme wir von weitem sahen, schienen alt zu sein, zumindest trugen sie deutliche Zeichen der Verwitterung. Beim genaueren Hinsehen aber wurde klar, dass das Alter künstlich war und sie nicht der Baulust vieler Generationen ihr Entstehen verdankten, sondern dem Willen eines Einzelnen.

Dieser Eindruck verschärfte sich, als wir uns dem Zentrum der Stadt (Insel) näherten, Säulen, die ihre Stümpfe in den Himmel reckten, umherliegende Sandsteinquader, von Rissen durchzogene Mauern, Skelette entglaster Kuppeln. »Sie wollten ein Dresden (im Sinne einer barocken Kunststadt) haben und erhielten ihr Dresden (im Sinne des Trümmerfeldes nach 1945)«, sagte ich zu meinem Begleiter.

Wir gelangten zu einer geraden Straße, wahrscheinlich der Magistrale der Stadt. Das Bild hellte sich etwas auf, weil Geschäfte, Fahrzeuge und Menschen die Szene belebten. Trotzdem sah ich über allem das Gesicht eines gealterten Mannes mit in Stein gehauenen Zügen, der das Leben auf der Insel in seiner Hand hielt.

Als wir die Straße überquert hatten, bemerkte ich an der Rückfront eines Hauses einen jungen Mann, der sich durch Schnurrbart, lange Haare und seine Haltung von den übrigen Menschen unterschied. Er saß auf einem Stuhl, mit dem Rücken an die Wand gelehnt, den Arm auf einen kleinen Tisch gestützt, und sah mit unsäglicher Traurigkeit auf ein großes Becken, das seine Wasser in zwei kanalähnliche Becken weiterschickte. »Das ist sein Beruf«, sagte man mir. »Er ist arbeitslos und muss nun aufpassen, dass das Wasser richtig fließt.« Jetzt erst wurde mir das Elend dieser unselbständigen, vom Willen eines einzelnen Menschen beherrschten Menschen richtig bewusst.

Die Flucht ins Gleichnis oder Wer sich beim Schreiben von der Realität abwendet, vollzieht seinen Austritt aus der menschlichen Gemeinschaft.

Meinte ich damit mich selbst? Was ist überhaupt gegen den Austritt aus der menschlichen Gemeinschaft einzuwenden? Er vollzieht sich übrigens desto sicherer, je stärker der Realitätssinn ist, mit dem man sie betrachtet.

Gott ist der lachende Dritte.

Man bildet sich ein, all die Zweifel, die man angesichts einer vernichtenden Realität spürt, wären nur vorläufig; notwendige Stationen auf dem Weg zu irgendeiner Erkenntnis. Ein Resultat, ein Fazit nimmt man als selbstverständlich an, und wenn es am Ende des Lebens steht. Mit welchem Recht glaube ich das? Ich muss mich mit dem Gedanken befreunden, einmal nichts zu erkennen.

Der Regen schlägt zu.

Wir hatten inzwischen einen Fernseher. Die Spaltung der Welt manifestierte sich jetzt also auch in unserer Wohnung durch die Bilder, die die West- und der Ostsender von ihr lieferten. Als die Nachricht von der Ausbürgerung Biermanns verbreitet wurde, fasste ich das als persönlichen Angriff auf mich auf. Auch wenn es mich nie in Biermanns unmittelbaren Dunstkreis gezogen hatte, weil mir die Luft dort zu dick war, so gehörten seine Lieder doch zum Kern des eigenen Geisteshaushaltes. Er hatte Dinge beim Namen genannt, bevor man sie selbst zu denken wagte, und wenn man ihn jetzt nicht mehr in die DDR zurückließ, so war es, als ob die eigene Kehle zugeschnürt würde. Eine gewisse Erleichterung war es dann, als im Westfernsehen die Namen von Menschen verlesen wurden, die diese Empfindung teilten und gegen Biermanns Ausbürgerung protestierten.

Auch Sarah Kirschs Name war darunter. Am nächsten Morgen setzte ich mich in die S-Bahn und fuhr zu ihr. Wie immer war ihr Adlerhorst besetzt, wir standen rauchend am Fenster und sahen auf die graue Stadt. Was wollte ich? Unterschreiben wollte ich und zwar unbedingt! Wann je hatte ich so genau gewusst, was ich wollte! Wann je hatte man Gelegenheit, unmissverständlich und so deutlich seine Meinung zu sagen, dass sie auch gehört wurde, eine Gelegenheit, die, gerade weil man für sie zu zahlen bereit sein musste, keinesfalls ungenutzt verstreichen durfte. »Du musst dich beeilen«, sagte Sarah, »es gibt bereits drei Listen. Die dritte muss drüben bei Klaus Schlesinger sein.« Sie zeigte auf eine der Wohnscheiben in der Leipziger Straße. In dieser Hinsicht verstand ich sie nicht, meine älteren Brüder und Schwestern: Wie konnten sie sich alle in den neuen Bonzensiedlungen des Stadtzentrums einquartieren lassen? Jede Schmachtenhagener Waldhütte, jede Berliner Hinterhofwohnung mit Außenklo zog ich so einer Betonzelle vor.

Statt Schlesinger öffnete mir Bettina Wegner, schmal wie der Türspalt. Klaus war schon weg mit der Liste. Wohin? Nach einigem Zögern nannte sie die Adresse von Dieter Schubert, in dessen Wohnung man sich über das weitere Vorgehen beraten wollte. Ich weiß nicht mehr die Straße, erinnere mich aber, dass ich eine Weile in Mauernähe durch Stadtmitte irrte, bevor ich vor einer Erdgeschosswohnung in einem Altbau stand. Ihr Inneres machte einen gediegenen bürgerlichen Eindruck mit orientalischem Einschlag. Wie in einem Russenfilm saßen eine Menge Leute unter einem Wandteppich und debattierten. Darunter der Hausherr und in ihrer Mitte Jurek Becker, dessen Pilzkopf mit dem leicht angegrauten Bart und den Tränensäcken eines Bernhardiners ich von Fotos kannte. Er aber, wie alle anderen, kannte mich nicht. Entsprechend misstrauisch begegnete man mir. Das Misstrauen betraf wohl weniger meine, sich vielleicht in fremdem Auftrag einschmuggelnde Person als die gesamte, außer Kontrolle geratene Situation. Es handelte sich ja nicht um das Unternehmen einer gewachsenen Opposition, vielmehr verweigerten hier zwar stets unbequeme, aber in der Mehrzahl keineswegs verfolgte oder unterprivilegierte Künstler die Gefolgschaft. Dass sich dem Beispiel vor allem große Teile der sich durch nichts als ihre Bereitschaft zum »Nein« legitimierende Jugend anschlossen, dass aus der Palastrevolution so etwas wie eine

Volksbewegung zu werden drohte, war unerwartet und ungewollt. Die Jenaer Delegation etwa, erfuhr ich später, wurde mit ihren Listen bereits am Bahnhof von der Staatssicherheit abgefangen. Dass ich nach langer Diskussion, ob ich wegen meiner Jugend und mangelnden Bekanntheit zu »ungeschützt« sei, schließlich doch auf einer vierten Liste unterschreiben durfte, verdanke ich Adolf Endler, der kurz nach mir erschien. Er kannte mich über Elke Erb und versicherte mit bebender Stimme, dass er mir im Notfall 500 Mark monatlich aus seiner Tasche zahlen wollte, die sicher genau so leer wie meine war. Als ich die Wohnung verließ, war ich mir trotzdem im Unklaren darüber, ob ich nun zu den Protestlern gehörte oder nicht, denn über die Veröffentlichung weiterer Namenslisten wollte man bei Bedarf entscheiden. Erst einige Tage später erfuhr ich von Sarah Kirsch, dass auch mein Name in der im *Spiegel* veröffentlichten Dokumentation erwähnt wurde, und konnte nun beruhigt der zweifellos unangenehmen Dinge harren, die da kommen würden.

Doch merkwürdigerweise kamen sie nicht. Bis auf eine Aussprache im Aufbau-Verlag, bei der ich dem Leiter Fritz-Georg Voigt die Gründe für meinen Protest erläuterte, ging mein Leben seinen von staatlichen Eingriffen unbeeinträchtigten Gang. Während sich ringsum die Ereignisse überschlugen, während ein Teil der Protestler seine Unterschrift zurückzog und ein anderer, darunter auch Sarah Kirsch, den Weg in den Westen wählte, während später Adolf Endler, Klaus Schlesinger und weitere Schriftsteller aus dem Verband ausgeschlossen wurden, blieb ich völlig unbehelligt. Es war, als ob ich nie etwas gewagt, nie meine Stimme erhoben hätte. Obwohl ich mit meiner Unterschrift die seltene Gelegenheit zu einer Tat genutzt hatte, wurde ich dazu verurteilt, tatenlos zuzusehen, wie sich die Reihen um mich lichteten. Auch wenn ich von denen, die mit oder ohne Reisepass die DDR verließen, nur Sarah Kirsch persönlich kannte, war doch der Schock über diesen Exodus groß. Ob Günter Kunert, Manfred Krug oder Bernd Jentzsch – sie alle waren Identifikationsfiguren für uns Jüngere. Sie saßen in Verbandsvorständen und Redaktionen, sie waren häufig Parteimitglieder und hatten, dem Titel der legendären Anthologie *In einem besseren Land* gemäß, uns das Bewusstsein eingeimpft, in einem Staat zu leben, gegen dessen Repressionen sich anzukämpfen lohnt, weil ihm letzten Endes doch die Zukunft gehörte. Nun aber verschwanden sie einer nach dem anderen und ließen uns mit Bürokraten, Zynikern und Opportunisten allein. Ich selbst hatte nie einen Gedanken an einen Weggang aus der DDR verschwendet, da ich noch viel zu beschäftigt war, das Leben um mich her zu begreifen, um mich in ein neues zu stürzen. Wie dieses Leben sich entwickelt hätte, wenn die Reaktion auf meinen Protest nicht gespenstische Stille, sondern Anklage und möglicherweise Flucht in den Westen gewesen wäre, kann ich mir schwer vorstellen. Ich hätte mir wahrscheinlich Jahre der Zweifel und Depression erspart, doch auch die Möglichkeit mich daraus langsam herauszuarbeiten und dabei Erfahrungen zu machen, die mir sonst verwehrt geblieben wären.

Die Ursachen für die Folgelosigkeit meines Protestes erfuhr ich erst, als die Stasiakten geöffnet wurden. Die Lektüre war frustrierend. Die Akten ignorierten mein gesamtes Vorleben und nahmen auf die Biermann-Ausbürgerung nur in einer winzigen Notiz Bezug, derzufolge ein »IM Kant« berichtete, vom Nachwuchsautor Bernd Wagner wisse er, »dass er von Jurek Becker fast erpresserisch zu seiner Unterschrift unter das ›Protestschreiben‹ veranlasst wurde … Wagner fühle sich nun unwohl in seiner Haut, da er nicht wisse, was Becker vorhabe. Einzelheiten über die Erpressermethoden von Becker wollte Wagner nicht nennen.« Die Hintergründe dieses blühenden Unsinns wurden mir erst bewusst, als ich erfuhr, dass es mein

Verlagsleiter Fritz-Georg Voigt war, der sich – ich weiß nicht, ob aus Verehrung des Kritikers der reinen Vernunft oder des gleichnamigen Schriftstellerverbandspräsidenten – den Decknamen »IM Kant« zugelegt hatte. Ich versuchte mich vergeblich, an den Wortlaut unseres Gesprächs zu erinnern. War ich tatsächlich ein solcher Opportunist gewesen, dass ich mich als von Becker erpresst dargestellt hatte? Das ergab doch überhaupt keinen Sinn! Schließlich war nicht Becker zu mir gekommen, sondern ich zu ihm, und wer überhaupt hatte in der DDR die Macht zu Erpressungen außer die Stasi selbst? Ich habe bis heute keine andere Erklärung für Voigts Aussage als die, dass es sich bei ihm um einen der braven IMs handelte, die immer nur das Beste für die von ihnen Bespitzelten wollten, in meinem Fall, indem er mich als einen jungen, verführten und noch formbaren Autor schilderte, den die Stasi vorerst in Ruhe lassen sollte. Soll ich ihm dankbar dafür sein, dass mit seiner Hilfe der Kelch des Sozialismus nicht zu schnell an mir vorbeiging und ich gezwungen war, ihn fast bis zur Neige zu leeren?

Von alledem findet nichts in meinen Notizen einen Niederschlag. Das lag nicht nur daran, dass mir speziell dieses Ereignis die Sprache verschlagen hätte, sondern an der für die Jugend typischen Missachtung des Alltäglichen. Im herkömmlichen Sinne habe ich nie Tagebuch geführt. In meinen Aufzeichnungen (die ich, wie seit Lichtenberg üblich, als Sudelbuch bezeichnete) gestatte ich dem Alltag kaum Einzug; die Sprache sollte triumphieren über ihn in Form von Geistesblitzen, poetischen Verdichtungen und intellektuellen Resümees, was mich jetzt, da ich dies als zu begrenzt empfinde, zu meinen nachträglichen Bemerkungen zwingt.

Vorgestern soll die Fleischersfrau versucht haben, sich umzubringen. Heute steht sie wieder im Laden, mit ihren Goldzähnen im Mund, mit roten Händen und rotem Gesicht und frisch blondiertem Haar.

Als unsere Nachbarin, Frau Groß, im Sterben lag, renovierte man ihr Haus, der Schuppen war schon weg, die Weinstöcke waren ausgerissen, von den Außenwänden wurde der Putz geklopft. Sie bekam davon nichts mit und sagte: »Es sind nur die Nerven. Wenn ich abends das Licht ausmache, ist das Zimmer voller weißer Frauen und schwarzer Männer, die alle etwas von mir wollen.«

Erwachen im kühlen Schlafzimmer zur gleichen Zeit wie Luise. Sie wird immer schöner, ein Mädchen. Langsam schwindet die Angst, dass sie zu schwach, zu zart, zu sehr von uns abhängig wäre für dieses Leben. Nachdem die Mädchen in den Kindergarten gebracht sind, Frühstück am Küchentisch. Kaffeewasser mit Tauchsieder gekocht, weil Gasflasche leer. Bei schönem warmem Wetter Rousseau im Garten gelesen, danach an den Schreibtisch. Mittags Fleisch- und Gemüseessen in der Gastwirtschaft. Nach kurzer Ruhe leichte Arbeit mit Kaffee am Nachmittag. Die Kinder abgeholt. Spaziergang und Spiele auf dem Hof bis abends. Spätes Abendessen. Nach dem Waschen in Schlafanzug, Pullover und Socken am kalten Ofen bei Kinderkerzenschein. Kofferradiohören. Tee trinken und Zigarre rauchen.

1977

Ein Grund für Puppis Selbstmord kann der fehlende Schnee gewesen sein. Bei Schnee wäre sie vielleicht nach draußen gegangen, anstatt den Gashahn aufzudrehen. Dieser seit Jahren fehlende *richtige* Winter.

Was für ein untauglicher Versuch, mein schlechtes Gewissen zu beruhigen! Puppi war Veras jüngere Halbschwester, die Tochter des Stiefvaters mit den übervollen Kondomen. Irgendwie fremd in dieser Familie und auf dieser Welt. In der Schule soll sie zehn Jahre lang kein Wort gesprochen haben, die Mittlere Reife gab man ihr wegen akzeptabler schriftlicher Leistungen. Die frühe Pubertät stürzte sie in eine Verwirrung, in deren Folge die thüringischen Berge ihr immer bedrohlicher auf den Leib rückten. Die Montagearbeit im Uhrenwerk Ruhla machte ihr derart zu schaffen, dass sie Veras Vorschlag, nach Berlin zu kommen, annahm und in eine leerstehende Wohnung in der Gustav-Adolf-Straße zog. Anfangs war sogar die Rede davon gewesen, dass sie bei uns in Schmachtenhagen einziehen sollte. Ich hatte das abgelehnt, weil unsere Wohnung mit Arbeitszimmer, Schlafzimmer und Küche ohnehin zu eng war. Weil es auch so genug Trubel bei uns gab, seit Vera einen Zirkuswagen in den Garten gestellt hatte, damit ihre Berliner Besucher über Nacht bleiben konnten. Weil ich Ruhe für mein Schreiben haben wollte und vor allem, weil Puppis sinnliche Präsenz für mich einer permanenten Aufforderung gleichkam, sie gegen ihre Schwester einzutauschen. Das war zu viel für mich, und somit hauste die junge Frau allein in Weißensee, bis sie eines einsamen Sonntags den Gashahn aufdrehte.

Puppi wurde auf dem sandigen, halbleeren Friedhof von Schmachtenhagen begraben. Ihre Mutter und ihre drei anderen Geschwister kamen zur Beerdigung, und Vera hatte eine schmale Stele aus Holz geschnitzt. Ich schrieb einige Tage später einen Text, in dem ich sie »Rosi« nannte – wie meine Schwester, die zehn Jahre zuvor mit ihrem Mann bei Oldenburg gegen einen Baum gefahren war.

WÄHREND LENA

Während Lena aus dem Norden kam, wurde Rosi im Süden geboren. Sie war auch blond, aber dunkler, üppiger. Wenn sie auftrat, glaubte man, dass der Erdboden zittere – während sich bei Lena alles in Eis zurückzog.

Rosi schlief mit dem Gesicht zur Wand oder auf dem Bauch liegend, Lena, kaum atmend, auf dem Rücken.

Lenas Vater war Marineoffizier gewesen, trat irgendwann aus der Partei aus, kündigte seine Arbeit und zieht seitdem Taue aus einem Loch. Rosis Vater ist Ungar.

Lena hatte eine behütete, wenn auch etwas kalte Kindheit. Rosi verbrachte zweieinhalb Jahre im Gipsbett eines Krankenhauses, weil man nicht erkannte, dass ihr mitunter steifes Knie vom Rheuma herrührte.

Rosis Mutter empfahl ihr, als es soweit war, zweimal die Abtreibung. Von Lenas Mutter weiß ich nichts.

Während Lena 1970 nach Berlin zog, kam Rosi im Jahr 1976. Rosi hatte vorher in Ruhla Uhren montiert. Lena kam zum Studium nach Berlin und sorgte anschließend für die Einrichtung von Gaststätten und Büroräumen.

Während Rosi schon vorher trank (einmal zerschlug sie eine leere Rotweinflasche am Gipsbein ihres Freundes), hielt sich Lena lange Zeit fern von Alkohol und flüchtigen Männerbekanntschaften.

Beide litten unter Waschzwang.

Lena wurde einmal, als sie weinte, von einer Freundin gestreichelt. Von da an trafen sie sich täglich.

Bei Rosi schien sich alles zum Guten zu wenden, seitdem sie ein eigenes Zimmer bewohnte und mit Gleichaltrigen lernte, wie man am vorteilhaftesten Schaufenster gestaltet.

Um so unverständlicher erschien es, als sie bei einer Feier aufstand, dem Betriebsleiter ihr Besteck ins Gesicht warf und durch die Tür davonstürzte.

Anders bei Lena. Sie hatte in ihrem Betrieb gekündigt und keine andere Arbeit gefunden. Als sie im Sommer nach Bulgarien reisen wollte, verweigerte man ihr das Visum; sie musste zusehen, wie ihre Freunde mit Rucksäcken davonzogen und sich die Stadt leerte.

Zu ihrer Freundin sagte sie beim Abschied: »Ich glaube, dass wir uns nicht wiedersehen.« Die in der Stadt zurückgebliebenen Freunde berichten, dass sie in den folgenden Wochen ständig betrunken war, schon frühmorgens Schnaps brauchte und mit allen ihren männlichen Bekannten schlief.

Während Rosi sich mit Gas vergiftete, nahm Lena Tabletten.

Während Rosi sich einmal schluchzend in meine Schulter krallte, kannte ich Lena nicht selbst. Ihre Freundin ist jetzt meine Freundin. Sie lebt, verspürt mitunter ein seltsames Jucken auf der Haut, das sich langsam auf mich zu übertragen beginnt.

Zu dieser Zeit hatte ich also schon eine »Freundin«. Dabei konnte es sich nur um Regula handeln, die ich während meiner Jahresendreise nach Thüringen kennenlernte. Vera wollte Silvester lieber in ihrem Vielweiberhaus in Weißensee feiern, doch da fürchtete ich, auf meinen ehemaligen oder einen zukünftigen Rivalen zu treffen, so dass ich lieber zu Streckser nach Jena fuhr. Er nahm mich zu einer Feier in die an einem Hang der Kalkberge gelegenen Villa eines nonkonformistischen Ärzteehepaares mit. Es gab Saale-Unstrut-Wein, mehr als nur Nudelsalat zu essen und diesmal auch Tanzmusik auf aus Polen importierten Westschallplatten. Manche Gäste hatten sich kostümiert, die schlanke und, wie ich beim Tanzen feststellte, sehr biegsame Hausherrin als Zigeunerin. Das war Regula. Als ich auf der Suche nach der Toilette durch die weitläufigen Räume des Hauses irrte, stieß ich auf sie, die gerade aus einem Zimmer trat. Wir hatten noch nicht den Neujahrskuss getauscht. Er endete damit, dass sie mich in das Schlafzimmer zog, dessen Tür noch offenstand. Was ich dort erlebte, brachte meine gesamte Erfahrungswelt ins Wanken. Mitten im Beischlaf begann Regula plötzlich zu schluchzen und wurde schließlich von einem so heftigen Weinkrampf geschüttelt, dass mir, nachdem ich sie vergeblich zu trösten versucht hatte, die Erkenntnis dämmerte, ich war soeben Zeuge eines weiblichen Orgasmuses in besonders heftiger Form geworden.

Dass ich eine solch tiefe Erschütterung in einem Menschen auszulösen imstande war, ließ mich ihm sofort verfallen. Da der Ehemann seine ebenfalls auf dem Fest anwesenden Geliebte nach Hause begleitete, verbrachten wir den Neujahrsmorgen im Bett und den Nachmittag auf den von der Sonne durchwärmten Kalkbergen, auf denen im Sommer, wie mir Regula erzählte, Orchideen wuchsen.

Alle Lichter an und alle Türen auf!

IN ZIEGENHAIN

Der Mann trug eine braune Baskenmütze, ging noch aufrecht, war schlank und in seinen Bewegungen etwas zapplig. Die Frau strahlte die Ruhe eines Geistes aus, der über einen schönen Körper verfügt und ihn zu dirigieren in der Lage ist. Beide bereits weißhaarig. Der Bus stand in Ziegenhain, am Fuße der Kalkberge. Der Mann steckte den Fahrschein zu weit in den Locher hinein, sie, derartige Ungeschicklichkeiten von ihm gewohnt, fragte: »Du hast den Fahrschein zu weit hineingesteckt?« und ging zu dem Gerät, um die Sache in Ordnung zu bringen. Er ließ sich davon nicht beirren, lief, ohne etwas von seiner Würde zu verlieren, mit kurzen Schritten zum Fahrer und sagte mit deutlicher Artikulation: »Lieber Herr, ich bin in der traurigen Lage, Ihnen gestehen zu müssen, dass mein Fahrschein in diesem Ding da verschwunden ist.« Der Fahrer kam schweigend, aber nicht mürrisch aus seiner Kabine, holte einen Schlüsselbund aus der Hosentasche, schloss den Locher auf, nahm den Schein heraus, schloss das Gerät wieder, lochte den Schein und gab ihn mit einem Lächeln zurück. Der Mann setzte sich sofort wieder neben die Frau und begann mit lauter Stimme: »Du kennst doch meine Vorliebe für die Balladendichtung. Seit längerer Zeit beschäftigt mich dabei ein bestimmtes Problem. Ich hielte es für sehr verdienstvoll, den gesamten Balladenbestand – soweit es nicht völlig klar ist – einmal daraufhin durchzuforsten, wer eigentlich der Sänger des jeweiligen Liedes ist; ich meine: ein junges Mädchen oder ein Bursche. Nehmen wir nur einmal das bekannte Beispiel ›Bald gras' ich am Neckar, bald gras' ich am Rhein‹. Dir ist es sicher gegenwärtig?« – Sie nickte. – »Wer singt dieses Lied, ein Bursche oder ein Mädchen?« Sie sagte: »Ein Mädchen.« Er: »Richtig! Die Graserin war eine bis in das vorige Jahrhundert hinein für Südwestdeutschland typische

Erscheinung. Sie zog während der Zeit der Heuernte vom Neckar zum Rhein, ja überschritt ihn mitunter sogar, um sich bei elsässischen Bauern ihr kärgliches Brot zu verdienen.«

Dann schwiegen beide eine Weile, bis er über eine Ballade zu sprechen begann, deren Titel ich nicht verstand. Sie waren sich beide einig, dass auch dieses Lied von einem Mädchen gesungen wurde. Er sagt: »Mich interessiert besonders die letzte Strophe. Sie lautet ...« Er zögerte einen Moment, und sie kam sofort, aber ohne einen Anflug von Besserwisserei mit dem vollen Wortlaut der Strophe zu Hilfe. Er: »Danke. Was du aber sicher nicht weißt: es gibt eine zweite, weitgehend unbekannte Version der Strophe, in der die Braut ihren Bräutigam nicht heiraten kann, weil der Vater in einer Nacht das mühsam von der Mutter ersparte Brautgeschenk versetzt und vertrunken hat. Sicher ist diese etwas bittere Variante ...«

Der Busfahrer hatte den Motor gestartet. Doch der Mann sprach weiter gegen den Lärm an, unerschütterlich, ich sah seinen sich öffnenden Mund, sah den ruhigen, aus dem gegenüberliegenden Fenster gehenden Blick der Frau. Die Oberkörper schaukelten im gleichen Rhythmus, und wenn der Bus in eine Kurve fuhr, hielten sich beide an den Haltegriffen fest.

Ich bin in das Lager der Liebenden zurückgekehrt.

Die raren Augenblicke des Glücks: wenn konkretes Erleben abstraktes Vorstellen und Erinnern überholt und lächerlich macht.

DER SCHNEEWALZER

Wir landeten im »Ritterstein« am Rosenmontag gegen Sieben, als wir alle anderen Kneipen abgeklappert und in keiner Platz gefunden hatten. Der »Ritterstein« lag am Rande der Stadt, am Fuße irgendeines Berges, wahrscheinlich des »Rittersteines«. Wir sahen die gleichen groben Gesichter, die unter irgendeinem Papphut hervorglotzten, wie in allen anderen Kneipen. Aber hier fanden wir Platz, nämlich hinten, am großen Tisch, der parallel zur Wand stand. Am Ende des Tisches saß eine weißhaarige Alte im Brokatkleid mit nur noch zwei Zähnen im Mund und einem Sombrero auf dem Kopf. Ihr gegenüber ihr dünner, etwas unrasierter, ständig rauchender Mann. Zwischen ihnen, ebenfalls rauchend, ein etwas jüngerer Mann, wahrscheinlich beider Sohn, denn er hatte die Hakennase der Alten. Im hinteren Teil – wo wir saßen, er war durch grünpflanzenbehangene Raumteiler von der übrigen Gaststätte getrennt – standen noch zwei runde Tische, an denen bunt zusammengewürfeltes Volk saß, alle mit Hüten auf den Köpfen, alle rauchend, laut sprechend und schon angetrunken. Vorn am großen runden Tisch spielten dicke Männer Skat. An einem anderen Tisch saß wieder eine größere Gruppe unter Papphüten zusammen; einzeln ein Betrunkener mit dreckigen Schuhen. Die Theke befand sich vorn, direkt neben dem Eingang, und an ihr hantierte der Wirt, ruhig, distanziert. Wir aßen das, was es gab, Broiler, tranken Bier und Schnaps, und Regula störte der Rauch. Wir waren uns einig, dass wir es hier im »Ritterstein« mit dem primitivsten Menschenschlag zu tun hatten, der denkbar war. Alle grobknochig, mit ausladenden Bewegungen, die Sprache breit, laut und nuancenlos, alle alterslos, alle hässlich und alle dabei von einer durch nichts in Frage zu stellenden Selbstsicherheit.

Das galt auch für die drei Leute an unserem Tisch, obwohl sie durch ihr Schweigen und eine etwas lächerliche

Würde herausfielen. Der Sohn wurde ständig von einem Rotgesichtigen am Nachbartisch vollgepöpelt, der dabei durch Augenzwinkern eine plumpe Vertraulichkeit mit uns herzustellen versuchte. Der Sohn hieß Helmut und reagierte mit einem blöden Lächeln, wenn er angeredet wurde »Helmut wie en?« oder »Helmut was issen?« oder »Helmut, wo haste denn deine Fraun?« Für mich war offensichtlich, dass er der einzige, nicht sehr intelligente, ohne Frau gebliebene und dadurch zum Gespött gewordene Sohn der beiden Alten war. Auch sie reagierten mit Gelassenheit, höchstens einmal mit verlegenem Lächeln der Mann, mit scharfen Blicken die Frau. Der Grund ihrer Gelassenheit wurde deutlich, als nach einer reichlichen Stunde – der Abend schien sich in Sauferei, Grölen und gegenseitiger Lästerei festgefahren zu haben – in den Händen des rotgesichtigen Mannes plötzlich ein Schifferklavier erschien. Helmut drückte ruhig seine Zigarette aus, trank den Schnaps, den man ihm bestellt hatte, rückte mit dem Stuhl etwas vom Tisch ab, der Rotgesichtige hielt ihm das Schifferklavier vor die Brust, Helmut legte sich die Riemen über die Schulter, ließ die Luft aus dem Instrument und begann – alles war still – mit voller Kraft zu singen und zu spielen: »Den Schnee-, Schnee-, Schneewalzer tanzen wir. Ich mit dir, du mit mir.«

Es war klar, weshalb er nicht zu sprechen brauchte, weshalb er still alle Spötteleien über sich ergehen lassen konnte – er konnte ja singen mit seiner Stimme, spielen mit seinen Fingern, er konnte mit einem Schlag aus einem saufenden, nörgelnden Haufen eine große singende Familie machen. Nur unsere Müdigkeit hatte uns bisher vom Zahlen abgehalten, jetzt tranken wir den sauren Saale-Unstrut-Wein. Alles sang um uns her. Ob wir wollten oder nicht, unsere Münder verzogen sich zu einem Lächeln und summten mit. »Adelheid, warum ist es am Rhein so schön« und »Im schönsten Wiesengrunde«, wozu sich die weißhaarige Frau von ihrem Platz erhob und nachtigallengleich sang. Ihr Mann sah zu uns herüber und blinzelte mit den Augen. Wir blinzelten zurück. Als »Rucki-Zucki« gespielt wurde, trugen plötzlich die zwei jungen mächtigen Burschen vom Nachbartisch ihre älteren Frauen in die Mitte des Raumes – die Wirtin räumte die Blattpflanzen weg –, schüttelten die Arme nach oben und sangen dazu, das ist der neueste Tanz. Und immer wieder erklang der »Schneewalzer«. Sofort wurde dann die Tanzfläche freigemacht, und die beiden Alten, sie in ihrem weißen Brokatkleid, er im grauen Anzug, schwebten wie Federn umher, zusammen, trennten sich wieder, tanzten mit einer Leichtigkeit, wie ich sie noch nie gesehen hatte. Dann ein Marsch. Alle Gäste formierten sich zu einer Polonaise, voran die weißhaarige Primaballerina; wir standen ebenfalls auf – da krachte ein Ziegelstein durch das Fenster.

Sofort war Stille. Vier, fünf Mann stürzten nach draußen, die anderen setzten sich zurück an die Tische. »Käse sowas«, sagte der Alte zu uns herüber. Wir nickten: »Käse sowas.« – »War doch gemütlich bis jetzt, oder?« – »Und wie gemütlich.« – »Aber Quertreiber gibt es überall.« – »Wer war es denn?« – »Na, einer von den Skatern; der, den sie rausgeschmissen haben.« Der Wirt kam mit einer Pappe und nagelte das Fenster zu. Aber der Abend hatte einen tiefen Riss bekommen. Alles saß still herum, dann kehrten die Männer zurück, voran die zwei jungen Kerls vom Nachbartisch. Sie liefen breitbeinig. Der ältere zeigte uns das Blut an seiner tätowierten Hand und sagte »Musste sein. Oder? War doch gemütlich bis jetzt, oder?« Ich sagte »Klar, gemütlich.« – »Aber Quertreiber gibts überall. Helmut, Musik!«

Diesmal gingen beim Schneewalzer alle auf die Tanzfläche, nur die beiden Alten nicht. Der junge Kerl nahm die eine ältere Frau wieder auf die Arme und sagte zu uns: »Meine Mutter. Einwandfrei, was?« Der Alte meinte: »Bald kommt meine Tochter mit der Enkelin.« Ich sagte: »Ist

Helmut nicht ihr Sohn?« Er: »Nein, das ist der Schwiegersohn.« Ich nickte. Als die Musik pausierte, stand der mit den dreckigen Schuhe auf und schrie: »Recht hat er gehabt. Recht hat er gehabt, dass er die Scheibe zerschmissen hat.« Niemand antwortete ihm, dann kam die Tochter. Eine große Frau und hinter ihr die Enkelin, etwas kleiner, aber noch dicker. Sie setzten sich zwischen uns und die Alten, musterten uns mit einem Blick, verschränkten die Arme und schienen unbeeindruckt von dem, was um sie vorging. Helmut spielte und sang, sie aßen Broiler. Allmählich wurde Helmut leiser, und dann hörte man Recordermusik zwischen den Harmonikaklängen.

Die Riesenfrau sagte zu Helmut: »Hör auf.« Helmut hörte auf, und jetzt plärrte nur noch der Recorder am Vordertisch; die an ihm saßen, versuchten, die gleichen Lieder wie vorher nun zur Konservenmusik mitzusingen. Die Reaktion der übrigen Gäste war unterschiedlich. Manche murrten, die meisten blieben still. Die große Frau sagte zwischen Broilerflügel und Keule »Haben wir auch drauf« – sie meinte, auf ihrem Recorder – »nur besser«. Der Alte beugte sich zu uns herüber: »Käse sowas.« Wir: »Blödsinn.« Als der junge Tätowierte vom Nachbartisch ebenfalls etwas von Käse sagte, fragte ich, ob man da nichts machen könne, schließlich seien sie doch sicher Stammgäste. »Die auch«, antwortete er, »aber das sind Ochsen. Jedes Jahr dasselbe. Eine Stunde gebe ich denen noch, dann knallts.« Regula: »Aber könnt ihr nicht vorher miteinander reden?« Er: »Mit denen kann man nicht reden. Da helfen nur Hiebe.« Die Riesenfrau mit der Enkeltochter steckte inzwischen die Knochen in die Tüte und sagte: »Für den Hund.« Dann leckte sie sich die Finger ab und sagte: »Los Helmut!«

Helmut nahm die Ziehharmonika und spielte. Die Riesenfrau, ihre Tochter, die alte Frau, der alte Mann, wir, die jungen Männer mit der Mutter und ihrer Freundin, der Rotgesichtige und alle an seinem Tisch standen auf, tanzten und sangen: »Den Schnee-, Schnee-, Schneewalzer tanzen wir. Ich mit dir, du mit mir«. Wir sangen und tanzten bis zur Erschöpfung, auch am Vordertisch standen Frauen auf und tanzten; nur die Männer blieben um ihren Recorder sitzen, der nicht mehr zu hören war. Wir sangen, sangen, drehten uns, drehten uns, dann plötzlich wieder Stille.

Helmut sagte »Schluss!« und packte die Ziehharmonika zusammen. Keiner erwiderte etwas, alle schienen nüchtern, zogen langsam ihre Sachen an und zahlten vorn an der Theke. Am Vordertisch plärrte der Recorder, und es wurde gejohlt. Nur die jungen Männer mit den beiden Frauen blieben; sie sagten: »Warum haut ihr ab? Noch eine halbe Stunde, dann gehts los.« Der Ältere kam zu mir und hielt mich am Arm fest. »Hast du Angst?« fragte er. Ich sagte: »Ja.«

Regula hatte einen Wartburg-Kombi, mit dem wir nach Arnstadt gefahren und in diese Faschingsfeier geraten waren. Draußen klare, kalte Höhenluft und in den winkligen Straßen sogar Schnee. Im Hotelzimmer sahen wir unseren Atemhauch, wenn wir, um Luft zu schnappen, unter den Bettdecken hervorkrochen. Am Morgen unterm Bett leere Weinflaschen, deren Anzahl ungefähr der Häufigkeit von Regulas Weinkrämpfen und unserem anschließenden Gelächter entsprach.

Sie setzte mich auf der Heimfahrt in Weimar ab, wo ich Friedemann Berger im Hause des Kiepenheuer-Verlages besuchte. Er war ein großer, beleibter Mann, dessen blasses Gesicht von einem sauber ausrasierten schwarzen Bart gerahmt wurde, was ihm zusammen mit der stets dunklen Kleidung die Ausstrahlung eines protestantischen Pfarrers verlieh, der er, obwohl Absolvent eines Theologiestudiums, jedoch nie gewesen ist. Ich hatte ihn als Lektor der Evangelischen Verlagsanstalt kennengelernt, wo er einen Kreis junger Lyriker um sich geschart hatte, bevor er in die Jugendstilvilla von Noa Kiepenheuer, der Witwe des Verlagsgründers Gustav einzog, um dem von ihr geführten Verlag frisches literarisches Leben einzuhauchen.

Es war eine fremde, mit der sonstigen DDR deutlich kontrastierende Welt, in die ich jedes mal eintauchte. Am Rande des Ilmtals gelegen wehte von Goethes Gartenhaus noch ein Hauch Weimarer Klassik herüber, der sich mit der Zwanzigerjahre-Aura aus der Frühzeit des Verlags vermischte und durch Bergers Ehefrau noch eine besondere Note bekam. Sie war nämlich Schwedin, und so standen auf dem Frühstückstisch immer exotische Konfitüren und duftete und schmeckte der Kaffee eindeutig nach Westen. Gefrühstückt wurde selten vor Elf, dann erging ich mich im Freien, beispielsweise auf Spaziergängen zum nahen Schloss Belvedere oder bis nach Tiefurt hinaus, um die Erinnerung an ein Praktikum als Führer im dortigen Schloss aufzufrischen, umschwebt von den Geistern Wielands, Goethes und Anna Amalias.

Bergers Arbeitstag endete erst spät abends. Gegen zehn Uhr wurde zur Nacht gegessen, ein warmes Gericht, zubereitet von der Hausherrin, die meist schweigend unseren Diskussionen folgte. Obwohl nicht sehr viel älter als ich, verfügte Berger über einen außerordentlich festgefügten Geist mit klaren Koordinaten. Er hatte einen von Bobrowski und Celan inspirierten Gedichtband und einen im barocken Neapel spielenden Roman veröffentlicht, von dessen zentralem Kapitel Mickel behauptete, er würde seinen kleinen Finger dafür geben, es geschrieben zu haben. Mir war sein avancierter Kunstwille fremder, doch der ganze Mensch nahe genug, um seine Gegenwart zu genießen. Sein Angebot, ein Nachwort für meinen Erzählband zu schreiben, hatte mich geehrt, doch besonders gefiel mir, dass neben dem Arbeitstier ein Spieler in ihm wohnte. Um Mitternacht stiegen wir in den Keller hinab, wo ein Billardtisch und eine Tischtennisplatte auf uns warteten. Zuerst eine Stunde französisches Karambolage, in dem ich keine Chance hatte, und dann, bis in den frühen Morgen, packende Duelle mit dem Zelluloidball, bei denen sich Berger so virtuos zeigte, dass Mickel für seine Rückhand wohl den Zeigefinger geopfert hätte.

Von Anfang an umspielte dem Mann, der zugleich Theologe und Sportler, strenger Wissenschaftler und Sympathisant eines so ruhelosen Geistes wie des meinen war, für mich ein Geheimnis. Wie tief allerdings die Kluft in ihm war und wie groß der Abstand zu mir, sollte ich erst später erfahren.

Auf dem Weg vom Belvedere: im Nebel vor mir drei Menschen in seltsamem Gleichklang der Schritte und Bewegungen. Eine ältere kleine Frau, untergehakt von einer jungen, die wiederum lose verbunden mit dem Arm ihres Mannes oder Verlobten. Besonders die junge Frau strahlte ein Glücksgefühl aus – eine Zufriedenheit mit sich und ihrem schönen Körper, ihrer sauberen Wäsche und dem schwingenden Mantel – das sich auf mich, der der Gruppe folgte, übertrug. Im Näherkommen, als ich die Mantelfarbe als Schwarz identifizierte, wurde mir die Ursache dieses gemeinsamen Glücks klar: sie kamen von einem Friedhof. Nichts verbindet so sehr wie die Feststellung nach einer Beerdigung: man ist es nicht, der begraben wurde, man lebt noch.

Bisher lief mein Schreiben dem Leben voraus und zog es hinterher. In Arnstadt ist das Leben an ihm vorbei gestürmt, und ich hoffe, dass das Schreiben es nie wieder einholt.

Es gibt keine größere Wahrhaftigkeit als die von liebenden Ehebrechern. Keine Situation, kein Wort kann sie bewegen, ihren Wunsch zu verleugnen, sich zu sehen, zu berühren, sich trotz aller Gefahren zu vereinigen. Keine ist so groß, dass sie eine Lüge angesichts dieser Begierde rechtfertigte. Geschieht es trotzdem, wird die Liebe beschmutzt und schmilzt.

Der Frühling, der mich zum Tier macht. Nicht unangenehm.

Etwas viel für ein Leben: die Vergangenheit hinter sich lassen, in der Gegenwart ankommen, die eine Zukunft verhindern und die andere antizipieren. Aber nicht zuviel für ein Buch.

Ich habe keinen Stil. Ich bin vielleicht nicht einmal sonderlich talentiert. Aber ich habe einen starken Willen. Wenn ich will, kann ich sogar feinfühlig sein, wenn ich will, werde ich eines Tages zum Genie oder, was mir wichtiger ist, welches haben. Ich sehe es kommen: irgendwann will ich ein 500 Seiten starkes Buch schreiben und werde es tun, und es wird bedeutend sein, weil ich es will.

Dazu sage ich nichts.

Nach der steht mir nicht der Sinn
mit der ich beisammen bin.
Bei der ich nicht bin
nach der steht mir der Sinn.

Um so schwerer fiel es mir, Regula in Schmachtenhagen gegenüberzusitzen und nicht so berühren zu dürfen, wie ich wollte. Sie hatte mit Mann und Kindern auf der Rückfahrt von der Ostsee bei uns Station gemacht, obwohl ich mich immer gegen ein solches Treffen ausgesprochen hatte. Vielleicht ist es ein spezielles Bedürfnis von Frauen, eine Harmonie selbst in Verhältnissen herzustellen, die für Männer oder zumindest für mich zu zerrüttet dafür sind – auch Vera hatte mir ja zumuten wollen, ihren ersten Liebhaber und später seinen Nachfolger kennen- und schätzen zu lernen. Ich war dafür ungeeignet. Ich war ja nicht einmal in der Lage, die erste Liebesnacht mit Regula in ihrem Jenaer Ehebett zu wiederholen und bestand weiterhin auf Treffen in Hotels. Sie hingegen hätte gegen eine Auflockerung der festen Fronten nichts gehabt, ja gestand mir, dass sie sich durchaus eine Nacht zusammen mit mir und ihrem Mann vorstellen konnte. Das ließ mich zum ersten mal an einer gemeinsamen Zukunft zweifeln. Unser trautes Beisammensein zu viert – während ihre zwei Söhne mit unseren Töchtern in der nur unzureichend mit Pflanzen bewachsenen Sandgrube unseres Gartens spielten – wurde dann der Anfang vom Ende. So wie wir zusammen Kaffee tranken, waren wir keine ehrlichen Ehebrecher mehr. Es war Lüge, Regulas Mann ruhig gegenüberzusitzen und zu fragen, ob er zum Kaffee einen Schnaps wolle. Er wollte nicht, sich aber von Vera gern ihr Atelier zeigen lassen. Unsere heftigen Umarmungen und Küsse, während die beiden im Waschhaus waren, machten die Lage danach für mich um so trostloser. Der Internist und Kunstfreund kam mit zwei kleinen Landschaften zurück, die ich besonders liebte, weil ich in ihnen noch nicht den verderblichen Einfluss der Weißenseer Kunstschule am Werke sah. Stolz zeigte er seinen Kauf Regula, die beim Betrachten der Bilder ihre Hand auf seine Schultern legte. Nie würde ich sie aus dieser Einheit herausbrechen können, wurde mir klar. Sie waren und blieben ein Paar, während wir, nachdem unsere Gäste abgefahren waren, als mehr denn je verstörte Einzelwesen zurückblieben.

TÜREN

1

Diese Tür hat keine Klinke. Man öffnet sie mit Hilfe eines Vierkantschlüssels.

Sie ist braun, hoch und in vier Felder geteilt; zwei kleinere oben, zwei größere unten.

Öffnet man diese Tür, steht man vor einer zweiten Tür.

2

Die weiße aseptische Kühlschranktür braucht man nur anzutippen, schon schließt sie sich mit leichtem Seufzen und feinem Klirren der Dosen und Gläser darin.

3

Diese Tür befindet sich in unserer Schule; sie ist das Hauptportal und zweiflüglig zu öffnen. Zu ihr führen links und rechts je eine Treppe mit Geländer. Sie ist aus schwerem ruhigen Eichenholz, denn unsere Schule ist ein altes Gutshaus.

Diese Tür wird nie benutzt. Nur wenn Feueralarm bevorsteht, erhält der diensthabende Lehrer den Schlüssel, damit er sie rechtzeitig öffnen kann.

4

Die Hintertür

Stets ist noch eine vorhanden. Stets öffnet sie sich bereitwillig und gibt den Weg frei. Stets führt sie in die Irre.

5

Die Spiegelung des Glases verrät nichts außer der Oberfläche eines bekannten Gesichtes vor einer unbekannten Neubaufront.

Du trittst darauf zu und – fällst in Scherben.

6
In einer grob verputzten Mauer: Stahl, grau gestrichen.
Türknopf und Guckloch. Fernsprechanlage.
Man drückt auf ein Knöpfchen und spricht in die Schießscharten der Wand.
Ertönt ein Summen, kann man den Türknopf nach rechts drehen und eintreten.

7 und 8
Das aus dem stammende Doppelportal geht zurück auf die da das aber ergab Asymmetrie der gesamten die da das aber zu den Merkmalen der deutschen Renaissancebauweise auf schlanken kannelierten Säulen und sonstige Dinge über Türsturz und Architrav ist die unten fehlende Symmetrie wieder hergestellt.

9
Von dieser Tür weiß ich nichts. Ich weiß auch nicht, was dahinter ist. Ich stelle sie mir als schwarzes Loch in der Mauer vor. Keine Tür, nur eine Möglichkeit.
Immer wieder renne ich gegen sie an und stoße mir den Kopf blutig. Mal glaube ich, sie ist aus Stahl, mal aus Panzerglas, mal ist es wohl einfach die Wand. Ich gebe nicht auf. Ich will durch keine andere Tür.

Wände gibt es genug, aber ich habe nur einen Kopf.

Was haben wir Schreiber der Freude des Malers entgegenzusetzen, der sein Bild beendet hat und es nun betrachtet? Die Freude vor dem fertigen Text, den wir nicht betrachten können. Die Freude, Anti-Materie geschaffen zu haben.

An manchen Sonntagen verlasse ich jetzt Schmachtenhagen. Ich ziehe den braunen, von meiner Mutter umgeschneiderten Anzug meines Vaters an und fahre nach Berlin ins »Operncafé«. Eines der wenigen kaffeehausähnlichen Etablissements, die ich in der DDR kenne. Ansonsten fällt mir nur das »Corso« in Leipzig ein, das Café am Körnerplatz in Dresden, eins in Altenburg und eins in der Berliner Brunnenstraße. Das neben dem Opernhaus hat große Spiegel, ist rosa tapeziert und mit weißem, dem Barock nachempfundenen Mobiliar vollgestellt. Ältere Damen, Gigolos, schwule Pärchen und Besucher aus Westberlin sitzen dort so eng zusammen, dass man ihre Gespräche mithören kann. Ein Nachbar mit randloser Brille, blondem Haar, weißer Haut, mit rotem Hemd, grünem Schlips und Parteiabzeichen am Revers sagte lächelnd zu seinem Begleiter: »Ein gesunder Opportunismus kann manchmal nicht schaden.«

Im Traum gehe ich mit einem männlichen, wichtigen Begleiter und unserem Gastherrn, Herrn Schulze, über von Schnee bestäubte Felder, durch Gärten, auf weißen Wegen durch Schmachtenhagen. Ich wünsche, mich dem Wasser, dem Eise zu nähern, doch weder Kanal noch See erreichen wir wirklich; wir umkreisen auf konzentrischen Wegen Herrn Schulzes Haus. Dem begleitenden Herrn erkläre ich, was für Spuren wir hier im Orte hinterließen: Viele Frauen malen, einige Männer begannen, sich mit Literatur zu beschäftigen. So verfasst der Mathematiklehrer Memoiren, und Herr Schulze schreibt an seiner Krankengeschichte. Herr Schulze bestätigt es mehr verwundert als bestimmt. Im Verlassen des Orte erhasche ich noch einen Blick auf See und Kanal. Es ist aber schon ein Luftbild.

Es war ein Luftbild, weil wir schon beim Sachen packen waren. Wäre es nach mir gegangen, wären wir innerhalb Schmachtenhagens umgezogen, in die noch tiefer im Wald gelegene Kolonie Ost, wo eine Hütte mit zwar nur anderthalb Zimmern, aber mit einem geräumigen Keller und viel Auslauf im Garten frei geworden war. Anders als Vera hasste ich Veränderungen, weil sie sich vom Tage meiner Einschulung an immer als Verschlechterungen herausgestellt hatten. Und bis auf das komplizierte Verhältnis zur Familie der Reinemachefrau (ihre Tante schickte mir jetzt regelmäßig handgeschriebene Gedichte) hatte ich über die Dorfbevölkerung nicht zu klagen: mit Herrn Schulze sah ich, bevor wir einen eigenen Fernseher hatten, sonnabends die Sportschau, und die ehemaligen Mitglieder meines Elternaktivs standen mir nach wie vor als Skatpartner zur Verfügung. Vera hatte ich es zu verdanken, dass ich in diesem Wald nicht Wurzeln schlug und bis zu meiner Verrottung Dorfgeschichten oder historische Romane schrieb. Indem sie Luise zur Einschulung in Berlin anmeldete und beide Kinder zu sich nahm, schuf sie vollendete Tatsachen. Auch um mich kümmerte sie sich und besorgte mir eine Kochstube, eine Straßenbahnstunde entfernt von ihrer Wohnung in dem traditionsreichen Arbeiterbezirk Lichtenberg.

Der Umzug war für mich ein so einschneidendes Erlebnis, dass ich in meiner Erinnerung davon gleich zwei Varianten gespeichert habe. Die eine hat sich bei meinen verschiedenen Versuchen herausgebildet, die Szene zum Eingangskapitel eines Berlin-Romans zu formen, von dem nichts anderes als der Titel »Ostkreuz« übriggeblieben ist, ein Titel, unter dem inzwischen mindestens zwei Romane von Leidensgefährten erschienen sind, die mir eine weitere Arbeit erspart haben. In dieser Szene zieht ein Pferd den Umzugswagen, das ich später häufig vor einem Kohlenwagen im Prenzlauer Berg gesehen habe. Der unförmige

Auswuchs auf seinem Nasenbein, in dem sich alles Leid der Welt gesammelt zu haben schien, um den Pferdekopf nach unten zu ziehen, machte es zum überzeugenden Symbol meiner eigenen Situation. In Wahrheit war es wohl ein Trecker der Schmachtenhagener LPG, der meine mir zugeteilte Habe, mich, Vera und ihre beim Umzug behilfliche Malerfreundin Linde Bischof nach Berlin transportierte.

Es nieselte Kohlenruß, als wir in der Pfarrstraße ankamen. Der Ruß wurde vom Kraftwerk Klingenberg ausgespuckt, dessen Schornsteine mit den in der Nacht blinkenden Warnsignalen das Viertel überwachten, mit dem mich Berlin von seiner düstersten und dreckigsten Seite begrüßte. Dieses Quartier war eine dreieckige Insel, die auf der einen Seite vom VEB Berliner Bremsenwerk, auf einer anderen vom Neubauviertel an der Frankfurter Allee und auf der dritten von einem der rostigen Eisenarme begrenzt wurde, die die als »Ostkreuz« bekannte Spinne von S-Bahn-Station in sämtliche Richtungen ausstreckte. Jener S-Bahnhof, auf dem wir so erbärmlich gefroren hatten, wenn wir uns nach einem 2-Uhr-Ausgang verabschiedeten, Vera in Richtung Norden nach Oranienburg und ich nach Süden in die Potsdamer Kaserne fahrend. Jetzt blieb ich also hier, und einen einigermaßen begehbaren Fluchtweg von meiner Insel gab es nur entlang der Straßenbahnlinie 5 über den Boxhagener Platz. Dort fand ich auch die einzige Kneipe der Umgebung, wo mich die Stadt für den Verlust der Gesellschaft von Kiefern und Birken mit der von Gewohnheitstrinkern entschädigte. Doch was war das überhaupt für eine Stadt! Dieser Boxhagener Platz hätte ebenso gut in Leipzig Ost liegen können: wenn keine Straßenbahn vorbei ratterte, musste man schleunigst einen Schnaps kippen, um die Stille zu ertragen. Noch gespenstischer war es allerdings in meiner sogenannten Kochstube. Es handelte sich dabei um ein am Ende eines langen Korridors gelegenes Zimmer mit

Wasserhahn und Gasherd, in dem ich mich wie auf einem Floß aus Dielenbrettern fühlte, schiffbrüchig im Ozean der Stadt. Ich verließ es so oft ich nur konnte, zumeist schon am frühen Morgen, denn wenn ich sonst auch nichts mehr hatte, keine feste Arbeit, keine Frau, keine Geliebte und keine Kinder, Zeit hatte ich genug. So schleuste ich mich durch den Pass zwischen Bremsenwerk und Ostkreuz, um in belebteren Stadtvierteln nach Menschen zu suchen, die bereit waren, diese Zeit mit mir zu teilen. Glücklicherweise hockten sie im Prenzlauer Berg dicht beieinander und es gab keine Telefone, mit denen ich mich hätte anmelden müssen. Durch die Häuserschluchten rund um die Schönhauser Allee lief ich mit angehaltenem Atem. Ansonsten bestand Berlin aus Fragmenten, aus Relikten einer geschändeten Vergangenheit oder Zeugnissen der trostlosen Gegenwart, die nirgendwo zusammenpassten; hier aber gab es geschlossene, in bis zu drei Hinterhäusern gegliederte Steinmassen, deren Gewalt mich mehr erhob als erniedrigte.

Mitunter stand ich schon vor Wohnungstüren, wenn meine Opfer noch Schlafanzüge trugen. Bei Richard Pietraß war das kein Problem, der war gesprächsbereit, sobald er die Augen aufschlug. Seine Wohnung mochte ich besonders, weil sie in der Oderberger Straße lag, die breit wie eine Rollbahn auf die Mauer zuführte, vor der man im Geiste abheben und sie überfliegen konnte. Während er im Bad zugange war – der Glückliche hatte eins –, sichtete ich seine neuen Bücher, die ihm die Postboten aus sämtlichen Himmelsrichtungen, darunter auch der westlichen, brachten. Sie überschwemmten die gesamte Wohnung, bildeten überall Türme und Inseln und ließen in seinem Arbeitszimmer nur schmale Pfade zum Besuchersessel und zu dem ebenfalls mit Büchern überhäuften Diwan frei, der sein liebster Aufenthaltsort war. Richard war ein Meister der freundlichen Verbindlichkeit. Sie hatte ihm Korrespondenzen mit der halben Welt der Lyrik eingetragen und zuletzt einen Sitz in der Redaktion der neu gegründeten »Blätter für junge Literatur« mit dem verheißungsvollen Titel *Temperamente* – eine Sensation in der DDR: eine d r i t t e Literaturzeitschrift, die mit Illustrationen, dicken Balken und fetten Überschriften die unruhig werdende Jugend mit ihrem Lande versöhnen sollte. Nach einem Frühstück mit Büchsenschmalzbroten und Apfelsaft – Richard trank weder Kaffee noch Alkohol, noch rauchte er –, besprachen wir die Lage. Die ersten beiden Hefte waren in einem Abstand von einem halben Jahr erschienen, und auch jetzt, beim dritten, waren mehrere Anläufe nötig, um die entscheidende Zensurbehörde beim Zentralrat der FDJ zufriedenzustellen. Gab es eine Chance, dass ich etwas darin unterbringen konnte? Im ersten Heft hatte eine der wenigen Rezensionen meines Erzählbandes gestanden und im zweiten ich mich selbst als Kritiker versucht. Richard mahnte zur Geduld, und überhaupt müsse man vorsichtiger sein. Es hat alles nichts genutzt, nach vier Heften wurde die Zeitschrift wieder zu Grabe getragen, und Fritz-Jochen Kopka, der sanfte Mecklenburger, war umsonst in die Partei eingetreten, um ihr Chefredakteur zu werden.

Beim Gang durch Richards Wohnung war ich in ein Zimmer geraten, in dem nichts anderes als etwa 2000 Bücher wohnten. Wie wäre es, wenn ich …? Nein, Richards Leben war zu reglementiert, um einen Untermieter wie mich zu vertragen. Am Wochenende ging es zu Frau und Kindern in die Marzahner Wohnscheibe, donnerstags kam die Freundin, die neuerdings immer anspruchsvoller wurde und nach dem einen Beischlaf noch einen zweiten verlangte … Nun gut, ich musste weiter. Wohin aber mit mir? Bei Sarah Kirsch, die auf gepackten Koffern saß, war es zu deprimierend, und Mickel hatte sich wie immer, wenn es brenzlig wurde, seit der Biermann-Ausbürgerung nach Wilhelmshagen zurückgezogen. Zu Elke Erb in die Wolliner, zu den Wolfs in die Friedrichstraße oder doch lieber hinaus in den Pankower Bürgerpark, um auf dem bis zu den Wurzeln abgemähten Rasen in das fadenscheinige Blau des Berliner Himmels zu starren und mich dabei in Nichts aufzulösen?

Später nahm ich zu meinen Besuchen bei Pietraß häufig einen Beutel mit Handtuch, Waschlappen, Seife und einem kleinen, prallen Kissen Eiershampoo mit. Nicht um bei ihm zu duschen, sondern um das Stadtbad auf der anderen Straßenseite zu besuchen. Das byzantinische Schwimmbecken ließ ich unten liegen und stieg hoch zu den Badewannen, die sich in einem langen Gang aneinander reihten. Die Wannen waren von Rostflecken gesprenkelt, über die Wände zwischen ihnen hinweg hätte ich meinem Nachbarn die Seife reichen können, und am Eingang des Bades stand wie in den Straßenbahnen eine Kartenbox, in die man zwanzig Pfennig oder gar nichts werfen konnte, weil durch mehrfache Hebelbewegung das Ticket am Ende der Papierschlange unkontrollierbar wurde. Das Bad war mir jedoch zu heilig zum Betrügen. Seit ich mit Wilhelm Rothmann in einer Wanne des Krankenkassenbades von Wurzen gesessen hatte, liebte ich die öffentlichen Bäder, ihren Brodem, ihren Geruch nach Seife und die gemeinsame Verwandlung von schmutzigen alten in neue saubere Menschen. Nur dass ich in der Oderberger allein in einer Wanne saß und mir niemand den Rücken schrubbte, trübte ein wenig mein großstädtisches Glück.

Die Ehe ist doch die gesündeste Form des Zusammenlebens! Sie strukturiert den Tagesablauf, sorgt für ein Normalmaß an sexueller Entspannung ohne das ständige Auf und Ab von Abstinenz und Extase, lenkt den Blick von der eigenen auch auf fremde Befindlichkeiten – und kann mit einem Pistolenschuss ins Herz enden.

ZWEI STÜTZEN SICH

Zwei stützen sich. Auf flacher Erde sinken sie zu Boden. Der Verletztere sagt: »Lass mich zurück, es ist wichtig, dass wenigstens einer durchkommt.« Der Unverletztere nickt mit dem Kopf, denn er kennt den wahren Hintergrund des Angebots. Er geht davon, ohne sich umzudrehen, doch er weiß, dass der andere jetzt ebenfalls aufsteht und davongeht, in die andere Richtung. Denn sie hinderten sich mehr beim Gehen, als sie sich halfen.

ÜBER KÖRPERLICHE BERÜHRUNGEN

Zuerst lag er an der Brust und trank. Man nahm ihn in die Arme. Später warf man ihn hoch und fing ihn wieder auf. Man kitzelte ihn. Man lehrte ihn laufen mit Hilfe großer Hände.

Man schlug ihn, man streichelte ihn. Im Kindergarten ging er Hand in Hand. Er balgte sich gern und wälzte sich herum mit anderen.

Er liebkoste Mädchen, umarmte sie und küsste mit seinem Mund ihren. Er lernte, mit einem Teil seines Körpers in einen anderen Körper einzudringen und dabei zärtlich zu sein.

Im Schlaf berührte jede Nacht seine Hand die Hand oder die Schulter oder die Brust einer Frau. Er nahm Kinder auf seinen Schoß. Er streichelte sie. Er half ihnen beim Laufen.

Er gibt ab und zu jemanden zur Begrüßung die Hand. Einmal im Monat geht er zum Friseur. Wenn in der Straßenbahn ein fremder Mensch ihn anstößt, erschrickt er. Manchmal untersucht ihn ein Arzt. Er sagt: »Worte sind weniger als körperliche Berührungen.«

Für den, der allein ist, können die anderen Menschen den Dingen ähnlicher werden als ihm selbst. Er sieht die Menschen ja nur, wie auch die Dinge, aber er ist nicht in ihnen, wie auch nicht in den Dingen, aber stets und ständig in sich.

Und doch: Es ist ein neues und kein schlechtes Gefühl, sich einer Gemeinschaft zugehörig zu fühlen, die mir bisher verschlossen war, zu der der Alleinlebenden. Zu denen, die morgens allein aufstehen, frühstücken, an ihre Arbeit gehen und abends mit dem befriedigenden Gefühl zu Bett, niemanden etwas schuldig geblieben zu sein, niemanden verletzt oder beleidigt zu haben, von niemanden verletzt oder beleidigt worden und nur für sich selbst verantwortlich zu sein.

Viel mehr als das, was ist, gibt es von dem, was nicht ist.

Auf einen solchen Gedanken konnte man nirgends so leicht wie im Berliner Osten kommen, wo die Bürgersteige so breit wie anderswo die Straßen sind, wo der Krieg Lücken zwischen den Häusern hinterlassen hat, die größer waren als diese selbst, und der Nachkrieg sie nicht wieder oder mit Bauten gefüllt hat, die man am besten übersieht.

Berlin ist eine Stadt ohne Geheimnis. Man muss es lesen wie ein Lexikon. Doch wenn ich stille werde, empfinde ich an bestimmten Tagen die große Zartheit der Stadt. Anstelle des Geheimnisses leuchtet dann in ihr die Leere.

Ruinen schaffen ohne Waffen.

Als ich heute morgen aus dem Fenster blickte, bemerkte ich auf der stets leeren Kreuzung unter mir Leben. Passanten überquerten sie, ältere Autos parkten am Straßenrand wie bei einem Oldtimertreffen. Ich ging hinunter. Über der HO im Eckgebäude hängt ein neues Schild: »Butter und Molkereiwaren«. Die in seltsam altertümlichen Kleidern steckenden Menschen steuern ein Haus auf der anderen Straßenseite an. Davor lagern Möbel, Wäschekörbe, eine Zinkbadewanne. Zwei Möbelträger schleppen noch eine »Singer«-Nähmaschine dazu, verfolgt von einer jammernden Frau und einem heulenden Kind. Ein Polizist mit blauer Uniform und Schupo-Helm zieht die Frau von der Nähmaschine weg, an die sie sich klammert. Da tritt ein Mann mit Lederjoppe und Schiffermütze dazu und herrscht den Schupo an: »Was geht hier vor!« Er zückt einen Ausweis. »Reichstagsabgeordneter Ernst Thälmann, KPD. Lassen Sie den Hausrat sofort zurück in die Wohnung der Frau bringen! Die Miete zahlt die Partei.« Die Möbelträger schleppen die Sachen zurück, die Menge beginnt zu applaudieren. Als ich mich unter sie mischen will, werde ich angefahren: »Gehen Sie beiseite, Mann. Sehen Sie nicht, dass hier ein Film gedreht wird.«

Jetzt liegt die Straße wieder so totenstill wie zuvor.

Doktor Faustan

Völlig unverständlich, wenn man nicht weiß, dass es sich bei »Faustan« um das stärkste, und im Gegensatz zu »Rudotel« rezeptpflichtige Beruhigungsmittel des Landes handelte. Zusammen mit Schnaps wurde es besonders von den Assis eingenommen, um möglichst vollkommen wegzutreten.

Eines Abends tauchte in der Kneipe am Boxhagener Platz unvermutet ein ehemaliger Schüler von mir auf. Habe ich davon bereits in einem anderen Buch geschrieben oder die entsprechende Passage gestrichen? Wie dem auch sei, der Junge setzte sich an meinen Tisch und erzählte mir, was das Faustan unter seinen Altersgenossen angerichtet hatte. Nach unserem Wegzug wurde die Wohnung über dem Konsum an Frau Wischnewski und ihre beiden Söhne vermietet. Wenn sie Nachtschicht hatte, verwandelte sich mein Arbeitszimmer mit dem Blick auf das Birkenwäldchen zur Partyhöhle für meine ehemaligen Schüler. Es wurde Wodka mit Vita-Cola getrunken und Faustan hineingemischt. Es ging hoch her. In die Hand von Kerstin, die ich eher als still, wenn auch nicht ganz unproblematisch in Erinnerung hatte, war ein Küchenmesser geraten. Als sich über sie, die in einem Sessel saß, der jüngere der Wischnewski-Brüder beugte, um sie zu umarmen, ließ sie das Messer aufrecht in der Hand stehen. Der Junge verblutete und liegt inzwischen auf dem baumlosen Friedhof von Schmachtenhagen.

Den Schüler, der mir das erzählte, traf ich noch ein-, zweimal in der Kneipe am Boxhagener Platz. Seine Schwester wohnte dort, und er war zu ihr gezogen, als er eine Lehre im Bremsenwerk angefangen hat.

Jedes Mal, wenn ich Christa Wolf getroffen habe, fühle ich mich um hundert Jahre gealtert.

Ich beneide diejenigen, die klagen können. Sie haben keinen Abgrund unter sich.

Gestern erzählte mir Sarah von der Lyrikerin Gabriele Eckart, dass sie sich eine Zeit lang um ihren alten Kollegen Wilhelm Tkaczyk gekümmert habe. Sie machte Essen für ihn, kaufte ein und versuchte das, was er vor sich hinbrabbelte, aufzuschreiben. »Dachte immer, wenn ich erst in einen Neubau komme, ist es mit mir vorbei … Nun bin ich in einem Neubau.« »Ich habe zu vieles schön machen wollen, immer gereimt. Einmal, im ersten Krieg, hab ich anders geschrieben, ganz roh, das waren meine besten Gedichte, ich hab sie verbrannt.« Politisch zählt er zu den kaltgestellten Kommunisten, die nicht der Ulbricht-Fraktion angehörten. Eines Nachmittags überraschte ihn die Eckart, wie er, vor Freude auf die Oberschenkel klatschend, auf dem Sofa saß – vor sich eine halbe Schulklasse nackter Mädchen, denen er jeder fünfhundert Mark gezahlt hatte. Seine Freundin Gabriele sollte sich neben ihn setzen und ebenfalls zusehen.

Möglicherweise war das mein letzter Besuch bei Sarah. Zum Schluss kam Thomas Brasch, der ebenfalls auf dem Sprung in den Westen ist und für alles, was damit nichts zu tun hat, keinen Sinn mehr hat. Sie leben bereits in einer anderen Welt, zu der ich nicht gehöre.

MOORMANNS VERSCHWINDEN

Ein Nagel im Herz – wie ist das zu deuten?

Moormanns rechte Hand fuhr unter seine linke Achsel und rieb dort gleichmäßig die Brust, während sein Blick die Weinlaubwand der Staatsbibliothek hinauf blätterte. Ihn bedrückte die grüne Julischwüle, die schwitzende Luft, das bleierne Plätschern des Springbrunnens in der Mitte des Vorhofes.

Auch das Foyer war leer; die Portiersfrau in ihrem Glasgehäuse tauchte aus trostloser Abwesenheit auf und heftete die feuchten Augen bitter nickend auf seine Besucherkarte.

Moormann stieg langsam die Treppen zu den Katalogräumen hinauf. Er blieb auf dem letzten Seitenabsatz stehen, um durch das Fenster in die düstere, bruchstückhaft gekachelte Innenhalle zu sehen. Kaum vorstellbar, dass dieser Schacht einmal Magazine und den zentralen Lesesaal des Gebäudes beherbergt hatten.

Moormann fasste seinen Bücherstoß fester und lief den leeren Korridor zur Bücherausgabe hinter. Als er die ausgeliehenen Werke auf dem Tresen liegen sah, bemerkte er, dass sich nur eines mit seinem eigentlichen Arbeitsgebiet, der Astrophysik, befasste, alle anderen Schriften aber belletristischen Charakters waren und er seine Hausarbeitstage mit kriminalistischen oder erotischen Gedankenflügen vergeudet hatte.

Das lähmende Gefühl in der Schultergegend strahlte inzwischen die linke Körperhälfte über die Hoden bis in die Kniekehle hinab. Moormann seufzte kaum hörbar in die Stille. Dann vernahm er seinerseits ein leises Stoffrascheln.

Hinter einem der Regale bewegte sich ein dunkelrot getönter Haarschopf, der langsam die Bücherreihe entlang wanderte. Als er an einer Lücke angekommen war, räusperte sich Moormann, und ihn sahen die braunen Augen jener Gräfin genannten Bibliothekskraft an, die ihn nicht das erste Mal beunruhigten.

Aber heute waren sie beide allein in diesem abgelegenen Teil des Gebäudes. Die Bibliothekarin löste sich von den Bücherregalen und kam langsam auf ihn zu. Er meinte ein seidenes Reiben ihrer Schenkel unter dem moosgrünen weiten Kleid zu hören, das ornamental bestickt bis zu ihren Fußknöcheln fiel. Moormann spürte, wie das Blut in seinen Adern aufwärts floss und den Magen als ein leeres, nach Hilfe rufendes Loch zurückließ. Die Gräfin sah ihn lächelnd übertief von unten in die Augen und fragte mit sonorer Stimme: »Sie, Herr Moormann, am Sonnabend hier?«

»Ach deshalb diese Ruhe«, antwortete er undeutlich. »Ich wunderte mich schon.« Die Schmerzen in seiner linken Körperhälfte gab es nicht mehr. Moormann schob der Bibliothekarin den Bücherstapel zu und reichte ihr die Leserkarte, ohne verhindern zu können, dass diese dabei zitterte. Sie nahm sie ruhig in die Hand, las sie durch und sagte: »Oh, Sie sind Zwilling. Noch dazu im Jahr der Ratte geboren. Dann müssen Sie natürlich nicht wissen, welcher Wochentag heute ist.«

»Sie interessieren sich für Sternzeichen?« fragte Moormann zurück.

»Ja, es ist ein altes Familienerbe. Meine Großmutter väterlicherseits, eine Jüdin, war eine bekannte Astrologin und beschäftigte sich obendrein mit Chiromantie und Metoposkopie.«

»Handlesekunst und ...?«

»Stirnfaltendeutung.« Während sie die Bücher abstempelte, fuhr die Gräfin fort. »Dieser Zweig unserer Familie stammt aus Rumänien. Antonescu, der letzte Diktator, ließ, als sich sein Ende näherte, meine Großmutter in einem Geheimzimmer des alten Palastes internieren und jeden seiner Schritte von ihr vorbestimmen. Kurz vor seiner Gefangennahme brachte er sie eigenhändig um.«

»Schrecklich. Darf ich fragen, unter welchem Sternzeichen Sie auf diese Welt gekommen sind?«

»Ich bin Fischgeborene.«

Wieder sah sie ihm bedeutungsvoll in die Augen. Die sich in ihrem Rücken stapelnden Bücher atmeten asthmatisch. Bevor Moormann seinerseits an dem unsichtbaren Taschentuch in seinem Hals erstickte, sprach er die schwerwiegende Frage aus:

»Hätten Sie etwas dagegen, wenn wir uns über dieses Thema einmal ausführlicher unterhielten?«

»Aber nein. Mein Dienst ist heute zwanzig Uhr zuende. Wollen Sie mich am Ausgang erwarten?«

Die Gräfin nahm die Ausleihzettel mit einem Lächeln aus den Büchern – wobei die Wangen wie zwei rosa Hügel in ihrem Gesicht hervortraten – und legte sie in den dafür bestimmten Kasten.

Draußen verschlug Moormann die helle und heiße Nachmittagsluft den Atem. Obwohl nicht übermäßig beleibt, liefen ihm sofort zwei Schweißtropfen innen an den Armen herab. Die hilflos unter den Linden umherschwimmenden Touristen ließen ihn sich fremd in der eigenen Stadt fühlen. Er verließ die Allee und suchte beruhigendere Nebenstraßen. In den Schatten der gähnenden Bürohäuser schlich er dahin, prallte ein um das andere Mal von den bizarr in diesen Stadtteil einbrechenden Grenzanlagen zurück. Fand schließlich ein nicht von gewellten Wänden verstelltes Stück Spree, in deren ölig grünem, still treibendem Wasser sein Blick langsam abkühlte.

Etwa eine Viertelstunde saß Moormann bereits im Foyer der Bibliothek, als er endlich Bewegung im Fahrstuhlschacht und anschließendes Tacken von Absätzen wahrnahm. Die Bibliothekarin hatte sich umgezogen. Statt des Kleides trug sie jetzt wadenlange Jeans und eine dünne fliederfarbene Bluse, dazu unter dem Arm eine weit offene große Handtasche mit Bambusrahmen; die Haare hatte sie nach wie vor hochgesteckt. Schon von weitem heftete sie ihren Blick auf Moormann und zog ihm daran aus dem Sessel.

»Wohin, schlagen Sie vor, wollen wir gehen? Etwas essen? Trinken?«

»Das wäre angenehm.«

Die Gräfin führte sie die noch immer staubigwarme Allee entlang in Richtung Alexanderplatz. Während sie ihn ab und zu aus den Augenwinkeln betrachtete, war er darum bemüht, seinen Gang ihren ruhigen kurzen Schritten anzupassen. Jedes seiner Gliedmaßen wollte in eine andere Richtung. Seit er sich von der Familie getrennt und nur noch seiner Doktorarbeit über die Herkunft der schwarzen Löcher gewidmet hatte, war er nicht mehr derart bewusst neben einer Frau hergelaufen. Und wer weiß, neben einer bei aller Hysterie derart reizvollen und angenehm duftenden womöglich überhaupt noch nicht.

»Welches Parfüm benutzen Sie, wenn ich fragen darf.«

»Das ist Rose.«

Im Gehen schien sie nicht gern zu sprechen. Sie kamen am Operncafé vorbei, vor dem man gerade die Stühle und Tische aneinander kettete, überquerten dann den so weitläufigen wie öden Schlossplatz und stiegen die Stufen hinter dem gläsernen Palast der Republik hinab. Von der Wasserseite aus wirkte der Bau weniger schreckenerregend als mit seiner marmorbestückten Vorderfront. Sie hielten vor einem Weinlokal, in das sie nach einem fragenden Blick der Gräfin eintraten.

Obwohl der Raum nicht sehr groß war, waren einige der gusseisernen Tischchen unbesetzt. Die Bibliothekarin schien sich hier auszukennen; noch während Moormann in der Getränkekarte blätterte, rief sie den jungen Kellner heran, der sie beim Eintreten begrüßt hatte, und bestellte eine Flasche Boglary Muskotaly.

»Ich liebe die ungarischen Weine«, begann sie mit nun wieder gelöster Zunge. »Ich hoffe, Sie verschmerzen es, dass wir nicht im Freien sitzen, in ihrem Element, dem der Luft. Aber es gibt nur noch wenige Gartenlokale. Wenigstens sehen wir hier auf das Wasser. Sie wissen, dass Sie als Zwilling das Wasser brauchen?«

»Ja, gewiss. Und das Feuer braucht mich. Am wenigsten jedenfalls komme ich mit der Erde zurecht.«

»Haben Sie mit ihr schlechte Erfahrungen gemacht?«

»Oh, das ist ...«

Moormann bemerkte im Profil ein leichtes Fettpölsterchen unter ihrem Kinn, das er sehr anziehend fand und vergessen ließ, was er sagen wollte.

»Ich verstehe, Sie möchten nicht darüber sprechen.«

Die Gräfin hatte die glückliche Eigenschaft, die Antworten auf ihre Fragen kaum abzuwarten. Sie ließen die Gläser klingen. Der gut gekühlte Muskat schmeckte mit jedem Schluck besser.

»Erzählen Sie doch lieber von sich. Sie arbeiten schon länger in der Bibliothek? Jedenfalls sind Sie mir schon oft aufgefallen, auch wenn ich es noch nie gewagt habe, Sie anzusprechen.«

Dabei fiel ihm ein, dass eigentlich Sie die ersten persönlichen Worte an ihn gerichtet und damit zu dieser Einladung verführt hatte. Vielleicht aber waren sie gleichermaßen der elektrisch geladenen Schwüle erlegen, die diesen leeren Sonnabend füllte und unter den Menschen nach Opfern suchte.

»Ich arbeite in der Bibliothek bereits zwei Jahre. Dabei könnte ich, glauben Sie mir, längst woanders sein. Im vorigen Sommer wollte mich unbedingt ein Holländer heiraten, ein Philosophieprofessor, der zu einer Tagung in Berlin war. Ich habe eine Woche bei ihm im Hotel gewohnt, und danach wollte er mich auf der Stelle mitnehmen. Er meinte, ihm als Mitglied der KP Hollands würde man nichts abschlagen.«

»Und warum sind Sie nicht mitgegangen?«

Moormann sah aus dem Fenster zum Palast-Hotel hinüber, in dem diese Frau womöglich eine Woche lang logiert hatte.

»Ach wissen Sie, er war bereits über Sechzig. Obwohl ich ältere Männer schätze, gibt es auf die Dauer doch Schwierigkeiten. In Ungarn lebte ich als Siebzehnjährige einmal einen Sommer lang in einem Pusztaschloss bei einem sehr entfernten adligen Verwandten. Nachdem man ihn enteignet hatte, war er wieder zu Reichtum gekommen, indem er in seinem Pferdestall eine Maschine aus Österreich aufstellte, die auf Briefkuverts die Klebestreifen auftrug. Er wollte mich adoptieren, doch an dem Morgen, als sein Anwalt kommen sollte, war ich verschwunden. Ich bin eben eine Fischgeborene, fruchtbar, weiblich angleichend und passiv – aber ich habe keine Seele ...«

Sie saugte sich in seinen Augen fest, dass der geflieste Boden unter seinen Füßen sich langsam zu bewegen begann.

»Die Fischfrauen sind ohne Seele. Sie können nicht lieben, es sei denn, sie rauben sich eine fremde Seele. Und wissen Sie, welche Seele ihnen allein nützen kann?«

Sie entließ einen Seufzer über ihre Lippen.

»Nur die Seele eines Zwillingsmannes. Denn er ersehnt nichts so sehr, als sie zu verlieren, weil sie ihn martert und bindet. Ständig sucht er die Freiheit, und er wird sie erst finden, wenn er seine Seele verloren hat.«

Die Gräfin rief nach einer weiteren Flasche Wein. Moormann wollte sich gerade erleichtert entspannen, da nahm sie seine Linke in ihre beiden Hände und beugte sich darüber, während sein Bein sich von dem ihren an den eisernen Tischfuß gedrückt fand. Sie fuhr mit dem rechten Mittelfinger seine Handlinien entlang.

»Mich interessiert nicht Ihre Vergangenheit, sondern das, was in Ihnen angelegt ist. Ich sehe viel Geheimnis in Ihre Hand gezeichnet. Zweifellos sind Sie von starken Eltern gezeugt worden, die all ihren Kampf weiter in Ihnen austragen. Das ist der Dualismus in Ihrer Seele, der Sie erst verlässt, wenn Sie von ihr befreit sind und sich dem Geist geöffnet haben. Ihre Erlösung wird nicht seelisch sein, denn die Seele entstammt dem Mangel. Sie wird auch nicht körperlich sein, aber der Körper wird Sie führen zur Ihnen einzig möglichen, der geistigen Erlösung ... Ich sehe Krankheiten der Leber und des vegetativen Nervensystems, letztere sind auf Ihre Sensitivität zurückzuführen und werden mit der Zeit vergehen. Ihre Schicksalslinie, oh ...«

Sie unterbrach sich, um leiser und mit noch tieferer Stimme fortzufahren.

»... sie bricht plötzlich ab. Sie müssen sich nicht beunruhigen, denn Sie werden nicht sterben. Aber in der Mitte Ihres dritten Lebensjahrzehnts hört Ihr Schicksal plötzlich auf und verschwindet, während die Lebenslinie noch lange weiter läuft. Wie alt sind Sie jetzt?«

»Dreiunddreißig«, sagte Moormann mit belegter Stimme. Aufhören, verschwinden? Wohin sollte sein Schicksal, wohin sollte er verschwinden, welche Lücken und Löcher gab es in dieser Welt noch? Moormann sah, wie sich der glimmende Zigarettenrest in der Hand der jungen Frau dem Aschenbecher näherte und energisch darin ausgedrückt wurde.

»Kommen Sie, wir wollen gehen.«

Moormann zahlte an der Tür, sie ließen den Wein halb ausgetrunken stehen.

Draußen versickerte das letzte trübe Rot am Abendhimmel. Moormann und die Bibliothekarin hielten sich in der Nähe des Spreeufers, den eingemauerten Fluss auf ihrer rechten, herzfernen Seite. Um noch ein Stück des Monbijou-Parks mitzunehmen, liefen sie über eine kleine Eisenbrücke, unter der ein Schlepper mit polnischer Flagge entlangzog. Die Synagoge, ein gelbes zerfressenes Bauwerk mit hoher Kuppel, stieg vor ihnen aus der Dunkelheit auf. Die Gräfin hielt einen Moment vor dem Portal und hakte sich dann bei Moormann unter. Im Gehen spürte er ab und zu ihre weiche Hüfte die seine berühren.

»Sind Ihre beiden Eltern jüdisch?« versuchte er taktvoll zu fragen.

»Nein, nur die Verwandtschaft meines Vaters. Er nahm sich übrigens noch in meiner Kindheit das Leben. Die mütterliche Linie gehört einem alten österreichischen Adelsgeschlecht an. Ich habe allerdings vor, zum jüdischen Glauben überzutreten, und lerne seit einem halben Jahr hebräisch.«

Moormann sah aus irgendwelchen Gründen zwei große grüne Wassermelonen vor sich.

Sie kamen an dem im Krieg von einer Bombe getroffenen Kaufhaus vorbei, das, nun endgültig zur Ruine erklärt, sich demnächst zugunsten einer neuen Straßenkreuzung auflösen sollte. Das Paar schlenderte langsam die Chausseestraße hinauf; bevor sie sich unwiederbringlich in der Einöde um das Fußballstadion verlor, streckte ihnen ein Eisenarm eine mondrote Laterne entgegen.

Die Tür zur Gaststätte stand offen. Die Hitze und der Lärm, die ihnen aus dem schlauchartigen Raum entgegenschlugen, ließen Moormann vor der Schwelle verharren. Aber die Gräfin schob ihn resolut an der Theke vorbei, vor der sich eine angetrunkene Dame mit einem violetten Plüschelefanten auf dem Nachbarhocker unterhielt. Eine divers gemischte Gemeinschaft bevölkerte die Weinstube und verkündete Moormann, dass das Schicksal sich noch nicht aus dem Leben verabschiedet hatte. In Gestalt von Stadtmittezechern schwitzte es neben Dienstreisenden, von sächsischen Bauarbeiter neben Ehepaaren und jungen Mädchen, die das Lokal für eine Art Nachtbar hielten. Zwischen den Gästen kurvten die Kellner umher, und um das Delirium vollkommen zu machen, griff ein Musiker in die Tasten einer elektronischen Orgel.

Sie nahmen in der Nische unter dem maurischen Torbogen aus Stuck Platz, der den Durchgang zu dem zweiten, etwas größeren Gastraum bildete. Moormann griff sich in seine linke Armbeuge.

»Ist Ihnen unwohl?« fragte die Gräfin und legte ihre Hand auf Moormanns Stirn, dann auf seine Schulter.

»Versuchen Sie sich zu entspannen und an nichts zu denken. Und vertrauen Sie mir. Vertrauen Sie meinen Händen, die mir selbst zwar nicht helfen können, aber auf andere eine beträchtliche heilmagnetische Wirkung ausüben. Spüren Sie, wie sie die Hitze aus ihrem Kopf saugen und das Herz entkrampfen?«

Moormann lächelte verlegen. Aber tatsächlich war ihm, als entleere sich der so überbeanspruchte obere Teil seines Körpers und die Wärme sammle sich in seinen Eingeweiden und dem empfindlichen Unterleib. Sie saßen eng nebeneinander auf der Sitzbank, vor sich eine Flasche algerischen Rotwein.

Als der Organist das nächste Lied begann, stand die Gräfin plötzlich auf, trat mit hoch erhobenen Händen in die freie Raummitte und begann zu der orientalisierenden Musik zu tanzen. Sie drehte sich leicht schwankend um sich selbst, schnalzte mit den Fingern, ließ Bauch und Hüfte kreisen und dabei ein kehliges *Aaahaahaaa* ihren halboffenen Lippen entgleiten. Was für eine Frau! dachte Moormann. Und welches Glück, zu den Menschen zu gehören, den einzigen Lebewesen, bei denen die Weibchen und nicht die Männchen die prachtvolleren und geschmückteren Exemplare ihrer Art sind. Eines von ihnen, noch dazu mit weinverschleiertem Blick betrachtet, kann das Leben wieder zu einem Wunder machen.

»Ich liebe die Araber.«

Die Gräfin ließ sich mit einem Aufseufzen in die Polster gleiten. Ihren buschigen Achseln, von der ärmellosen Bluse nicht beengt, entströmte ein das Rosenparfüm überlagernder Geruch nach Schweiß, der ansehnliche Busen hebte und senkte sich rasch.

»Wissen Sie übrigens, dass auch Ihr Glücksort die nordafrikanische Wüste ist? Nicht nur das verbindet uns ...«

In Moormann regte sich weder gegen diese noch die folgenden Worte der Gräfin der geringste Widerspruch. Als Bilder durchzogen sie ihn, als Bilder von langsam den Nil hinabtreibenden Daus, von auf Kamelen reitenden Kellnern, von einer Sphinx mit den lebendigen braunen Augen und dem Hintern der Gräfin. Dann erschien ihm ein verschneiter Berggipfel in kalter Nacht. Moormann öffnete die Augen: Ein melonengrüner Stein kühlte in seiner Hand.

»Das ist ein Moosachat«, flüsterte die Bibliothekarin in sein Ohr. »Sie dürfen ihn nie verlieren, denn er hat die Kraft, Sie zu beschützen.«

Sie standen wieder auf dem Straßenpflaster, einen Moment bewegungslos, weil sie eine kaum merkliche Brise anwehte. In der Ferne gewitterte es. Die Halogenlampen waren eingeschaltet und tauchten Häuser und Pflaster in dumpfes gelbes Licht. Moormann drehte eine Weile den Stein zwischen den Fingern, bevor er ihn in der Hosentasche verschwinden ließ. Die Gräfin folgte langsam den Straßenbahnschienen, irgendeine Zigeunerweise vor sich hersummend. Als er das leichte X in ihren Beinen bemerkte, dachte Moormann an das reibende Geräusch in der Buchausgabe zurück.

Sie bogen von der Invalidenstraße in das dunklere Viertel ab, das sich parallel zur Grenze hinzieht. Diese Gegend hatte etwas von Niemandsland an sich, ein aufgegebenes Nutten- und Proletenquartier, in dem die Vergangenheit sehr sacht noch weiteratmete. Als sie den Vinetaplatz überquerten, fühlte sich Moormann wie am Grunde einer ausgeräumten Schublade. Wenn er sich durch die Dunkelheit auch wie mit zerschossenen Scheinwerfern bewegte, so leuchtete es doch in ihm und sein Atem ging desto leichter ein und aus, je näher sie dem Prenzlauer Berg kamen.

Seit seiner Studentenzeit hatte er das Viertel nur selten noch besucht. Die Häuser wurden höher und verkommener. In einigen Straßen war man dabei, die Balkons von den Fassaden zu reißen, ihr Schutt lagerte auf den Fußwegen, dazwischen altes Mobiliar, Taschen voller Müll, Tapetenfetzen, die von einem Windstoß bewegt wurden. Die Bibliothekarin nahm ihren Begleiter bei der Hand und federte mit ihm über Matratzen und beinlose Sessel. Ihren von Hundekot markierten Weg verflocht sie zu einer Kette aus jiddischen, arabischen und Zigeunerliedern.

Sie führte ihn in einen der Hinterhöfe. Das Licht in dem Seitengebäude brannte nicht. Nachdem die Gräfin ihre Wohnungstür im ersten Stock geöffnet hatte, wisperte sie ihm über die Schulter zu: »Wissen Sie, dass diese Welt von keiner anderen an Schönheit übertroffen wird? Man muss sich ihr nur hingeben.« In dem dunklen Korridor glaubte Moormann auf dem Fensterbrett zwei Melonen liegen zu sehen. Doch als Licht aufflammte, erkannte er, dass sie eine ähnliche Farbe hatten wie die Haare der Gräfin. Verwundert starrte er die zwei Rotkohlköpfe an. Im Hinterhof hustete durch ein offenes Fenster ein Mann.

»Sehen Sie nicht aus wie Kinderköpfe?« sagte die Gräfin. »Deshalb liegen sie hier. Ich trug einmal Zwillinge in mir, und auch wenn das schon lange zurückliegt, so ...« Die Gräfin brach den Satz ab und bat dann Moormann zu warten, bis sie ihm in das Wohnzimmer nachrufen würde.

Als er eintrat, brannten in allen Ecken Kerzen. Es waren etliche darunter, die sie in einem Laden für christliche Nächstenliebe gekauft haben musste und mit denen man jeden Sünder erschlagen könnte. Der dünne Rauch von Räucherstäbchen kräuselte nach oben. Die schwarzen Vorhänge vor den Fenstern machten den Eindruck, als wären sie seit Ewigkeiten nicht beiseite gezogen worden. Moormann hörte die ersten Tropfen auf die mit Blech beschlagenen Fenstersimse fallen. Dann ging in einer hinteren Zimmerecke der Plattenspieler an und der Gesang eines bulgarischen Frauenchores begann den Raum zu füllen, und wie seine Verkörperung trat die Bibliothekarin, angetan mit einem schwarzseidenen Morgenmantel, an einen kleinen Messingtisch und stellte darauf ein Tablett mit einer Weinflasche und zwei Gläsern ab. Es war heiß in dem Zimmer. Moormann machte eine Bewegung auf die Gräfin zu, doch sie legte, zugleich abwehrend und beschwörend, eine Hand auf seine Brust und sagte: »Warte. Hörst du die Stimmen?« Er hörte sie und hörte den rollenden Donner und Regenrauschen hinter den Fenstern. »Es sind die Stimmen von Orpheus' Töchtern. Schließe die Augen und lass dich von ihnen führen, ohne dich umzusehen.«

Sie zog ihn zu dem Matratzenlager neben dem Tisch und begann Moormann zu entkleiden. Wie ein Säugling kam er sich vor, während er still auf dem Rücken lag mit nach oben gestreckten Armen, so wie sich Soldaten ergeben. Als er nackt war und das nicht unbeträchtliche Gewicht der Gräfin auf sich spürte, öffnete er die Augen. Einem Vogel gleich, der seine Schwingen ausbreitet und über ihm zusammenschlägt, öffnete sie ihren Morgenmantel. Überwältigt von der rosigbraunen Fülle, die da auf ihn eindrang, schloss er die Augen wieder. »Ich wusste es«, hörte er die Gräfin seufzen, »ich wusste, dass Du mir Deine Seele schenken würdest.« Und dabei spürte er, wie sich eine weiche, glatte, zartgefältelte Tür in ihr öffnete. Um in den letzten Raum dieses Tages zu gelangen, hatte Moormann einen feuchten, dunklen Gang zu passieren, dessen Enge ihm fast die Sinne raubte. Als er aber drinnen war, ahnte er, dass es aus ihm keine Rückkehr mehr geben würde.

Die schönste, gelockertste und frivolste Betrachterhaltung ist die eines Paares zwischen Liebesgenüssen am Nachmittag und in der Nacht. Nichts geht einem nahe, jede Lächerlichkeit stellt sich selbst bloß, alles durchdringt heller Verstand ohne die Beimischung dunklen Unbefriedigtseins. Alle umsitzenden Kinobesucher fühlen sich gestört, sind empört über diesen Unernst und neidisch: denn sie wissen, warum gekichert wird.

Am Tag nach einer guten Nacht lästern wir die Toten. Wir reden Gemeines, denken Falsches, tun Schlechtes und lachen jedem Fremden ins Gesicht.

Diese billige Lust war zu teuer bezahlt.

Kurz danach lässt sich leicht sagen »Nie wieder.«

Scheiß-Tripper. Scheiß-DDR!

Dazu sage ich nichts.

IM OPERNCAFÉ

Die Frau, vierzig, rund wie eine Roulade, den Busen in Bluse und dunkle Weste gezwängt, trägt eine schwarzseidne Hose und darüber einen Rock aus dem gleichen Material. Hochroter Kopf, in den sie nacheinander drei Stück Kuchen schiebt, ohne das Rauchen zu unterbrechen. Der Mann neben ihr zieht kokettierenderweise den Teller weg. Ich denke, dass beide zusammengehören, aber als sie aufsteht, bleibt er am Tisch sitzen. Sie trägt eine schwarze Trauerbinde am Ärmel ihres Popelinemantels.

Von der Toilette kommt hinkend ein junger Mann mit einem Krückstock in der Hand; seiner Nase ist die Spitze wie abgehackt, das Gesicht fleckig, das lange fliegende Haar frisch gewaschen. Hat die Bewegungen eines Schwulen, da er dabei schwankt, halte ich ihn für betrunken. Dann nimmt er auf dem Barhocker Platz, trinkt Pepsi aus der Flasche, und ich überlege, welche anderen Gründe als Alkohol es für sein Schwanken geben kann.

Am Tisch zur Linken sitzt eine Frau in reiferen Jahren. Dünn. In Sonntagssachen und trotzdem schäbig. Der nach vorn geneigte Kopf ein wenig zuckend, in sich hinein. An den Händen Schnittwunden und Kratzer. Die Finger sind unruhig, zittern, fahren schließlich in die Handtasche und fördern ein schlankes goldfarbiges Zigarettenpäckchen zutage.

Rechts von ihr: Ich. Nicht lesen könnend *Die Krumen eines Mannes Jahr*. Das Gesicht im kurzen Bart versteckt, die Zigarre an und aus. Der Kaffee zu stark, um ruhig aufzuschreiben, was um mich her geschieht.

Voraussetzung für das Überleben der Gattung Mensch ist das Verschwinden des Individuums Mensch.

Uns fehlen Lehrer! Männer, die einen auf der Straße ansprechen: »Kennst du Sokrates?« Und wenn man »Nein« antwortet, sagen »komm mit«. Die ältere Generation ist so verdächtig, dass man sich bei ihren Worten die Ohren verstopfen möchte. Aber hinter Ralf Schröder und seinen zehn Jahre Bautzen könnte ich herlaufen wie ein Hund. Warum tue ich es nicht, aus Arroganz oder Scheu? Beide sind enger verwandt als man glaubt.

Ralf Schröder war ein Slawist, den ich seit seinem Vortrag im Aufbau-Verlag bewunderte. Er gehörte zu der Gruppe um Janka, die nach dem Tod Stalins die Stunde zum Wandel gekommen sahen und dafür in Bautzen büßen mussten. Danach hatte er sich mit Übersetzungen durchgeschlagen und war jetzt zu einem Propheten der Erneuerung geworden, die wir uns von der jungen Sowjetliteratur versprachen, von Trifonow, Tendrjakow, Okudshawa. Nachmittags saß er oft im »Café Prag«, dessen Namen allein und seine zwei holzgetäfelten Etagen für Subversivität bürgten, doch getraute ich mich nicht an seinen Tisch, weil er immer von den trinkenden Zynikern des Eulenspiegelverlags besetzt war.

Im Aufbau-Verlag hatte er über das Faustmotiv in der Sowjetliteratur gesprochen. An jedem ersten Donnerstag der Wintermonate gab es solche Vorträge. Das Haus in der Französischen Straße umgab eine Aura von geistiger Solidität und sogar Unabhängigkeit, die die engen Grenzen der DDR zu erweitern schien. Im Toreingang hing eine Messingtafel, die an die 1918 im Hofe erschossenen revolutionären Matrosen erinnerte und damit daran, dass alles im Verlag durch die Leiden von Krieg, Unterdrückung und einer Emigration legitimiert war, die nicht durch die Erinnerung ans Hotel Lux und die GPU beschmutzt wurde. Bodo Uhse, der erste Verlagsleiter, hatte wie die Hausautoren Anna Seghers und B. Traven die Emigration in Mexiko überlebt und brachte ein entsprechend weltmännisches Flair in die damalige Ostzone mit. Heinrich Mann, Remarcque und Fallada gehörten zu den Säulenheiligen des Hauses (die ich aus eben diesem Grunde erst zu lesen begann, als sie mir in Westberlin fern genug gerückt waren), in dessen Räumen außerdem die handlichen Werkausgaben der »Bibliothek deutscher Klassiker« herausgegeben wurden. Im gleichen Stockwerk saßen die Lektoren für zeitgenössische Literatur über unseren Manuskripten, und zwar mit einer Hingabe, die nicht nur aus Furcht vor der Zensur bedingt erschien. Schriftsteller und Lektoren fühlten sich als Verbündete im Kampf gegen die Kulturbonzen, ohne von Zweifeln befallen zu werden, inwieweit sie selbst zu ihnen gehörten.

Als unantastbarer Garant für die Kontinuität von bürgerlicher und proletarischer Klassik, von früherer Emigration und heutiger Häuslichkeit galt der Cheflektor Günter Caspar. Selbst noch in die Lehre von Bodo Uhse gegangen verkörperte er einen Typus Mensch, der eigentlich in einer anderen Zeit und an einem anderen Ort, und zwar an einem südwestlicher gelegenen zuhause war und dessen sisyphosähnliche Arbeit hierzulande man demzufolge um so höher bewerten musste. Er sagte so gut wie nie etwas. Sein äußerst beredtes, nämlich verachtungsvoll schnaufendes Schweigen mochte teilweise durch Asthma bedingt sein, das konnte ihn aber nicht daran hindern, ständig eine filterlose Zigarette zwischen den gelben Fingern zu halten. Ebenfalls wie bei einem Franzosen wurde bei ihm das Weinglas nie leer und hingen seine flauschigen Strickjacken stets mit leeren Ärmeln auf seinen gekrümmten Schultern. In deutlichem Gegensatz zu seinem eleganten Auftreten stand sein rundes rotes Trinkergesicht mit den abgrundtief traurigen Augen. Was in diesem Kopf vorging, war unklar; nicht zu bezweifeln aber war, dass er und nicht der fade »IM Kant« die Seele des Verlages verkörperte. Er war es, der die jährlichen Autorentreffen am Scharmützelsee organisierte, und er sorgte auch dafür, dass an den Donnerstagen im Wintergarten nie der »Boglary Muskotaly« ausging, dass wir mit Halberstädter Würstchen, mit Kartoffel- und Rote-Rüben-Salat und vor allem mit genügend Geheimwissen aus dem Munde der Vortragenden versorgt wurden, um uns in der Rolle der Privilegierten wohl zu fühlen.

Neben Ralf Schröder über Sowjetliteratur hörten wir dort einen gewissen Lothar Bisky vom Institut für Jugendforschung über sein heikles Sachgebiet reden, hörten wir von einem Biologen, dass es so etwas Reaktionäres wie bildungsresistente Gene gab, von einem Historiker, warum wir DDR-Bürger uns demnächst als Mitglieder einer eigenständigen Nation zu betrachten haben. Ich gestehe, dass ich mich geschmeichelt fühlte, neben Christa Wolf, Günter de Bruyn oder Paul Wiens als würdig befunden zu werden, Adressat solch gefährlicher Botschaften zu werden. Was aber hinderte mich daran, Lehrer und wirkliche Orientierungspunkte unter den Älteren zu finden? Anscheinend hatte ich ja ein Bedürfnis danach, fühlte mich in dieser Hinsicht den von Schröder so geliebten Russen verwandt, die sich ganz unzweifelhaft auf ihre großen Vorgänger Tschechow, Gogol oder Tolstoi bezogen und nicht ihre dringendste Aufgabe darin sahen, die jeweils vorhergehende Generation zu schlachten.

Wie war das überhaupt mit den Generationen bei uns? Was die eigene betrifft, war meine Definition eine sehr einfache: zu ihr gehörten für mich diejenigen, mit denen ich als Junge hätte eine Straßenbande bilden können, also die Jahrgänge zwischen 1940 und 1950. Davor kamen die älteren Geschwister, von denen man sich ohnehin gern absetzt, die aber, ich kannte das von meinem eigenen Bruder, noch dadurch verdächtig waren, dass sie die HJ- oder BDM-Bluse all zu schnell mit dem FDJ-Hemd vertauscht hatten. Blieben also noch unsere potentiellen Eltern oder Großeltern, ich sah das nicht ganz so eng. Das waren die, deren Geschichten ich am Schmiedefeuer gelauscht hatte. Dass das Kriegsgeschichten waren, war ich bereit, ihnen nachzusehen, wenn sie nur gut und glaubwürdig erzählten. Diese Glaubwürdigkeit war das Problem. Wer konnte in der DDR als Schriftsteller alt werden, ohne sie zu verlieren? Gewiss schätzte ich einige mehr als andere, aber zu einer wirklichen Verehrung reichte es für mich bei keinem. Die immer wieder zu großer Prosa fähige Anna Seghers saß seit Jahrzehnten als weitgehend stumme Marionette den Sitzungen des von ihr geleiteten Schriftstellerverbands vor. Franz Fühmann, der gerade unangepasste junge Dichter um sich zu sammeln begann, hatte schwer an seiner früheren Begeisterung für das Dritte Reich und Stalin zu tragen, und seine jetzige für den Mythos konnte mich ebenfalls nicht überzeugen. Und was war mit dem schon selbst in den Rang eines Mythos entschwebten Erich Arendt? Ihm konnte ich nicht verzeihen, dass er uns mit seinen Gedichten über die Ägäis und das peruanische Hochland Wein predigte, aber seit Jahrzehnten nur das Wasser seiner gewiss stattlichen DDR-Rente trank. Mir konnte es keiner recht machen.

Letztendlich auch Ralf Schröder nicht. Als ich mich nach seinem Vortrag an seinen Tisch setzte, war er nur in der Lage, über das zu uns gekommene Heil der jüngeren

Sowjetliteratur zu reden. Mit meinen Fragen zu unserem eigenen Elend blieb ich allein.

Hochmut ist fehl am Platz. Das einzige, was ich bisher geleistet habe, ist, gewisse Dinge nicht zu schreiben.

Bisher habe ich nichts anderes getan als mit meinem Spaten da und dort in der Erde herumgestochert; wenn ich Widerstand spürte, habe ich ein wenig gescharrt, mit dem Spaten aufgestoßen und gesagt: »Hier liegt etwas. Hier könnte man graben.« Wirklich freigelegt habe ich nichts, geschweige denn einen Schatz gehoben.

Nicht die eine Wirklichkeit gegen die andere ausspielen. Damit meine ich nicht Ost und West, sondern den grundsätzlichen Hang, etwas Fernes dem Nahen (oder das Nahe etwas Fernem) vorzuziehen, weil man mit diesem nicht fertig wird.

Wer anderen eine Grube gräbt, steht selbst darin.

BEI DER LEKTÜRE VON *MASSE UND MACHT*

Ein Unterschied unserer Generation zur vorigen ist ihr Individualismus. Nicht die elitäre Bewusstseinshaltung, in die man nach Zerfall der Masse abgleiten kann, ist gemeint, sondern Individualismus als Voraussetzung. Jeder ist allein geboren: im Krieg oder danach, als die Väter, falls sie wieder nach Hause kamen, Kartoffeln rodeten.

Unsere prägenden Massenerlebnisse waren nicht die HJ-Aufmärsche der dreißiger, nicht der Krieg und nicht die

FDJ-Veranstaltungen der folgenden Jahre. Unsere Massenerlebnisse waren die Beattreffen und Fußballspiele der sechziger Jahre. Keine geschlossenen, sondern offene Massen, keine politisch ausgerichteten, sondern nur vom Erlebnis bestimmte Massen. Und womöglich die letzten ursprünglichen Massenerlebnisse überhaupt. Was danach kommt, ist Organisation, Zersplitterung, Nachahmung. Deshalb das grundsätzliche Bewusstsein unserer Einmaligkeit, deshalb unser Nichtbeschränktsein auf die DDR, deshalb das sichere Gefühl, mit dem wir uns am Geruch erkennen: der war dabei. Deshalb auch unsere Sehnsucht nach den ganz Alten, denen, die in den zwanziger Jahren jung waren?

Mit uns fing die Zukunft an. Mit wem aber nicht? Die Überzeugung, dass unsere Jugend mit der Jugend des gesamten Planeten zusammenfällt, wurde dadurch gestärkt, dass wir als erste Generation in einer neuen Welt des Friedens aufwuchsen. Trotz Mauer und grüner Grenze waren wir Teil einer spontanen Massenbewegung, die die Jugend der gesamten Welt erfasst hatte. Wir waren durch die Ohren mit ihr verbunden, durch die Musik. Wir tanzten alle die gleichen Tänze, wir trugen die gleichen Schlaghosen und Rüschenblusen, das Zentralstadion kochte bei den Leipziger Ortsderbys über wie das Stadion an der Liverpooler Anfield Road. Zum ersten Mal seit 100 Jahren wuchsen die Haare junger Männer wieder über die Kragen, wuchern in ihrem Gesichtern wieder Bärte.

Wir waren die Gegenmasse, die sich auf dem von militärischen Massen kurzzeitig befreiten Boden des Abendlands gebildet hat. Wir waren die letzte Generation, die noch nicht vor dem Fernseher, sondern auf der Straße großgeworden ist. Sind wir somit die Letzten, die noch die Chance haben, Originale hervorzubringen und nicht nur Kopien?

Jeder Jahrgang setzt sich ausschließlich in Beziehung zu den Älteren und denkt, er ist der letzte, mit ihm hört es auf. Nach ihm kommen die Neuen, die ABC-Schützen, die Unwürdigen, die keinen Rat in der Stimme haben.

In jedem Jahrgang gibt es Schüler, die die Verbindungen nach oben und unten aufrecht erhalten. Es waren die Spitzen in der Rangordnung und deren Schlusslichter. Die Spitzen wurden wie selbstverständlich von denjenigen eingenommen, die sich selbst Spitzencharakter zumaßen; körperliche oder geistige Vorzüge waren dabei hilfreich aber nicht notwendig. Die Letzten tendieren nach unten, um dort eine Spitzenstellung einnehmen oder wenigstens in der Masse aufgehen zu können. Es sind die Zurückgebliebenen, Infantilen, die potentiellen Sitzenbleiber.

Wo war ich? In der natürlichen Rangordnung der Schulklasse oberes Drittel, Masse. Auf der Straße durch meine Sonderstellung als Schmiedesohn und Hundebesitzer von den Älteren angenommen und beschützt. In jedem Fall war ich immer der Jüngste, zuhause der 11 Jahre nach meiner jüngsten Schwester geborene Nachzügler, in der Schule durch mein Geburtsdatum kurz vor Einschulungsschluss. Bei Vergabe der Schulbücher und Zeugnisse war ich immer der letzte im Alphabet. In der Turnriege der fünftkleinste. Um mich sammelten sich die Außenseiter und Versager, diejenigen, die ohne Pausenbrot in die Schule kamen. Ich war der geborene Oppositionsführer. Opposition durch Reden gegen das Schweigen der Macht an der Spitze.

Wie in jedem November fand auch diesmal ein Verlagstreffen am Scharmützelsee statt. Die lange Anfahrt bedeutete eine Reise in die Exklusivität. Vom Bahnhof in Bad Saarow aus fuhr ein Bus durch Kiefernwaldungen, die sich in ihrer Eintönigkeit durch nichts von denen um Schmachtenhagen unterschieden, in denen aber statt heruntergekommener Waldhütten komfortable Villen lagen, die, ihrer ursprünglichen Besitzer verlustig gegangen, der Erholung ausgewählter Teile der sozialistischen Gemeinschaft dienten. Das vom Aufbau-Verlag genutzte schlossähnliche Gebäude lag inmitten eines weitläufigen Grundstücks direkt am See. Auf der Wasserseite gab es eine Liegewiese mit Bootssteg und Möglichkeiten für Spaziergänge bis hin zu dem Zaun, hinter dem einst der Kulturminister Johannes R. Becher mit seinem Segelboot in See stach. Der Hof war geeignet für Fahnenappelle, die uns aber erspart blieben. Wir waren vollauf beschäftigt mit Lesungen, Vorträgen und Diskussionen, mit dem Verzehr der reichlichen Mahlzeiten am Tage und dem Trinken von Muskatwein an den Abenden.

Die Lesungen fanden in der Veranda des Hauses statt, die erholsame Blicke auf den See gewährte. Wenn uns Zelebritäten der DDR-Literatur wie Hermann Kant oder Irmtraud Morgner beglückten, brauchten wir nicht zu diskutierten und durften nur lauschen. In der Regel aber blieben die jüngeren Autoren unter sich, stellten ihre Werke vor und hörten sich die Meinungen ihrer Kollegen und der Lektorenschaft an. Manche tauchten nur einmal und nie wieder auf; andere bildeten einen festen Stamm, der sich durch mehr als die Zugehörigkeit zum gleichen Verlag miteinander verbunden fühlte: Elke Erb und Richard Pietraß, Brigitte Struzyk, Hanns Löffler, Christiane Grosz und später Uwe Kolbe, der sich seine Brötchen in der im Keller untergebrachten Versandabteilung des Verlags verdiente. Die Diskussionen leitete Cheflektor Günter Caspar oder aber der bei jedem Treffen anwesende Lyriker und Nationalpreisträger dritter Klasse Paul Wiens. Er wusste stets, was er zu tun hatte, wenn die Gemeinde am Einschlafen war. Er wusste, dass ich unfähig war, aus meinem Herzen eine Mördergrube zu machen und man mich nur anzupieken brauchte, um genügend Diskussionsstoff für die nächste halbe Stunde zu haben. Einmal, nach dem Abendbrot, nahm er mich bei der ersten Flasche Wein beiseite und fragte mich, was ich, da Sarah Kirsch nicht mehr zur Verfügung stand, bezüglich eines Mentors für den Schriftstellerverband zu unternehmen gedenke. Er, fügte er lächelnd hinzu, würde sich dieses schwierige Amt zutrauen. Nun, warum nicht Paul Wiens, wenn er sich schon anbot? Der Ausweis des Schriftstellerverbands war für mich deshalb ein hohes Gut, weil man ihn den Transportpolizisten vorzeigen konnte, wenn sie einen mal wieder auf einem Bahnhof in Grenznähe kontrollierten. Und Paul Wiens mochte ich auf gewisse Weise ganz gern. Seine Gedichte und Poeme sagten mir zwar nicht viel, aber er verstand es, um sich eine Atmosphäre weltläufiger Intellektualität zu verbreiten. Dem kam seine Vergangenheit entgegen, die ihn als Kind jüdischer Emigranten in die Schweiz, von da aus auf Reisen durch Italien und Frankreich und schließlich nach Österreich geführt hatte, wo er wegen des Abhörens von Feindsendern in das Gefängnis St. Pölten und danach in ein Arbeitslager der SS gesteckt wurde. Das erforderte Respekt. Außerdem übersetzte er, von Neruda bis Majakowski, die Großen der Weltliteratur. Das schien ihn aber nicht auszulasten, denn mit kurzen Unterbrechungen war er seit den fünfziger Jahren als eifriger Inoffizieller Mitarbeiter der Staatssicherheit tätig, der nicht nur seine Kollegen, sondern auch seine dritte Ehefrau Irmtraud Morgner bespitzelte. Das wusste ich natürlich nicht. Ich kannte ihn nur als den charmanten Gesellschafter, der im »Club der Intelligenz« in der Jägerstraße durch Zaubertricks und Fingerspiele sogar meine Töchter zu bezirzen wusste, mit denen ich einmal dort essen war. Immer rauchte er lange braune Zigaretten mit sehr fremdländischem Duft, und stets hatte er ein beeindruckendes Ensemble westlicher Faserstifte neben sich liegen, mit denen er linkshändig dem Surrealismus nachempfundene Ornamente auf Papier zeichnete, die man später als Illustrationen in seinen Lyrikbänden wiederfinden konnte. Auch an den Abenden in Saarow verstand er, glänzend zu unterhalten. Einmal forderte er seine Tischgenossen auf, die ihnen liebsten Haus- und Wildtiere zu nennen. In der Begründung, die wir zu liefern hatten, konnten wir das Wunschbild von uns selbst und von unseren Partnern erkennen. Demnach wollte ich so stark wie ein Löwe sein und schätzte an einer Frau, wenn man auf ihr wie auf einem Pferd reiten und ihr glattes Fell streicheln konnte. Auch Elke Erb kannte interessante Spiele, vornehmlich literarischer Art. Sie schrieb, für die anderen unlesbar, einen Satz auf und vom nächsten nur das erste Wort, den der Nachbar dann zu ergänzen und weiterzureichen hatte, bis ein Text entstanden war, der sich von unseren eigenen angenehm durch seine Unverständlichkeit unterschied. Das gefiel uns so sehr, dass wir diese und ähnliche Experimente in Berlin fortzuführen und uns regelmäßig in Brigitte Struzyks Vierzimmerwohnung zu treffen beschlossen.

Paul Wiens gehörte zu diesem Kreis nicht dazu. Überhaupt traf ich ihn in den folgenden Jahren nur bei öffentlichen Anlässen. Er übte seine Mentorenschaft äußerst diskret aus, und auch in der Stasiakte fand ich keine Berichte von ihm, es sei denn, er war einer der Verfasser von germanistischen Gutachten, die abfällig über meine literarischen Fähigkeiten urteilten. Dem widersprach aber, dass er einmal eine ausgesprochen hohe Meinung über mich äußerte. »Sie müssen aufpassen«, sagte er, »dass Sie nicht das Schicksal von Alkibiades teilen.« Wer war Alkibiades? Ich sah Zuhause in meinem Lexikon der Antike nach. Was ich da las, war eindeutig zu viel der Ehre so wohl für mich als auch für das Land, in dem ich lebte.

Plato hatte vermutlich Recht, als er sagte, dass man zum Dichten wahnsinnig sein müsse. Er war es nicht genug, weshalb er Philosoph wurde und aus Rache die Poeten aus seinem Staat der Zukunft verbannte. Schlimmer aber: Wir armen Wahnsinnigen, für die das Dichten die einzige Möglichkeit ist, normal zu werden, müssen mit ansehen, wie es von den Normalen immer mehr dazu missbraucht wird, sich wahnsinnig zu stellen.

Wann ist ein Mensch »wahnsinnig«? Wenn er das Normale tut und der Wahn nur in seinen Gedanken existiert oder wenn er unnormal handelt, aber mit der völligen Überzeugung, gesund zu sein?

1978

ABZÄHLVERS

(zu Ehren der Aufnahme diplomatischer Beziehungen zwischen der DDR und dem Iran verfasst)

Erich un der Schah
die sind ä scheenes Paar.
Der Schah hat viele Locken
un Erich drecksche Socken.
Der Schah der hat Petrolium
un unser Erich liebt ihn drum.

IM FLUR DER HAUTAMBULANZ

Im Flur der Hautambulanz (Grüneberger Straße) traf ich mit dem Schriftsteller Siegbert Mies zusammen. Seine dünnen, greisenhaften Haare zitterten. Er flüsterte: »Weißt du, dass Heine hier liegt?« Ich nickte schweigend. Wir zeigten unsere Personalausweise bei der Anmeldung vor und traten dann in ein rechts vom Gang liegendes kahles, weißgetünchtes Zimmer.

Heine lag in einem eisernen Krankenbett. Eine Schwester machte sich an medizinischen Geräten zu schaffen. Mies verschwand. Alleingelassen mit Heine, empfand ich ihm gegenüber ein Gefühl großen Mitleids und leichter Überheblichkeit: Ich war gesund, er krank, ich hatte noch fünfzig Jahre zu leben, er war bereits hundert Jahre tot – ich kannte meine und seine Grenzen, er nur seine.

Dieses Gefühl verstärkte sich, als ich auf sein Bett zuging, um ihn aus der Nähe zu betrachten. Nur die Hände und der Kopf sahen aus dem Bett hervor, beide weiß. Der Kopf war sehr langgestreckt; Heine trug Kinnbart und nach hinten gekämmtes Haar. Das Gesicht, je länger ich es betrachtete, erweckte in mir immer mehr den Eindruck einer unendlich großen Bedeutung. Besonders der ein wenig lächelnde Mund und die feine, von Äderchen durchzogene Schläfen machten mir die Unmöglichkeit bewusst, diese Bedeutung zu erreichen. Gleichzeitig aber überlegte ich, wie ich Heine andeuten könnte, dass meine Bedeutung nur wenig unter der seinen lag und ich somit der einzige in diesem Raum war (wir waren allein), der die seine wirklich würdigen könnte.

Ich nahm seine Hand mit dem Ausdruck höchster Ehrerbietung (sie war ehrlich und gespielt zugleich) in meine Hand, führte sie an meinen Mund und küsste sie: sie war kalt. Dann beugte ich mich wieder zurück, um die Distanz für ein mitfühlendes und trotzdem geistiges Gespräch zu schaffen. Mir war klar, dass ich nur wenige Worte machen durfte und zwischen diese Worte lange Pausen des Schweigens zu legen hatte. Aber stets war mir, als spräche ich ein wenig zu früh, ein wenig zu schnell. Dies kam, so befürchtete ich und schmeichelte mir im Stillen, aus meiner Unfähigkeit, das fremde Leiden wirklich nachzufühlen.

Zuerst sagte ich: »Sie leiden sicher sehr.« Er nickte lächelnd. Dann: »Ich kann Sie sehr gut verstehen.« Und zuletzt, als Höhepunkt meines Geistesreichtums: »Ist es wenigstens so, dass, wenn Sie die Schmerzen an den Gliedern fühlen, sie gleichzeitig Ihre Sinne verdunkeln, so dass Sie ruhig schlafen können?« Was nichts anderes bedeutete als: »Sind Sie schon blöd?«

Heine verstand nicht mehr, ich erhob mich, warf noch einen Blick auf ihn (ich sah, dass sein Kopf an der Seite der Decke heraussah, war sein Körper so klein, dass er quer im

Bett Platz hatte? Ich bemerkte auch, dass die Schwester die Bettdecke bügelte, um seine Beine zu wärmen) und ging.

Auf dem Flur liefen mehrere Schriftsteller in Schlafanzügen herum. Einen von ihnen – er besucht seit zwanzig Jahren die Veranstaltungen der Arbeitsgemeinschaft junger Autoren – sprach ich an. Ich sagte: »Heine liegt hier!« – »Heide«, sagte er wegwerfend, »Nelke ist auch hier.« – »Nicht Heide«, erwiderte ich, »Heine! In seiner Matratzengruft.«

Der kranke Schriftsteller: »Ja, ja, Heine. Dinah Nelken ist auch hier. Der und der und der auch.«

Den Seinen gibts der Herr im Schlaf.

Davon jedenfalls war ich überzeugt, wenn sich, nachdem ich mich selbst aus den Schlaf gezwungen hatte, im Aufschreiben meine Träume zu kleinen absurden Geschichten verdichteten. Da ich nicht viel Anderes in meiner Kochstube tat (mein sonstiges Schreiben stockte ausgerechnet in dem Moment, als ich genügend Zeit dafür hatte) wurde ich ein Virtuose des Träumens. Ich träumte schwarzweiß oder farbig, beängstigend stumm oder mit musikalischer Begleitung, ich konnte von meinen eigenem Lachen munter werden oder auf tränennassem Kopfkissen. Ja, ich brachte es fertig, nachdem ich den ersten Teil eines Traumes notiert hatte, seine Fortsetzung zu träumen. Ich konnte mich, im Einschlafen oder Aufwachen oder während ich für einige Minuten ein Buch aus der Hand legte, in Halbschlafzuständen halten, in denen nicht Bilder zu mir kamen, sondern fertige Texte, häufig als Dialoge.

»Schon achtmal schwanger?«
»Ja.«
»Und nun kommst du zu mir?«
»Ja.«
»Warum?«
»Weil ich es nicht mehr aushalte.«
»Was hältst du nicht mehr aus?«
»Alles. Die Männer, die Welt.«
»Und nun kommst du zu mir?«
»Ja.«
»Wieso ausgerechnet zu mir?«
»Ich hab dich gesucht.«
»Und wie hast du mich gefunden?«
»Dein Name stand an der Tür.«
»Woher wusstest du meinen Namen?«
»Ich wusste ihn ja nicht.«
»Aber jetzt weißt du ihn.«
»Nein.«
»Ich heiße Arno.«

DURCHSAGE

Wo ist Lennonman, Ingwer?
Gesucht wird Lennonman, Ingwer!
Lennonman, Ingwer verschwand gestern vor zwanzig Jahren.
Auftauchen wird er morgen bei Neumond.
Gebraucht wird er heute und hier.
Gesucht wird Lennonman, Ingwer von Ralph, seinem Sohn,
der seit zwanzig Jahren vor einem Automaten steht und
sich freizuspielen versucht.
Wo ist Lennonman, Ingwer?
Heute läuft die Frist ab.
Antworten Sie!

TRAUM VON EINEM STÜCK

Der Inhalt des Stückes ist die Zeit. Eine ganz bestimmte Zeit, und zwar, wenn ich mich recht entsinne, die des zweiten französischen Kaiserreiches. Die Zeit wird symbolisiert durch Musik, die, mal leiser, mal lauter werdend, das ganze Stück über nicht abreißt. Gespielt werden Offenbach-Melodien, schrecklich verzerrt, zum Teil modern instrumentiert, auf jeden Fall barbarisch. Zwei Bewegungen herrschen in der Zeit. Die eine statisch, beharrend, langsam nach vorn geschoben von einer zweiten, sich chaotisch überstürzenden. Das Stück folgt dieser chaotisch vorwärts schießenden Bewegung, überschlägt sich mit ihr, geht mit ihr zur See, stürzt von Felswänden und findet sich immer wieder zu Füßen einer die Rückwärtsbewegung symbolisierenden Figur: des Bildhauers. Das ganze Stück über (oder in Abständen?) sehen wir ihn verzückt vor sich hinsummend an einer Statue meißeln. Zu Beginn ist er noch ein Knabe, der Felsblock fast roh, später begegnen wir ihm, von einer erneuten Niederlage zurückkehrend, in reifem Mannesalter. Am Schluss trägt er einen weißen Bart, die Statue ist fast fertig: ein Rodinscher Jüngling, zu seinen Füßen ein Frosch mit einer heiligen Oblate (Hostie) im Maul. Die vorwärts schießende Bewegung in der Zeit ist konkret definierbar: sie ist Rimbaud.

Das Problem am Stückeschreiben bestand darin, dass mir auch das nur noch im Schlaf möglich war. Dabei war mir das Schreiben nie so leicht gefallen und nie so umgehend mit Veröffentlichung belohnt worden wie in seiner szenischen Form. Als ich noch vor meiner Armeezeit in der Zeitung eine Ausschreibung des Theaters der Freundschaft für Kinder- und Jugendstücke gelesen hatte, machte ich mich sofort an die Arbeit. Schließlich war ich an der Studentenbühne in einer Planetenrevue von Jura Soyfer als Mars aufgetreten und hatte in meiner Diplomarbeit den *Kaukasischen Kreidekreis* statt in einer zentralasiatischen Kolchose an einer Pädagogischen Hochschule spielen lassen. In Schmachtenhagen dann schwangen wir uns jede Woche einmal aufs Rad, um nach Oranienburg und von da aus mit der Bahn nach Berlin zu fahren und im Deutschen Theater oder der Volksbühne die legendären Inszenierungen von Besson, Sagert oder Langhoff zu sehen, und standen Mitternacht wieder vor Luisens Bett, die selig schlief. *Der Drache* dürfte mich dazu angeregt haben, aus Anatole France' Novelle *Das Hemd eines Glücklichen* ein revolutionäres Märchenstück zu machen – mit einem Narren, der im Auftrag seines Königs vergeblich ein solches Hemd aufzutreiben versucht, mit einem Hof voll korrupter, aber unglücklicher Schranzen und vor allem mit jeder Menge Songs, die eine Beatband spielen sollte. Vier Wochen hatte ich dafür Zeit, und als ich die ersten Szenen fertig hatte, machte ich mich damit zu Peter Hacks auf, der in Berlin einen dramatischen Zirkel leitete.

Es war dunkel im Friedrichshain und ich musste nahe an die Haustüren treten, um die Nummern zu erkennen. Oben in der Wohnung dann eine nur unwesentliche Aufhellung, die von der Stehlampe rührte, in deren Lichtkreis der Sessel des Hofdichters stand. Auf Stühlen rundum die Schatten seiner meist ältlichen Anbeterinnen, deren Parfüms sich mit den Ausdünstungen der zahlreichen Teppiche, Vorhänge und Samttischdecken zu einer unheilschwangeren Duftwolke vermischten. Mumien aus einem spätbürgerlichen Salon, sozialistisch einbalsamiert. Die Szene eines Hacksschen Konversationsstückes, in dem keine Rolle für mich vorgesehen war. Man fragte nach meinem Begehr. Nun, ich wollte meine frisch gedichteten Dialoge und Lieder vortragen und dazu die Meinung des Meisters hören. »Erzählen Sie uns erst einmal die Handlung des Stückes.« »Hm, also, es gibt da einen Narren darin, der ...« »Bitte Szene für Szene.« Da war ich überfordert. Das war ja gerade das Schöne am Schreiben eines Stückes, dass es sich durch Rede und Gegenrede gewissermaßen von selbst fortpflanzte und am Ende etwas herauskam, von dem man vorher keine Ahnung hatte. Und nun musste ich mir etwas über die Schürzung von Handlungsknoten, Katharsis und die Einheit von Ort und Zeit bei den alten Griechen anhören, die doch Shakespeare schon ignoriert hatte. »Machen Sie einen nach Akten und Szenen gegliederten Plan für Ihr Stück und tragen Sie ihn uns beim nächsten Mal vor.«

Das tat ich nicht, denn dafür war meine Zeit viel zu knapp. Da gerade Sommerferien waren, kam in der letzten Augustwoche meine Studienfreundin Juliane nach Schmachtenhagen, um auf ihrer Reiseschreibmaschine (auf meiner verschoben sich immer die Zeilen) mein planlos wucherndes Manuskript ins Reine zu schreiben. Am letzten möglichen Einsendetag, dem 31. August, brachte ich es mit dem Fahrrad zur Hauptpost in Oranienburg. Einen Monat später war ich Bronzemedaillengewinner des Wettbewerbs und hatte einen Vertrag über die Uraufführung des Stückes zu den Berliner Festspielen im Oktober in der Tasche. Die Tatsache, als 22-jähriger den Proben eines großen Ensembles zum eigenen Stück beiwohnen zu können und dann, bei der Premiere, die eigenen Dialoge und Lieder aus dem Munde professioneller Schauspieler zu hören, versetzte mich in den siebten Himmel, der für mich auch heute noch dem Theater vorbehalten ist. Zwar gab es keine Beatband, weil das Stück anstatt vor den von mir anvisierten Teenagern vor harmlosen 12-jährigen gespielt wurde; zwar fühlte sich Ilse Rodenberg, die Intendantin und Witwe des antifaschistischen Schauspielers Hans Rodenberg, nach dem die Straße vor dem Theater benannt war, von mir beleidigt, weil ich ihr zur Premiere keine roten Nelken überreicht hatte; zwar wurde das Stück nach nicht einmal zehn Aufführungen abgesetzt und nur noch zweimal in Halle an der Saale nachgespielt – doch das Erlebnis der Uraufführung blieb unvergesslich.

Nichtsdestotrotz blieb es in der Dramatik für mich bei diesem einen Versuch. Es lag nicht nur daran, dass mir während der Armeezeit der Sinn für revolutionäre Märchenspiele vergangen war. Vor allem fehlte mir die Vision einer für die Gegenwart geeigneten Dramaturgie. Die von Jewgenij Schwarz ausgeborgte hatte gerade einmal für ein Jugendstück ausgereicht, und die letzten gängigen, die von Brecht und die des absurden Theaters, hatten bereits ihre beste Zeit hinter sich. Ich probierte es noch einmal halbherzig mit der Flucht in die Antike, wie sie gerade in Mode kam, brach aber den Versuch in dem Bewusstsein ab, dass die Zeit vielleicht nicht für das Theaterspielen, aber doch für das Verfassen von Stücken abgelaufen war.

Und wie stand es um die Lyrik? Nicht umsonst gab es unter den mit Kringeln, Kreisen und Kreuzen versehenen Gedichten, die ich endlich zu einer Sammlung zusammenstellen durfte, eine mit dem Titel *Das Ende der Gedichte*. Dieses Ende war eins aus Erschöpfung der Kraft zu dem kontrollierten Wahnsinn, von dem Plato sprach. Nie konnte ich an Gedichten »arbeiten«. Ich lief sie aus mir heraus, bei den Gängen durch Schmachtenhagens Wälder, den Märschen unter der Gasmaske, beim ruhelosen Wandern durch Straßenschluchten oder die Wohnung, bis sich endlich das letzte Wort einstellte. Setzen konnte ich mich nur zum Verfassen von Prosa. Die Gedichte schrieb der Nomade in mir, die Erzählungen entstanden aus dem Bedürfnis nach Sesshaftigkeit und nach Arbeit. Das Schwierige daran war und ist, dass ich Arbeit als körperliche Anstrengung, noch dazu mit dem Hammer in der Hand, kennengelernt habe.

Auch heute noch kann ich an einem Schreibtisch nicht mehr als zwei Stunden am Stück zubringen. Danach muss ich aufstehen und mich bewegen.

Doch Berlin konnte ich durchpirschen so lange ich wollte, es stellten sich dabei keine Gesänge mehr ein, nur Schweigen oder gereimte Verse, die allerdings nicht der Gefahr zu großer Schönheit ausgesetzt waren, unter der Wilhelm Tkaczik litt. Berlin sprach, wenn überhaupt, nur in Prosa zu mir. Es war tatsächlich die »Korrektionsanstalt«, als die es Gottfried Keller beschrieben hatte. Noch tiefer als ich aus dem Süden war er gekommen und hatte ein fünfjähriges Martyrium unter dem preußischen Zementhimmel durchlebt, wovon eine Gedenktafel in der Bauhofstraße zeugte, vor der ich oft eine Schweigeminute abhielt. Immerhin hat er aber die erste Fassung des *Grünen Heinrich* hier geschrieben. Davon konnte bei mir keine Rede sein. Ich konnte mir von ihm nur eine dreiseitige Episode ausborgen und daraus die »Erzählungen vom Meretlein« schmieden, die mich in die Schweizer Bergwelt entführten. Zurück nach Berlin, wenn auch nicht in die Gegenwart, fand ich, indem ich mich an die Fersen des Rumtrinkers Grabbe heftete, der sich ebenfalls an Berlin die Zähne ausgebissen hatte, bevor es eine Betonmauer durchzog. Diese kurzzeitige Flucht in die Historie gelang mir allerdings erst, nachdem ich die Arbeit am Gedichtband abgeschlossen hatte.

Erstaunlich dabei, wie reibungslos das Lektorat vonstatten ging. Nicht einmal meine mit »Böhmen« überschriebene Reaktion auf die Niederschlagung des Prager Frühlings, die doch eindeutig genug mit den Zeilen »Kain, im Herzen des zerrissensten Teiles / dieser Erde, erschlug Abel« beginnt, wurde beanstandet. Konnte man zu schlau für die Bürokraten in den Zensurbehörden sein? Oder folgten sie weiterhin dem Plan, dass man solche kleinen Verirrungen, die ohnehin niemand wahrnimmt, einem noch immer jungen Autoren durchgehen lassen sollte? Was die öffentliche Wahrnehmung angeht, hätten sie damit Recht gehabt. Dem allgemeinen Schweigen nach zu urteilen, stieß man sich so wenig an meinem hochsubversiven Gedankengut wie man sich daran ermutigte.

Geblendete Nachtigallen: Braucht man Dunkelheit zum Singen? Möglich. Aber nicht zum Schreiben.

Mir ist zuviel bewusst.

Natürlich ist das Leben ohne Sinn, aber dabei hat man sich nicht aufzuhalten. Erst die Sinnlosigkeit gibt uns ja die Chance, dem Leben einen – nämlich menschlichen – Sinn zu verleihen.

R. WALSER

Im Schnee verschieden.
Mit rechter Hand in Schnee geschrieben.
Den Namen hochzuhalten.
Nicht weit von mir. – In den Alpen.

Um das Leben besser auszuhalten, muss man es verteilen, sagte er und packte seine Koffer.

IN DER KREISSTADT

In der Kreisstadt (zehn- bis fünfzigtausend Einwohner) ist alles erlebbar. Damit ist nicht gemeint, dass sie alles Menschenmögliche an Erlebbarem bietet, sondern dass alles, was vorhanden, auch erlebbar ist. Jede Mauer, jedes Haus, jede Straße und jeder Baum kann im Laufe einer Kindheit erlebt werden. Im Unterschied zum Dorf aber bedarf es dabei nicht nur eines Sommers und eines Winters, sondern der ganzen Kindheit. Denn die noch lebende Kreisstadt bietet eben doch fast alles, nicht was dem Menschen, aber was dem Deutschen möglich ist. Sie kennt den Fluss und den Bahnhof, das Schloss und das Neubauviertel, sie kennt den Wasserturm, das Gaswerk, die fast Berlinische Arbeiterstraße, die dörfliche Vorstadt, den Fußballplatz, Kirchen, die Chaussee und den Steinbruch. Sie kennt fast alles, aber sie kennt es nur einmal. Von allem hat sie ein Stück und bildet daraus ein isoliertes und dennoch organisches Ganzes. Diese Ganzheit aus Stücken erfüllt mit Sehnsucht, denn man weiß: die eine Arbeiterstraße ist nicht Berlin, der Fluss ist nicht das Meer, der Park ist nicht der Wald. Den Besucher ergreift Wehmut: die Ausschließlichkeit seines sonstigen Lebensbereiches wird hier gemildert durch die Nachbarschaft eines anderen: das Neubauviertel durch die Altstadt, der Bahnhof durch den Park, die Arbeiterstraße durch die Kleingartenanlage.

Alles ist möglich, aber die Möglichkeit ist begrenzt; überall kann man leben, aber nirgends richtig.

Die Kreisstadt als Symbol der DDR, in der es auch alles nur einmal gab: die Partei, die Gewerkschaft, den Schriftstellerverband, den Fernsehturm, die Ostsee, das Erzgebirge und die wie bei einer mittelalterlichen Stadt alles begrenzende Mauer. Was ich bei meinem Besuch in Wurzen zwar sah, aber nicht beschrieb: diese Welt war bereits durchlöchert und das Existierende wurde immer weniger. Vom Gasthaus »Zur Börse« war eine Brache mit Papierkorb übriggeblieben, die, wie es sich mein Vater immer wünschte, den Kraftfahrern freien Blick auf die Kreuzung ermöglichte; das

Rosentälchen diente nur noch als Parkplatz, dessen Stellplatzmarkierungen ähnliche Ausmaße hatten wie die Häuschen, die hier zuvor standen; fast jede Straße zeigte eine Lücke wie ein schadhaftes Gebiss.

Auch die Schmiede, in der ich großgeworden war, existierte ja im Grunde seit meines Vaters Tod nicht mehr. In ihren salpeterzerfressenen Backsteinmauern ließ jetzt Nachbar Schulze Bretter hobeln. Doch auch etwas Neues war hinzugekommen: der Götterbaum, der neben dem Ausguss vor dem Küchenfenster wuchs, seitdem meine Mutter nur noch mit meiner Cousine Hannelore in dem Haus wohnte, streckte seine Äste inzwischen fast bis zur Dachrinne. Wir machten zusammen einen Spaziergang (langsam, wegen ihrer geschwollenen Beine), und vor jedem Haus, vor dem wir stehenblieben, erzählte meine Mutter eine Geschichte.

Der ahle Hunger

Der hat was hinter sich. Dem seine Familie – der hat bei uns de Zichen un Karnickel verschnidden – war doch vorbelast. Mit Fraun un kleenen Kindern ... Der Vader un der Bruder ham gesessen. Da hat er gesacht, diese Familie darf sich nich mehr fortpflanzen. – Nee, nich verschnidden hat er sich, er hat ä Mittel genommen. Das jedenfalls hat er bei uns offm Hof erzählt.

Bechsteen

Hier hat Bechsteen gewohnt. Nee, nich der mitn Glasooche, sondern sei Bruder. Der hat doch ne Schwedin gehabt. Die hat ihre zwee Freindinnen mitgebracht. Das hat die zur Bedingung gemacht. Die ham dann hier gelebt. Nee, nich verheiratet.

Maler Dieme

Dieme is ooch gestorm. De Frau is jetzt hochgezoochen. Eemal in der Küche hat er zu mir gesacht: »Frau Wachner, ich würde ja ma mit Ihn nach Leipzch fahrn, aber meine drei Weiber, wenn die das mitkriechen, die schlahn mich dood.« Als ich ma mitn Papa offn Hof saß un Kaffee trank, kam er an un sachte: »Was isn bei Ihn los? Feiertach? Wenn ich heemkomme, da liechen de Bemm offn Disch un die ham schon gegessen.« Er had sich doodgesoffen. Aber ma weeß nich: vielleicht war er schon vorher grank un hat gesoffen, weil ers nich mehr ausgehalten hat.

DIE GUTE STADT (1)

Nach der Reise kam ich am Abend in einer Stadt an, von der ich nach und nach erfuhr, dass in ihr alle Menschen gut seien. Mich beunruhigte das. Halb witterte ich dahinter eine Falle, halb empfand ich das Gutsein selbst als etwas Schlechtes. Auf jeden Fall fühlte ich mich bedroht, und ich fingerte mein scharfes Messer aus dem Ärmel und steckte es griffbereit in eine Schlaufe an der Hose.

Sehr vorsichtig lief ich durch die dämmernden Straßen. Sie glichen denen sämtlicher alter Städte: eng, von Rinnsalen durchflossen, an den Wänden die verblichenen Farben alter Gemälde. Mich besänftigten die fensterlosen Mauern und die Menschenleere der Gassen: zumindest ein Zeichen der Abwesenheit von Bösem.

Nach und nach lichtete sich das Häusergewirr und ich gelangte auf freie Flächen. Hier atmete das Neue, hier entfaltete sich das Gute – ich begriff es sogleich. In der Luft schwebte ein Klingen wie von Musik. Die Wege führten durch Rasenanlagen. Überall ging man unter kleinen hölzernen Toren hindurch. Ich sah Kinder mit ihren Schulranzen die Wege entlanglaufen und vor sich hinsummen.

Mit ihren Fingern berührten sie kleine hölzerne Vögel, die, altertümlichem Spielzeug gleich, sofort abwechselnd zu picken begannen. Diese Vögel waren an sämtlichen Toren angebracht und zeigten die Zeit an; aber nur, wenn sie von den Menschen ständig in Bewegung gehalten wurden. So gab einer dem anderen die Zeit weiter, und zwischen den Menschen existierten Verbindungen. Mitunter hörten die Wege plötzlich auf und man war gezwungen, auf Holzklötzchen entlangzubalancieren, die die Ufer eines Baches säumten.

Ich stellte fest, dass ich für diese Art von Güte nicht gerüstet war. Als ich an eine Stelle kam, wo sich zwei Wege vereinigten, ließ ich mit einer beleidigt-ironischen Handbewegung einem Mann den Vortritt. Besonders, dass ich kein Wort dazu sagte, wurde als die Unhöflichkeit eines Fremden aufgefasst. Der Mann wollte empört reagieren, doch sein disziplinierterer Begleiter fasste ihn nach den herrschenden Regeln der Güte am Hals und strafte mich mit einem Blick der Verachtung. Was mich irritierte, war, dass er seinen Freund so am Hals fasste und schüttelte, wie man es mit einem Hund tut.

Dann gelangte ich in die beengenden Kellerräume eines Museums, in dem Dokumente zur Stadtgeschichte ausgestellt wurden. Meine Unruhe wurde unerträglich, als man mich in einen Raum führte, in dem zwei Marinesoldaten mit Schäferhunden warteten. Zur Tarnung, dachte ich, übernimmt die Marine die Polizeifunktion: ich griff nach meinem Messer. Aber wieder sollte ich beschämt werden. Nachdem man mich ins Freie begleitet hatte, wurde mir ein Hund übergeben mit Plastikmaulkorb, in dem sich eine Botschaft oder ein Paket befand. Solch einen Hund erhielt jeder Besucher als Zeichen des Vertrauens. Mit ihm hatte man einen kleinen Botengang auszuführen und so den Menschen zu helfen.

Doch noch immer hatte ich das Messer in der Hand. Ich befürchtete, dass es bemerkt und ich der Aggressionsabsicht überführt und verhaftet werden würde. Aber ob dies geschah und ob sich hinter der Güte der Stadtbewohner noch etwas anderes verbarg, erfuhr ich nicht mehr, denn ich wachte auf.

DIE GUTE STADT (2)

Der Traum dieser Nacht gab sich von Anfang an als die Fortsetzung des Traumes der vorletzten Nacht zu erkennen. Obwohl die Stadt äußerlich in keiner Weise jener anderen glich, war doch klar, dass es nur die gute Stadt sein konnte und dass sie Tangermünde hieß. Sie umgab sich mit der Aura eines gelüfteten Geheimnisses, mit Helle, mit selbstfroher Gelassenheit. Die Güte deutete sich nicht mehr durch Handlungen und Gesten der Bewohner an (Menschen waren auf dem, was man sonst Straßen nennt, kaum zu sehen), sondern verkörperte sich in Anlage und Bauweise der Gebäude. Die Häuser, die meist Tempeln glichen, standen unregelmäßig verstreut auf einem Terrain, dessen Ende nicht zu erkennen war, von dem man aber wusste, dass es nicht fern sein konnte. Überhaupt waren Maß und Begrenzung Kennzeichen des Charakters dieser Stadt.
Von den Häusern hatte man den Eindruck, dass ihre Höhe kaum über Menschengröße hinausging. Die Entfernungen zwischen den Bauwerken variierten nur geringfügig. Kaum kam es zu Platzbildungen, keines der Gebäude dominierte, immer blieben die Beziehungen untereinander gewahrt, und fast immer erhielten diese Beziehungen durch Treppen, Torbögen, kleine Brücken einen besonderen, man möchte sagen, pikanten Charakter. Alle Häuser waren weiß getüncht und mit hellblauen Pinselstrichen rings um Fensteröffnungen, Kanten und Türen verziert. Überhaupt hatte

es den Anschein (besonders bei den zahlreichen runden Säulen), als hätten die Bewohner ihre Gebäude selbst mit den Händen geformt und sie danach bemalt. Als Material vermutete ich Ton, Gips oder weißes Zuckerwerk, mit dem Lebkuchenhäuschen übergossen werden.

Hinter das Geheimnis der Menschen, die diese Stadt erbaut haben, kam ich erst (obwohl die Stadt selbst nie ein Geheimnis daraus machte), als ich der Mehrzahl dieser Menschen in einem kleinen Heim am Stadtrand begegnete. Es handelte sich um ein Heim für Geistesverwirrte. Die gute Stadt war also nichts anderes als das Werk seiner unnormalen Bewohner, die ihre Stadt nur noch auf Ausgängen betraten und ansonsten in einem, nun wieder sehr menschlichen Haus zusammenlebten. Mir gefiel es in diesem Haus auf Anhieb. Es lag im Grünen, am Rande Wurzens, in der Nähe des Zusammenflusses von Mulde und Kanal. Da die Krankenschwestern – obwohl gewöhnliche Menschen – sehr freundlich waren, bereitete es für Vera und mich keine Schwierigkeiten, im Heim für zwei Wochen ein Zimmer zu beziehen. Der Versicherungen unserer Gefährdetheit (verbunden mit dem Hinweis, dass ein entsprechender Blutzuckerbefund bald eintreffen würde) hätte es dazu nicht bedurft. Im großen Foyer, auf den Gängen zwischen Speisesaal und Küche, Waschraum und Toilette wurde ich schnell davon überzeugt, dass sich die Stadtbewohner ihre ursprüngliche Güte, Einfalt und Freundlichkeit bewahrt hatten. Als Wermutstropfen im Becher blieb lediglich die Tatsache, dass ich im Grunde nicht hierher gehörte, was zwar von jedem instinktiv erkannt, aber nicht gegen mich verwendet wurde.

Ich versuchte dieses Manko durch übergroße Einsatzbereitschaft auszugleichen, als es darum ging, bei der Besorgung von Materialien für ein am Abend stattfindendes Fest (täglich fanden Feste statt) zu helfen. Und obwohl Vera gegenüber der leitenden Ärztin Bedenken äußerte, so endete der Traum doch mit dem Entschluss, keinesfalls auf die Freude zu verzichten, gemeinsam mit einem geistesverwirrten Erbauer der guten Stadt auf einem Kutschbock zu sitzen und einen Pferdewagen voller Schulbänke von Wurzen aus in unser neues Heim für unser gemeinsames Fest zu fahren.

Mit welchem Recht erwartet der Mensch vom Leben, dass es ihn glücklich macht? Wieso betrachtet er Glück als seine Bestimmung, das nur etwas Fremdes verhindert? Wieso glaubt er etwas Besseres zu sein als jedes beliebige Tier, das doch ununterbrochen Gefahr läuft, gefressen oder tollwütig zu werden oder ein Bein in der Falle zu lassen? Und dabei doch nie so etwas wie Unglück kennt, wenn auch Leiden.

Die Vorstellung, unsere Gesellschaft sei jung, während vergangene alt waren, ist vom Standpunkt der durchschnittlichen Lebenserwartung völlig falsch. Um das Jahr 1000 wurde der Mensch im Schnitt fünfundzwanzig Jahre alt, heute siebzig. Die heutige ist eine Rentnergesellschaft, die frühere war eine Gesellschaft junger Männer und Frauen.

Der schlimmste Verlust, den die Menschen in diesem Jahrhundert erlitten haben, ist der an Liebe. Was liebten sie im vorigen Jahrhundert nicht alles noch: die Mutter, das Gebirge, den Freund, Kakteen, die Geliebte. Und das waren nicht nur leere Worte. Was können wir heute noch lieben? Fast schämen wir uns, wenn uns in einem Moment der Besinnungslosigkeit der Ausruf *Ich liebe dich* entfährt.

Die Menschheit ist durchaus nicht alt, steht keineswegs vor ihrem Tod. Wenn wir davon ausgehen, dass der Normalzustand des Lebens auf dieser Erde ein bewusstloser ist, sind wir soeben dabei, erwachsen zu werden. Liegt gerade in dem, wogegen wir uns wehren, unsere »Natürlichkeit«? Im Zustand gedankenloser Apathie? Kehren wir auf diese Weise zum Tierreich zurück? Hat der technische Fortschritt den Zweck, uns abzustumpfen und zwischen Beton und Plaste kriechend wieder Gleichmut zu lehren? Sind Leidenschaften und Gedanken nur Kinderkrankheiten, die wir schleunigst zu vergessen haben? Gehen wir auf das ewige Leben zu?

Notwörter, die (wie der Hammer im Bus) nur noch im Zustand völliger Ausweglosigkeit benutzt werden: Liebe ...

Das Böse fängt an, indem man es kennt.

In dieser Zeit dürften wir uns zum ersten mal bei Brigitte Struzyk getroffen haben. Sie war mit ihren drei Töchtern, die sie ans Haus band, die ideale Gastgeberin. Das Zimmer, in dem wir uns um einen runden Tisch versammelten, lag in einem vierten Stockwerk der Schwedter Straße, von dem aus wir freien Blick bis zum Senefelder Platz hatten. Etwas abgehoben war trotz aller Selbstironie auch der Name, den wir uns gaben: Gruppe 46. Er nahm Bezug auf das Geburtsjahr von Brigitte, Löffler und Pietraß, dazu kamen noch Elke Erb, ich und hin und wieder Eddy Endler. Er dürfte beim Akt der Namensgebung aber kaum zugegen gewesen sein – sein Gelächter hätte ihn sicher verhindert. Trotzdem war ich bereit, mit diesem Namen ein sinnvolles Programm zu verbinden. Wir waren zwar nicht Teil der bundesdeutschen, aber wie die 47er Teil der deutschen Literatur; wir gingen bewusst hinter sie zurück, in unser Geburtsjahr, das zugleich das erste Nachkriegsjahr war; wir schlossen damit eine Lücke, die unsere westdeutschen Vorgänger gelassen hatten; wir – oder zumindest ich – verweigerten einer selbsternannten Moderne die Gefolgschaft, die im Namen der »Bewältigung« von Vergangenheit deren Kahlschlag betrieben hatte. – Natürlich ein uns selbst gewährter Kredit, der bisher durch nichts gedeckt war und den zurückzahlen zu müssen wir niemals ernsthaft in Verlegenheit gerieten.

Was uns jedoch eindeutig von der Gruppe 47 unterschied, war unsere Intimität. Bei uns gab es keine Mikrophone und Kameras, in unserem Rücken saßen keine Redakteure und Verlagslektoren. Bei uns wurde allerdings auch keine *Blechtrommel* und keine *Ästhetik des Widerstands* vorgelesen. In unserem Kreis dominierte die sorgfältig gearbeitete Lyrik, so dass unsere Monatsproduktion durchaus an einem Abend vorgetragen werden konnte und noch genügend Zeit für kollektive Experimente und Gespräche weniger tagespolitischer als tiefenpsychologischer Art blieb. Zuständig für sie waren insbesondere Elke Erb und Hanns Löffler, der dazu seine reichen, in der Psychiatrie gesammelten Erfahrungen einbringen konnte. Bei Elke bestand das Problem, das von ihr zwar jedes Wort (einschließlich der zahlreichen »hihi«, »wa« und »also das is doch … nich?«) ausgesprochen gedankenanregend war, ich aber, wenn sie am Ende eines Satzes angelangt war, nie dessen Sinn verstanden hatte.

Das war auch nicht entscheidend. Entscheidend war, dass es einen Abend im Monat gab, an dem ich nicht vor der Frage stand, in welcher Richtung ich meine Lichtenberger Kochstube zu verlassen hatte, an dem ich unter Gefährten war, mit denen ich vier oder fünf Stunden lang Weinflaschen leeren und die deutsche Sprache traktieren konnte, dabei durchaus von dem Gefühl beseelt, die exquisite Tradition der Berliner Salons fortzuführen, also eine private Gegenöffentlichkeit zu der offiziellen Trostlosigkeit zu schaffen. Ja, indem wir uns Gäste einluden, die an einem Abend ihre Werke vorlesen und dazu unsere Meinungen anhören durften, konnten wir uns sogar einbilden, eine urteilsberechtigte Instanz für andere zu sein.

Roman. Eine amerikanische Gangstergruppe nach gelungenem Banküberfall auf der Schiffsreise nach Europa. Später sitzend in Pariser Bistros, mal zu acht, mal zu viert, mal zu zweit. Philosophische Gespräche führend. Die letzten ehrlichen Geister ihrer Zeit:

»Es galt einen Wald zu errichten, mitten in Chicago; die umliegenden Häuser geräumt, gesprengt und Hunderte Meter hohe Tannen umgesetzt zu werden. Schnee musste fallen. Wir in Schlitten, weiße Spuren ziehend. Glockengeläut, sanft. Die Bank verzaubert.«

Leonce. Als er Lehrer war, sagte er zu jenen, die in der ersten Klasse saßen: »Spiegelchen.«

Als Richard Pietraß mich zu einer Wanderung durch den Harz einlud, zögerte ich, denn nach meiner Erfahrung werden Beziehungen niemals auf eine so harte Probe gestellt wie auf Reisen. Andererseits war mit niemandem das Auskommen so leicht wie mit Richard. Beim Schachspielen ließ er mich fehlerhafte Züge zurücknehmen und einigte sich gern auf Remis. Auf Ausflüge bereitete er sich so gründlich vor, dass sie nie ein Misserfolg werden konnten: zum Schlittschuhlaufen auf dem Neuruppiner See brachte er beispielsweise einen Gedichtband von Georg Heym mit, der beim Eislauf ertrunken war. Natürlich stand auch unsere Harzwanderung unter einem literarischen Stern. Richard empfand uns als Pilger auf Heines Spuren, und in seinem Tagebuch, aus dem er mitunter vorlas, übernahmen drei Transportpolizisten die Rolle der Quellnymphen von Bode, Ilse und Selke in der *Harzreise*. Unter diesen Umständen war es kein Wunder, dass meine Reisenotizen ausführlicher als gewöhnlich ausfielen.

HALBE HARZREISE

Halberstadt

Zweistündiger Aufenthalt. Richard im Gleimhaus, ich davor. Altstadt: alles verwundet, die paar Nervenstränge, durch die noch Leben pulsiert, liegen offen, fleischlos. Kein Bäcker, kein Fleischer, alles HO, alles Produktionsgenossenschaften des Handwerks. Der Dom. Halberstadt ist karolingische Stiftung, Bedeutungsschwund, seit Otto Magdeburg gründete und gleich ein Erzbistum daraus machte. Eine von allem Anfang an beleidigte Stadt?

Quedlinburg

Am Bahnhof erkenne ich nichts wieder. Dann langsames Dämmern und bei Verfolgung des »Ringes« Erwecken von völlig Vergessenem: das Antiquariat und die Häuser hinterm Burgberg. In der Stiftskirche Orgelkonzert. Mein ewiger Kampf um innere Ruhe, die ich, wie meist, erst im Einschlafen finde. Vorher aber ein schöner Moment. Es hat zu regnen begonnen, und als die Orgel endlich mal schweigt, hört man es rauschen auf das romanische Dach. Romanik: Seit Richard mir von Goebbels Ritterspielen (er selbst kam per Fahrstuhl aus der Gruft oder so) erzählte, entdecke ich ständig neue barbarische Züge an ihr.

Nach dem Konzert endlich raus: Der Himmel ist abgeregnet, d. h. nicht ganz, eine Wolkenwand hängt noch, irrsinnig rot angestrahlt, über der Stadt, auf der anderen, westlichen Seite der Himmel orangegelb. Schwalben fliegen umher. Langsam verklingt das Rot, die Wolkenwand schwärzt sich, es beginnt wieder heftig, aber in unregelmäßigen Abständen zu regnen.

Unruhige Nacht im Hotel. Gegen zwei Uhr munter, dann Traum von meinem Vater, den ich in den Armen halte, halb vom Kreuz genommener Jesus, halb Kriegsverwundeter – sein unsäglich schwacher Körper, seine nackte Brust, auf die ich die Hand lege! Um Sieben Bettflucht und Gang durch die Stadt. Als ich zurückkomme, liegt Richard noch immer lang und schreibt dabei in sein Tagebuch. Ich gehe inzwischen frühstücken.

Gernrode

Mit dem Zug dorthin. Die ersten Kirschen. Schlüssel für die Stiftskirche aus den Händen einer zarten Pfarrerstochter. Auch die Kirche ist schön anzusehn. Angenehm, dass sie nicht überwältigen will, eine Einheit ist und damit zufrieden. Aus dem Dorf hinaus ein Weg neben langer Mauer. Am Harzrand entlang. Kleine Verirrung durch Fichten. Rast auf der Lauenburg. Grüne, abgeflachte Wiese mit dicken Mauerresten. Ich klettere so hoch ich kann. Blick zurück in Freude. Ich bin der Junge, mein Großvater heißt Richard Pietraß.

Thale

Hexentanzplatz der Reisebusse, Kellnerinnen, Schießbudenfrauen, Toilettenwächterinnen, Souvenirverkäufer. Ich versuche, mit dem Rücken an all dem vorbei zum Felsen zu kommen. Dass der Blick so großartig ist, hatte ich vergessen. Richard, metaphorisch: »die gewundene Riesenvagina des Harzes«. Ich: »daraus ein Bächlein rinnt.« Mit der Seilbahn abwärts, leichte Angst. Der Leiter der internationalen Jugendherberge: »Es tut mir leid Jungs, gerade eine Gruppe Rumänen angekommen.« Von hundertfünf Plätzen sind hundertdrei ständig ausgebucht durch Reisebüros. Deutsche dürfen nicht mit Ausländern zusammen auf ein Zimmer – »für den Fall der Verdächtigungen im Falle des Stehlens«.

Im Bodetal läuft Richard »ohne Reserven«. Reflektiert über Verfall der Gastfreundschaft, des Reisens ohne Voranmeldung, der Lebensqualität im allgemeinen. Seine bevorzugte Art des Reisens: Fester Punkt und Ausflüge in die Umgebung. Ich dagegen bin der geborene Nomade, muss mich ständig in der Fortbewegung verausgaben.

Treseburg
Brücke mit Hotels, die jetzt Ferienheime sind. Der Abend, nach wechselnder Bewölkung, sonnig. Forellen. Suche nach privatem Zimmer. Alte Frau zuerst: »Und warum fahrt ihr nicht zurück?« Überwindung des Misstrauens durch gemeinsames Schimpfen auf DDR. Im FDGB-Heim Brasilien gegen Italien. Mit uns vor dem Fernseher Arbeiterleichen aus Bitterfeld, ausgelaugt und traurig.

Durch das Bodetal
... nach Altenbrak, eine Art Vergrößerung Treseburgs. Die Bode windet sich. Erstmals habe ich den Eindruck, wir gehen in den Harz hinein. Natürlich nur bis zu einem gewissen Punkt. Der Harz ist nämlich nicht »eines der schönsten Gebirge der DDR«, wie es im Reiseführer heißt, sondern ein mitteldeutsches und ohne den Westteil, ohne Teutoburger Wald und Weserbergland überhaupt nicht zu begreifen. Reflexionen darüber später in Jürg Federspiels Gedanken vom Kampf zwischen Geographie und Geschichte bestätigt. Als Fußgänger bin ich zwangsläufig auf Seiten der Geographie.

Die Rappbodetalsperre. Meine Unfähigkeit, einem solchen Ding gegenüber so etwas wie Faszination zu empfinden. Anders als bei Betrieben, die belebt sind von Arbeitenden, ist das lediglich ein Tal, vollgeschüttet mit Wasser und einer Mauer davor. Vom geographischen Standpunkt aus gesehen wäre mir der Blick auf einen stürzenden Bergfluss lieber. Obendrein regnet es. Langer Straßenmarsch durch nassen Fichtenwald, dann endlich:

Rübeland
... umarmt von Kalkbergen. Unter uns das enge Tal mit Fluss, Straße und Bahnlinie wie im Osterzgebirge. Belebt, menschlich und plötzlich sonnenüberstrahlt. Wir liegend auf einem Felsen, kekskauend, die Blicke abwechselnd

auf Brocken, Hohneklippen und ins Tal gerichtet. Schöne frische halbe Stunde. Richards intellektueller Widerstand ist mit der erlahmenden Widerstandskraft des Körpers geschwunden, in den letzten drei Stunden hat er nur noch Blödsinn, natürlich intelligenten, erzählt. Nachdem das Laufen ihn gründlich durchgerüttelt hat, er genügend mechanisiert und bewusstseinsgetrübt ist, befinden wir uns etwa auf der Ebene, die das Zusammensein für mich zum Vergnügen macht.

Dann ein schlängelnder Gang hinab ins Dorf. Nur die Baumann-Höhle hat geöffnet. Auch wenn ein Besuch der Hermann-Höhle möglich gewesen wäre, hätte ich die erstere wegen ihres wärmeren Namens vorgezogen, und weil sie die ältere und kleinere ist. Rundgang von zwei Kilometer Länge, viele Zapfen sind abgebrochen. Die Sage erzählt, Baumann wäre im sechzehnten Jahrhundert in die Höhle hinabgestiegen, sein Grubenlicht sei dabei gelöscht worden, und er wäre drei Tage durch die Höhle geirrt, bis er endlich ins Freie gelangt und dort nach zwei Tagen gestorben sei. Von da an Erschließung, Führungen für hohe Persönlichkeiten, einschließlich der Goethes. Stalaktiten als Geschenke, das aufgebahrte Schneewittchen im Goethesaal. Trotzdem macht das Erdinnere Eindruck. Schön, dass es so wenig Farben hat und sich nur der Mensch durch buntes Anstrahlen lächerlich macht. In der vorletzten Höhle springt aus einer Ecke plötzlich der Höhlenfotograf. Alles stellt sich auf: die Gruppe bundesdeutscher Studenten (in gelben Kutten, die Mädchen blond, recht hübsch und ohne Feuer), die zwei, drei Ehepaare und wir, da wir als letzte kamen, wie die Höhlenführer davor postiert mit unseren Rucksäcken.

Elbingerode

Wir sind mit dem Zug hierher gefahren. Das Dorf, die Stadt macht grobgewürfelten, prallen Eindruck. An den Häusern Schießscheiben der Schützenkönige. Altes Bauernstädtchen, selbstzufrieden im Harz begraben. An der außerhalb des Orts gelegenen Jugendherberge Schild »Heute Ruhetag« und »Vorbestellungen beim Rat des Bezirks Magdeburg«. Ich sehe durch die farbigen Fensterscheiben etwas huschen und verschwinden. Wir klingeln und rufen vergebens. Ich habe Lust, die Butzenscheiben einzuwerfen, aber ob uns das ein Quartier einbringen würde, ist zumindest fraglich. Dabei rennt die Zeit und in einer Viertelstunde beginnt das Finale der Weltmeisterschaft. Zurück ins Dorf. Wir fragen die Leute in ihren Gärten, ob sie sich das Spiel ansehen und wir mitgucken dürfen. »Der Fernseher ist kaputt« dreimal, »Den Quatsch guck ich mir nicht an« zweimal, stummes Kopfschütteln einmal. Dann endlich der Hinweis auf eine Kneipe, in der ein Fernseher läuft. Es ist ein roter Kofferfernseher. Der Raum ist voll von zeltenden Kleinstadtgammlern aus Mecklenburg, die vor dem Apparat herumfuchteln und sich Wetten zurufen. Als ich zur Toilette gehe, brüllt ein besoffener Einheimischer: »He du, komm mal her!« In solchen Fällen komme ich grundsätzlich nicht. Er steuert schließlich unseren Tisch an und fragt: »Braucht ihr Zimmer?« Nach Zögern und nachdem seine Frau erschienen ist, nehmen wir an.

In der Nacht wieder verstopfte Nase und wirre Träume. Am Morgen Frühstück in der Bauernküche. Draußen Regen, drinnen Herdgeprassel. Der Bauer, jetzt nüchtern, aber noch immer mit überlauter Stimme, sitzt mit blauer Montagsarbeitsbluse am Tisch und tut so, als warte er den Regen ab. Die Frau läuft umher, macht uns (und auch ihrem Mann nochmal) Kaffee, sagt mal Hansl, mal Hansi zu ihm. Hansi arbeitet beim Forst. Früher im Grenzgebiet, da hatte er immer zwei MPis im Rücken. Auf dem Brocken sind ausschließlich Russen. Wenn dort einer von den Forstarbeitern verunglückt, dauert es mindestens zwei Stunden, bis ein Krankenwagen kommt. Bis kurz nach dem Krieg sind sie nach Braunlage reingefahren, die Pferde tränken. Später warf ihm ein Bauer einmal einen neuen Peitschenstiel über die Grenze, er musste ihn liegenlassen.

Harzquerbahn

Gegen Elf ziehen wir weiter; durch Regen und Fichtenwald nach Drei Annen Hohne, das letzte Stück im LKW. Die halbe Stunde bis zur Abfahrt verbringe ich im überheizten Mitropa-Saal, unter Kaffee trinkenden und Bockwürste essenden Arbeitern. Ich trinke Bier und Schierker Kräuterschnaps, bereite mich also genüsslich auf das Alleinsein vor. Unterdessen notiert Richard draußen auf der Bank die Chronik der laufenden Ereignisse. Der Abschied ist kurz, aber nicht unherzlich. Jeder ist froh, wieder allein seiner Wege ziehen zu können, ist froh auch darüber, die gemeinsame Wanderung ohne Streit überstanden und sie, so weit möglich, genossen zu haben. Eine gewisse Beunruhigung bleibt doch. Richard, den ich zu den mir am nächsten stehenden Menschen zählte, erwies sich als grundverschieden von mir. Er steht später auf und wird früher müde, ich habe meine Ausfälle, in denen ich nicht ansprechbar bin, in der Tagesmitte. Vierundzwanzig Stunden sind eine lange Zeit. Und: Am Anderen sieht man in der Hauptsache das Funktionieren einer fremden Konstruktion, während man an sich selbst nur die inneren Bewegungen und Zweifel wahrnimmt. Vielleicht hat es Richard ähnlich gesehen und war ebenfalls erleichtert, als wir von diesem Zwiespalt erlöst waren und in unterschiedlichen Richtungen davondampften, er nach Wernigerode, ich in Richtung Nordhausen.

Zuerst esse ich zwei Schrippen, lese dabei Zeitung und blättere danach, da Rauchen nicht erlaubt, in einem Buch. Die Landschaft ist nicht berauschend, nasse Nadeln. Hin und wieder dusele ich ein, dazwischen fällt der Blick auf eine Gruppe halbwüchsiger Jungs, die mir erstaunlicherweise nicht auf die Nerven geht. Bestimmt wird die offene, humorvolle und auch freche Atmosphäre von einem langen Mittelblonden, der immer lächelt, ständig seinen Kaugummi vor die Zähne schiebt. Er ist gut erzogen, sicher intelligent und würde unter anderen Umständen wegen seiner etwas mädchenhaften Art von der Klasse sicher als schwul verschrien werden. Das wird verhindert durch den kräftigen Bauernkerl an seiner Seite, auf dessen Schulter er ab und zu die Hand legt – die der »Starke« jedes Mal unwirsch herunterschiebt – und der die unantastbare Basis für seine Witze, Erzählungen und sein Spielen auf der Mundharmonika ist. Zwar sagt einer, als ihm die Musik zu innig wird, einmal: »Es ist ja wie in der Kirche«, aber im Grunde lassen sich alle willig von dieser warmen weichen Atmosphäre einlullen.

Als die Klasse aussteigt, sagt der Schöne »Auf Wiedersehen« und sieht mir vom Bahnsteig aus nach. Bin jetzt fast allein im Wagen, und die Fahrt beginnt noch einmal von vorn. Ich gehe nach draußen auf die Plattform. Die Bahnschienen müssen sich ihren Ausgang aus dem Harz suchen. Ringsum türmen sich wieder Berge. Nebenher fließt Wasser. Die Wolken kommen herunter und nässen. Der Zug tutet in den Kurven, und stehe ich auf der Innenseite, kann ich Lok und Lokführer von hinten sehen. Auf der kleinen Straße müssen Autos warten. Mein Herz jauchzt, das Tal öffnet sich allmählich. Ilfeld, noch von Bergen umstanden. Papierfabriken, die ich mag, kleine Sägemühlen. Der Harz lässt mich heraus. Plötzlich flaches, kaum gehügeltes Land. Zurückbleibt die vielbewegte, wilde Silhouette der Harzberge.

Nordhausen

(das schreibe ich mit einem Gliedertierchen, wahrscheinlich Fischchen, auf der leeren Seite; ich schrieb, denn es ist weg. Wenn Halberstadt eine verwundete Stadt ist, ist Nordhausen eine ausgelöschte. Und doch müssen noch über dreißigtausend Menschen hier leben. Man sieht sie nirgends. Sie müssen in ihren Altneubauten am Stadtrand oder in den Fabriken sein, in der Schnapsfabrik, der Tabakfabrik, in den Maschinenfabriken. Die Straßen jedenfalls sind leer. Am restaurierten Rathaus steht ein bemalter Roland und beschützt etwas, was es nicht mehr zu beschützen gibt. Die Altstadt ist ein Schlauch verlassener Straßen und Gassen, natürlich mit zehn bestaunenswerten Fachwerkhäusern, mit zwei, drei bestaunenswerten Kirchen. Eine Straßenbahn fährt. In einer privaten Buchhandlung liegen alte NDL und verstaubte Bücher vom Jahrhundertanfang. Armer Morgenstern, alter komischer Altenberg. Sinnlos umherfahrender Wagner, weg aus Nord-, hin nach

Sondershausen

... der nächsten Sinnlosigkeit. Vor zehn Jahren setzte mich und Streckser ein Opel-Kapitän-Fahrer aus dem Westen hier ab, gab uns Geld für Eis und nahm uns dann doch noch bis Weimar mit. Seitdem habe ich Markt und Schloss als schön in Erinnerung. Sie sind es noch immer, aber nichts sonst; so wie nichts rundum noch irgendetwas anderes ist. Ich bekomme Quartier im »Thüringer Hof«. Zimmer unterm Dach für drei Mark die Nacht, inklusive Blick auf die Altstadt und Glockenläuten. Hier hole ich das nach, worüber ich mich bei Richard mokierte und dessen Sinn mir immer noch nicht klar ist: ich mache Notizen zur Reise. Am Morgen regnet es. Ich fahre mit dem Bus nach Mühlhausen, mit langen Umwegen durch die Bauernkriegsdörfer.

Mühlhausen

Von der Stadt habe ich einiges erwartet, aber nicht einkalkuliert, dass ich die ersten beiden Stunden mit dem Rucksack auf dem Rücken von einem Hotel zum anderen stiefeln werde, ohne ein Zimmer zu bekommen. Zwischen »Goldenem Stern« und »Grüner Linde« begegnet mir eine

Frau, deren Gesicht ich zu kennen meine. Es ist eine Studentenliebschaft aus Erfurt. Im Hause ihrer steinreichen Arzteltern trank ich Whisky und rauchte aus einem Zigarettenigel die Westzigaretten heraus. An den Wänden hingen Säbel, in Aquarien schwammen Fische. Der Vater war ein Liebhaber des Nachtkabaretts im Theater, und so gehörte die Wohnung öfter uns. Eines jener Mädchen, an die ich in Abständen immer wieder denke und immer mit einem schlechten Gefühl. Ich hatte sie in einem der Klubs von Erfurt-Süd aufgegabelt, wo sich die schönen Töchter aus gutem Hause langweilten. Diesen überdrüssigen Ausdruck habe ich nie aus ihrem Gesicht vertreiben können.

Auch als sie mich jetzt erkennt, ist keine Spur von Freude zu entdecken, eher Ärgernis. Der ewige Student darf hier durch die Gegend laufen, während sie in der Technik arbeiten muss, in diesem Kaff festhängt, geschieden ist und einen Sohn am Halse hat.

»Und was machst du so?«

»Freiberuflich.«

»Dann musst du ja Geld haben!«

»Wieso?«

»Sonst müsstest du arbeiten. Ja, manche die habens, manche nicht. Gerade habe ich wieder einen getroffen, Geld wie Heu, ich möchte wissen, wie das die Leute machen. Fährt zwei Autos, einen Sportwagen.«

Die Männer sind alle gleich. Was will ich überhaupt hier? Nur Besuch? Aber sie will auch nicht länger im Dreck sitzen. Ihr Vater muss sie hier raus nach Berlin holen. Ich erkenne die lange Narbe an ihrem Hals, bei der ich immer an die Säbel an der Wand denken musste. Sie ist gut, aber etwas lustlos gekleidet. Wir verabschieden uns kurz.

Im Hotel »Stadt Mühlhausen« finde ich doch noch ein Zimmer. Zwanzig Mark, Fahrstuhl, Bad. Ich genieße den

Komfort. Nach einstündigem Duschen, Nägel schneiden, Kartenstudium wieder hinaus in die Stadt. Die Straßen sind leerer, es ist inzwischen fast Abend, nieselt angenehm. Die Stadt widersetzt sich nicht mehr. Sie wird beherrscht von der völlig erhaltenen Stadtmauer, der ich folge. Wehrhafte freie Reichsstadt, ohne Schloss, ohne Burg. Ziemlich ungegliederte Flächigkeit, wenig lauschige Winkel, aber Charakter und Leben. Die alten Straßenzüge von vielen Geschäften aufgelockert. Überhaupt: Geschäftigkeit. Die regionalen Eigenarten scheinen noch nicht völlig eingeebnet, die Thüringer eine Spur öffentlicher, geselliger als die verstockten Harzbewohner. Trotzdem auch hier die Trostlosigkeit der kleinen Stadt.

Der Tod der Kleinstädte. Im Mittelalter entstanden, im vorigen Jahrhundert aufgemöbelt, repräsentieren diese Städte eine im Sterben liegende Lebensform. Ihre Voraussetzung ist eine Art Abgeschlossenheit, die es nicht mehr gibt. Sie werden unterminiert, zerbröckeln durch Industrialisierung, Fernsehen, die Anziehung der einzigen Großstadt, Berlin. Um in ihr leben zu können, braucht man Eigenschaften, die unter der Jugend, gar der intelligenteren, nicht mehr vorhanden sind. Eingegrenztheit, Zufriedenheit mit kleinen Kreisen, Bürgerbewusstsein. Das Dorf hat der Großstadt immerhin Ruhe und Nähe zur Natur entgegenzusetzen, die kleine Stadt kann nur nachahmen und sich damit lächerlich machen. Schlimm besonders für die Deutschen, die vor allem Klein- und Mittelstädter sind. Schlimm besonders für die DDR, in der es kein anderes als das deutsche Leben gibt.

Das alte Mühlhausen: An der Stadtmauer kleben Gartenhäuschen, in der Kornmarktkirche (jetzt Bauernkriegsmuseum) hatte man den Chor zugemauert und Wohnungen darin eingerichtet, in denen bis 1973 gelebt wurde. Wie in Halberstadt und Nordhausen Straßennamen von alter Poesie: Hinter der Stube, Lederkäppchen. Doch anders als dort noch ein Anflug von Leben dahinter. Die Befestigungsanlagen, das St.-Antonius-Stift. Hinein gelange ich auf dem einfachsten Weg, nämlich durch eine unverschlossene Tür. Es ist ein Altersheim, auf der einen Seite von der Stadtmauer begrenzt, auf der anderen von der Straße. Dazwischen eine Unzahl von Schuppen, Häuschen, Blumen, Gras, Pavillons. Ich krieche, die alten Leute grüßend, von einer Ecke zur anderen und muss unbedingt in den bereits abgeschlossenen Wehrgang auf der Stadtmauer kommen. Mein Verhängnis, dass ich keiner Versuchung widerstehen kann. Das bescherte mir schon einige Stunden, die ich nicht missen, und andere, die ich am liebsten vergessen würde. Jetzt zwingt es mich zu einem Sprung über das Geländer, zu einem Klimmzug an der Stadtmauer, zum Stöbern im alten Turm, zu tiefem Luftholen und Jubilieren, als ich von ihm aus in die dämmrigen Straßen unter mir sehe.

Martinfeld

Mit dem Bus bis Dingelstädt, obwohl ich bis Heiligenstadt gelöst hatte. Aber mich überkam eine unplanmäßige Lust nach Laufen. Am Stadtausgang eine Zuckerbrezel und eine Schnecke für zusammen dreißig Pfennig gegessen; ich dachte, die Zeiten sind vorbei. Langer, waldloser Anstieg in die Hügel des Eichsfelds. Dorfgasthof Wachstedt. Zwei gelbe Spiegeleier mit frischem Brot, Senf und Turmhausquell. Am Nachbartisch vier Landarbeiter, jeder doppelt so groß und schwer wie ich. Draußen überall Säulen mit Marien und kleinen Jesuskindlein, ich bin im katholischen Eichsfeld. Es ist Bergland. Hinter Wachstedt hinab ins Tal, durch Laubwald mit Pflaumenbäumchen am Straßenrand. Als sich das Tal öffnet, Hügelwellen vor mir wie auf stürmischer See, Felder, Berge dahinter, eine Burg, zur linken eine Wallfahrtskapelle mit Wiese und Obstbäumen. Dieses Eichsfeld gehört mehr zu Kurmainz und Hessen als zur DDR. Kein langweiliger fichtenbestandener Gebirgsstock wie Thüringer Wald oder Harz, nein, bebautes Hügelland, wie ich es mir jenseits der Grenze vorstelle.

Auf freier Fläche in einer Talfalte: Martinfeld. Altes, kleines Schloss als Jugendherberge. Mit einer Horde nervender, mit aufgeblasenem Kondom spielender Zehnklassenschüler. Ich will sitzen, Tagebuch schreiben, lesen, die Füße ausruhen – im ganzen Haus kein ruhiger Winkel. Ich laufe durch das Dorf, lese den Kirchenaushang: diesen Sonntag Männerwallfahrt, nächsten Sonntag Wallfahrt der Alten und Kranken. Wer ein Auto hat, wird gebeten, es zum Transport der Wallfahrer zur Verfügung zu stellen. Mich treibt es aus dem Dorf, zurück in die freie Natur, die hier aus gelben Rapsfeldern, eingezäunten Wiesen mit Rindern und Kartoffeläckern besteht. Große Flächen, keine Feldwege. Seit alles zu KAPs zusammengeschlossen wurde, gibt es keine Feldwege mehr. Wer auf einen Hügel, in einen Wald will, muss bereit sein, über elektrisch geladene Zäune zu steigen. Ich bin es. Schiebe mir auf einer Anhöhe etwas Heu zusammen und lege mich auf den Rücken. Über mir die ziehenden Wolken, sogar etwas Sonne. Drüben, hinter den sieben Bergen, ist der Westen, warum, verdammt, werde ich diesen Gedanken nicht los? Die Falken, die ich aufgescheucht habe, sind Wildtauben und landen in den Wipfeln ihrer Waldinsel. Ich schlafe ein.

Danach verkühlt, ernüchtert zurück ins Dorf. Schwarzwurst, Schlackwurst vom Fleischer. Abendbrot. Danach in der Burg Disco. Ich flüchte in das »Gasthaus zur Krone«. Drinnen Dörfler, die Kondomaufbläser jetzt friedlich mit ihrem Lehrer Bier trinkend und knobelnd. Im Wirt erkenne ich den Mann wieder, der mir den Weg zur Jugendherberge gezeigt hat. Hinter der Theke seine Tochter, die in ihrer Jungenhaftigkeit einen eigenartig herben Reiz ausstrahlt. Sie trägt Jeans und Pulli, zapft lässig das Bier, wirft den Gästen Streichhölzer zu und duzt sich mit allen. Trotzdem setzt sie sich in den Pausen allein an einen Tisch – sie gehört weder zu den Schülern noch zu den Alten, mit denen ihr Vater trinkt. Aber sie hört genau zu. Sie trägt eine Brille, wenn sie dem Gespräch folgt, blickt sie immer auf den Sprechenden, so intensiv, als sehe sie durch ihn hindurch. Der nächste spricht, sie ruckt mit dem Kopf, sieht diesen an. Man hat den Eindruck, sie hört mit offenem Mund zu, weil sie durch die Nase keine Luft bekommt, doch ihre schmalen, schön geschwungenen Lippen sind fest geschlossen. – Dann kommen ihre Freunde, setzen sich zu ihr. Sie raucht jetzt viel. »Wie geht es Euch?« fragt sie mit heiserer Stimme. »Ich könnte, wenn ich am Bier nur rieche, sofort kotzen.« Jeder zählt auf, wann er in dieser Woche immer erst ins Bett gekommen ist. Aber es ist wenig Prahlsucht dabei, mehr Staunen darüber, kameradschaftliches Verständnis. Sie spielen Doppelkopf. Sie ist das einzige Mädchen am Tisch und eine gute Spielerin.

Eichsfeld
Bergauf. Bergab.
Der Stein hält dich in Trab.
Der Wald bewirtet deinen Schlaf.
Sei frei – doch sei nicht brav.

Zurück in Berlin. Als Petra das Hemd hob, sah ich ihre runden Brüste wie zwei Monde erstrahlen.

Zweimal müsste der Mensch wenigstens auf die Welt kommen, einmal als Mann, einmal als Frau.

Beim Menschen ist der Geschlechtstrieb in den Kopf gestiegen. Erst kommen Küsse und Umarmungen – dann der Rückfall ins Tierreich.

Scham? Resultat des aufrechten Ganges.

ZETTEL AN DER TÜR

Es kommt sowieso keiner. Falls aber doch jemand kommt: Ich bin nicht da. Falls der eine, der dennoch kommt, mein Freund ist oder werden will, so soll er warten, wie ich auch gewartet habe. Vielleicht komme ich zurück.

VERSCHIEDENES

Suche Haushofmeisterstelle. Biete Sprachkabinett.
Suche Herzog Karl Eugen. Biete Louis Corvalan.
Suche Turm in Tübingen. Biete Kochstube in Lichtenberg.
Suche Barrikade. Biete Stadtgas.

Mit tiefer Systematik arbeite ich an meiner Selbstzerstörung. Besser: Die Zerstörung bearbeitet mein Selbst.

NAPOLEON IM SUMPF

Napoleon war untergegangen in einem Sumpf. Nur ein Stück seines Dreispitzes und ein Finger ragten noch heraus. Aber das Wasser war klar, und man sah, wenn auch verzerrt und von Grün umwuchert, die gedrungene Gestalt des Kaisers. Auf seiner Uniformjacke saß ein Frosch (oder etwas Froschähnliches, die Grenzen zwischen den Tieren und zwischen Tieren und Pflanzen waren verschwommen) und schabte einen Kohlrabi. Während die Scheiben flogen, krähte er: »Er hätte nicht wiederkommen sollen. Er hätte auf Elba bleiben und sterben sollen.« Eine andere Stimme erwiderte aus der Tiefe: »Er durfte es nicht zu Belle Alliance kommen lassen. Dem hätte er aus dem Weg gehen müssen.« – »Richtig«, sagte der Frosch, »er hätte in Schottland landen und gemeinsam mit den Schotten das britische Reich von Norden her aufrollen müssen.« Die Stimme aus der Tiefe: »Vor allem durfte er nicht Russland angreifen. Wer Russland angreift, ist verloren.« Der Frosch: »Selbstverständlich. Warum nahm er eigentlich nicht Indien? Indien ist doch genau so schön.«

DIE UNGARISCHE TIEFEBENE

Ich gelangte dorthin nach dem Ende eines alten und am Beginn eines neuen Traumes. Ich, wir, stiegen aus einem Bus, der da hielt, wo die Straße aufhörte und die ungarische Tiefebene begann. Die ungarische Tiefebene ist bewachsen mit langem Gras. Hügel wechseln sich ab mit tiefen Mulden. Die Mulden empfindet man deutlich als Dellen in der Erde. Sie liegen tiefer als die Meeresoberfläche. Überall laufen Pferde herum. Durch die tiefen Mulden der ungarischen Tiefebene läuft eine besondere Art, mit gedrungenem Körper und schwerem, riesigem, tiefhängenden Kopf. Man weiß nicht, drücken sie mit diesem Kopf die Dellen in die Erde, oder sind sie die armen Opfer der Existenz der ungarischen Tiefebene, indem sie ihr tierischer Ausdruck zu sein haben.

Geschrieben bis hin zu körperlichen Schmerzen. Der Grabbe-Text muss ein Flederwisch werden, ein hingefetztes Ding, eine Ansammlung umher liegender Granitblöcke, nicht zu groß, aber fest.

Der Text über Grabbe verdankt wie meine anderen historischen Erzählungen seine Entstehung der Unfähigkeit, für die Gegenwart eine nicht mit der Zensur kollidierende Form zu finden, die über die Schilderung eines eng begrenzten Lebensbereiches hinausgeht. Die Reise in die Vergangenheit wurde zum Ersatz für das freie Reisen im Raum; was man nicht selbst aussprechen konnte, wurde Verstorbenen in den Mund gelegt. Das fiel mir um so leichter, als meine Ohren voll waren mit ihren Stimmen. Womit auch sonst hätte ich meine Lesesucht befriedigen können, da ich mich mit den Büchern westlicher Zeitgenossen nur auf den Raubzügen während der Leipziger Messe oder auf Reisen nach Budapest versorgen konnte, wo der Laden in der Vaci Utca allerdings schon seit Jahren nur noch Saul Bellows *Herzog* und Kafkas *Tagebücher* im Angebot hatte. Rund fünfzig Mark hatte ich für die geblecht, während sich in unseren Antiquariaten die billigen Werkausgaben der Klassiker stapelten. An Buchantiquariaten gab es in der DDR ungefähr so viele wie Cafés und private Hotels, und von jeder Reise kehrte ich mit einem Rucksack zurück, der doppelt so schwer war wie bei der Abfahrt. War dieser Rucksack für mich zu schwer? Wie sähe es um mein geistiges Gepäck aus, wenn ich statt der gesammelten Werke von Goethe, Heine, Kleist und Stifter die jährlichen Neuerscheinungen von Bernhard und Handke gelesen hätte und nicht nur je ein dünnes Taschenbuch? Wäre ich dann leichteren Fußes unterwegs? Würde sich meine Sprache gegenwärtiger anhören, zeitgenössischen Ohren leichter zugänglich? Alles möglich. Doch würde es mir möglicherweise an Bewusstsein mangeln, nicht nur ein Genosse der Gegenwart zu sein, auch einer früherer und künftiger Zeiten, und dass es im Leben um mehr als das nächste Buch geht, nämlich um das permanente Bemühen, neben der eigenen Haut auch die Seele zu retten.

Schreiben ist der ununterbrochene Versuch, erwachsen zu werden, der niemals von Erfolg gekrönt sein darf, da er sich sonst überflüssig macht.

Keine billigen Identifikationsmöglichkeiten zulassen! Schwierig bleiben! Lieber vor den Kopf stoßen als an die Brust ziehen!

Man schreibt nicht an Romanen, Erzählungen, Gedichten, sondern an nichts anderem als an seinem Leben.

Auf keinem Fall das Schreiben zur Krücke machen, weil man nicht mehr laufen kann. Zum Rollbrett, auf dem sich Breughels Krüppel fortbewegen.

Während alle anderen im Auto sitzen, gehe ich noch immer zu Fuß. Das wäre nicht weiter schlimm, wenn ich nicht genau so schnell vorwärtskommen wollte wie die anderen. Also renne ich umher, mache meine armen Füßchen kaputt, die da heißen Liebe und Hass.

Ähnlich tröstlich wie die Vorstellung vom Vergessenwerden ist die, zum Beispiel zu werden. All die privaten Zufälligkeiten werden, wenn man sie ausgegraben hat, am eigenen Namen hängen wie die alten Klamotten eines Vagabunden am Gerüst der Vogelscheuche. Der Vagabund liegt in der Gruft und freut sich diebisch, denn es ist nicht er, vor dem die Krähen oben Angst bekommen sollen.

Was für ein Beispiel, ist übrigens egal. Hauptsache, es hat sich mal wieder einer aufgerafft und überhaupt eins gegeben. Wichtig nur, dass man nicht schon zu Lebzeiten zum Beispiel, d. h. zur Vogelscheuche wird.

Sich in die Vergangenheit zurückziehen, um wieder eine Zukunft zu haben?

Die einfachste Möglichkeit, einer Bevölkerung die Zukunft zu nehmen, ist zu sagen: »Das, was hier entsteht, ist die Zukunft. Es gibt keine andere.«

Wir sind historische Zeitgenossen der Gegenwart,
ohne seine philosophischen zu sein.

Schneller als der Staat stirbt der Mensch.

ZURÜCK VON HIDDENSEE

Diese Insel, dachte er, wäre kein schlechter Platz für ein Lager von Dichtern; hier können sie sich konzentrieren. Auf der Heide wandeln Prosaisten, Erika zwischen den schlechten Zähnen, während sich im Dornbusch die Stückeschreiber ihre Haut aufritzen und die Lyriker sich von den Klippen stürzen.

NORWEGEN 1880

Alle in Stricksachen. Langsame Bewegungen im Holzhaus. Rund um den Tisch herum. Norwegen 1880. Nischwitz. Auf dem Tisch (Holz) eine große geleerte Tasse mit Resten von Speckgrieben, Kartoffelstücken, Zwiebeln. Obwohl, wie jeden Morgen mit Vorgeschmack von Süßem auf der Zunge, begehre ich eine volle Tasse Suppe. Der vorgestellte Geschmack von Herzhaftem verdrängt den erwarteten Geschmack von Mildem. Aber ich verstehe die Sprache nicht. Im Vorraum öffnet sich eine Tür, erscheint eine Frau mit schiefer roter Nase (Armins Mutter?). Sie spricht norwegisch. Sie sagt: »Ess eissa essen, wenn eissa ess messen ess eissa.« Ich verstehe, denn es ist, wie alles, schlechtes Deutsch.

BEI DEN WOLLINEN

Welch Glück, dass wir Wollinen sind! Zwar dreht sich die Erde, und auch ich drehe mich, doch sie (die Wollinen) drehen sich mit, so dass, bei aller Bewegung, wir uns immer umringt von einer Gruppe Wollinen finden.

Im hölzernen Kasten meines leeren, engen Zimmers bin ich allein. Ich bin eingesperrt, doch kann ich ein Stück einer hölzernen Diele (so groß wie eine Kachel) heben und schwarzes Wasser unter mir sehen. Mit einer Leimrute (zum Fangen von Vögeln bestimmt) hole ich Nachrichten aus der fremden Welt. Ich tauche sie in schwarzes Wasser, und wenn ich sie wieder herausziehe, finde ich Sätze daran wie …

Eigentlich ist der Heiligenschein eine Rundstricknadel. Der halbfertige Rückenteil eines Pullovers hängt daran herunter, wie bei den Arabern die Turbantücher, welche den Nacken vor Sand und Sonne schützen.

IN GESTALT EINES HUNDES

Ich lief in Gestalt eines Hundes (eines schwarzen, halb Schäferhund, halb Spitz) unsere Wurzener Straße hinab. Ich wurde verfolgt. Kurz vor unserem Haus tauchte neben mir die mich verhöhnende – ebenfalls schwarze, ebenfalls hündische – Vergrößerung meiner selbst auf. Es war aber ein Wolf. Ich konnte nicht verhindern, dass er neben mir ebenfalls am Tor emporsprang und so, unter der Maske des Auchverfolgtseins beziehungsweise des Mirhelfenwollens, Zutritt zu unserem Hof erlangte. Auf dem Tor war eine Planke, dort saß er neben mir und grinste mich wölfisch an, bevor wir hinuntersprangen. Sofort begann er Jagd zu machen nach den kleinen schwarzen Hunden, wahrscheinlich meinen Kindern, die, mich erwartend, zwischen Hoftor und Haustür umherliefen. Zwar gab er sich noch den Anschein mithündischen Interesses (er schnupperte an allen herum), doch alle spürten schon die Fresslust des Wolfes. Schließlich schnappte er zu und verschlang eines der Tiere. Wir jagten jetzt den Wolf, konnten aber nicht verhindern, dass er noch einen zweiten jungen Schäferhund, und zwar jenen hellen, *Lord* genannten, zwischen die Zähne bekam. Seine Gier kümmerte sich nicht um Flucht oder Leben. Noch während der Kopf eines Hundes aus seinem Maule hing, stürzten wir uns auf ihn. Wir sprangen auf seinen Hals, der jetzt lang wie der eines Schwanes wurde, behaart mit dem Fell des jungen Hundes. Unser gemeinsamer Sprung hatte ihn getötet, der Abdruck kleiner, fester Kinderschuhe war deutlich zu sehen, als ich zurücktrat.

DIE KONZENTRIERTESTE ECKE

Die konzentrierteste Ecke Wurzens. Da, wo der Crostigall in eine Spitze ausläuft, in die das breite Band der Leipziger Straße stößt und sie zerteilt. Im Innern des Häuserblocks ein Felsen, mit poröser, schlackiger Kruste überzogen. Weißgrauer, verfestigter Schaum.

Ein Kind, Mädchen, will an ihm (von der Spitze aus) herumklettern und ist im Begriff abzustürzen. Ich hole es zurück und sehe keine andere Möglichkeit, das Lebensgefährliche des Unternehmens zu erklären, als selbst (von der Spitze aus) an einem zweiten Felsen zu klettern und durch Abstoßen von Schlacke, durch Abrutschen der Füße ihr Angst um mein Leben und damit auch das ihre einzuflößen.

Dass sich Kinder und Tiere ähneln, gilt als selbstverständlich. Nicht so klar ist, dass die Erwachsenen auf eine andere Weise genauso tierähnlich sind. Und zwar in ihrer immer stärker werdenden Bewusstlosigkeit, in der herabgesetzten Gehirntätigkeit und im mechanisierten Bewegungsablauf. Es ist eine Sache der verschiedenen Ebenen. Kind und Tier ähneln sich in ihren positiven, Kontakt aufnehmenden Eigenschaften. In ihrer Beweglichkeit der Sinne, in ihrer Wachheit, Reizbarkeit, Schmerzempfindlichkeit. Erwachsener und Tier ähneln sich in ihren negativen Eigenschaften. Im Nichtglauben an das Wunderbare, im Nichtfragenstellen an die Wirklichkeit, im Keinezukunfthaben.

Dritte Nacht in der Streustraße

Die Wohnung in Weißensee hatte für mich, der ich zu solchen Dingen unfähig war, Vera organisiert. Ich brauchte mich nur bei der Polizei anzumelden und ins Hausbuch einzutragen. Immerhin stand mir jetzt eine Küche zur Verfügung, wenn auch keine eigene Toilette. Die befand sich auf halber Treppe und teilte ich mir mit meinen Nachbarn. Gädickes waren ein fast unsichtbares Rentnerpaar, das »Süßer« und »Süße« zueinander sagte und an jedem Sonntag zur Lehnitzer Schleuse fuhr, um auf Klappstühlen den ein- und ausfahrenden Schleppkähnen zuzusehen. Bezeichnend für Weißensee, dem schäbigen Kleinbürgerparadies und »ungemachten Bett Berlins«, wie es einer meiner Vorgänger (Name vergessen) am Anfang des vorigen Jahrhunderts ausdrückte. Seitdem schien sich nicht viel verändert zu haben. Eine Fischräucherei würzte die Luft mit ihren zeitlosem Geruch, die Kondomfabrik im sogenannten Musikerviertel hatte ihre »Mondo«-Produkte schon vor dem Krieg unter dem Namen »Frommser« auf dem Markt gebracht. Gewiss, Juden gab es nur noch auf dem ihnen reservierten

Friedhof, von der neugotischen Kirche auf dem Mirbachplatz stand lediglich noch der Turm, und der Betrieb am Ende der Streustraße hatte sich, da er nun volkseigen war, einfach über die Straße ausgebreitet, so dass ich sie nur noch in einer Richtung verlassen konnte. Ansonsten aber fühlte ich mich wie in einem vergessenen Winkel der Geschichte oder besser, wie in einem, in der sich Geschichte niemals ereignet hatte und niemals ereignen würde. Obwohl dieses Bett Berlins ungemacht war, das Laken zerschlissen und voller Falten und Krümel, wurde in ihm doch ausdauernd und fest geschlafen.

Wie Weißensee in die Ritzen zwischen den Zeitläuften gefallen war, nahm es auch eine unklare Position im Raum ein. Weder war es richtige Groß- noch Kleinstadt, weder Innen- noch Vorstadt. Mit dem Kreuzungsmoloch namens »Spitze« reichte es im Süden bis an den Prenzlauer Berg heran, und im Norden stieß es bis zu den Rieselfeldern von Malchow vor. Die Natur kam in ihr in Form von einigen Wasserlöchern vor, die im Falle des »Faulen Sees« von wild wucherndem Erlengehölz, im Falle des »Oberen Sees« von den Grundstücken der Stasibediensteten und in dem des namengebenden »Weißen See« von den unglücklichen Versuchen, eine sozialistische Erholungskultur zu schaffen, umgeben waren. Am Ufer des letzteren hatte Brecht einst eine kleine Villa bewohnt, bevor er die Flucht in Richtung Buckow angetreten hatte. Andere Vertreter der Emigrantengeneration hatten den Absprung nicht geschafft. Den riesigen Professor Kuczynski, dessen vierbändige Ausgabe über den Alltag deutscher Plebejer in meinem Regal stand, konnte man mit Schuhgröße 51 durch die Kleingärten schreiten sehen. Fast ebenso groß wie dessen Kopf war der des kleinen Wieland Herzfelde, des Bruders des berühmten John Heartfield. In seiner Wohnung stand ich einmal, die Erstausgaben seines Malik-Verlages bestaunend, während er von einer Hausangestellten für eine Sitzung der Akademie zurechtgemacht wurde, wo ich ihn dann im Fernsehen in der ersten Reihe schlafen sah.

Wie war ich überhaupt in seine Wohnung gekommen? Es wird wohl mit einem der Weißenseer Maler gewesen sein, der den prominenten Greis zu porträtieren hatte. Sie saßen überall im Viertel, die Studenten, Absolventen und Professoren der hiesigen Kunsthochschule, die den Dresdener Kollegen Kretzschmar zu dem Vers inspiriert hat »Denk ich an Berlin-Weißensee, tut mir der Arsch beim Scheißen weh.« Einer der Professoren hatte sich in den Gewerberäumen meines Hinterhofs eine Druckerei mit alten Pressen eingerichtet, die für die Untergrundliteratur der DDR noch Bedeutung erlangen sollten. Vorerst saß ich untätig mit dem Drucker zusammen oder spielte mit ihm Sechsundsechzig oder Mau. Zweifellos war das alles ein Fortschritt gegenüber Lichtenberg. Ich brauchte nicht nur allein mit Dartpfeilen meine Tür zu durchlöchern oder mit Pfennigen an der Teppichleiste zu klimpern oder Tennisbälle gegen die Ziegelsteinmauer der Berliner Bremsenwerke zu dreschen – ich hatte mitunter Gesellschaft.

Es kam Richard, um einige Remispartien Schach mit mir zu spielen, es fand sich immer öfter Hanns Löffler ein, der an der Hochschule sein letztes Jahr als Grafikstudent absolvierte, ich konnte auch weiblichen Besuch empfangen, der sich nur selten bis zum Ostkreuz verirrt hatte, zumal er da meist vor einer verschlossenen Tür stand. In Weißensee hatten auch einige privat geführte Kneipen überlebt, darunter die des »Einäugigen«, die zumeist so voll war, dass man zwangsläufig in alkoholbefeuerte Gespräche kam, die manchmal in einer der Wohnhöhlen der Umgebung fortgesetzt wurden.

Und es gab die Gustav-Adolf-Straße, in der ich, nie ohne Herzpochen, die Kinder besuchen und, wenn Veronikas neuer Gefährte an ihrem Hochbett baute, zu Linde Bischof in die Nachbarwohnung flüchten konnte. Linde war gewissermaßen die Großmeisterin der Weißenseer Szene. Alles, was diese ausmachte, verkörperte sie in Reinkultur. Die pastose, in gedämpfter Farbigkeit glimmende Malerei der »Berliner Schule«, in ihrem Fall von Paula Modersohn-Becker inspiriert, die auch nicht unschuldig an den langen Röcken, Mittelscheiteln und die Hinterhöfe überwuchernden Kräutergärten der Malerinnen gewesen sein dürfte; die ländliche Frische der Provinz, die sich, ohne von den problematischen Zeitläuften angefochten zu werden, ein ihr adäquates Refugium geschaffen hatte und es durchaus mit den Vorteilen der Großstadt – ungeahnte Möglichkeiten des Partnertausches – zu verbinden verstand.

Ich habe dieses Treiben im letzten Kapitel der *Wut im Koffer* mit Kretzschmarschen Furor zu beschreiben versucht und nur eins hinzuzufügen: der von mir zum »HIM Ofenhaken« erklärte Partner Lindes hat sich inzwischen tatsächlich als Informant der Staatssicherheit herausgestellt. Ich hatte ihn mehr aus poetischen Erwägungen dazu gemacht, weil ich ein fremdes Element in dieser Szene brauchte, das sie beobachtet und, fasziniert von ihr, schließlich zu ihrem Opfer wird. Auf Lindes Freund war ich gekommen, als ich in meinen Akten einen Zettel mit einer von mir neben das Kürzel S.K. (für Sarah Kirsch) gekritzelten Telefonnummer fand. Ein Telefon aber hatte in meiner Umgebung nur Linde Bischof – bei einer Lesung bestätigte sie später lachend meine Vermutung über ihren inzwischen längst verflossenen Lebensgefährten.

Die etwa sechswöchige Lücke in meinen Aufzeichnungen erkläre ich mir mit den Wirren des Umzugs, einschließlich Übertünchen der Tapeten und Einbau eines mein Zimmer beträchtlich verkleinernden Bücherregals.

1979

Ab sofort werde ich nur noch nach Quartalen abrechnen und nicht mehr für das ganze Leben.

SCHÖNER ABEND

»Niedergeschlagen ging ich die Straße entlang. Da sprang ein Mann auf mich zu, sagte: ›Jetzt kommst du mit hier rein.‹ Ich setzte mich zu ihnen in die Pinguinbar, wir tranken Sekt, und als ich wollte, ließ man mich gehen.

Auf der Straße sprach mich ein anderer, alter Mann an: ›Haben Sie für mich eine Zigarette?‹ Froh gab ich ihm eine. ›Warum sehen Sie so traurig aus?‹ Ich erzählte ihm, dass ich geschieden bin und Russin und dass ich mich einsam fühle in Berlin.

Er sagte: ›Kommen Sie mit.‹ Er ging mit mir in eine Nebenstraße, in ein Haus und durch Hinterhöfe in eine Gärtnerei. Er öffnete ein Gewächshaus, auf den Brettertischen lagen schwarze Erde und Blumentöpfe. ›Ist es nicht schön hier? Möchten Sie hier arbeiten? Ich brauche jemand.‹

Ich lächelte. Aber alles war wahr und es lagen keine Verwechslungen vor.«

Gemeinsames Klo. Die Nachbarin hat mein Toilettenpapier mit einer Schnur an einen Haken gehängt und darüber ein Namensschild befestigt. Jedes mal, wenn ich jetzt *Wagner* lese, denke ich: »Phantastisch, mich gibt es.«

Gestern stand ich lesend in der Straßenbahn. Neben mir hielt sich am Griff eine junge Frau fest. Als die Frau in einer Kurve an meinen Arm gedrückt wurde, zuckte ich zurück und sah sie erschrocken an. Sie nahm sofort Abstand von mir. Als ich dann beim Aussteigen in ihr sommersprossiges, nicht hässliches, aber trauriges Gesicht sah, merkte ich erst, wie tief ich sie gekränkt hatte.

STRASSE ZUM UFER EINES WASSERS

Straße zum Ufer eines Wassers. Dunkelheit. Die Stadt bis an dieses Wasser heran. Wäscherinnen an diesem Wasser. Ein Großbetrieb weiter unterhalb an diesem Wasser. Proletarische Vorstadt. Die Mädchen von etwas müder Sinnlichkeit (durch die Arbeit in diesem Betrieb, durch das Leben in der Nacht der Vorstadt, durch das häufige Verbrauchen ihrer Sinnlichkeit). Ohne große Worte fordern sie mich auf (eigentlich geben sie mir nur zu verstehen, dass es ihnen gleichgültig ist), ihnen in die Diskothek zu folgen. Ich erwarte keinen großen Aufschwung davon, aber ich schließe mich an, reihe mich in den Strom ein, der nach der Arbeit erschöpft durch die dunklen Straßen pulsiert.

Im »Hamburger Eck« erzählte ein Gast, er habe im Betrieb schriftlich einen mündlichen Verweis wegen Bummelei bekommen.

Als arbeitsscheu gilt, wer keiner geregelten Arbeit nachgeht. Beispielsweise der Zwanzigjährige aus dem Nachbarhaus, dem man in einer Klinik vergeblich das Lesen und Schreiben beizubringen versuchte. Er wechselt seine Arbeitsstellen ständig. Aber vormittags beobachte ich oft, wie er für ein Trinkgeld dem Altwarenhändler hilft, Kästen mit Flaschen zu verladen und Papier zu stapeln. Er ist hilfsbereit, gelehrig und fleißig. Aber er scheut die Arbeit.

Da das Geheimnis der jetzigen Epoche darin besteht, dass jeder jedem etwas gibt und dafür von jedem etwas beanspruchen kann, ist es denkbar, dass der Freund plötzlich sagt: »Ich habe soeben ein gutes Wort über dich zu dir gesprochen, das dich trösten müsste. Gib mir Geld dafür.« Geld für Worte, Blicke, Hoffnungen, Pläne. »Gib mir etwas mehr Geld dafür, denn mein Wort gilt viel, da es von mir heißt, ich habe Charakter.«

Die Unmöglichkeiten nehmen zu, weiterhin. Gewisse Möglichkeiten erweitern sich seit nicht sehr langer Zeit. Die Möglichkeiten zumindest erproben, ihnen Gelegenheit geben, sich als Unmöglichkeiten zu erweisen.

Angstvoll sah er in den Spiegel. War er schon wer? Hatte sich schon etwas gebildet, verfestigt?

Ich suche keine formale Vollendung in Büchern. Beim Schreiben wie beim Lesen will ich etwas erleben.

Wirklich revolutionär sein bedeutet keinesfalls, revolutionäre Ideen zu verkünden. Das ist anachronistisch und damit lächerlich. Was den Menschen zu an die Wurzeln gehenden Umwälzungen befähigt, ist eine elementare und zugleich frische Lebenskraft. Die aber ist im Sterben begriffen. Ein revolutionäres Kunstwerk ist eins, das es schafft, durch die Kruste angelernten sekundären Lebens so etwas wie eine primäre und wahre Lebensäußerung auszulösen. Ein heiliger Zorn, ein den Körper schüttelndes Weinen, ein schallendes Gelächter sind revolutionäre Akte.

Revolutionäre sind oft nur zu schwache Reaktionäre.

VERLASSENE WERKE

Verlassene Werke sind wie gewisse Steine an den Meeresküsten. Man kam von weit her, hob sie auf, schleppte sie ein Stück mit, man warf sie zurück in die See. Denn unter ihnen war nicht der richtige, der Urstein. Doch einmal lagen sie in der Hand, einmal wurden sie betrachtet. Ihre Unschuld ist dahin, sie können nicht zurück in die Anonymität. Sie gehen umher wie Geister und leben hinter geschlossenen Augen, unerlöst.

DAS MÄDCHEN UND DER TESTFLIEGER

Vier Mädchen fahren in ein Hotel nach Polen. Drei sind darauf aus, reiche Ausländer kennenzulernen, eins fährt mit aus Missverständnis. Die drei haben große Koffer dabei, das Mädchen einen Rucksack, die drei tragen Jeans mit Absatzschuhen, das Mädchen Jeans mit Sandalen, die drei ondulieren jeden Abend die Haare und setzen sich in die Bar: das Mädchen läuft zum Strand. Dort lernt sie einen Jugoslawen kennen. Er ist Testflieger und tätowiert, er ist behaart und zittert. Sie will mit ihm in eine Dorfkirche gehen, sie will das Meer ansehen, sie will mit ihm von Europa träumen. Aber er hat ein Jahr Pause, viel Geld und kauft ihr alles. Schuhe, Kaugummi und Stangen von Zigaretten liegen auf ihrem Zimmer herum. In seinem Zimmer sieht sie Bündel von Dollarnoten liegen, sie nimmt sich keine. Er will mit ihr in die Bars gehen. Einmal treffen sie dort zwei der Mädchen, die neben dicken Amerikanern sitzen. Sie sind neidisch auf den Testflieger.

Das Mädchen hält es nicht mehr aus und geht auf ihr Zimmer. Dort liegt das dritte Mädchen auf dem Bett und weint, weil sie niemanden abbekommen hat. Sie lernen sich kennen und lieben.

DAS DUELL

Zwei Ärzte (Jugoslawen) vereinbarten ein Duell. Sie wollten sich operieren. An einem Sonntagmorgen trafen sie sich in ihren weißen Kitteln in der Klinik und nahmen sich gegenseitig die Organe aus dem Leib. Die Schwierigkeit bestand lediglich darin, den Tod zu betrügen. Es gelang durch Narkose. Nach dem Duell (das unentschieden endete) setzten sich beide in die Kantine und begannen sich langsam wieder zu füllen.

Der Schwule hinter der Theke: »Uschi, hast du mich noch ein bisschen lieb? Sonst hab ich gar keine Lust zum Arbeiten.« Uschi, am Stammtisch, langsam: »Ja. Ja.« Dann zum Nachbarn mit Bart, Jeansweste, Bauch: »Auch das werden wir noch überleben. Der Mann gestorben, die zwei Jungs sitzen ein ... Aber auch das werden wir noch überleben.« Ich, blätternd in Haacks Geografischem Kalender, habe nicht verstanden, was wir überleben werden.

»Da ich blind bin, sah ich nicht, dass mein Mann (auch er ist blind), den weißen Stock vergaß, als er nach draußen ging. Als er am Morgen noch immer nicht zurück war, sah ich im Halbschlaf unseren alten blinden Hund vorm Bette meines Mannes stehen, mit einem Totenkranz um den Hals. Da wusste ich, was die Glocke geschlagen hatte. Und tatsächlich: Mein Mann war tot.«

ERZÄHLUNG AUF DEM BARHOCKER

»Ich umarmte einmal solch ein Mädchen.« Er hielt seine Hände, als umfasse er eine junge Birke. »Dann unternahm ich einen Selbstmord. Er widerlang mir. Seitdem trage ich den Künstlernamen Dethold.«

Ich erstaunte, dies also, mit seinem dunklen Hemd vor dunklem Hintergrund, der berühmte Dethold. Der Selbstmord kein halbes Jahr her, doch schon ist er eingegangen in die Geschichte als Spezialist für Herbstlyrik, Zweiakter und parabolische Märchen?

Aber auch ich scheue mich vor finnischen Gerichten, mit ihren kleinen Madonnen in den Torbögen.

AUF DEM BUCHBASAR

»Schreiben Sie auch Kinderbücher?«
»Ja, im nächsten Jahr kommt eins.«
»Finden Sie eigentlich gut, was Sie schreiben?«
»Na klar.«
»Haben Sie einen guten Geschmack?«
»Dich zum Beispiel finde ich gut.«
»Dann haben Sie guten Geschmack.«

Das angekündigte Kinderbuch bestand aus den Gutenachtgeschichten, die ich Anna und Luise auf dem Hochbett erzählte, wenn ich sie in der Gustav-Adolf-Straße besuchte. Es handelte sich um Märchen, in den ich einen zerzausten Wolf, »den letzten in der DDR«, zum Helden machte und damit im Grunde um Erbarmen mit ihrem Vater warb. Auch durch die Illustrationen von Gisela Neumann wurde das Buch zu einem Renner, von dem wir bis ans Ende unserer Tage hätten leben können, wenn es in der DDR mit rechten Dingen zugegangen wäre. Das heißt, wenn die DDR und ich in ihr so lange existiert hätten und wenn der Buchverkauf von der Nachfrage und nicht vom Kulturministerium bestimmt worden wäre.

VERRÜCKT

Das Gras des Fußballstadions ist auch auf der Aschenbahn ausgesät und gewachsen. Rundherum eine mannshohe Planke. Doch ein großes Fenster läuft immer mit, so dass man die beiden Verrückten, die in der Mitte des Feldes weiden, stets sieht. Einer kommt heran. Es ist der, auf den es mein Begleiter abgesehen hat. Er versteckt sein Mikrofon und beginnt so geschickt plaudernd Fragen zu stellen, dass der Verrückte tatsächlich antwortet. Er spricht eine richtige Sprache, mit richtigen Sätzen, ohne dass ich sie verstehe. Nach zwei, drei Sätzen aber bricht er lächelnd ab, streckt die Hand wie einer Kamera entgegen und galoppiert zurück in die Mitte des Feldes. Er war unrasiert wie mein Vater.

MESALLIANCEN

Ein junges deutsches Ehepaar entsteigt in Kuba dem Flugzeug und beginnt seine Güter auszuladen. Ein kubanisches Paar räumt zur gleichen Zeit das neben dem Flugzeug stehende Haus aus. Beide Paare haben sich im Urlaub kennengelernt und vereinbart, Land zu kaufen und gemeinsam zu bewirtschaften. Doch die Schwierigkeiten sind vorprogrammiert. Die Paare begrüßen sich nicht, tun schweigend das ihre. Die blonde deutsche Frau wird zwangsläufig den aristokratischen Kubaner begehren, die kubanische Frau sich unter der Hand mit dem Deutschen verbünden. Unter einer Steineiche sitzt ein altes gescheitertes Paar purilisch-kastilisch-dominikanischer Herkunft.

Alles ohne Narkose. Obwohl er trank, so war er doch kein Trinker, obwohl er glaubte, so war er doch kein Christ, obwohl er einmal schrieb, so half es ihm doch nicht.

Vor der Kaufhalle sagte die Frau mit dem Hund, der eine Schnauze wie eine Fledermaus hatte, zu einer anderen Frau: »Wenn sie schon solche Tiere züchten, müssen sie auch für die richtigen Beißkörbe sorgen.«

DIE BADUS

Es sind weiße heilige Frauen, russisch-chinesischer Herkunft. Sie haben mächtige Gewänder, prächtigen Schuh- und Kopfputz. Sie sind klein. Wenn sie, Madonnen, aus der Kirche kommen, laufen sie auf meinen Armen und Beinen entlang. Man darf mit ihnen schlafen, aber ohne dass sie die Erde berühren. Gelingt es, sind sie zwei Stunden später große, erwachsene Frauen.

ICH BIN IN MOSKAU

Ich bin in Moskau, in einem Park zwischen Bänken, es ertönen Südseeklänge. Auf einer Wiese sehe ich die tahitianische Königin vom Gauguin-Bild aus dem Puschkinmuseum.

Sie sitzt auf den Händen, hat die Beine über den Kopf geschlagen und lächelt, lächelt. Ihre Haut ist braun wie die der Afrikanerinnen morgens im Buffet des Hotels, glatt, verführerisch und wie mit Luft gefüllt. Sie ist nackt. Der Palmwedel, den sie auf dem Bild trägt, ist ebenfalls zu Haut geworden und an ihren Schultern festgewachsen.

Neben ihr hockt in ähnlicher, aber nicht ganz so graziöser Haltung ein Jüngling mit mehr gelber Hautfarbe.

Er war einst sehr lebendig, sie hat ihn zu sich geholt, jetzt lächelt auch er.

Als drittes ins Bild kommt ein Kamel, endgültig ein mit Luft aufgeblasenes Gummitier. Ich kenne es aus dem Estradentheater, auf ihm (es hatte die Beine von französischen Grenadieren) ritt Pierrot, um Beduinen zu fangen. Auch das Kamel hockt auf Händen und hat die Beine um den Hals geschlungen. Die Musik plätschert fort.

Unter der Leitung der Königin singen alle drei: »Wir müssen endlich Menschen werden.«

Zwischen zwei Moskauer Wohnblocks, inmitten von Büschen und Kinderspielzeug, liegt auf einer Pappe (Well) die Hälfte eines in der Mitte durchschnittenen Schwanes. Die Operation ist gelungen, der Schwan könnte als Relief jetzt sehr gut einen Hauseingang zieren.

Ich stehe vor einer Kasse im Hof von Sagorsk. Als ich mich umdrehe, bemerke ich, dass in der Schlange hinter mir zwei Steinfiguren stehen.

Außer einem nach etwa 70 Seiten abgebrochenen Bericht an den Schriftstellerverband, warum ich das erwartete Porträt eines moskowitischen Zeitgenossen nicht liefern kann, sind die obigen Notizen die einzigen, die mir von einer dreiwöchigen Reise nach Moskau geblieben sind. Man hatte mich telegraphisch ins Berliner Verbandsbüro bestellt, weil einer der Kandidaten für die Anthologie *Berlin-Moskau* wegen Krankheit ausgefallen war. Man hatte für den Fall, dass ich zusagte, einen Pass für mich bereitliegen und im benachbarten Fotostudio Schlips und Sakko für das benötigte Foto.

Ich sagte zu und wurde dreißig Stunden später am Flughafen Welischniki von einer mit allen Wassern der

Moskauer Intelligenzija gewaschenen Dolmetscherin namens Swetlana in Empfang genommen. Viermal geschieden und trotzdem kein graues Haar unter den blonden; hochhackige Stiefel, Fuchspelzkragen. Um uns türmte sich Schnee. Sie ließ uns zur Backsteinpagode des »Hotel Peking« chauffieren, wo ich im 15. Stock ein Zimmer bezog, das des Präsidenten einer Autonomen Sowjetrepublik würdig gewesen wäre. Im 10. und im 20. Stock gab es je ein Büfett, vor dem ich mich mit den Delegierten aus sämtlichen Staaten des sozialistischen Weltreichs in eine Schlange einreihen konnte, um mir von einer Mamotschka in blauem Kittel zum Frühstück ein Spiegelei mit oder ohne Wurst braten zu lassen. Auf dem Flur wachte an ihrem Schreibtisch eine Deschurnaja mit so strengem Scheitel und eng sitzendem Kostüm, dass mich in meinen ohnehin schlafarmen Nächten Bedürfnisse nach wohlverdienten Züchtigungen wachhielten.

Sie wären insofern verdient gewesen, als ich meinen eigentlichen Auftrag völlig aus den Augen und mich in den Abgründen des Moskauer Künstlerlebens verlor. Swetlana half mir dabei redlich. Sie führte mich durch den Arbat, sie zeigte mir die Lubjanka, sie fuhr mit mir und ihren Nichten nach Sagorsk, um heiliges Wasser zu trinken, sie brachte mich zu den Patriarchenteichen, an denen wichtige Szenen von *Der Meister und Margarita* spielten, und zu dem Haus, in dem der Roman geschrieben wurde und dessen Treppenwände vollgekritzelt mit den Liebeserklärungen der Verehrer Bulgakows waren.

Und sie führte mich gleich am ersten Abend in das Palais, in dem einst Anna Karenina tanzte und jetzt die Volkstanzgruppen aus Kirgistan oder Tataristan, wenn sie zu Gast im »Dom Literatow« waren. Hier strahlten die Kristalllüster bis tief in die Nacht, hier fanden sich früh am Morgen schon die ersten Lyriker ein, um nach einem Teller Borschtsch und beim ersten Wodka die neue Diskussionsrunde über Majakowski und Rilke, Chlebnikow und T. S. Eliot zu eröffnen. Hier machte mich Swetlana, als die Georgier im Großen Saal tanzten, mit ihrem Taufpaten, dem Fürsten Abaschwili, bekannt und führte uns und seine Entourage zu einem Konzertsaal, in dem Okudschawa zur Gitarre sang.

Wir kamen gerade zum letzten Lied zurecht und konnten erleben, wie Jewtuschenko ins Foyer stürmte, an jedem Arm eine Schminkdame und über dem linken Auge noch eine Braue von Breshnewschen Ausmaßen, die anzeigte, dass er gerade von den Dreharbeiten zu seinem Filmepos über Ziolkowski, den Vater des sowjetischen Raketenbaus, zurückkehrte. Als er Fürst Abaschwili erkannte, der nicht nur Swetlana, sondern mit ihr auch Bella Achmadulina, die erste Ehefrau Jewtuschenkos, mit dem heiligen Wasser eines dagestanischen Bergklosters getauft hatte, rief er: »Alle Georgier zu mir!« – »Du sagst kein deutsches Wort«, flüsterte mir Swetlana zu, und so fand auch ich im zwölfsitzigen »Sil« des Heroen der Sowjetlyrik Platz. Einem Regierungswagen gleich preschten wir durch das nächtliche Moskau, die Schneeberge an den Straßenrändern wurden immer höher, hinter ihnen tauchten Fichten auf, Birken, und schließlich, schon mitten in Peredelkino, die Datscha des Meisters. Er führte uns hinein. Er drehte die Gasheizung an und öffnete im Fußboden eine Falltür. Er stieg in den Keller und tauchte mit einem selbst eingelegten Sauerkohlkopf wieder auf, den er fortan nicht mehr aus der Hand gab. Ihn hatte die Muse übermannt. Wie Hamlet mit dem Totenkopf seines Vaters dessen Geist beschwor, beschwor er anhand des Sauerkohlkopfes den Geist von Bella Achmadulina und begann sämtliche jemals an sie gerichtete Gedichte zu rezitieren. Es waren sehr viele. Einer der Gäste nach dem anderen fiel in Schlummer, und als des Fürsten Schnarchen seinen Schnauzbart erzittern ließ, riss der Dichter die Tür seiner Datscha auf und wies uns hinaus in die Schneenacht, in der es zum Glück eine

Bushaltestelle gab, von der aus wir durch die Morgendämmerung zurück nach Moskau fahren konnten.

Der Ausflug in die Umgebung blieb nicht der einzige. Beispielsweise entführte mich Boris, ein Vertreter der von Schröder so geschätzten neuen russischen Prosa, nach Ausschankschluß im »Dom Literatow« in seine anderthalb Autostunden entfernte Wohnung. Diesmal im Taxi. Diesmal in ein hochgeschossenes Neubauviertel am Stadtrand, von dem man nicht wusste, ob es sich noch im Aufbau oder schon im Abriss befand. In der Wohnungstür empfing uns seine Gattin, eine dampfgetriebene Frisierhaube auf dem Kopf, und drehte ab, als sie uns sah. Schnurstracks steuerte Boris sein Arbeitszimmer an und machte sich an die Arbeit, indem er die Bücher aus dem Regal riss und mit Küssen bedeckte, wenn es sich um seine Lieblinge handelte (*Doktor Schiwago*, *Hundert Jahre Einsamkeit*) oder im entgegengesetzten Fall (»Pui: Simonow!«, »Pui: Polewoi!«, »Puipuipui: Breshnew!«) bespuckte und aus dem Hochhausfenster in den Schnee segeln ließ. Am nächsten schon etwas späten Morgen kredenzte die Hausherrin ihre frische Locken, deren Mutter dampfende Pelmeni und ein herbeigeeilter Freund zwei Flaschen Schampanskoje zum Sektfrühstück. Als die geleert waren, wurde ein Taxi gerufen und ab gings zurück ins »Dom Literatow«.

Unter diesen Umständen war es schwer, meine Aufgabe als Porträtist eines einzelnen, möglichst vorbildlichen Moskowiters zu erfüllen. Nach Hälfte der rasch ablaufenden Zeit fragte ich beim dafür zuständigen Sekretär Kusnezow nach, wie es mit dem von mir gewünschten Generationsgefährten mit Hochschulabschluss stünde. Kusnezow bot mir ein Gläschen an. Dann, wie immer, seufzte er tief und bedeutete mir, dass ich noch ein wenig Geduld haben solle. Zwei oder drei Tage später führte mich Swetlana in das von Stuckdrachen, Tigern und Schlangen wimmelnde Hotelrestaurant, um beim Treffen mit dem Auserwählten zu dolmetschen. Mein angeblicher Altersgenosse, ein Geologe, der sich für diesen dienstfreien Tag in einen Anzug gezwängt hatte, begann seine Ausführungen mit »Ich wurde geboren im Jahre der ruhmreichen Oktoberrevolution«, nannte dann die Jahre seines Eintritts in Pionierorganisation, Komsomol und Partei, und bevor er zum Großen Vaterländischen Krieg kommen konnte, hatte ihn Swetlana verabschiedet und die Zeche zahlen lassen. »Komm mit«, sagte sie, »ich habe etwas Besseres für dich.« Kurz darauf saßen wir im Kelleratelier eines Bildhauers, dessen Kunst gerade eine Metamorphose vom sozialistischen Realismus zur christlichen Mystik durchmachte. Ich wusste nicht, wovor ich mich mehr zur fürchten hatte: vor den Rotarmisten mit Kalaschnikows, den Kolchosbäuerinnen mit Rehkitz im Arm, den Dzierzynski-Büsten in sämtlichen Größen oder aber vor den orthodoxen Märtyrern, die sich gekreuzigt unter den Hieben der Gagaikas ihrer heidnischen Peiniger wanden.

Swetlana blieb mein Widerwillen nicht verborgen. Überhaupt hatte sie es mit mir nicht leicht. Weder wollte ich mich vom Fürsten Abaschwili taufen lassen, noch hatte ich mit Jewtuschenko, nachdem er mich als »Njemetz« enttarnt hatte, auf die deutsche Einheit angestoßen. (Ich war noch immer nicht so weit: so klein mir die DDR auch vorkam, so hatte ich als Heimat doch nichts anderes.) Und als am vorletzten Tag Swetlana mit mir aufbrach, um im Arbat Geschenke für die Daheimgebliebenen zu kaufen, musste ich sie wiederum enttäuschen. Ich war partout nicht zu überreden, zum Spottpreis von ich weiß nicht wieviel Rubel einen kupfernen Samowar aus der berühmten Kesselschmiede von Orjol zu erstehen. »Du und Wallraff, ihr seid die einzigen Deutschen, die keinen Samowar gekauft haben.«

Ob die Anthologie *Berlin-Moskau* jemals erschienen ist, blieb mir verborgen. Mein Rechenschaftsbericht wollte sich jedenfalls nicht zu einem Roman auswachsen, der einem Besuch in der Stadt Bulgakows würdig gewesen wäre. So blieb mir nichts anderes übrig, als zu meinen Notizen zurückzukehren, die im Laufe der Zeit zwar immer kürzer wurden, doch auch zahlreicher.

Er war leer zurückgekommen. Vierzehn Tage quälten wir uns mit ihm ab. Dabei war er gar nicht da, nur sein Anzug, seine Hülle.

»Wieder eine neue Jacke?« – »Ja. Ständig muss man sich verkleiden, um nicht erkannt zu werden. Sie warten ja nur darauf, dass man umfällt und auf allen Vieren zu kriechen beginnt, wie ein Wolf …«

Was ist das hier? Papier? Solch reine Fläche. Solch weißer Wald. Wie finden wir heraus? Solch Unschuld.

Ein Staat, der von Lenins Köchin geleitet werden kann, wird zur Kantine.

AUS VORSICHT UND ANGST

Du darfst mich nur in der Verpackung mit dir führen! Öffne nie, so öffne auch ich nicht die goldene Metallfolie der Mayonnaiseschachtel mit der Aufschrift: »Schmuck für 30 Patiententage«.

VERGEHEN

Sie wischte mit dem Ärmel den Schnee von dem Grabstein. Sie ritzte mit einem Nagel die Inschrift nach.

MÜHLE ERZÄHLT

Vor der Mauer warn die Bierpullen im Osten die selben wie im Westen. Da konntste also off der Ostseite der Bernauer ne Bierpulle auspicheln, die leere off die Westseite schaffen und dir für den Pfand im Osten wieder ne volle koofen. Ick hauste ja damals bei dem Maler Könich im Atelier. Das war n Keller in der Schönhauser mit Telefon. Wenn wir absolut pleite warn, riefen wir im Westen an un ne Stunde später war der Keller voll mit hundert Leuten. Saß immer in der Ecke und beobachtete wie sie antanzten. Wat für scheene Stadtbeene sah ick da die Kellertreppe runterstaken, daneben die scharfjebügelten Hosen der französischen Offiziere. Vom mitgebrachten Wein konnten wir ne Woche lang trinken.

Dann, im Frühjahr 61, hatte ich nen Wartburg jeerbt un für 30 Tausend Ostmark verscherbelt. Mit der Tasche voll Kohle bin ick die janze Nacht zwischen Osten un Westen gependelt. Im Reinigungsbahnhof Schöneweide hamse mich endlich geweckt: die Tasche noch voll, nur die versoffenen 100 Mark fehlten. N halbes Jahr lang ham wir Party gefeiert, dann hamse die Mauer jebaut un Sense wars mitm Highlife.

FRÜHLING

Ich sitze auf einer von der Sonne beschienenen Wiese, die Blätter grünen und die Bienen durchsummen die Luft vor ihrem Bienenhaus. Ich spiele auf einer elektronischen Orgel, denn die Bienen produzieren mehr und besseren Honig bei Musik.

Auf der Flucht über eine Brücke, die im Abreißen den Eindruck des Aufbaus erweckte. Ich hing mit den Kniekehlen im Henkel des Kochgeschirrs, das ein Kamerad hielt. Er ließ los, aber ich fiel nicht. Ab einem bestimmten Grad des Schmerzes kann man fliegen.

Erfahrungen sind nur unter Gefahren zu machen. Sie können eine Persönlichkeit nicht nur bereichern, sondern auch auflösen. Sie können Etappen nicht nur auf dem Weg vorwärts, sondern auch auf dem rückwärts sein, an dessen Ende nichtsdestotrotz die Erlösung warten kann.

Das Ende zerfällt in Millionen.

SYMMEBAMBEN

Kleine, ehemals herrschende Ideologien in Menschenform, die, vom Alleinherrscher getötet, balsamiert, von der Hirnschale befreit und dem Volke in Vasenform als noch lebend, doch schon getötet vorgestellt werden. (Doch das Volk weiß Bescheid, es weiß: das sind Symmebamben.)

Als es schon die Abflugschächte gab, blieben die jungen Burschen jedes Mal darunter stehen. Einer stellte sich hinein, roch den frischen Kalk, sah das helle Licht des Weltraums und wünschte sich nichts sehnlicher, als auf und davon zu fliegen.

Man sollte sich nicht zu viel wünschen. Plötzlich trifft es ein, und man ist nicht gewappnet.

BLUTVERGIESSEN

In unserer Stadt gibt es einen, der Blut vergießt. Er hält sich am Markt und in dessen Nähe auf. Jeder, der möchte, kann den Jungen (er ist in der Pubertät und etwas vornehm) anschneiden und sich von ihm mit Blut begießen lassen. Es läuft rasch und heftig aus seinem Finger, seinem Arm oder seiner Seite. Wie aus einem Wasserhahn, und genau so plötzlich, wie es begonnen hat, hört es wieder auf.

IM ZUG

Ein alter Mann streichelte seinen Koffer. Aus meinen Augenwinkeln betrachtet, sah es aus, als streichelte er die Knie der fremden alten Frau, die ihm gegenüber saß.

Ein Flusspferd, das schon lange unterwegs war, hatte eine Mulde in die Landschaft getreten. Es begegnete dem Zoodirektor, der auf dem Rückweg war. »Wohin willst du?« fragte der Zoodirektor. »Nach Thüringen«, antwortete das Flusspferd. Der Zoodirektor zeigte mit seinem Arm ringsumher: »Aber hier überall ist doch Thüringen.« Langsam kehrten beide zurück.

Milena: »Du willst ja gar nicht geliebt werden, du willst nur begehrt werden. Dich soll man streicheln, damit du dich losmachen kannst.«

Das eigene Fenster erleuchtet sehen.

Von der Straße aus. Wenn ich mit Milena die Wohnung verließ, bat sie mich immer: »Lass das Licht brennen und schalte das Radio nicht aus.«

KÖNIGSKINDER

… aber er war am sichersten in seiner Wohnung, und sie war am sichersten in ihrer Wohnung.

»So werde ich also nie mehr so eigenartig von *Frau Berger* angesprochen werden?« – »Habe ich also doch eine Eigenart? Dabei dachte ich immer, ich hätte keine.« – »Was?! Sie sind der eigenartigste Mensch, den ich kenne.«

Dieser Dialog war der letzte, den ich mit Friedemann Bergers Frau geführt habe. In Weimar wurden Kisten und Koffer gepackt. Berger, wie immer im Anzug, doch noch feierlicher als sonst, erklärte mir, dass er sich von seiner Frau trennen werde und sie nach Schweden zurückkehre, dass er aus der Evangelischen Kirche aus- und in die Partei der Arbeiterklasse eingetreten wäre, damit er die Leitung des jetzt in Leipzig angesiedelten Großverlages Insel-Diederich-Kiepenheuer übernehmen könne.

Natürlich, was für eine großartige Gelegenheit; doch über den vollen Preis, den er für die recht kurzfristige Ehre bezahlt hat, möchte ich lieber nichts wissen. Als ich Berger zum letzten Mal traf, auf dem Flughafen in Schönefeld, war bereits die Mauer gefallen. Er war mit großem Gepäck unterwegs und hatte es eilig. »Wohin?« »Nach Peking. Ich bin Kulturattaché der DDR in China.« »Werden Sie es nach der Vereinigung bleiben?« »Ich weiß es nicht.«

Eine noch gründlichere Lektion über das Schriftstellerethos wurde mir im Roten Rathaus erteilt. In dessen heilige Hallen hatte der Bezirksverband Berlin geladen, um einen würdigen Rahmen für das lange von ihm vorbereitete Tribunal gegen die besonders uneinsichtigen der noch im Land verbliebenen Biermann-Protestanten zu gewährleisten. Die Delegierten waren sich der Größe ihrer Verantwortung bewusst. Schon als sie die mit schweren roten Teppichen ausgelegte Treppe zu dem Veranstaltungssaal emporschritten, glomm auf ihren Gesichtern jene finstere Entschlossenheit, die man von Schulklassen kennt, die über Rebellen in ihren Reihen Gericht zu sitzen haben. Es waren aber nicht dreißig Kinder, sondern mehrere hundert Erwachsene, die hier die Rolle von Inquisitoren spielen durften. Woher kamen all die Krimi- und Kinderbuchautoren, Übersetzer, Germanisten und Schlagertextdichter, die niemand zuvor je wahrgenommen hatte und die jetzt dafür Rache nehmen konnten? Berlin und das gesamte Land musste voll von ihnen sein, während ich, das wurde mir deutlich wie nie, zu einer verschwindend geringen Minderheit gehörte. Immerhin fand ich Pietraß und Kopka, die, ihrer Redaktionsposten bei *Temperamente* inzwischen verlustig gegangen, sich etwas abseits gesetzt hatten. Angewidert ließen wir Kants zynische Anklagerede und die anschließenden Tiraden seiner Nebenkläger über uns ergehen. Was sollte ich machen? Mich auf die Warteliste der Diskussionsteilnehmer setzen lassen und dann ans Podium gehen und die angeklagten Heym, Endler, Schlesinger, Bartsch, Walther zu verteidigen? Das war nicht mein Metier. Im Grunde gehörte ich ja selbst auf die Anklagebank und hätte redlicherweise nur sagen können: »Schmeißt mich auch raus aus eurem mistigen Verband.« Dazu aber war ich, der die Folgelosigkeit einer großen Geste schon einmal erlebt hatte und der sich ein Leben außerhalb des Landes oder an seinem abschüssigen Rand nicht vorstellen konnte, nicht in der Lage. Mir blieb nichts anderes übrig, als wie Pietraß, Kopka und ein weiteres Dutzend Einzelgänger, die große Welle der Zustimmung über mich hinweg rauschen zu lassen und dann bei den Gegenstimmen die Hand zu heben.

Der fremde Gott im Roggenfeld (sein Schatten weiß gebrannt) hinterließ ein Schreiben: »Wir wollten euch helfen, aber ihr erschosset uns.«

Nehmen wir einmal an, Lenins Satz stimmt, dass es in jeder Gesellschaft zwei Kulturen gibt, nämlich die niedere der Ausgebeuteten und die hohe der Ausbeuter. Der Wunsch, ein bedeutender Schriftsteller zu werden, wäre dann der Wunsch, ein großer Ausbeuter zu werden. Tatsächlich kann der Schriftsteller ja nur schreiben, wenn andere die Produkte seines Bedarfs herstellen und gegen seine Geistesarbeit eintauschen. Die Geistesarbeiter sind die Ausbeuter der körperlichen Arbeiter, jedes Wort des einen verlangt das Mehrprodukt des anderen.

In der heutigen Form der Ausbeutung, in der jeder jeden und jeder sich selbst und alle niemanden ausbeuten, deutet sich allerdings eine Lösung des Antagonismus der getrennten Kulturen an: beide verfallen. Es gibt nicht mehr die Ausbeuterklasse und damit auch nicht ihre Kultur; es gibt nicht mehr die Ausgebeuteten und damit keine Volkskultur mehr. Beide Kulturen werden in dem Maße identisch, wie sie austauschbar werden: in der Pop-, Plastik-, Massenkultur.

Wir leben in allen Zeiten und in keiner richtig. Nehmen wir die Musik. Während jedes Jahrhundert vor uns nur die in seiner Zeit entstandene Musik pflegte, hören und spielen wir alles von Barock bis Beethoven, von der Musik des Mittelalters bis zum Jazz und indischer Folklore durcheinander. – Übrigens bezeichnet das Wir nur die Intelligenzia, während das Volk weiterhin die Musik der Gegenwart hört, Schlager und Rock. Damit ist die Umkehrung perfekt, denn vor der Zeitenwende war nur die Musik der Privilegierten der Mode unterworfen und die Volksmusik zeitlos.

Es reicht nicht, sich innerhalb einer Bewegung zurückfallen zu lassen. Man muss aus ihr austreten.

Seit jeher eifert der Mensch der Natur nach, inzwischen aber nicht mehr als Teil von ihr sondern als ihr Rivale. Er ist eifersüchtig, weil er noch immer keinen wirklichen Einblick in ihre Werkstatt erhalten hat. Da er weder Tiere noch Pflanzen erschaffen kann, baut er so viele Schrankwände und Autobahnen, bis die Natur beseitigt ist und er seine künstliche als die einzige ausgeben kann.

Zielte Naturerkenntnis schon immer auf ihre Beherrschung? Jedenfalls hat sie nur ein Recht dazu, wenn auch die Beherrschung der eigenen Natur gemeint ist.

Das Verhältnis des Menschen zur Natur ist inzwischen das eines Buchhalters mit nekrophilen Neigungen.

Vom »Erkenne dich selbst« über »Die Welt ist erkennbar« zum »Bediene dich selbst«.

»Die Welt ist erkennbar« bedeutet auch: Hör auf, dir überflüssige Gedanken zu machen, es gibt sowieso nur eine Wahrheit.

Die Frage nach der Verhinderung des Krieges muss anders formuliert werden: Wie kann der Mensch ohne Krieg auskommen?

Ständige Unzurechnungsfähigkeit. Entweder geht es mir zu gut oder zu schlecht.

Kaum beginne ich mich wohlzufühlen, ist mir, als ob ich mich überfressen oder keine Zahnschmerzen mehr hätte, weil ich ein künstliches Gebiss trage.

Ruhe des Herzens bedeutet in der Regel nichts anderes als Stillstand des Hirns.

Ich kann mich nicht führen, aber ich kann mich lernen.

Da sie nichts zu sagen hatte, verbesserte sie ständig.

Alles hängt von unserem Verhältnis zum eigenen Wesen ab. Verachten wir uns, verachten wir die Welt, genießen wir uns, genießen wir die Welt. – Und umgekehrt.

Eine wichtige Aufgabe im Leben: sich alles genau einprägen für die Zeit danach.

Die Vorstellung von Gott benötigt man nur nicht, wenn man nichts oder selbst Gott ist.

Wenn Philosophieren heißt, sich auf den Tod vorzubereiten, so will der Künstler mit seiner Arbeit das Leben verlängern.

Die Kunst ist auch darin Ausdruck des Lebens, dass sie nichts erreicht.

Jeder Augenblick ist die Summe aller vorherigen und gleichzeitig Summand zu einer neuen. Dies bitte vergessen.

Ewig bleibt nichts; aber es kommt immer wieder.

TEXTAUFGABEN, ZWEITE KLASSE

(aus Luises neuem Mathematikbuch)

Von einer Gruppe Soldaten halten drei Soldaten Wache. Die anderen 25 Soldaten sind in der Unterkunft. Wieviel Soldaten gehören zu dieser Gruppe?

Von einer Gruppe Soldaten sind 24 Soldaten im Unterricht. 4 Soldaten stehen Wache. Wieviel Soldaten gehören zu dieser Gruppe?

22 Soldaten marschieren zur Übung. 7 Soldaten fahren zur Übung. Wieviel Soldaten nehmen an der Übung teil?

4 Gruppen mit je 10 Soldaten sind auf dem Schießstand. 3 Gruppen mit je 8 Soldaten üben im Gelände.

a) Wieviel Soldaten sind auf dem Schießstand?
b) Wieviel Soldaten üben im Gelände?
c) Wo sind mehr Soldaten?
d) Wieviel Soldaten sind es zusammen?

12 Jungen und 10 Mädchen treten in Zweierreihen an.

a) Wieviel Reihen bilden die Jungen?
b) Wieviel Reihen bilden die Mädchen?

An einer Prüfung nahmen 7 Polizeihunde und 35 Jagdhunde teil. Der sechste Teil bestand die Prüfung mit Auszeichnung.

a) Wieviel Hunde wurden geprüft?
b) Wieviel Hunde bestanden die Prüfung mit Auszeichnung?

Alles ist Mitte geworden. Keine Gegensätze mehr. An den Rändern etwas, das sich überflüssig fühlen muss: Künstler, Asoziale, einige Alte, einige Kinder. Kein Proletariat mehr, keine Bauern, alles Kleinbürgertum.

Der Handwerker. Dem seine Waren nachtrauern.

In der Zukunft behalten die Opportunisten ohnehin recht. Es fehlte also noch, dass wir ihnen in der Gegenwart das Feld räumten!

Benennung ist gleichzeitig der Beginn der Vernichtung der Dinge und der ihrer Geburt. Aus der Ruhe des einfachen Seins gelangen sie in die Spannung zwischen Name und Sein.

War es aus Furcht oder Ehrfurcht? Sich selbst wollte er ständig ändern, vor Fremdem trat er zurück.

Ein Zeichen von Lebendigkeit ist es, wenn man lachen kann. Da das sowohl den Lachenden betrifft als auch denjenigen, über den gelacht wird, ist es besonders gesund, wenn beide identisch sind.

Jedes nichtmenschliche Wesen hat größere Chancen zur Vollkommenheit, das heißt zur Erfüllung des der Gattung möglichen im Individuum, als der Mensch. Im Märchen ist die Runkelrübe so vollkommen, dass sich eine ganze Familie vergebens mit ihr abmüht und sie erst durch die eben so vollkommene Maus aus der Erde gezogen wird.

Das Tier ist vollkommen, aber der Mensch kann sich vervollkommnen.

Es gibt sehr viele Dinge, mit denen man Menschen ersetzen kann: Wohnungen, Motorräder, Bücher, die Ostsee, Kirchen, die Wiese, die Sauna. Aber sie ersetzen alle nur unvollkommen.

Letzte Worte Einsteins: Ich weiß nur noch, dass sie versichert waren. Fünf Millionen die wahren Worte, vier Millionen die unwahren.

Die Wahrheit liegt tatsächlich in der Mitte. Diese aber nicht als Kompromiss, als Flaues und Mittelmäßiges begriffen, sondern als Schärfe und Zuspitzung, als das gleichsam hinter unserem Rücken stattfindende Aneinanderstoßen der Extreme an ihren dichtesten Stellen, nicht an ihren dünnsten.

Wahrheit entsteht durch ihre Formulierung.

Das Buch als Mittel zur eigenen Vervielfältigung. Da man nicht mit allen Menschen gleichzeitig sprechen kann, benutzt man die Schrift.

War das Buch früher Ausdruck eines über das Sprechen hinausgehenden Kommunikationsbedürfnisses, ist es heute Ausdruck der Unfähigkeit zur Kommunikation.

Man hat ansteckend zu sein, das ist alles.

Einer schüttete dem anderen seinen Herzschrittmacher aus.

Um sich erinnern zu können, muss man vergessen.

Endler behauptet, die Menschen erfreuen zu wollen.

Das war, ausgerechnet aus dem Munde Adolf Endlers, eine völlig neue Sichtweise für mich, der die Leser bisher nur als Teil einer gleichgültigen, wenn nicht feindlich gesinnten Masse empfunden hatte. Aber der immer für Überraschungen gute Eddy untermauerte seine Aussage glaubhaft bei seiner ersten Lesung in der Gustav-Adolf-Straße 24. Dort, in der alten Wohnung von Vera, hatte er Zwischenquartier genommen, nachdem diese mit Kindern und Hochbett in den Prenzlauer Berg gezogen war. Er hatte nicht viel mehr mitgebracht als seine Schreibmaschine, Manuskripte, einige

Bücher und eine recht junge Frau, die schwanger von ihm war. Kurz nach dem Einzug war er zu einer Lesereise in den Westen verschwunden und mit einer neuen Jeansjacke und einer Platte von Marianne Rosenberg zurückgekehrt, mit deren Hülle er vor dem Publikum wie ein Nummerngirl paradierte, während die Lieder der Diseuse für lockere Stimmung sorgten. Veras ehemaliges Atelier war voll mit den Malerinnen des Hauses, die Eddy nach seiner Trennung von Elke Erb Unterschlupf gewährt hatten, mit ihren Gefährten und anderen Zelebritäten von Weißensee, wie dem langen Mathematiker Kim und Winckel, dem von ihm unzertrennlichen Bassisten.

Ich war etwas befangen, denn schließlich befand ich mich auf feindlichem Territorium. Einem Territorium jedenfalls, das, noch nach Terpentin und Ölfarben riechend, sich als mir und damit der Literatur als durchaus abgeneigt erwiesen hatte und aus dem Endler im Handumdrehen einen Tempel der Sprach- und Lebenslust machte. (Das blieb es übrigens auch, nachdem Eddy wieder in den Prenzlauer Berg gezogen war. Wer sich für das weitere Schicksal dieser Wohnung interessiert, lese *Ostkreuz*, den nicht nur imaginierten, sondern tatsächlich geschriebenen fulminanten Roman Michael Meinickes, der nach seiner Knastentlassung Endlers Nachmieter wurde. Darin behauptet er, in unserem Schmachtenhagener Garten hätte ein alter Eiswagen gestanden, mit dem ich über die Dörfer ziehen wollte, falls ich vom Schreiben nicht leben könnte. (Ich kann mich nicht erinnern.) Es wurde reichlich getrunken an diesem Abend. Im Falle von Mühle, der sich, um die Lesung in die Taubstummensprache zu übersetzen, unter Endlers mitten im Raum aufgestellten Tisch setzte, so viel, dass es später wieder aus ihm rauslief. Der stadtbekannte Trinker und Schwadroneur war vom Autor eingeladen worden, weil er das Vorbild für seinen Bubi Blazezak war, aus dessen fiktiven Papieren er zum ersten Mal vortrug. Diese Lesung hatte also durchaus historische Bedeutung. Zum einen betrat mit Bubi Blazezak jene Figur die Bühne, die im folgenden Jahrzehnt zum Synonym für die anarchische Sprengkraft des Prenzlauer Bergs werden sollte. Zum anderen wurde ich zum ersten Mal Zeuge einer der immer mehr als Event aufgezogenen Wohnungslesungen, die sich binnen kurzer Zeit zum wichtigsten Medium einer bis dahin kaum existenten Gegenöffentlichkeit mauserten. Endler war dafür der ideale Protagonist. Von den älteren Schriftstellern war er der einzige, der mitten unter uns lebte, der in den gleichen Kneipen saß und von ähnlichen Furien wie wir gejagt wurde. Er war auch bisher der Einzige gewesen, der unserem Großstadtleben in Gedichten wie der »Ballade vom Zionskirchplatz« Ausdruck zu verleihen vermochte. Nun aber geschah etwas völlig Neues. War mir seine brüske Abkehr von früheren liedhaften Formen und die Lobpreisung des die Lyrik alleinseligmachenden Sprachspiels, wie er sie auf den Tagungen der Gruppe 46 verkündete, noch suspekt gewesen – was er in seiner Prosa anbot, war umwerfend. Sie wurde durch ihn zu einer gänzlich neuen Kunstform, schien mir, zu einer, die Lyrisches, Dramatisches und Essay in sich aufnahm und zu einer Art der Erzählung verschmolz, die sich ihres uralten Adressaten, des Ohres, entsann. Wir, und das meint in diesem Fall nicht nur wir im Osten, waren ja ganz Auge geworden, Leser, die in ihren mehr oder weniger stillen Kammern geheime, scheinbar speziell an sie gerichtete Botschaften zu entschlüsseln trainiert waren, vor allem solche zwischen den Zeilen. Durch Endler wurde die Literatur zu einer öffentlichen Angelegenheit, zu einer Schule gemeinsamen Entsetzens und Lachens. Er gab ihr das zurück, was in einem langen Säuberungsprozess aus ihr ausgemerzt worden war: rhetorischen Überschwang, alle möglichen Facetten des mündlichen Sprechens, von Dialekt und Gossensprache bis zur Parodie sozialistischer Tribünenredekunst. Er scheute keine Bosheit und keinen Kalauer. Indem er die Realität zum Stoff der Phantasmagorien seines trunkenen Helden machte, indem er sie durch die Narrenbrille sah, brachte er Bereiche von ihr zur Sprache, die uns durch Tabus oder ihr schieres, zu Boden drückendes Gewicht bisher verschlossen gewesen waren. Wir hörten erstmals Bonzengewäsch und das codierte Raunen von Stasichargen, wir hörten unserem eigenen, plötzlich sehr fragwürdigem Geplapper zu. Mochte dieser Sprachrausch auch nicht so voraussetzungslos sein, wie wir in unserer sehr begrenzten Kenntnis der Moderne glaubten, mochte der versprochene Tausendseitenroman auch auf sich warten und warten lassen, ja, waren Bubi Blazezaks Tiraden ohnehin nicht unendlich und eben viel eher als Hör- denn als Lesestoff zu ertragen: Endler hatte das Eis aufgebrochen, in dem wir nun viel freier, wenn auch nicht gefahrloser unterwegs sein konnten.

Nach der Lesung, als Mühle schon die Treppe hinunter transportiert und in ein Taxi gesetzt worden war, lief Endler, wie zuvor mit der Rosenberg-Platte, mit einem seltsam schmalen und dickleibigen Buch Reklame. Es handelte sich um Bretons *Anthologie des Schwarzen Humors*, die er von seiner Westreise mitgebracht hatte und nun jedem, insbesondere aber mir empfahl, den er als seinen potentiellen Nachfolger bezeichnete. Eine Äußerung, die mir schmeichelte, mit der ich so Rechtes aber nichts anzufangen wusste. Ich und schwarzer Humor? Zwar war der Humor in meinen Märchentravestien nicht unfreiwillig, doch sicher das Schwarze daran. Dafür, dass das Lachen nicht ohne Untertöne des Ernstes oder gar des Grauens zu haben war, war nicht ich verantwortlich, sondern das Leben, und diese doch eher bedenkliche Tatsache als Programm auf meine Fahne zu schreiben, lag mir fern. Außerdem war ich bei jedem der von Endler verkündeten Postulate auf der Hut. Konnte er nicht jeden von uns mit einem Satz in den

»Die Anvantgarde marschiert«.

Von links: Endler, Mickel, der Geist Erich Arendts, Erb, Pietraß, Hultenreich, Löffler, Wagner, Hilbig, Lange, Papenfuß, Trolle, Kirsten

Himmel erheben, um ihn dann dort verhungern zu lassen? Etwa indem er über Uwe Kolbe sagte, er sei ein »außerordentlich begabter Weltanschauungslyriker«, oder von Hilbig als einem großen Schriftsteller sprach, in dessen Texten man sich leider das Wort »Scheiße« nicht vorstellen könne. Er hatte etwas Puntilahaftes, nur dass bei ihm der Alkohol die umgekehrte Wirkung ausübte. Im nüchternen Alltag der konziliante und großzügige Eddy, im Suff aber der mit Worten wie mit Messern um sich werfende Adolf, dessen plötzlich kleine Pupillen dazu gefährlich blitzten, wie es bei Menschen, die ein reiches und schwieriges Innenleben zu verteidigen haben, oft zu beobachten ist, und zu denen etwas Abstand zu halten, ich für angemessen hielt.

Das Schlimmste scheint verhindert: ein moralischer Markenartikel zu werden. Die Gefahren heißen jetzt charakterlose Modeware und Nichts.

Bin ich dabei, die Militanz des Unwissenden und Eifersüchtigen abzustreifen?

Stil nicht erzwingen durch Konzentration, sondern zu ihm gelangen durch Erweiterungen. Er kommt zu mir, nicht ich zu ihm.

Einen Stil finden heißt zu oft, seinen Frieden mit sich machen.

Jeder neue Schreibversuch ist der neue Versuch einer Geburt. Nicht etwas Fremdes, ein Buch, soll dabei geboren werden, sondern vor allem man selbst. Als wirklicher, fühlender und denkender Mensch nämlich, der man nur beim Schreiben ist. Sollte das Werk mit dem Gefühl, dabei geboren worden zu sein, beendet werden, bedeutet das keineswegs, das man nun lebt. Nach kurzer Zeit ist man wieder so tot wie zuvor und wartet darauf, durch Verkehr mit der Welt geschwängert zu werden …

Jedes Werk bedarf einer speziellen, dünnen Schutzhaut, eines Mantels gegen die Welt. Es muss einen Kern haben, der unabhängig von der gegenwärtigen Welt ist, über diese hinausgeht, von ihr nicht antastbar ist. Wer hat meinen Mantel zerrissen?

Wie alles, was er schrieb, bewegten sich auch diese Gedichte zwischen Aktivieren und Entaktivieren.

Da er immer höher und höher steigen wollte, musste er ständig Ballast abwerfen.

Da er das Unglück so tief erlebt hatte, scheute er sich vor dem Glück, aus Angst, von ihm enttäuscht zu werden.

Alle Lichter waren grün; aber er wollte noch auf sich warten.

Als Kind fürchtete er sich, die Augen zu schließen, als Erwachsener, sie zu öffnen.

Ich wage nicht zu entscheiden, welche Welt die schlimmere ist: die diesseits meiner Lider oder die jenseits davon.

Sie liebte Adam in ihm, und er liebte Eva in ihr.

DAS PAAR

Dreimal begegnete ich ihnen bisher. Das erste Mal an der Ecke Prenzlauer / Dimitroff, als sie mit fliegenden Armen über die Kreuzung jagten, er vornweg, ein Vierziger mit Rock'n-Roll-Frisur und schwarzem Bärtchen, mit Kunstblumenstrauß vorn und Kennzeichen D hinten am Selbstfahrer. Nach der Kreuzung konnte sie zu ihm aufschließen; dick, stark schwitzend, mit schwarzen Locken, rotem Mund und Angst vor Autos im Gesicht.

Wochen später traf ich sie völlig überraschend in der Fußgängerzone von Schwerin. Sie hielten friedlich neben der Menschenschlange vor einem Feinkostgeschäft und aßen beide eine Wurst.

Beim dritten Mal kamen sie mir bergauf in der Christburger Straße entgegen. Ich hatte sie lachend aus dem Tor der Station für Haut- und Geschlechtskrankheiten biegen sehen. Das nahm mir den letzten Rest Furcht vor dem Betreten der Klinik.

Dazu muss ich doch etwas sagen. Die Tripperburg in der Christburger Straße war immer voll mit Infizierten beiderlei Geschlechts, die auf Abstrich und Penicillinspritze warteten und dabei nicht selten die Gelegenheit nutzten, um neue Möglichkeiten der Ansteckung anzubahnen. Das klingt nach ungezügelter Promiskuität und der, wenn auch leicht angeschmutzten Erfüllung des frühkommunistischen Traums von der freien Liebe. Ich habe das ganze Treiben jedoch als wenig freudvolle Angelegenheit in Erinnerung. Gewiss, die Tatsache, dass in einer weitgehend egalitären Gesellschaft jeder mit jeder und umgekehrt kann, minimierte jene Berechnung im Verhältnis zwischen den Menschen und damit den Geschlechtern, die mich später im Westen so verblüffte. Von einer höher ausgebildeten erotischen

Kultur konnte dennoch keine Rede sein, da sie gerade die Hindernisse braucht, zumindest aber eine gewisse Distanz zwischen den Individuen, die sie gleichzeitig zu respektieren und zu überbrücken hat. Wir aber saßen alle im gleichen übervollen Boot, die Frauen an den Riemen wie die Männer. Ihre sogenannte Gleichberechtigung war ein Erbe des Nachkriegs, der im Osten des Landes bis zu seinem Untergang angedauert hat. Zugegebenermaßen brachte er auch ein offensiveres Verhalten der Frauen und Mädchen im Sexualleben, doch um das wirklich zu genießen, hätte es, für mich zumindest, weniger Ausdruck unserer seelischen Not, weniger Ersatz für die uns ansonsten entgehenden Genüsse des Lebens sein müssen.

Mich beispielsweise in das mehr routinierte als wilde Treiben der Weißenseer Künstlerschaft zu mischen, verhinderte das Gefühl, dann nicht nur mit einer Frau im Bett zu liegen, sondern mit der ganzen Szene. Ich hielt mich lieber an die jungen Frauen, die vereinsamt und hungrig nach Berührung wie ich die Stadt durchstreiften. In jeder S-Bahn, auf jeder Parkbank und ganz gewiss in den einschlägigen Kneipen, wenn sie beim Aufruf zur letzten Runde noch immer vor einer halben Flasche Wein saßen, konnte man sie ansprechen. Mitunter blieb es bei einer Nacht, zumeist aber gestattete ich uns mehrere Versuche bis zur Einsicht, dass es für die große Liebe nicht reichte (die Vorzüge der kleinen hatte ich noch nicht schätzen gelernt), und man häufig bei einer Kameradschaft landete, die sexuelle Betätigung nicht ausschloss. Mit der Zeit spannte man so ein Netz von zumeist im vierten Stock gelegenen Einzimmerwohnungen über die Stadt, an deren Türen man in Zeiten der Not klopfen konnte.

Bei mir verliefen solche Abende folgendermaßen. Wenn sich bis gegen 18 Uhr niemand gemeldet hatte, machte ich mich selbst auf den Weg. Schon immer war ich ein großer Läufer gewesen, und dass man zum Schreiben sitzen musste, mein großes Unglück. Mehr Stunden als am Schreibtisch verbrachte ich in zügigem Wanderschritt in den Straßen Weißensees, auf den verschlungenen Wegen seines jüdischen Friedhofs, rund um den Faulen See oder in den Kleingartenanlagen bis hinüber nach Pankow-Heinersdorf. An den Abenden dann warteten die langen in die Stadtmitte führenden Hauptstraßen – sogenannte Protokollstrecken für die Konvois aus Wandlitz. Das Einmalige der Berliner Straßen macht ja neben ihrer Breite ihre schnurgerade Endlosigkeit aus. Man muss sehr lange ihr Pflaster getreten haben, um nicht so schnell wie möglich an ihr Ende gelangen zu wollen und danach in die nächste Ausgeburt der Monotonie. Im Falle der Prenzlauer Allee schaffte ich das recht früh. Wenn ich die niedrigen Häuser Weißensees hinter mir hatte und mich nach der »Spitze« die höheren des Prenzlauer Bergs empfingen, atmete ich regelmäßig auf. Von hier aus ging es in zwar rechtwinkligen, aber gewisse Varianten bereithaltenden Hakenschlägen leicht bergab, und ich konnte mich in den dichter als sonstwo in Berlin gesäten gastronomischen Einrichtungen darüber hinwegtrösten, wenn ich in den Hinterhäusern kein Glück hatte und weder Weiblein noch Männlein antraf. Mitunter kam ich so sehr ins Laufen, dass ich die Treppen gar nicht mehr aufwärts stieg und sich die Kneipen, in denen ich einkehrte, zu einer Lichterkette aneinanderreihten, die bis nach Stadtmitte reichte: »Mosaik« – »Kohlenkutte« – »Hackepeter« – »Metzer Eck« – »Elephant« – »Franken« – »Gambrinus«. Hier wurden die Häuser wieder niedriger, aber die Kundschaft in den Kneipen war von anderem Kaliber als die in Weißensee. Für sie war der Kudamm noch immer näher als der Bürgerpark in Pankow. Alteingesessene Großstadtzecher trafen sich hier mit im Suff deklamierenden Schauspielern aus den nahen Theatern, mit reisenden Artisten, verkrachten Professoren und abgebrochenen Studenten, mit all den genialischen Nichtstuern, die für einen guten Witz schon mehr als ihre Großmutter verkauft hatten. Und wenn man Glück oder Pech hatte, hatte man im Laufe des Abends das Ziel seines Ausflugs vergessen und war im Bett einer kapriziösen Trinkerin vom Schlage der Gräfin gelandet, die man nie wieder sah. Denn Verabredungen gab es in dieser Stadt so wenig, wie es in ihr Telefone gab. Sehr selten bin ich durch Berlins Straßen an der Seite einer Frau gelaufen, immer nur ging ich zu oder kam von ihnen.

Bei der hübschen Angela lag der Fall etwas anders. Zu nahe an der Streustraße war ihre Arbeitsstelle, und zu groß das Vergnügen, sie und ihren schwanzwedelnden Cocker-Spaniel in ihre Wohnung im Bötzowviertel zu begleiten. Ich hatte sie im »Toni« am Heinrichplatz kennengelernt, dem einzigen privaten, jedenfalls wie privat geführtem Kino, in dem Angela in einem Glaskasten saß, aus dem heraus sie per Mikrofon mit der Umwelt kommunizierte. Sie verkaufte nicht nur Kinokarten, sondern sogar Süßigkeiten! Und mit ihrem tiefen Pony, den dicken Lidbalken und den nicht weniger kühn geschminkten Lippen, mit ihren schwarzseidenen Kleidern und dezentem Silberschmuck sah sie selbst wie eine Verkörperung jener Zeiten aus, als in Weißensee noch Stummfilme gedreht wurden, immerhin die ersten im Lande.

Auch ihre Wohnung fiel aus dem Rahmen. Sie befand sich im ersten Stock eines Vorderhauses und besaß einen benutzbaren Balkon, einer jener Überbleibsel bürgerlichen Wohnens, der man durch eine großangelegte Abrissaktion gerade den Garaus zu machen begann. So lange die Bauarbeiterkolonnen noch nicht in das Bötzowviertel kamen, um die sogenannten »französischen Fenster« einzusetzen, vergitterte Türen, die von den ehemaligen Balkonbemalungen umrahmt wurden, so lange also saßen wir beim Frühstück über den Köpfen der Passanten und fütterten nicht sie, aber die Tauben und Spatzen mit unseren Krümeln. Französisch genug ging es auch in Angelas Wohnung zu.

Der Morgen begann mit dem Geträller der Piaf, und was die Einrichtung der Zimmer betraf, so widersetzte sie sich standhaft dem Kisten-und-kahle-Wände-Look, der damals die Epoche der imitierten Biedermeiersekretäre und Samttischdecken ablöste. Inmitten dieser freiwilligen Schmuddelaskese war ihre Wohnung eine Oase der Heiterkeit und Weltoffenheit, schon allein, weil es für Angela noch Dinge gab, die sie liebte. Ja, sie sammelte sie. Bei ihr fand man noch polierte Gläser, Aschenbecher aus Meermuscheln und weiße Vorhänge mit Spitzenbordüren vor den Fenstern. Ihre besondere Liebe galt Unterröcken und Stöckelschuhen. Paarweise klammerten sich die Stöckelschuhe mit ihren Absätzen an eine Leiste, die quer durch das Schlafzimmer führte. Darunter hingen auf Bügeln die Unterröcke an einer langen Stange. Sie verarbeitete sie an einer alten Singer zu in ihrer Schlichtheit nicht unraffinierten Tages- und Abendkleidern, mit denen sie die Boutiquen Berlins belieferte und die ihr selbst besonders gut standen, wenn sie, aus Seide, den Körper modellierten: die Brüste mit den etwas vorstehenden Warzenhöfen, das von zartem Fett umhügelte Grübchen ihres Bauchnabels, das Hüftpolster, ihren prächtigen Venushügel. Doch ausgerechnet bei ihrer durchaus verlockenden Körperlichkeit endete das Vergnügen, das wir aneinander hatten. Ihre Brustspitzen waren so empfindlich, dass sie schon zusammenzuckte, wenn man sie nur ansah, geschweige denn, wenn man sie berührte, das war absolut verboten. Es war ein Trauerspiel. Ihr wunderbarer Pfirsich zwischen den Beinen war voller Saft, aber hineinzukommen fast ein Ding der Unmöglichkeit. Sie wand sich wie eine Schlange, zuckte zusammen, stieß zurück, stand plötzlich auf, um eine Schallplatte zu wechseln, sie fing endlose Gespräche an, weinte abwechselnd und lachte, und wenn sie endlich bereit war, sich zu öffnen, waren wir so erschöpft und ernüchtert, dass es wieder nichts wurde mit der ersehnten Befriedigung. Der Knoten in ihr wollte einfach nicht platzen, der Vulkan, der zweifellos in ihr brodelte, nicht ausbrechen. Immer war sie kurz davor gewesen, immer wieder musste sie auf ein nächstes Mal hoffen, das sich aber keineswegs gleich anschließen durfte, sondern eine ebenso langwierige Vorbereitung wie zuvor verlangte.

Trotz Pumps, Unterröcken und Frühstück auf dem Balkon hielt ich es bei Angela nicht wesentlich länger aus als bei anderen Frauen. Es war zu anstrengend. Alles kann man sich in einer Liebesbeziehung erarbeiten, nur nicht die Seligkeit schamloser Lust am gemeinsamen Beischlaf. Sie ist der Urknall, aus der alles andere entsteht. Das Bett, nicht die Küche oder ein Balkon, ist der zentrale Ort für die Begegnung zwischen den Geschlechtern, und im besten Fall so sehr, dass es zu verlassen, Schmerz bereitet, dass man alles nur noch von ihm aus bestreiten will. Das aber geht nicht. Das Bett wird zum Sumpf, in dem man versinkt. Jede Liebe ist mit Trauer durchsetzt. Aber die eigentliche Trauer liegt nicht in der unvollkommenen, nicht erwiderten oder gescheiterten Liebe, sondern in der erfüllten. In der einfachen Tatsache, dass man nicht ununterbrochen miteinander schlafen kann. Im Unglück, das in jeder Erfüllung liegt – dass mit ihr eine Grenze erreicht ist.

Tausend Geschichten aus einer Nacht

Zwar habe ich gehört, dass auch andere Männer mit Frauen schlafen, aber vorstellen kann ich es mir nicht.

Wenn Frauen ein Mann gefällt, legen sie häufig den Kopf auf die Schulter des eigenen.

UND SIE LIEBTEN SICH

In einem Korridor, an einem Postschalter, kurz bevor er an der Reihe war, sanken sie aneinander hin.

»Ich bin unschuldig« und »Du bist unschuldig«, sagten sie. Und sie liebten sich.

Sie standen so nahe beieinander wie zwei Häuser; aber jedes hatte seine eigenen Mauern.

Weil sie ihre größten Erlebnisse nicht mit jemanden haben konnte, wollte sie sie wenigstens allein haben und nicht bei jemandem.

DER ANTRAG

Es ist Sonntag und Max sitzt auf den Stufen einer Sparkasse, eines Amtes oder Mietshauses. Den ganzen Nachmittag ist er durch die Stadt gelaufen, hat den Möwen zugesehen und in Gaststätten und Cafés gesessen. Jetzt ist es endlich dunkel, und er sitzt, den Kopf in die Arme gestützt, auf den Treppenstufen. Zweihundert Meter entfernt befindet sich das Kino, in das er wollte, aber er kann nur noch murmeln: »Diese Stadt bringt mich um.«

Da hört er aus der Richtung des Kinos sich Schritte nähern. Max lauscht und hebt den Kopf erst, als die Schritte ganz nahe sind. Er sieht in die Augen einer jungen Frau, deren Lächeln durchaus ihn meinen könnte. Als sie vorbei ist, legt sie den Kopf in den Nacken und atmet tief durch. Sie läuft sehr gerade, auf ihrem Rücken hängt eine Tasche, deren Träger sie mit beiden Händen vor der Brust festhält. Max sieht, wie sie unter den Baumkronen wieder den Kopf hebt, wie sie zu dem sternlosen Himmel aufblickt, wie sie durch den Schein einer Laterne geht. Als sie im Begriff ist, am Straßenende um die Ecke zu biegen, steht er auf und läuft ihr nach.

Er versucht, nicht zu rennen, möchte sie aber vor der nächsten Straßenbahnhaltestelle einholen. Er überquert die Gleise des Depots, geht zwischen den Brandmauern zweier Häuser hindurch; dann erkennt er sie auf der anderen Straßenseite. Sie passiert die Haltestelle und läuft am Zeitungskiosk vorbei. Max verringert nur langsam den Abstand. Als er nach dem Überqueren einer Straße in gleicher Höhe mit ihr ist, spricht er sie an. Sie reagiert mit ihrem Lächeln, nicht sehr verwundert. Sie hat ein glattes Gesicht, kurzgeschnittenes, sich wellendes Haar. Max fragt, ob sie mit ihm in die Weinstube an der Ecke gehen und etwas trinken würde.

Sie antwortet: »Ich sitze nicht gern in Gaststätten, aber wir können noch etwas Spazierengehen.« Dann fügt sie hinzu: »Aber wir müssen schnell gehen.« Max ist ratlos, weil sich sein Plan, im Schutze einer Gaststätte zu trinken, zu rauchen und miteinander zu sprechen, nicht verwirklichen lässt. Stattdessen läuft er jetzt neben dieser begehrenswerten jungen und auf seltsame Weise mit sich so zufriedenen Frau her. Schließlich ist es seine Rettung, die Zweifel, die man an jeder, also auch an dieser Situation haben kann, zu artikulieren. »Ein Spaziergang ist doch etwas Ruhiges«, sagt er. »Für mich ist er in dieser Stadt unmöglich. Ich kann nur in Bahnen und Bussen umherfahren und, wenn ich erschöpft bin, mich in Kneipen ausruhen.« – »Ich gehe gern in der Stadt spazieren, nur schnell muss es sein. Ich habe die Häuser gern.« Sie sieht ihn wieder von der Seite an. Sie laufen quer durch Stadtmitte, durch Straßen, in denen ihnen Bahnen begegnen, dann dunkle Nebenstraßen entlang, die auf Max, obwohl er schon seit Jahren in Berlin lebt, noch immer einen breiten und gewalttätigen Eindruck machen. »Wo gehen wir eigentlich hin?« fragt er.

»Ich gehe nach Hause. Heute Abend kommt ein Hitchcock-Film. Aber wir können uns noch den Märchenbrunnen ansehen.«

Mit Märchenbrunnen meint sie jene Ansammlung von weißen Steinen am Friedrichshain, über die an manchen Tagen Wasser rieselt. Die Anlage ist heute verschlossen. Sie gehen an der Mauer am Saalbau entlang, dann über eine Kreuzung. Plötzlich sagt sie: »Hier muss ich abbiegen. Aber wenn du willst, kannst du den Hitchcock-Film bei mir sehen.« Sie laufen schweigend eine Straße hinauf, in der Bäume stehen. Als Max im Treppenhaus das Geländer berühren will, sagt sie: »Nicht anfassen! Es ist schmutzig.« Vor dem dritten Stock holt sie tief Luft und hält den Atem an. Tatsächlich, es riecht nach Hund, und Hundehaare liegen auf der Treppe.

Als sie in ihrer Wohnung sind, schließt sie sofort ab. Sie geht in die Küche und wäscht sich die Hände unter warmem Wasser. Max spürt, dass er es auch tun muss. Sie fragt, ob er Hunger hat und nimmt, als er nickt, zwei Käsescheiben aus einer Plastepackung und legt sie auf zwei trockene Scheiben Toastbrot. Sie bringt sie auf Brettchen in das größere Zimmer, schaltet den Fernseher ein und knipst eine Stehlampe an. »Trinkst du Mehrfruchtwein?« Sie bringt die Flasche und zwei Gläser, und beide setzen sich an einen Tisch, um schweigend zu essen, zu trinken und dem Film zuzusehen. Wie immer fällt es Max schwer, sich an ein fremdes Zimmer zu gewöhnen. Dieses hier ist mit unterschiedlichen, aber stets schweren Teppichen ausgelegt. An der Seite steht ein breites Bett mit aufgeschlagener Bettdecke, sauberem Laken und zwei Kopfkissen. Das Zimmer ist so hoch, dass auf dem Kleiderschrank noch zwei Stühle Platz haben.

Da sie ihn bittet, in dem Raum nicht zu rauchen, geht Max in die Küche. Hier hängt saubere Unterwäsche, daneben ein Klammersäckchen in Form eines Kleides auf einem Bügel. Über dem Kühlschrank ein Kinderfoto. Max kehrt zurück. In dem Film, in dem es so dunkel ist wie draußen auf der Straße, fängt ein Mann Vögel und stopft sie aus. Frauen verschwinden. Die Frau neben Max sagt: »Er wird sie ermordet und ausgestopft haben.« Max hebt das Glas und fragt: »Wie heißt du eigentlich?« Sie heißt Sylvia. Sie trinken langsam den Wein. Er ist dazu da, sie ein wenig betrunken zu machen und eine Annäherung zu ermöglichen.

Als der Film zu Ende ist, schaltet sie den Fernseher aus und schafft die Brettchen in die Küche. Max folgt ihr wie auf der Straße und berührt, während sie den Kühlschrank öffnet, ihren Nacken. Sie dreht sich um und küsst Max. Sie gehen zurück in die Stube. An den Tisch gelehnt, berührt Max mit seinen Lippen Sylvias Hals, die Ohrläppchen, die Schultern. Sie zieht lächelnd ihren Pullover und das Hemd über den Kopf. Sie sagt: »Ich trage gern leichte Sachen, im Winter ziehe ich ganz viele leichte Pullover übereinander.« Sie hilft Max, den Pullover auszuziehen. Als sie dann umarmt stehen, er die glatte warme Haut an seiner fühlt und schließlich an Sylvias Brust zu saugen beginnt wie es das Kind vom Foto einmal getan hat, während sie mit geschlossenen Augen vor ihm steht und langsam Schauer durch ihren Körper laufen, spürt er, was ihm zu lange schon vom Leben getrennt hatte und sich und die Welt um ihn her als tot erscheinen ließ. »Wo hast du diese Haut her? Wer hat dir diese glatte Haut gegeben?« flüstert er ihr ins Ohr. »Die Sauna«, sagt sie und lächelt. Max gelingt es währenddessen ihre Hose zu öffnen, doch als er seine Hand hineinschieben will, stößt sie Sylvia abrupt zur Seite. »Ich habe die Tage«, sagt sie. »Außerdem muss ich jetzt schlafen.« – »Und für wen ist das zweite Kopfkissen?« fragt Max. »Für mich«, antwortet sie lachend. »Ich brauch immer zwei.« Sie wirft Max seinen Pullover zu, und ihm bleibt nichts anderes übrig, als ihn anzuziehen. An der

Tür sagt sie: »Ich wusste, dass ich heute Glück habe. Ich habe auf der Straße einen Pfennig gefunden.« Als Max wieder auf dem Treppenabsatz steht, hört er das Sicherheitsschloss hinter sich knacken.

Einen Monat später. Max hatte die Verantwortung über ihre Zukunft von sich geschoben, indem er Sylvia seine Adresse gegeben und sich selbst nicht mehr hatte blicken lassen. Sie war mit ihrem Sohn in Urlaub gefahren und danach eines Nachmittags in der Wohnung von Max aufgetaucht. Jetzt haben sie endlich zusammen geschlafen. Jetzt hat er sie und ihre Haut nicht nur von außen kennengelernt, sondern war tief in sie eingetaucht. Doch sie hat ihn nicht wirklich aufgenommen. Als Max still und noch ein wenig zuckend in ihr ausruhen wollte, hat sie sich ihm entzogen. Jetzt steht sie in der Tür seiner Wohnung. Sie hat die Plastetüte mit den nassen Saunatüchern in der Hand und lächelt. Max bittet sie zu bleiben. Sylvia sagt, dass sie ihm etwas gestehen müsse. Max fordert sie auf, es zu tun. Sie sagt, dass das ihr ganzes Verhältnis beeinträchtigen würde und sie es deshalb nicht könne, er solle raten. Max rät ein zweites Kind, einen anderen Mann, unheilbare Krankheit, Staatssicherheit. »Errätst du es wirklich nicht?« sagt Sylvia.

Zwei Stunden später beschreibt Max einen Zettel und heftet ihn an die Wand:

Der Ausreiseantrag

Ihre Angst vor Mördern rührte daher, dass sie so glücklich war.

Ihr Glück rührte daher, dass sie das Land bald verlassen würde.

Somit war alles ein Irrtum.

Dieser Mensch, der so viel wusste, verstand alles falsch.

LIED EINES ZURÜCKGEBLIEBENEN

Wenn ich ein Vöglein wär
oder ein Visum hätt
flög ich zu dir.

Da ich kein Rentner bin
und keine Schwimmerin
bleib ich allhier.

ZU FORSTER

»Aktives Verständnis« (um über die Dinge hinauszuwachsen) anstelle des reaktiven Reizes ist für uns heute nicht nur deshalb schwer, weil Aktivität unerwünscht ist, auch weil unsere Verständnisfähigkeit überfordert wird. Wir haben mit einer heillosen Vergangenheit fertigzuwerden, uns in einer chaotischen Gegenwart zurechtzufinden und werden von den Visionen einer tödlichen Zukunft bestürmt. Die ökonomischen Revolutionen haben eine Stoßkraft, der die politischen und kulturellen gegenüber hilflos sind. Sie überfluten uns mit einer Menge toter Dinge, an denen aktives Verständnis zerschellt, eben weil sie tot sind. Autos kann man nicht verstehen, sondern auf sie nur gereizt reagieren, indem man etwa ihre Reifen zersticht.

Kaum kommt es mal zur Herausbildung eines Individuum Mensch, so fängt es Streit mit der Gattung an.

Ist Moral nur noch im sportlichen Sinne verwendbar, als Kampfgeist?

Eine der Schwierigkeiten, die das Bewusstsein macht, ist das Vergleichen. Zwar vergleichen sich auch Tiere, aber auf einfache körperliche Weise, deren Resultat akzeptiert wird. Die Schichtungen der Klassengesellschaft begrenzten ebenfalls die Wirkung des Vergleiches. Man verglich sich innerhalb einer Schicht, Zunft, Klasse. In den modernen Massengesellschaften setzt ein nicht regulierter Krieg aller gegen alle ein, der Krieg des Vergleichens.

Jeder Mensch eines früheren Zeitalters hatte ein spezifisches Verhältnis zur Unendlichkeit, wir sind die ersten, die gar keins haben. Wer aber zur Unendlichkeit kein Verhältnis hat, hat keins zum Tod und damit keins zum Leben.

In der vergangenen Woche hatte ich das seltene Gefühl, das ist das Leben. Dabei unterschied sie sich durch nichts Besonderes von anderen Wochen. Es hatte nur geschneit, und mir machte es noch Spaß, Zeitungen und Post in die Briefkästen zu stecken.

Ich hatte den Aushilfsjob als Postbote angenommen, nicht weil es mir an Geld fehlte, sondern an der Begegnung mit Menschen. Geld spielte damals keine Rolle. Was konnte man schon kaufen damit? Ich trug alte Jeans oder den von meiner Mutter umgeschneiderten Anzug meines Vaters, Hemden und Schuhe von Ichweißnichtwoher und lebte, wenn Not am Manne war, wie zu Studentenzeiten von Konsumbrot und ausgelassenem Schmalz. Seit ich den Kinderbuchmarkt entdeckt hatte, konnte ich mir sogar die Tagesgerichte in der »Gemütlichen Ecke« leisten und mischte mich jeden Mittag unter die Bauarbeiter, die sich alte Zeitungen auf die Stühle legten, bevor sie sich darauf niederließen. Auf ihren Dreck an den Hosen war ich neidisch, auf ihren Hunger, ihre Gemeinschaft, darauf, dass sie ihren Körper bei der Arbeit spürten.

Zwar hatte ich zwei linke Hände, aber die wichtigsten Griffe auf dem Bau hatten sie gelernt, so dass ich mir in den folgenden Sommern anstatt mir auf Wanderungen den Kopf an der Grenze blutig zu stoßen lieber Blasen an den Händen auf einer thüringischen Baustelle holte. Die Maurer meiner Brigade kamen alle vom Dorf, verspeisten jeden Mittwoch einen halben Schweinskopf und droschen in ihrem Bauwagen Skat wie in einer Irrenanstalt. Wenn es aber gegen Monatsende um die Planerfüllung ging, explodierten sie plötzlich vor Arbeitswut, und ich kam nicht mehr hinterher mit Sandsieben, Mörtelmischen und Karrefahren. Als Beschäftigte der Denkmalpflege hatten wir in dem einen Jahr ein Kellergewölbe in der Erfurter Altstadt zu restaurieren, in dem anderen den gotischen Turm der Lorenzkirche. Was für ein Gefühl, als wir am letzten Tag im Glockenstuhl saßen und unser Brigadier mit Blick auf das mächtige Gebälk andächtig murmelte: »Unsere Vorfahren waren nicht ohne. Nicht mal Nägel haben sie dafür gebraucht ...«

Solche Befriedigung hatte mein erster Job als Postbote nicht zu bieten. Im Postverteileramt neben der alten Brecht-Villa, die inzwischen als Blindenheim diente, wurde kaum ein Wort geredet. Man nahm sich früh seine Zeitungen oder sortierte mittags stumm die Briefpost. Die wurde desto zahlreicher, je näher Weihnachten rückte, ein Umstand, den ich bei meinem Arbeitsantritt nur unvollkommen bedacht hatte. Die tägliche Runde führte mich durch ein ödes Wohngebiet aus den dreißiger Jahren im nördlichen Weißensee.

DER POSTZUSTELLER

Das Postverteileramt befindet sich neben dem Blindenheim, und das neben dem Tagescafé. Ich komme als Letzter, die Zeitungen liegen in Stapeln auf dem Tisch. Ich packe sie in den Karren, schließe die Tür ab und gehe nach draußen. Zum Postzustellen braucht man trittfestes Schuhwerk, alte Kleidung, man muss auf eisenbeschlagene Treppenabsätze achten und im Hausflur das Licht anmachen.

Ich ziehe meinen Karren vorbei am Fischladen über die Kreuzung bis zur Juri-Gagarin-Allee. Zuerst stecke ich die Zeitungen auf der linken Straßenseite, das sind die ungeraden Nummern. Ich halte vor der 217. Baltzer und Otto lesen je eine *Berliner*. Bei Otto stecke ich sie in den Briefkasten, bei Baltzer durch den Türschlitz. Sie müssen ein kleines Kind haben, vor ihrer Tür stehen ein Schlitten und ein Sportwagen.

Daneben, in der 219, werden vier *Berliner*, eine Rundfunkbeilage und ein *ND* gelesen. Die Berliner braucht man nur einmal, das *ND* muss man zweimal knicken. Frau Wehle in der 221 sollte sich einen neuen Briefkasten anschaffen, ihrer wird zu klein für die vielen Illustrierten. Dann kommt der Glaser mit seiner *National-Zeitung*, dann die Drogerie, dann der Garten mit einem Haus, das abgerissen werden soll; dann beginnen die neueren Häuser.

Im ersten wird überhaupt nicht Zeitung gelesen, nur sonntags von Hanelt: *Der Morgen*; im zweiten sind die Briefkästen oben auf halber Treppe, ich stecke drei *Berliner* und ein *ND* ein. In der 241 ärgere ich mich über Junkers, deren Briefschlitz in der Tür so niedrig ist, dass ich davor in die Knie gehen muss; sie lesen *Junge Welt* und *Berliner*. Herr Blieske in der 245 bekommt eine *Lehrerzeitung*; an seinem Briefkasten klebt ein Etikett *Papa Binnes Jazzband*, er liest die *Junge Welt*.

Jetzt läuft Herr Müller winkend über die Straße und holt sich seine *Berliner*. Ich gehe an der Sparkasse vorbei, die Ampel an der Kreuzung steht auf Grün.

Nach der 249 kommt die »PGH Die Frisur«. Sie bezieht täglich ein *ND* und eine *National-Zeitung*. Ich winde mich durch die zwei Türen, werde wortlos von der gut frisierten Friseuse und einem wartenden Kunden mit über den Hemdkragen sprießenden Haaren angesehen, lege die Zeitungen auf den Tisch und kehre zu meinem Karren zurück.

Jetzt, in der 253 und 255, muss ich aufpassen. Beide Häuser haben einen gemeinsamen Hof, und in den Hinterhäusern befinden sich Mieterhotels. Ich stecke zuerst in der 253, stecke im zweiten, dann im ersten Hinterhof und zuletzt in der 255. Hier sind die Holzbriefkästen zum Teil beschädigt und die meisten mit doppelten Schlössern versehen.

Dann muss ich rüber auf die andere Straßenseite, vorbei an dem großen Backsteinbau, in dem ein mysteriöser Gen. Wannserski wohnt, der sehr viel Post erhält, aber keine Zeitungen liest. Ich muss zwei Häuser der Schliemannstraße mitnehmen. In der 52 bei Barchewski und Dannenfresser bellt der Hund, sobald ich die Haustür öffne. Ich knurre zurück und stoße mit dem Fuß gegen die Tür, während ich das *ND* und die *Junge Welt* durch den Briefschlitz werfe.

Den Karren kann ich jetzt stehenlassen und die Zeitungen für die 54 unter den Arm klemmen. Heute begegnen mir Frau Richter und ihre großäugige Tochter nicht. Ich stecke zuerst vorn bei Kiefer, Krisch und Dr. Schliecker, gehe dann den dunklen Flur hinter und falte sorgfältig die *Berliner* für Frau Richter. Außerdem erhält sie heute noch *Unser Segelsport*, und ich höre es zweimal sanft auf den Teppich fallen.

Nun kann ich ein Stück laufen, mit geraden Beinen, und der Wagen ratternd hinter mir. Zuerst bis zur Ecke Gagarin-

Allee, bei Müller vorbei und vorbei an der Tankstelle bis zum Kohlenhändler Steinke, der, obwohl er ja ein Privater ist, merkwürdigerweise das *ND* liest. Die 240 daneben ist ein altes Haus, zu dem ich über den Hof gehen muss. Wenn ich im Hausflur das Licht anschalte, leuchtet auch die Lampe im Korridor. Dort wohnen sicher Missbach und Winkler, ihre Briefkästen hängen im Flur nebeneinander. Herr Missbach, falls er ein Mann ist, hat ein kunstvoll geschriebenes Namensschild und bekommt das ND. Frl. Winkler hat ihren Briefkasten rot gestrichen und ein buntes Abziehbild mit zwei sich schnäbelnden Vögeln aufgeklebt.

Die 236 ist wie immer abgeschlossen. Ich sehe nach, in welcher Wohnung Licht ist, klingele, warte auf das Summen und öffne die Tür. Im Treppenhaus rufe ich ZEITUNG! und lege drei *Berliner* auf die Treppe. In der 232 liest das ganze Haus das *ND*, bis auf Dr. Viebig, der oder die sich mit einem Herrn oder Fräulein Leber den Briefkasten teilt, der oder die ebenfalls keine Zeitung liest.

Ich biege in die Grazer Straße ein. Über ihrem Ende fliegen ständig Möwen und Tauben. Sie holen sich das Futter, das Frau Wilpert aus der 6 für Katzen und Hunde ausstreut. Von weitem sehe ich den Ofensetzer Sand in eine Kiepe schaufeln und dabei Wolken wie eine Lokomotive in die Luft stoßen.

In der 10a werden drei *ND* gelesen. In der 9 bekommt Agert eine *Junge Welt*, an der 8, wo die ordentlichsten Briefkästen hängen, kann ich vorbeigehen, weil niemand in ihr liest. Bei Bella in der 7 ist ein Vorhang hinter dem Briefschlitz, so dass die *Berliner* darin steckenbleibt.

Frau Wilpert hat Licht brennen in der Küche. Ihr Hund jault leise, als ich am Haus vorbeigehe, die Möwen flattern auf, die Tauben trippeln beiseite. In der 4 sieht der alte Herr Schaack im Unterhemd aus dem obersten Stockwerk und fragt wieder nach Post, obwohl er langsam wissen müsste, dass ich früh nur die Zeitungen bringe.

Vorn in der Allee kommen mir Busse und Fahrräder entgegen. Aber ich muss noch in die Pirnaische Straße, sie hat wie die Grazer nur elf Häuser, aber in ihr wird mehr gelesen. Wenn ich mittags die Briefe verteile, riecht es in ihr besonders gut. Ich überzähle die restlichen Zeitungen, sie werden reichen. Außer den üblichen Tagesblättern erhält Frau Stein die neue Ausgabe von *Unser Hund*, Herr Scheidemann den *Amateurfunker* und Frau Wagner das *St. Scheidenblatt*.

Inzwischen ist es hell geworden und die Juri-Gagarin-Allee voller Leute. Die *Berliner*, die ich vom Meyer übrig habe, werde ich bei Oelig in der 218 reinstecken, der nur sonnabends zwei *BZA* liest und sich nun sicher wundern wird.

Maßregel der Nacht: Antworte nicht, auch wenn sie dich dreimal fragen.

An jedem Heiligabend bekomme ich Zahnschmerzen geschenkt.

Paradox. Die Wissenschaft ist rückwärtsgewandt, da etwas Bestehendes erkannt werden soll. Die Kunst richtet sich nach vorn, weil sie ein unbekanntes Neues manifestieren will. Indem sie dieses Neue aber festhalten will, ist sie »konservativ«, während die Wissenschaft mit dem Erkennen des Alten ständig den Weg für Neues freizumachen bestrebt und somit »progressiv« ist.

Die Kämpfe der Dichtung finden im Wageninneren statt, nicht zwischen den Wagen.

1980

Heller Wahnsinn

Wenn es in Wirklichkeit viertel neun ist, ist es in meinem Spiegel dreiviertel vier.

Vor dem Ostbahnhof liefen zwei Betrunkene aufeinander zu. In dem Moment, als sie sich erkannten, wurden sie schlagartig nüchtern – um danach desto mehr zu schwanken.

Jedes Mal wenn er Leben begegnete, fürchtete er um es. Das waren schlechte Zeiten.

Die Tugenden galten als Zeichen der Schwäche, die Untugenden als die der Stärke. Das waren schlechte Zeiten.

DAS VERBOTENE GRÜN

Um die Tabletten zu kaufen, brauchte Anke fast den gesamten Tag. Es tat ihr gut. Sie lief von Apotheke zu Apotheke im Bewusstsein, endlich zu einer Entscheidung gekommen zu sein, eine Mauer durchbrochen zu haben. Zur Sicherheit kaufte sie eine Taschenflasche *Herz-Ass-Weinbrand*. Als sie in ihr Zimmer kam, zog sie die Vorhänge zu und knipste das Licht an. Sie nahm den ersten Schluck Weinbrand und fünf Tabletten. Insgesamt, sagt sie, benötigte sie zwölf Stunden, um die sechzig Tabletten und die Flasche Schnaps herunterzubekommen. Sie ließ sich bewusst so viel Zeit, bemalte die Wände mit den Fingern, zerriss mit Hingabe ihre Studienunterlagen und Parteibroschüren, ließ die Bücher aber unversehrt. Dann schlief sie zufrieden ein.

Als sie nach vier Tagen wieder aufwachte, nahm sie als erstes ihre Hände wahr, die sie noch nie so gesehen hatte. Angeschnallt lagen sie neben ihr, und sie wollte nicht glauben, dass es ihre waren. Dann erheiterte sie das Bild der sie umgebenden Ärzte, Schwestern und Patienten. Mit ihren Hörnern und der fast schwarzen Hautfarbe und Kleidung sahen sie wie Teufel aus. Sie hüpften wie Grillen umher. Auch als die Halluzinationen verschwanden, blieb ihr genug Freude. Plötzlich wurde sie von Menschen besucht, die sich um sie kümmerten. Dozenten kamen, der Parteigruppenorganisator, Kommilitonen, die Eltern und täglich ein Freund, der sie gerettet hatte. Er stand zuvor in keiner näheren Beziehung zu ihr und hatte sie eine Woche lang nicht gesehen, als ihm auf dem Weg zur Arbeit plötzlich ein merkwürdiges Gefühl überkam. Er stieg aus der Straßenbahn, lief zu ihrer Wohnung und trat die Tür ein, als er sie verschlossen fand.

Während ihrer Zeit auf der Intensivstation half Anke den alten Frauen, spielte mit ihnen Karten und wusch ihre Rücken. Später lag sie neben einem vierzehnjährigen Mädchen, das nach dem Ausbruch aus einem Heim auf der Straße einen Kollaps erlitten hatte. Auf dem Arm trug sie eintätowiert: Ich bin ein Assi.

Einen Monat nach der Entlassung heiratete Anke ihren Freund. Er ist gut, lustig und zum Glück nicht die große Liebe. Ihr Studium wird Anke trotz der verlorenen Unterlagen beenden und danach als Journalistin in der Redaktion Staat und Recht des *ND* arbeiten. Darüber, dass sie in Artikelüberschriften nicht das Wort grün verwenden darf, kann sie nur lachen.

Der Mensch, der sich ununterbrochen befreien muss, hat sich befreit vom Tier, von Gespenstern, von Gott, von der Ausbeutung. Jetzt bleibt ihm nur noch, sich von sich selbst zu befreien.

Weniger kannst du haben soviel du willst. Aber mehr?

Ein furchtbarer Gedanke, dass die Alten, die guten und schuldigen Alten, eines Tages nicht mehr da sind. Dass wir dann die Alten sind, unschuldig und fremd inmitten der schuldigen Jungen.

DER WOLF UND DER SÄGEBOCK

Es waren einmal ein Wolf und ein Sägebock. Eines Tages erhielten sie den Auftrag, von wem habe ich vergessen, einen Wolf oder einen Sägebock zu basteln. Wer zuerst fertig ist, hat gewonnen. Der Wolf nahm den Sägebock und sägte ihm (krech-krech-krech) seine langen Ohren ab und hämmerte sie ihm (poch-poch, klopf-klopf) als Schwanz wieder an. Der Wolf hatte gesiegt. Aber alle Tiere waren dem Sägebock dankbar, weil er ein kürzeres linkes Bein hatte und der neue Wolf nun hinkte.

BRUDER UND SCHWESTER

Zwei sitzen nebeneinander. Sie sagt. »Ja, du hättest es gestern Abend mit den Händen machen sollen wie mit Lippen. Ich hätte vergessen im Schlaf, dass wir Bruder und Schwester sind, aber gerade dadurch, dass wir es sind, wäre es möglich gewesen. Jetzt ist es zu spät. Du weißt nicht, welche Bedeutung Hände für mich haben.« Seine rechte und ihre linke Hand liegen nebeneinander, tatsächlich wie Lippen.

IN DER GEGENWELT

Jedem kann es passieren, dass er die Gegenwelt errichtet. Die Gegenwelt ähnelt der wirklichen Welt.

Auch in der Gegenwelt gibt es Mauern, Straßenpflaster, Betten, Briefkästen. Auch die Gegenwelt kennt Schneefall, Häuser und Wasser. Auch in der Gegenwelt putzt man Zähne. Auch in der Gegenwelt fährt man Straßenbahn. Auch in der Gegenwelt gibt es Gebilde, die Gedichten ähneln. Aber in der Gegenwelt ähnelt nur alles, ist nur alles, als ob. Die Sonne scheint, als ob Frühling wäre. Der Mensch isst, als ob er Hunger hätte. Der Hund läuft, als ob, die Uhr tickt, als ob, der Mensch denkt und fühlt, als ob.

Und wieder ist Winter in der Gegenwelt. Ständig versucht man sich zu erinnern. Ständig will man aufwachen. Der Mensch tut, was er tut, trotzdem und hofft, es zahle sich irgendwann aus. Aber alles ist zu einer großen Ruhe gekommen in der Gegenwelt. Keiner kann etwas dafür. In der Gegenwelt ist niemand schuld. In der Gegenwelt sind die Ohren mit Sand verstopft.

SPIEL (BÖHMISCH)

Man nehme zwei Personen, die ein Paar bilden. Man tausche sie aus. Das heißt, man wasche, frisiere, schminke und kleide sie so, dass der Mann der Frau gleicht und die Frau dem Mann. Man schicke sie auf eine Reise, die sie sowieso vorhatten. Nach der Rückkehr lasse man sie über ihre Erfahrungen berichten.

Ein Junge (Perlentaucher?) sprang vom Segelschiff, um die Tiefe des Wassers zu erproben, tauchte, tauchte; kam einmal nach oben, tauchte zurück, tauchte immer tiefer, kam ganz nahe dem Schiff, bevor er für immer verschwand.

Es stimmt nicht, dass mir das Wasser bis zum Halse steht. Es steht mir über dem Kopf, aber ich kann durch Kiemen atmen.

LIED

Es war einmal ein kleines Mädchen, das lebte im Klavier. Es hatte kleine Füße, kleine Hände, kleine Augen, kleine Zehen, einen kleinen Mund. Dann bekam es wieder Arbeit und die freie Zeit war vorbei. Besonders an den Sonnabenden, wie sehnte es sich da nach dem Leben im Klavier zurück.

Nichts tat er freiwillig. Alles geschah aus Zwang; aber von innen heraus. Darin bestand seine Freiheit.

Bei schönem Wetter sind am meisten die Augen gefährdet.

Mir geht es wieder rechtschaffen schlecht.

»Jetzt bist du übern Berg, jetzt bist du sehend.« –
»Und wer gibt mir mein Augenlicht zurück?«

Man läuft auf Scherben, aber, was schlimm daran ist, in Schuhen.

Nach sechs Tagen Bär am siebten wieder Ritter sein dürfen: das freie Intervall in der Depression.

Die Zwangskrankheit ist ein wandernder Handwerksbursche, der immer wieder bei mir vorbeikommt, weil er weiß, dass er hier Arbeit findet.

Diese Bemerkung deutet auf zwangsneurotische Vorstellungen hin, auf deren Schilderung ich wegen zu leichter Übertragbarkeit auf den Leser verzichte. Es sei nur soviel gesagt, dass sie mich ein knappes Jahr beherrschten und zwar tatsächlich in der beschriebenen Form, dass ich mich die meiste Zeit wie in ein Tierfell verbannt fühlte und meine Befreiung daraus jedes Mal einem königlichen Hochgefühl glich, das aber nie lange anhielt. Anstatt für immer ein Monarch zu bleiben, gingen meine Bedrängung allmählich in permanente Kopfschmerzen über, die trotz ihrer Unerträglichkeit einen Fortschritt darstellten, denn immerhin waren sie etwas Konkretes. Deutlich lokalisierbare Schmerzen, die ihr Zentrum im Scheitelpunkt über der Fontanelle hatten. Dort war wie ein Knoten in der Kopfhaut oder eine Geschwulst im Gehirn, der Herd jedenfalls der Pein, die meinen Kopf wie in einem Schraubstock oder unter einem zu engen Sturzhelm zusammenpresste. In dieser Zeit begann ich verstärkt zu zeichnen, um meinen Zustand, für den es keine Worte gab, zu visualisieren. Ich als gefesselter Gulliver, dessen straff gespannten Haare an Pflöcke gebunden sind. Ich mit einer Krähe auf dem Kopf, die in meine Hirnschale hackt. Ich mit einer schwarzen Katze an Stelle des Gehörns, deren Ohren als zwei Teufelshörner aus dem Kopf ragen und deren Schwanz sich wie mein Schmerz die Wirbelsäule hinabschlängelt. In der gleichen Zeit lernte ich auch mittels autogenem Training, außerhalb von meinen Träumen zu fliegen. Als ich mich mit einer soeben gekauften Broschüre am Ofen auf die Stuhllehne setzte und zu lesen begann »Linker Arm ist schwer wie Blei, rechter Arm ist schwer wie Blei ...« war ich noch vor Ende der Lektüre in Trance gefallen und schwebte unter der Zimmerdecke. Mir gefiel es dort so gut, dass ich halbe Tage rücklings auf der Liege verbrachte, der Körper auf die Matratze gepresst, während der Geist befreit auf ihn niedersah. Doch wie bei einer Droge ließ die Wirkung allmählich nach und ich konnte mich immer schwerer aus mir selbst erheben. An meinen Kopfschmerzen hatte sich ohnehin nichts geändert. Die Geschwulst in meinem Gehirn schien eher zu wachsen als zu schrumpfen, und zwar derartig, dass ich die Sprengung meiner Schädeldecke fürchtete. Wenn ich in der Steinzeit gelebt hätte, hätte ich meine Stammesgenossen gebeten, sich auf mich zu setzen, mir einen Stock zwischen die Zähne zu schieben und meinen Schädel mit einem Faustkeil zu trepanieren. Ich lebte aber, und in diesem Fall zum Glück, im zwanzigsten Jahrhundert und konnte einen Arzt aufsuchen.

Er verschaffte mir einen der begehrten Plätze in der Neurologischen Abteilung des Sankt-Josef-Stifts in Weißensee. Ich zog dort für vier Wochen ein in der Erwartung, dass man den Tumor in meinem Gehirn entdecken und herausschneiden würde. Mein Zimmergenosse machte mir Hoffnung: er hatte bereits eine sich über den glattrasierten Schädel ziehende Narbe und wartete auf die zweite Operation. Ich zeichnete ihn, während er oben im Doppelstockbett schlief. Das Leben auf der Station erinnerte an das an einem dienstfreien Wochenende in der Kaserne. Noch vor dem Frühstück stand ein Schrank von Forstarbeiter an meinem Bett und mischte die Skatkarten. Er konnte nicht schlafen, obwohl er ein Dutzend Faustantabletten pro Tag schluckte, von denen man ihn langsam runterzubringen hoffte – so endete sein Versuch, nichts mehr mit dem Staat zu tun haben zu wollen und sich mit der Familie in den Wald zurückzuziehen. Ein anderer Patient musste sich mit dem Kiebitzen begnügen, weil die Karten, wie alles, was er sah, in Splitter zerfielen; er konnte seit Jahren nicht mehr in seinem Beruf als Graphiker arbeiten. Ein dritter, ehemals Nationalmannschaftsturner, war bei einer Riesenwelle vom Reck gefallen und nervte jeden mit Erinnerungen an seine früheren Triumphe. Wenn wir nicht zur Therapie mussten, saßen wir im Wasch- und

Toilettenraum, dem einzigen, in dem wir rauchen durften, und droschen auf umgestülpten Eimern Skat. Bei mir ersetzten Diagnosegespräche die Therapie. Eine Psychologin, Mitte Zwanzig, ließ mich Fragebögen ausfüllen, machte mit mir den Rohrschachttest und wollte sich mit mir unterhalten. Was sollte ich dem armen Mädchen sagen? Nach den ersten Sätzen kam ich zu der Überzeugung, dass es besser war, sie nicht mit meinen Problemen zu belästigen, und drang auf rein neurologische Untersuchungen. Meine Beschreibung der Kopfschmerzen müssen so überzeugend gewesen sein, dass ich einen Termin im Krankenhaus Friedrichshain bekam, wo einer von den drei in der DDR befindlichen Computertomographen stand. Mit welch aberwitzigen Hoffnungen ließ ich mich in die Röhre schieben! Doch so sündhaft teuer die Kernspintomographie auch war, sie konnte in meinem strapazierten Gehirn nicht die geringste Anomalie entdecken. Nach einem Monat wurde ich aus der nach Salben und Weihrauch duftenden Atmosphäre des katholischen Stifts entlassen und zurück in die bereits winterlich von Braunkohlenrauch gesättigte Luft Weißensees gestoßen. Man könne mir nicht helfen, hatte man gesagt und mir einen Kursus für autogenes Training empfohlen.

Den hatte ich nicht nötig, aber was konnte ich sonst tun? Ich setzte auf Körperertüchtigung und spielte mit Gisela Neumann Tennis im Stadion an der Cantianstraße. Ich stieß wieder zu den Kunstfußballern, die zwischen den Brandmauern von Linien- und Auguststraße regelmäßig gegen eine Mannschaft bewegungsgestörter Taubstummer antraten. Ich verbot mir, um wieder mehr Schlaf zu finden, nachts aufzustehen und meine Träume zu notieren.

Die Seele kann ruhig Frieden machen mit dem Körper; deshalb macht es der Körper noch lange nicht mit der Seele.

Immer wenn sich ein unerträglicher Mensch als westlicher Ausländer herausstellt, bin ich froh.

Sich im Schmerz in der Gewalt haben, ist zu wenig.
Die meisten Menschen beleidigt man in der Freude.

Immer an der windstärksten Ecke wollte er seine Zigarette anzünden.

Während die Griechen philosophierten, als ob es keine Sklaven gäbe, tun wir es, als ob wir noch immer Sklaven wären.

Wenn jemand nur Spielball äußerer Ereignisse ist, ist es lächerlich, ihn als tragische Figur zu nehmen. Für diesen Fall gibt es den Humor.

Sie sah blendend aus, aber lachte hässlich.

Als ich mir in einem Treppenhaus die Zeit mit Lesen vertrieb, gingen die gedruckten Worte eine irritierende Verbindung mit der erwarteten Person ein, mit der verstreichenden Zeit, mit dem Licht, das nach meinem Knopfdruck nie länger als eine Minute leuchtete, und mit der danach stets unvermittelt einbrechenden Dunkelheit.

Ständig ist man bestrebt, Mauern zu durchbrechen. Ist es einmal gelungen, und man befindet sich längere Zeit außerhalb der Mauer, bekommt man Angst und sehnt sich zurück. Man braucht gar nicht zu springen, die Angst genügt, und man befindet sich wieder innen.

Ich bin voller Furcht. Wie Schmuckstücke und Glocken hängt sie an mir. Aber die Frauen lieben das, wenn es läutet, wenn sie mich berühren.

Man schreibt fort … an der Geschichte der Verirrungen des Menschengeschlechts.

Ich glaube nicht, dass der Mensch das wichtigste auf der Erde ist. Ich nehme vielmehr an, dass die Natur, zu der manche Gott sagen, den Menschen als Schmuck geschaffen hat, das Ergebnis eines Experimentes, dessen Ausgang nichts entscheidet, sondern das einfach dazu gehört, wenn man sich darauf einlässt, Leben zu schaffen. Möglicherweise hat die Natur den Homo sapiens auch hervorgebracht, bzw. nichts gegen seine Entstehung unternommen, weil sie jemanden haben wollte, der ihre grandiose Schöpfungskraft begreift. Nun gut, einige haben begriffen; wie die Angelegenheit insgesamt ausgeht, ist somit uninteressant, nur Sache der Menschen selbst. Sollten sie sich ausrotten, sollten sie zuvor sämtliche Flüsse vergiften und die Gebirge abtragen, die Erde wird das überstehen und neues Leben bilden. Ja, sollten sie selbst die Erde in die Luft sprengen, würde das nichts an der Weltordnung ändern, denn nur der Mensch hätte seine Möglichkeiten verspielt, die der Natur sind unbegrenzt.

Erkenntnis soll die Dinge nicht vernichten, sondern anerkennen.

Gesetzmäßig wird, was hinter einem liegt.

Wenn man auf frühere Lebensphasen herabsieht, ist es so, wie wenn man auf andere Menschen herabsieht.

Jedes Mal, wenn er über die Brücke fuhr, sagte er:
»Jetzt habe ich die Maritza unter mir.«

Wenn auch viele Wege hinführen, Rom bleibt Rom.

Zu oft ist die Liebe der Pakt zweier Menschen, die sich gemeinsam vor der Lust schützen wollen.

An ihrer Stelle würde ich mich auch auf mich freuen.

Milena meint, ich wäre *auch* ein Mensch. Ansonsten noch Gespenst, Gott, Tier usw.

VON DER ANGST

1. In der Tierwelt ist die Angst ein biologischer Regulator. Sie hilft Leben erhalten, indem sie zur Flucht zwingt vor anderem Leben, vor Brand, Sturm oder Gewitter. Obwohl sie instinktiv ist (also in unserem Sinne noch keine eigentliche Angst, die immer mit Bewusstsein verknüpft scheint), ist sie konkret, das heißt, sie flieht konkrete, reale Gefahren.

2. In der Vorstellungswelt primitiver Gesellschaften wird das Angsterregende in ein Jenseits projiziert. Das Jenseits aber ist noch kein völlig Abgetrenntes, kein Entgegengesetztes, es durchdringt sich mit dem Diesseits und ist mit ihm eins. Angst ist hier Angst vor dem Nochnichterkannten, vor dem Fremden, vor Geistern, Ahnen, Göttern. Der egalitären sozialen Struktur dieser Gesellschaften entsprechen die gemeinsamen Abwehrmechanismen. Dem Nichts steht man Schulter an Schulter gegenüber, kollektive Angst ist in diesem Fall geteilte Angst. Ihre Objekte werden häufig materialisiert (Götzen, Totenschädel), die Angst durch gemeinsame Handlungen (Beschwören, Anbeten, aber auch Beschimpfen und Bespucken) ausgelebt. Gewaltmaßnahmen, wie sie bei den Initiationsriten angewendet werden, dienen vor allem der Befähigung, in einer Gruppe zur Abwehr gegen die Angst mitzuarbeiten.

3. Die voll ausgebildete Klassengesellschaft lebt von einer voll ausgebildeten Ideologie der Angst. Die großen Religionen, vor allem die christliche, wurden zum Mittel eine große Angst zu verbreiten, die kontrollierbar ist und den Menschen funktionstüchtig macht. Es ist dies die Angst vor der Strafe, der Hölle im Jenseits, der zur Hölle führenden Sünde im Diesseits. Während sich in frühen Gesellschaften Real- und Traumwelt durchdrangen, wird im Christentum das Diesseits zu einer niederen Welt, die ihre Bestimmung erst durch die jenseitige erhält. Der »Primitive« setzte gegen die Angst die Lust. Im Christentum wird die Lust durch Moral selbst angstbesetzt, da sie ein hierarchisches System zu gefährden imstande ist.

4. Mit dem Fortfall des Jenseits, des Glaubens als Trostmittel, kehrt die Angst als konkrete auf die Erde zurück. Wie alles Tierische unterirdisch in der magischen Angst fortlebt, lebt auch die magische in den neuen Formen fort. Nun aber wird sie vor allem Angst vor dem Tode, vorm Tod im Leben, ja zur Lebensangst selbst. Das Wissen, das als Mittel angetreten war, die alten Glaubensängste zu bannen, fördert ständig neue Angstursachen zutage und kann sie nicht bewältigen, solange die Gesellschaft keine Abwehrmechanismen entwickelt hat, die dieses Wissen verarbeiten. Ja, das Wissen, die Erkenntnis verbreitet selbst Angst. Zur Angst vor dem Nichterkannten tritt die vor dem Erkannten.

5. Während eine elementare Angst des Kindes die Angst vor dem Schlaf, dem Traum ist, flüchtet der Erwachsene häufig in den Traum zurück, als eine Stufe nicht konkreter, noch allgemeiner, nicht tödlicher Angst. Aus der Angst vor der Dunkelheit wird die Angst vor der Helle, aus der Angst vor dem Einschlafen die vor dem Aufwachen oder Wachbleiben. Das Kind hat Angst davor zu lügen, der Erwachsene Angst vor der Wahrheit.

6. Ängste in der Periode des Wissens werden ins Unbewusste abgedrängt. Es gilt zwar die Behauptung, dass es keinen Grund für Angst gäbe, da aber weder die gesellschaftliche noch die individuelle Konstitution der Menschen seinem Wissen entsprechen, liefert es mit seinem Anwachsen immer mehr Ursachen für Ängste. Ansammeln von Lebenserfahrung wird zum Ansammeln von Todeserfahrung.

Die Angst wird bestimmend, da man ihr ohnmächtig ausgeliefert ist. Die Gesellschaft wehrt sich nicht gemeinsam gegen die Angst, sie wird entweder verdrängt oder als Machtinstrument benutzt. Zu der kosmischen Angst vor dem Nichts kommt die vor der Gesellschaft, die in ihren erweiterten Formen selbst kosmische, unantastbare Züge annimmt.

7. Arten der Angst
Angst vor dem Tod. Angst vor dem Sterben. Angst vor der Krankheit. Angst vor der Zukunft. Angst vor dem Krieg. Angst vor der Zeit. Angst vor dem nächsten Tag. Angst vor der Nacht. Angst vor dem Neuen. Angst vor dem Fremden. Angst vor dem Ähnlichen. Angst der Frau vor dem Mann. Angst des Mannes vor der Frau. Angst vor dem Alleinsein. Angst vor Menschen. Angst vor Tieren. Angst vor dem Leben. Angst vor der Stille. Angst vor der Tiefe. Angst, sich auszuliefern. Angst, Schmerz zu bereiten. Angst, Schmerz zu erleiden. Angst vor dem Gedanken. Angst vor dem Fühlen. Angst vor dem Ende. Angst vor dem Ende der Freude. Angst vor der Freude. Angst vor dem Anfang. Angst vor der Angst ...

8. Versuche, der Angst Herr zu werden
Die Verstellung. (Nicht ich werde getroffen, sondern ein anderer)
Die Flucht. Flucht in einen eingegrenzten Lebensbereich. (Familie,Arbeit, Kunst, Natur)

Flucht nach vorn. (Beschleunigung, Reisen, das schnelle Ende, das Abbrechen)
Flucht in die Krankheit. (In der Angst leben)
Die Erstarrung. (Totstellreflex bei Tieren)
Die Abstumpfung.

9. Die Angst führt zu Erstarrung oder Überaktivität. Sie fordert das Sichzusammenziehen und -kleinmachen oder unkontrolliertes, flatterhaftes Flüchten. Auf jeden Fall verhindert sie die organische Bewegung, das Sichausdehnen, das Wachstum. (Je weiter man sich ausdehnt, desto mehr Gründe für Ängste nimmt man in sich auf.) Stillstand ist die Angst vor Altem und Neuem.

10. In die Angst fällt der Mensch auch zurück, weil sie ihn ergreift, zittern macht und damit eine wirkliche und persönliche Reaktion bedeutet, für die er sonst keine Möglichkeit bekommt.

Enge erzeugt Zwang. Zwang erzeugt Angst. Weite, Freiheit, erzeugt beim Geängstigten neue Angst. Wer fähig ist zu Angst, ist fähig zur Empfindung.

11. Die Angst ist ein lähmender, aber auch zum Ausbruch neigender Faktor. In früheren Herrschaftsformen wurde versucht, ständig in Angst zu halten; heute hat die Angst solche Formen angenommen, dass sie unberechenbar und gefährlich geworden ist. Deshalb Abstumpfung durch Gewaltdarstellung, Militarisierung ... Training, um gegen tägliche Ängste gewappnet und dennoch funktionstüchtig zu sein. Die Maschine kennt keine Angst.

12. Angst kann nicht durch Meidung, Alleinsein überwunden werden, sondern nur im lebendigen Kontakt mit Menschen. Die Lust daraus muss größer werden als der Schmerz, den man empfindet und nicht anzunehmen in der Lage ist.

13. Die Klassengesellschaft erzeugt Angst voreinander. Mit Fortfall der Klassenschranken tritt aber eine Angst aller vor allen ein, da Klassen und Schichten auch Schutzbollwerke schufen. Die Angst wird anonym und scheinbar unangreifbar. Jede urkommunistische Gemeinschaft war begrenzt, ihre Mitglieder kannten sich untereinander, fühlten sich aufeinander bezogen und voneinander geschützt. Die gegenwärtige Gesellschaft ist keine Gemeinschaft, denn diese ist begrenzt. Jeder ist fremd und Fremdheit eine Ursache von Angst (Zerfall der Familie). Eine Gruppe, besonders eine große, braucht gemeinsame Ziele, die der Angst entgegenwirken. Steigerung von Produktion kann solches Ziel nicht sein, weil die immer stärker werdende Flut von Produkten Quelle neuer Ängste ist.

14. Das Gegenteil von Angst ist die Freude. Sie entsteht durch Lustgewinn. Da Lustgewinn des einen häufig Schmerzbereitung des anderen bedeutet und selbst zu Schmerzen führen kann, ist die Freude so selten. Die Freude führt zu Lebensmut.

Mai. Blütenstaub auf meinem Tisch, auf dem Atlas, im Brasilianischen Becken und auf der Serra Tumucumaque.

Das Leben will nicht entlarvt werden.

Der Wille, das Leben zu beherrschen, bedeutet, es zum Stillstand bringen, es mechanisieren, es im Grunde töten zu wollen. Dem können sehr ehrenwerte Motive zugrunde liegen.

Mit dem Bestreben einen Zusammenhang herzustellen, muss man vorsichtig sein; es kann ein tödlicher sein.

Ist Herzschmerz eine Form des Herzbewußtseins? Die einzige?

In jedem Roman, der nicht Trivialroman ist, spürt man einen Raum, der umfangreicher ist als das Dargestellte.

Die vollendete Linie gilt, so lange man nicht angekommen ist. Sie ist Bewegung, Vorbereitung auf und Ersatz für verlorengegangenen und noch nicht zurückgewonnenen Raum. Sie ist die humanisierte Zeit: sie ist Wanderung. Die moderne Wanderung ist Ersatz des Städters für den Verlust an Land. Die Linie ist Erzählung; der Roman ist Raum, aber einer, in dem sich etwas bewegt.

Schreiben ist Verhindern des bewusstlosen Vergehens.

Der Schreibstil reagiert auf die Formen, in denen die Gesellschaft Geschriebenes abverlangt. Berichte, Rechtfertigungen, Lebensläufe, Stellungnahmen. Nicht Erzähltes, nicht Erlebtes, nicht Gedachtes. Permanent schlechtes Gewissen, weil man erstens etwas zu verbergen hat, weil man zweitens verbirgt. Kleinheit, die sich durch versteckte Blicke in Hinterzimmer der heimlichen Größe versichern will.

Entwicklung kann auch ein anderes Wort für Verstellung sein.

Wenn der Einzelne so sehr vereinzelt, dass er, weil er ohne alle gesellschaftlichen Bindungen ist, lebensunfähig wird, nimmt man ihn in eine neue Gemeinschaft auf, die der Kranken.

Individualistische Lebensweise: Angst, genauso wie alle zu sein. Kollektive Lebensweise: Angst, anders als alle zu sein.

Abtötung bei den einen in der Degradierung zu Nur-noch-Funktionierenden, bei anderen, die sich diesem verweigern, durch Funktionslosigkeit.

Wie neurotische Zustände bei Menschen häufig ihre Ursache darin haben, dass sie sich von einem alten Gefühlsinhalt nicht lösen und zu einem neuen nicht durchstoßen können, nimmt die menschliche Gesellschaft in ähnlichen Phasen gestörte Formen an. Gestalthemmung, sagt der Psychiater.

Das Denken kommt aus ohne Sprechen, aber nicht ohne Sprache. Ist jemand mit Gedanken geschlagen, wälzt sich ununterbrochen Sprache, wälzen sich Worte und Sätze durch sein Hirn, die sich praktisch nie von ihrem Ziel entfernen, all das zu verarbeiten, was die Menschheit bisher getan und gedacht hat.

Literatur ist ein Mittel, sich das Leben so heraufzubeschwören, wie man es erstrebt: als wesentlich und nicht aus Tagen bestehend.

Auch ich würde die Dichter zwar lieben, doch nicht mit ihnen leben wollen. Sie sind das personifizierte schlechte Gewissen.

Alles, was er besaß, seine Kindheit, seine Liebe, seinen Charakter, hatte er in seine Gedichte gegeben. Später ging er in Schuhläden, Bäckereien. Aber überall verkaufte man ihm nur Schuhe, Brote.

Während ich Miłosz im Fernsehen zuhöre, liegt Richard, aufgeblasen von französischer Sprache und Luft, auf dem Bett und lässt sich den Bauch von der Arbeitslampe wärmen. »Ich brüte Verse aus wie eine Glucke Eier«, sagt er, und Miłosz antwortet, dass seine Gedichte schwer zu übersetzen sind. »In Paris sah ich die erste Hälfte eines Pornofilms zweimal, weil er in der Mitte riss und ich mich bei dem Chinesen beschwerte«, sagt Richard. Dann erzählt er genüsslich von Frankreich, vom Centre Pompidou, vom zwar fürchterlichen Bordeaux, dem er aber immerhin entkam. Es klingt gänzlich anders als der gereimte, deprimierende Text auf seiner Ansichtskarte.

Er gehörte also zu der neuen Kaste derjenigen, die vor dem Rentenalter in den Westen reisen dürfen. Doch auch ich befand mich auf dem Weg dorthin. In Wien gab es einen Veranstaltungsort namens »Alte Schmiede«, der jedes Jahr einen anderen Lyriker aus der DDR zu einer Lesung und einem dreiwöchigen Aufenthalt in der Donaumetropole einlud. Nicht nur weil ich ein Schmiedesohn war, hat mich die von Sarah Kirsch in Schleswig-Holstein veranlasste Einladung gefreut; wer wollte nicht erfahren, wie es hinter der Mauer aussah? Und welches Land war für eine erste Visite besser geeignet als das neutrale Österreich? Die Alpenrepublik hatte meinem sozialistischen Vaterland gegenüber gewisse partnerschaftliche Gefühle entwickelt. Wie die DDR hatte sie mit dem alten Deutschland rein gar nichts zu tun und lud den unheilvollen Teil seiner Geschichte auf den krummen Schultern der Piefkes in der Bundesrepublik ab. Sie hatte eine sozialdemokratische Regierung und nie die Kommunistische Partei verboten, die ihrerseits eng mit unserer Partei der Arbeiterklasse verbandelt war. Nicht wenige österreichische Kommunisten verbrachten ihren Lebensabend an der Spree.

Einer von ihnen war Ernst Schwarz, der die organisatorischen Fäden zwischen den beiden Schriftstellerverbänden knüpfte. Wenn er in Berlin weilte, bewohnte er ein Appartement in der Leipziger Straße – wo sonst? In ihm roch es zugleich nach Kaiserschmarrn und Frühlingsrollen, denn einen großen Teil seines Lebens hatte er im chinesischen Exil zugebracht. Ich bewunderte seine Übersetzung des Lao Tse, auch wenn er dessen Weisheit einen frühmarxistischen Anstrich gegeben hatte, und liebte den von ihm herausgegebenen Prachtband chinesischer Lyrik *Chrysanthemen hinterm Spiegel*. Und als er mir unter getuschten Kirschbäumen gegenübersaß, war ich ganz baff, was sich unter so einer verschmitzt lächelnden, mit weißen Haaren umwallten Gesichtsmaske für eine dramatische Lebensgeschichte verbergen kann. Der Mann war vor den Nazis in irgendeinen Mittelmeerhafen geflohen, hatte auf einem Frachtschiff nach Shanghai angeheuert und sich dort für die nächsten zehn Jahre niedergelassen. Verdiente sich als Berufsboxer sein Geld! Schlug sich als Eintänzer und Krabbenfischer durch! Überlebte die Kuomintang, die Japaner und die Maoisten und vergaß dabei nicht, sich perfektes Mandarin-Chinesisch anzueignen und die deutsche Literatur mit seinen Nachdichtungen zu bereichern.

Was einem nicht alles im Leben widerfahren kann! Trotzdem war für mich von Beginn an klar, dass ich nicht wie er von Wien nach China oder sonst wohin weiterreisen würde. Warum nur? Hatte ich Furcht vor der Fremde? Vielleicht. War ich so sehr im mitteldeutschen Heimatboden verwurzelt, dass ich mich daraus nicht losreißen konnte? Schon möglich. Vor allem aber beherrschte mich das Gefühl, nicht reif für die große weite Welt zu sein, wenn ich meine Enge als Scheiternder verlassen würde. Ich hatte nicht zu triumphieren in ihr, aber doch zu bestehen, hatte den Kelch doch höchstens zur Hälfte geleert und so gut wie nichts begriffen dabei. Und hätte in Sachsen eine betagte Mutter und in Preußen zwei Mädchen hinterlassen, die noch längst nicht flügge waren.

Dieser Vorsatz, zurückzukehren und dafür gute Gründe zu finden, versaute mir die ganze Reise. Irgendwo muss es ein Heft geben, das meine Verwirrung dokumentiert, aber um nichts in der Welt bin ich bereit, mir dessen Lektüre noch einmal zuzumuten. Ich war schlicht unzurechnungsfähig in dieser Zeit. War hoffnungslos überfordert, die zwei Seelen in meiner Brust, die der Zweiteilung der Welt in Ost und West entsprachen, zu vereinigen oder wenigstens friedlich koexistieren zu lassen. Ich logierte in einer Professorenwohnung in einem Studentenwohnheim im ersten Bezirk. Wenn ich frühmorgens die Wohnung verließ, wurde ich jedes Mal aufs Neue mit einer Welt konfrontiert, in der alles b e s s e r war als in der mir bekannten. Die Häuser, die Autos, die Geschäfte samt der angebotenen Waren, die Restaurants und Kaffeehäuser, die höflichen Menschen, die darin saßen, ihre Kleidung und sogar das Wetter. Einen so weißen Schnee hatte ich nicht mal in Moskau gesehen! Absolut sauber in der Sonne glitzernd und abends den perfekten Hintergrund für das Lichterspiel der erleuchteten Schaufenster, der Straßenlampen, der Autoscheinwerfer, der farbigen Stopplichter und Ampeln liefernd. Wie in Watte gepackt war alles und entsprechend still. Sanft surrten die Straßenbahnen, anstatt zu rattern und zu kreischen; die Leute brüllten nicht, sondern flüsterten, wenn sie nicht schwiegen; die Autos summten wohlig ihr Lied von der Vollendung, anstatt zu knattern und zu stinken. Es roch nach Schnee, Parfüm und gutem Kaffee in den Straßen. War ich durch sie allerdings drei oder vier Stunden marschiert, hatte ich die Hofburg, das Kunsthistorische Museum oder den Park von Schönbrunn hinter mir und mich danach womöglich zum Kräftesammeln auf das Professorenbett gelegt, war es vorbei mit meiner staunenden Andacht. An den Nachmittagen erwachte ein ganz anderer Mensch als am frühen Morgen! Während ich vormittags mit fliegenden Fahnen in Richtung Kapitalismus unterwegs war, wurde ich in der zweiten Tageshälfte zum wütenden Kommunisten, der, vollkommen erschöpft und erschlagen, in all der funkelnden Pracht nur noch eine oberflächliche Kulisse sah, hinter der sich Leere und Heuchelei verbargen, angesichts der er sich nach dem rauhen und lauten, nach dem wahren Leben im Ostberliner Dreck sehnte.

Blieben noch die Abende, an denen sich die Menschheit, und das war auch in Wien nicht anders, beim Alkohol zusammenfindet, um sich für die bei Tag erlittene Unbill zu rächen, zu trösten oder, und das war in Wien der Fall, der eingeheimsten Erfolge und Ehrungen zu rühmen. Insgesamt blieb mir die Art des Trinkens und Redens doch fremd. Man schüttete nicht in sich hinein, sondern süffelte still vor sich hin. Man stritt nicht, deklamierte nicht lauthals, sondern man tuschelte, klatschte, spottete mit gedämpften Stimmen wie in einer zivilisierten Familie, in der es sich schon wegen des zu verteilenden Erbes keiner mit dem anderen verderben will. So beobachtet bei verschiedenen Veranstaltungen in der »Alten Schmiede« und auf einem Empfang, zu dem man mich kurz nach meiner Ankunft in ein Palais in der Herrengasse eingeladen hatte. Dort gab ich meiner Beschränktheit Ausdruck, in dem ich auf die Frage eines der Herren, wie es mir in Wien gefalle, antwortete »Ausgezeichnet. Allerdings wüsste ich nicht, was ich hier schreiben solle. Alles läuft so glatt und widerstandslos, dass mir wohl die Herausforderungen fehlen würden. Wie machen das nur die österreichischen Schriftsteller?« Anstatt mich einfach stehenzulassen, antwortete man mir: »Ach, die sind nur selten im Lande. Peter Handke zum Beispiel ist gerade mal wieder nach Japan unterwegs.«

Das dürfte stimmen. Der zukünftige Zirkusdirektor Heller zum Beispiel beschämte den stillen Gert Jonke beim anschließenden Besuch einer Schankwirtschaft mit den Worten: »Morgen Abend werd ich auf dem Empire-State-Building sitzen und dirrr eine Panorrrama-Ansichtskarte schreiben.« Zum Glück gab es Ernst Jandl, dem mich Sarah Kirsch empfohlen hatte und der immer zuhause war und bereit, mich zu empfangen. Manchmal nahm er mich sogar zum Essen in sein Stammlokal mit. Und einmal gab er mir eine Freikarte für sein Theaterstück, dessen Titel ich vergessen habe, das mir aber denkwürdig geblieben ist, weil in ihm die gleiche Situation dargestellt wurde, die ich abends zuvor in seiner Wohnung erlebt habe. Ein Mann sitzt einer Frau, nämlich Friederike Mayröcker, gegenüber und versucht sich mit ihr in der Konversation. Im Stück sprechen sie sich in der dritten Person an, ansonsten war aber alles originalgetreu: ein verbales Schachspiel, in dem der Mann eher höflich entgegenkommend, die Frau mit der leicht resignierten Würde einer Grand Dame operiert und bei dem das Remis, wie in den Partien zwischen Richard und mir, schon vorher feststeht. Angemessener noch als die Bezeichnung »Grand Dame« schien mir für Friederike Mayröcker der einer Pharaonin. Jedenfalls hatte sie etwas Einbalsamiertes. Dazu einen tiefschwarz glänzenden Haarhelm und dicke Lidbalken wie Kleopatra und Trauerkleider aus dem Nachlass der französischen Existenzialistinnen. Seltsam, genau so lief Irmtraud Morgner, die Gattin meines Oberaufsehers Paul Wiens, durch Ostberlin. Aus beiden sprachen Jahrtausende. Im Falle von Friederike Mayröcker mit der orakelhaft vernebelten Stimme einer pensionierten Tempelpriesterin. Als mich das Dichterpaar zur Eröffnung einer mein ganzes Verständnis von Malerei revolutionierenden Ausstellung mit Dubuffet-Bildern mitnahm, kommentierte sie die einleitenden Free-Jazz-Klänge mit der Bemerkung »Sowas hast du doch schon vor dreißig Jahren gemacht.« Der angesprochene Ernst Jandl überhörte das. Seine Bescheidenheit hatte etwas Aufbauendes. Über sein aus dreizeiligen Strophen bestehendes Drama sagte er: »Als ich den Auftrag bekam, dachte ich, ein Theaterstück schreiben kannst du nicht, aber drei Zeilen immer.« Und hinter den nur stecknadelkopfgroßen Pupillen lauerte ein ähnlich gefährliches Geheimnis wie bei Endler.

Noch mehr Grenzüberschreitendes nahm ich wahr. Als mich barocke Pracht und moderne Makellosigkeit einmal besonders traurig gemacht hatten, erinnerte ich mich des Auftrags, im Büro der KPÖ vorstellig zu werden. Dort erwarteten mich ein Honecker-Porträt an der Wand und auf dem schmucklosen Versammlungstisch eine Schale mit den als »Engerlingen« bekannten Erdnussflips, die im »VEB Nahrungskombinat Wurzen« hergestellt wurden. Ich aß drei davon und beschloss, Wien erst mal zu verlassen. Fuhr mit der Bahn nach Salzburg und besuchte Grab und Apotheke Trakls und erfuhr in der alternativen Wohngemeinschaft, in der ich nächtigte, das Österreich noch eine Insel der Seligen sei im Vergleich mit der völlig zubetonierten Schweiz und dem als Bundesrepublik Deutschland bekannten Reich des Bösen und Dummen nördlich der Alpen. Die Rückfahrt führte mich durch das von Nebeln verhangene Mondgebirge, das seinen Namen alle Ehre machte, und schließlich zum Semmering. Hier wollte ich in Gedenken an Peter Rosegger etwas wandern. Als Waldbauernbub war er zusammen mit seinem Vater über diesen Berg gekommen, als die Glocken in seinem Dorf und den Nachbardörfern zu läuten begannen, weil der Kaiser in Wien von der Revolution bedroht war. In der Nacht waren sie losgelaufen, und als das Tal von Mürzzuschlag unter ihnen lag, sprühte es von Funken aus den Essen der Werkstätten, in denen man die Waffen gegen die 48er schmiedete. Allein in Mürzzuschlag gab es keine Schmiedeessen mehr. Und der Semmering war ein Skihang, verunstaltet durch Sessellifts, in deren einem ich mich nach oben bringen ließ, wo mir angesichts der dunstverschleierten Öde nichts anderes einfiel, als im nassen Schnee wieder nach unten zu stapfen. Immerhin nahm mich dort der Fahrer irgendeines Volkswagens nach Wien mit, und ich konnte einen Moment lang vom vertrauten Freiheitsgeschmack des Trampens kosten. Doch nur bis der Mann den Mund aufmachte. Nachdem ich ihm lang und breit von den Engerlingen der Austrokommunisten und davon erzählt hatte, wie die Arbeiterinnen im Nahrungsmittelkombinat uns Jungs während dem »Unterrichtstag in der Produktion« (UTP) mit Klumpen von Ausschussschokolade in die Umkleidekabinen zu locken versuchten, fragte er mich – ob ich »Mürzzuschläger« sei. Hatte der Mann geschlafen, während ich redete? Gut, er war im »Dienst« und zwar in dem der Österreichischen Post, wie er mir stolz verkündete, doch rechtfertigte das eine derartige Geistesabwesenheit? Übrigens schienen mir fast alle seiner Landsleute im Dienst zu sein, so sehr kamen sie mir als Sprachrohre einer überpersönlichen Vereinigung, eines Amtes, einer Partei, des Staates oder der gesamten alpenländischen Kultur vor. So wenig sprach aus ihnen ein persönliches Ego und so wenig nahmen sie mich als ein solches wahr. Konnte es sein, dass der Kapitalismus viel weiter fortgeschritten war bei der Entwicklung des uniformen Einheitsmenschen als unser beidbeinig hinkender Sozialismus? Oder war das hier vielleicht der wahre Sozialismus und wir hatten für unser Elend nicht mal einen Namen?

BILD UND WELT

Ein Bild, das ich nicht fassen und entsprechend seiner Bedeutung wiedergeben kann:

Die zwei Alten mit Kinderwagen, unterwegs in Weißensee. Er, rot im Gesicht, dick, mit schwarzem Überzieher, schiebt den Wagen. Sie, ebenfalls klein und rundlich, läuft mit Hut auf dem Kopf daneben her und hält die Hand auf das Kinderwagendach. Beide lächeln stets und laufen so langsam, als fahren sie ihr Kind aus. Aber der Wagen ist entweder leer oder voller Altpapier, Flaschen und Gläser.

Mich beunruhigend wahrscheinlich deshalb, weil es ein Bild ist. Bilder sind immer zweidimensionale Oberfläche und höchstens Symbol. Das Leben aber ist nicht symbolisch, es ist. Bilder entstehen darin, wechseln ständig und bedeuten nichts. Das Leben trennt sich nicht in eine verselbständigte Bildwelt und darunter liegende Bedeutung. Das Optische ist nur ein Aspekt des Lebens. Sein Wesen besteht unter anderem darin, dass es keine Teilung in Tiefe und Oberfläche gibt.

Das Leben festzuhalten, scheint nur möglich als Bild. Es ist aber dann auch nur optische Hülle. Eine, die Leben bedeuten will, aber nicht ist.

Wenn das Leben nicht auszuhalten, nicht zu fassen ist, gerinnt es und wird zum Bild.

Die Welt, in der das Bild zum Beherrschenden wird, ist der Traum.

Die Übermacht von Bildern und Worten – Ausdruck der Derealisation der Dinge?

Das Bild terrorisiert, bannt. Es verschlägt die Sprache.

Fernsehen, Film bewirken nicht nur, dass man künstliche Bilder so betrachtet, als wären sie natürliche, sondern auch, dass man die Wirklichkeit wie auf dem Bildschirm zu erleben beginnt, passiv.

Überbetonung des Visuellen: Uhr statt Glockenschläge.

Bedeutet Weltanschauung, die Welt zum Bild zu machen?

Bedauerlicherweise kann ich nur am Tage schreiben. Dabei bin ich abends ein ganz anderer Mensch.

Das Problem ist, die fortschreitende Reduzierung des alltäglichen Lebens nicht auf die Arbeit übergreifen zu lassen. Ein System der verbundenen Röhren – wie ärmlich.

Was von Außenstehenden als Charakter wahrgenommen wird, registriert sein Besitzer nicht, ja er empfindet seine Entwicklung als Prozess der Entcharakterisierung. Indem er mehr und mehr Welt in sich aufnimmt, hat er das Gefühl, sich darin zu verlieren und nur noch aus ihr zu bestehen. Charakter wird für ihn zu einem Vorstadium, dessen er sich zu erinnern versucht.

»Lust? Ich vertauschte sie gegen Charakter. Charakter? Vertauschte ich gegen Weisheit. Weisheit wurde zu Schönheit. Schönheit? Ich werde versuchen, sie gegen Lust zurückzutauschen. Lust? Ich hoffe, ich werde nicht zum Verbrecher.«

Wie er zählte:
»1«, »1«, »1«, »1«.

VERFLUCHUNG

Verflucht sei dieses Tagebuch, das mich zum ruhigen Gang zwingt, zum Bewältigen von Gedanken, zur Ordnung.

Ich gebe mich wieder dem Chaos anheim und gestehe, dass ich nichts weiß, dass ich nie irgendetwas bewältigen werden, dass alles nur Überhebung ist, die zum Herabsehen zwingt.

Ich will wieder unten sein, zerstreut und verwirrt, ohne den Zwang zu erkennen und irgendetwas zu meistern.

Und was mir zuteil wird, will ich nicht mehr nachrechnen, besorgt, ob die Pfennige in meinem Portemonnaie die Kosten decken werden.

Verflucht seist auch du, die mich zu lieben zwingt, wo ich nicht kann, nicht kann. Ich will nicht mehr lieben. Ich will in Ruhe gelassen werden und leben. Einfach, zerstreut und verwirrt und mit vier Füßen auf dem Boden.

Und wenn ich deine Zärtlichkeit brauche, sollst du sie mir geben, wenn du willst, und wenn du nicht willst, mich vor die Tür jagen, wo ich auch hingehöre wie ein herrenloser Hund.

Das will ich. Kapieren von mir aus, aber ohne Anmaßung, ohne Angst.

Verflucht sei die Form, Apartheid, der Zwang zu horchen, ob ein Blatt fällt, und dabei etwas zu fühlen.

Ich will an den Baum pissen ohne Bedenken und ohne mich drum zu kümmern, wo und wann. Und in den Schlaf will ich fallen, nicht ihn suchen. Die Tür zuschlagen, denn ich war es nicht, der die Klinke erfand.

Alles soll kommen über mich, ich will nichts mehr haben, ich pfeife drauf!

Dem Erfinder der verstellbaren Hundeleine wünsche ich, dass er daran aufgehängt wird.

Mein Blumentopf säuft wie ich.
Am Rande der Unsterblichkeit
– den Hals verdreht nach Licht.

Auf der Straße versuche ich derzeit so zu gehen, als ob ich neben einer schönen klugen Frau herlaufe, die ich liebe. Das funktioniert natürlich nur, wenn ich allein gehe.

DER HÜHNERDIEB

Stell ihn doch mal vor! – Er ist völlig ungehörig. Der frühen Beine hat er sich frei entwickelt. Zähne und Haare haben unborstiges Aussehen, wenn er sie bleckt. Der Erzieher sind genug, der Hände in den Taschen. Aber er nimmt keine Lehre an und spricht nicht. Marder, Dachs. Blickt stur und bockt. Singt nicht.

An jeder Eierkammer erkennt er sogleich ihren Inhalt.

REISE NACH UTOPIA

Als sie auf der Insel endlich ankamen, die sie nach ihren Plänen gestalten wollten, fanden sie alles schon fertig. Springbrunnen, Gassen, Straßen, Plätze, Wasser, Bäume, Menschen und Tauben. Und ihnen fiel nichts anderes ein, als nach ihren Zigaretten zu greifen, Zeitungen zu kaufen und zu lesen.

Irgendwann wird alles zu Leipzig.

Alle Vorurteile bestätigen sich, sobald man sie hat.

Da Kinder unsere Sprache nicht verstehen, muss man schimpfen, wenn sie etwas nicht sollen, streicheln, wenn man sie lieb hat, trösten, wenn sie traurig, mit ihnen lachen, wenn sie lustig sind.

Er wollte gern zu einer Seite hin wieder frei sein, zur Abendseite hin oder zur Morgenseite.

Auf einer begrenzten grünen Ebene befand sich das Zimmer der geistigen Krankheiten. Es hat keine Wände, ist aber durch Stäbe und die ovale Anordnung der nach innen blickenden Stühle von seiner Umgebung abgetrennt. Ich sitze auf einem der Stühle, allein im Moment und in der Nähe des Ausgangs. Mein alles überblickendes Auge bewacht auch mich.

Alle alten Tanten und Onkel sind zu meinem Geburtstag erschienen. Grau, erstarrt. Doch sie sind freundlich und bereit, mich zu betrauern, denn ich werde heute Dreißig. Meine Mama streichelt mich weinend, wobei sie mir am Hals mit ihrem Daumennagel eine kleine Wunde zufügt.

SÄCHSISCHES PITAVAL 1

Das gelbe Backsteingebäude der von den Wurzenern Filze genannten Filzfabrik liegt am westlichen Stadtrand. Jeden Morgen verschwinden in ihr einige hundert Männer und Frauen, um in kaltem Wasser Filze zu walken, um in Büros Maschine zu schreiben, um die Pressen und Gabelstapler zu bedienen. Aber im vorigen Jahr hat die Sowjetunion ihre Verträge gekündigt, die Mongolen stellen die Filze für ihre Jurten wieder selber her, und sogar die Afrikaner wollen nichts mehr von den Produkten aus Wurzen wissen. Nur die Kriege in Vietnam und im Libanon brachten neue Aufträge: zuerst für die Filzeinlagen in den Prothesen, später für die Unterlagen neu aufzustellender Maschinen.

Trotz dieses deprimierenden Zustandes folgte die Betriebsleitung des VEB Filzfabrik einem neuen Wettbewerbsaufruf und führte für einige Produktionsarbeiter eine Nachtschicht zwecks besserer Ausnutzung des Maschinenparks ein.

Da keine Arbeit vorhanden war, verließ die Nachtschicht nicht ihre Garderobe und drosch darin Skat. Die weiterhin nur am Tage arbeitende Betriebsleitung bekam davon Wind und ordnete an, der Betriebsschutz habe zwei Hunde einzusetzen, um die Arbeiter im Walkraum festzuhalten: einen vor dem Fenster, durch das zur Besorgung von Alkohol gestiegen wurde; einen vor der Umkleidekabine, um die Rückkehr in sie und das Skatspiel zu unterbinden.

Die Mitglieder der Brigade Schuster waren die ersten, die die beiden Schäferhunde zu Gesicht bekamen. Als der Betriebsschützer verschwunden war, gab es eine kurze Auseinandersetzung unter den Brigademitgliedern, bis schließlich Schuster selbst wutentbrannt zu dem roten Brett mit den Feuerlöschgeräten rannte, die Axt aus der Halterung riss und dem vor der Garderobentür postierten Hund so lange auf den Schädel hieb, bis er regungslos liegenblieb. Daraufhin wurde der tote Hund von der Türklinke gebunden und über den Hof bis zum Bürogebäude geschleppt, wo ihn die Arbeiter durch das zersplitternde Fenster auf den Schreibtisch des Betriebsdirektors warfen.

Die vier Mitglieder der Brigade Schuster kehrten in ihre Umkleideräume zurück und spielten ohne Unterbrechung bis zum Schichtende Skat. Auf den Vorfall gab es außer der Tatsache, dass der zweite Hund zur nächsten Nachtschicht stillschweigend zurückbehalten wurde, keine Reaktionen.

SÄCHSISCHES PITAVAL 2

Die LPG »Freie Erde« – hat einen Teil ihrer Felder jenseits der Mulde zwischen Altenbach und Deuben. Als im vergangenen Spätsommer Günther Möbius, wohnhaft in Püchau, dort zu pflügen hatte, war der neue K 700, dessen Räder größer sind als der Fahrer, bereits das zweite Jahr im Einsatz, und Möbius hätte an ihn gewöhnt sein müssen. Vielleicht war er es zu sehr oder vom Vorabend her noch betrunken – jedenfalls schlief er auf dem Traktor ein.

Der K 700 besitzt unter anderem eine Vorrichtung, mit der der Pflug festgestellt werden kann. Der Fahrer braucht nur auf einen grünen Knopf zu drücken und dann geradeaus zu fahren und zu wenden, wenn er am Feldrand ist. Günther Möbius war also eingeschlafen und fuhr mit seinem Traktor und dem dazugehörigen Riesenpflug im Schlepp immer geradeaus durch die Muldenaue. Er fuhr über den letzten Feldrain hinweg durch den Elektrozaun auf die Koppel, fuhr die Kiefernschonung an der Tongrube entlang auf die Fernverkehrsstraße 6 zu. Der Traktor schob sich die Böschung zur F6 hinauf und überquerte sie, ohne dass der Fahrer Möbius von den hupenden Autos geweckt wurde. Er fuhr die Böschung auf der anderen Seite wieder hinunter und in eine Gartenanlage hinein.

Auch auf dem Weg durch die Gartenkolonie wurde Günther Möbius nicht munter. Er nahm in zwölf Meter lichter Breite alles mit, was ihm in den Weg kam: Zäune, Gartenhäuser, Hecken, Obstbäume; nur knapp verfehlte er einen Swimmingpool. Der Traktor zog seine Schneise quer durch die Gartenanlage und kam schließlich auf den Lübschützer Feldern heraus.

Wie zwei Dutzend Zeugen berichteten, endete die Fahrt direkt vor der Machener Kaufhalle. Aus unbekannten Gründen wurde Möbius, kurz bevor er in die Kaufhalle fuhr, munter, riss die Handbremse nach hinten und sprang völlig fassungslos vom Traktor.

SÄCHSISCHES PITAVAL 3

Da Kamenz Garnisonsstadt ist und außerdem über eine Militärhochschule verfügt, ist es voll von Uniformierten. Einer der Offiziersschüler, Sohn eines Generals, wurde als Kundschafter für den Westen ausgebildet. Alles war klar: er sollte das Studium abschließen und nach der Hochzeit gemeinsam mit seiner Frau in den Auslandsdienst gehen. Plötzlich wollte die junge Verlobte nicht mehr. Aus unbekannten Gründen wollte sie nicht mehr als Kundschafterfrau ins westliche Ausland gehen und machte Schluss.

Der Offiziersschüler suchte sie eines Abends auf, als sie allein im Haus ihrer Eltern war, und erwürgte sie. Die Obduktion ergab außer den Würgemalen am Hals eine nackt rasierte Scheidengegend und Brandflecke auf dem Leib. Die Mutter, die die Tote fand, benachrichtigte die Polizei. Die Mordkommission aus der Bezirkshauptstadt erschien zweimal. Bei ihrem letzten Besuch beseitigte sie die alten Spuren und legte neue, die auf Selbstmord hinwiesen. Das Mädchen wurde ohne gerichtsmedizinische Untersuchung beerdigt, der Fall abgeschlossen.

Die Mutter, der der Mörder bekannt war, ließ jedoch keine Ruhe. Sie beschwerte sich ohne Erfolg der Reihe nach beim Bezirksstaatsanwalt, Generalstaatsanwalt, Justizminister, Staatsrat. Schließlich wandte sie sich an den Internationalen Gerichtshof in Den Haag und teilte dem Staatsratsvorsitzenden Honecker mit, dass, wenn der Fall nicht binnen einer Woche wiederaufgenommen würde, eine Internationale Kommission erscheinen und sich mit ihm beschäftigen würde. Jetzt, etwa einem Monat nach der Beerdigung, wurde eine überregionale Mordkommission eingesetzt (und die aus Dresden später bestraft), die die Leiche exhumieren und obduzieren ließ.

Die alten Spuren waren noch deutlich genug, der Mörder wurde verhaftet. Wie das Verhör ergab, hatte er das Mädchen tatsächlich erwürgt, war davongelaufen und, als er bemerkte, dass er seine Uniformmütze vergessen hatte, zurückgekehrt, rasierte jetzt die Schamhaare seiner Verlobten und brannte Kerzen auf ihrem Leib an.

SÄCHSISCHES PITAVAL 4

In einer Stadtrandsiedlung lagen zwei Häuser nebeneinander, von denen das vordere und größere dem dahinterliegenden den Zugang zur Straße abschnitt. Sein Bewohner musste einen Umweg von mehr als einem halben Kilometer machen, wenn er aus der Stadt kam und auf sein Grundstück wollte, und so überstieg er insbesondere bei Dunkelheit regelmäßig die erste Steinmauer, lief über Rasen und Beete des fremden Grundstücks und kletterte dann über die zweite Steinmauer. Der Besitzer des Straßenhauses drohte ihm, beschwerte sich, prozessierte. Sein Nachbar kümmerte sich nicht darum.

Der Villenbesitzer beschloss daraufhin Selbstjustiz: Er errichtete hinter der ersten Mauer einen Eisenzaun, der an das 220-Volt-Stromnetz angeschlossen war, und stellte davor ein Schild mit der Aufschrift *Vorsicht Lebensgefahr!* auf. Als der Trinker, wie geplant, nachts und bei Regen von einer Kneipentour heimkam und nach Übersteigen der Mauer, das Schild im Dunklen nicht sehend, an den Zaun stieß, traf ihn der elektrische Schlag und er starb.

Der Hausbesitzer schaltete den Strom ab, kam nach draußen, sah im Schein der Taschenlampe den Toten und benachrichtigte die Polizei. In der folgenden Gerichtsverhandlung wurde er freigesprochen.

Die letzten beiden Fälle hatte mir Kito erzählt. Kito Lorenc, der untersetzte Arbeiter im Bergwerk des Herrn, mit dunklen Brillengläsern, gestutztem und später verwildertem Bart und knarrender Stimme, die häufig aussetzte. Auch über diesen Stimmschaden hatten wir gesprochen. Er hatte ihn sich geholt, als ihm in jungen Jahren die besondere Ehre zuteil wurde, an einem Dichtertreffen im zwielichtigen Jugoslawien teilzunehmen. Alle slawischen Brudernationen waren dazu geladen, Polen, Russen, Tschechen usw. bis hinunter zum DDR-Völkchen der Sorben, als dessen Vertreter Kito ans Podium zu treten und eine Grußbotschaft zu verlesen hatte. Dabei versagte ihm die Stimme und kam seitdem nie mehr vollständig zurück. Aus schlechtem Gewissen, wie Kito meinte, weil bei den paar in der Lausitz lebenden Sorben von einem Volk zu sprechen ihm als Anmaßung erschien und vor allem weil er selbst lediglich einen sorbischen Großvater hatte, der als Verfasser expressionistischer Gedichte bekannt geworden war.

Um in seine Fußstapfen zu treten, hatte Kito eine sorbische Oberschule besucht, slawische Sprachen studiert und schließlich seinen ersten zweisprachigen Gedichtband veröffentlicht. Darin entwarf er eine Gegenwelt voller zu Poesie verdichteter Erzähllust, voller Hintersinn und einer in der eher kargen DDR-Sprachlandschaft seltenen Farbigkeit. Das Sorbische war für ihn ein Fluchtpunkt, dessen Glaubwürdigkeit allerdings immer wieder durch seine Zweifel in Frage gestellt wurden, die da hießen Provinzialität und ideologische Ausnutzbarkeit. Doch auch als er später seine immer sarkastischer werdenden Spracheskapaden fast ausschließlich im Deutschen trieb, blieb der Czorneboh, dessen melancholische Silhouette man durch die Fenster seines Hauses sah, für ihn der Berg, von dem aus er das Weltgetriebe betrachtete – kein Riese unter den Bergen, aber doch der höchste auf diesem Breitengrad bis zum Ural.

Kito lebte mit Frau und zwei Söhnen in dem winzigen Wuischke, wohin sich der Vater, als er noch Sägemühlenbesitzer war, mit der Familie zurückgezogen hatte. Die verwitwete Mutter bewohnte das Elternhaus, Kito hatte ein eigenes am Dorfrand erworben. Wie in einem Nest, doch nicht zu eng aneinander hockten dort drei bescheidene Gehöfte, die sommers Domizil der »sächsischen Dichterschule« waren. Am Bach hausten Elke Erb und eine gewisse Zeit noch Endler in der alten Wassermühle, etwas abseits der wegen ständiger Explosionsgefahr vorsichtig zu behandelnde »Tschecho« Czechowski, und von Garten und Stallung geschützt Kito und die Seinen. Ich kam vor allem im Winter, nicht um der geballten Dicht- und Debattierlust aus dem Weg zu gehen (die Streitigkeiten wuchsen auch ohne mein Zutun), sondern weil es dann in Berlin für mich besonders unerträglich wurde. Hier lag fast immer Schnee. Hier konnten wir die weißen Hänge aufwärts stapfen, auf deren anderer Seite das »Tal der Deutschen« lag, oder die von napoleonischen Pappeln gesäumte Straße nach Hochkirch nehmen, wo nach der Schlacht zwischen Österreichern und Preußen das Blut in den Gassen kniehoch gestanden hatte. Hier konnte ich mich abends am Familienleben wärmen und, wenn die anderen im Bett waren, an Kitos Ruhe und Festigkeit. So langsam und beharrlich wie er lief, trank, redete und arbeitete er. Das niedrige, holzverkleidete Schreibzimmer summte vom Bienenfleiß angestrengter Wortarbeit und vom leisen Schnarchen während des Mittagsschlafs. In der tiefgelegenen Küche stand ein Klavier, dessen Klänge am Nachmittag verkündeten, wann der Hausherr wieder auferstanden war. Mir behagte das, und Kito wiederum war dankbar dafür, durch mich von jener großstädtischen Zugluft angeweht zu werden, die er trotz Erkältungsgefahr (das Studium in Leipzig wäre fast sein Untergang gewesen) nicht völlig entbehren mochte. Immerhin erbringen wir seit über dreißig Jahren den Beweis, dass Freundschaft selbst unter so einer egomanischen Spezies wie Schriftstellern möglich ist.

Gestern sahen die junge Frau des Altwarenhändlers und, mit freien Armen, die schöne Rothaarige aus zwei nebeneinander liegenden Fenstern. Plötzlich verschwanden sie im Dunkel ihrer Wohnungen und tauchten wenig später mit Kissen wieder auf, die sie auf die Fensterbretter legten. Heute sehen sie aus einem Fenster.

Schwerer als das Leid ist die Freude allein auszuhalten. Jenes kommt durch dieses. Nicht zwangsläufig, wenn es einem gut geht, ist man ein schlechter Mensch.

ZU FROMM

Auch der Sozialismus fordert, dass wir eine neue Beziehung zu den Gegenständen eingehen, die uns größere Lust verschafft als die alte des Habens. Der Wirt hinter der Theke z. B., der sich bisher freute, dass es sein Tresen ist, der da funkelt, seine Gardinen und Tischdecken, die frisch gewaschen sind usw., soll sich nun noch mehr freuen, ohne dass ihm einer der täglich durch die Finger gehenden Gegenstände gehört.

Ist das Haben tatsächlich eine so destruktive Eigenschaft? Zeigt der Ruf »Das ist mein Auto«, »Das ist meine Mutti« tatsächlich nur Besitzgier an oder kann es auch Ausdruck einer zärtlichen, intimen Beziehung zu Dingen und Menschen sein? Ein Kind lässt sich gern durch den Satz trösten: »Du bist doch meine Gute.« Mit dem mein reiße ich nicht zwangsläufig etwas an mich, ich kann es damit auch aus der Anonymität befreien.

Übrigens ist das Benennen ein Besitzergreifen in ähnlichem Sinn. Indem ich etwas benenne, benenne *ich* es, stelle *ich* zu ihm eine Beziehung her. Da ich als Mensch mir nicht vorstellen kann, dass etwas lebt, ohne in mir durch Namensgebung zum Leben gebracht zu werden, verhelfe ich ihm durch Sprache zu einem bewussten Leben.

Die Alternativen sind wieder in das Sein zurückzuverlegen. Irgendwann muss es aufhören, ein Problem zu sein und das Machen dazu werden. Was ist überhaupt das Sein? Es besteht aus einzelnen Tätigkeiten. Unser Problem ist, dass die Tätigkeiten immer reduzierter und sinnloser und wir deshalb auf die alte fixe Idee des reinen Seins zurückgeworfen werden. So- oder Anderssein ist die Frage.

Häufige Rede unter Kindern, wenn sie etwas zerstören: »Es ist ja schließlich *mein* Ball.«

Definiert man sie als historisch, ist nicht abzustreiten, dass sich eine gewisse Schicht von Menschen im Besitz der Wahrheit befindet. Es gehört nichts dazu, als möglichst unberührt von sentimentalen Anfechtungen zu sein, die historische Wahrheit, also die der Stunde, zu kennen und vor allem Ausübender der Macht zu sein. Kennzeichen derer, die sich im Besitz der Wahrheit befinden, ist der kommunistische Hochmut, den es schon vor dem Kommunismus gab. Gibt es zwei herrschende Wirklichkeitssysteme, zwei vorderste Fronten, wird es ebenso viele Wahrheiten geben: derzeit die amerikanische und die sowjetische.

Der Mensch der Zukunft wird unpolitisch sein, weil es keine Politik mehr geben wird.

Die größten Gefahren drohen in der moralischen Gesellschaft. Alle Kräfte, die sich sonst im Kampf der einzelnen Teile der Gesellschaft gegeneinander ausleben, richten sich, da in ihr alles gut sein soll, gegen das Individuum.

Was einmal nacheinander existierte, existiert nun nebeneinander.

In der moralischen Gesellschaft ist das Sichlustigmachen verpönt. Alle Ventile sind verstopft, und der Druck in ihr steigt ständig.

Es stimmt, dass die gegenwärtigen Ereignisse etwas völlig Neues in der Geschichte darstellen. Aber konnte das nicht jeder vor uns sagen?

GESUNDUNG

Ich stoße von unten an die Matratze meines eigenen Bettes. Eine schwarze Ratte fällt herab und läuft davon.

DIE NOCH UNBEKANNTE TRÄNE

Groß. Am Stadtrand. Befleckt und mit Häuten und Haaren wie eine Zwiebel.

Im Himmel, am Tage, für den die Himmelfahrt angekündigt war, welche Aufregung herrschte da (unter den Engeln und so weiter), als Jesus nicht eintraf! Solle es vielleicht noch einen anderen Himmel geben und dies nicht der richtige sein?

Die Dämonen sind abrufbar. Ganz in der Nähe hocken sie rings auf den Bäumen und reagieren auf das kleinste Zeichen. Die guten Geister dagegen sind tief in uns vergraben, und es bedarf langer Arbeit, sie hervorzulocken; und schnell sind sie wieder verscheucht.

Das Gute beiseite nehmen und sichern. Das Schlechte aus der Flasche lassen. Dann das Gute wieder in die Flasche und verschließen.

Da das Verrücktwerden so leicht und das Normalbleiben so schwer ist, entschied er sich für das letztere.

Sarah Kirsch am Telefon über ihren ersten Spanienurlaub: »Es war schön, wir waren in einer ganz armen Gegend.«

Gibt es auch für den Westen einen Westen?

Der lebenslange Versuch, Bücher zu schreiben, ist unter anderem der wahnwitzige, immer wiederkehrende Versuch, sich zu freuen. Dass es das gibt, alles nämlich und nicht weniger.

Freude ist höher zu bewerten als Glück, Heiterkeit höher als Freude. Die Heiterkeit ist der höchstmögliche, besser der letzte Zustand, der nach dem Durchleben von Glück und Freude möglich ist. Sie lässt den Mitmenschen ihr Recht und beleidigt sie nicht. Sie hat die Fähigkeit zur Dauer.

Was ich der Gegenwart am wenigsten verzeihe: dass ich nicht in der Lage bin, einen Roman über sie zu schreiben.

Dabei habe ich es immer wieder versucht. Am ernsthaftesten mit meiner Armeezeit, die mir in ihrer zeitlichen und räumlichen Abgeschlossenheit und des sich darin abspielenden, für mich höchst nichtigen und gleichzeitig dramatischen Geschehens am geeignetsten erschien, um die Gesellschaft als das Schlachtfeld zwischen dem Einzelnen und der Masse zu schildern, als die ich sie empfand. Ich hatte mich dazu sogar im Schriftstellerheim Petzow einquartiert, weil es am Rande jener Gegend stand, durch die ich zuvor mit Gasmaske und Kalaschnikow marschiert war. Das am See gelegene Schlösschen hatte einstmals Marika Rökk gehört und auch jetzt wurde darin ein hochherrschaftliches Leben geführt. Fünfmal am Tag rief ein Glöckchen zu den Mahlzeiten, so dass ich nie über einen jener ersten Sätze hinauskam, von denen angeblich das Gelingen eines Romans abhängen soll. Fünfmal am Tag stieg ich über einen riesigen Bernhardiner, um in den Speiseraum zu gelangen und an dem Tisch, auf der eine mit meinem Namen beschriftete Bestecktasche lag, Platz zu nehmen. Als ich eines Morgens auf dem Pflasterstreifen der daneben liegenden Bestecktasche »Hauptmann Stöckel« las, war ich mit meiner Arbeitskraft am Ende. Für das Wochenende hatte sich ein »Zirkel schreibender Offiziere« angekündigt! Das hätte vielleicht Marika Rökk gefreut, für mich aber bedeutete es, dass ich abreiste und meinen zwölf ersten Sätzen nie einen zweiten hinzufügte.

Musste es überhaupt ein Roman über die NVA oder ein ähnlich heikles Thema sein? Hätte es nicht auch einer über eine bestimmte Phase der Vergangenheit oder über die Zukunft sein können, einer, der unter Tieren, Marsmenschen oder im Dschungel am Orinoko spielt? Nicht in meinem Fall. Der Roman war für mich ein »Spiegel der Straße des Lebens«, wie es bei Stendhal heißt, und das mir bekannte Leben fand nun einmal in der DDR statt. Er stellt für mich den Inbegriff gestalterischer Freiheit dar, innerhalb der a l l e s gesagt werden konnte und musste. Ein Roman, in dem ich mich auf weniger beschränkt hätte, war für mich keiner. Dass ich mich zu mehr nicht in der Lage fühlte, war nicht in erster Linie Schuld der Zensur, die eine Veröffentlichung höchst unwahrscheinlich machte. Es war vor allem das Bewusstsein, nicht genug vom Leben zu kennen, um von ihm in allumfassenden Sinne sprechen zu können. Der Aufenthalt in Österreich hatte dieses Gefühl eher bestärkt als vermindert. Er hatte mir weniger die Beschränktheit einer fremden Lebensform offenbart als meine eigene, die verhinderte, jene unvoreingenommen wahrzunehmen und zu verarbeiten. So lange ich mit derartigen Scheuklappen durch die Welt lief, konnte ich ihr unmöglich einen Roman von mir zumuten.

1981

Im Operncafé Saleh kennengelernt, einen schmächtigen Araber mit schlechten Zähnen und langen Haaren. Während der Studentenunruhen, die es auch im Irak gab, ist er vor den Baathisten geflohen und lebt seitdem in der DDR. Könnte auch nach Westberlin fahren, doch dazu müsste er seinen Pass verlängern lassen, was ihm zu umständlich ist. Er findet es in Ostberlin interessanter, wo er Theaterwissenschaft studiert und sich zu den Schülern Heiner Müllers zählt.

Von einem Lyriker aus Bagdad – der laut Saleh wenig, aber gute Gedichte schrieb –, erzählte er, dass er abwechselnd zu den Kommunisten und der Geheimpolizei lief, um sie zu beschimpfen. Regelmäßig stellte er sich vor das Hauptquartier der Kommunistischen Partei und rief: »Ihr Kommunisten, ihr Idioten! Ihr seid doch nur Drecksäcke, Schweine, Dummköpfe ...« und wurde verprügelt; dann bei der Geheimpolizei das gleiche. Was als Provokation anfing, wurde zur Gewohnheit. Saleh meint, er konnte nicht einschlafen, ohne vorher geschlagen worden zu sein. Auch den Chef der Geheimpolizei selbst habe er beschimpft: »Du Lump, du bist doch nur ein dreckiges Schwein ...«, bis er ihn bei den Haaren genommen und seinen Kopf auf die Tischplatte geschlagen hat. Er ist gestorben auf der Toilette des babylonischen Schriftstellerverbandes.

Wir haben nicht nur ohne Gott auszukommen, sondern auch mit dem eigenen ins Göttliche angewachsenen Wissen unserer Allmacht. Wir sind nicht mehr die Geschöpfe Gottes, wir wissen, wie wir tatsächlich entstanden sind, ja wir kennen die Funktionsweise unserer eigenen Schöpferkraft, die natürliches wie künstliches Leben schaffen kann. Wir müssen Vertrauen rechtfertigen, ohne dass wir selbst zu vertrauen imstande sind.

An die Stelle der Gottesdienste sind die Versammlungen getreten.

Wenn Gott aus der Welt verschwindet, so auch das Gottähnliche?

Die beste Zeit in Bagdad war für Saleh die nach dem Sturz des Königs 1958. Zwei Jahre Revolution, Unordnung, Freiheit. Niemand jagte die Kinder von der Straße, seitdem ist Saleh in seinem Herzen Anarchist.

Sein Vater starb früh, die Mutter, Perserin und Schiitin, heiratete wieder, diesmal einen Landsmann. Als Herrin des Hauses trieb sie mit langem Stock die Diebe über die Dächer Bagdads, schlug mit dem gleichen Stock den Kopf des älteren Bruders (und späteren Kommunisten) blutig, als er im Keller Gespenst spielte – zu seinem Unglück böses Gespenst. Der Stiefvater der Mutter hatte 34 Frauen gehabt, meist hintereinander, für jeweils zwei Jahre. Auf dem Sterbebett – er wurde 109 – wollte er die Frau eines Enkels verführen. Er kannte sie nicht und fragte, ob sie ihn heiraten wolle, damit er eine Masseuse im Alter habe. Salehs Mutter jagte seine Frauen regelmäßig aus dem Haus, um dafür Bettler aufzunehmen und sie zu verpflegen. Ihr Mann, Schneider von Beruf, wartete als strenggläubiger Muslim auf den Gottesstaat. Als Diener in der Moschee hatte er die Schlüssel dazu. Da zuerst die Kommunisten die Macht ergreifen müssen, bevor der Gottesstaat kommen kann, nähte er in jedes Jackett eine Kurzfassung des Kommunistischen Manifestes ein. Und tatsächlich eroberte der Kommunismus damals den Orient, in das Haus von Salehs Mutter kamen immer mehr junge Männer, Freunde des Bruders, diskutierten und waren nett zum kleinen Saleh. Der Bruder ging später nach Moskau zum Studium und kam mit der Erkenntnis zurück, dass es Allah gar nicht gäbe. Als er das seiner Mutter sagte (sie hatte ein Bild des geliebten Schah an der Wand), warf sie ihn aus dem Haus.

Saleh zögerte noch. 1963 beteiligte er sich an den Streiks der Studenten, die die Militärregierung stürzen sollten, und lernte Saddam Hussein als mit dem Revolver umherknallenden Streikbrecher kennen. Irgendwann ging Saleh mit dem Schlüssel des Vaters in die Moschee, um Allah auf die Probe zu stellen, warf sich auf den Boden und verfluchte Allah anstatt ihn anzubeten. Als daraufhin der Himmel nicht auf die Erde fiel, erhob er sich wieder und war fortan Kommunist.

Saleh über seinen Onkel, der in Bagdad einen Bäckerladen aufmachte, und, als etwas später in der gleichen Straße ein anderer Bäcker öffnete, ihn wieder schloss: »Er konnte einfach keine Konkurrenz aushalten.« So zog er von Straße zu Straße, immer auf der Flucht vor fremden Bäckern, und beschloss schließlich, mit seiner Familie den Irak zu verlassen. Doch als sie sich in der Wüste irgendwelchen Uniformierten stellte, waren das keine Kuweitis sondern noch immer Iraker, die sie zurück nach Bagdad brachten. Jetzt lebt der Onkel mit dem Großteil seiner Sippe in den Vereinigten Emiraten, wohin ihn eine Tochter holte.

Einmal besuchte S. Bagdad mit gefälschtem Pass, traf aber keine Familienmitglieder. Der Bruder lebt inzwischen in Damaskus, die Mutter wurde mit Mann und vier Kindern über die iranische Grenze gejagt. Ein LKW setzte sie in der Wüste ab, Hunde wurden hinter ihnen her gejagt. Saleh, der keine Verbindung zu ihr hat, vermutet, dass sie in Teheran leben.

GEGEND 1

Das Dorf Petzow, abseits vom Schriftstellerheim. Braune Asche auf den Wegen, vermischt mit Resten von Schnee und Eis. Zwei Bussarde, der See. Das Gras zusammengeklebt von Düngerresten, Schimmel oder angeschmolzenem und wieder gefrorenen Schnee. In einer Waldmulde braunes Laub, zusammengepresst wie in Büchern. Tropfen, die man nicht spürt, nur hört auf den Blättern, als sprängen Käfer von unten gegen die Laubdecke. Efeu. Kreissägegekreisch. Mauern, rund um die alte Schlossruine, aus gelben Ziegelsteinen und schlechtem sandigen Mörtel. Die Mauerkrone ein Geschwür aus halben Ziegeln, Mörtel, Scherben. Gefällte Obstbäume auf der Plantage, Gestrüpp, Zaunspfähle. Auf dem Hügel Turm und Schiff der Kirche getrennt. Tief unten das Wasser.

DER KRIMINALROMAN

Ein junger Schriftsteller hatte in einem Hause, in dem er sich im Recht glaubte, sich zu Hause fühlen zu dürfen, einen älteren Schriftsteller zu Gast. Er war Amerikaner und mehr Kritiker, Übersetzer. Beide unterhielten sich, während sie mit Holzarbeiten beschäftigt waren, bis tief in die Nacht. Der junge Schriftsteller bemühte sich, auf englisch zu erklären, dass es sein Bestreben sei, nach Amerika überzufahren und dort einige Zeit zu leben, auf gut Glück. Der ältere Schriftsteller gab diese Möglichkeit zu, man müsse nur einen Monat arbeiten, mehr und mehr (major and major) und könne dabei mehr und mehr Geld verdienen; bis zu 500 Tausend Dollar.

Der junge Schriftsteller sagte (er fühlte sich plötzlich gedrängt, es deutsch zu sagen): »Das ist auch der Grund, weshalb ich noch nicht geschieden bin. Ich könnte sonst schwerer reisen.« Der ältere Schriftsteller sah ihn ernst an: »Sie wollen sich scheiden lassen?« – »Ja ...«

Da schellte die Glocke. Es war bereits nach vier Uhr, aber noch immer dunkel und still. Beide gingen den langen und fensterlosen Korridor entlang und mussten um eine Ecke biegen. Vor der Tür blieben sie stehen.

Der ältere Schriftsteller drückte auf einen Lichtschalter, und die Tür öffnete sich: in einer schwarzen, ilmparkähnlichen Landschaft stand ein weißes, von Mondlicht übergossenes Wesen, das einem Pferde glich. – Der Amerikaner stieß hervor: »Dali, das Schwein!« Der jüngere Schriftsteller warf seine Schlüssel nach dem Tier, aber sie prallten lautlos ab. Der ältere Schriftsteller wollte sich sogleich nach dem Täter umsehen (doch wer weiß, vielleicht war er es selbst?); der jüngere nahm die Verfolgung des Tieres auf.

Aber aus einer Furche fuhr ein Ferkel auf, ebenfalls aus weißer, fester Plaste, nur ungleich beweglicher. Der junge Schriftsteller sah sich gezwungen zu fliegen, doch seine Füße streiften dabei den borstigen Rücken des Schweines.

In diesem Moment wachte der junge Schriftsteller auf, und ihm kam die Idee zu einem Kriminalroman. Er richtete sich auf und schrieb nieder: Ein junger, wahnsinniger Mensch entführt Schriftsteller und zwingt sie, in Interviews, Kommuniqués und Erklärungen die wahren Gründe ihres Schreibens darzulegen.

Stellen wir uns einen Planeten vor, auf dem die Bewohner nicht wissen, welche Gestalt er hat und wer auf ihm alles lebt. Das war die Situation auf der Erde bis vor fünfhundert Jahren.

Eine im Westfernsehen oft genannte Forderung: nicht blauäugig sein. Damit ist nicht die harte, kalte Blauäugigkeit der Nazis gemeint, sondern eine unschuldige. In welcher Beziehung stehen Härte und Unschuld?

»Charakter? Oh, ist sehr billig zu haben. Gib mir einen Hammer, ich schlag ihn dir vor den Kopf, und schon hast du Charakter.« (Kaspar zum Teufel)

Aus Erfahrung kann man sich alles im Niederreißen begriffen vorstellen. Der Leipziger Hauptbahnhof, der Magdeburger Dom. – Niederreißen! – Die Bäume? – Fällen!

Bitte nicht die Welt verändern!

Zwei Männer in Betrachtung einer Seite des Mondes.

Liebe ist die Herrschaft der Neben- über die Hauptsachen.

Aus der Erfahrung heraus, dass jedes neue Bauwerk schlechter ist als das, was vorher an seiner Stelle stand, habe ich dem Neuen gegenüber ausschließlich Abwehrkräfte entwickelt. Nun haben die Schweden in der Leninallee ein funktionierendes Kultur- und Sportzentrum errichtet und ich bin dagegen nicht gewappnet, mein Immunsystem bricht zusammen. Das System hieß: die Hauptgefahr ist das schlechte Neue, das das wenige Originäre und Gewachsene in unserem Leben zerstört. Das Originäre Berlins sind seine alten Straßen, der Prenzlauer Berg, das Wilde, Hässliche, der Dreck in diesen Straßen. Ich will die Wirklichkeit annehmen, also nehme ich dies vor allem an.

Nun wird das Alte und Hässliche, um das man in seinem Inneren gekämpft hat, durch etwas schönes Neues diskriminiert. Ein Stück Stockholm entsteht in Berlin. Es ist nicht auf unserem Mist gewachsen, sage ich mir, was auf unserem Mist wachsen könnte, wird unterdrückt und lieber durch Fremdes ersetzt. Und nun verlangt man von mir, dass ich das ganze Lebensgefühl, zu dem ich in dieser zerstörten, zerrissenen und schmutzigen Stadt gezwungen wurde, verrate und mich freue. Ich soll in Berlin nicht mehr nur durch eine zerschossene Stadtmitte, durch Dorf, Mietskasernen, Wäldchen und öde Neubauviertel gehen, sondern auch noch durch einen skandinavischen Palmenhain.

MIT CHRISTA DURCH WURZEN

Auf dem Weg vom Krankenhaus begegnete uns ein junger Mann in blauen Strumpfhosen, orangenem Blousonanorak, Turnschuhen und kariertem Röckchen. Er trug ein Einkaufsnetz und ging mit den gleichen breiten Schritten, mit denen alle zwanzigjährigen Wurzener gehen. Ich dachte, er kommt von einem Trachtenabend, aber Christa klärte mich auf, dass er seit drei Jahren eine Frau sein will. Er war deshalb schon im Wurzener Krankenhaus, in Leipzig und Berlin zur allgemeinen und zur psychiatrischen Untersuchung, aber alle haben ihn mit der Bemerkung, dass er völlig normal sei, zurückgeschickt. Er gilt übrigens als guter Arbeiter, und die sich in der Keksfabrik auf ihn eingestellt haben, mögen ihn. Ganz am Anfang hatten sich zu Schichtbeginn auch die Arbeiter anderer Betriebe vor dem Fabriktor eingefunden, um ihn zu sehen. Er ging einfach auf sie zu und fragte: »Is was?« Er ist nämlich ein kräftiger Bursche mit derben Knochen in seiner Strumpfhose. Aber er backt eben gern Kekse und trägt dazu Schürze und Häubchen. Im Winter, sagte Christa, läuft er mit einem gehäkelten längeren Rock herum, der genau so hässlich ist wie der karierte.

Ich war mit meiner Schwester im Krankenhaus, um unsere Mutter zu besuchen. Als mich die Nachricht von ihrem Schlaganfall erreichte, fuhr ich nach Wurzen und quartierte mich in der Dachkammer ein, die ich mir zum Schreiben hergerichtet, aber nie länger als drei Tage genutzt hatte. Jeden Nachmittag lief ich ins Krankenhaus, um an ihrem Bett zu sitzen, mit ihr zu sprechen und, da diese Apriltage außergewöhnlich heiß waren, sie mit kaltem Wasser abzuwaschen. Zum ersten Mal sah ich sie dabei nackt, erstaunt, wie fest noch ihr korpulenter Körper mit siebzig Jahren war. Der Schlaganfall hatte sie halbseitig gelähmt und ihr Sprachzentrum geschädigt; wie eine Gräfin saß sie aufrecht im Bett, den kleinen Finger von der Kaffeetasse abspreizend, was sie sonst nie getan hatte. Sie, die seit dem Tod meines Vaters vor zwölf Jahren keinen Mann mehr an sich rangelassen hatte, sprach davon, dass der Pfleger sie unsittlich berührte. Sagte, dass sie den Frühling gern noch einmal erleben würde. Und dass sie, wenn es auf die große Reise gänge, mich gern mitnehmen würde.

Da heulte ich, dass sich der Birkenstamm schüttelte, an den ich den Kopf gelehnt hatte im Park. Als sie dann tatsächlich starb, war ich nicht bei ihr. War in Berlin übers Wochenende und nahm es mir übel: so viele Tode hatte es um mich schon gegeben, und nie war ich bei einem letzten Atemzug dabei. Bei meiner Rückkehr fand ich das Haus schon zur Hälfte geleert vor; das alte Mobiliar stand bereit zur Abfuhr in die Schuttgrube auf dem Hof, und alles, was meine Schwester Schriftliches von mir gefunden hatte, war verbrannt.

OST UND WEST

Als erster in der Familie ging mein Bruder Hans, der in der Stadt die kleine Katze genannt wurde, nach drüben. Heute will er davon nichts mehr wissen, aber als er 1945 durch die Maurerprüfung geflogen war, verschwand er mit Busch, Werner, der später Schuldirektor wurde, und ein paar anderen in den Westen. Als sie nach einem halben Jahr noch keine Arbeit gefunden hatten, kehrten sie einer nach dem anderen zurück.

1946 haute mein und meines Bruders Cousin Rolf ab, die große Katze. Er hatte mehr Glück und kam in Oldenburg bei einer Frau unter, die später die Schwiegermutter meiner Schwester wurde.

Sie, Rosi, hatte schon kurz nach dem Krieg Heringsfahrten nach Hamburg unternommen. Als sie dann 1949 Rolf besuchte, lernte sie Jonny, den Sohn von Frau Janssen, kennen. Er arbeitete unter Tage im Ruhrgebiet und schickte ununterbrochen Briefe und Pakete nach Sachsen.

Kurz vor ihrem achtzehnten Geburtstag machte sich Rosi endgültig in den Westen auf. Man schrieb das Jahr 1951, und sie wollte über die grüne Grenze in Thüringen. Sie wurde geschnappt und nahe der Grenze in ein Lager gesteckt, wo sie einen Posten beschwatzte, der sie schließlich mit dem Versprechen laufen ließ, sofort nach Hause zurückzukehren. Aber sie hielt sich nicht daran und versuchte die Flucht noch einmal. Durch ein Flusstal, einen Steinbruch und einen Wald, in dem russische Kavallerie patrouillierte, gelangte sie in einer Nacht nach Hessen und von da aus per Anhalter nach Oldenburg.

Dort wurde sie von meiner jüngsten Schwester Christa (die noch immer elf Jahre älter ist als ich) im nächsten Jahr besucht. So sehr es ihr gefiel, kehrte sie doch nach zwei Wochen in den Osten zurück, weil sie eine Lehrstelle in einem Chemiebetrieb in Coswig gefunden hatte.

1954 erhielten meine Eltern die Erlaubnis, mit mir für eine Woche nach Bremen zu fahren, wohin Rosi und Jonny inzwischen umgezogen waren. Es war die einzige längere Reise, die wir je unternahmen. Mein Vater hatte die Schmiede geschlossen und sprach in der Straßenbahn laut über die zurückgebliebenen Hühner und Pferde. Besonders ärgerlich war, dass er in einem Kino zu dem neben mir sitzenden

Jungen sagte, er solle auf mich aufpassen, bis er mich wieder abholen würde. In dem Film schossen Männer mit Hüten von einer Balustrade in den dunklen Raum unter ihnen und trafen trotzdem. Ansonsten erinnere ich mich an den Hafen von Bremen, das Überseemuseum, die Borgwardwerke, über die Flugzeuge flogen, an Kaugummiautomaten und eine Wasserpistole, mit der ich meine Eltern bespritzte.

Mein Vater starb 1963. Rosi und Jonny schickten an meine Mutter und mich jetzt noch mehr Pakete. Zur Jugendweihe hatte ich einen Anzug bekommen, in dem ich mich meiner Schwester in Karlsbad zeigte, wohin sie uns im Rahmen einer Neckermann-Reise in ein Hotel einlud. Der Anzug stand mir so gut, dass mich eine Dame am Nachbartisch für Prinz Charles hielt. Zum Frühstück gab es Hörnchen, und man konnte zwischen Kaffee und Tee, Konfitüre und Honig wählen.

Meine Schwester und ihr Mann verunglückten 1967 mit ihrem Auto tödlich. Das Auto war ein NSU Prinz; Jonny hatte mir gezeigt, wie sich die Fahrer eines solchen Wagens im Straßenverkehr grüßen: mit dem Daumen nach oben.

Nachdem meine Mutter Rentnerin geworden war, fuhr sie jedes Jahr mit meiner Tante zu Frau Janssen nach Oldenburg, mit der sie Schiffsfahrten nach Helgoland unternahmen. Rolf arbeitete seit Jahren als Elektriker in einem Schlachthof und hatte inzwischen eine jüngere Frau geheiratet. Von ihr behauptete Onkel Erich, als er von einem Besuch seines Sohnes zurückkehrte, sie würde sich das Haushaltsgeld auf dem Strich aufbessern. Vielleicht entstammte das auch seiner Phantasie, denn er hatte zwei Wochen lang die *St.-Pauli-Nachrichten* gelesen und sie schließlich in seinen Filzstiefeln über die Grenze geschmuggelt.

Zum letzten Mal trafen Ost und West beim Begräbnis meiner Mutter aufeinander. Wir saßen danach in der

Wohnung meiner jüngeren Schwester zusammen. Besonders beeindruckte mich die Wiederbegegnung der großen mit der kleinen Katze. Mein Bruder war inzwischen der größere und dickere von beiden und hatte Karriere als Kampfgruppenkommandeur gemacht. Als er mit seinem Dackel in das Zimmer trat, rannte der schwanzwedelnd auf Rolf zu und wich ihm nicht mehr von der Seite. »Zu mir kommen alle Tiere«, sagte mein Cousin. »Sie riechen das Fleisch aus dem Schlachthof an mir.« Zuerst war mein Bruder über den Verrat seines Hundes entsetzt, dann musste er sich die Tränen verkneifen. Rolf, der ein Trinker war, hatte ohnehin stets Wasser in den Augen.

Hinter Rolf saß sein Sohn Roland, der zum ersten Mal im Osten war und endlich kennenlernen wollte, wovon sein Vater nie aufhörte zu erzählen. Er hat sich mit Andrea, der Tochter meiner Schwester Christa, befreundet und ihr versprochen, im nächsten Jahr wiederzukommen.

ONKEL WALTER BEI DEN GRIECHEN

Die Mandeln, süße und bittere, knackten die Griechen, während sie an den Straßenrändern saßen. Sie sind an den Blättern zu unterscheiden, die bitteren haben schmale längliche, die süßen ovale. Das Hauptproblem in Griechenland war das Wasser. In Eleusis war ein Tanklager. Die Wehrmacht hatte einen eigenen Bohrtrupp, der damals schon Tiefenbohrungen beherrschte. Vier Liter Wasser standen dem Landser pro Tag zu. Ein Liter für Küche, einer für Abwasch, einer für Waschen, einer für Trinken. Wurde genau abgemessen. Sechstausend Liter bekam er in seinen Tankwagen und keinen Tropfen mehr. Die Ziegenfelle der Bauern musste er leer wieder zurückgeben. Die 17. Gebirgsjägerdivision saß in Megara. Mit einem der Weinbauern hat Walter ständig Geschäfte gemacht. Ja, Trauben könne er kriegen, aber nicht vorher anfassen, er schneide sie selber ab. Auf die Akropolis ist er mit Kameraden mit dem LKW gefahren. Hat sich dort fotografieren lassen. Drei Apfelsinenernten gibt es im Jahr. Die erste Ende Oktober, die zweite Mitte November, die letzte nach Weihnachten, deren Früchte sind die besten und teuersten. Eine zerstörte Brücke, wegen der sie dachten, ein halbes Jahr auf dem Peloponnes zu bleiben, wurde in sechs Wochen wieder aufgebaut. Von der Brückenbauerdivision, die die Brückenteile mit der Eisenbahn direkt aus Essen von Krupp geliefert bekam. (Onkel Erich: Hatten die Griechen schon eine Eisenbahn oder hat die erst die deutsche Wehrmacht errichtet?) Das Benzinlager bei Korinth. Als Kreta genommen wurde, startete die Luftwaffe von Megara aus. Bis dorthin führte die Eisenbahn. Einer, der nur mal abkommandiert war, sagte: »Ihr lebt ja hier wie in der Kur.«

Nach dem Tode der Mutter waren alle Türen auf dem Hof durch Drähte verbunden, die der Ställe, des Waschhauses, der Hundehütte, des Aborts. Berührte ich eine Tür, schlossen sich auch alle anderen.

Die Begegnungen finden nach konspirativen Gesichtspunkten statt. Wir haben uns nie vorher gesehen, wir kennen uns nicht, wir nennen keine Namen.

»Ich zum Beispiel möchte immer im Zug umhergefahren werden.«

»Die Empfindung, die man beim Fahren hat, ist eine ganz und gar künstliche. Im Naturplan ist nur vorgesehen, dass man sich auf seinen eigenen Beinen, mit seinen Flossen oder Flügeln fortbewegt. Wir aber erfinden Räder, bauen ein Haus darauf, lassen es von Pferden oder einer Lokomotive ziehen und setzen uns hinein. Auf diese Weise kehren wir in den Mutterbauch zurück, denn nur dort werden wir sonst umhergetragen oder -gefahren. Auf den Mutterbauch folgt der Kinderwagen, dann, als kleiner Aufschwung, das Fahrrad und schon Zug und Auto. Auf diese Weise werden wir nie erwachsen.«

»Aber die Geschwindigkeit!«

»Gerade die. Es ist völlig unsinnig, still auf einem Fleck sitzend, mit übergeschlagenen Beinen hundert Kilometer Landschaft in einer Stunde an sich vorbeiziehen zu sehen.«

»Aber es macht Spaß.«

»Genau. Wir halten uns ständig in einem infantilen Lustzustand.«

»Das sagen Sie nur, weil Sie nicht arbeiten.«

Den selbstverständlichen, nicht skrupulösen Umgang mit der Welt gibt es in der Not. Indem Überfluss herrscht, indem ich das Fleisch im Geschäft kaufen kann, scheue ich mich ein Tier zu töten.

Wenn ein Element wie die Not aus dem Leben wegfällt, ist das eine Verarmung. Denn es fallen auch die Mittel und Wege weg, um sie zu meistern. An ihre Stelle tritt die seelische Not.

Die meisten Schwierigkeiten hat der Materialismus mit der Materie.

Als meine beiden Nachbarn hörten, dass ich trotz der von mir unbemerkt gebliebenen Erdgasumstellung gekocht hatte, fielen sie erst halb in Ohnmacht, dann lachten sie schallend. Und dann erklärten sie mir, dass wir alle zusammen hätten in die Luft fliegen können.

Beim Kirchenfest gegenüber der Ackerhalle waren auch einige Krishnajünger. Über einen von ihnen sagte Anke:

»Als ich ihn letztens fragte, wie es ihm geht, hat er mich verwundert angeschaut. Wieso, ihm gehe es doch immer gut.«

Zu Himmelfahrt war ich in der Stadt, von der ich als Kind häufig geträumt habe, weil ihr Name mit meinem verwandt ist, ich war in Bernburg. Ich wurde von einem Lastwagen, an dessen Kühler Laubzweige gebunden waren, am Stadtrand abgesetzt, lief an Schuppen, Eisenbahnschienen und verwitterten, aber mir fremden Häusern vorbei ins Stadtinnere. Nachdem ich einen Buchladen inspiziert hatte, betrat ich einen Platz, der früher Marktplatz war, jetzt wie der in Wurzen Platz der DSF heißt und dem drei Häuser fehlten. Ich lief über eine Eisenbrücke, lief wieder an fremden Häusern vorbei und gelangte auf eine kleine freie Fläche, von der aus ich endlich das Bild sah, das mir von meinen Träumen her bekannt war: die in unglaublich breiter Front ein Wehr hinabschießende Saale und darüber ein gewaltiges Schloss. Ich wischte mir die Augen und sah: Das Schloss war kein Schloss sondern ein Zementwerk und bei den weißen Flocken, die mir ins Gesicht gespuckt wurden, handelte es sich nicht um Schnee, sondern um Schaum, der unterhalb des Wehres wie Eisschollen dahintrieb und in den der Wind mitunter fuhr und ihn stufenweise durch die Straßen wirbelte.

Die Rothaarige von Gegenüber läuft den Bürgersteig entlang, als müsste sie jeden Moment gewärtig sein, an den Hintern gefasst zu werden.

In der Straßenbahn bezahle ich nicht, ich spende.

Gegenüber Stärkeren fällt einem immer die Moral ein.

Das Leben der Privilegierten spielt sich in Räumen ab.
Die Straße gehört allen.

Am demokratischsten ist der Tod.

Talent ist die Fähigkeit, Erfahrungen zu machen und sie in Sprache auszudrücken.

GEGEND 2

Die von Ruß bedeckte Braunkohlengegend zwischen Spremberg und Hoyerswerda, genannt Hoywoy. Keine Flüsse, kaum Bäume in ihr. Die Erde, wo sie nicht offene Kraterlandschaft ist, ist flach und vom Ruß geschwärzt. Schwarz die Gräser, schwarz die Teerstraßen und Barackenlager, die Kiefern und Lärchen rund um Schwarze Pumpe. Der Rußfall wie feiner Sprühregen auf der Haut. Im Winter auch der Schnee mit Ruß vermischt. Geruch nach Gas. Graue Wolken aus Schloten und Kühlturmtöpfen, an denen nachts die Flugzeugwarner blinken. Neben der Straße her Züge mit Loren voll Braunkohle oder Abraum. Tagebauseen mit dünner Uferbepflanzung. Das Vorfeld durchzogen von Entwässerungsrohren. Einzelne noch ungesprengte Feldsteinkirchen.

Die Jugend wirft weg. Zum Erwachsenen wird man, wenn man wieder zu sammeln beginnt wie als Kind.

Die Frage, wie man erwachsen, also alt wird, ist wahrscheinlich nur für uns Deutsche von Interesse. Alle anderen fragen sich: »Wie wird man nicht alt?«

DAS LAND UND SEINE WIRTSCHAFT (1)

Am längsten besteht die Erde. Sie entstammt dem Urknall, schied sich ab, verfestigte sich und begann um die Sonne zu kreisen. Nachdem die Erde da und kalt war, kam Wasser hinzu und Luft. Es entstand das Leben. Das Leben bewegt sich, es braucht Sauerstoff. Langsam kam es aus dem Wasser hervor. Zuerst war das Leben pflanzenförmig und grün, sodann amphibisch, sodann ein Säugetier, und zuletzt trat hervor der Mensch. Der Mensch, der gemeinsame Vorfahren mit dem Affen hat, lebte vorerst auf Bäumen, verließ sie später, um in der Savanne zu siedeln. Indem er aufrecht ging, sah er das Geschlecht seines Partners und begann sich wild zu vermehren. Indem er sprach, begann er sich zu verständigen. Indem er arbeitete, begann er zu verändern. Er veränderte die Natur. Während er zu Anfang nur Tiere erschlug und sie aß und Beeren sammelte und sie aß, begann er später, die Tiere zu züchten und die Pflanzensamen auszusäen. Der Mensch wurde Ackerbauer und Viehzüchter. Die ersten Ackerbauern und Viehzüchter, die nach Deutschland kamen, hießen Bandkeramiker. Sie kamen aus den Donauländern über Böhmen, die Flüsse herauf bis nach Sachsen und Thüringen. Vor allem bebauten sie den Acker; ihre Pflanzen hießen Emmer, Einkorn und Weizen. Zu den wenigen Tieren, die sie züchteten, gehörte der Hund und das Schaf. Sie waren sesshaft, verehrten Götter und lebten in Frieden, denn es herrschte das Matriarchat. Der Krieg kam aus dem Norden und wurde von den Trichterbecherleuten gebracht. Sie waren nomadisierende Viehzüchter und lebten im Patriarchat. Sie vertrieben die Bandkeramiker und wurden vertrieben von den Glockenbecherleuten, diese von den Iberischen Bogenschützen, diese von den Schnurkeramikern, diese von den Laténeleuten, diese von den Kelten, diese von den Germanen. Die Germanen besiegten die Römer, und als die Völkerwanderung vorbei war, gründeten auch sie ein Reich. Zuerst das Reich Karls des Großen dann das Deutsche Reich. In diesen Reichen herrschte der Feudalismus. Aus den Ackerbauern und Viehzüchter wurden Könige und Bischöfe und Ritter und Bauern. Die Bauern, welche leibeigen waren, trieben Ackerbau und Viehzucht, entrichteten Abgaben und starben in Kriegen oder an der Cholera. Als ihre Not immer größer wurde, führten sie den Großen Deutschen Bauernkrieg. Nachdem man sie besiegt, gerädert und ausgelacht hatte, kümmerte man sich nicht mehr um die Bauern. Sie wurden dumm, eigensüchtig und störrisch. Das Leben spielte sich an den Höfen unter den Fürsten oder in den Städten unter den Bürgern ab. Die Fürsten führten einen Dreißigjährigen Krieg, verwüsteten dabei die Felder der Bauern und ließen die Mehrzahl von ihnen umbringen. Die Bürger entdeckten Amerika, wurden reich und erfanden Maschinen. Es begann sich der Kapitalismus zu entwickeln. Da das Leben den Bürgern in den Städten unter den Maschinen und im Kapitalismus zu missfallen begann, sehnten sie sich auf das Land und nach der Natur zurück. So entstand die erste Dorfgeschichte.

So lautete die parodistische Version des Nachwortes zu den Dorf-Geschichten von Rosegger bis Musil, die ich im Hinstorff-Verlag herausgab. Ein später Nachklang meiner Zeit als Dorflehrer und der Suche nach schicksalsverwandten Vorfahren in der deutschen Literatur. Stifter, dessen düstere »Pechbrenner« dem Band den Titel gaben, stand dabei im Mittelpunkt meines Interesses. Der Umschlag von der Idylle ins Grauen, der in Stifters Fall mit einem Rasiermesserschnitt durch die eigene Kehle endete, schien mir von jeher der springende Punkt des ganzen Landlebens zu sein und hatte mich schon dazu geführt, meinen drei historischen Erzählungen eine Studie über den »sanften

Barbaren« aus dem Böhmerwald hinzuzufügen. Da sein Geburtsort Oberplan als Horny Plana jetzt im Tschechischen lag, machte ich mich in diesem Sommer zu einer Wanderung dorthin auf. Allerdings kam ich nie in Horny Plana an, denn die Reise wurde durch Umstände bestimmt, die ich oder Stifter sich nicht besser hätten ausdenken können.

Ich hatte zuvor die südböhmische Teichlandschaft durchstreift und in Cesky Krumlov Station gemacht, bevor ich in die Höhenlagen des Grenzgebirges aufwärts stieg. Das war eine mystische Gegend für mich, seit ich als Kind das tschechische Agenten- und Schmugglerdrama *Der König des Böhmerwaldes* im Kino gesehen hatte. Gleichzeitig stellte der Fußmarsch durch die Berge so etwas wie eine Korrektur meiner unglücklichen Österreich-Reise dar, eine langsame Annäherung an eine Welt, die ich nicht fassen konnte, als man mich mitten in ihr Wiener Herz katapultiert hatte. Jetzt, so stellte ich mir vor, würde ich vom Kammweg aus abwechselnd Blicke ins Bayrische und Österreichische auf der einen und ins Böhmische auf der anderen Seite werfen und so etwas von dem Zusammenhang dieser alten Kulturlandschaft begreifen.

Doch es kam anders. Als ich in der Nähe von Domazlice auf einer staubigen Dorfstraße flanierte, kam mir plötzlich der fahrradschiebende Bauer, mit dem ich kurz zuvor geplaudert hatte, an der Seite eines Milizionärs entgegen. Man brachte mich zum örtlichen Polizeirevier, wo ich mich endgültig davon überzeugen konnte, was für einen Wandel das Land seit meinem letzten Besuch im Frühling '68 durchgemacht hatte. Vorbei war es mit den Verbrüderungen an Biertischen, vorbei mit Spottlust, freiem Jazz und Debatten auf der Karlsbrücke. Schwejk war emigriert und hatte eine dumpf schweigende Trinkergemeinde hinterlassen, argwöhnisch gegen sich selbst und jeden Fremden. Der Dorfsheriff, freudig unterstützt von dem Bauern, zwang mich, meinen Rucksack zu leeren und mich nackt auszuziehen. Dabei kam eine aus meinem Schulatlas gerissene Seite zum Vorschein, die nur zu einem kleinen Teil Südböhmen zeigte, zum größeren Bayern und Österreich. Das Kreuz, dass ich bei Horny Plana gemacht hatte, konnte den Milizionär nicht davon überzeugen, dass Stifters Geburtshaus das Ziel meiner Reise war und nicht der Grenzübertritt. Auch mein Schriftstellerausweis beeindruckte nur mäßig. Es begann die übliche Telefoniererei, an dessen Ende ich meinen Rucksack packen und zum Bahnhof transportieren konnte, wo der Milizmann wartete, bis ich den Zug nach Mikulov zu besteigen hatte. Stifter und Oberplan hatten auf meinen Besuch zu verzichten; stattdessen sollte ich den direkten Rückweg über Brno nehmen, den ich meiner Gewohnheit gemäß zur Hälfte als Fußweg zu gestalten beabsichtigte. Ungewohnt aber war, dass ich dabei einen Begleiter haben sollte.

Als ich am nächsten Morgen das Hotel in Mikulov verließ und in den Stadtwald eintauchte, bemerkte ich einen langen Kerl mit kariertem Hemd und Wandertasche, der den gleichen Weg wie ich einschlug. Er folgte mir durch den Wald und auf gewundenen Pfaden durchs Kalkgebirge – schon lange hatte ich mir gewünscht, die Schwelle von Böhmen nach Mähren zu überschreiten –, und als ich im nächsten Ort ein Heimatmuseum besuchte, wartete er draußen auf meine Rückkehr. Jetzt wurde ich unruhig. Warum blieb mir der Typ so hartnäckig auf den Fersen? Wollte er lieber zu zweit als allein wandern? Musste ich mich vor ihm als einem Geistesgestörten in Acht nehmen? Als wir jetzt wieder durch einen Wald kamen, beschleunigte ich nach den Kurven immer meinen Schritt, doch wenn ich mich am Ende der Geraden umdrehte, war der Lange wieder hinter mir. Als ich auf einer Landstraße einen Bus anhielt, sprang er mit mir hinein und später wieder heraus. Dass nicht sein Geist, sondern meiner gestört war, indem ich nämlich den so offensichtlichen Grund der Verfolgung nicht erraten konnte, erfuhr ich erst aus dem Mund meines Schattens. Dazu kam es, als ich an einem Stausee rastete, um ein Bad zu nehmen. Vom kühlen Wasser erfrischt ging ich auf den Karierten zu, der mich von einer Bank aus beobachtet hatte, und stellte ihn in holprigem Russisch zur Rede. »Du willst nach Brno?« »Ja.« »Ich auch. Aber ab jetzt gehen wir getrennt. Du nimmst die Straße und ich diesen Weg.« »Nein. Wir gehen zusammen.« Da war ich mit meinem Latein am Ende. So ausdauernd war nicht einmal der Hund gewesen, der mir durch die Weinberge am Balaton gefolgt war. Wenn schon, sagte ich mir schließlich, können wir auch neben- und nicht hintereinander laufen und uns etwas unterhalten.

Dabei fiel jener Satz, der mir endlich den Star stach. Der Kerl fragte mich nämlich, ob ich über meine Reise zu schreiben beabsichtige. Woher wusste er, dass ich ein Pisatjel, ein Schriftsteller war? Freimütig gestand er, dass er von den Sicherheitsorganen seines Landes beauftragt worden war, mich bis Brno zu begleiten. Von welchen Organen, von der tschechischen Stasi? Nein. Von der Bahnpolizei? So etwas Ähnliches. Von wann an war er auf meinen Fersen? Vorm Hotel hatte er mich erwartet, in dem man übrigens das Personal informiert und aufgefordert hatte, mir Obdach zu gewähren, während die billigere Herberge, in der ich zuerst vorsprach, mich weitergeschickt hatte. Die tschechischen Behörden hatten also nicht nur meinen Besuch bei Stifter verhindert, sondern auch noch Mehrausgaben in Höhe von schätzungsweise 25 Kronen verursacht. Das allerdings wurde wettgemacht durch das befriedigende Gefühl beim Betrachten meines immer wieder einschlafenden Wandergefährten im Zug nach Brno. Mehr als 30 Kilometer hatte ich ihn durchs Land geschleift und dabei völlig erschöpft.

Und ich hatte endlich mal wieder ein Thema für eine kernige Erzählung! Denn natürlich ließ ich mir trotz

Warnung nicht die Gelegenheit entgehen, über dieses Ereignis zu schreiben, wobei ich mir nur die kleine Änderung gestattete, dass ich im Bahnhofsgewühl von Brno meinen Verfolger mit dem Taschenmesser in den Bauch stach. An eine Veröffentlichung war vorläufig nicht zu denken; ich musste damit warten, bis ich tatsächlich die Grenze überschritten hatte und der Luchterhand-Verlag eine erste Sammlung meiner Erzählungen herausbrachte. Ich nannte sie wie das Protokoll meiner böhmischen Wanderung *Ich will nicht nach Österreich* – das hatte ich dem Dorfpolizisten beteuert, als er mich verhörte.

Der Titel war keine Lüge. Doch wohin, wenn nicht nach Österreich, wollte oder konnte ich noch, nachdem in Polen das Kriegsrecht herrschte, mir die Tschechoslowakei verleidet worden und der Westen ohnehin unzugänglich war? Die DDR war eine Insel geworden, schwarz von den Schraffuren, mit denen ich im Atlas all jene Gegenden kennzeichnete, die ich auf Wanderungen und Tramptouren durchstreift hatte.

DIE ÜBERSCHWEMMUNG

Die Nacht in Erfurt verbrachte ich auf dem Diwan meiner alten Studiengefährtin Juliane. Wenn ich aufwachte, hörte ich das Rauschen des Regens, aber der nächste Morgen war klar und ruhig. Wie vereinbart, liefen wir gleich früh zum Bahnhof und fuhren nach Weimar. Kaum sahen wir das Wasser, ließen wir uns in das trockene Gras fallen und starrten in den Fluss. Hier, in der Nähe des Schlosses war die Ilm am Vortag nur wenig über die Ufer getreten; jetzt schoss sie schnell und dick und treibend dahin. Immerzu sprach ich davon, dass man sich mit einem Floß, einem Schlauchboot, einer Luftmatratze oder schwimmend in das Hochwasser stürzen und forttragen lassen müsste.

Die Freundin blickte geistesabwesend in das braune Gurgeln, Kreisen, Ziehen.

Endlich bekam ich sie hoch und weiter, wir liefen im Schnellschritt den Uferweg entlang, der Strömung entgegen, die Blicke in den Fluten. Der Fluss führte hier weniger ganze Bäume mit sich, mehr Äste, Zweige, die genauso schnell wie das Wasser schwammen und zu ihm zu gehören schienen.

Nach der Grotte, hinter der Brücke breitete sich ein See. Die Wiesen vor Goethes Gartenhaus bis zum Schloss auf der einen, den Hügeln, Häusern und dem Sportplatz auf der anderen Seite waren überschwemmt. Das Wasser stand still und klar, graugrünes Gras schien durch, die Sonne machte alles gleichzeitig blau und silbern glitzern. Nur die beiden Randwege des Parks waren passierbar, auf dem am Gartenhaus kamen Leute von links.

Wir zogen die Schuhe aus, ich krempelte meine Hosenbeine hoch: wir wateten vorsichtig ins Wasser. Es war nicht kalt. Das Gras fühlte sich weich an unter den Füßen; wenn wir auf den roten Weg gerieten – all das konnte man deutlich im Wasser erkennen –, kratzte der Splitt an den Sohlen. Wir gingen tiefer auf die Wiese, bis uns das Wasser über die Knie stieg, und mussten dabei auf Grasbüschel, Erdmulden achten.

Die Familie, die wir zuvor schon gesehen hatten, näherte sich uns jetzt langsam. Der Hund, ein Spitz, sprang ins Wasser, schwamm los und kehrte mit dem Stock im Maul, den man geworfen hatte, zurück. Zwei Mädchen kamen uns plötzlich auf Fahrrädern entgegen. Sie fuhren um eine Baumgruppe, mussten von den Rädern und standen mit Hosen und Schuhen lachend im Wasser. »Das fetzt«, sagte eine, sie stiegen wieder auf, traten schwer in die Pedalen und schaufelten wie Raddampfer Wasser mit den Rädern.

Hinter uns zog ein Mann, als er die Brücke überquert hatte, seine Sandalen aus, stellte sie ordentlich nebeneinander, und tat sie – alles mit der rechten Hand – in ein Spankörbchen, das er in der linken trug. In seinen kurzen Hosen lief er schnurstracks und mit den Füßen spritzend den unter Wasser stehenden Weg weiter auf das Gartenhaus zu. Wir konnten in alle Richtungen weitergehen und näherten uns wieder dem Flusslauf, der einen Bogen machte, an dessen äußeren Rand sich ein schmaler Strand gebildet hatte. Links und rechts von ihm säumten das Ufer Büsche und Bäume; auf einem Holzstoß saßen zwei Jungen, einer davon mit nassen Haaren. »Wollen Sie mitschwimmen?« sprach er mich an. Ich fragte ungläubig zurück: »Was will ich?« Der andere: »Ins Wasser gehen. Er war schon drin.« Der Schwimmer: »Man muss kräftig ziehen, aber in der Biegung schafft mans zum anderen Ufer.« Wir sahen auf den Fluss und zu dem nassen, rauchenden Jungen.

Auf dem Weg stießen wir als nächstes auf einen Mann und ein Kind, die barfuß und mit gesenkten Köpfen im Wasser wateten. Es waren Vater und Tochter, sie griffen Fische und trugen sie zum Fluss zurück. Hier, wo es flach und still auf der Wiese stand, konnte ich sehen, wie rein das Wasser durch das tagelange Fluten geworden war. Wie in kleinen Wasserfällen floss es den Wiesenabhang hinunter zur Ilm. Auch an der Graskante des Weges war es in Bewegung – Kaskaden. Die Fische huschten in Schwärmen durch ihr Element.

Beim Überqueren der Wiese gerieten wir in eine Senke, über der das Wasser dunkler, wärmer, tiefer stand und ein Feld stachliger Disteln bedeckte. Zwei Mädchen, mit Stöcken in den Händen, wollten Führer für uns sein. Wir kamen zu dem gegenüberliegenden Hang. Auch hier, aber nun trocken, kleine Distelbüschel, die die Anhöhe hinaufkrochen. Juliane zog ihre Sandalen an. Wir legten uns auf eine freie Stelle, wo nur Gras den Sand überzog, und jeder suchte seine eigene Art von Versinken, Schwimmen oder Schweben im Wasser.

Als ich erwachte, ritten Reiter, wie auf eine Schnur gefädelt, quer durch den See und ließen ihre Pferde Fontänen in das Wasser treten. Wir machten uns auf, einer dem anderen noch immer fern, aber wieder durch etwas wie ein Erlebnis verbunden. Es brauchte keine Überlegungen und Worte: nach einer trockenen Runde durch den Ort liefen wir zum Park zurück und bis zu den Knien ins Wasser hinein, rannten mitunter, wateten bis zur Brücke.

Noch immer strömte die Ilm schnell und voll, kam irgendwoher, wollte irgendwohin. Und führte Balken, Bretter und immer wieder Äste, Büsche, Zweige unter uns hinweg. Alles war unterwegs im Ilmpark: Radfahrer, Hunde, Frauen, Männer, Mädchen, Jungen, Pferde, Fische, Frösche, Krebse. Still stand nur das Gebaute: links eine römische Villa, Grotten, ein Denkmal, auf der anderen Seite Goethes Gartenhaus, vorn das Schloss, hinten Häuser und die Tore eines Sportplatzes. Mittendurch aber, sich in Schleifen und Bögen langwälzend und vorwärtstreibend das braune, gelbe Wasser, Ilm genannt; unbegreiflich.

Die eigene Geschichte muss größer sein als die der Welt. Das heißt das eigene Erleben stärker als das angelernte.

Erfolg: Wenn sie weinen. Misserfolg: Wenn sie lachen.

Kann man in Deutschland Versöhnung mit dem Dasein nur erreichen durch Übereinstimmung mit dem Staat?

Am Freitag war ich auf dem Gericht. Die große Treppe hinab wurde ein jüngerer Mann von zwei Polizisten geführt. Als er mich aus seinem geschwollenen Gesicht weinerlich lächelnd ansah, glaubte ich, in ihm den Mörder zu spüren. Für einen Moment wurde mir klar, an was für einer Oberfläche ich mich bewegte, der ich in Sachen Scheidung unterwegs war.

Ich hatte also endlich den Schritt gewagt, der unsere Trennung auch amtlich besiegeln würde. Es kursierte zu diesem Thema ein Witz: Ein greises Ehepaar kommt zum Anwalt, um die Scheidung zu beantragen. »Warum jetzt erst?« fragt der Anwalt. »Wir wollten warten, bis die Kinder gestorben sind.« Das wollte ich verhindern, diese endlose Hängepartie in einem längst verlorengegangenen Spiel, das Vortäuschen eines Familienlebens mit gemeinsamen Wochenendausflügen und Geschichtenerzählen im Hochbett, jetzt in einer Wohnung mit französischem Fenster. Die verzweifelten Rückfälle ins Niedrigbett, von denen der letzte sogar zu meinem kurzzeitigem Einzug in die Sredzkistraße geführt hatte. Ein Debakel! In der gleichen Woche brach ich mir beim Fußball den Knöchel, so dass ich mit vergipsten Bein in der Wohnung festsaß und die Situation zum Abbild unseres Grunddilemmas wurde: ich als gefesselter Prometheus und Vera als diejenige, die mich zu pflegen und zu beköstigen hatte. Wir konnten es kaum erwarten, bis der Gips fiel und ich endlich davonlaufen konnte.

Und ich war nicht mehr in der Lage zurückzukehren. Das hielt ich nicht mehr aus, dieses ständige Herumdrehen des Herzens im Leibe. Ich wollte den Schlussstrich. Wollte die Kinder nur noch auf neutralem Boden sehen oder bei mir Zuhause, wo ich neben ihnen auf der Ziehharmonikaliege schlafen konnte. Ich übte mich im Kochen für sie, im Aufräumen der Wohnung und im langsamen Gehen durch Weißensees Straßen, damit sie an meiner Hand Schritt halten konnten.

Ich wasche meine Hände in Schuld.

Sollte ich einmal weggehen, werde ich es aus Überdruss tun, ständig ein guter Mensch sein zu müssen.

Liebe deinen Nächsten bedeutet nicht: Liebe alle.

An Selbstbedienungsgaststätten (an funktionierenden, rumänischen) ist der Vorteil, dass man alles selbst tun muss; dass man sowohl sich sein Essen verdient als auch in Tätigkeit ist.

Es dürfte also in diesem Herbst gewesen sein, dass ich Rumänien an der Seite des DEFA-Regisseurs Roland Gräf bereiste. Der hatte Gefallen an meinen Erzählungen gefunden und bot mir an, das Drehbuch für einen Film nach Anna Seghers' *Die schönsten Sagen vom Räuber Woynok* zu schreiben. Ich mochte ihre frühen Bücher, und auch wenn sie inzwischen eine Art Gespenst geworden war, das sich nur noch materialisierte, um bei den Schriftstellerversammlungen den Vorsitz zu führen, erschienen zwischen dickleibigen Gegenwartsromanen doch immer wieder Bände kostbarer Prosa von ihr. Einer von ihnen beinhaltete die schon 1936 geschriebene Geschichte von Woynok, dem Räuberhauptmann aus den Karpaten, der untergeht, weil er seine Bande verlässt, während die unter neuer Führung weiter in den Bergwäldern herrscht. Gräfs Gedanke, dass ich der richtige Mann für diesen Film sei, war nur zum Teil zutreffend. Zweifellos war das Räuberbandenwesen von großem Reiz für mich, doch hatte ich vom Verfassen eines Drehbuchs gänzlich andere Vorstellungen als der Regisseur. Ich erklärte mich für unfähig, auch nur eine Dialogzeile zu schreiben, ohne zu wissen, wer der Räuberbande angehörte. Ich hatte da ganz bestimmte Vorstellungen. Als Hauptmann würde ich Erwin Geschonnek akzeptieren; ansonsten kannte ich in Schmachtenhagen, in Weißensee und neuerdings auch im Prenzlauer Berg einige Typen, die sich hervorragend als Viehdiebe und Brandschatzer reicher Gutsbesitzer eignen würden. Unter diese müsste man ein paar Schauspieler von der verwegeneren Sorte mischen und die ganze Bande dann für sechs Wochen irgendwo in den

Karpaten aussetzen, wo sich die entsprechenden Dialoge ganz von selbst ergeben würden. Jedenfalls, so konnte ich glaubhaft machen, müsse ich unbedingt den Schauplatz des Filmes kennenlernen, bevor ich mich an den Schreibtisch setzen könne.

Gräf ließ sich darauf ein und buchte für uns einen Flug nach Bukarest. Von dort aus ging es mit einem Dacia, einem Chauffeur und einem Dolmetscher in die Karpaten. Als wir in dem aus viel Beton und Holz errichteten Berghotel ankamen, dunkelte es bereits. Wir waren die einzigen Gäste, und das Personal wartete darauf, für uns Schaschlikspieße zu drehen und Weinflaschen zu entkorken. Doch Gräfs Frau – sie war Dramaturgin bei der DEFA und bewohnte mit dem Regisseur eine mächtige Villa in Babelsberg – hatte für ihren Mann Stullen geschmiert, die er unbedingt auf seinem Zimmer verzehren und danach schlafen wollte. Das hatte ich mir anders vorgestellt! Der eigentliche Sinn einer Reise von zwei Menschen, die einen Film zusammen drehen wollten, konnte doch nur darin bestehen, dass sie ein so intensives Gespräch wie möglich entfachen, um ihr Vorhaben zu klären. Gräf indessen ging nicht nur am ersten Abend, sondern auch an allen folgenden vorzeitig zu Bett, die Diskussionen mir und den Kollegen von der rumänischen Filmindustrie überlassend, die ich sofort in meine Räuberbande aufzunehmen bereit war. Selbst im Auto hatte er die Augen vorzugsweise geschlossen, teils schlafend, teils um mit leidender Miene in seinen Magen hineinzuhören, der, nachdem sein Stullenvorrat aufgebraucht war, die balkanische Fleischkost nicht vertrug. Nicht einmal einen Fotoapparat hatte er dabei, während ich mit meiner geborgten Exa in einen nie erlebten Fotografierrausch geriet, der mich in jeder zweiten Kurve das Auto anhalten und Bilder von den atemberaubenden Abhängen unter, den aufgetürmten Felsen, über den schwarzgrünen Nadelwäldern um uns schießen ließ.

Die Karpaten nämlich machten einen ganz anderen Eindruck als die steinernen und obendrein mit einem Leichentuch aus Schnee bedeckten Alpen auf mich. Hier war, bis auf die Bergwälder, alles belebt, die Pflanzungen und Koppeln zogen sich mit ihren Viehherden, Heuhaufen und Feldscheunen, mit gewundenen Wegen und Bretterzäunen bis zu den Berggipfeln hinauf und manchmal darüber hinweg. Dieses Gebirge war nicht der Sitz von Göttern, sondern von Bauern. Wir mussten nur eine Gegend finden, die Woynok und den Seinen außer einem tiefen Wald als Rückzugsgebiet auch ausreichend fette Jagdgebiete in Form von reichen Bauerndörfern bot. Da wir bisher nur durch Dörfer mit Holzhäusern gekommen waren, die, so gut sich die Teppiche über den Zäunen, die Zwiebelzöpfe, Maiskolben und Paprikaschoten unter den Dächern auch machten, doch nur magere Beute versprachen, schlug ich einen Abstecher zu den Siebenbürger Sachsen vor.

Aber nicht mit Meisterregisseur Gräf! Der verstand unter Motivsuche etwas ganz Anderes. Nicht eine Heimstatt für unsere Räuberbande wollte er finden, sondern hier eine klappernde Mühle am rauschenden Bach, dort einen Wasserfall und wieder woanders eine Brücke aus der Römerzeit. Und als ihm nach vier oder fünf Tagen die Fahrerei zu anstrengend wurde, wollte er auf dem kürzesten Weg nach Bukarest zurück, um noch einen Tag für die Antiquitätengeschäfte und Märkte der rumänischen Metropole übrig zu haben. Er sammelte nämlich blaue Gläser, wie ich schon in seinem Babelsberger Schlösschen Gelegenheit hatte zu bemerken.

Das Resultat unserer Reise war jedenfalls, dass ich nie wieder etwas von Roland Gräf oder der DEFA hörte. Als wir in Schönefeld aus dem Flugzeug stiegen, verabschiedete er sich nicht mal von mir, sondern rannte, um in die Arme seiner Frau zu sinken, von mir weg, als würde ich mit Steinen nach ihm werfen.

AM FENSTER

Draußen fällt nun Blatt und Blatt.
Die Taube, sie kann fliegen.
Stieß ich mich vom Boden ab
bald würd ich unten liegen.

SCHIMPFWÖRTER (Mittelsachsen)

Männer:
Gockel, Heupferd, Spitzbube, Pinsel, Rindvieh, Hornvieh, Brummochse, Pfingstochse, Zischeiner, Sauhund, Esel, Pfeifenkopp, Schafskopp, Schafsnase, Nulpe, Hammel, Bock, Rübenschwein, Kanacke, Kalaune, Nieselpriem, Quatschkopp, Haderlump, Weihnachtsmann, Heini, Stiesel, Nußknacker …

Frauen:
Wachtel, Schrapnell, Amsel, Henne, Zehe, Kandelaber, ahles Blaserohr, Huppdekrah, Schabracke, Fregatte, Glucke, Schreckschraube, Rattengewitter, Lerche, Haubenlerche, Ziche, Reptil, Reff, Hummel …

Kinder:
Rotzjunge, Rotzer, Raude, Rasauner, Rabauke, Räuber, Strolch, Stromer, Spitzbube, Strick, Saujunge, Sauhund, Himmelhund, Schweinekerl, Misthund, Schweinehund …

Tiere:
Vieh, Mistvieh, Mistkracke, Kracke (Pferd), Biest, Aas, Rabenaas, Miststück …

IM KELLER

Keller wie Böden sind wichtig für das Wohnen, falls man es betreibt. Man dehnt sich vertikal aus, nicht nur in die Breite. Will man in den Keller gehen, nimmt man Schlüssel, Eimer, Taschenlampe oder Streichhölzer mit. So jedenfalls in Österreich, wo es die Keller noch gibt. Im Keller riecht es anders als in der Küche. Das Holz ist nicht zu Schränken verarbeitet und liegt in Doggen umher. Kohlen brennen nicht. Am hängenden Fahrrad darf man sich stoßen. Einen kenne ich, wenn der im Keller die Tür aufmacht, geht das Radio an. Schnaps hat er im Schuhschrank, Bier im Kasten. – Ich hacke Holz im Keller. Aber das mit Inbrunst, lautem Schreien usw.

1982

DIE KIPPE

Es war an einem Sonntagabend. Max, weil er zu Boden blickte, sah am Rande des Bordsteins eine noch brennende Zigarettenkippe liegen. Während er an ihr vorüberging, dachte er, man müsste sie austreten. Zehn Schritt weiter formulierte er für sich und sein Tagebuch den Satz: »Ich habe heute die noch brennende Zigarettenkippe eines Fremden ausgetreten.« Indem er den Satz formulierte, stellte er mit Erschrecken fest, dass dieser Satz nicht der Wahrheit entsprach. Max drehte sich zögernd um und ging, da ihm niemand begegnete, rasch zurück. Vor der Zigarette angekommen, stieg ihm heiß das Blut zu Kopf. Zwar glomm die Zigarette noch immer – sie war inzwischen bis zum Filter abgebrannt –, doch je länger er ihr Aufglühen beobachtete, desto klarer wurde ihm die Unmöglichkeit, sie jetzt noch austreten zu können. Was vorher ein einfacher Akt der Solidarität gewesen wäre, würde jetzt berechnete Vernichtung sein. Ein für allemal, so schien es Max, hatte er versäumt, in einer einfachen Handlung, in einem daraus folgenden Satz, also auf die einzig mögliche, nämlich instinktive und kindliche Weise, das Wesen des menschlichen Lebens auszudrücken. Mehr noch: Kunstwille und Reflexion hatten ihn so weit von der Natürlichkeit dieses Lebens entfernt, dass es ihm unmöglich schien, je wieder dorthin zurückzukehren. Weder konnte er die Zigarette austreten, noch konnte er sich abwenden und weggehen. Max stand in der Dunkelheit und wusste nicht weiter …

In der Mitte der Straße, des Zimmers, jedenfalls vor der Tür, zum Sohn: »Du bist nicht verpflichtet, dich zu freuen. Ich muss hier stehen und lachen. Aber du bist dazu nicht verpflichtet.«

Der Herr zum Fräulein: »Ich weiß alles von Ihrem zornigsten Teil, von Ihrem klügsten, Ihrem gutmütigsten … Es ist stets ein und dasselbe.«

Er beliest sich wieder.

Im Krieg können die Männer endlich etwas anderes in den Straßen tun als stehen, gehen, die Frauen beim Einkauf begleiten und Schaufenster ansehen. – »In zähem Kampf wurde ein Haus genommen.«

DER SONNENSCHEIN

Als sie vom Klingeln des Weckers erwacht, ist sie seltsam benommen. Draußen ist es dunkel. Sie wäscht sich ein wenig, zieht sich an, macht sich Frühstücksbrote, nimmt ihre Tasche und geht auf die Straße. Dass es dort still und leer ist, stört sie nicht. Sie fährt in der erleuchteten Straßenbahn zum Hauptbahnhof. Die Betrunkenen betrachtet sie verwundert. In der Mensa holt sie sich einen Kaffee und isst ihre Frühstücksbrote dazu. An den Nachbartischen verzehren Ausländer schweigend Suppen oder Gedecke. Als es Zeit ist, macht sie sich auf den Weg zum Hörsaal. Noch immer ist es draußen nicht heller geworden. Die Tür des Universitätsgebäudes findet sie verschlossen, niemand wartet davor. Voller Angst, sie sei zu spät bekommen, läuft sie auf und ab. Dann geht sie zum Nebeneingang, wo zwei junge Männer in einer Loge ihren Dienst versehen. Sie fragt, ob heute keine Vorlesung sei. Auf die Antwort, diese wären längst beendet und am Abend fänden keine Veranstaltungen statt, beginnt Anke so heftig zu weinen wie nie zuvor in ihrem Leben.

Sie (die schöne Frau) sagte: »Ich gebe euch ein Rätsel auf. Drei Auswirkungen gibt es und doch nur eine Ursache. Warum habe ich zu wenig ..., warum fehlt mir ..., und warum ist mir so ...? »Aus Mäßigung«, sagte die Hexe.

Schnee im Neubauviertel. Die langen Fronten ohne Geschäfte, ihre Leblosigkeit können auch beruhigen – Es stirbt nichts.

Dada wurde auf der Schreibmaschine geboren. Durch die Isolierung der Buchstaben, ihre Gleichberechtigung mit Zahlen, Prozentzeichen, die Möglichkeiten des Vertippens wurden dieser Art des Spiels zwangsläufig. Es ähnelt dem Verfahren von Kindern, die ein Spielzeug zerbrechen, um in sein Inneres zu sehen. Hinterher ist es unbrauchbar.

Probleme mit der Kamera: Das Auge ist nicht Objektiv.

In ihrer Rostocker Schulzeit musste Gerda mit ihrer Klasse zum alten Hafen gehen, um eine U-Boot-Flottille aus Riga zu begrüßen. Als die hässlichen eisernen Schiffe plötzlich aus dem Wasser des kleinen Beckens auftauchten, wurde Gerda schlecht und ihr Herz blieb fast stehen. Nachdem der Kommandant die Ankunft gemeldet und die Kinder ihre Fähnchen geschwenkt hatten, durften sie die Schiffe besichtigen. Sie krochen durch die niedrigen Räume und über die Betten, in denen sonst die Matrosen schliefen ... und allmählich schwand der Bann.

Gerda erzählte von einer Geburtstagsfete, auf der eine Besoffene Terror machte. Eine andere Frau erklärte ihrem blinden Freund, was passierte: »Jetzt isst sie die Nelken.« »Jetzt trinkt sie das Blumenwasser.« »Jetzt gießt sie es ihrem Nachbarn ins Gesicht.«

Der folgende »Radiovortrag« wurde niemals gehalten. Bei meinem einzigen Besuch in den Studios der Nalepastraße aß die Redakteurin des Deutschlandsenders während unseres Gesprächs ein stark riechendes Leberwurstbrot. Als sie dann mit fettigen Fingern nach meinem Gedichtmanuskript griff, zog ich es weg und verließ ihr Büro.

Ich habe diesen Text also nur in meiner Vorstellung in ein Mikrophon geraunt, mit einer Stimme, als käme ich gerade von einem fremden Planeten.

DIE RAUM UND DER ZEIT

Ein Radiovortrag

Die Zeit, die länglich ist, ist endlos. Auch der Raum mag ohne Grenzen sein, doch erscheint er in seiner Urvorstellung, wenn nicht von Mauern, so doch von Dunkelheit umstellt und wird zur Höhle. Denn der Raum ist weiblich, männlich die Zeit. Die Zeit ist tödlich; sie ist Nacheinander, lebt also vom Tod. Leben gewährend ist der Raum, ermöglicht das Nebeneinander, die Koexistenz der Dinge. Er ist das Ältere, zu dem das Chaos sich weitete.

Die Urformen des Raumes sind Paradies und Mutterleib. Was dieser dem Menschen, ist jenes der Menschheit. In beiden fehlt das Bewusstsein, in beiden war man angeschlossen an den Kreislauf eines größeren Organismus, in beiden war man glückselig, beides war Vorzeit. In beiden herrschte das Mutterrecht. Die Vertreibung des Menschen aus dem Paradies (das Ausgestoßenwerden aus dem Mutterleib) bezeichnet den Übertritt der Menschheit in die Phase des Patriarchats. Den ursprünglichen Zustand beschreibt Johann Peter Hebel so: »Sie waren noch unschuldig wie Kindlein und kannten noch nicht den Unterschied zwischen Gut und Böse. Sie fühlten keinen Schmerz, sie fühlten keinen Kummer. Sie wussten nichts von dem Tod.« Nach dem Essen des Apfels vom Baum der Erkenntnis sagte Gott zum Weibe: »Mit Schmerzen sollst du Kinder gebären, und dein Wille soll deinem Manne unterworfen sein.« Es begann die Zeit; Erkenntnis war die vom Bestehen der Zeit, vom Bestehen des Todes.

Fortan quält uns das Bewusstsein von der Existenz der Zeit, des Todes. Und nie verlässt uns die Sehnsucht nach der Wärme des Raumes. Immer ausschließlicher übt ihre Herrschaft die Zeit, immer beschädigter sind die Räume geworden. Einst gab es die Hoffnung auf Rückkehr in einen Raum jenseits der unsrigen Welt. (Insbesondere das Christentum lebte von der Vorstellung der irdischen Zeit als einer nichtigen und vom Trost eines zukünftigen, ewigen Raumes.) Diese Hoffnung nahm uns die Raumfahrt. Die Zeit, als Tempo, zerstört Räume. Schon ist die Erde zur Kugel geworden, von deren Befinden uns halbstündige Fernsehprogramme berichten.

Seit wir vertrieben aus dem Paradies, seit uns als Erinnerung daran die Götter verlassen, können wir gegen die Herrschaft von Zeit und Tod nur aufbegehren, indem wir Räume in uns schaffen, in denen wir im schlechteren Fall die Zeit vergessen und im besseren ein eigenes Zeitgefühl ausbilden, das den Tod besiegt, indem es Endliches und Unendliches vereint. Jedes tiefe Erlebnis hat diese Kraft. Sei es während einer beglückenden Arbeit, sei es im Geschlechtsakt, im Rausch, im gemeinsamen Spiel, im Erleben der Natur, in der Erinnerung oder im Traum: immer wenn es gut ist, ist es, »als ob die Zeit stehenbliebe«. –

»Sekunden wurden zu Minuten, Minuten zu Stunden, Stunden zu Jahren.« Kunst und Liebe entfalten hierin die stärkste Kraft, weil sie nicht nur uns selbst, sondern auch unser Gegenüber von der Allmacht der Zeit und des Todes befreien.

In jedem Kunstwerk wird, obwohl es die Zeit vorantreiben will, der gleiche Versuch unternommen: die Zeit anzuhalten, einen Raum auszubreiten, in dem das eigene menschliche Zeitmaß den Tod besiegt. Am stärksten angewiesen auf die plötzliche Inspiration und daher am bittersten die Zeit erfahrend (ständig muss er in sie zurück), glaubt sich der Lyriker. Ihm muss der große Roman als der Glücksfall des großen Raumes erscheinen, der aufnimmt und vom Zwang des Nacheinander der Gedichte befreit. Dieser Roman hat unvollendet zu bleiben, denn mit seiner Vollendung endete das Leben. Auch hierin zeigt sich Robert Musil als unser großer Meister. Er machte eine neue Zeitrechnung auf, denn er wusste, das Vergessen der Zeit ist unvollkommen, weil das Erwachen darauf folgt. Auch schließt es das Verändern dieser Zeit, die unser aller Ziel ist, aus. Musil weiß auch die Freuden zu schätzen, die uns die Zeit als Wissen bereiten kann. Er will die Zeit nicht vernichten, sondern er löckt gegen ihren Stachel, den Tod, er will sie bestimmen und verräumlichen. Das bedeutet nicht Schwächung des Lebens, sondern seine Stärkung. Stärkeres Glück, stärkeres Leid. Nicht auf eine Rückkehr zu Raum und Mutterrecht kommt es an, sondern auf seine Vereinigung mit Vaterrecht und Zeit.

Unsere von Zeit und Vaterrecht terrorisierte Gesellschaft bedarf bis auf weiteres einer Bevorzugung des Raumes und der Mütterlichkeit sowie ihres Zöglings, des Kindes. Die offizielle Zeit als diktierende ist abzuschaffen, alle Uhren sind zu beseitigen. Jeder folgt seiner eigenen inneren Uhr. Eine allgemeine Zeit darf nur noch in ihren natürlichen Äußerungen ablesbar sein, am Stand der Sonne, des Mondes und der Gestirne, am Wechsel der Jahreszeiten. Im Sommer ist für Sonne, im Winter für Schnee zu sorgen.

Der Raum ist zu erweitern, alles, was ihn eng macht, abzuschaffen: Fernseher, Rundfunk, Telefon, alle Verkehrsmittel bis auf Straßenbahnen, Schneeschuhe, Pferde. Mehr umschließende Räume, Mutterhöhlen, in die die Menschen vor der Zeit flüchten können, sind neu zu schaffen oder zu bewahren: Kirchen, Gaststätten, aber alte, an die Ewigkeit erinnernd und dunkel, Bäder, in denen man gesalbt wird, Bordells.

Es ist der Vermassung des Menschen Rechnung zu tragen und seiner Vereinsamung. Dem Einsamen muss die Möglichkeit gegeben sein, sich in ein Bad zurückzuziehen, aber zu seinen Pflichten muss auch gehören, mit Fremden Volleyball zu spielen. Demjenigen, der nicht mehr allein sein kann, darf nicht die Nachbarschaft von Schultern entzogen werden, doch soll er einmal wöchentlich eine Stunde allein mit einem Buch zubringen. Das Ziel muss sein, dass die Menschen miteinander umgehen lernen. Die übergroßen Massen sind abzuschaffen, es ist zu dezentralisieren und zu gliedern. Auf jeden Fall müssen neue, lebendigere Räume in diesem Lande geschaffen werden.

Die großen Einöden zwischen Mecklenburger Seenplatte und Mittelgebirgen sind zu beleben! Flüsse müssen umgeleitet werden, Laubwälder angepflanzt, der Weinbau wieder gepflegt. In den Forsten werden Wildtiere ausgesetzt. Die Großstädte werden ummauert, damit sie in die Höhe wachsen. Die Bevölkerung der Kleinstädte darf sich umsiedeln.

Die Grenzen werden beseitigt! Jeder verbringt mindestens ein Jahr seines Lebens außer Landes, entweder in China, Indien, Afrika oder Amerika. Jeder darf eigene Götter haben und ihnen auf der Spitze eines Berges ein Denkmal setzen. Jeder bekommt bei seiner Geburt ein Buch mit dreihundert leeren Seiten ausgehändigt, das er vor seinem Tode einem seiner Kinder vollgeschrieben übergibt.

Zum Schluss die drei goldenen Regeln des Eskimolebens. Onu onou onook. Vertraue niemandem. Enak anae iwa. Teile mit jedermann alles. Eii weii we. Harre auf deiner Eisscholle aus.

Als ich Endlers Satz zitierte, der schöpferische Mensch könne niemals ganz unglücklich sein, antwortete Richard: »Solange er schöpferisch ist. Sonst ist er unglücklicher als andere.«

Ich schreibe über gewisse Angehörige des Volkes als ehrwürdigen Teil der Menschheit. Zu wem? Zu denen, die von ihnen nichts wissen.

Drei Fenster in meinem Leipziger Eckzimmer. Zuerst ziehen die Wolken an dem einen vorbei, dann um die Ecke, dann verschwinden sie aus dem dritten.

Dieses Zimmer bewohnte ich eine Woche pro Monat, weil ich in diesem Jahr einen Sonderkurs am Literaturinstitut »Johannes R. Becher«, genannt »Erbrecher«, belegte. Katja Lange (damals noch ohne Bindestrich-Müller) hatte ihn mir empfohlen, man zahlte für die Teilnahme 5000 Mark Schmerzensgeld. Katja hätte die ideale Marketenderin unter Woynoks Räubern abgegeben; sie kannte Pilze und andere Waldfrüchte, vertrug mehr als die meisten Männer und konnte sie zu den abenteuerlichsten Unternehmungen verführen. Noch am gleichen Abend, als wir uns kennenlernten, fragte sie mich etwa, ob ich ihr beim Umzug helfen könne. Natürlich konnte ich. Und ebenso ein halbes Dutzend anderer etwas verwilderte, aber durchaus kräftige Gestalten, die Katjas kuriose, mit viel märkischer Kiefer verkleidete Bude in der Glinkastraße innerhalb von zwei Stunden mit Möbeln und Bücherkisten vollstellten. Dass bei der vorherigen Renovierung auch ungefragt die Stasi geholfen hatte, indem sie einige Wanzen installierte, erfuhr ich erst, nachdem ich in den Akten das Protokoll eines Gesprächs fand, das ich mit Katja in der Küche geführt hatte.

Zurück nach Leipzig. Ich habe das Institutsgebäude nie ohne Scham betreten, denn wenn ich etwas gelernt hatte, so dass das Schreiben so wenig wie das Leben erlernbar ist. Beidem gegenüber werden wir immer Rekruten bleiben, allerdings welche, die sich ihre stets nur vorläufigen Fertigkeiten selbst beizubringen haben. Noch am leichtesten zu erlernen ist, was man alles vermeiden sollte, doch besteht dabei das Problem, dass einem kein zweites Leben zur Verfügung steht, um die gemachten Erfahrungen anwenden zu können.

Das konnte auch Dr. Rothbauer nicht ändern, der uns mit von sämtlichen Illusionen befreiter Alterseleganz in Stilistik zu unterrichten versuchte – einem Fach, das sein subversives Potential schon im Namen mit sich führte, denn was passte zur DDR weniger als Stil? Ich hatte mir zum Thema ja schon einige Gedanken gemacht und war entsprechend neugierig auf den einzigen ernst zu nehmenden Lehrer am Institut. Aber sehr viel mehr als seine Verachtung für uns und alles, was nach Thomas Mann geschrieben wurde, hatte Rothbauer nicht zu bieten. Zwar war er ein Meister des gesprochenen Wortes, doch wenn er so viel über literarischen Stil wusste, warum konnte man dann nichts Weltbewegendes von ihm lesen? Er wusste zuviel, ließ er hin und wieder und nicht ohne Koketterie wissen, war jedenfalls nicht genügend mit der uns auszeichnenden selbstgewissen Borniertheit, Verblendung oder schlichten Dummheit gesegnet.

Einmal führte er uns die personifizierte Verrücktheit, die seiner Meinung nach noch obendrein in jedem Künstler schlummern müsse, in Gestalt eines ausgerechnet aus Wien zu uns gekommenen Professorenrentners vor. Sein Zimmer, erzählte Rothbauer zuvor, war mit Zeitungs- und Illustriertenfotos des ehemaligen Staatsratsvorsitzenden Walter Ulbricht tapeziert. Nebenbei sammelte er noch die Metallhauben, mit denen unsere Milchflaschen verschlossen waren, und stapelte sie zu meterhohen Türmen. Der Anzug, in dem er vor uns trat, stammte noch aus der Vorkriegszeit, in der er seiner Heimat erstmals den Rücken gekehrt hatte; die obersten Knöpfe des Doppelreihers wurden aus mir unklaren Gründen durch einen Einweckgummi verbunden. Wir durften Fragen stellen. Warum, brannte es mir auf den Nägeln, hatte er sich die DDR als Exilland ausgesucht? Das war eine lange, aber gleichzeitig recht einfache und für mich nachvollziehbare Geschichte. Den ganzen zweiten Teil seines Lebens befand sich der Mann auf der Flucht vor den zwei Frauen und den fünf Töchtern, die er mit ihnen in der ersten Lebenshälfte gezeugt hatte. Da sie ihm außer seinem Geld auch alle Lebensgeister rauben wollten, entzog er sich ihnen, indem er so fern wie möglich gelegene Länder bereiste, die Sprachen ihrer Bewohner lernte und sich wie sie kleidete. In Westafrika wurde der ehemalige Psychologieprofessor als allmächtiger Medizinmann verehrt. Da passierte es bei einem Empfang des Außenministers der Sozialistischen Republik Guinea, dass ihm mitgeteilt wurde, eine Tochter nähere sich in einem Expeditionskonvoi durch die Sahara, eine andere befinde sich auf einem vor Accra auf Reede liegenden Kreuzfahrtschiff. Glücklicherweise stand neben ihm der Botschafter der DDR und versicherte dem Österreicher, dass ihm so etwas in der DDR nicht passieren könne, da sei er vor derartigen Nachstellungen sicher.

So weit, so gut –, was aber wollte uns Rothbauer mit der Vorführung dieses Unikums mitteilen? Dass man in die Welt hinaus muss, um einen so markanten »Stil« wie den des Österreichers ausprägen zu können, oder im Gegenteil die Unsinnigkeit eines solchen Versuches, weil die Verrücktheit nirgendwo ein sichereres Heim finden kann als in unserem Land? Aber auch diese Frage konnte mir niemand anderes beantworten als ich selbst.

SPRUNG IN DER NACHT

Er wachte auf, weil sich sein Herz im Schlaf nach Liebe sehnte. Er schlief ein mit dem Gefühl, noch immer ein guter Junge zu sein. Dazwischen lagen Tabletten, Wasser, Nacht und ein offenes Fenster.

Die Nachbarin in meiner Tür bei laufendem Radio: »Die vermiesen einem ja die Lebensfreude mit ihren Schlagern.«

Dem Gefühl des Wachsens, das jedes gesunde Leben braucht, steht das Funktionieren entgegen. Es ist maschinell.

Zur Zeit zwecke ich Zettel an die Tür, auf denen steht, was ich gerade treibe: »Laufe um den Weißen See«, »Esse Mittag in der Gemütlichen Ecke«, »Nicht lange weg«. Sie sind weniger für andere bestimmt als für mich.

Das Schreiben führt zu seltsamen Resultaten. Die Regel ist, dass jemand damit beginnt, weil er, abgestoßen vom öffentlichen Leben, sein Anderssein ausdrücken will. Je größer die Kluft ist, desto eher wird er wahrgenommen. Er hat Erfolg. Indem er erfolgreich ist, wird er zu einer Figur der Öffentlichkeit und soll dennoch weiter wie bisher schreiben, denn die öffentlichen Menschen haben Sehnsucht nach der Absonderung, die der Schreiber verkörpert, sie ihm aber nehmen.

»Du nicht hören auf meine Worte, nicht hören das, was ich sag. Nicht wahr, du weghören, wenn ich diese Worte sag? Du sehen auf meine Augen, du sehen in meine Mund, du sehen auf meine Knie, wenn ich etwas sag. Du hören meine Leber, du hören auf mein Herz, aber nicht auf meine Worte, wenn ich sie sag.«

BEIM RASIEREN

Drei Tropfen Blut im weißen Schaum.
Was noch tritt hervor?
Mein inneres Gesicht, die fünfte Seele?
Woran erinnere ich mich im Spiegel –
das Messer an der Kehle?

Die Aufzeichnungen der nächsten Monate fehlen. Drei der dicken Bücher mit den Kunststoffumschlägen waren gefüllt und im Handel kein Nachschub aufzutreiben. Es folgen Hefte unterschiedlicher Stärke, von denen das erste verlorengegangen ist. Die Eintragungen beginnen erst wieder im folgenden März, als ich mit Uwe Kolbe und Lothar Trolle bereits an der Herausgabe der ersten Nummer von *Mikado* gearbeitet haben dürfte. Die dazwischenliegenden Monate waren also entscheidend für mich, indem sie die Wende von Einzelkämpfertum und verwalteter Stagnation zu einem Akt gemeinsamen Aufbegehrens brachte, der mir, der uns das Gefühl gab, nicht länger nur Opfer der gesellschaftlichen Verhältnisse zu sein, sondern ihnen etwas entgegenzusetzen zu haben.

Dieser Wandel lag Anfang der achtziger Jahre in der Luft, insbesondere der verqualmten des Prenzlauer Bergs. Ursprünglich ein Arbeiterbezirk, der, vom Krieg verschont, nach wie vor die höchste Einwohnerdichte Europas aufwies, wurde er zum Gravitationszentrum der aus ihrer Bahn geschleuderten Jugend der Provinz. Hier konnte man unbehelligt leere Wohnungen besetzen, hier konnte man ihre Mauern durchbrechen und erste Kommunen gründen, hier gab es, egal ob man auf dem Durchflug nach Westberlin war oder nicht, Arbeit als Heizer, Pförtner, Bestattungshelfer oder Pfleger in kirchlichen Diensten zu finden, und man konnte seinen Feierabend würdig unter Kohlenträgern und Gerüstbauern in den stets vollen Kneipen verbringen. Eine gesunde Asozialität zeichnete schon immer die Bewohner vom Prenzlauer Berg aus; von den jungen Neuankömmlingen wurde sie indes bewusst kultiviert und zum Markenzeichen einer sich als Künstlerschaft empfindenden Elite erhoben. Das hatte gewisse, später noch zu erörternde Nachteile, aber auch einige Vorzüge, insbesondere den einer mal wieder fälligen Umwertung aller Werte.

Dass jetzt ein anderer Wind wehte, bemerkten wir schon bei einer der letzten Sitzungen der Gruppe 46. Da führte uns Elke Erb einen jungen Poeten vor, der angeblich auf den Namen Bert Papenfuß hörte, zeitweise durch »Gorek« erweitert. Der hatte hennarote Haare und geschwärzte Lider wie seine Freundin, die er unaufgefordert mitgeschleppt hatte! Überhaupt schien er sich der Ehre unbewusst zu sein, die wir ihm mit unserer Einladung erwiesen. Ohne bisher eine Zeile veröffentlicht zu haben, verkündete er uns, dass er jetzt die Epoden 12 bis 25 seines vierten Gedichtbandes zum Vortrag bringen würde, tat es und verschwand mitsamt seiner Gespielin, da sie noch ein Konzert der Gruppe »Feeling B« besuchen wollten. Dabei hätte ich so viel zu sagen gehabt. Beispielsweise, dass sich für mich die Epode 12 durch nichts von der 25 und die dazwischenliegenden unterschied, und ob das in Ewigkeit so weitergehen solle. Ich gestehe, dass ich mit der neuen, durch Papenfuß repräsentierten Dichtart meine Schwierigkeiten hatte. Alles kleinzuschreiben, die Grammatik zu ignorieren und wie Arno Schmidt das »und« durch ein «&« zu ersetzen – das machte noch keine Poesie aus. Vor allem aber beunruhigte mich der jugendliche Furor, mit dem man alles, was nicht Dada, konkrete Poesie oder zweite Schlesische Schule war, als hoffnungslos konservativ betrachtete. Plötzlich war nicht meine Generation mehr die junge, sondern wir hatten Nachfolger, für die wir, nach einem alten Gesetz der Evolution und insbesondere wenn wir in heimischen Verlagen veröffentlicht hatten, keinerlei Rolle spielten. Nun war nicht mehr das gedruckte Buch ein Ausweis der Qualität, sondern: wenn es jemand verweigert wurde. Doch genau diese Ignoranz der gedruckten Meinung gegenüber war das eigentlich Befreiende, mehr als das Sprengen irgendwelcher sprachlicher Fesseln, wie es schon immer versucht wurde, nur nicht immer mit solch dilettantischer Brachialgewalt. Das wirklich Neue war die eigene, von staatlichen Organen unabhängige Öffentlichkeit, die man sich schuf.

Die Wohnungslesungen, wie ich sie erstmals von Endler erlebt hatte, wurden zu einer festen Institution: bei den Poppes, wo man die Lesungen bei zu großem Andrang per Lautsprecher in Küche und Kinderzimmer übertrug; im geräumigen Dachsbau von Wilfriede und Ecke Maaß, in das sich der Fuchs Sascha Anderson eingenistet hatte und Aktivitäten ungeahnten Ausmaßes entfaltete, die bis zu einem Auftritt von Alan Ginsberg samt Trommel und Lebensgefährten reichten. Ich fehlte unentschuldigt, da ich schon beim Anblick der Massen, die über den Arnimplatz strömten, Platzangst bekam und umkehrte. Nicht viel anders ging es mir mit den Punkkonzerten, zumal sich mein Kontakt zur Popmusik, seitdem sie untanzbar geworden war, deutlich gelockert hatte. Und was war mit der Kirche, mit ihren Festen, Lesungen, Workshops? Zu der war mein Verhältnis noch nie eng gewesen, andererseits hatte mich die Not längst wieder beten gelehrt, unter der Bettdecke, zu einem Gott, von dem ich wusste, dass er nicht existiert, dessen Tempel mir dennoch zu schade waren, für areligiöse Aktivitäten missbraucht zu werden. Nein, ich war kein Barde der Barrikaden und schon gar keiner, für den die revolutionäre Kunst ein Event am Wochenende war.

Ich blieb ein Mann des geschriebenen Wortes. Als solcher allerdings war ich ganz Ohr, als Uwe Kolbe mich fragte, ob ich mit ihm eine Literaturzeitschrift im Selbstverlag herausgeben wolle. Wieso war da bisher noch keiner draufgekommen? Zwar gab es schon einige Gedichtmappen, die sich das Gesetz zunutze machten, demzufolge man bis zu 99 Exemplare unzensiert veröffentlichen durfte, wenn sie ausreichend mit Graphik garniert waren – aber eine Samisdat-Literatur wie in den östlichen Nachbarländern hat es bei uns nie gegeben. Der wesentliche Grund dafür war, dass es noch immer ein gemeinsames deutsches Sprachgebiet gab und subversive Schriften, wie häufig auch ihre Autoren, schnell den Weg über die Grenze fanden. Von dort kamen sie dann als Bücher zurück, die eigentlich schon einer fremden Welt angehörten, nicht mehr unserer. Die Zeit, das zu ändern, war überreif. Nicht nur die jungen Dichter, wir alle saßen auf Texten fest, die keiner mehr publizieren wollte. Die immer wieder hoch aufschwappenden Auswanderungswellen, die sich formierenden Kirchen-, Umwelts- und Friedenskreise und nicht zuletzt die mit der Perestroika verbundenen Föhnwinde hatten eine Atmosphäre geschaffen, in der man einen Versuch wagen konnte.

Bisher hatte Uwe nur seine eigenen Gedichte unter verschiedenen Pseudonymen in Heften unter die Leute gebracht, die er *Der Kaiser ist nackt* betitelt hatte. Der Name *Mikado*, den seine Freundin Margrit für die neue Publikation vorschlug, nahm auf diesen Kaiser und auf das chinesische Geduldsspiel Bezug, das wir zu spielen beabsichtigten. Als dritten Herausgeber schlug ich Lothar Trolle vor, der zwei Straßen von mir entfernt in Weißensee wohnte. Das hatte verschiedene Vorteile: zu dritt gab es bei fälligen Entscheidungen immer klare Mehrheiten, und Trolle hatte als Dramatiker gute Verbindungen zur Theaterszene um Heiner Müller, während Kolbe als Lyriker und ich als Prosaist die anderen beiden Genre abdeckten. Nicht zuletzt betrachteten wir nämlich die Zeitschrift als Tribüne für unsere eigenen Arbeiten, die anderweitig unterzubringen immer schwieriger wurde. Darüber hinaus hatte jeder Zugang zu einem anderen Kreis von Autoren, deren Texte für uns in Frage kamen. Bei Kolbe, dem jüngsten von uns, waren es neben Hilbig vor allem die Newcomer vom Prenzlauer Berg; bei Trolle Fritz Mierau, Barbara Honigmann und verschiedene Bühnenautoren; und ich wirkte besonders anziehend auf charakterlich schwierige Außenseiter, deren Umgang für andere zu nervenaufreibend war, doch für mich eine liebenswerte Bereicherung bedeuteten. Dieter Schulze etwa, der von Müller und Fühmann zum Genie hochgejubelte legasthenische Dichter, der einzige unter uns mit wirklich anarchistischem Potential, und doch in erster Linie ein in Einsamkeit erstickendes Heimkind. Oder Gabi Kachold aus Erfurt, die nach Prag '68 zwei Jahre im Knast gesessen und aus dieser Erfahrung 30 Seiten Prosa destilliert hatte, die einem den Atem verschlugen, mit der ich mich aber entzweite, als sie zum Oberhaupt der thüringischen Feministinnen avancierte. Oder Raja Lubinetzki, noch jetzt meine schwierige Nachbarin in Kreuzberg. Damals eine junge Mulattin mit großen Füßen, vom kamerunisch-anhaltinischen Elternpaar in einer Klinik zurückgelassen, von wo sie die Säuglingsschwester mit nach Hause nahm und aufzog; in Berlin machte sie die Lesbenszene verrückt, indem sie auf Tischen tanzte und Gedichte flattern ließ.

Die Redaktionssitzungen fanden in Trolles Wohnung statt. Ich weiß nicht mehr, ob ich ihn durch Barbara Honigmann kennengelernt hatte oder umgekehrt. Die beiden waren

Überbleibsel eines Kreises von Autoren, zu dem vor ihrem Weggang auch Thomas Brasch und Schleef gehört hatten und von dessen abgeklärter, jüdisch geprägter Intellektualität noch ich profitierte. Zu Babu Honigmann in der Landsberger Allee konnte man jederzeit gehen, weil sie ihren wie einen orientalischen Prinzen umhegten Sohn abends nie allein ließ. Allerdings rauchte und trank sie nicht und wurde 22 Uhr schlagartig müde. Bis dahin aber konnte man an einem Erzählrausch teilhaben, der, obwohl er immer wieder zu den Fixpunkten Proust und Goethe zurückkehrte, nie eintönig wurde. Die DDR spielte in den Gesprächen kaum eine Rolle, von ihr hatte sie sich per Ausreiseantrag verabschiedet. Es roch nach Ölfarben bei ihr, an den Wänden hingen die Porträts ihrer Freunde und Geliebten, denen sie in den Westen folgen wollte. Sie lebte in einer Welt melancholischer Poesie, voller Erinnerungen und Träume von Paris und Nachmittagen auf der Couch eines Wiener Psychoanalytikers. Diese Welt wurde mir erst etwas fremd, als Babu nach orthodoxem Ritus in der Synagoge in der Oranienburger Straße heiratete und am Sabbat in ihrer nun mit einem Mann geteilten Wohnung nur noch Kerzen brennen durften.

Von Trolle war der Verlust nicht zu fürchten. Er strahlte eine souveräne Ruhe aus, deren resignativer Zug nicht allein dem real existierenden Sozialismus, sondern dem Leben insgesamt geschuldet war. Das konnte ihn zu schallendem Gelächter im Theaterkantinenstil verführen oder zum plötzliche Verstummen, dabei heftig mit den Augen zwinkernd und auf der Unterlippe kauend. Trolle war ein Solitär, dessen Originalität darauf beruhte, dass er unter der Hülle des versierten Großstädters ein bekennender Provinzler geblieben war. In Sangerhausen, wo er mit Schleef die Schule besucht hatte, besaß er eine große Wiese mit Apfelbäumen, die abzuernten er mich in jedem Frühjahr einlud, aber im Herbst nie wieder darauf zurückkam.

Er war schwer zu fassen. So nahe man sich ihm auch fühlen konnte, wenn er einem zigarreschmauchend und an einem Schnapsglas nippend gegenübersaß, im nächsten Moment entzog er sich in das unsichtbare Schneckengehäuse, das seine große Schüchternheit immer wieder erneuerte. Er schien ohne jeden Ehrgeiz zu sein. Hatte weder ein Buch veröffentlicht, noch konnte man seine pittoresken Szenen auf der Bühne betrachten, obwohl sie von den Fachleuten, mit Heiner Müller an der Spitze, außerordentlich geschätzt wurden. Wovon lebte er überhaupt? Mit den Honoraren für die wenigen Publikationen in Westzeitschriften oder für die Aufträge von Werkstattbühnen konnte er doch unmöglich über die Runden kommen. Erst spät habe ich erfahren, dass er als Sohn eines im KZ ermordeten jüdischen Kommunisten eine VdN-Rente bezog, die ihm das Leben in seiner behaglichen, mit Zentralheizung und Telefon ausgestatteten Zweiraumwohnung erleichterte. Dieses Privileg hinderte ihn nicht daran, dem zum Staat gewordenen Antifaschismus mit spöttischer Gelassenheit zu begegnen und, als es darauf ankam, mit der Herausgabe unseres Journals zu reizen.

Uwe Kolbe wiederum schien für den politischen Streit geradezu geboren – und war dabei bedeutend mehr als ein »Weltanschaungsdichter«, nämlich durch und durch Poet. Allerdings einer, der die literarischen und gesellschaftlichen Debatten brauchte wie der Fisch das Wasser oder, ein ihm angemesseneres Bild, wie der Winzer, um daraus Wein zu keltern. Mit seiner hochgeschossenen schlaksigen Gestalt erinnerte er an den jungen Majakowski. Und war von einer ähnlichen Fragilität: noch eben ein furchtloser David, der mit hochrotem Kopf imaginäre Steine auf die Goliaths dieser Welt schleuderte, konnte er im nächsten Augenblick leichenblass werden und musste sich auf seinen Diwan in der Schliemannstraße legen, während um ihn die verbale Zimmerschlacht weiter tobte.

Wir drei also trafen uns regelmäßig bei Trolle, um die Texte, die wir in den vergangenen Wochen gesammelt hatten, auf den nackten Dielen seines Arbeitszimmers auszubreiten und sich einander zuordnen oder ausschließen zu lassen. Anders als die meisten späteren Samisdatpublikationen verfolgten wir dabei kein besonderes ästhetisches Programm. Dazu waren wir selbst und das angebotene Material, das wir in größtmöglicher Fülle anbieten wollten, zu verschieden. Uns ging es nicht um kleine avantgardistische Gesamtkunstwerke aus Lyrik und Grafik, wir wollten eine literarische Zeitschrift, die in Opposition zu den offiziellen eine wirkliche Gegenöffentlichkeit darstellt. Hauptkriterium für den Druck war, dass jemand etwas zu sagen hatte und dies in einer eigenen, möglichst intensiven, vom Vokabular der Macht möglichst wenig infizierten Sprache. Auf diese Weise fanden sich in unseren Heften so unterschiedliche Autoren wie Adolf Endler und Barbara Honigmann, Jan Faktor und Lutz Rathenow, Fritz Mierau und Bert Papenfuß, Wolfgang Hilbig, Monika Maron, Elke Erb und Katja Lange-Müller zusammen.

Besonders beglückend dabei war, einen solchen Sprachkosmos nicht nur durch einen reinen Geistes- und Willensakt zu schaffen, sondern mit den eigenen Händen. Angefangen vom Verfassen der eigenen Texte über das Sammeln der fremden, bis zu Druck und Verteilung der Hefte war ja alles zugleich manuelle Arbeit. Das Manuskript tippte Monika Ziemer ab, die ansonsten für Heiner Müller arbeitete, aber von ihm immer weniger beansprucht wurde. Dann nahm der im »VEB Metallurgiehandel« tätige Thomas Rusch die rund 50 beschriebenen sowie etwa 1000 leere Blätter mit auf seine Arbeitsstelle, vervielfältigte die ersteren auf Ormig und schmuggelte den Packen ein zweites Mal am Pförtner vorbei. Die Hefte zusammengestellt (99 mal Seite 1, Seite 2 usw.) und geklammert wurden in der Hinterhofdruckerei in meinem Haus, wo Andreas Trebs auch die

Lithographien und Radierungen für die Umschläge druckte. Diese Namen mussten genannt werden, weil unsere Helfer ein viel größeres Risiko eingingen als wir durch die Öffentlichkeit einigermaßen geschützten Schriftsteller. Für uns Herausgeber blieb noch genügend andere Arbeit übrig. 99 Umschläge mussten zurechtgeschnitten und gefalzt und sodann mit ihrem Inhalt unter die Leute gebracht werden. Waren die Belegexemplare verteilt, hatte jeder von uns noch rund 30 Hefte zu verschenken oder zu verkaufen. An einer leicht missratenen Nummer saß ich eine Nacht lang, um die unleserlichen Buchstaben mit dem Kugelschreiber nachzuziehen! Wir hatten plötzlich zu tun und die Tage einen Sinn!

Weißensee war nicht länger Peripherie, sondern wurde eines der subkulturellen Zentren von Berlin. Die Schreiber gaben sich bei mir ebenso die Klinke in die Hand wie die Maler und Graphiker, die an unserem Heft mitarbeiten wollten. Von letzteren lernte ich einen völlig neuen Kreis von Leuten kennen, die in Dresden und nicht in Weißensee studiert und dort eine von Baselitz, Penck und Jürgen Böttcher ganz anders aufgeladene Luft geatmet hatten. Einer von ihnen war Hans Scheib, mit dem ich zusammen Bücherkisten in Katjas Wohnung geschleppt hatte. Die beiden kannten sich seit der Kindheit, als sie zusammen mit Flori Havemann und dem ebenfalls schon im Westen befindlichen Reinhard Stangl einen Zirkel für malende Jungpioniere besucht hatten. Sie waren, wie auch Kolbe, waschechte Berliner, die sich erst aus ihren oftmals hochrangigen Bonzenfamilien hatten lösen müssen. Unter ihnen wehte ein schärferer Wind. Hier wurde härter getrunken und diskutiert. Scheib (man nannte sich einer über Brecht bis ins vergangene Jahrhundert zurückreichenden Tradition zufolge bei den Nachnamen) hatte sein ebenerdiges Atelier in der Raumerstraße; wenn nicht dort, war er im »Mosaik« an der Ecke Prenzlauer anzutreffen. Das war neben dem

»Wiener Café« in der Schönhauser Allee das zweite Künstlerlokal im Quartier. Im »WC« ging es zugegebenermaßen beschwingter zu; dort konnte man eine Treppe hinauf- oder hinabstolpern, dort spielte mittwochs und sonnabends das »Duo Winterweide« auf, dort versammelten sich die erlebnis- und geltungshungrigen Eleven der Szene. Das »Mosaik« hingegen war die Herberge derer, die, des immergleichen Geschwätzes überdrüssig, auch das Schweigen zu schätzen wussten. Es gab Abende, da war das Leben im Lokal wie zu Packeis erstarrt. Das Zentrum des Schweigens (allerdings auch der das Eis zu späterer Stunde sprengenden Eruptionen) war der Tisch, an dem Scheib regelmäßig mit den Bildhauern Reichmann und Erdmann Rotwein trank. Ihr Schweigen konnte Fliegen töten, und wenn Anatol Erdmann auf seine charakteristische Weise den Rotz in der Nase hochzog, hörte es sich wie das allein hörbare Zeichen eines ansonsten stummen Schluchzens an, das das ganze Land durchschauerte. Doch seltsam, ausgerechnet auf den vierten Stuhl an diesem Tisch, an dem sonst kaum jemand Platz zu nehmen wagte, hatte ich es abgesehen. Dieses Schweigen wollte ich brechen, zu dieser Räuberbande wollte ich gehören und hätte sie in den Karpatenwäldern gern zum Sprechen und Singen gebracht.

Ihr Hauptmann war zweifellos Hans Scheib, den eine dichte Aura von Geheimnissen umgab. Von seiner Herkunft etwa wusste ich nur, dass er das Pflegekind eines Spanienkämpfers und späteren Generals der NVA war, der ihm eine gewisse Neigung zum Militärischen vermittelt hatte. Dass er auch außerhalb seines Ateliers ein Leben führte und mit einer Bühnenbildnerin verheiratet war, erfuhr ich erst spät, und noch später, dass die beiden für sich und ihre Töchter einen Ausreiseantrag gestellt hatten. War er eigentlich Bildhauer, Maler oder Graphiker? Er betrieb sämtliche Gewerke, und obendrein veranstaltete er regelmäßig Ausstellungen und rituelle Besäufnisse in seinem Atelier.

Er war immer im Dienst, immer in Arbeitskleidung und abgestoßenen Maurerschuhen unterwegs, und immer klirrten in seiner schweren Schweinsledertasche Metallplatten, die er zu jeder Gelegenheit herausholte, um in sie wilde, unsichtbare Linien zu kratzen. Auf Papier gedruckt wurden sie dann zu der beeindruckenden Galerie von Charakterköpfen, mit denen er Heiner Müllers Shakespeare-Übersetzung von *Wie es euch gefällt* illustrierte.

Weniger von Arbeitswut geplagt war Anatol Erdmann. Scheibs schmalerer, eleganterer Schatten, wie es manchmal schien, doch durchaus mit Eigensinn. Seine Kräfte wurden fast vollständig von der Verweigerung aufgebraucht. Also nicht mehr als eine Skulptur pro Jahr und dies im minimalistischen Stile Giacomettis. Der Rest war schweigendes Ausfegen des Ateliers und die Lektüre möglichst wortkarger Angelsachsen wie Beckett, Hammett und Chandler. Ihre Werkausgaben standen auf dem einzigen Regalbrett seines auch ansonsten äußerst asketisch uneingerichteten Zimmers in der Sredzkistraße, an dessen Tür man von einer angezweckten Topor-Zeichnung empfangen wurde: ein Kopf mit verbundenem Mund und aus dem Hirnkasten gestreckter Zunge. Mir gelang es trotzdem, ihn hin und wieder zum Sprechen, ja sogar zum Lächeln und zum Spielen mit Streichhölzern, Pfennigen oder Karten zu verführen. Allerdings immer erst zu sehr später Stunde und nach sehr viel Alkohol, wenn wir die einzigen noch wachen Gäste in irgendeiner fremden Wohnung waren. Bei einer dieser Gelegenheiten erfuhr ich, dass er grundsätzlich so gut wie nicht schläft. Dass er seinen Vornamen dem Exil seiner Eltern in der UdSSR zu verdanken hat. Und das von seiner Familie aber nur noch seine Großmutter lebt, er jedenfalls nur zu ihr noch Verbindung hat und sie ab und zu in der früheren Stalinallee besucht.

Der Dritte in diesem Bildhauerbunde war Stefan Reichmann. Der Sachse unter zwei Preußen. Der bäuerliche

Handwerker unter all den halben oder ganzen Intellektuellen, vor Kraft und Solidität strotzend, dazu mit zwei sanften Händen, die ihm die Zuneigung all der schönen Frauen und Mädchen einbrachten, welche ihm für seine ausschließlich weiblichen Figuren Modell standen. Es waren Mannequins vom VEB Modeinstitut darunter und junge Studentinnen; die größte, weil tragisch grundierte Schönheit strahlte aber seine geschiedene Frau aus, ein Mädchen aus dem Prenzlauer Berg, das als Schülerin wegen Republikflucht im Frauengefängnis Hoheneck gesessen hatte und das er vergeblich vor der uns alle bedrohenden Gefahr des Alkoholismus zu retten versuchte.

Warum zog es mich, dessen Medium die Sprache war, eigentlich an diesen Tisch der Schweigenden? Suchte ich den Gegensatz, die mir durch meine Herkunft vertraute Dominanz der Hände über den Kopf? Hatte ich aus dem gleichen Grund so lange mit einer Malerin zusammengelebt und auch später immer wieder Beziehungen zu den Meistern des Pinsels und des Spachtels geknüpft? Das war es nicht allein. Auch nicht, dass sich in Reichmanns und Scheibs Ateliers die Frauen zum Modellstehen oder -liegen drängten. Sie spürten anscheinend eine männliche Kraft, die weniger für Schwankungen anfällig war als die der Sprachartisten im »Wiener Café« und die auch mir imponierte. Sie verkörperten eine Macht, die durch den ja ebenfalls auf Sprache basierenden Lügenbau der staatlichen Gewalt weniger korrumpierbar erschien und waren dadurch so etwas wie die eherne Speerspitze des Undergrounds geworden. Denn Hierarchien gibt es in jeder Gesellschaft, auch in der egalitären DDR gab es sie, auch im anarchischen Ostberlin. Im Unterschied allerdings zur westlichen Konsumgesellschaft wurde diese Hierarchie nicht durch Besitz oder öffentlichen Erfolg bestimmt. Die konnten eher hinderlich sein, weil verdächtig. Wo die Medien keine Rolle spielen, wird die Rangordnung noch im persönlichen

Wettstreit ermittelt. Wichtig waren der Zugang zu gewissen Wohnungen, der Reichtum an privaten Beziehungen (unter den merkantilistisch Orientierten als »Vitamin B« bekannt), die Ausstrahlung auf das andere Geschlecht, die Wortgewalt bei den Debatten in den Kneipen oder – das bedeutungsvolle Schweigen und Naserümpfen.

Dies alles war ein Spiel, das mir nicht nur Vergnügen bereitete. Die Abende im »Mosaik« waren auf die Dauer nur deshalb erträglich, weil wir außer etwas zu beschweigen auch genügend zu bereden hatten. Scheib und Anatol lieferten für die ersten beiden Nummern von *Mikado* Umschlagzeichnungen und für die nächsten die zu uns passenden Graphiker. Es gab die Ausstellungen zu besuchen, die Scheib in seinem Atelier oder später in einer stillgelegten Hinterhoffabrik in der Sredzkistraße veranstaltete. Und immer wieder tauchte Katja Lange auf, von sich selbst nach ihrem inzwischen verschollenen Kunststoffmantel »das weiße Elend« genannt, um mit uns die Nacht und nicht selten den folgenden Tag durchzuzechen.

Einige dieser Eskapaden habe ich zu kleinen Erzählungen verarbeitet. Spätestens seit meiner Wanderung durch den Böhmerwald wusste ich, dass die Wirklichkeit durchaus ohne größere Korrekturen dichterische Qualitäten zu entfalten vermag. Vor dem poetischen Schreiben kommt das poetische Leben. Die Worte haben nicht Ersatz für nicht gelebtes Leben zu sein, sondern seiner Fülle zu entspringen – nirgends konnte man das so deutlich wie an Katjas Seite erfahren. Sie zog die Ereignisse und Menschen derart an und letzteren die Worte so elegant aus der Nase, dass ich mich an den nächsten Tagen nur hinzusetzen und sie zu protokollieren brauchte. *Mikado* wartete ja auf die Füllung seiner Seiten. Aus jener Zeit habe ich einen von einem vergessenen Mitstreiter an mich gerichteten Satz in Erinnerung: »Du bist Chronist – ich nicht.« War das eine Schmach? Zumindest war es die Möglichkeit, aus meiner immer sprachloser werdenden Verinnerlichung herauszukommen und die Worte, indem ich sie dem Rhythmus des Großstadtlebens unterwarf, sich wieder zu größeren Einheiten fügen zu lassen, sie in erzählerischen Schwung oder den eines zwischen naiver Utopie und Satire schwankenden Aufsatzes zu bringen. Denn kaum zeichnete sich ein – natürlich roter – Hoffnungsschimmer am Horizont ab, so stand auch der Utopismus wieder auf: die alternative Räuberbande als Modell des Zusammenlebens; unsere illegale Arbeit an der Zeitschrift als das für jegliche Arbeit; unsere Feierkultur als inspirierendes Ferment für ein die gesamte Gesellschaft vitalisierendes Festwesen.

Die Zeit, die sich so endlos dehnen konnte, galoppierte plötzlich und öffnete gänzlich neue Räume.

1983

GEGEND 3

Der Friedhof der Herrnhuter Brüdergemeinde befindet sich auf dem Hutberg, einem von Büschen umgebenen Hügel außerhalb der Stadt. Eine Allee verkrüppelter Linden führt darauf zu. Der Friedhof wird von einem tempelähnlichen Turm aus Holz bewacht. Rasenflächen so groß wie halbe Fußballfelder, durch schmale Wege voneinander getrennt. Alle Grabsteine gleich oder sehr ähnlich: flache Steinplatten, auf denen in Versalien Namen, Geburts- und Sterbedaten, Titel eingraviert sind. Der Sterbeort ist immer Herrnhut, die Geburtsorte sind verschieden. Viele Tote stammen aus der sächsischen, schlesischen Umgebung, einige aus dem Elsass und aus Skandinavien. Die Männer liegen von den Frauen getrennt. Die Toten werden immer weniger, das zur Zeit genutzte Gräberfeld ist zu Dreiviertel leer. Die nun rötlichen Steinplatten sind in einen bepflanzten Hügel eingelassen und mit einer anderen Schrift versehen. Hinter der Hecke stehen zwei grasfressende Schafe, nicht angepflockt, sondern auf der Fläche eines Doppelgrabes von einem elektrischen Zaun eingeschlossen.

DIE KUNST DER WAND-ZEITUNG

1

Kunde A: »Was solln das werden?«
Verkäuferin: »Na Wandzeitung. Rostow.«

Kunde A: »Rostock?«
Verkäuferin: »Nee, nich Rostock. Rostow am Don.«
Kunde A: »Und was war da?«
Verkäuferin: »40 000 Tote. Oder 400 000.«
Kunde A: »Wann soll das gewesen sein?«
Verkäuferin: »1943. Oder 1944?«
Kunde B: »Kann auch 1954 gewesen sein.«

2

Wand oder Wandzeitung? ist nicht die letzte der uns heute beschäftigenden Fragen. Warum nicht beides, mag der eine oder andere antworten. Natürlich: Er hat recht, aber eben diese Gemeinsamkeit auf brutalster Stufe war es erst, die uns in die Ecke drängte, aus der wir mühsam genug hervorkrauchen und nicht, um die gleichen Mauern wieder aufzustellen.

Aber diese Mauern sind noch da und werden nicht weniger; wir lernen nur auf neue Weise mit ihnen umzugehen, sie zu ignorieren, sie zu durchlöchern, sie zu benutzen für andere, eigene Zwecke. Mauern sind Wände, nackte Flächen oder getünchte, unverputzte oder tapezierte, mit einem Fluchtpfeil versehen und einem Feuerlöscher. An diese Wände, die eingrenzen, verfolgen, die immer schon vorher da sind, an die man uns stellen kann, wenn es nötig scheint – an diese sehr materiellen Wände werden vorerst die Leitartikel der Zeitungen gehangen als Symbol der geistigen Machtdemonstration, der gelungenen Domestizierung eines Volkes.

Die Zeitungen, als aktuelles Informationsmittel durch modernere Medien im Grunde überflüssig geworden, als Diskussionsforum indiskutabel, weil gerade jedes Gespräch verhindert werden soll, sind tatsächlich zu dem Zeichen absurdesten Machtgebrauchs geworden: den archaischen Bedürfnissen nach Lesen und nach Dingfestmachung durch Druck Rechnung tragend, sind sie reine Propagandablätter, die über genormte Sprache genormtes Denken produzieren und Material liefern für Parteilehrjahr, Straßenbahnfahrt und Wandzeitung.

Gerade aber weil die Medien, anonymisiert und gleichgeschaltet, ein Riesendefizit an individueller Entäußerung erzeugen, den das Kommunikationswesen Mensch bei Strafe des Verstummens nicht länger hinnehmen kann, müssen die alten Mittel umfunktioniert und neue erprobt werden.

Die Zeit der Flugschriften, Manifeste und Pamphlete ist zurückgekommen; die Häuserwände werden nicht mehr allein den Losungen überlassen; zu Kreide, Farbe, Nagel und Kohle ist mit der Spraydose ein optimales Nachtarbeitszeug getreten!

3

Die unmittelbarste und offensivste Form der Mitteilung ist dabei die direkt auf die Wand geschriebene Inschrift. Meist ist sie Sache der spontanen Eingebung, des Wutausbruchs. Durch ihre – innerhalb der lokalen Begrenztheit – größtmögliche und dennoch anonyme Öffentlichkeit, in die sie tritt, verlässt sie die Sphäre des Persönlichen und wird Teil eines allgemeinen, häufig diffusen, immer aber aktuellen Gesprächs. Die Emotionalität bleibt dabei erhalten: durch die individuellen Kalligraphien, den Zwang zur appellativen Kürze, die Nähe zur Zeichnung oder die Verbindung mit ihr. Einzelstile mischen sich zum Stil eines Stadtviertels. Unterschiedliche Orthographien, Handschriften, verwendete Materialien, Untergründe, Ebenen der Mitteilung drücken optisch und sprachlich jenen Großstadtdschungel aus, der schon immer gefürchtet und den zu roden, man immer neue Versuche unternimmt. Aber das Arbeitsvieh muss irgendwohin; wenn es aus den alten Ställen in neue gepfercht wird, nimmt die Trostlosigkeit sterilere Formen an, das Spannungspotential ist dabei keineswegs beseitigt.

(Die Zeit der Altneubauidylle der 50er/60er Jahre ist glücklicherweise vorbei, außer Balkonbepflanzungen und eingehaltener Hausordnung ist denen nichts eingefallen. Genausowenig wie die Villenviertel kennen sie Wandschmierereien, wie aber die Silos von Marzahn durchaus.)

Eine politische Zielrichtung haben die Inschriften in den seltensten Fällen, eine soziale immer: von den Toilettenannoncen über die geritzten Initialen in Felsen, Baumstämmen und Eisengeländern bis zu den Kreidebeschimpfungen und Liebesanzeigen der Halbwüchsigen und Kinder.

Gegenüber der direkten Reaktion, die das Wandzeichen bedeutet, erscheinen die Möglichkeiten der Wandzeitung als die affirmativen, zurückgezogeneren. Sie sind andere und werden von anderen Typen gestaltet werden. Sie sind nichts für den ständig explodierenden Straßenjungen, sondern etwas für den langsameren Bastler im Zimmer.

Er wird, ist er erst einmal in der richtigen Spur, auf die verblüffendsten Lösungen kommen. Wandzeitungen z. B., die sich in der Form den gängigen Plakaten anpassen und in dieser Mimikry an den Litfaßsäulen mit den subversivsten Inhalten überdauern können. Ähnliches mit Spruchbändern, Losungen, Wahlaufrufen. Welche Möglichkeiten bietet das Verschreiben, die Korrektur mit Filzstift und Schere! Ein kleines i hinzugefügt, und aus dem »Beispiel unserer Besten« wird das »unserer Bestien«. (Die festgefahrenen Sehgewohnheiten, die bekämpft werden, bieten gleichzeitig eine Schutzfrist: wir haben die kürzeren Reaktionszeiten. Wachsamkeit ist gefordert, ständige Aufmerksamkeit von allen Seiten, Zuspitzung!)

Mauerinschriften sind im Vorbeigehen zu lesen, vor Wandzeitungen, vor jeder!, soll man stehenbleiben. Rosta-Fenster und Peking-Mauer waren ihre Vorläufer, sowohl revolutionäre Agitation als auch öffentlicher Meinungsaustausch sind nicht mehr gefragt, müssen aber wieder durchgesetzt werden. Unsere derzeitigen Peking-Mauern sind die Schaukästen und Bretterzäune mit ihren Tausch-, Kauf- und Verkaufsanzeigen. – Warum wird auf den kleinen maschinengeschriebenen Karteikarten an den Straßenbäumen statt eines zugeflogenen Wellensittichs nicht anderes angeboten: geistiges Gift, Poesie?

Die Zeit der Flugschriften, Manifeste, Traktate und Pamphlete ist zurückgekommen, jede Wand ist eine Zeitung, jede Wand-Zeitung stürzt eine Mauer!

4 (Mauerinschriften Frühling '83)
Finger, Hüttich und Naumann haben einen Brand verursacht *(Kollwitzstr.)*
TITOT lebt! *(Dimitroffstr.)*
Straße des Glücks *(Bizetstr.)*
Mareens Schamlippen sind gestreift *(Schwedter Str.)*
HESSE halt die FRESSE *(Helmholtzpl.)*
Braunkohle, nein danke! (*Pistoriusstr.)*
Liebe mich nicht *(Knaackstr.)*
Stelestina Flittchen ist für 5oo,– M mit Mondo, ohne Mondo 1000,– zu haben. 15 – 24 Uhr. Aha!!! *(Schwedter Str.)*
PERVERS! *(Hundesalon Chausseestr.)*
Die Hexe ist Doof *(Zehdenicker Str.)*
Wir Ergeben uns *(Straßenbahnhaltestelle Greifswalder Str.)*
Auweia Abba! *(Brunnen Antonplatz)*
Babette geht ins Bette und bumst sich dick und fette *(Gneiststr.)*
Stimmst du bei der Wahl mit Ja, bleiben alle Russen da. Stimmst du bei der Wahl mit Nein, kommen noch mehr Russen rein. *(Toilette Keglerheim)*
Kristen sind doof *(Kirche Behaimstr.)*
Wir sind die, vor denen uns unsere Eltern immer gewarnt haben *(Punk-Jacke)*
Kuhn frist das er platzt. Pen! Pen! *(Tassostr.)*
Dina der Internationalen Volksarmee Warum? Beantworten Darum *(Stargarder Str.)*

Mitbürger! Mit Ihnen sei Allah! *(Sültstr.)*
Gott tod Kot lebt *(St. Wenzel in Wurzen)*
Tragödie des Formalismus. Dual sein und zugrunde
gehen und nie wieder aufstehn *(Toilette Alte Weinstube)*
Tussi liebt die Welt die welt liebt Tussi *(Husemannstr.)*
Andreas sage mir warum Frieden ist. Anne sage mir
warum kein Krieg ist *(Driesener Str.)*
Huhn Birgit hat ein geffiedertes wie Peggy und ich /
ich habe ich habe Alles was ich will *(Niederkirchnerstr.)*

Erstaunlich an diesen Inschriften war für mich, wie wenig politisch ambitioniert sie waren. Außerdem gilt hier, was für alle Utopien gilt: Ihre Verwirklichung bringt nur eine Parodie auf das Gewünschte hervor. Inzwischen ist das ganze Land zu einer einzigen Wandzeitung geworden, aber ein Gespräch von Individuen ist darauf längst nicht mehr herauszulesen. Vielmehr muten die Botschaften aus der von mir so begrüßten Spraydose wie die von außerirdischen Interventen an, die nichts anderes auszudrücken haben als »Wir sind unter euch«. Ein kollektiver Rausch, der keine persönliche Handschrift zulässt, im Grunde überhaupt keine Schrift und damit keinen Gedanken, weil er auf dem Weg des allgemeinen Analphabetismus hin zu Bild und Dekor vorangeht. Wo sich lesbare Buchstabenfolgen darunter mischen, wende ich mich angesichts der brutalen Trivialität ihrer politischen Inhalte schnell wieder ab: »Tötet Bullen!«

Zurück in die Vergangenheit und einigen Erläuterungen zu den folgenden Notizen über meine Tätigkeit im Ernst-Busch-Archiv. Sie entsprang reiner Geldnot. Buschs Villa befand sich am Rande des Bürgerparks in Pankow. Schon seines Namens und der baulichen Reste wegen, die an seinen Ursprung erinnerten, mochte ich diesen Park. Und die Vorstellung, mich mit der Hinterlassenschaft des alten

»Barrikadentauber« zu beschäftigen, hatte durchaus etwas Verlockendes. Um so ernüchternder war der Alltag in Pankow. Ich lernte den Stadtbezirk von der Seite kennen, die ihn zum Synonym für die kommunistische Herrschaft gemacht hatte und die, obwohl die Parteispitze inzwischen nach Wandlitz gezogen war, sein Gesicht noch immer prägte: im Schloss Niederschönhausen, dem Sitz des Staatsoberhaupts; in den zuerst von den Sowjets, dann von den einheimischen Bonzen okkupierten Villen am Majakowski-Ring, dem ehemals mit Stacheldraht abgesperrten »Städtchen« und in den umliegenden Straßen, durch die noch immer die Parteiveteranen oder ihre Witwen schlichen; in den wenigen Gaststätten rund um den Bürgerpark, in denen sie Punkt Zwölf zur Stelle waren, um ihre Königsberger Klopse und Jägerschnitzel zu verzehren.

Die Vorstellung, dass Ernst Busch, der Spanienkämpfer und Inbegriff des proletarischen Barden, in seinen letzten Jahrzehnten ein ebensolches Leben geführt hatte, war befremdlich. Doch die Anzeichen dafür waren eindeutig. Während ich im Souterrain des Hauses bei den Klängen von »Madrid, du wunderbare ...« alte Aurora-Schallplatten sortierte und säuberte, entstaubte im Obergeschoss eine Bedienstete den Flügel, den Ohrensessel und die im sogenannten Arbeitszimmer verteilten Devotionalien, beaufsichtigt von seiner Witwe im Morgenmantel. Sie tauschte ihn nur gegen Rock und Bluse ein, wenn sie eine Schulklasse oder bildungsbeflissene Brigade zum Museumsbesuch empfing, der regelmäßig mit dem Ersteigen eines kleinen Treppchens im Garten endete, um einen Blick über die Mauer auf das Grab des Sängers zu werfen. Er hatte sich totgesoffen, was auch sonst.

ALS ARCHIVAR IM BUSCHHAUS PANKOW

Ich gehe jetzt dort essen, wo Ulbrichts Witwe essen geht.

Unsere Generation hatte nicht unter Lager und Erschießungen zu leiden, sondern unter dem Bild vom Leben als einem Paradies, das uns der Stalinismus eingeimpft hat. Mitschurin in seinem Leinenanzug mit dem riesigen Pfirsich in der Hand. Makarenko, der die verwahrlosten Jugendlichen wäscht, kämmt, kleidet und einer glorreichen Zukunft im Kommunismus entgegenführt.

Politiker haben Schriftsteller zu zitieren und nicht umgekehrt.

Ernst Busch übte in seiner theaterfreien Zeit solch wundervolle Tätigkeiten aus wie Verkauf von Staubsaugern, das Werfen von Trumpf-Schokolade aus Flugzeugen, Gesang in Kieler Cafés, das Rostklopfen von alten Schiffen und Schleusentoren. Aber nicht freiwillig, sondern weil er musste.

Zum ersten Mal das deutliche Bewusstsein von einem absolut unnützen Menschen: die Buschwitwe. Die niemand braucht, niemandem fehlen würde, wenn sie plötzlich verschwände und dabei keine Lücke hinterlassen würde, höchstens ein Aufatmen. Deren einzige Wirkung ist, dass sie einen schalen Geschmack auf der Zunge verursacht, wenn sie an einem vorbeigeht. Ihr Junge, der Chirurg werden will, schon ähnlich. Ja, halb Pankow atmet diese Atmosphäre, die Polizisten vor den Botschaften, die Dame mit Hund im Bürgerpark. Hauptkennzeichen: untätig, parasitär, leer.

»Ich will nie ein Regierender sein.« (Chlebnikow)

GESCHICHTEN AUS DEM VDN

VdN war die Vereinigung der Verfolgten des Nazi-Regimes, deren Versammlungen Trolle mitunter besuchte und mir anschließend davon erzählte.

Auf einer privaten Geburtstagsfeier sprang ein Alter auf und rief: »Ich erhebe das Glas auf die ruhmreiche Rote Armee.« Der nächste: »Wir trinken auf unseren Genossen Breshnew.« Ein dritter: »Ich möchte einen Toast bringen auf unsere ruhmreiche sozialistische Partei, den Vortrupp der Arbeiterklasse, und ihr Zentralkomitee.«

Eines der Mitglieder war 1933 in die Sowjetunion emigriert und dort ins Lager gewandert. Als er nach dem Krieg zurück nach Deutschland kam, wusste man mit ihm nichts anzufangen und gab ihm die Rente des Vereins der Verfolgten des Nazi-Regimes.

Die Widerstandsarbeit der Kommunisten ist vor allem Legende. Scharenweise liefen die Schalmeienbläser und Rot-Front-Kämpfer zu den Nazis über. Was übrigblieb, traf sich in den Wohnungen, zahlte Beiträge und wartete auf Direktiven. Flugblätter wurden zwar gedruckt, aber in der Regel nicht verteilt; nur einmal schoss jemand in der Winsstraße welche mit einem Katapult vom Dach. Als die Russen dann kamen, suchten sie nach Beweisen des Widerstands der Berliner Kommunisten. Eine Passage in ihrem Bericht lautete: »In Pankow-Heinersdorf hing in der Gartenkolonie »Frischer Wind« eine rote Fahne zum Empfang der Roten Armee. Es war eine sehr mutige Tat, die rote Fahne von Lichtenberg nach Pankow zu transportieren.«

Bernhard Karl war sein Leben lang Kassierer gewesen, zuerst in der KPD, später in der VdN-Gruppe Prenzlauer Berg.

Er und seine Frau waren ein altes mürrisches Paar mit einem Spitz. Als er gestorben und die Frau mit dem Spitz nur noch allein unterwegs war, wurde die Schule in der Dunckerstraße in Bernhard-Karl-Schule umbenannt.

Einer der ganz Alten brubbelte auf den Versammlungen immer: »Was machen denn die in Wedding, wo bleiben denn die Jungs? Es muss doch bald mal losgehn.«

Neben ihm saß ein abgesetzter Justizminister.

Als Trolles Mutter den Befehl zur Überführung ins Arbeitslager Theresienstadt bekam, sagte der Vater: »Arbeit haben wir selbst genug. Du bleibst hier.« Der Dorfarzt bescheinigte Lungenentzündung, das rettete sie.

Auf einer Versammlung erschien ein gewisser Vieweg, der Landwirtschaftsminister oder -sekretär unter Ulbricht war. Wegen abweichender Ideen zur Kollektivierung hatte man ihn auf eine Studienreise nach Rumänien geschickt. Als er auf dem Ostbahnhof wieder aus dem Zug stieg, stülpte man ihm einen Sack über den Kopf und brachte ihn in eine unbekannte Villa, wo man ihn ein knappes Jahr festhielt. Als er vom Fenster aus einmal Geschonneck die Straße entlanggehen sah, wusste er, dass er sich in Pankow befand.

Später saß er acht Jahre in Bautzen.

Da Trolles Onkel in Buchenwald zum Zeugen Jehovas wurde, erhält er keine VdN-Rente. Auch manche Christen bekommen sie nicht.

Die Sredzkistraße ist nach den Brüdern Sredzki benannt, beides Kommunisten. Einer von beiden hatte das Lager überlebt, und als er auf einer internationalen Feier auf dem Sozialistenfriedhof im Friedrichshain erschien, gab es

Gemurre im Lager der Polen. »Das ist doch der Kapo aus Sachsenhausen«, rief man, »der uns immer gequält hat.«

Die Hanfsamen, die mir die lange, zumeist rothaarige Madeleine (mit Dutschke befreundet) neben einem gebrauchten Teesieb aus Westberlin mitgebracht hat und die ich im Blumenkasten ausgesät habe, haben die Tauben gefressen.

Die Tauben mit den goldenen Augen und den schwarzen Halsringen, die ich immer für eine einzige hielt und mit entsprechend zärtlichen Worten bedachte, bis ich bemerkte, dass sie einmal drei Zehen hatte, einmal vier und ein drittes Mal nur Stummel an ihrem linken Fuß.

Wenns dreimal klingelt und fünfmal pocht
steht Kurte Wanski vor deinem Loch

Er hatte meist einen Cowboyhut auf, Ringe an den Ohren und den Fingern, mehrere Uhren an beiden Handgelenken und trug Beutel und Taschen, die voller Zeitungen, leerer Flaschen und mit Schnipsgummis zusammengehaltener Rollen seiner Buntstiftzeichnungen waren. Seit seiner Jugend lebte Kurt Wanski in verschiedenen Berliner Nervenkliniken, zuletzt und noch heute im St.-Joseph-Stift in Weißensee. Allerdings hatte ich ihn nicht dort kennengelernt, sondern im »Toni«, dem Kino am Antonplatz, als er wieder einmal Angela besuchte und vor ihr im Foyer Mundharmonika spielte und einen Kopfstand machte. Sie kaufte ihm für 1 Mark eine Zeichnung ab und ich für 10 die ganze Rolle. Angezweckt an das Bücherregal brachten sie Leben in mein Zimmer, und den nie abreißenden Nachschub verstaute ich im Bettkasten meiner Liege. Denn wenn Kurt nicht gerade mit seinem plattbereiften Fahrradanhänger Schrott und Flaschen sammelte oder auf

Schulhöfen oder dem Alex Mundharmonika spielte und dazu tanzte, zeichnete er ununterbrochen. Das heißt, er setzte sich an den Tisch seiner Dachkammer im Stift und zeichnete alles ab, was ihm auf seinen Beutezügen an gedrucktem Bildmaterial in die Hände fiel. Und das war eine Unmenge – ich wusste gar nicht, dass der DDR-Alltag so bunt sein konnte. Filmplakate und -programme, Poster von Popgruppen, Illustrierte aller Art, Kinder- und Sportzeitungen, die Erbauungsschriften der kirchlichen Heimleitung stapelten sich bei ihm bis unter die Decke und dienten alle gleichermaßen als Vorlagen für seine zeichnerischen Abenteuer. Vor allem hatte es ihm die im Scheinwerferlicht erstrahlende Welt der Sänger und Balleteusen vom Friedrichstadtpalast, der Zirkusartisten, Clowns und Schauspielerinnen angetan. Für die griff er gern zu den teureren Filzstiften, während die holzgeschnitzten Heiligen des Christentums in großartig düstere Bleistiftzeichnungen übertragen wurden. Nicht viel anders erging es Wladimir Iljitsch Lenin und Walter Ulbricht und Genossen, die es mir natürlich besonders angetan hatten. Mich interessierte neben dem durchaus vorhandenen künstlerischen Aspekt auch der zeithistorische: Kurt schuf in seinen Blättern eine naive Paraphrase der Bildwelt der späten DDR, von der ich es schade fände, wenn sie komplett im Keller des St.-Joseph-Stifts verheizt würde. Denn Kurts Pfleger waren fortwährend beschäftigt, seine Kammer von den überquellenden Papierstapeln, Kleidungshaufen und anderen Zeugnissen seiner Sammelleidenschaft zu befreien. Diese war es vor allem, die die Unterbringung in einem Heim erforderte; außerdem, erfuhr ich in einem Gespräch mit der Ärztin, wurden noch Zurückgebliebensein auf frühkindlicher Stufe und asoziale Tendenzen diagnostiziert, worunter man wahrscheinlich sein Bedürfnis verstand, bei Staatsfeierlichkeiten neben der Militärkapelle herzumarschieren. Dass man ihn deshalb vor den entsprechenden Festlichkeiten in die geschlossene Station 10 wegsperrte, störte Kurt nur unwesentlich: er nutzte die Ruhe zu verstärktem Zeichnen.

Für mich war er ohnehin ein ganz normaler Zeitgenosse. Wenn ich ihn im Stift besuchte oder auf Dampferausflüge mitnahm, so nicht, weil ich einem Helfersyndrom nachgab, sondern weil es mir Freude bereitete. Holte er seine chinesische Mundharmonika hervor, war uns die Zuneigung aller von ihm ausnahmslos bewunderten Frauen gewiss, und Gesprächsstoff hatten wir ebenfalls genügend. Ging er uns einmal aus und wollte er in tablettenbedingte Lethargie versinken, brauchte ich ihn nur etwas zu kitzeln und er lachte wieder. Wenn ich ihm, nachdem er dreimal geklingelt und fünfmal gepocht hatte, die Wohnungstür öffnete, stürmte er in mein Zimmer und warf seine Beutel und Taschen auf die Liege. Während ich ihm Schmalzbrot und einen Kaffee machte, breitete er seine Schätze aus. Seine neuen Ringe, Uhren und anderen Schmuckstücke, die durch Mundharmonikaspiel oder Altstoffsammeln eingenommenen Münzen, die wir genau durchzählten, bevor wir sie wieder in seiner Geldkatze verschwinden ließen, die neuesten Zeichnungen, für die ich ihm kleinere Geldbeträge oder Buntstifte und Zeichenblöcke gab. Es war etwas Seltsames geschehen: mit Kurt hatte ich zugleich einen Vater und einen Sohn gewonnen. Er war so hager und so alt wie mein Vater im letzten Lebensjahr, und er fragte mich, was hinter den Sternen ist.

An Kurts Seite verliert selbst die Klement-Gottwald-Allee ihren Schrecken. Neben seinem Handwagen läuft man viel beherzter durch die Straßen. Und als ich im Volkshaus den unter mir wohnenden Stasi-Kellner mit seinem neuen Galan am Nachbartisch sitzen sah, regte mich das nicht sonderlich auf. Kurt spielte auf seiner Mundharmonika, und ich sah dem Kerl frech ins Gesicht.

Dass der Kellner für die Stasi arbeitet, hat er mir übrigens selbst gesagt. Es war im vorigen Winter, als er auf seiner Zimmerorgel wochenlang das Programm übte, mit denen er im Advent die Rentner in den Feierabendheimen beglückt. Weihnachtslieder in ihrer schrecklichsten, nämlich von Udo Jürgens inspirierten Version, die mich so sehr entnervten, dass ich an seiner Tür klingelte, um etwas Mäßigung zu erbitten. Er öffnete im weinroten Bademantel. Und nachdem er sich mit dem Blick eines Kammerjägers auf eine besonders große Schabe meine Beschwerde angehört hatte, erklärte er mir, ich solle mit meinen Äußerungen vorsichtig sein, er habe enge Beziehungen zum Ministerium des Inneren. Sein Spezialgebiet sei die Betreuung von minderjährigen Strafentlassenen – zu denen ich zum Glück nicht gehöre.

Eitel sei der Mensch, hilflos und – Mut!

BRIEF AN HERMANN KANT

Berlin, den 17.6.1983

Sehr geehrter Herr Kant!
Ich wende mich an Sie in Ihrer Funktion als Präsident des Schriftstellerverbandes in einer Angelegenheit, in der, wie ich glaube, die Stellungnahme und Unterstützung des Verbandes nicht nur in meinem persönlichen Interesse liegt.
Für Ende März wurde ich vom Pädagogischen Zentrum in Berlin-West zusammen mit zwei anderen Kollegen zu einem Seminar über DDR-Literatur eingeladen; die Teilnahme an dieser Veranstaltung wurde nicht genehmigt. Ich hatte geplant, diese Reise zu Studien zu nutzen, die für meine gegenwärtige essayistische Arbeit notwendig sind; ich stellte also einen zweiten Antrag, diesmal einen fünftägigen Arbeitsaufenthalt in Berlin-West im Juni betreffend, er wurde vom Schriftstellerverband befürwortet.

Anfang Mai erschien in meiner Wohnung ein Herr, der sich als Mitarbeiter des Ministeriums für Staatssicherheit vorstellte und auswies. Er erklärte sofort, dass vom Ausgang dieses Gesprächs die Genehmigung meiner Reise (auch einer imaginären nach Finnland) abhinge. Er erwartete von mir 1. Aussagen über Gespräche, die ich in Berlin-West führen würde, und 2. Angaben über meinen persönlichen Bekanntenkreis in der DDR. Bei einem zweiten Besuch eine Woche später wiederholte ich meine ablehnende Haltung gegenüber den für mich empörenden Antrag und verbat mir jede weitere Belästigung.

Am 7.6. teilte mir der Schriftstellerverband mit, dass meine Reise nicht genehmigt sei, man konnte aber oder wollte nicht sagen, von wem und aus welchem Grund sie abgelehnt wurde. Ich informierte die Mitarbeiterin des Verbandes über den vorangegangenen Zwischenfall.

Mit meinem Schreiben an Sie, das ich als Eingabe zu betrachten bitte, erhoffe ich eine Aufklärung des Falles. Mir erscheint dazu notwendig: – eine schriftliche Antwort, in der der Verband seine Stellung zu diesem Verfahren darlegt, ob und wie weit er bereit ist, seine Mitglieder vor derartigen Übergriffen zu schützen, inwieweit er sich die Reisepraxis von dritter Seite bestimmen lassen will und wie er sich in meiner Angelegenheit in Zukunft verhalten will; – ein Gespräch zwischen mir, einem leitenden Mitarbeiter des Schriftstellerverbandes der DDR sowie einem Verantwortlichen des Ministeriums für Staatssicherheit über das dargelegte Ereignis.

Mir ist es recht, wenn der Fall auf dieser Ebene geklärt werden kann und ich nicht noch weitergehende Schritte unternehmen muss, wozu ich entschlossen bin, falls mich die Reaktion des Schriftstellerverbandes nicht befriedigt.

Hochachtungsvoll
Bernd Wagner

Mit dem Brief ging es mir weniger darum, doch noch die Reise zu ermöglichen, als um eine Befreiung aus der belastenden Situation, in die ich geraten war. Die Einladung nach Westberlin war überraschend gekommen, da ich kaum Beziehungen über die Mauer hinweg pflegte. Es gehört zu den Absurditäten der deutschen Geschichte, dass die beiden Halbstädte im Großen und Ganzen so nebeneinander existierten, als gäbe es die jeweils andere Hälfte nicht. Bei mir zumindest beschränkte sich der Kontakt auf die »zumeist rothaarige« Madeleine, die ich schon beim Deutschlandtreffen 1970 auf dem Alex kennengelernt hatte und die seitdem alle zwei Jahre auftauchte, um mir die erwähnten Teesiebe und Hanfsamen oder indischen Gewürze mitzubringen, nie aber eins der ersehnten Bücher. Dabei war sie seit über zehn Jahren Germanistikstudentin, was allerdings nur bedeutete, dass sie über die proletarische Flugblattliteratur zur Zeit der Sozialistengesetze Bescheid wusste, sonst über nichts. Um so überraschter war ich von der Einladung durch Herrn Habersath vom Pädagogischen Zentrum in Westberlin. Hatte er meine Erzählungen über die Lehrerzeit in Schmachtenhagen gelesen? Hatte er mich eigentlich in Weißensee besucht, um mich persönlich einzuladen?

Ich erinnere mich nur des Besuchs des Stasioffiziers, der sich mir als Leutnant Roland (in Wirklichkeit hieß er Weigel) und zuständig für meinen persönlichen Schutz vorstellte. Der wäre notwendig, weil feindliche Kräfte mich für eine Provokation aus Anlass des 17. Juni missbrauchen wollten, der in die Zeit meines Westberlin-Aufenthaltes gefallen wäre. Aus diesem Grund bot er mir eine Telefonnummer an, unter der ich ihn jederzeit anrufen könne. So konsterniert ich auch war, ich wies den Zettel mit der Nummer ebenso zurück wie die Unterschrift auf einem Papier, mit dem ich mich zu Stillschweigen über unser Gespräch verpflichten sollte.

Als er mich über meine Bekannten ausfragen wollte, brach ich die Unterhaltung ab.

Nachdem der Mann mich verlassen hatte, lief ich eine Weile ratlos in der Wohnung umher und dann zu Trolle. Erst im Gespräch mit ihm wurde mir klar, dass ich soeben für Spitzeldienste angeworben werden sollte. Ich war fassungslos! Wie konnten sie es wagen, mir ein derartiges Angebot zu machen! Waren sie so blöd oder war mein Verhalten in der Vergangenheit derart zweideutig gewesen, dass sie auf eine solche Idee kommen konnten? Hatten sie meine Bücher nicht gelesen? War ihnen entgangen, dass ich gegen die Biermann-Ausbürgerung protestiert und danach gegen den Ausschluss der Protestanten aus dem Verband? Hatte ich mich durch die folgenden Jahre der Depression gequält, um jetzt, da ich mit *Mikado* endlich den entscheidenden Schritt zur Klärung der Fronten getan hatte (oder zu tun im Begriff war – ich bin nicht sicher, ob zu diesem Zeitpunkt schon die erste Nummer erschienen war), der Denunziation und des Verrates für fähig gehalten zu werden? Trolle konnte mir nicht helfen; weder er noch irgendein anderer meiner Freunde hatte Erfahrungen im Umgang mit den Tschekisten. Dass es sich tatsächlich um »die Prüfung auf Eignung für die inoffizielle Zusammenarbeit des W. mit unserem Organ« handelte und zwar durch die Hauptabteilung II/12, die sich der Auslandsspionage widmete, erfuhr ich beim Aktenstudium in der Gauck-Behörde. Die Zusammenfassung meiner Haltung durch Leutnant Weigel lautete folgendermaßen:

»Er lehnt jede Art von Staatsräson ab. Dies ermögliche keine freie Entfaltung der Persönlichkeit. Insbesondere in der DDR sei die Staatsräson besonders stark ausgeprägt, was auch seine Arbeitsmöglichkeiten beeinträchtige, eine freie Meinungsäußerung sei in diesem Staat nicht möglich.

Auf starke Ablehnung stößt bei dem W. auch die Militärpolitik unseres Staates. Besonders griff er die »Militarisierung der Jugend« an. In dieser Gesprächspassage war deutlich, dass W. eine pazifistische Haltung einnimmt.

Die Kulturpolitik unserer Partei lehnte er in allen ihren Teilen vollkommen ab. Dazu gab er trotz Aufforderung keine Erklärung.«

Und so weiter. Ich zitiere das, um die Möglichkeiten deutlich zu machen, die jeder bei einem solchen Anwerbeversuch hatte. Zwar kann ich mir Zwangslagen vorstellen, die eine Verweigerung schwieriger machten als sie es für mich war, aber als Entschuldigung für jahrelange Zusammenarbeit kann ich sie nicht akzeptieren. Die DDR mag uns manches vorenthalten haben, aber nicht Gelegenheiten sich zu entscheiden, als es noch etwas kostete. Dafür durchströmt mich in manchen Momenten Dankbarkeit.

Vor dem zweiten Gespräch war ich unschlüssig, ob ich ihm den Zutritt zur Wohnung verweigern oder noch einmal unmissverständlich meine Meinung sagen sollte. Ich entschied mich für letzteres. Bei der Suche nach einem Symbol, das meine gestärkte Position zum Ausdruck bringen und aus mir gewissermaßen den Verhörer und aus meinem Gegenüber den Verhörten machen sollte, fiel mir nichts anderes ein, als meinen zweiten Stuhl mit dem Gesicht zum Bücherregal in eine Ecke zu stellen, aus der ihn der Leutnant erst hervorholen musste, um darauf Platz nehmen zu können. Weigel resümierte das anschließende Gespräch so: »Zu Beginn der zweiten Aussprache erklärte der W. in einem sehr arroganten Ton, dass er sich über seine Rechte erkundigt habe und jedes weitere Gespräch mit Unterzeichner ablehne ... In diesem Zusammenhang verdeutlichte er noch einmal seine negativ-feindliche Haltung zur gesellschaftlichen Entwicklung in der DDR und brachte zum Ausdruck, dass er sich als Konterrevolutionär eingestellt betrachte. Des weiteren zeigte er dem Unterzeichner sein SVK-Buch. Daraus geht hervor, dass sich Wagner in psychiatrischer Behandlung in Weißensee, teilweise auch stationär, befindet.«

Was hatte ich mir dabei gedacht? Wahrscheinlich hoffte ich, dass die Leute von der Firma mich als einen Verrückten einstuften, von dem sie lieber die Finger ließen. Um Ruhe vor ihnen zu haben, hatte ich auch an Kant geschrieben und eine Kopie des Briefes an den Genossen Mielke persönlich geschickt, ebenfalls mit der Bitte um eine Aussprache. Nun, im Gegensatz zum Schriftstellerpräsidenten bekam ich ihn nicht zu Gesicht, sondern nur einige seiner Jünger, die mich in ihrem Hauptquartier in der Normannenstraße empfingen, um mir mitzuteilen, dass ich Opfer eines Missverständnisses geworden sei und mir weiter keine Sorgen machen solle.

Ähnlich argumentierte Hermann Kant, als er mich in seiner Wohnung in der Leipziger Straße – wo sonst? – empfing. Er fügte noch eine Prise Empörung über die Eigenmächtigkeit der »Organe« hinzu, ohne mir durch die gespielte Gefühlsaufwallung den Eindruck zu vermitteln, ich sitze einem lebendigen Menschen gegenüber. Noch nie hatte ich ein Gesicht gesehen, das derart von der Teilhabe an der Macht entstellt war, noch nie so trockene Amphibienhaut, noch nie solch kalte, erloschene Augen. »Das Vorgehen der Genossen könnte ja den Verdacht nähren, dass jeder Reisende ins westliche Ausland mit ihnen kooperiert«, meinte er und empfahl mir, meinen Antrag zu einem späteren Zeitpunkt neu zu stellen.

Obwohl mir bei Verlassen der Schriftstellerpräsidentenwohnung schauderte, tat ich das. Aufs Neue setzte ich mich an die Schreibmaschine und phantasierte etwas von einem Essay über Hanns Henny Jahnn, der einen Aufenthalt in seinem Exilland Norwegen (und nicht Finnland) und in den Westberliner Bibliotheken notwendig mache, damit ich ein längeres Visum erhalte als für eine Lesung im Pädagogischen Zentrum notwendig wäre.

GEGEND 4

Auf einem Höhenzug nördlich von Halberstadt befindet sich ein schütterer Kalk- oder Sandsteinfelsen. In ihm gibt es Höhlen, die noch bis in dieses Jahrhundert hinein von Eremiten bewohnt wurden. Inzwischen sind die Wände über und über von Inschriften russischer Soldaten zerkratzt. Neben einem riesigen Phallus kann man vor allem sowjetische Städtenamen lesen. Scheib, der die Höhlen besuchte, meint, die Zeichen stammen von Rotarmisten, die, aus den Kasernen der Umgebung geflüchtet, sich alle hierhin zurückzogen und auf ihrem Weg nach Hause nie weiterkamen.

Man versucht, eine militärintellektuelle Kaste zu schaffen. Jeder soll vor dem Studium in dreijährigem Militärdienst gelernt haben, niedere Ränge zu befehligen.

Als Denken im herkömmlichen Sinne kann ich nicht bezeichnen, was in meinem Kopf vorgeht. Ich verwalte Gedanken.

ÜBER DIE ENTWICKLUNG

Sie gehört zu den großen Selbsttäuschungen des Menschen. In Wirklichkeit wechselt eine Art der Verblendung mit einer anderen ab. Wichtig dabei ist nur, dass man sich ihr mit voller Kraft hingibt und vergisst, dass es eine ist.

Wie will man denn jemals besser werden, als man als 5-Jähriger oder 15-Jähriger war? Man wird nur anders, nicht besser. Man tauscht eine Daseinsform gegen eine andere aus und hat aufzupassen, dass man dabei nicht Minus macht.

Wozu soll man sich entwickeln? Letzten Endes doch nur zum Tod hin.

Was für einen Sinn hat es, im Fall eines Menschen von »Reife« zu sprechen? Zum Glück ist er keine Pflaume, die madig vom Baum fällt, wenn sie zu lange daran gehangen hat.

Der ganze Entwicklungsgedanke bewirkt vor allem, dass man die gegenwärtige Situation immer als Vorstufe begreift und demzufolge nicht lernt, in der Gegenwart zu leben.

Insofern ist der Entwicklungsroman nichts anderes als eine Form des Märchens.

Gestern bei Babu auf das Kind aufgepasst, während sie eine Versammlung der jüdischen Gemeinde besuchte. Am Anfang wieder die Erstarrung, Zittern. Dann, als ich allein bin, Duschen im Bad und kurzes Gespräch mit dem Jungen.
In fremdem Zimmer an fremden Tisch auf fremden Stuhl in Büchern geblättert. Fremdes Fenster. Ihre Erzählung gelesen, in der Babu eine mir fremde Welt der Schönheit und des »besonderen« Menschen beschwört. Der besondere, der sozial ungebundene Kulturmensch kann nicht so leicht asozial werden, wie ich es bin. Für ihn ist das »Schöne«, sind Kunst und Literatur eine heimische Welt, die er nicht als so fremd empfindet wie der Plebejer. Für ihn wird es immer einen Kreis Erlesener geben, der ihn aufnimmt, während er unsereins abstößt. Deshalb ist auch für Babu der bevorstehende Gang in den Westen kein Problem.
Sie kann sich an der besseren Zahnpasta, Hautcreme, an Spraydosen erfreuen; ich ginge daran kaputt, wenn ich meine alte Holzbürste aufgeben müsste.

Brasch: Wie alles, was wir machen, ehrenwert, aber im Grunde nichts. Wir können keinen normalen Satz formulieren, ohne von Emotionen zerrissen zu werden.

WHO IS WHO IM PRENZLAUER BERG

Harter Osten! Vom Schwererziehbarenheim in den Knast, vom Autisten zum Gehirncomputer. Das größte lebende Pumpgenie Deutschlands. (Schulze)

Süße Schalmei! Der Foundator der Sprachheilschule, die Zentraleuropas Dichtung revolutionierte. Rotwelsch mit Vanillesauce. (Papenfuß)

Auf hohen Stelzen und trotzdem vorwärts: der Jung-Siegfried der ostdeutschen Szene. Briefschreiber, Poet und Jungmädchen-Schänder. Strohig und blumig zugleich! (Kolbe)

Er dichtet auch! Vom Oktoberpoeten zum Novemberheiligen! Der krumme Geschäftemacher, Radioprogrammierer, Aktionist und Lagerverwalter des rechten Elbufers stellt sich vor. (Anderson)

Bleiches Elend. Vom Oranienburger Gärtner zum Siechtum in der Lychener Straße. Leere mit und ohne h. Lesen und verwickeln Sie! (Döring)

Lebt im Wasser und dennoch ständig trunken. Miesmuscheln, Putzerfische und elektrische Aale: aufs sorgsamste zubereitet. Achtung, beeinträchtigt Fahrtauglichkeit! (Lange)

Ein Apfelpflücker erzählt. Wie das Erdbeben Sangerhausen verwüstete und alles weiterschläft. Vorhang auf: Vorhang! (Trolle)

Im Halbschlaf bildeten Katja und ich eine lebende Plastik an der Mauer nahe dem Brandenburger Tor. Sie hieß »Gegen den Westen! oder Wider den Klassenfeind.« Beide in

Standwaage übereinander, hielten wir die geballten Fäuste nach vorn. Fünfzehn Grad in der Richtung voneinander abweichend, aber eindeutig auf den Westen weisend.

FEST AN DER PANKE

Da beim letzten mal Jugendliche die öffentliche Ordnung gestört hatten, wurde das Konzert der Gruppe »Pankow« in diesem Jahr auf die Schulstunden am Sonnabend Vormittag gelegt. Auf der Vorbesprechung fragte der Parteisekretär des Stadtbezirks: »Wer garantiert uns aber, dass die Gruppe Pankow um dreizehn Uhr wirklich aufhört? Was machen wir, wenn die einfach weiterspielen?« »Dann schalten wir den Strom aus.« Des weiteren wurde festgelegt, dass mit *Frieden* oder ähnlichem Unsinn beschriftete Lampions verboten und sicherzustellen sind. Die Wiese, auf die sich im Vorjahr die Jugendlichen gelagert und Gitarre gespielt hatten, setzte man unter Wasser. – Am betreffenden Sonnabend schwänzten sie die Schule und setzten sich auf den nassen Rasen.

Nicht das Beste kommt heraus, wenn Menschen sich drängen. Die Gäste im »Wiener Café« jedenfalls, die die geistige Elite des Prenzlauer Bergs zu sein glauben, kamen mir gestern vor wie die versammelte Dummheit. Als ob bei gegenseitiger Annäherung nicht die Intelligenz, sondern der debile Urgrund nach oben drängt.

Ihr Zwerge, euch geht es immer nur um Politik und Kunst! Mir geht es um Sünde!

ZU THEWELEIT

Die ganze Weltgeschichte psychoanalytisch zu betrachten, ist noch unsinniger und bedeutungsverkorkster, als sie auf einen ökonomischen Nenner bringen zu wollen. Von der Ökonomie kann man wenigstens entspannen, sie zur Hölle wünschen und auf ihren Ruinen triebhafte Feste feiern. Wie will man aber vom ständig bewussten Unterbewusstsein ausruhen?

Immerhin geht es um die Geschichte der Menschen als soziale Wesen, und die kann zwar unsinnig erscheinen und Irrwege durchlaufen, aber nie und nimmer durch die Erlebenswelt des vereinzelten Neurotikers der Gegenwart erklärt werden. Sein Problem ist ja, dass er die entscheidenden Triebkräfte der menschlichen Gesellschaft gar nicht mehr kennt: Hunger, Neugier, Lust ...

Der normale Psychologe denkt sich den normalen Menschen als ein Wesen, das nichts zu tun und zu lassen hat, als so normal und steril zu reagieren wie er selbst.

Die Tendenz, alles, auch das Leben in früheren Gesellschaften, als Verdrängungsresultate des Unbewussten zu interpretieren, wird zur Zwangsvorstellung, weil man selbst nichts mehr auszuleben imstande ist und nur noch Verdrängungen verwaltet.

Wer behauptet beispielsweise, dass der Normalzustand des Menschen ist, nicht zu trinken, nicht zu rauchen und nicht seines Nächsten Weib zu begehren und sich aus diesem Grunde mit den verrücktesten Gedanken herumzuschlagen?

Geschichte ist auch bei Theweleit nur Resultat der Operationen der Herrschenden, um Macht zu sichern, auszubauen. Wenn schon Gesellschaftskritik, wäre es endlich an der Zeit, eine Kritik der Beherrschten zu schreiben, ihrer ignoranten Dummheit, ihrer Beschränkung auf Eigennutz und kleinlichen Vorteil. Ich schlage vor, mit den Frauen anzufangen.

Die folgenden »Gazetten« genannten Texte bestehen aus Wörtern, die ich aus dem *Neuen Deutschland* (später lieferten die westlichen Zeitungen das Material) ausgeschnitten und auf A4-Blätter aus transparentem Butterbrotpapier geklebt habe. Ich kam auf die Idee, als ich für meine auf Tapetenpapier geklebten Wandzeitungen die Presse durchforstete. Einerseits entstanden die Texte aus Notwehr gegenüber den Zumutungen im *ND*, das ich als Zeitungslektüre bevorzugte, weil ich die Lüge in ihrem Originalzustand aufnehmen wollte und nicht in ihren verwässerten Versionen. Zum anderen waren sie der letzte Versuch, die Poesie noch etwas zum Bleiben zu bewegen und mich nicht mit der Prosa allein zu lassen.

Dabei machte ich verschiedene Entdeckungen. Der Wortschatz im *ND* war reicher als gedacht und stellte durchaus Fragen an die im 20. Jahrhundert herausgebildete Literatursprache. War sie, seit Kafka das Idiom der Kanzlisten in sie eingeführt hatte, nicht entscheidend verarmt? Hinkte sie nicht hoffnungslos unseren Erfahrungen hinterher, wie sie selbst in einer so dürftigen Presse wie der sozialistischen zum Ausdruck kamen? Musste man nicht häufig Übersetzungen der Angelsachsen oder Russen lesen, um festzustellen, zu welcher Kraft und Farbigkeit auch die deutsche Sprache fähig war? War es möglich, diesen Reichtum auch außerhalb solcher Spielereien mit Schere und Klebstoff zu nutzen und etwas anderes damit auszudrücken als die Absurdität des Lebens?

Montag,
24. Oktober 1983

Der deutsche wahnsinn

– Ein Leben aus **forcierten** Regenkrähen

und umliegenden Straßen,

auf örtlichem Rasen unbezwungen seit Hagen

Sperrmauer gegen feindliche Verletzungen.

ausgehaltene Wochenende

Schachzug der ... Bester aus großen Schnellboot

Raketen- und Rotstift- griff den Lebensmit-

der Menschenkette errang

Prämie kann weinen.

Mängel spannend. Auftrieb Räder

Vulkan zerstöre Mißtrauen mit Illegalität

„Verschrottet Region. wölkt

druckgeleitet Gleis.

Autonome sollten lernen Sprechchöre

hervorragender Hafenarbeiter

— Ein Duell in Zentraleuropa zu Paarung

ge kreuz t Regen rangiert Heimaufgabe“

der richtigen revolution

nächst Schranken beschossen,

»Gazette 4«

Dass ich auf einer selbst reichlich absurden Veranstaltung damit Beifall erntete, verleitete mich nicht zu Illusionen. Sascha Anderson und Papenfuß hatten zu einem Treffen in ein Hinterhofatelier alles geladen, was sie der Avantgarde zurechneten. Bis heute weiß ich nicht, was insbesondere Anderson damit bezweckte, die Möglichkeit der Bestandsaufnahme für die Stasi oder einfach die, ein bisschen Staub aufzuwirbeln? Der nur begrenzt originelle Titel »Zersammlung« hielt, was er versprach. Da es keine Stühle in der Fabriketage gab, stand man herum, las Texte vor oder hörte ihnen zu, und als Kolbe die Frage aufwarf, ob es nicht Zeit wäre, einen unabhängigen Schriftstellerverband zu gründen, war ich einer der wenigen, der zustimmte. Anderson schwebte anderes vor: einen Busausflug ins Erzgebirge, wo man angesichts der verdorrten Fichtenwälder erschauern und durch das Mikrofon des Reiseleiters Gedichte vortragen könne. Papenfuß aber war von der Natur nicht einmal in ihrer abgestorbenen Form zu begeistern, so dass alle froh waren, als Jochen Berg erschien, die traurige Kopie Heiner Müllers, und uns mit viel Räuspern und bedeutungsschweren Pausen erklärte, was er Godards Film *Weekend* in Bezug auf unsere konspirative Versammlung entnommen hat. Ich habe nichts davon verstanden.

In der Klement-Gottwald-Allee liegt in einem Schaufenster Schmuck im Wert von hunderttausend Mark. Um ihn zu Geld zu machen, müsste ich das Schloss am Gitter knacken, die Schaufensterscheibe möglichst lautlos einschlagen, das Zeug, ohne erwischt zu werden, herausholen und es später bei einem Hehler loswerden. Und vor allem dürfte ich, anders als beim Schreiben, es mir nicht nur ausdenken, sondern müsste es tun. Als ich Katja davon erzählte, sagte sie: »Wecke keine schlafenden Hunde.«

GEGEND 5

Inmitten der trockenen Schorfheide ein Tal, bebaut und voller Leben. Obstplantagen, kleine Gemüsefelder, Koppeln mit aus den Wassertrögen saufenden Kühen. Es ist heiß. Auf einem Sandweg kommt mir ein Radfahrer entgegen, mit Wimpel und Kofferradio am Lenker. Er spricht nicht, kann aber mit der Hand die Richtung weisen: Dort hinten ist die Kolonie Lobetal. Es ist die Geste eines Kundigen. Er ist ein Anstaltsinsasse auf Sonntagsausflug, der dieses Tal ansonsten bearbeitet.

DER CROSTIGALL

Ich traf am Crostigall auf meine Mutter, die noch lebte und schwarzhaarig war. Zusammen mit Katja machte sie mir klar, dass ich Besserung nicht im Grünen Thüringens, sondern nur an den Ufern der dunklen Mulde zu erwarten hätte. Ein Haus in einem der großen Dörfer in der Flussaue stand schon zum Kauf bereit. Allerdings wollte ich nicht, dass auch Katja mit einzieht. Als wir zu dem allein am Flussufer stehenden Haus kamen, stellte es sich als der Mittelpunkt von Kriegshandlungen heraus. Im Haus hatte sich eine Partisanengruppe verschanzt, die wir gegründet, aber inzwischen vergessen und ihrem Schicksal überlassen hatten. Wir selbst waren ohne Waffen. Im oberen Stockwerk hatten sich feindliche Soldaten eingenistet. Da ich eine Jacke trug, die ihren Uniformjacken glich, konnte ich mich zwischen den beiden Parteien bewegen und nach einem Ausweg suchen, den es nicht gab. Schließlich gelang es mir, über eine Bohle ins Freie springend, das Haus lebend wieder zu verlassen. Ich sah mich nach Katja um. Von ihr hatte ich seit ihrem letzten Anfall – sie knirschte mit den Zähnen, die Augen sprühten Wahnsinn, der auf einen endgültigen Zusammenbruch hindeutete – nichts mehr gesehen. Ich fand sie am Flussufer zusammen mit Hella, ihrer größeren helleren Freundin, die, ein abgespaltener Teil von ihr, nun die Hand über die dunkle, genesene Katja hielt und für ihre Sicherheit bürgte. Aber als sie mich sah, knirschte sie wieder mit den Zähnen, und ein Stapel Tonmeliorationsröhren fiel zerbrechend zusammen.

Bernhard Wicki will bei seinem nächsten Film mit der DEFA zusammenarbeiten. Ein neuer Aspekt der deutschen Perversion: die Linken von drüben kooperieren mit der DDR, und den Linken hier bleibt nur der Westen.

Furchtbar: in der Bibliothek miteinander *arbeitende* Studentenpaare.

Liebst du mich, so lieb ich dich.

Habe mit Katja die Schreibmaschine getauscht.

Als im »Skala« zwei Tanten den Trinker am Nachbartisch ansprachen »Na, so trübsinnig, junger Mann«, antwortete der: »Ja, ich habe einen Sterbefall.«

Habe für Fühmanns Grabstein die Inschrift »Selbst der größte Vegetarier beißt nicht gern ins Gras« vorgeschlagen. Kolbe fand das nicht so gut.

Das war verständlich, denn Uwe hatte eine so enge Beziehung zu Franz Fühmann, dass er die Grabrede für ihn hielt. Wir druckten sie in *Mikado* ab. Ich war nicht zur Beerdigung gegangen, weil ich davon so viele in meiner Kindheit erlebt habe, dass sie für ein ganzes Leben reichen. Um in Ruhe schreiben zu können, quartierte ich mich in Katjas Waldhütte ein, die von ihrer Mutter nicht mehr genutzt wurde, seit sie als Kandidatin des Politbüros nach Wandlitz gezogen war. Um mich nichts als Holz. Die Hütte daraus und draußen die Kiefern wie Posten stehend auf dem mit dünnem Gras bewachsenen Waldboden. Menschlicher Kontakt ergab sich in der Funktionärssiedlung nur bei meinen Einkäufen im Konsum.

BEI DEN WALDPREUSSEN

Als ich mit dem Rucksack in die Konsum-Verkaufsstelle Kolberg kam und die leeren Flaschen auf dem Gemüseladentisch auszupacken begann (ich schob dazu einen Rechnungsblock etwas beiseite), sagte der hinterm Tisch stehende Verkaufsstellenleiter »Die Flaschen sortieren wir hierhin« und rückte sie zehn Zentimeter nach links. Dann ging er zur Kassiererin, um sie über die zu erwartenden und einzustapelnden Chemieartikel einzuweisen. Als ich mich nach einem Körbchen umsah, kam er doch noch zurück und fragte: »Wem gehören die Flaschen hier?« (wir waren allein im Laden). Ich antwortete: »Mir«. Er zählte durch, kam bis zu Vier Mark zwanzig und sagte: »Bei Unklarheiten nachzählen.« Ich tat ihm den Gefallen und zählte langsam und laut nach, und da ich zum gleichen Ergebnis kam, sagte ich »Stimmt« und wendete mich den Verkaufsregalen zu. Er bemerkte: »Im allgemeinen zähle ich schnell. Und richtig.« Als ich die Kassiererin nach Milchflaschen fragte, antwortete sie mit einer Lautstärke, als wollte sie es mir ein für alle Mal einbläuen, dass sie nur Beutel hätten. Ich ging daraufhin zum Backwarenstand. Die Kassiererin rief: »Wollen Sie Fleischwaren?« Ich: »Nein, Bäckereiwaren.« Sie baute sich hinter dem Stand auf und fragte: »Was wollen wir?« Ich: »Ein Spritzkuchen und drei Brötchen.« Sie packte sie in die Tüte und schrieb den Preis drauf. Als ich sie bat, mir fünf Eier zu geben, wies sie auf das Regal neben sich und sagte: »Die können sie selber nehmen. Die kleinen Tüten.« Während ich hinter den Tisch ging, um mir eine Tüte zu nehmen (in der sich, wie ich später feststellte, acht und nicht fünf Eier befanden), lief sie zurück zu ihrer Kasse. Ich gab ihr die Waren und den Bon für den Flaschenpfand. »Drei Mark fünfundzwanzig«, brüllte sie mich an. »Haben wir fünfundzwanzig Pfennig?« Ich brüllte zurück, dass wir die nicht haben, und verließ, nachdem ich das Wechselgeld erhalten hatte, erleichtert den Laden. Übrigens war ich nicht das erste, sondern bereits das dritte Mal in dem Geschäft. An dem Ton aber, das weiß ich aus Schmachtenhagen, würde sich auch bei meinem hundertsten Besuch nichts ändern.

ZURÜCK AUS SACHSEN

Der Mann, der uns im Körnergarten gegenüber saß, hatte drei Eintragungen in seiner Personalakte und schwer getankt. Anfangs sprach er nur von der geschiedenen Frau und seiner zwar nicht eigenen, aber von ihm aufgezogenen, geliebten Tochter. »Kinder merken ja alles. Die denken auch viel reeller als wir. Un weil die Kinder ja nur von den Erwachsenen was lernen, muss man sehr vorsichtig sein. Ich hab sie nie geschlagen, nur einmal am Ranzen hochgehoben ...«

Dann kam er auf seine Armeezeit zu sprechen. Da er vorher Sportschütze war, hatte man ihn zur Grenze gezogen. »In einer Nacht lag ich zwei Stunden bei fuffzehn Grad Kälte fest un traute mich nich zu rühren. Ein Hund, Chow-Chow, also Blauzunge, hatte sich von der Führleine gerissen, un keiner durfte sich ihm nähern, denn darauf sind die dressiert. Kurz bevor ich festfror, hab ich mich angeschlichen, dann drauf auf das Vieh un, Hand bis zum

Anschlag im Gebiss, es auf den Rücken geworfen ... Ein andermal is uns ein Schäferhund von drüben zugelaufen, vom Bundesgrenzschutz. Die sind ja ganz anders ausgebildet. Unsere gehn auf Hetzärmel, denen ihre auf Holz, entweder in der Hand gehalten oder geworfen. Ein ganz dürres Vieh, der Hund. Aber mit dem gewann ich jede Wette, als er sich an mich gewöhnt hatte. Aus dem Stand sprang der aufs fünf Meter hohe Garagendach, ausm Stand ... Wer über die Grenze abhaut is ein Schwein, weil er ganz genau weiß, wo es lang geht: entweder die oder ich. Soll ich dir erzählen, was die beiden auf Posten gemacht haben, die der Weinhold umgelegt hat? Geschlafen ham die, das steht in keiner Zeitung ... Wenn ich hier rauswollte, ich wüsste schon wo un wie. Aber warum? Abhaun is Feigheit vor dem Feind. Un ein Deutscher is nich feige. Wir halten aus, bis der Schnee wieder weiß is. Aber in aller Ruhe, nich wie die Polen. Aber durchhalten werden wir, was?«

In der Meißener Mitropa saß ein mit Krücken bewaffneter Alter an einem langen Tisch, dessen Stühle er für seine Familie freihielt. Dabei unterhielt er das ganze Lokal und sich schließlich mit mir. Sechsundfünfzig Jahre Bahndienst, zuerst als Streckenläufer, nach Unfall bei der Auskunft wegen seiner Sprachkenntnisse, die er im Krieg in Polen erworben hat. Er zeigt mir seine Dienstmarke, ein paar an ihn adressierte Ansichtskarten, dann zur Decke. »Weißte wieviel der Kronleuchter hier oben wert is? Eine Million Dollar ... Der is aus Meißner Porzellan. Un als das ein amerikanischer Offizier aus Riesa mitgekriegt hatte, kam er mit seiner Adjutanz über die Elbe un verlangte den Gaststättenleiter zu sprechen. Als der wieder zurückkam, sagte er, wisst ihr, was der will? Den Kronleuchter will er, für eine Million Dollar. Ham wir ne Weile überlegt un dann die russische Kommandantur angerufen. Zehn Minuten später kam in einem Jeep ein Offizier mit Streife. Sie sind rein in die Mitropa, ham die MPis durchgezogen un auf den Ami angehalten. Dawai! Wenn der sich gemuckt hätte, hätten sie ihn erschossen. Er hatte nämlich im russischen Sektor nichts zu suchen un die Demarkationslinie illegal überschritten. Sie ham ihn dann abgeführt un zurückgebracht.«

Auf der Rückfahrt machte ich in Altenbach, einem Dorf bei Wurzen, Station, in dem mein alter Freund Streckser die Kneipe seiner Mutter übernommen hatte und sie zusammen mit Thea bewirtschaftete. Sie hatte ihre Stellung als Justitiarin bei der HO Jena aufgegeben und briet jetzt Schnitzel und Buletten, während Streckser mit unverhohlenem Widerwillen das »Sachsen-Bräu« zapfte, das seiner Aussage nach aus Reis gebraut und mit Schweinegalle als Bitterstoff versetzt wurde.

Im Hinterzimmer zechte die Feuerwehr. Der Hauptmann sagte zu Streckser: »Wennde den Kellner siehst sach er ma er soll mer e Bier vorbeibringen.« Streckser war der Kellner, ich zapfte.

Weitere Sprüche: »Disgudiere dich nich nach Waldheim.« »Aufruppen wie e Westpaket«.

Im ältesten Haus Altenbachs hatte Millionen-Schmidt, nachdem die früheren Besitzer gestorben waren, bis vor kurzem Hühner gehalten. Das Mobiliar blieb unverändert. Die Hühner legten die Eier in Betten, Schubläden, Regale, Schränke, auf Tische, Stühle und den Fußboden. Als sich die Nachbarn darüber zu wundern begannen, dass aus den Fenstern des Hauses jetzt Hühner sahen, vernagelte Schmidt die Fensterlöcher.

Auf der Dorfstraße
»Wie siehst du aus! Was soll deine Mutter sagen, wenn Du nach Hause kommst?« – »Ich habe ja keine mehr.«

GEGEND 6

Wie alle Berliner Gewässer sind auch die Seen zwischen Erkner, Woltersdorf und Rüdersdorf in diesem Winter gefroren. In ihre Mitte ist eine Fahrrinne gebrochen, in der das Wasser frei fließt, Schollen treiben. Wo das Eis nicht von dünnem Schnee überstäubt ist, sieht man unter der glatten Oberfläche Risse, Blasen, Schichtungen und verbackene Schollen. Das Eis stöhnt, ächzt und arbeitet, mitunter gibt es Pfeiftöne und Krachen von sich. Die Kanäle sind gefrorene Straßen, von beschnittenen Linden, Hecken und Häusern gesäumt. Man könnte tagelang auf ihnen unterwegs sein.

Indem sich der Kalksee weitet, werden die Eisflächen geschlossener, dunkler und glatter. Ein Radfahrer kommt uns leise entgegen und sirrt vorbei. Am Ufer wächst Schilf aus dem Eis, unter den Bäumen ist das Eis mürber, da, wo Abwässer in den See fließen, gibt es dampfende freie Stellen. Die Fahrrinne entlang schiebt sich ein Schlepper, neben dem ein Schlittschuhläufer hergleitet. Der Schlepper biegt in einen Kanal ab, die weite gefrorene Seefläche vor Rüdersdorf ist belebt von Eisanglern und Schlittschuhläufern. Aus dem Eis ragende Zweige markieren die verschiedenen Löcher der Angler. Wir laufen von einem zum anderen, und noch immer reagiert das Eis auf unsere Schritte, antwortet mit Lauten.

NEUE INSCHRIFTEN

Ein Parteisekretär namens Thielemann hat mir meinen Lebensabend zerstört. *(Toilette Helmholtzplatz)*

Ulrike Krause geht in die 1349. Klasse der 20. Oberschule. Sie ist davor 1339 Mal sitzengeblieben. *(Greifswalder Str.)*

D ein
E inkommen
L angt
I m
K ommunismus
A cht
T age *(Klement-Gottwald-Allee)*

Begegne mir nicht wenn ich besoffen bin. Damit meine ich Christiane *(Rykestr.)*

Grosse Titten blondes Haar
wer zahlt 50 Mark in bar
wer kann ficken wie ein Stier
kann sich melden dann bei mir *(Kräusenbierstube)*

Randule Randale wir kommen von der Saale *(Ostbahnhof)*

Mein
Heimat
land
ist
Deutsch
land
Bloß
wann *(Raumerstr.)*

Als ich am Nachmittag Kurt im Josephs-Stift besuchen wollte, traf ich in der Vorhalle den Sportler wieder, den ich von meinem Aufenthalt in der Neurologie kenne. Wie eh und je im Trainingsanzug, drehte er vor der Telefonzelle zwanzig Pfennige in den Fingern. Er sagte, er liege seit der vorigen Woche auf Station Vier, weil seine Krankheit wohl doch psychisch bedingt wäre, er seinen Sportunfall noch nicht verkraftet hätte. Zwölf Jahre ist es her, seit er vom Reck stürzte, und seitdem zieht er von Krankenhaus zu Krankenhaus, in seiner Trauer über die beendete Karriere nicht nachlassend. Im Herbst ist zu seinem Rückenleiden noch eine Gürtelrose gekommen, weshalb er verlegt worden ist. »Ungeheurer psychischer Stress da. Sind ja alles psychisch Kranke, aber man darf sich nicht wehren, alles muss raus, ganz locker. Im August war ich mit der Nationalriege ja noch in Jugoslawien, die haben mich aus Freundlichkeit mitgenommen. Aber da rumsitzen und zugucken, wie sie ihre Übungen machen?« Ich gab zu bedenken, dass seine Karriere auch bei normalem Verlauf wahrscheinlich schon beendet sein würde. Immerhin war er über Dreißig, auch wenn er noch das spitzmäusige, inzwischen mit Bartstoppeln und Falten übersäte Jungengesicht aus der Zeit der Nationalmannschaft hatte. Davon wollte er nichts wissen. »Nee, nee, das is überhaupt nich raus.« Im vorigen Jahr phantasierte er noch davon, dass er an der Ostsee ins Surfbrettgeschäft einsteigen wolle, dass er Gipsmasken bronzieren oder Turnlehrer für Behinderte werden wolle. Jetzt will er nichts anderes, als an dem Reck, von dem er gestürzt ist, weiter seine Riesenwellen drehen.

Als ich Saties *Gymnopedies* auflegte, bat Annette, die Platte zu wechseln, sie könne keine Klaviermusik hören. Ihr Chef – der sie fortwährend wegen ihres Verhältnisses zu einem jungen Kubaner beschimpft; sie arbeitet in einem Klubhaus – lässt sie mitunter minutenlang mit den zur Unterschrift bereiten Akten warten, bis er auf dem Klavier irgendein virtuoses Stück zu Ende gespielt hat und seine beringten Finger frei sind. »Leg eine Platte auf, wo das ganze Orchester spielt, wo man kein einzelnes Instrument heraushört«, bat sie mich.

1984

Größe hat etwas mit der Fähigkeit zu tun, Leid auf sich zu nehmen. Ob mit Lachen oder ohne, das weiß ich nicht.

Ein Hund fickte den Antonplatz. Ein alter, um die Schnauze ergrauter Pinscher war es, der, mit den Vorderbeinen hippelnd, Hinterbeine und Geschlecht über das Pflaster schleifte.

Das Klassische ist immer eine Notlösung. So kann man nicht weiter, also hält man an und lässt die Bewegung, die vorwärts nicht mehr möglich ist, sich gleichmäßig nach allen Seiten ausbreiten und ihr Reich der ausgeglichenen Gegensätze errichten.

Im Januar war es so weit, dass man mich für eine Woche nach Westberlin fahren ließ. Als die Verbandssekretärin mir den Reisepass aushändigte, sah sie tief in meine Augen und drückte mir die Hand so fest, als wäre es das letzte Mal. Und tatsächlich hatte ich einem Korrespondenten des *Stern* meine wichtigsten Papiere – Manuskripte und Tagebücher – übergeben, damit er sie im Fall des Falles über die Grenze schafft. Tief im Inneren wusste ich allerdings, dass dieser Fall nicht eintreten würde. Noch befanden sich die wichtigsten meiner Freunde im Osten. Noch wartete mit der Herausgabe der nächsten *Mikado*-Nummern eine Arbeit auf mich, die zu leisten ich nie wieder Gelegenheit haben würde. Für den Aufbau-Verlag saß ich an der Zusammenstellung meines Prosabandes. Und im Frühling hatte Scheib eine erste Ausstellung von Kurt Wanskis Zeichnungen geplant, mit der ich ihn nicht allein lassen konnte.

Trotzdem lief ich durch Westberlin wie jemand, der sein zukünftiges Exil inspiziert. Das machte die Sache nicht einfacher. Obwohl ich nur eine fünfminütige S-Bahnfahrt hinter mir hatte, kam die Stadt mir beim Aussteigen vor, als läge sie auf einem fremden Planeten. War das überhaupt eine Stadt? Oder handelte es sich um eine Ansammlung von Häusern, die an jeder Straßenecke ihr Gesicht wechselten und dennoch eine erschreckende Uniformität ausstrahlten. Ihre Fassaden waren alle mit einer ähnlich pastellfarbenen Schminke übertüncht. Nichts außer ein paar vergessene Brandmauern erinnerte an ihre armen Verwandten im Osten. Dort, wurde mir jetzt klar, lebten wir noch immer wie im Krieg, während hier ein verdächtiger Frieden herrschte, für den ich nicht gewappnet war. Die mir von Wien bekannte Stille betraf auch die Menschen. Die Abstände zwischen ihnen waren riesig und anscheinend niemand in der Lage, sie durch Worte oder Gesten zu überbrücken. Die Vorahnung einer furchtbaren Einsamkeit überkam mich, gegenüber der die in Ostberlin durchlebte als die harmlosere, weil vertraute erschien. Wen kannte ich hier überhaupt? So gut wie niemand. Als ich mich bei Sylvia in Charlottenburg meldete, bei der Frau, die vor Hundehaaren auf dem Treppengeländer und imaginären Mördern geflüchtet war, standen wir uns wie zwei Fremde gegenüber. Heute verstehe ich, wieso sie und ihre Mitbewohner mich, der mal kurz über die Mauer gesprungen war, mit Misstrauen betrachteten. Sie rollte eine Kunststoffmatte aus, von der aus ich jeden Morgen zusah, wie sie im Dunklen nackt ins Bad ging, dann ihren Sohn weckte, um ihn in den Kinderladen zu bringen.

Und was sollte ich mit mir anfangen? Ich fuhr zu Dieter Schulze an den Wannsee hinaus, wo er im LCB untergekommen war, als ihn Heiner Müller und Fühmann aus dem Knast und über die Grenze gebracht hatten.

ZURÜCK AUS WESTBERLIN

Schulze

Zu Schulze kam ich, um mir von ihm Texte für *Mikado* geben zu lassen. Er haust als Dauergast in einem großen Zimmer im Literarischen Colloquium am Wannsee. Es ist total verwahrlost. Gemäß seiner Devise »strikte Unordnung« sind Teppich, Tische und Stühle gleichmäßig von Manuskripten, Schallplatten, dreckiger Wäsche, Geschirr und Büchern übersät. Dazwischen die Geräte: auf dem Arbeitstisch eine elektrische Schreibmaschine, am Boden Plattenanlage und alles, was noch Töne erzeugt, der Kofferfarbfernseher auf einem Stuhl in der Zimmermitte. Obwohl Tag ist, sind die Vorhänge zugezogen, Licht und Musik an. Geschirr und Essen nimmt er sich aus der großen Gemeinschaftsküche, wie es ihm passt, weshalb man ihn schon mehrmals vor die Tür setzen wollte. An seiner Tür, die er beim Rausgehen offen lässt, ein Foto von ihm und ein Gedicht.

Ob er zur Zeit viel schreibt, weiß ich nicht. Zumindest holte er einen Riesenstapel Manuskripte hervor, aus denen er mir vorlas: Schaltplangedichte, Ex-Texte, irgendwas aus einem Romangebilde, das er nur nach Ideenvorgaben frei ins Tonband gesprochen und mit eigener Synthesizermusik begleitet hat.

Dann kam er auf Müller zu sprechen. Für ihn verkörperte er die einzige Macht im Osten, die er spürte und brechen musste. Anfangs gab er sich zurückhaltend und wie nur geduldet an seiner Tafel. Als Müller auf diese stille Gewalt erstmals aggressiv reagierte, schlug Schulze bei nächster Gelegenheit zurück. Ihm gelang es auf eine Weise, die er nicht näher ausführte, den Hausherrn zuerst aus seinem eigenen Kreis auszustoßen und dann wieder aufzunehmen. Zu dieser Zeit zahlte Müller an ihn schon eine bestimmte Summe pro geschriebener Seite. Um möglichst viel rauszuholen, verfasste Schulze nur noch ganz schmale, riemenartige

Texte. Als Müller den Geldhahn zudrehte, ging sein Schüler zu offener Erpressung über. In volltrunkenem Zustand (»aber der Kopf bleibt klar, ich kann dann meinen Körper manipulieren, ohne dass der Kopf beteiligt ist«) simulierte er in Müllers Wohnung einen Anfall, während dem er auf den Balkon kroch und sich kopfunter über die Brüstung hängte, als ob er abstürzen wollte. Er wiederholte das so lange, bis Müller versprach, das Geld wieder fließen zu lassen.

Wenn heute Müller in Westberlin ist, trifft er ihn nicht mehr, obwohl er und Fühmann es waren, die ihn rübergebracht hatten. Schulzes Begründung: »Hat sich erledigt. Was soll ich noch mit ihm? Müller ist nicht fähig, eine Beziehung zu pflegen.« Bei seinen Beschimpfungen lässt er niemanden aus. Keiner hat ihn genügend gewürdigt oder auch nur erkannt, alle haben ihn, das Heimkind, nur zu demütigen versucht. Aber dort, im Heim, habe er alle Mechanismen des Machtkampfs, des Kalküls, des berechneten Einsatzes der Kräfte gelernt und die Scheu verloren, sie anzuwenden. Als ich erwiderte, dass es doch Fühmann und Müller gewesen waren, die ihn zum Genie ausgerufen, ihn unterstützt und aus dem Knast heraus, schließlich in den Westen gebracht hätten, erklärte er das zu einer Machenschaft, die ihn aus dem Verkehr ziehen sollte.

Behauptet, er wäre auch ohne sie klargekommen. Die Verhörenden wurden ständig gewechselt, weil er einem nach dem anderen fertiggemacht habe. »Ach erzähl doch nicht, ihr gebt mir sowieso zehn Jahre, ihr gebt mir lebenslänglich, ihr lasst mich überhaupt nicht wieder raus. Warum lasst ihr mich nicht einfach überfahren?« – und den Stuhl mit dem Gesicht zur Wand gedreht.

In der Einzelzelle hat er dann die Matratzen angezündet, »im Knast lernst du das, wie du ein Feuer legen musst«, und am Schluss wäre man heilfroh gewesen, ihn endlich abschieben zu können.

An meinem letzten Tag trafen wir uns noch einmal in einer Charlottenburger Kneipe. Er sprach jetzt über den Westen. Hier fange er zu leben an, habe sich die Haare wachsen lassen und noch nie eine Schlägerei gehabt. Er studiere seit über einem Jahr die Mechanismen, stoße aber auf Watte. Seine Stellung ist völlig unklar, weil es keine echten Außenseiter gibt und alles nur Marktsymbole sind.

Ich hatte ihm davon erzählt, dass ich für den Notfall meine wichtigsten Sachen beiseite geschafft habe, aber mich noch nicht durchringen kann, hier zu bleiben.

»Soll ich zum Schluss etwas sagen? Nein, lieber nicht.« Dann doch: »Bleib im Osten.« Er, der Asoziale und ärmste Hund von allen, war während dieser Woche der einzige, der für mich die Zeche bezahlt hat.

Schulze über den amerikanischen Dichter im Colloquium: »Eine eherne Klugscheißerei.«

Über den Maler Stangl: »Man kann zusehen, wie von Tag zu Tag sein Potenziometer sinkt.«

»Interesse? Dann nimm dir doch gleich ne Mätresse.«

»Geduld und Müßiggang waren es immer, die große Dinge hervorgebracht haben.«

In Charlottenburg

Ich übernachtete bei Sylvia, der Frau mit den vielen leichten Pullovern, die mit ihrem Sohn in einer Wohngemeinschaft in der Leibnizstraße lebt. Um sie herum ist die am vollkommsten verblödete Menschengruppe versammelt, der ich bisher begegnet bin: Ostflüchtlinge, die im Westen überschnell anzukommen versuchten, indem sie zu militanten Vegetariern wurden. Meine ehemals heiße Liebe hat nichts anderes zu tun, als von einem Bioladen in den nächsten zu rennen, Waffeln aus Mehl zu backen, das sie vorher selbst gemahlen hat, in den Getränken darauf zu achten, dass kein Zucker drin ist. Natürlich konnte ich in ihrer Wohnung nicht rauchen, nur im Treppenhaus. Außerdem hatte der Kühlschrank stets geschlossen, der Wasserhahn nicht zu fest zugedreht und die Wolldecke nicht in der Balkontür eingeklemmt zu sein. Trotzdem hat sie Krebs. Und sollte der Vegetarismus auch die Reaktion auf ihre Krankheit sein, so bleibt er doch Resultat einer Paranoia: Alles könnte vergiftet sein, alles muss sauber und am einzig rechten Platz sein, denn die verfolgenden Bakterien, Trichinen und Schmutzpartikelchen nutzen jede Gelegenheit, um in den Magen, die Lunge, in die Blutbahn zu gelangen. Wie andere Paranoiker organisieren sich die Gesundheitsapostel ein Abwehrsystem aus Handlungen und vor allem Unterlassungen, das sie vor den Angriffen unsichtbarer Feinde schützen soll. Wie überhaupt diese Gesellschaft nur Schleichwege zu kennen scheint, die sich jeder schafft. Im Ganzen ist für mich bei meinem Überflug nichts zu packen. Das, was Katja unser Renaissanceleben nennt, bei dem ständig alles ausgegeben und alles verbraucht wird, ist hier nicht zu führen, weil zu viel von allem existiert, weil das Bier teurer und stärker ist und man am Ende der zweiten Straße erschöpft kapituliert. Also: Soundsoviel Geld habe ich im Monat, aber die Miete frisst soundsoviel, und im Sommer will ich in die Schweiz, wo es sehr teuer ist, weshalb ich bis dahin auf Bücher, auf Theater- und Gaststättenbesuche zu verzichten habe. Großzügige Menschen gibt es nicht. Zwischen Sylvia und ihrem Freund erlebte ich im Auto einen Disput über das von ihr in dieser Woche verbrauchte Benzin, wie ich ihn selbst zwischen zwei Erzfeinden für unmöglich gehalten hätte.

Am Sonnabendmorgen badete sich die kollektive Seele bei einem vegetarischen Frühstück. Das Waffeleisen gab immer je zwei Waffeln her, die von den beiden Glücklichen mit irgendeiner Sesampaste bestrichen wurden, während sich der Rest das Warten mit dem Austausch von Rezepten und Vitaminpräparaten vertrieb. Das einzige andere Gesprächsthema waren zurückliegende oder bevorstehende

Reisen zu möglichst weit entfernten Orten. Durch meinen Besuch ließ sich das Thema Deutschland nicht ganz umgehen. Dass ich hier war und dem Anschein nach wieder zurückwollte, war ihnen zutiefst verdächtig. Aus ihren früheren Ostzeiten hatten sie nur den Fall Biermanns gespeichert, der ebenfalls wieder weg wollte, aber nicht durfte. Eine ähnliche Verachtung gegenüber den Nachkommenden, ihrer Naivität, in der sie sich sonst was vom Westen erwarten. Sie selbst haben schließlich auch Zeit gebraucht, bis sie sich gefunden und in ihre reaktionäre grüne Ecke verkrochen haben.

Porno

Zuerst für fünf Mark in Live-Show am Bahnhof Zoo. Eine Kasse, Musik, umherstehende Männer in dem Vorraum, der die Atmosphäre eines Spielkasinos ausstrahlt, mit dem Unterschied, dass ein Mädchen in Slips und mit unter der Brust zusammengebundenem Hemd unterwegs ist. Die Show findet in einem Raum von zehn Quadratmeter Größe auf einer dreieckigen Bühne vor einem Spiegel statt. Rundherum Stühle, auf deren einem ein Jungstudent Platz genommen hat. Sobald ich ebenfalls sitze, ertönt durch Lautsprecher eine Ansage, auf der Bühne geht Licht an, die Musik wechselt, und eine nicht sehr große Brünette mit Stöckelschuhen, hellem Bikini und Tätowierung über dem Busenansatz beginnt, sich im Rhythmus der Musik zu bewegen. Während sie den Hintern kreisen lässt und sich an die kleinen Brüste fasst, lächelt sie den Studenten und, etwas intensiver bilde ich mir ein, mich abwechselnd an. Nach zwei Minuten Lichtabdunkelung und Ausziehen des Bikinis, das Unterteil wird dabei einige Male zwischen den Beinen durchgezogen. Ein letzter Versuch zu lächeln, Licht und Musik aus, die Sachen vom Boden geschnappt und damit weg. Eine der wenigen menschlichen Begegnungen in der Stadt.

Ich wechsele in das Erotik-Kino nebenan. Der Eintritt kostet vierzehn Mark, zwei Getränke sind im Preis inbegriffen. Ich entscheide mich für zwei Taschenflaschen Rum und suche mir einen Platz im fast leeren Kino. Gerade läuft die Schlussnummer in dem Film, der wie im Tageskino im Leipziger Hauptbahnhof immer wieder von vorn beginnt. Wie dort auch hier eine Uhr neben der Leinwand. Aller drei Sitze ein Tischchen, auf denen kleine leere Sekt- oder Bierflaschen stehen. In der Pause, Licht und Musik gehen an, werden die Flaschen von einer älteren Frau in Schürze eingesammelt. Nachdem der Raum wieder tröstlich dunkel ist, eine Vorschau auf die nächsten Filme. Zusammenschnitt aller Fickszenen, so dass in ununterbrochener Folge Riesenschwänze und -votzen über die Leinwand flimmern. – Steck die ganze Hand rein. – Naheinstellung – Die Frau, die zwei Schwänze in ihre Votze braucht – Naheinstellung – Hier hast du dein Zeug wieder, mach das Maul auf. Mach das Maul auf, ich will dir reinpissen. – Naheinstellung.

Als ich so gut wie erledigt bin, beginnt endlich der Hauptfilm. Sein Thema: eine Sommerschule im ländlichen Amerika, die sich als Anstalt zum Erlernen des möglichst geistlosen Gebrauchs der Geschlechtsteile entpuppt. Wieder Schwänze und rote Votzen. Nach der zweiten Nummer habe ich genug und haue mit dem Gefühl ab, ins Herz, ins Zentrum des ganzen Apparats um mich her vorgestoßen zu sein.

Café Einstein

Man trägt Müdigkeit. Man gähnt mit offenem Mund und versucht den Eindruck zu erwecken, als komme man unausgeschlafen und ungewaschen aus einem Nebenraum, wenn man zum Zeitungsständer schreitet, sich ein Blatt vom Bügel nimmt und damit in den Sessel gleiten lässt. Aber man ist beileibe nicht verwildert. Die Zeiten sind vorbei oder hat es nie gegeben. Auch Bömmels in der Botschaftsausstellung war kein Wilder mehr, sondern nachneurotisch langsam. Aber man trägt Stiefel oder tritt zumindest so auf. Wer in der ersten Liga mitspielen will, hat sich auch für Schleichwege nicht mehr zu interessieren – ihm muss alles egal sein. Er macht zwar den Mund auf und nippt vom Kaffee, bevor er ihn wieder schließt, aber eigentlich ist er gar nicht da. Er ist in New York City oder Tokio, nein, er ist in Wirklichkeit auf dem Mond.

Korrumpiert etwa die Spaltung einer Gesellschaft in Herrschaft und Nichtherrschaft die Seelen weniger als die Breitschißdemokratie? Ist es gesünder, wenn die Dummheit von der Regierung und den gleichgeschalteten Medien okkupiert wird, als wenn sie alles verseucht?

Die friedliche Konsumtionsgesellschaft führt zwangsläufig zu galoppierender Verblödung, weil sie immer mehr Ecken der Dummheit finden und aktivieren muss, um dort ihre Produkte an den Mann zu bringen.

Scheib erzählte von einem Schulkameraden, der, nachdem er Trapo und Arbeit auf dem Bau hinter sich hatte, bei der Polizei gelandet war. Im Streifendienst schrieb er sich selbst Strafzettel aus und bezahlte sie, weil er es nicht fertigbrachte, sie anderen aufzubrummen, er aber die Norm erfüllen musste.

Im Halbschlaf tröstete ich Beckett: »Sich das ganze Leben auf Waterloo Marke 84 zu halten, ist auch ein Verdienst.« Kurz darauf die Vorstellung, dass zu einem entfalteten Leben jedoch eine Großschwätzigkeit a la Leipzig gehört und die nur dort und nicht in Stuttgart möglich ist.

Wir kennen nichts Besseres und nichts Schlechteres als diesen Staat.

Ein russischer Parteiboss, irgendein geträumter, war eines Nachts nach Sofia aufgebrochen. Er kam auch bis in die Stadt und sogar noch den Turm der Newski-Kathedrale hinauf. Auf dessen Spitze aber warteten die Moslems und schlugen ihm den Kopf ab.

Voller Dämonen waren die Teiche. Die Dämonen in den Teichen, mit den fünf Zehen meines rechten Fußes holte ich sie heraus. Keine Dämonen sind mehr in den Teichen. Der Teich ist nun leer von Dämonen, weil ich sie schluckte. In meinem Kopf sind sie, die fünf Dämonen, sie stiegen auf in meinem Kopf, und ich muss sie noch einmal schlucken, damit sie verschwinden aus meinem Kopf, die Dämonen, und in den Bauch sinken, aus dem ich sie spucken oder als Dünnschiss durch den After ausscheiden kann, jedenfalls raus aus meinem Körper und zurück in den Teich. Denn der ist nun leer und tot ohne die Dämonen. Zurück in die Teiche, die Dämonen!

Das Auftauchen nicht zur Verneinung missbrauchen.

Über meinem Grab spannte sich in weitem Bogen ein Pfiff, wie ein langgestreckter kleiner Finger. Ruf nach Alkohol oder weiblicher Gesellschaft?

Schönfeld, der ehemalige Theatermusiker aus dem »Mosaik«, spielt nur noch auf Begräbnissen. Beim Schachspiel sagte er zwischen zwei Zügen: »Diese Nacht habe ich von einem Schnellzug voller Leichen geträumt. Ich habe ihren Geruch deutlich wahrgenommen und bin davon aufgewacht. Erst wenn ich den Leichengestank im Traum aushalten und genießen kann, habe ich die zweite Stufe der Inkarnation erreicht.«

Wenn es wenigstens mit einem gewaltigen Massenselbstmord endete, wie es schon einige gab. Das hätte etwas Großartiges: Wir können nicht mehr, wir haben alles versucht, aber der Mensch ist nicht zu bessern und deshalb stürzen wir uns gegenseitig in die Messer. Nein! Auf billigste Weise läuft es zu Ende: Irgendein Idiot will Sieger sein.

20. Jahrhundert: Ungeheure Explosion des Gesamtwissens bei nie dagewesener Verarmung, alles konkret Menschliche betreffend.

Kurts Ausstellung in der Sredzkistraße ist eröffnet worden. In Rahmen entfalten die Zeichnungen auf dem weißen Kalkgrund eine Noblesse und lebendige Heiterkeit, die weit über das Originelle hinausgeht und in den Betrachtern freudige Andacht erzeugt. Kurt war in vollem Ornat erschienen, mit sämtlichen Orden, Uhren, Schmuckstücken und einer Packung Wunderkerzen, die er mit erhobener Hand sprühen ließ, während er tanzte und in die Mundharmonika blies. Seit Sonntag hält er jetzt Hof in der Fabriketage, hat den Fußboden mit neuen Zeichnungen gepflastert, die er zum Verkauf feilbietet, und unterhält einen ständig wachsenden Kreis von Bewunderinnen.

Trolle erzählte von einer Frau aus seinem Heimatort, dass sie ein Kind aus dem SS-Jungborn am Kyffhäuser und eins von einem Russen habe.

Die Aufteilung in Lager hat wenigstens die Folge der gegenseitigen Überwachung. Aber das vereinte neokonservativ-zaristische Europa – Elend!

Das Kräfteverhältnis zwischen mir und Katja im Schach ist völlig ungeklärt, weil wir stets betrunken spielen; einer von uns meist schwer.

Sonnabend / Sonntag,
25./26. Februar 1984
39. Jahrgang / Nr. 48

Wohl Lust

vereinigt euch.

im blauen Lazarettalltag

am schwülen Horn der Künste.

Fünf Finger

Gespenst

präparierten präzise

die Treue

Drogenbomber

Zuchthaus hieltest Du der Partei

In

selbst

Suppenküchen auf Stadtrand

planieren. Stelzen

milde,

Folgerichtig

Volksmund

lockt harten Taler aus

chronikalisch entsaftet Plastiktüten Moloch

wucher sie allein am eigenen Leib acht Tonnen Lügen,

als

zuweilen spröde

Anorak winkt Funkspruch,

lebensgefährlich Zuflucht Identität Armeniern langsam verkrüppeln

dubiose Triumph der durchgeknetet Äbtissin

stöbert

Schleinkofer Flugschrift

So sucht

über

Kat Brei Platin Menü-Programm wachzurütteln und ausbeult

Backe

»Gazette 8«

Draußen im Ich

Soeben ist Kurt gegangen. Nach einem Dampferausflug waren wir noch kurz in meiner Wohnung, dann lief er auf die Straße und pfiff nach den beiden Nachbarmädchen, deren Fenster immer offenstehen und die gerade in kurzen Kitteln die Scheiben putzten. Als er Mundharmonika spielte, goss nicht die Rothaarige, sondern deren Freundin zum Spaß etwas Wasser hinunter, das aber nicht Kurt, sondern ein auf die Haustür zumarschierender Kerl mit Pudel abbekam. Es waren nur ein paar Tropfen, Kurt spielte weiter, die Mädchen applaudierten, da erschien der Kerl am Fenster und schlug dem Mädchen mit der Faust ins Gesicht. Sagte dazu: »Das nächste Mal schmeiß ick dir zum Fenster raus« und verschwand.

Die jungen Frauen sahen wieder aus dem Fenster, Kurt spielte das nächste Lied, und als der Kerl nun mit freiem Oberkörper hinzukam, sagte das Mädchen: »Das ist mein Freund.« Dann luden sie Kurt für morgen fünf Uhr zum Kaffee ein.

Es schreibt mich. – So machtlos dagegen. So sentimental, unruhig.

Es dürfte sich um die Geschichte handeln, die ich Maria, einer zigeunerhaften Polin aus Weißensee verdanke, mit der ich beim »Einäugigen« getrunken hatte. Dabei erzählte sie mir von einem in ein Kopftuch gewickelten Schatz aus Schmuck und Goldzähnen, den sie im KZ Buchenwald vergraben und bei der Befreiung des Lagers zurückgelassen habe. Er müsse dort noch immer liegen, im Wäldchen hinter den Bahngleisen. Ob ich mit ihr hinfahren und ihn ausgraben wolle. Die Geschichte war zu abstrus, um nicht auf sie einzugehen. Am nächsten Morgen klopfte ich an ihrer

Wohnungstür. Es liefen drei Fernseher und in den Türöffnungen hingen spaghettiähnliche Schnüre mit Kunststoffperlen. Maria wusste weder etwas von einem Schatz in Buchenwald noch davon, dass wir uns verabredet hatten, dorthin zu fahren.

Also machte ich mich einen Tag später allein auf die Reise, nicht mit Spaten bewaffnet, aber mit Notizblock und Fotoapparat. Das Saaletal, das ich schon unzählige Male durchfahren hatte, erschien mir plötzlich in ganz anderem, kalt irisierendem Licht. Ich gab den Bahnstationen neue Namen. Lief in Weimar (Demar) nicht in den geliebten Ilmpark, sondern hinter dem Bahnhof gleich aufwärts in Richtung Ettersberg. Es war ein nasser und windiger Tag. In der von einem rauschenden Baumdach überwölbten Allee klebten gezackte Ahornblätter auf dem Pflaster, ich fotografierte sie. Da traten mir Stiefel in den Weg, in denen ein Rotarmist mit einer Kalaschnikow vor der Brust steckte. Er forderte mich auf, ihm in die Kaserne zu folgen, an der ich vorbeimarschiert war, ohne an das Fotografierverbot vor Militärobjekten zu denken. In der Kommandantur nahm man mir den Film aus dem Apparat, hörte sich meine Schriftstellergeschichte an und transportierte mich in einem Jeep zum nächsten Polizeirevier. Als ich es wieder verließ, war es Nachmittag und der Himmel stiller. Wieder vorbei an Bahnhof und Kaserne, und als ich oben auf dem Ettersberg war und die Ebene mit den runden Büschen unter mir, legte ich einen neuen Film in die Kamera. Ich war jetzt mittendrin in der Erzählung, die alte Polin neben mir. Auf dem Vorplatz Fritz Cremers Denkmal, das ich im Zeichenunterricht zu behandeln hatte. Das Eingangstor mit der Inschrift »Arbeit macht frei«. Bisher hatte ich mich vor jedem kollektiven KZ-Besuch in Buchenwald oder Sachsenhausen gedrückt, meinte, ich brauche das nicht, ich habe es in mir. Und tatsächlich stieg in mir, als ich auf dem betonierten Appellplatz stand, das frevelhafte Gefühl auf, als wäre ich nach Hause gekommen. Ich musste nicht in Krematorium und Baracken blicken, ich kannte sie. Lief stattdessen zu der Rampe und den Bahngleisen hinüber, von denen Maria erzählt hatte, und fand dort das Ende der Erzählung ... Als ich, als wir im Birkengesträuch zu graben beginnen, knallen plötzlich Schüsse. Uniformierte stürzen aus den Baracken auf uns zu und wir uns in die Ebene, den rollenden Büschen hinterher.

Ich nannte die Erzählung »Reise im Kopf«. Als ich sie im Verlag zeigte, war man merkwürdigerweise bereit, sie als Titelgeschichte eines neuen Prosabandes zu veröffentlichen. Noch unverständlicher aber war im Grunde, dass ich mich darauf einließ, obwohl höchstens die Hälfte der von mir in den letzten Jahren verfassten Texte eine Chance bei der Zensurbehörde hatten. War die Sucht nach einem neuen Buch so groß, dass ich trotz *Mikado* nicht widerstehen konnte? Schriftsteller ist jemand, der schreiben muss. Aber muss er auch publizieren? Ich fürchte ja, wenn er nicht an den eigenen Worten ersticken will. So entstand ein Buch, bei dem ich mir bis heute im Unklaren bin, ob ich es mir nicht hätte schenken sollen. Ich schöpfte nämlich aus dem gleichen Brunnen wie jetzt. Ich plünderte die Sudelbücher nach für den Verlag einigermaßen akzeptablen Texten, ordnete sie nach »Novellen«, »Träume«, »Halbschlaf«, »Inschriften und Aufsätze« und erklärte in einem Nachwort das Ganze zu einer Form des »Straßenbahnromans«; zu einem Band also, in dem man Stücke findet, die so kurz oder lang sind, dass man sie zwischen zwei benachbarten Haltestellen oder den beiden Endstationen lesen kann. Wenn ich nach fünfundzwanzig Jahren nun diese Ordnung auflöse und das ursprüngliche, viel reichere und bedrohlichere Chaos wieder herstelle, ist es der Versuch, eine missglückte, weil von falscher Rücksicht entstellte Schöpfung zurückzunehmen.

Landaufenthalt – aber in anderem Sinn als bei Sarah Kirsch. Wir sind an Land gekettet, weil uns das Meer, die Ozeane nicht angehören, das Wasser als noch ungebahntere Möglichkeit der Überfahrt, als anderes Element. Dadurch sind wir wirklich Osten, Kontinent, Asien.

Das Stöhnen, das ich in meinen schweren Depressionsphasen von mir gebe, ähnelt Liebesgeräuschen.

Damit meine Kopfschmerzen verschwinden, wurde ein Tanz veranstaltet zu Ehren meiner Verbindung mit einer mir unbekannten Frau. – Es half nicht, wenn ich tanzte, sondern sie, meine Freunde, die Menschen, mit denen ich umgehe, mussten für mich tanzen und damit anzeigen, dass sie wissen, worin mein Schmerz besteht.

Hinterher wird es heißen, es ist Niemand gewesen. Wer war es? Niemand. Keiner kann sich erinnern. Tschernenko? Den gab es doch gar nicht. Breshnew? Richtig, aber danach kam Niemand an die Macht und hat am falschen Hebel gezogen.

DIE GASOMETER-PARALLELAKTION

Ich saß mit Wolfgang Manzke, den ich schätzte, weil er neben seinen schriftstellerischen Ambitionen persönliche Eleganz besaß, im »Mosaik« und trank Weißwein. Da es Ende Juni war, blieb es lange hell, und durch das Fenster konnten wir die Backsteingebäude der Stasizentrale des Prenzlauer Bergs sehen, hinter denen sich das alte Gaswerk mit den drei Gasometern befand, von deren Sprengung seit Wochen die Rede war. Sie sollten einem Ernst-Thälmann-Park weichen mit einem vom Russen Kerbel verbrochenen monumentalen Bronzekopf des Kommunistenführers und Wohnscheiben marzahnscher Prägung rundum. Dagegen, dass mitten in den alten Arbeiterbezirk eine sozialistische Neubauinsel gesetzt werden sollte, hatte sich Widerstand geregt und es Eingaben geregnet, hatten sogar Architekten und Denkmalschützer Alternativen im *ND* diskutiert, Kunststudenten mit Zeichenblöcken und Fotografen mit ihren Kameras die drei Backsteinriesen verewigt. Ja, in den Hausfluren der umliegenden Straßen waren Aufkleber mit dem Spruch »Berlin ohne Gasometer ist wie Bulette ohne Hackepeter« aufgetaucht und zeugten von der ersten ernsthaften Protestbewegung seit den Tagen der Biermann-Ausbürgerung im Lande.

Draußen war es still und menschenleer. Das ermutigte uns, mit unserer halben Flasche »Grauer Mönch« das Lokal zu verlassen und die Straßenseite zu wechseln. Das Gelände hinter den Verwaltungsbauten war rosabraun vom Ziegelstaub gepudert, der sich beim Bohren der Sprenglöcher ausgebreitet hatte. Rund um die Gasometer lagen Presslufthämmer und -bohrer mit ihren Kabeln, Fäustel und Meißel. Niemand hinderte uns, ins Innere des größten Gasometers zu treten und auf einer der Treppen, die ihn umrunden, aufwärts zu steigen. Schon auf einem Viertel der Höhe lag der Prenzlauer Berg unter uns, ganz oben, vom Pavillon des Gasometerwächters aus, sahen wir über das Hochhausmassiv von Mitte mit dem fast unbedeutenden Fernsehturm, über den Hügel am Gesundbrunnen, den Wedding, Charlottenburg, hinaus in den graublauen, überm Horizont geröteten Stadthimmel. Nicht weniger erregend war der Blick ins Innere des Kolosseums, auf die Stahlkuppel des zu Boden gesunkenen Gasbehälters, auf die wir Steine regnen ließen, deren hallende Aufschläge sich vermischten mit unseren Schreien und dem Zerscherbeln der leeren Weinflasche, bevor wir wieder nach unten stiegen.

Zu den folgenden Ereignissen gibt es 25 Seiten, die ich unter dem Titel »Die Gasometer-Parallelaktion« in *Mikado* veröffentlichte und mir jetzt als Grundlage einer Zusammenfassung dienen können. Der von Musil inspirierte und somit höhere Bedeutung suggerierende Titel bezieht sich auf den Umstand, dass wir, nämlich die Bildhauer Scheib, Reich- und Erdmann und ich als Maurergeselle, zur gleichen Zeit, als der Kampf gegen die Zerstörung des Gaswerks entbrannte, in einem Hinterhof, der später als »Hirschhof« bekannt wurde, an seiner Umgestaltung zu einem Kinder- und Familienparadies werkten.

Am nächsten Morgen ging ich wieder in die Oderberger. Gisela Neumann hatte durch Ausweitung ihres Hinterhofgartens bereits Vorarbeit geleistet und der Stadtbezirk Gelder für die Zusammenlegung dreier Höfe genehmigt. Der Hirsch darin war ein von Scheib und Gehilfen zusammengeschweißtes Stahlgestänge, an dem es später grün ranken sollte und dessen Inneres gerade mit den Buchstabenresten einer Neonreklame wie mit Russisch Brot gefüllt wurde. Erdmann und Reichmann arbeiteten an Betonabgüssen von Kürbissen und Gurken, ich war für die Maurerarbeiten zuständig, insbesonders die Anlage eines kleinen Amphitheaters, in dem einmal Filme und Puppenspiele gezeigt und eifrig gelesen werden sollte. Aus dem Keramikatelier Conny Schleimes war gerade eine Ladung Scherben eingetroffen, die sich angenehm in den weichen Mörtel der Fugen drücken ließen.

In der Frühstückspause weiß Scheib zu berichten, dass die Sprengung aller drei Gasometer, wahrscheinlich schon in der nächsten Woche, beschlossene Sache sei. Am Abend formuliere ich eine Eingabe, in der wir den Genossen Generalsekretär Honecker bitten, den sektiererischen Kreisen, die, sicher ohne sein Wissen, die Vernichtung eines bedeutenden Zeugnisses der Arbeiterbewegung planen, Einhalt zu gebieten. Danach und an den folgenden Abenden mache ich die Runde durch die einschlägigen Kneipen der Prenzlauer-Berg-Szene und streue das Gerücht von einer

Demonstration gegen die Sprengung. Die Reaktionen darauf sind interessant. Rathenow bietet sich an, den Westmedien Bescheid zu sagen, damit die mit einem Kamerateam zur Stelle sind. Anderson meint »Sollen sie doch sprengen, vielleicht finden sie darunter eine Burg.« Auf wenig Gegenliebe stößt der Termin am nächsten Mittwoch um fünf Uhr, damit wir zur Stelle sind, bevor die Frühschicht beginnt – die Avantgarde steht nicht gern so früh auf. Aber ich will unbedingt wissen, was aus diesem Suppentopf herauszuholen ist, der da seit Jahren vor sich hinbrodelt und so tut, als wolle er ständig überkochen. Der letzte Gang, den ich mit Kolbe durch Wohnungen, Cafés, Kneipen und Ateliers unternehme, ist wenig ermutigend, Prominenz auf die Straße zu locken, ist uns nicht gelungen. Wir beschließen trotzdem, uns am Morgen früh um fünf in der Prenzlauer Allee zu treffen und abzuwarten, was geschieht; wenn wir zu wenige sind, werden wir eben in den »Stammtisch« frühstücken gehn.

Als ich am nächsten Morgen ins Treppenhaus trat, löste sich aus dem Dunkel ein Lederoljackenetwas und lief hinter mir die Treppe hinab. Unten in der Einfahrt warteten zwei weitere Herren, um ihre Kripoausweise zu zücken und mich zwecks Klärung eines Sachverhalts zu bitten, in ihr Auto zu folgen. Die Fahrt ging die Prenzlauer hinab, es war zehn Minuten vor fünf und die Allee menschenleer, nur die Gasometer sah ich rot zwischen den Häuserlücken. Wir fuhren zu dem Untersuchungsgefängnis in der Keibelstraße, wo ich endlich Gelegenheit hatte, der Staatsmacht in das ungeschminkte Antlitz zu sehen.

Es gehörte einem sportlichen, mich um Haupteslänge überragenden Beamten, der, nachdem ich eine halbe Stunde in einer Zelle geschmort hatte, sein Verhör mit den Worten eröffnete »Sie sind ja heute sehr früh aufgestanden, wo wollten Sie denn hin?« Ich sagte es ihm und auch, dass am Gaswerk eine Demonstration gegen dessen Sprengung geplant war. Nur, als nach ihrem Initiator gefragt wurde, log ich und imaginierte eine Figur, wie ich mir einen Stasispitzel vorstellte, nämlich mit Handgelenktäschchen und toupiertem Haar, der mir ausgerechnet im »Palastcafè« von der geplanten Demonstration erzählt hätte. Daraufhin hörte ich mir einen Vortrag über Wahrheitsliebe und Schriftstellerethos an und beantwortete die Frage nach meinen Mitwissern mit den Namen der beiden ihm ohnehin bekannt sein dürfenden Scheib und Kolbe, die sich noch unschlüssig über ihre Teilnahme gewesen seien. »Sie waren aber da.« Ich beneidete sie darum, wurde jedoch stutzig, als der blonde Hüne um mein Entgegenkommen mit der Bewerbung warb, »man hätte mich auch ins Messer laufen lassen können«. Hatte man das etwa mit Scheib und Kolbe getan und versuchte uns gegeneinander auszuspielen? Danach drehte sich das Verhör vor allem um das anwesende ARD-Team und wer es benachrichtigt hätte. Ich sagte dazu ebenso wenig wie zu den Fotos von mir tatsächlich unbekannten Personen, Plakaten, Plaketten und Losungen. Die ganze Prozedur dauerte quälend lange, weil ich jede Seite des Protokolls einzeln durchlesen und unterschreiben musste. Zwischendurch kam ich in die Zelle zurück, durch deren Glasziegel bereits die Sonne schien, und man servierte mir zwei belegte Brötchen und eine Tasse Kaffee, die nach Westen schmeckte. Zum Schluss erinnerte mich der Vernehmer noch einmal an meinen Schriftstellerstand, las einige Paragraphen aus dem neuen Gesetzblatt vor, die für meine Strafverfolgung ausreichen würden und diktierte mir, als letzten Akt der Unterwerfung, eine Belehrung, die ich mit- und unterschreiben musste: dass ich über die Strafbarkeit meiner Handlung aufgeklärt worden wäre und nichts Gesetzwidriges mehr unternehmen werde.

Als mich das Haupttor wieder ausspuckt, ist es auf der Uhr vor dem Reisebüro 14.15 Uhr. Ich habe meine Füße wieder und kann gehen. Mit einem Instinkt, von dem ich nicht wusste, dass ich ihn besitze, sehe ich mich nach verdächtigen Passanten um und schlage mich bis zu den ersten geschwärzten Mietskasernen der Saarbücker Straße durch und vor dem Wasserturm in die Büsche, um endlich pissen zu können. Als ich wieder auftauche, bemerke ich zwei die Straße entlang hastende Gestalten, ziehe mich wieder in die Büsche zurück und laufe zum U-Bahnhof Senefelder Straße. Dort wartet ein dicker junger Mann, mit dem ich gemeinsam auf den einfahrenden Zug zulaufe, aber kurz vor dessen Halten abschwenke und in den benachbarten Waggon springe. Welche Art von Paranoia oder unterdrückter Lust am Abenteuer hatte mich darauf vorbereitet, so perfekt zu reagieren? Als der Zug in der Dimitroffstraße hält, warte ich mit dem Aussteigen bis zum Abfahrtsignal und schließe für den an seiner Tür sich die Nase plattdrückenden Genossen die Hand um den Daumen und zeige ihn ihm.

Ich laufe in die Oderberger. Als ich Scheib mit der Schaufel in der Hand sehe, fällt mir ein Stein so schwer wie die Sandsteinbrocken vom Herzen, die im Hof lagern. Zusammen mit Kolbe war er an Ort und Stelle gewesen, aber außer ihnen nur ein unbekanntes Ehepaar, ein West-PKW, aus dem heraus gefilmt wurde, und zwei Mannschaftswagen der Polizei. Man hatte ihre Personalien notiert und sie laufen lassen. Scheib schippt weiter das Loch zu, das Kinder unter dem Steinadler gegraben haben, der bei den Renovierungsarbeiten am Berliner Dom nach Ahrensfelde abtransportiert worden war und den wir uns zusammen mit Säulenresten und Konsolen haben liefern lassen. Die Jugend des Viertels hatte den Hof inzwischen als Abenteuerspielplatz entdeckt, und wir mussten jeden Morgen die Höhlen zuschaufeln, die sie sich gegraben hatten.

Verbissen arbeiteten wir in der Folge weiter am Hof – was blieb uns anderes übrig, da der revolutionäre Geist des Prenzlauer Bergs wohl doch nur aus heißer Luft bestand.

Wenn ich abends in die Streustraße kam, musste ich den Ausweis vor einem Polizisten zücken, der vor meinem Haus Posten bezogen hatte, und morgens erwarteten mich einige Wachhunde in Zivil am Antonplatz. Einer von ihnen begleitete mich zum Schriftstellerverband, als ich der telegrafischen Einladung des Generalsekretärs Küchler zu einem Gespräch Folge leistete. Der Verband war informiert, und Küchler übermittelte mir auf seine schleimige Weise seine Warnung. Ich antwortete ihm, dass er keine Sorgen vor unliebsamen Überraschungen haben müsse, dagegen sei vorgesorgt, und führte ihn vor die Tür, wo mein Wachhund mit dem Teiggesicht auf dem den Verbandsräumen vorgelagertem Balkon patrouillierte. Ich stellte die beiden Kollegen einander vor und ließ sie dann zusammen an der Balkonbrüstung stehen. Begleitet wurden Scheib und ich auch, als wir eine letzte Protestresolution zum Roten Rathaus brachten und dem Boten am Hintereingang übergaben. Dann blieb uns nichts anderes übrig, als zu warten.

Am Tag der Sprengung, einem Sonnabend, verlasse ich gegen Mittag das Haus, um aus einem Treppenhausfenster in der Prenzlauer Allee zu beobachten, was passiert. Doch mir gelingt es nicht, all meinen Bewachern zu entkommen, und an der Weißenseer Spitze werde ich von einem von ihnen einkassiert und im Polizeirevier in der Schönhauser Allee abgeliefert. Ich sitze dort in einem normalen Wartezimmer, und auch das von einem Kripobeamten geleitete Verhör ist reine Formsache. Zum Schluss fragt er mich, was ich glaube, was in der Zwischenzeit passiert sei.
»Gesprengt?« – »Ja, alle drei.«

In der Prenzlauer Allee sehe ich, dass von dem Gaswerk buchstäblich nichts als eine rosige Sandwüste übriggeblieben ist, in der wie eine verreckte Spinne die Eisenkuppel liegt. Ich gehe in Scheibs Atelier, wo wir uns erbarmungslos zu betrinken beginnen und dazu später ins »Mosaik« wechseln. Scheib erzählt, dass die Prenzlauer Allee bis zur

Grellestraße hin abgesperrt war, die umliegenden Straßen, die Fenster der Wohnungen und Treppenhäuser, die Dächer aber voller Menschen gewesen seien. Alles lief genau nach Zeitplan, und in 20 Sekunden war alles vorbei. Scheib ist nun nach dem Stück Weltgeist zumute, der draußen im Neubau am Tierpark haust. Wir fahren mit der S-Bahn zu Müller, der zusammen mit seiner bulgarischen Gefährtin und Katja Lange an einem langen Tisch Whisky trinkt. Katja erklärt, dass sie mit diesem Staat fertig sei, seit ihrem Ausreiseantrag falle es ihr wie Schuppen aus den Haaren. Müller setzt uns auseinander, dass die Russenfraktion im Politbüro die Sprengung bei Honecker durchgesetzt habe und dass in Westberlin täglich so etwas in die Luft fliege. Dann wird der Fernseher eingeschaltet. Jetzt zeigt mir die *Tagesschau* in Farbe, was ich verpasst habe: die Polizisten in den Straßen, die Menschen auf den Dächern, die klatschen, als nach der Sprengung eine Mauer mit Birke stehenbleibt, bevor sie von einer großen Staubwolke verschluckt wird.

Zurück blieben Leere und Erschöpfung. Wir hatten uns auf ein fremdes Feld begeben. Dass es vermint war, hatte uns weniger überrascht als das Alleinsein in diesem Gelände. So aufregend die Sommerwochen gewesen waren, so lähmend war die Stille, die sie hinterließen. Von den Folgen, die sie für mich hatten, erfuhr ich erst beim Studium der Stasiakten. Eine hing mit meinen immer unerträglicher werdenden Wohnverhältnissen zusammen. Abgesehen von der Enge belastete mich vor allem die ausgesucht perfide Nachbarschaft. Der schwule Kellner aus dem »Thüringer Hof«, der seine Zimmerorgel direkt unter mir spielte, war nicht der einzige unangenehme Mitbewohner. Als nicht weniger bedrohlich erwiesen sich der Vater und die Tochter, beide rund zwei Zentner schwer, die zusammen mit einem ebenfalls übergewichtigen Schäferhund im ersten Stock hausten. Sie hatten schwere Fäuste, die sie zu gebrauchen wussten. Die der Tochter landete einmal in meinem Kreuz, als ich sie auf der Treppe überholte und den Hund veranlassen wollte, mir Platz zu machen. Die gleiche Faust dürfte es gewesen sein, die regelmäßig meinen Briefkasten aus Sperrholz zertrümmerte. Den Vater wiederum gingen unsere in der Druckerei veranstalteten Festlichkeiten derart gegen den Strich, dass er eines Nachts das Tor zum Hinterhof mit Latten vernagelte. Vollkommen untragbar wurden schließlich die Zustände, als in die Wohnung neben dem Kellner ein neuer Mieter zog. Ich weiß nicht, ob es sich um einen seiner Schutzbefohlenen handelte; wenn, dann war alle Liebesmühe vergeblich. Die Ascheneimer und Batterien von Schuhwerk, die er neben dem Fußabtreter abstellte, zeugten davon, dass der junge Mann in seiner eigenen Wohnung durchaus auf Reinlichkeit Wert legte. Das Treppenhaus aber war für ihn eine Zone, die als Volkseigentum allen gehörte und somit auch von ihm nach Belieben genutzt werden konnte. Zuerst begann er die Messingbeschläge von den Türen zu schrauben. Dann konnte man beobachten, wie das Treppengeländer eine der gedrechselten Streben nach der anderen verlor, nichts als Häufchen von Sägemehl hinterlassend. Die beiden »Süßen«, die sich nur noch aus der Wohnung getrauten, um zu ihrem Kanal zu fahren, erklärten mir, durch den Türspalt flüsternd, dass diese Säulen, zu Kerzenständern umgearbeitet, begehrte Artikel auf den Trödelmärkten wären. Als schließlich das Geländer bis zu mir hinauf fast nur noch aus seinem Handlauf bestand und auch die Türklinken abmontiert wurden, begab ich mich zum Amt für Wohnraumversorgung, um eine neue Bleibe zu beantragen.

Nun geschahen rätselhafte Dinge, die sich mir erst durch die Einsichtnahme in die Akten entschlüsselten. Eine handschriftliche Notiz zu den Vorgängen um die Gasometer lautete: »Es wird vorgeschlagen, auf Grund der feindl. neg. Haltung, seiner vielfältigen Aktivitäten im polit.

Untergrund und der von ihm organisierten Zusammenrottung am 25.7.1984 beim Magistrat durch XX/1 die vorgesehene Zuweisung einer Wohnung zurückzustellen.«
In einer Randbemerkung heißt es zwar »Maßnahme nicht mehr realisierbar«, doch über Umwege war es letztendlich noch hinzukriegen. Man wies mir an der Peripherie von Weißensee zwei Zimmer in jenem Block aus den dreißiger Jahren zu, den ich von meiner Zeit als Postzusteller nur all zu gut kannte. In der Backsteinburg unmittelbar daneben hatte ich die ominösen Briefe an »Gen. Wannserski« abzuliefern, die das Quartier als die Stasizentrale des Stadtbezirks auswiesen. Da ich in diese Nachbarschaft nicht ziehen wollte, bot ich meine neue Wohnung zum Tausch an. Zu meinem Erstaunen fand sich sofort ein Interessent, der mir seine fabelhafte Drei-Zimmer-Wohnung am Weinbergsweg überlassen wollte, der so sanft wie energisch vom Prenzlauer Berg zur Stadtmitte hinabfällt und obendrein noch die beliebte Nachtbar »Zum Elephanten« beherbergte. Doch zum Tausch sollte es nie kommen. So oft ich meinen Partner aufsuchte – er trat mir jedes Mal im weinbergroten Trainingsanzug des Polizeisportvereins »Dynamo« entgegen und erklärte, dass er die Wohnung noch renoviere. Er renovierte und renovierte so lange, bis ich entnervt aufgab.

In anderer Hinsicht bin ich der Staatssicherheit durchaus zu Dank verpflichtet. In ihren Akten fand ich das Protokoll eines Gesprächs, das ich in der verwanzten Wohnung von Katja Lange mit ihr führte, um sie zur Teilnahme an unserer Demonstration zu bewegen. Katja hatte man den Decknamen »Stube« verpasst, und ich firmierte, da man meine Stimme erst zuordnen musste, als »der Herr«. Das Gespräch wurde in indirekter Rede wiedergegeben, typisch für die damals moderne Prosa, an die ich zehn Jahre später Anschluss gewann, indem ich meiner Auseinandersetzung mit den Tschekisten die Form des Gesprächsprotokolls gab und es »Stube und der Herr« nannte.

Zwei Wohnungen auf der gegenüberliegenden Straßenseite scheinen leer hinter heruntergelassenen Rollos. Ab und zu glaube ich ein Auge durch einen freigelassenen Spalt schielen zu sehen. Bevor ich meine Wohnung verlasse, lege ich Tennisbälle hinter die Zimmertür, klemme ich Bindfäden ein, die ich, wenn ich tief in der Nacht zurückkehre, längst vergessen habe und so im Unklaren darüber bleibe, ob in der Zwischenzeit jemand mein Zimmer betreten hat.

In der letzten Nacht habe ich im Traum ein Tauchboot erfunden. Es besteht aus zwei voneinander getrennten, verschiebbaren Räumen: der Pilotenkanzel und einer dahinter befindlichen Flutkammer. Das Tauchen geschieht, wenn die Klappe der letzteren geöffnet und Wasser eingelassen wird, durch dessen Gewicht das Schiff sinkt. Es wird wieder zum Steigen gebracht, indem mittels Hydraulik das Wasser nach draußen gedrückt wird. Allerdings sagte mir Katja, dass auf genau diese Weise alle U-Boote funktionieren. Doch bei ihr sollte ich mich vorsehen: sie lügt, dass sich die Balken biegen.

Muss auf das Untertreiben der Rationalisten ein bewusstes Übertreiben oder Phantasieren wie bei Katja folgen? – »Habe auf der Straße gestern Eva Strittmatter mit zwei Schäferhunden getroffen.«

Mit vierzehn Jahren Verspätung Revolution machen zu wollen, ist wie verstaubte leere Flaschen zurückzubringen.

Ich bin aus der Rippe einer Frau geschnitzt.

Führe ich mein Leben bewusst in katastrophale Zustände, um mich durch das Schreiben retten zu können?

Bei der von mir betriebenen Schilderung steht ein Gegenstand vor dem geistigen Auge, dessen ich mich bemächtigen will, indem ich ihn beschreibe. Darstellung aber, wie sie der Roman verlangt, bedeutet, dass alles bereits in mir ist, dass ich über das durch mich Hindurchgegangene verfüge und es ausbreite.

Das Erzählen setzt da ein, wo man nicht sieht. Jemand hat etwas erfahren, gehört, gesehen und will es seinem Gegenüber, der davon nichts weiß, einen Eindruck in Sprache übersetzen und somit mitteilen. Die Fernseh-Gesellschaft, die die persönlichen Geheimnisse reduziert und das Gefühl allgemeiner Mitwisserschaft erzeugt, fördert den beschwörenden Charakter von Literatur.

Auf keinem Fall die Haltung durchgreifen lassen: »Alles ist nicht so wichtig.«

Ich hole fortwährend irgendeine Kindheit nach.

Ich inmitten meines Ichs: ein weiter freier Platz, von einer nicht sehr hohen lückenlosen Ziegelmauer umgeben. Sie stellt kein wirkliches Hindernis dar: Jürgen überspringt die Mauer, Katja ist in ihrem Grenzbereich unterwegs, Saleh sitzt fest und etwas ratlos auf ihren Zinnen, Scheib durchschreitet sie, ohne den Erdboden verlassen zu müssen.

Jürgen ist Jürgen Klein, alias Hultenreich, den ich schon in Erfurt kennengelernt hatte, wo er den Bass der Bluesband »Die Drei« zupfte. Inzwischen hatte er das aufgegeben und sich der Lyrik zugewandt. Er lebte nun in Berlin und wartete auf die Genehmigung seines Ausreiseantrags.

Drei Tage Prag mit Luise. In der Nacht zum Sonnabend haben wir die Stadt verschlafen und sind im Zug durchgefahren bis Brod. Von dort weiter in falscher Richtung bis Kolin, dann Umkehr und Ankunft in Prag neun Uhr dreißig. Vor der Zimmervermittlung liest uns Alsbeta auf und vermietet uns für hundert Kronen ein geräumiges Zimmer im Zentrum, Nähe Graben. Zwei Tage aufgeregtes Durchkreisen und -fliegen der Altstadt, Kleinseite und Burg. Ruhepunkt ist das Café »Zu den Goldenen Stufen«, von dem aus man wie von einem Adlerhorst aus die Türme der Stadt unter sich sieht. Am Montag bekommt meine Tochter ihre erste heftige Regel, was eigentlich mit einem Fest begangen werden müsste.

Wie in der Schule schreibe ich mit Kreide auf die Wandtafel und wische es immer wieder ab.

Nach Balzac ist die Gerontokratie (»alte Greise und junge Greise«) die Ursache der Mittelmäßigkeit der Regierung.

Die alten Formen der Selbstaufgabe und -demütigung funktionieren nicht mehr. Es waren vor allem religiöse, mit Mönchstum, Askese, Kasteiung verbundene. Die einzig verbliebene Möglichkeit ist der Alkoholismus.

Das Leben, von *einer* Perspektive aus betrachtet, bringt fortwährend Symbole hervor. Zum Beispiel die Bedeutung der Straßennamen, in denen ich gewohnt habe. Die Reinhardstraße in Erfurt: Ich war rein. Der Mühlenweg in Schmachtenhagen: Es arbeitete. Die Pfarrstraße: Ich war heilig. Die Streustraße: Ich bin verwirrt.

Mein Zimmer ist voller blonder Haare. Ritas Haare, vermischt mit denen von Sabine und Annette, die mich in der vergangenen Woche besuchten.

Ritas Haare waren die kräftigsten und etwas dunkler an den ungefärbten Wurzeln. Sie deckten die Stirn als Pony, und wenn ihr eines der längeren, im Rücken bis zum zwölften

Wirbel reichenden Haare ins Gesicht fiel, blies sie es mit einem zugekniffenen Auge beiseite wie ein Schulmädchen. Sie arbeitete als Kellnerin im »Mosaik«, aber war auch oft bei unseren Festen dabei, wobei ich gern mit ihr am Rande saß und über die erotische Ausstrahlung der Tanzenden sprach. Dass wir selbst einmal ein Paar würden, kam mir nicht in den Sinn bis zu jenem Abend, als ich aus irgendeinem Grund allein im »Mosaik« saß, in dem sie herrschte wie eine Fürstin. Sie, die an diesem Abend eine durchscheinende schwarze Bluse trug und keinen BH darunter, stellte mir einen doppelten Korn hin. Und als die übriggeblieben Damen das Café verließen, ohne eine Regung von mir abzuwarten (ich galt für sie als hoffnungsloser Fall, das erfuhr ich später von Rita), brachte sie mir einen weiteren Schnaps, bevor sie die Aschenbecher zu leeren und die Stühle auf die Tische zu stellen begann. Ich hatte oft genug die Sünde begangen, mich einer Frau zu verweigern, doch diesmal blieb ich sitzen. Abgesehen vom Alkohol war ich auch sonst nicht in der Lage aufzustehen und davonzulaufen, ich meine, ich befand mich in der Situation eines Willenlosen, der darauf wartet, dass jemand sein Vertrauen gewinnt und für ihn entscheidet. In meiner das Bildhafte liebenden Erinnerung hilft mir danach Rita vom Stuhl, legt sich mich wie eine Teppichrolle über ihre rechte Schulter und trägt mich unter einem Baugerüst hindurch, an dessen Stangen ich abwechselnd mit dem Kopf und den Füßen stoße, zu ihrer Wohnung in der Wörther Straße. Dort, im dritten Stock, erwachte ich wieder zum Leben. Auf einem ungemachten Bett liegend sah ich zu, wie sich im Halbdunkel ein weißer Leib aus seiner schwarzen Serviererinnenkluft schälte – ein Akt so betörend wie Aphrodites Geburt. Mit ihm wurde auch ich lebendig. Der erste Beischlaf wird häufig durch Fremdheit und Verunsicherung beeinträchtigt, doch mit Rita war es anders. Alles, was sonst so schwierig sein konnte, war mit ihr einfach und klar, und das lag nicht nur an ihrer Versiertheit, sondern auch daran, dass sich darunter eine unvermutete Unschuld verbarg. Wir liebten uns, bis draußen der Wintermorgen dämmerte, und danach schlief ich zum ersten Mal seit langem länger als die Frau neben mir.

Sie hatte inzwischen etwa fünf Eier in die Pfanne geschlagen und servierte sie in dem Wohnzimmer, das sie sich mit ihrer Mitbewohnerin teilte. Die war ebenfalls Kellnerin, eine kleine hübsche Leipzigerin namens Mary, die darauf wartete, dass sie von einem schwedischen Ingenieur geheiratet wurde und ausreisen durfte. Sie saß auf der Couch und starrte selbstvergessen auf den laufenden Fernseher. Die Rühreier waren für mich allein bestimmt. Während ich sie aufaß, schminkten sich die beiden Frauen an meiner Seite für die Nachmittagsschicht. Kellnerinnenalltag. Fremd, doch mich keineswegs so abschreckend, dass ich Rita nicht gefragt hätte, ob ich sie zur Polizeistunde abholen könne. »Willst du das wirklich?« fragte sie, kurz errötend beim festen Blick in mein Gesicht. »Ja.«

Dass sie sich darüber wunderte, war nicht verwunderlich. Wir gaben in vielerlei Hinsicht ein ungleiches Paar ab. Selbst ohne Absätze und Löwenmähne war Rita mindestens so groß wie ich. Auch wenn die Jahre in der Gastronomie doppelt zählten und man das ihrem Gesicht besonders in der Augengegend ansah, war der Altersunterschied von einem Dutzend Jahren nicht zu leugnen. Sie war ein Proletarierkind aus dem Prenzlauer Berg, nicht verschont von den Fährnissen des Lebens, aber doch weitgehend von den intellektuellen und sonstigen Selbstzweifeln, die mir immer wieder Perioden vollkommener Lähmung bescherten. Auf ihre preußisch herbe Art war Rita eine ausgesprochene Schönheit, die sich die Männer aussuchen konnte. Warum war sie ausgerechnet auf mich verfallen?

Als beim Öffnen der Wohnungstür der Tennisball durch den Korridor rollte und ich den Bindfaden am Boden liegen sah, ohne zu wissen, ob er erst durch mich oder schon vorher heruntergefallen war, kamen mir widerliche Gedanken. Wie, wenn Rita nicht aus eigenem Interesse, sondern in fremdem Auftrag gehandelt hätte? Immerhin hatte sie Köchin im Regierungskrankenhaus Buch gelernt, bevor sie sich zur Kellnerin umschulen ließ. Warum hätte sie andererseits das erzählen sollen, wenn sie etwas zu verbergen hatte?

Nicht nur das Gift dieses Misstrauens machten mir eine Hingabe, die länger als eine Nacht dauerte, schwer. Das Misstrauen in mir war älter als meine Erfahrungen mit der Staatssicherheit. Es reichte zurück bis zur Trennung von Vera, die zusammen mit den beiden Mädchen noch immer die Weiblichkeit verkörperte, aus deren Reich man mich verstoßen hatte. Mich wieder in jenes aufnehmen zu lassen, bedeutete die erneute Gefahr der Vertreibung. Dagegen half nur, sich gegen die Tyrannei der Liebe zu wappnen, indem man sie nicht zuließ und sich auf den Sexus oder eine Kumpanei beschränkte, die selten zu wahrer Freundschaft wurde, weil wir eben doch Körper hatten. In dieser Sackgasse befand ich mich nicht allein. Es war eine stellenweise recht verödete Wildnis, durch die die beiden Geschlechter streiften, nachdem sie sich voneinander losgemacht hatten und zu nichts mehr verpflichtet glaubten. Es gab wilde Nächte, aber keine Zärtlichkeit bei Tage. Es wurde sich selten berührt, geschweige denn liebkost. Als Angela nicht von der Angewohnheit lassen wollte, sich bei mir einzuhaken, teilte ich ihr mit, dass ich den »Paarlauf« hasse, dieses »Gebaren eines vierfüßigen Tieres«. Wir gewöhnten uns daran, uns mehr zu verletzen als zu heilen und zu stützen.

Warum lief es zwischen Rita und mir anders? Warum ließ ich bei ihr das mit »Liebe« bezeichnete Gefühl zu und es wachsen, obwohl ich mir ihm keineswegs sicher war und lange vermied, es zu benennen. Vielleicht waren gerade unsere Unterschiede dafür verantwortlich, der Umstand, dass Rita jene »Gegenbesetzung« bedeutete, die mir eine besorgte

Freundin empfohlen hatte. In nichts erinnerte sie an den Typus der zierlichen Romantikerin mit künstlerischen Neigungen, von dem ich mich so lange nicht lösen konnte. In jeder Hinsicht war sie eine Herausforderung und meinem Gefühl nach die letzte, der sich noch zu stellen lohnte. Für die von ihr ob ihrer scheinbaren Freiheit und Kraft bewunderten Künstler war sie als Nebenfrau stets willkommen, doch mich drängte es von Beginn an, mich zu ihr zu bekennen. Als das kuriose Paar aufzutreten, das sich entgegen den herrschenden Regeln gebildet hatte und jetzt wie eine Kampfgemeinschaft aus Kellnerin und Künstler dem allgemeinen Geschwätz und dem Schweigen, der Langeweile, Gewohnheit und gegenseitigen Verdächtigung die Stirn bot.

Im schönen Lande, wo das Ja ertönt.

Mit Rita im Hotel »Lichtenhainer Wasserfall« in der hinteren Sächsischen Schweiz. Alles ist weiß um uns: der Schnee, die Mützen und Kittel des Küchenpersonals, die beiden von uns zusammengerückten Betten, die wir nur selten verlassen. Der Wasserfall neben dem Hotel, der normalerweise für zwanzig Pfennig mit einem Hebel in Gang zu setzen ist, ist gefroren. Als ein Wildentenpärchen den vereisten Lauf der Kirnitzsch entlangstreicht, ohne ein Wasserloch zu finden, geht mir zum ersten Mal die Bedeutung des Wortes vom harten Winter auf: Ein Großteil des Lebens erfriert buchstäblich, fällt der regelmäßigen Dezimierung durch Frost zum Opfer. In der ersten Nacht hörten wir eine streunende Katze bei siebzehn Grad minus vor unserem Fenster mauzen. Wir öffneten das Fenster, schlossen es aber wegen der eindringenden Eiseskälte bald wieder, als die Katze nicht auf unser Rufen reagierte. Bei Tage sahen wir noch einen Graureiher und den schwirrenden, metallisch rotblauen Federball eines Eisvogels, der durch seinen Namen geschützt schien.

1985

Den Wahnsinn in die Tasche der Leidenschaft geben.

Zu Rita: »Du goldene Pechmarie.«

BERGRINGE

Wie Rauchringe legten sich Wolken um die Bergschultern, aufsteigend, zerfasernd, sich wieder ballend – aus dem Mund einer transzendentalen asiatischen Gottheit oder eines Vulkans.

Innen viele Etagen, Geräumigkeit in gelbem Licht: ein klimatisiertes Nordpolschloss, in dem es nicht an Veranstaltungen fehlte. Ich trieb mich in den Korridoren herum, lagerte mich mal hier in die Ecke, sprach mal mit jenem Telefonkabel.

Eine hellhaarige Führungskraft mit ihrem Gefolge hatte mich entdeckt und machte es zu ihrer Pflicht, mich und meine geheimnislose Passivität auszutilgen. Sie folgte Rachegelüsten aus der Vergangenheit. Neben Intrigen schickte sie verwirrende Wurfpfeile gegen mich los, nicht viel länger als Stecknadeln, aber in großer Zahl und Schärfe. Die Hauptangriffsflächen waren mein Herz und mein Gesicht, und obwohl ich nicht das Gefühl hatte, dass mich einer der Pfeile töten könnte, so bestand doch die Gefahr, mir mittels ihrer Gesamtheit, wie Gulliver bei den Liliputanern, das Leben auszulöschen.

Da die Angriffe über Belästigungen längst hinausgingen, da die Möglichkeiten der Flucht erschöpft waren (es gab hier kein Innen und Außen, nur die begrenzte Zahl der Bergzonen), musste ich mich wehren. Ich griff von der Wand ein silbernes, nicht sehr scharfes, aber stabiles Krummschwert und schlug dem Kopf des Gegners, dessen Zugehörigkeit zum männlichen Geschlecht sich inzwischen erwiesen hatte, wie einer Kokosnuss tief einen durchgehenden Spalt in die Hirnschale. Sie klappte nicht ab – ein Ring heraussickernden Blutes zeigte den Schnitt an –, aber ich spürte die Blumen unter ihr sprießen.

Da weitere Versuche, Schädeldeckenscheiben abzuschlagen, nur unvollkommen das Lebenszentrum treffen konnten, zielte mein nächster Schlag auf jenen Pass, durch den die Adern und Nerven sowohl des Kopfes als auch des Leibes sich zwängen müssen, den Hals. Diese, die zweite Wunde, war die tödliche. Der Kopf kippte zur Seite.

Ich weigere mich, es zu beschwören, aber mir schien, als hätte ich noch an diesem Abend Stecknadelköpfe als weiße kleine Sterne am dunklen Himmel über dem Berg gesehen.

Im gleichen Maße, wie die Kopfschmerzen schwanden, kamen meine Träume zurück. Aber sie waren von so erschreckender Grausamkeit, dass ich sie nur selten notierte.

Die entscheidende Stütze der Gesellschaft: das Bürolumpenproletariat

Ritas Großvater, mütterlicherseits polnischer Herkunft, hatte eine Schusterwerkstatt in der Husemannstraße. Er war auf Schuhwerk für Prothesen spezialisiert. Als kleines Mädchen saß sie oft zwischen Schwarzen aus Angola und

Mocambique, die im Krieg Beine verloren hatten und auf ihre neuen Schuhe warteten.

Uwe Kolbe, dessen Offenheit erst zu diesem Projekt führte, dessen Drang, alles zu sagen, seinem Beitrag und darüber hinaus dem Film die Würze gab, musste entgegen unserer Absprache auch das Wort *Mikado* in den Mund nehmen.

Sascha Anderson berichtete als IMB Fritz Müller über diesen Film: »Am 6.2.1985 läuft im III. Programm, 23.05 Uhr ein Film über die Dichter Kolbe und Bernd Wagner. Der Dritte ist mir unbekannt – von dem Filmregisseur Heiner Sylvester. Nach Aussagen Kolbes ist Heiner Sylvester ein Freund Biermanns gewesen. Sylvester habe kurz vor seiner Ausreise im Frühjahr 1984 einen Film gedreht über den Prenzlauer Berg. Kolbe sagte, dass dieser Film aus Restmaterial, was er von der DEFA oder vom Fernsehen habe, gedreht wurde … Es gibt keine Probleme, 35 mm-Filmmaterial aus den Studios DEFA oder Dokumentarfilme, vor allem Dokumentarfilme, zu erhalten … Sylvester habe einen Film über den Prenzlauer Berg drehen wollen. Dieser Film sollte bereits im Januar 1985 im III. Programm laufen, ist dann auf den 6. Februar verschoben worden. Kolbe hat diesen Termin Jürgen Hultenreich gesagt. Jürgen Hultenreich hat ihn auch weiter gesagt. Kolbe und Wagner wollen nach dem Sehen dieses Films mit Heiner Sylvester ein längeres Gespräch führen über die Probleme mit diesem Film. Wagner hat die Absicht geäußert, in einem Telefongespräch nach langer Zeit endlich wieder einmal mit seinem Freund Heiner Sylvester zu sprechen.«

Über den Spitzel Anderson habe ich in »Stube und der Herr« das Wichtigste gesagt. In diesem Zusammenhang sei nur bemerkt, dass der angebliche Inspirator des ostdeutschen Undergrounds, der diesem zuliebe einen Pakt mit dem

Teufel einging, mit einer solchen Aussage wie der zitierten nicht nur uns unmittelbar Beteiligte, sondern auch den Materialverwalter des Dokumentarfilmstudios der Stasi auslieferte. Hätte sie nicht Anderson und seinen Kompagnon Schedlinski gehabt, wäre sie, was den Prenzlauer Berg betrifft, recht ahnungslos geblieben. Zu den beruhigenden Erfahrungen beim Aktenstudium gehörte nämlich, dass sich in unserem engeren Umfeld niemand für Spitzeldienste hergegeben hatte. Konnten wir deshalb relativ ungestört an *Mikado* arbeiten oder erfüllten wir eine als wenig gefährlich angesehene Ventilfunktion?

Die Mitarbeit an einem illegal gedrehten Film, der im Westfernsehen ausgestrahlt würde, bedeutete eine Grenzüberschreitung mit unvorhersehbarem Ausgang. Wenn die Staatsmacht auf eines besonders allergisch reagierte, dann auf die Kooperation mit dem Klassenfeind. Die Verlockung war indes zu groß. Für Heiner Sylvester bedeutete sie nach jahrelangem Berufsverbot doch noch die Möglichkeit zu einer sinnvollen Arbeit. Wir kannten uns von den Fußballmatches zwischen Linien- und Auguststraße, wo er einen technisch feinen Rechtsaußen spielte, bis er ernsthaft erkrankte. Schon länger konnte man beim Handdruck bemerken, dass sich die Mulde zwischen Daumen und Zeigefinger, in die man seinen eigenen Daumen legte, bei ihm vertiefte. Muskelschwund war eine Krankheit, mit der er in der DDR keine Überlebenschance hatte. Zweimal in der Woche fuhr er nach Birkenwerder, um sich Ziegenkefir zu holen, doch die Möglichkeiten einer angemessenen Ernährung und damit Heilungschancen hatte er nur im Westen. Zusammen mit seiner jungen Frau und einem Säugling wartete er auf die Ausreise in der früheren Wohnung seines Freundes Einar Schleef, dessen Geist noch immer durch Ostberlin spukte, und nicht nur er: Heiner bewahrte auch Bilder, Zeichnungen und beklemmend düstere Fotos von ihm auf.

Nun gut, wir machten einen Film. Die Außenaufnahmen fanden stets so früh wie möglich statt, an bleichen Sommermorgen, wenn das leere Straßenpflaster metallen glänzte und uns weder Polizei- noch andere Fahrzeuge bei der Fahrt durch die noch dunklen Häuserschluchten störte. Ich war fast immer dabei. Wenn Uwe Kolbe auf seinem Rennrad neben dem ausrangierten Kübelwagen herfuhr, in dem Heiner die Kamera so fest wie möglich auf der geschwächten Schulter hielt. Wenn Jürgen Hultenreich – er war inzwischen nach Berlin gezogen und der unbekannte Dritte – uns in sein Domizil in der Tucholskystraße führte, wo im Hinterhof die weißbeschürzten Fleischer messerwetzend ihre Frühschicht begannen und wir durch den Fleischdunst treppaufwärts stiegen bis in sein winziges Zimmer, wo er uns an seinem Harmonium sein erstes und letztes für dieses Instrument komponiertes Opus vorspielte. Und natürlich als ich an der Reihe war und es hinaus nach Weißensee ging.

Ich weiß nicht mehr, vor welchem Fernseher, der das dritte Programm empfing, wir saßen, um den Film anzusehen. Meine Empfindungen mir selbst gegenüber waren zwiespältig. Ich hatte nichts als fernsehuntaugliche Prosa zu bieten und den Versuch, die Kunst der Wandzeitung zu propagieren. Ansonsten war ich die pure Verweigerung, nicht nur gelähmt von der Furcht, durch eine unbedachte Äußerung unsere Arbeit an der Zeitschrift zu gefährden, sondern auch von der grundsätzlichen Unmöglichkeit, in zehn Minuten einem unbekannten Publikum ein Bild von unserer Lage zu vermitteln. Für den Lyriker und Aphoristiker Jürgen war es eine einmalige Gelegenheit, einige seiner außer von uns nirgends gedruckten Sentenzen loszuwerden. Und dass Uwe entgegen unserer Vereinbarung doch über *Mikado* sprach, verdankte er dem richtigen Instinkt, die vom Staatsapparat so gefürchtete westliche Öffentlichkeit schütze uns.

Erst als ich nach zwei Jahrzehnten den Film wieder sah, begriff ich seinen wirklichen Wert. Nicht unsere vergänglichen Worte machten ihn aus, sondern die Bilder. Was für eine Kraft strahlten unsere Gesichter, unsere Gebärden und Bewegungen aus. Und welche Einsamkeit inmitten der leeren Straßen, wenn wir auf ein lepröses Mietshaus zusteuerten, um in einer Wohnung zu verschwinden, in der die Gespenster zu selten von Frauen vertrieben worden waren, trotz unserer unleugbaren Schönheit.

Katja erzählte von Kotte, der sie aus Westberlin anrief. Eins seiner beiden Zimmer ist eine Trinkerzelle mit einem Tisch und Stühlen darum, auf denen Ostdissidenten sitzen.

Sie waren wie ein Feld, gemäht an einem Tag.

Nicht die eigene Jugend pflegen, sondern die des Werks.

Bei Tangerhütte wollte ein russischer Offizier aus einer Kneipe, in der gerade Feuerwehrball war, Schnaps holen. Da man den selbst brauchte, gab man ihm nichts. Er verschwand unter Drohungen und kam mit sechs Mannschaftswagen zurück. Der Saal wurde von Soldaten mit MPis umstellt und sämtlicher Schnaps abtransportiert.

Gestern ließ mich Rita plötzlich in der Dimitroffstraße stehen, um quer über den Fahrdamm zu schießen und auf einen Kerl zuzusteuern, der gerade eine Eckkneipe verlassen hatte. Ich sah, wie sie auf ihn einredete, gestikulierte, ihn am Jackenärmel festhielt, als er weitergehen wollte. Schließlich zückte er sein Portemonnaie und gab ihr Geld. Wieder auf meiner Straßenseite zeigte sie mir den Zehnmarkschein und sagte: »Neunzig Pfennig Trinkgeld. Vor sechs Wochen hatte der Typ die Zeche geprellt.«

Rita wuchs im Korridor auf, weil die Mutter das Zimmer für ihre Hundezucht brauchte.

Juvenal hat mit seiner Meinung recht, dass es schwer ist, keine Satire zu schreiben. Was nicht heißen soll, dass es leicht ist.

Ich hockte mich auf die Schönhauser Allee, kratzte mit dem Taschenmesser eine Granitplatte im Bürgersteig locker, hob sie eine Handbreit an, drückte, stemmte, ließ sie von ein paar Gefährten halten und verschwand durch das Loch.

Das Beste ist noch immer ein durchgedrehter Realist.

Was wäre zu tun, wenn eines Tages die Befehle lauteten: »Herkommen«, »Stillstehen«, »Aus den Augen führen«?

Dann wachte ich endgültig auf, weil ich rauchen musste Beglückendes Gefühl, allein zu sein. Der kühle Sog. Das freie und strenge Atmen von innen nach außen in diesem Spalt. Die wenigen Geräusche im Ohr.

Wie soll ich gleichzeitig mit dir leben und der Welt?

Autotour in Sachsen mit Rita und Srecksers Bruder. Durch Wald nach Wermsdorf, Oschatz, Strehla und elbabwärts. Mühlen und Deiche. In Belgern Marktplatz von niedrigen, verschnittenen Bäumen umstanden. Der steinerne bemalte Roland am Rathaus lehnend: eine vergoldete Nuss zwischen den vier Meter langen Beinen, der rechte Arm mit dem Schwert energisch angewinkelt, Schnauzbart. Alle Straßen sind kopfsteingepflastert. Ins Bruchsteingemäuer der Klosterkirche, die sich übergangslos mit anderen Gebäuden verbindet, sind Fenster für Wohnungen gebrochen, davor der Obstgarten. Eine der Kopfsteinstraßen biegt um Stadtkirche mit Friedhof und Park, wendet sich dann sanft nach links und fällt bis ins Wasser der Elbe. Autofähre. Absolute Stille in den Straßen. Diese Art der kleinen Landstädte ist für mich immer die unfaßbarste Form menschlichen Zusammenlebens gewesen. Vielleicht weil die Verwandtschaft meiner Mutter aus solch einer Siedlung kam, sind sie für mich der Inbegriff der Weiblichkeit. Zu sauber gearbeitete und gestrichene Handwagen, zu gut geölte Fahrräder, keine unkontrollierte Bewegung.

Das neue Medium Fernsehen holt alle schon vergessenen Torheiten der Vergangenheit durch seinen imitatorischen Charakter wieder hervor.

Wieder verlief sein Weg schnurgerade wie eine ausgesteckte Vermessungslinie, kümmerte sich nicht um Hügel und Tal und Morast.

EIN ROHLING

Sie ist ein Rohling, gewiss. Einer der gut in der Hand liegenden Stücke, wie man sie in die Teiche wirft, um den Wasserstand zu heben. – Aber sie hat die höchste Wichte. Sie besteht aus dem schwersten der Metalle, ringförmig gegossen. Die wenigen Muster, die es gestattet, in seinen Rand zu kerben, machen sie eines Tages zum wertvollsten Schmuck auf diesem ausgeplünderten Planeten.

DER KUNDE HAT DAS WORT

Da ich nach menschlichem Ermessen heute zum letzten Mal in Ihrer Imbissstube gespeist habe, möchte ich abschließend bemerken, dass die Suppe stets heiß war, der Raum geheizt, das Bier kühl, der Tisch abgewischt, die Musik die richtige und nicht zu laut. Friedrich der Große

Seit Sonntag bei Rita in der Wörther Straße. Weißensee ist zu Ende!

Die Möglichkeit, der Symbolik in meiner neuen Adresse gerecht zu werden, war nur sehr begrenzt. Ich schrieb nichts Nennenswertes mehr in der Wörther Straße, und auch diese Aufzeichnungen wurden immer dürftiger. Das lag am Provisorischen, das unserer ersten gemeinsame Wohnung von Beginn an anhaftete. Als mir Rita mitteilte, dass ihre Kollegin Mary ihr Zimmer räumen würde, weil sie die Genehmigung zu Schwedenhochzeit und Ausreise erhalten hatte, erzählte ich ihr von meinem immer drängender werdenden Plänen, das Land ebenfalls zu verlassen. Rita hatte bisher mit keiner Silbe an die eigene Ausreise gedacht, doch als ich sie fragte, ob sie mich begleiten würde, sagte sie zu.

Für mich waren die letzten Fäden, die mich an das Land banden, mit der Gasometersprengung gerissen. Mit ihnen, schien mir, war der gesamte Prenzlauer Berg in die Luft geflogen, und seine Teile kreisten auf verschiedenen Umlaufbahnen durchs All und würden sich nicht wieder zusammenfügen lassen. Und nicht nur das; im ganzen Land war ein unaufhaltsamer Zerstörungsprozess im Gange. Wer durch die sächsischen und thüringischen Städte kam, stieß überall auf verfallende Häuser, Straßen, ganze Viertel aus Brachland oder, schlimmer, mit Betonwürfeln vollgestellt, in denen Seelen nur noch verdorren konnten. Und eine wirkliche Gegenposition, hatte sich gezeigt, ließ sich in diesem von Resignation, Selbstsucht und Zynismus zerfressenem Land nicht aufbauen. Mit wem hätte ich es tun sollen? Scheib, Katja und Hultenreich saßen auf gepackten Koffern, Babu Honigmann mit ihren ausgepackten schon in Paris; Heiner Sylvester ließ sich seinen Muskelschwund von einem Naturheiler in Holstein behandeln;

Kolbe trug sich mit dem Gedanken, wie Hilbig einen Dauerpass zu beantragen, mit dem er jede Grenze passieren konnte. Das war für mich keine Option, es hätte mich zerrissen. Ich brauchte keine Erweiterung meines bisherigen Daseins, ich musste einen Schlussstrich darunter ziehen, um einen neuen Anfang wagen zu können. Er wäre mir schwerer gefallen, wenn ich hier noch zu tun gehabt hätte. *Mikado*? Das Ende war abzusehen, die Schubladen hatten sich schneller geleert als gedacht. Und was die Wirkung betraf, so hielt sie sich in durchaus engen Grenzen: man kaufte zwar unsere Nummern und verkaufte sie nicht selten für harte Währung in den Westen weiter, doch weder von dort noch von hier gab es Reaktionen, die über ein gelegentliches Schulterklopfen hinausgingen. Ebenso wenig Illusionen machte ich mir über das, was mich im Westen erwartete, auch wenn ich die Hoffnung hatte, die Welt wäre größer als die Borniertheit, mit der ich sie bei meinen Grenzübertritten betrachtet habe und sie würde mich schon noch überwältigen. Vor allem aber wollte ich von etwas weg und nicht irgendwohin.

Ich war Mitte Dreißig, hatte also die Hälfte des Lebens, wenn es nicht zu lange währt, hinter mir. Was wollte ich mit der zweiten Hälfte anfangen? Ein Rückzug ins Private mit Rückgratverkrümmung durch Schreibarbeit wäre mir genauso unmöglich wie eine Existenz als politischer Aktivist, der seine geistige Unabhängigkeit einem von außen hofierten Märtyrertum opfert. Ich brauchte das Neue! Was einmal als eine neue Gesellschaftsform angetreten war und unsere Nachsicht gegenüber ihren Kinderkrankheiten beansprucht hatte, war schneller als wir selbst gealtert und in einen mumifizierten Zustand übergegangen, der anscheinend nie enden würde. Ich sah nur noch hässliche Gesichter in den Straßen. Sah nur noch Bosheit in ihnen, schäbige Gier und Niedertracht. Sollte ich zusammen mit Briefkastenzertrümmerern und Treppenhausschändern alt werden?

Sollte ich eine junge Frau mit der Bitterkeit vergiften, die zwangsläufig in mir wachsen würde?

Wenn wir eine gemeinsame Chance hatten, dann nur in einer neuen Umgebung. Allerdings musste ich den Gedanken aufgeben, möglichst weit weg von der alten den Start zu versuchen. Für die Berlinerin Rita war als Wohnort nur Westberlin denkbar, wo uns die meisten Freunde erwarteten, wo sie nur durch die Mauer von ihrer Mutter, den beiden Großmüttern und der jüngeren Schwester im anderen Stadtteil getrennt war. Wie aber gingen wir sicher, dass man uns zusammen ausreisen ließ? Nur durch Hochzeit und Stellen eines gemeinsamen Antrages. Mit dem Umzug in die Wörther Straße betrat ich einen Weg, der mich zum ersten Mal wieder eng mit einem Menschen verbinden sollte, zu Zusammenleben und Ehe führen und den Unwägbarkeiten gemeinsamen Wartens auf die Aussiedlung, zu Abschied und Willkommen, oder auch nicht, in einer fremden Welt.

Am Sonntag waren wir im Treptower Park. Vor »Zenner« führte mich Rita in die Grünanlage, wo in jedem Frühjahr neue Plastiken aufgestellt wurden, diesmal zum Thema Krieg und Frieden. Ich wusste, dass sich Scheib und Reichmann daran beteiligten und unter anderen Rita als Modell gedient hatte. Jetzt aber, als ich, halb in der nackten Erde vergraben, Ritas Rückansicht sah, das vollkommen gerundete Gesäß, ihre langen, vollen Schenkel, den kräftigen und dennoch mädchenhaften Rücken, wich mir das Blut aus den Adern. So hatte ich sie oft bewundert, wenn sie auf dem Bett lag. Und so hatten sie die beiden Bildhauer in Bronze gegossen und, wie die Toten von Pompeji, als im Schlaf überraschtes Opfer eines Atombombenangriffs in die Erde gebettet.
Ich konnte mich nicht rühren bei diesem Anblick: ihr Körper zu dem einer Toten erklärt und vorher von Scheib oder Reichmann berührt, als man ihn in Gips gehüllt hatte.

Seit der Kindheit nimmt Rita vor dem Einschlafen einen Bettzipfel in die Hand und bohrt ihren Zeigefinger in die Spitze. Dann schläft sie rasch ein und wacht erst am nächsten Morgen wieder auf. Das heißt, wenn sie nicht erst morgens ins Bett gefallen ist.

Die Kellerkinder ergaben sich, um beim Händehochheben mit den Fingern die Decke zu berühren und sich somit an die Oberwelt anzuschließen.

Die Masse terrorisiert den Einzelnen, nicht umgekehrt. Der Ungenormte, der aus dem Rahmen fallende hat keine Möglichkeit der Gegenwehr, weil sein Gegner aus der Anonymität kommt und in dieser wieder untertaucht. Stellt er unvorsichtigerweise sein Fahrrad im Hausflur ab, wie ich gestern, so braucht man ihm nur die Reifen zu durchstechen und er wird es lassen. Der das Fahrrad abstellt, ist kenntlich, der die Reifen durchsticht, kommt aus dem Dunkel und kann irgendein Hausbewohner oder ein Fremder sein. Um ihn aus der Masse herauszulösen, müsste ich zum Polizisten werden. Ich trage mein Fahrrad lieber in die Wohnung.

ZURÜCK AUS SACHSEN

Am Himmelfahrtdonnerstag haben Rita und ich Streckser in seiner Altenbacher Kneipe geholfen. Rita nach Dieters Worten als Rasierklinge verkleidet, also ausgesprochen scharf. Die Sachsen waren davon genau so überfordert wie sie, die Berliner Kellnerin, von ihnen. Zum ersten Mal habe ich Rita am Rande der Kapitulation gesehen, während ich unter meinen Landsleuten mit den Biertabletts umher schwamm wie der Fisch im Wasser.

Für Streckser dagegen gibt es keine ärgeren Feinde als seine Gäste, er kennt sie zu genau. Als der achtzehnjährige

Sohn des ihn bespitzelnden Nachbarn fragte »Was ham Sien zu essen?« antwortete er: »Steht an der Tafel.« – »Ich kanns nich lesen. Is zu weit weg.« – Streckser: »Da musst du näher rangehen.« Der hungrige Spitzelsohn steht unsicher auf, geht zur Tafel und kommt zurück. Er murmelt: »Da nehm ich garnischt.« Streckser versichert mir, dass er genau das bestellt hat, was er gelesen hat. – »Er ist Analphabet.«

Toleranz ist etwas, was sich die leisten können, die oben sind. Wir haben stattdessen die Taktik.

Viola, Reichmanns geschiedene Frau, und die Hälfte ihrer Klasse wurden zu drei Jahren auf Bewährung verurteilt, weil sie die Schulmauer überklettern wollten, die gleichzeitig die Mauer zur Grenze war. Da sie sich weigerte, die Schule weiter zu besuchen, musste Viola die Strafe absitzen. Als Fünfzehnjährige kam sie ins Frauengefängnis in Stollberg, in ein Schloss, in dem auch eine Alte einsaß, die in den vierziger Jahren Jugendliche umgebracht hatte. Von den Nazis noch übernommen, hielt man sie seitdem in lebenslänglicher Einzelhaft. Auch die einstündigen Rundgänge machte sie allein; doch sollte sie irgendeines von ihnen zu fassen kriegen, hatte sich unter den Mädchen rumgesprochen, würde sie es umbringen.

Gestern zehn Uhr zwanzig Trauung im Standesamt Fröbelstraße. Ohne Anhang, Musik, Ringe, Blumen, aber Karin im leuchtend blauen Musselinkleid, das wir im Intershop neben dem »Metropol« gekauft haben.

Danach in der Prenzlauer Allee auf Plastestühlen Sekt und Mokka getrunken. Leichter Rausch in der Vormittagssonne. Zu Mittagessen und Wein einen Block weitergezogen, vor das »Prenzlauer Eck«. Am Nachmittag und frühen Abend in der Wörtherstraße Karins ausschließlich aus Frauen bestehende Familie bewirtet. Danach frei und zuerst im Hof in der Oderberger Straße und schließlich bei Uwe in der Kastanienallee gefeiert.

Für das Hochzeitskleid hatte ich 100 D-Mark von einigen kleinen Veröffentlichungen im Westen gespart. Das Geld musste man sich im »Büro für Urheberrechte« abholen, das in einem alten Sandsteinbau unmittelbar vor der Mauer untergebracht war. Nicht weit davon befand sich im »Hotel Metropol« ein Intershop, in dem man nicht nur Zigaretten, Schokolade, Kaffee und Jeans bekam, sondern auch bessere Garderobe. Der geballte Westgeruch konnte einem die Besinnung rauben. Als ich ihm gemeinsam mit Rita ausgesetzt war, machte er mich derart unzurechnungsfähig, dass ich ihr in die Umkleidekabine folgte. Musste unbedingt spüren, wie sich der FDJ-blaue Musselin auf ihrer Haut anfühlte. Er fühlte sich fantastisch an, und Rita hatte große Mühe, mich hinter dem leicht beweglichen Vorhang im Zaum zu halten und schließlich wieder nach draußen zu schieben. Vielleicht war der Westen doch nicht so schlecht, wie ich ihn ihr gegenüber gemacht habe, damit sie so wenig wie möglich von ihm enttäuscht wird?

Überhaupt tat ich alles, um in ihr keine Illusionen aufkommen zu lassen. Die Hochzeit sollte eine bloße, den Umständen geschuldete Formalität sein, die uns zu nichts verpflichtete als zum Zusammenhalt in einer schwierigen Übergangsphase. Aus meinem Unwillen zu weiteren Kindern machte ich kein Geheimnis und auch nicht aus den Zweifeln, ob wir als Paar eine Zukunft hatten. Entsprechend an die Nieren ging mir die Trauungszeremonie mit Standesbeamtin und »Für Elise« vom Tonband. Der Fotograf war nicht zu verhindern; doch dass ich zwischen Sekt und Mokka und dem Mittagsmahl im »Prenzlauer Eck« das Hochzeitsfoto zerriss und in einen Papierkorb warf, treibt mir noch jetzt die Schamröte ins Gesicht. Rita erzählte mir später, dass sie am nächsten Morgen zur Prenzlauer Allee gegangen sei und das zerrissene Foto aus dem Abfall geklaubt und auf einen Karton geklebt habe. Ich saß währenddessen an der Formulierung unseres Ausreiseantrages.

Eurer Erlauchten Königlichen Hoheit überreiche ich in tiefster Depression:

ERSUCHEN UM GENEHMIGUNG DES WOHNORTWECHSELS NACH BERLIN-WEST UND UM ENTLASSUNG AUS DER STAATSBÜRGERSCHAFT DER DDR

Ich ersuche, mir und meiner Frau Rita, geb. Grunewald, den Wohnortwechsel nach Berlin-West zu bewilligen und uns aus der Staatsbürgerschaft der DDR zu entlassen.

Dieses Ersuchen ist entschieden, unumstößlich und wird nach gründlichen Überlegungen gestellt.

In einem bankrotten Land, das davon lebt, sein Proletariat zu Arbeitsknechten zu entmündigen; sich ein neureiches Kleinbürgertum zu züchten, nachdem man jede wirkliche wirtschaftliche Selbständigkeit vernichtet hat; seine Wirtschaft durch ein System von Privilegien und Bestechlichkeit aufrechtzuerhalten, von dem eine Kaste von Funktionären, Militärs und Bürokraten profitiert; seine Jugend durch Uniformen zu disziplinieren; eine alte aussterbende Kommunistengeneration, die wenigstens noch die Erfahrung des antifaschistischen Kampfes hatte, endlich durch eine neue Funktionärsgarde ersetzen zu können, die nichts verbindet und verpflichtet, als Resultat einer Negativauslese zu sein; seine eigenen Bürger, die diese fortlaufende Verkrüppelung nicht mehr ertragen, so wie das materielle Erbe und überflüssig erscheinende Ideale für Devisen in das Ausland zu verkaufen; in solch einem Land können Bankrotteure, Komplizen der Macht und Opfer leben – ich nicht; ich will verkauft werden.

Ich bin als Schriftsteller bewusster Zeuge und Beteiligter der kulturellen Entwicklung seit Beginn der siebziger Jahre, einer Entwicklung, die in ihrer Verödung und zunehmenden Verdorbenheit Zeichen eines gesamtgesellschaftlichen Verlaufes ist.

Ich habe die Ausbürgerung Wolf Biermanns erlebt und dagegen protestiert; ich habe den damit einsetzenden Versuch erlebt, planmäßig die kritische Intelligenz zu verjagen oder gleichzuschalten; ich bin Zeuge der Ignoranz und Verfolgungswut einer ganzen nachwachsenden Autorengeneration gegenüber; ich habe den Zynismus des Staatsapparates erlebt angesichts der Proteste gegen die Sprengung der Berliner Gaswerke und dabei die Praktiken der Mitarbeiter des Ministeriums für Staatssicherheit kennengelernt.

Meine Arbeit unterliegt schweren Einschränkungen, die ich nicht länger hinnehmen kann. Die Medien fordern Anpassung und Korrumpierbarkeit. Die bevormundeten Verlage können den größeren Teil meiner Texte nicht mehr drucken. In zehn Jahren Schriftstellerexistenz wurde mir das Recht auf einen Arbeitsraum verweigert, das man mir auch heute noch bestreitet. Die Unmöglichkeit eines freien Reiseverkehrs – nicht nur Grundrecht, sondern Notwendigkeit für jeden Bürger – bedeutet abgeschnitten sein von wesentlichen Teilen der europäischen und Weltkultur; und mehr als das: indem man einem Menschen die Fremde nimmt, nimmt man ihm auch das Zuhause.

Eine Existenz am Rande oder außerhalb des offiziösen Kulturbetriebs – die einzige Alternative – ist nicht aufrechtzuerhalten für mich; die Lage hat sich derart zugespitzt, dass dies meine Kriminalisierung im stets willkürlich auslegbarem Sinne der Gesetze dieses Staates bedeuten würde.

Diese Gesellschaft hat mir nichts mehr zu bieten: keine Aufgaben, keine produktiven Herausforderungen; ich will sie nur noch verlassen.

Der Sekretär des Schriftstellerverbandes Gerhard Henniger schrieb in seiner Mitteilung an das Zentralkomitee der SED: »Der Antrag ist so abgefasst, dass er mit großer Wahrscheinlichkeit für eine Veröffentlichung im Westen gedacht ist.« Darin irrte der Sekretär. Ich wollte lediglich möglichst unmissverständlich deutlich machen, dass es für uns keinen anderen Weg mehr gab. Von einem »Kulturforum in Budapest«, auf dem ich mit dem Antrag angeblich Aufsehen erregen wollte, wusste ich nichts, wie mir grundsätzlich fern lag, in meiner gewissermaßen als Familienangelegenheit betrachteten Fehde mit dem Staat Hilfe von außen zu beanspruchen. Dass die Angst der Obrigkeit vor Publizität größer war als meine Neigung dazu, kam mir allerdings zu Hilfe. Bei Henniger heißt es: »Ich habe in den letzten Tagen mit Genossen Hermann Kant und mehreren Mitgliedern unseres Präsidiums sowie mit den Vorsitzenden des Berliner Verbandes Günter Görlich gesprochen. Übereinstimmend sind wir zu der Auffassung gekommen, dass Bernd Wagner schnellstens aus der Staatsbürgerschaft entlassen werden sollte. Dies vor allem aus folgenden Gründen:

In den letzten Jahren hat es mit Wagner aus verschiedenem Anlass Gespräche gegeben, bei denen sich eine immer deutlichere, gegen unseren Staat gerichtete Position herausstellte. Alle Versuche, ihn zu integrieren (einschl. neue Auflagen und Nachauflagen, Bestätigung beantragter Auslandsreisen usw.) scheiterten an seiner politischen Starrheit. Sie kommt in seinem jetzt vorliegenden Antrag in konzentrierter und verleumderischer Form zum Ausdruck. Wir können nicht damit rechnen, dass weitere Gespräche ihn zu einer Änderung dieser Position bewegen.

Wir können nicht übersehen, dass Wagner in zunehmenden Maße nicht nur politisch diametral entgegengesetzte politische Auffassungen äußerte, sondern in zunehmender Weise in dieser Richtung aktiv wurde.«

Bemerkenswert dabei ist besonders die Passage über Nachauflagen und Auslandsreisen und andere, später erwähnte Begünstigungen, sowie die vergeblichen Versuche von Paul Wiens, mich auf den Pfad der Tugend zu führen. Mein Leben war also keineswegs nur in meiner Hand gewesen, sondern Teil eines Maßnahmenplans.

Die letzte Maßnahme war, mich und Rita so unauffällig wie möglich über die Grenze zu schaffen. Als wir in den gleichen Gebäudekomplex, in dem wir getraut wurden – den von der Sprengung verschonten Backsteinbauten auf dem Gaswerksgelände – zu einer Aussprache vorgeladen wurden, machte man daraus kein Hehl. Wenn wir uns still verhielten, könnten wir mit einem leichten Galopp des Amtsschimmels rechnen. Die dazugehörigen Rituale mussten allerdings befolgt werden. Beispielsweise teilte noch in der Woche unserer Antragstellung die Geschäftsleitung der HO-Gaststätten Rita mit, dass sie nicht mehr würdig sei, ihre Angestellte zu sein.

Sie nahm es mit Fassung und schlief sich erst mal drei Tage lang aus, bevor sie sich um einen neuen Job kümmerte. Sie fand ihn als illegale Hilfskraft bei ihrem alten Chef, der im Saalbau Friedrichshain mittwochs und an den Wochenenden Tanzabende veranstaltete. In den siebziger Jahren hatte sie dort schon die Bluesfans mit Rotwein abgefüllt und beim sonntagnachmittäglichen Jugendtanz prächtig verdient, indem sie jedes Colaglas zur Hälfte mit Eiswürfeln füllte. Am meisten beeindruckt aber hatte mich die Schilderung des jährlichen Treffens des Taubstummenverbandes.

Es wurden ellenlange Reden in Gebärdensprache gehalten, bevor die Kapelle loslegte. Obwohl die niemand hörte, wogte der ganze Saal von ununterbrochen Tanzenden, und überall in den Ecken, auf den Toiletten, im Vorgarten traf man auf wild gestikulierende oder still ineinander verschlungene Paare, die ein Jahr lang hatten warten müssen, um sich zu finden.

Zusammen mit den Alkis, die mit Eimern und Krügen darauf warteten, dass sie die Alkoholreste hineinkippen durften, fand ich mich allnächtlich am Friedrichshain ein, um Rita zu unserem eigenen Tanzvergnügen abzuholen. Unter normalen Umständen wäre mir ein solches Leben unmöglich gewesen. Wäre ich als Morgenmensch, der seinen Tag mit ein paar möglichst klar formulierten Zeilen beginnen musste, verzweifelt angesichts dieses auf den Kopf gestellten Tagesablaufs. Aber nichts war normal in jener Zeit, es gab kein leeres Schreibmaschinenblatt, das am Morgen auf mich wartete. Ich zog mit Rita durch die Nachtbars in der Schönhauser, wo sich nach der Polizeistunde die Kellner die Seele aus dem Leib tranken, oder in eine der Wohnungen, in der irgendeine Abschiedsparty oder fingierte Hochzeit gefeiert wurde. Überall wurde gefeiert, wenn eine der Ausreisewellen durchs Land schwappte, und unsere Tänze waren die auf einem Vulkan. Die Luft war bitter von giftigen Dünsten, vom Rauch verbrannten Lebens wie von dem der Feuerwerke, die in hysterischer Erwartung eines neuen gezündet wurden. Euphorie mischte sich mit Trauer – mit der des Abschieds, mit der der Zurückbleibenden, mit der Trauer derjenigen, die schon jahrelang vergeblich auf die Ausreise warteten – und konnte ständig zu neuen Explosionen führen.

Auch am helllichten Tag gab es keine Ruhe. Von den Ausreisenden gab einer den Staffelstab an den nächsten weiter, das heißt, hinterließ ihm seine wichtigsten Habseligkeiten und die Vollmacht, sie in einem der Möbelwagen der Firma Zapf für den Transport in den Westen zu verstauen. Und man selbst lebte in seiner Wohnung zwischen zu packenden Koffern, Kartons und Gemüsekisten, die als »Positionen« zu kennzeichnen und ihr Inhalt in Listen einzutragen waren für den Fall der plötzlichen Ausreisegenehmigung. Mein Fernseher steht noch immer auf der »Pos. 1«, einer Bücherkiste, die mich ewig an die Hinfälligkeit jeden Besitzes erinnern soll, an die Möglichkeit, alles verlassen zu müssen oder zu können, denn dieses Interregnum war auch eins der Freiheit. Ich war befreit vom Schreibzwang und meine Bücher von den Regalen. Sie stapelten sich bretterlos an den Wänden und warteten bang darauf, welches von ihnen für den Möbelwagen bestimmt war und welches für das Antiquariat. Da wir uns für den billigsten (es musste mit Westgeld gezahlt werden) und damit kleinsten Möbelwagen der Firma Zapf entschieden hatten, transportierte ich täglich Taschen voller Bücher ins Antiquariat Pankow, und als man zuletzt keine mehr annehmen wollte, kippte ich sie vor dem Schaufenster aus – meine Rache an Pankow für Buschhaus und Lotte Ulbricht.

Als ihre Magenschmerzen unerträglich wurden,
bat Rita: »Erzähl irgendwas«.

Wenn ich zwei Wünsche frei hätte:
Satte Prosa, geile Gedichte.

Der Freudsche Versuch, Logik in einen natürlichen Ablauf wie den Traum zu bringen, vernagelt die innere Tür wieder, die zuvor aufgeschlossen wurde.

GEGEND 11

Kaum steigst du aus dem Zug im Bahnhof Cottbus, füllt sich der Mund mit einem Brei, den man dir in einer Schüssel reicht, die du auszulöffeln hast, und kein Abfalleimer ist in der Nähe, und der Kaffee, den du aus dem Pappbecher säufst, könnte gut an der blau weißen, durchlöcherten Wand des Bahnhofsgebäudes herunterlaufen ...

In Böhmen traf Trolle in einer Turnhallenherberge auf ein junges Schweizer Ehepaar. Während er sich zum Abendgang in die Stadt fertig machte, legten sie sich auf die Matratzen. Als Trolle zurückkam, lagen sie schlafend da, der Mann rücklings seinen auf den Bauch gelegten Koffer umarmend, damit er nicht geklaut wird.

Von Zürich erzählte Babu am Telefon, dass ein Fahrer seinen Bus plötzlich anhielt, nach hinten lief und zu einer strickenden Frau sagte »Hier wird nicht gestrickt!« und erst weiterfuhr, nachdem sie aufgehört hatte.

Am 27.8. in Meiningen neun Stunden von der Trapo festgesetzt, dann erzwungene Rückfahrt nach Erfurt.

Die Trapo, falls ich es nicht schon gesagt habe, war die Transportpolizei der DDR und lungerte auf den Bahnhöfen und in den Zügen in Grenznähe herum. Zum Glück war für uns der Weg in die Tschechoslowakei noch frei, so dass ich zusammen mit Rita an einem Wochenende nach Prag fahren konnte, um dort Scheib und Katja zu treffen. Prag, Karlsbad, Marienbad – das waren die üblichen Treffpunkte für Verwandte des Bluts oder des Geistes, die von der Mauer getrennt waren. Wir schliefen bei Alsbeta am Graben, brachten

Wurst und Kaffee mit. Dann das Zusammenhocken im »Café Slavia« – ein Trauerspiel. Für Katja und Scheib war es eine Rückkehr in die Vergangenheit, für uns ein Ausflug in die Zukunft, in der die beiden noch gar nicht angekommen waren. Während unser Schiff noch an den Tauen zerrte, trieben sie haltlos auf dem Ozean, die Augen voller Zorn und Nichtverstehen. Was es von der Gegenwart gab, musste im Alkohol ertränkt werden. Ob ausgesprochen oder nicht: was sie uns zu sagen hatten, lautete: »Kommt mal. Ihr werdet schon sehn.«

Am Sonntag zu zweit auf der Suche nach dem Dachcafé »Zu den goldenen Stufen«. Der Zugang war mit Brettern vernagelt.

Wenn ich dorthin gehe, woher man nicht zurückkommt, dann vielleicht auch, um von hier als etwas Vergangenem träumen zu können, und nicht immer nur von der Zukunft.

Von hinten ins Herz getroffen. Was kann das anderes heißen, als auf der Flucht erschossen? Was anderes, als dass ich mir ein neues Herz wachsen lassen muss?

Bei einem Besuch in Weißensee begegnete mir eine vierköpfige Assifamilie, deren unförmige, etwa fünfzehnjährige Tochter in einem Handwagen gezogen wurde, die anderen waren mehr oder weniger betrunken. Von dem Chaos verrückt gemacht, beißt der Schäferhund der Tochter in den Bauch, sie wird heulend vom Wagen gezerrt, der Hund gedroschen, der daraufhin vor Wut in die auf dem Wagen liegende Tasche beißt, die Karawane zieht schwankend und schreiend weiter.

An der Theke des »Hackepeter« nehme ich einen schmalen Arm wahr, der sich hin und wieder zum Criss-Cross-Automaten streckt, die langen Finger schieben dabei eine Münze in den Schlitz. Die nächste Bewegung gilt dem Münzschacht, in den in regelmäßigen Abständen Gewinne klirren. Dann, als der Automat keine Siege mehr produziert, Drücken der Stoptaste, Lichter aus, Ruhe. Die Hand legt sich zurück an das Bierglas, hebt sich, und als mein Nachbar den Blick freigibt, sehe ich in das Gesicht eines schlaksigen Jungen, der still in sich hinein lächelt, bevor er trinkt.

Sie haben mir ein paar Gesten genommen. Die Art auszuspucken, das Kinn in die Hand zu schmiegen und dabei zu sprechen, sich ans linke oder rechte Ohrläppchen zu fassen. Es sind keine besonders guten Gesten, merke ich, und ich sollte mich freuen, sie los zu sein. Außerdem geht es allen so: Je weniger wir werden und je enger wir zusammenrücken, desto mehr füllen wir uns mit Fremdem.

Mickel in langem Ledermantel tauchte mit seiner neuen Freundin in der Wörtherstraße auf. Mickel, den ich seit Ewigkeiten nicht gesehen habe und von dem es heißt, dass er nie irgendjemand besucht, saß also in unserer Wohnung inmitten der gepackten Kisten und der sich regallos an der Wand empor stapelnden Bücher und schwadronierte, der Witz in Person, darauflos. Zum Schluss lud er mich zum Tennisspielen nach Wilhelmshagen ein. Ich nahm die Einladung an, sagte ihm aber zuvor, dass er denen, die ihn geschickt haben, ausrichten soll, an meiner Entscheidung wird sich nichts ändern.

Ich stehe auf einer Kellertreppe. Die Stufen könnten in ein Bassin führen, wie mich überhaupt vieles an ein Schwimmbad erinnert, auch wenn die Eisentür hinter mir abgeschlossen ist und auf meinen Kopf eine niedrige

Decke drückt. Ich steige eine Stufe tiefer, nehme die Hand vom Geländer und strecke sie dem Estrich entgegen: Da unten sind nackte Körper einbetoniert, erstarrt in Schwimmbewegungen.

Mit Anna in Zinnowitz, wohl unser letzter Ausflug. Ich bin am Ende mit meinen Kräften. Ich schreibe das in dem Bewusstsein, dass ich dies schon oft oder vielleicht ständig dachte, es aber noch nie, deutlich hörbar zumindest für mich, so ausgesprochen habe. Mich treibt dazu das Gefühl, dass ich, wenn sich nichts Einschneidendes ändert, nicht mehr weiterleben kann. Und mit einschneidend ist längst keine äußere Lebenssituation oder seelisches Befinden mehr gemeint, sondern nur noch: wenn der furchtbare Schmerz in meinem Schädel nicht aufhört. Vom Wind ist ein steifer Nacken hinzugekommen. Vielleicht kann ich auch den Anblick meines Kindes nicht mehr aushalten.

Pause. Leere Stelle nach zehn Tagen Ämtergängen, Packen, Fahrt zu den Geschwistern, um von ihnen bestätigen zu lassen, dass sie im Krankheitsfall von mir nicht gepflegt werden wollen. Jetzt in der Wohnung Warten auf vernagelten Kisten und jeden Morgen telefonisch nach Ausreisetermin fragen.

Die Fahrt zu meinen Geschwistern nach Sachsen verlangte das wohl perfideste aller DDR-Gesetze von mir. Wie angedeutet besagt es, dass jeder Auszubürgernde eine Erklärung seiner Verwandten ersten Grades vorzulegen hat, in der sie ablehnen, sich von ihm im Krankheitsfalle pflegen zu lassen. Das hatte keinen anderen Sinn als zumindest symbolisch, einen möglichst tiefen Graben zwischen die Familienangehörigen zu ziehen, den zukünftigen Exilanten zum Verräter, zum Paria, zum Aussätzigen zu stempeln, von dem man nicht einmal auf dem Totenbett mehr berührt werden wollte. Als wir an einem grauen Novembertag den Einschreibebrief mit der Genehmigung zur Ausreise erhielten, sollte ich also nicht nur binnen zwei Tagen meinen Laufzettel von Einwohnermeldeamt, Sparkasse, Finanzbehörde, Wehrkreiskommando und diversen anderen Ämtern abstempeln lassen, sondern auch die Erklärung meiner beiden Geschwister einholen. Der große Altersabstand zwischen ihnen und mir hatte uns seit langem in verschiedenen Welten leben lassen, in Neubauwohnungen sie und mich in den dem Abriss geweihten. Doch als ich meinen Bruder Hans in der Dresdener Südvorstadt aufsuchte, wusste er erstaunlich gut über mich Bescheid. »Nun seid ihr also bald alle drüben«, sagte er und nannte die Namen meiner Schicksalsgefährten, die er niemals von mir gehört hatte. Aus der Quelle seiner Kenntnis kein Geheimnis machend, fügte er den niederschmetternden Satz hinzu: »Wenn man mir es nicht befohlen hätte, würde ich die Unterschrift verweigern.« Zu meinem Glück war aus dem ehemaligen Flugzeugbauer, der mich bis zum Absturz der einzigen von ihm miterbauten Maschine ebenfalls in dieser Branche unterbringen wollte, ein Kampfgruppenkommandeur geworden und er somit Befehle gewohnt. Bei meiner Schwester Christa lief es unkomplizierter. Sie erwartete mich im weißen Laborantenkittel in der Pförtnerloge des »VEB Wasserglasfabrik Wurzen« und unterschrieb wortlos die geforderte Erklärung. Keine Umarmung, keine guten Wünsche. Ein Händedruck wie eine Besiegelung, dass man sich nichts mehr zu sagen hat.

An den Abschied von Vera und den Kindern erinnere ich mich nicht. Ich weiß nur noch, dass Rita und ich am Morgen des 11. November, etwa eine Stunde vor 11 Uhr 11, im Taxi zum Tränenpalast in der Friedrichstraße fuhren. Ohne Begleitung und ohne dass wir jemand zum Empfang auf die andere Seite des Bahnsteigs bestellt hatten. Als der Chauffeur uns die Koffer aushändigte, sagte er: »Machts gut. Und denkt nicht von uns, wir sind alles Arschlöcher, weil wir hierbleiben.« Ich notierte dazu später den Satz: »Was für ein Abschied! Noch im eigenen Land waren wir zu Fremden erklärt worden.« Wir waren nicht allein in der Glashalle. Gemeinsam mit Rentnern, Invaliden und Geschäftsreisenden rückten wir langsam in der Schlange bis zu dem Schalter vor, in dem der Beamte, nachdem er prüfend uns und unsere Pässe betrachtet hatte, in sein Mikrophon sagte: »Der Schriftsteller ist durch.« Danach sahen wir uns hilflos und erleichtert an und folgten den anderen durch Tunnel und über Treppen bis auf den zur Hälfte unter freiem Himmel liegenden Bahnsteig.

VERLASSENE WERKE

II

1985 – 1989

1985

Seit einer Woche in Westberlin. Aus dem U-Bahnschacht tauchten wir am Mehringdamm auf, einer willkommen breiten Großstadtstraße, aber nichts, an das sich frühere Erinnerungen oder Vorstellungen knüpfen ließen. Wir standen auf einer Straße irgendwo in der Welt.

Dann brachte uns Ritas Freundin in unsere provisorische Wohnung nach Neukölln. Neukölln ist ein Arbeiterbezirk, ausgerechnet mit einer Karl-Marx-Straße, in der die Proleten ihr Geld loswerden können: Textilläden, Supermärkte, Sportshops, Sexshops, Kaufhäuser. Ein pervertiertes Lichtenberg.

An den nächsten Tagen zum Aufnahmeverfahren ins Lager Marienfelde. Wohnblöcke aus den fünfziger Jahren, als die Flüchtlinge massenweise schwarz über die Grenze kamen. Jetzt sind fast alle mit legaler Ausreisegenehmigung hier, aber jeder mit einer anderen Vergangenheit. Junge Familien, die jahrelang warten mussten, Rentner, Kriminelle, die man aus den Knästen entlassen hat, dazu viele Polen und andere Ausländer. Unter denen, die im Lager leben, soll es wegen der Enge nicht fein zugehen, werden alte Rechnungen beglichen. In der ersten Woche hat jeder den gleichen Gang zu absolvieren. Der Pförtner weist ein: zuerst hat man dem amerikanischen Geheimdienst Rede und Antwort zu stehen, dann dem französischen, dem britischen und zuletzt dem deutschen. Danach die Formalitäten des Notaufnahmeverfahrens, die Anmeldung bei der Allgemeinen Ortskrankenkasse, das Abholen von siebzig Mark bei der Friedlandflüchtlingshilfe ... Jedes

Formular, jedes Dokument wird per Fotokopien dreifach ausgefertigt. Du bist einer der tausend Neuen hier, ein Nichts, dessen Identität von alten Formularen bestimmt war und mit dem das Gleiche jetzt neu getan wird. Innerhalb von drei Tagen wirst du wieder zu dem Bürger gemacht, den loszuwerden du drüben sechsunddreißig Jahre gebraucht hast. Dabei genießen wir Ostdeutschen z. B. den Polen gegenüber beträchtliche Privilegien. Wir werden automatisch Bundesbürger, haben Recht auf Ausweis, Wohnung, Arbeit, bekommen ein Darlehen und werden wegen nervlicher Zerrüttung fast automatisch krankgeschrieben. Alles geht fast automatisch, du musst dich nur führen lassen bis ans Ende der drei Monate Schonfrist, wenn für dich wie für jeden anderen gilt: friss oder stirb.

An den Abenden kehren wir wie erschossen nach Neukölln zurück. Die Wohnung besteht aus Zimmer und Küche, die mit Gerümpel, einem auf dem Kopf stehenden Rennrad, einem Schlagzeug und anderen Instrumenten voll gestellt ist. Außer dem Bett ist für uns nichts benutzbar. Der Mieter wohnt derzeit bei Ritas Freundin. Er ist Asphaltierer und ein schöner Mann. So schön, dass er auf seinem Rad, wenn es nicht defekt ist, nur im höchsten Tempo fährt, damit ihn die Frauen mit ihren Blicken nicht verschlingen. Als er uns einmal erschöpft auf das Bett sinken sieht, dreht er eine dicke Zigarette, hält sein Feuerzeug unter einen lehmartigen Klumpen, der wie das getrocknete Exkrement eines unbekannten Tieres aussieht, und bröselt etwas davon in den Tabak. Er raucht den Joint an und reicht ihn uns auf das Bett. Als er sieht, wie unsere Augen glasig und wir still werden und ich meinen Arm um Rita lege, verlässt er das Zimmer.

Zu diesen ersten Tagen muss etwas mehr gesagt werden. Es gibt sicher härtere Formen des Exils als das auf einer von der alten Heimat eingeschlossenen Insel, auf der die vertraute Sprache gesprochen und der Flüchtling mit Begrüßungsgeld empfangen wird. Andererseits macht diese Absurdität die Eingewöhnung auf eigene Art schwer. Es ist k e i n e Fremde, die einem den konsequenten Bruch abverlangt, k e i n Exil, das die mögliche Rückkehr einschließen und den bewussten Neubeginn verhindern würde ...

Aber was ist es dann? Nichts sprach dagegen, so wie alle anderen zu werden (falls das ein Ziel ist), denn sie gehörten der gleichen Nation mit der gleichen Kultur und Geschichte an und waren ebenfalls häufig aus anderen Landesteilen in diese Stadt gekommen. Trotzdem waren sie mir abgrundtief fremd. So dicht wir auch, nur durch einen hundert Meter breiten Grenzstreifen getrennt, nebeneinander gelebt hatten, die völlig unterschiedliche Sozialisation wog schwerer als gemeinsame Nationalität und Sprache. Die Worte etwa lauteten gleich, meinten aber unterschiedliche Dinge und Sachverhalte. Auch die sie begleitenden Gesten waren unbekannt. Selten dienten sie dem Unterstreichen der Rede (Begeisterung schien ebenso suspekt zu sein wie Abscheu), sondern ihrer Relativierung und irgendwelchen schwer verständlichen Nebenbedeutungen. Überhaupt bemerkte ich keine allen gemeinsame Sprache, sondern ihre Aufsplitterung in Slangs verschiedener ethnischer und sozialer Gruppen, deren Abgrenzung und nicht deren Kommunikation sie diente. Sie, die Szenen der Rocker etwa, der Homosexuellen, der Türken, der Intellektuellen und der von ihnen verächtlich Prolls genannten Handarbeiter, saßen in unterschiedlichen Lokalitäten, zumeist allein oder in abgeschlossenen Gruppen, an deren Tische sich zu setzen unsichtbare Mauern verhinderten. Das allen gemeinsame Schicksal, das sich uns nach und nach offenbarte, schien sprachlose Vereinzelung zu sein, auch wenn sie sich hinter lautem Geschwätz verbergen konnte.

Insofern erlebten wir unsere Situation als eine zwar zugespitzte, aber durchaus allgemeine, aus der es nicht zu entrinnen, sondern der sich anzupassen galt. Die ersten Schritte in der Freiheit waren nicht weniger von Zwängen bestimmt wie die letzten in der Unfreiheit. Wir blieben Objekte eines bürokratischen Prozesses, auch wenn sein Ziel jetzt die Ein- und nicht die Ausbürgerung war. Als Individuen waren wir, schon durch unsere übergroße Zahl, so wenig gefragt wie zuvor. Für alles gab es in Marienfelde Formulare, in deren Spalten sich unsere Lebensverläufe zu zwängen hatten. Hatten Sie Kontakte zu kirchlichen Friedenskreisen? Nein. Waren Sie Mitglied der Umweltbewegung? Nein. Gab es in Ihrem Geburtsort russische Kasernen? Das war eine Frage der Amerikaner, die mich in Gewissensqualen stürzte. Sollte ich den Amis die Wahrheit sagen, damit sie bei »Wurzen« ein Kreuz auf ihre Raketenangriffspläne machen konnten? Also: Nein.

Die Deutschen waren weniger um die Weltpolitik besorgt als um unsere reibungslose Eingliederung als Staatsbürger. Ein Personalausweis musste ausgestellt werden, die polizeiliche Anmeldung erfolgen, Begrüßungsgeld und kostenlose Monatskarte der BVG ausgehändigt, ein Bankkonto eröffnet und sich entschieden werden, ob man gleich Arbeitslosengeld beziehen oder sich erst krankschreiben lassen wollte.

Diese Prozedur hatte etwas Gespenstisches. Während ich mir in der Woche vor der Ausreise wie ein Militär vorgekommen war, dem man nacheinander sämtliche Orden und Rangzeichen ab- und schließlich die Uniform vom Leibe reißt, um ihn nackt über die Grenze zu jagen, wurde ich jetzt als Soldat einer anderen Armee neu eingekleidet und dekoriert.

Gab es die »Freiheit« nur im Interregnum zwischen Aus- und Einbürgerung, im keineswegs wünschenswerten Zustande der Staatenlosigkeit, der Nacktheit zwischen den Fronten? Von einem unserer Vorläufer wurde gesagt, er sei nach dem Grenzübertritt, ohne sich in Marienfelde oder sonst wo zu melden, in Kreuzberg untergetaucht und lebe dort ohne Papiere. Aber das bedeutete, dass er niemals Westberlin verlassen konnte, es sei denn in einem Kofferraum wie bei einer Republikflucht. Um solche Dinge drehten sich die Gespräche mit unseren alten Gefährten, wenn wir sie, die über das gesamte Stadtgebiet verstreut lebten, zu Gesicht bekamen. Um den am längsten krank schreibenden Arzt (einer hieß Huhn, der andere Löwe), um die billigste Wohnungsbaugesellschaft, um das sicherste Bankinstitut und darum, dass man, bis die Computer den eigenen Namen gespeichert hatten, noch in den Osten reisen konnte. Rita besuchte ihre Mutter, ich blieb in Neukölln. Das war Feindesland; die Behausungen hätten ebenso gut in Lichtenberg oder Friedrichshain stehen können, doch was sich davor abspielte, war fremd bis in die Knochen. Alles war fremd, jeder einzelne Gegenstand und meist auch der Namen, den er trug. Uns gehörten nur ein paar Sachen aus den Koffern, die verschämt und alt an uns hingen und möglichst schnell gegen neue ausgetauscht werden wollten. Die Möbel, Bücher, Haushaltsgegenstände warteten in irgendeinem Ostberliner Keller darauf, dass wir eine eigene Wohnung bekamen und sie uns nachgeschickt werden konnten.

Nur ein- oder zweimal kamen wir ins Schweben. Das war, als wir uns nach einem Ämtertag zu einer Busfahrt mit der berühmten Linie 129 in Richtung Kudamm aufrafften. Am Hermannplatz, wo wir einstiegen, tanzte auf einer Säule ein goldenes Pärchen, unbeeindruckt von dem toten mechanisierten Treiben zu dessen Füßen. Und dann, als wir im Oberdeck gleich hinter der Frontscheibe Platz genommen hatten und der Bus seine Fahrt aufnahm, begann plötzlich die gesamte Stadt zu tanzen. Golden strahlte sie auch mit ihren erleuchteten Schaufenstern und rot und grün die Ampeln, und die breiten Straßen durchströmten Menschen noch nachts um zwei. Als ob in der Nacht, in der bei uns so abgrundtief schwarzen Nacht, das Leben hier erst erwachen würde, um im Morgengrauen zurück in seinen trägen Halbschlaf zu fallen.

Als wir wieder zwischen Schlagzeug und Fahrrad auf unserem Bett lagen, drehte ich aus den von unserem Vermieter hinterlassenen Ingredienzien meine erste, reichlich unförmig ausfallende Tüte, rauchte sie an und reichte sie Rita. Sie inhalierte nur schwach, denn im Gegensatz zu mir hatte das »getrocknete Exkrement eines unbekannten Tieres« bei ihr nur eine von Lachanfällen unterbrochene Schläfrigkeit ausgelöst. In mir aber hatten sich flügelweit Türen geöffnet. Wenn es tatsächlich eine »Neue Welt« gab (so der Name eines Vergnügungspalastes hinterm Hermannplatz), so war dies das Neue in ihr: dieses plötzliche Befreitwerden von mir, ähnlich, doch viel stärker wie beim autogenen Training; das sofortige Erwachen und Nichtnachlassen einer sexuellen Lust, die mir durch die Verlangsamung und Intensivierung aller Eindrücke viel tiefere Genüsse als gewöhnlich bereitete und bereiten ließ; ein dabei und danach ausbrechender Artikulationsdrang (dass er sich zu seinen Höhen erst n a c h der körperlichen Befriedigung aufschwang, ließ mich an meiner Berufung zum Dichter zweifeln), der Rita, so weit ich das beurteilen konnte, mehr Grund zur Beklemmung als zum Gelächter gab. Einmal sprach ich sechs Stunden lang in Reimen auf sie ein, während sie nur zu einsilbigen Antworten fähig war und schließlich in Schlaf sank. Und was ich sagte, konnte ihr nur bedingt gefallen. Mir gefiel es auch nur bedingt, hatte es doch die Tendenz, sich als verschüttete, möglichst unangenehme Wahrheit zu produzieren, die unter allen Umständen ans Licht drängte. Da ich von diesem

Wahrheitsgehalt überzeugt war (während meine Worte vielleicht erst künftige Tatsachen heraufbeschworen), musste ich ihn, sobald der Rausch abgeebbt war, aber noch deutlich genug in mir nachklang, unbedingt schriftlich festhalten.

SCHIT 1

»Du hast nicht zu mir hingesehen, als du mich genommen hast. Du hast in eine andere Richtung geblickt, mich umarmt und dabei mit den Fingern in meinem Rücken gespielt. Deine Umarmung war ein Brunnenrand, in dem ich wie ein Taucher am Gummischlauch auf- und niederstieg, du mich aber nicht wirklich berührt hast.«

»Und was war mit dir?«

»Ich war nicht da, als ich dich nahm. Als du kamst, hatte ich meinen Kopf schon in der Hand und habe ihn willig mit dem Fuß weggetreten. Du hast mir meinen Kopf genommen, ich habe ihn für dich weggeworfen, aber es war eh nichts mehr drin, nur Schwarzes und Schachteln.«

»Warum hast du mich genommen?«

»Ich weiß es nicht. Vielleicht weil ich allein war. Und du warst dort, wo die anderen waren, du gehörtest zu ihnen. Vielleicht wollte auch ich dazugehören, nicht aus Eitelkeit, nur, um nicht allein zu sein. Obwohl ich wusste, was es bedeutet. Sie waren schon in einem tiefen Loch, so hoffnungslos vergraben. Nun bin auch ich darin. Aber ich kann mich zurückziehen. Weil ich aus Fleisch bin, kann ich mich immer wieder zurückziehen, wie eine Amöbe. Die anderen sind aus Eisen, so wie auch du aus Eisen bist. Aber ihr seid Menschen. Ich habe mich zu Euch begeben, dazwischen geschoben und werde mich wieder zurückziehen, weil ich aus Fleisch bin. Aber ich bin kein Mensch. Vielleicht bin ich schon etwas anderes. Bin auf dem Weg zu etwas anderem.«

»Ich treibe auf einem Floß dahin, mit dem Rücken an die Hölzer gebunden. Ich sehe vom Leben nur den Himmelsweg über mir und was mitunter über dieses Himmelsblau zieht: dünne Wolken, ein paar gelb und rot versprühende Feuerwerkskörper, nichts. Es wird dunkel um mich, ich treibe ins Schwarz eines Tunnels. Noch ist Licht an seinem Ende, es verlischt.«

»Nun ist alles blau. Ich sehe nichts als Blau, so leer und kalt wie meine Augen. Meine Augen sind blau und kalt. Sie sind zersprungen, sie sind zersprungen, die Splitter in alle Richtungen gespritzt, und dahinter ist nichts, nur Schwarz. In meinem Kopf ist nichts, nur Dumpfheit und Dummheit. Lange, sehr lange ist nichts in meinem Kopf, nur schwarz. Und dahinter, wo eine Seele kommen soll, wird es schrecklich, da ist einfach nur Fett. Fett statt einer Seele.«

»Oder Feigheit?«

»Feigheit? Ich weiß es nicht. Ich glaube, nur Fett.«

»Vielleicht bist du auch jetzt nur einfach zu feige, um es zu erkennen.«

»Vielleicht. In dem Schwarz sind Lücken, durch die ich auf das Blau und die Menschen sehe. Ich sehe nicht frei auf sie, weil ich hinter der schwarzen Wand stehe, die mich und meine Augen schützen sollen, die sonst zerspringen würden. Ich glaube nicht einmal, dass ich ehrlich bin, nur geschwätzig. Nur an mir bin ich interessiert, an meinem Ich, das schwarz ummantelt ist, mit Löchern und Schießscharten darin. Aber ich glaube, dass man von innen und außen an die Wahrheit, an die Grenze kommen kann. Und man kann von innen oder außen weit von ihr entfernt bleiben.«

»Ich komme von Innen, du von Außen. Meine Augen sind blau und kalt, deine sind grau. Es ist eine kleine schwarze Scheibe in deinen Augen, die Pupille, ein Stecknadelkopf, und diese schwarze Scheibe lässt von außen nichts herein, von innen nichts heraus. Dein Unten ist plötzlich sehr weit weg von mir.«

»Und wo ist deins?«

»Mein Unten ist gar nicht mehr da, weil du so weit weg von mir bist. Du bist schon längst woanders, hast mich verlassen. Ich bin allein. Du und mein Unten sind weg, nur mein Kopf ist wieder da. Aber er ist hohl, weil du mir alles daraus geraubt hast. Du hast mir meinen Kopf genommen.«

»Hattest du ihn nicht schon vorher verloren?«

»Nein. Er war zwar nicht mehr auf meiner Schulter, aber ich trug ihn unter dem Arm. Nun ist er ganz weg, so wie mein Unten. Ich bin nur noch Brust. Das Fett und die Feigheit darin. Und der Wille und der Weg woandershin. Aber das Ziel ist so weit. Nur die Sprache, die mich führt. Und die lügt ...«

Kafkas Sprache kommt vom Visuellen. Sie beschwört Bilder und kommentiert sie. Lowry ist akustisch. Liegt es daran, dass beim Trinker der Blick getrübt ist und die anderen Sinne wieder nach ihrem Recht verlangen?

In der Sprachlosigkeit dieser Gesellschaft wird das Lesen wichtiger als je zuvor.

Vergangene Nacht begegneten mir nach einem Zusammenstoß Menschen mit blutigen Augen. Große deformierte und geschorene Kinderschädel mit Schorfwunden auf dem Scheitel.

Liegen meine Verwundungen inzwischen so weit an der Oberfläche, dass die Tiefe wieder frei für »Gesundheit« wird? Beim Kiffen jedenfalls durch und durch beglückende Rauschzustände, die ich obendrein als produktiv empfinde.

Ob sie es im literarischen Sinne waren, ist unerheblich. Zumindest weiteten sie meine Poren, setzten unbekannte Glückshormone frei und einen Sprachapparat in Gang, der sich von Handlungsabläufen und reinen Verstandesoperationen befreite und in sich selbst eine so noch nicht erlebte Befriedigung empfand.

Mit dem »Gerät« ist im folgenden Text der Recorder gemeint, den ich mir von meinem ersten Krankengeld anschaffte. Zuvor hatte ich bei meinen allein durchgeführten Experimenten die sofortige Mitschrift versucht, war aber danach kaum in der Lage gewesen, das Gekritzel zu entziffern. Mit dem Recorder lief es nicht viel anders: ich musste ihn an mein Ohr pressen und auf volle Lautstärke drehen, um mein Lallen, Säuseln und Flüstern zu entschlüsseln.

SCHIT 2

Jetzt hab ich das Gerät jetzt hab ich das Gerät Vorbei ist Klumpen mit Diät Woher es kommt ist bitter egal Ich hab jetzt das Gerät und flüstere hinein verdammt verschrammter Plinsenleim Ich sollte laut sprechen doch kann es nicht Immer nur kann ich leise in mich hineinklagen oder am Rande oder Verkannter sein Kalter Linsenschleim Das hält doch keine Sau aus geschweige denn eine Frau oder ein gutes Weib Das reicht nicht mal zum Zeitvertreib und sicher nicht zum Hierverbleib Sie würde ja allein die Kelter der Liebe treten und die Triebe zerschweben Nichts ist mehr oben Alles ein alterndes Ventilatorengespinn Kleinärgersdorfer Brauereigewinn und eingeschlagerter Totalbenimm Wenn ich jetzt hier mein Gesicht verlier bedeutet das eine erneute Korrektur Als ob irgendetwas an Gesicht zu verlieren wär als ob sich zu blamieren oder irgend worüber zu beschweren wär Die Brust ist ein Adernhaus Das Eine will das Alte und das Andere will das Kalte Das Alte wollte immer

das Andere sein Im Verein mit anderen Fanalheiten wurmte die Sprache ans Licht aus Vernichtung und Aberwitz Das Vernichtete bin ich Der Aberwitz kommt wie ein Hoch angeflattert und setzt sich in mein Hirn um das Sterben zu entkopfen Es ist von außen gekommen nicht Frucht meiner Angst oder gekonnte Balance Das macht müdend
Das macht doch nicht skandalträchtig moralmächtig Das wird irgendwann zum offenen Panamakanal verdächtig afterliberal und prächtig ornamental

Weiter im Text Es geht also munter in Richtung Weltaberfahrung Ich sitze auf einem Berg auf seiner Spitze ohne dass ich ihn erstiegen hätte oder dass ich mit ihm gewachsen wäre Ich bin aus den Wolken meines Blöd- und Wahnsinns auf diesen Berg gefallen und seine Bewohner haben mich irgendwie aufgenommen Ich habe eine andere Farbe eine andere Natur als sie Im Grunde hat jeder Mensch seine eigene Farbe Während ich erst jetzt bemerke wie golden und hell ich bin sind sie nachgedunkelt von einer mir unbekannten Gier Wie gebrannter Ton im Ofen sind sie und dahinter leuchtet lichterloh ein Feuer während ich allein auf weiter Flamme in der Flur sitze außerhalb des Ofens

Jetzt habe ich das Licht an Auf meinem Tisch stehen Kaffee Kanne Tabak Löffel und Glas Darauf scheint die Lampe für irgendwas Ich war stehengeblieben und weiß nicht wobei Was es auch sei ich spreche weiter in den Kasten und hoffe dass dabei etwas rauskommt Es soll sozusagen unten etwas rauskommen ein Produkt aus meiner Blödheit und der Stumpfheit des Kastens Indem ich dazwischen eine Strahlung was heißt Strahlung indem ich eine Wäscheleine dazwischen spanne und da hinein rede soll etwas herauskommen Dabei habe ich weder ein Ziel noch sonst etwas das mich berechtigte da hineinzureden außer einem Loch im Kopf Ich habe ein Loch im Kopf und denke das Gerät hat auch ein Loch im Kopf weil es nur funktioniert so wie ich nur funktioniere Zumindest hat es einen Kasten einen richtig guten kantigen und oben zurechtgeschlitzen Kasten So ist meine Schwäche seine Stärke oder anders ausgedrückt was seine Stärke ist einen richtigen Kasten zu haben ist meine Schwäche Ich habe keinen richtigen Kasten keinen richtigen Kopf und das macht uns beide gleich Es ist ein Tier so wie ich und auf dieser Grundlage also auf dem Niveau des Fußballrasens in einem Hunderttausendmann-Stadion nämlich ganz unten soll etwas vonstatten gehn Jetzt ist es draußen völlig dunkel Dunkel genug dass das Auto von der Straße abkommt und sich in einen Abgrund verschlägt das war das Auto Vielleicht ist er zu ertragen so ein langer Blues so ein erlangter Genuss von Leben in Form von Schmerz Jetzt spüre ich doch dass ich schon viel und lange in Schmerzen gelebt habe und dass ich zum Schluss schon sehr getötet war Wie soll es jetzt weitergehn mit meinem Schmerz der sich verkrustet hat mit der Kante hinter der Kniekehle Ich kann dabei zerhebelt werden hin und her zerhebelt zwischen Schmerz und Reden Aber es gibt nicht nur Hebelgesetze irgendetwas Feineres muss da noch sein

Weiter im Text Wie den Guss von einer Seifenblase die mit Kupfer oxydierte so hielt ich den Taucherhelm mit Guckfenstern in den Händen Und ich setzte ihn mir auf die Schulterstücke in denen schon Schrauben staken die Muttern hatte ich in der Hosentasche Habe also den Taucherkopf aufgesetzt und die Muttern auf die Schrauben geschraubt und habe den Schraubenschlüssel geholt und sie festgezogen und habe durch das Guckfenster geguckt Und als ich keine Luft mehr kriegte denn ich hatte an keinen Schlauch gedacht habe ich den Kopf eingezogen und die Arme aus den Armlöchern gezogen und bin zusammengesunken der Kopf war ganz eingewunken und bin in die Schuh gekrochen und durch die Sohlen geflossen Und dann habe ich versucht mich wieder aufzubauen oder aufzublasen Ich habe gegessen und geblasen Ich habe weitergeblasen und weitergegessen Und ich hab geblasen und geblasen und gegessen und gegessen und als ich zu viel gegessen hatte musste ich zum Glück auch das Blasen lassen keine Luft mehr denn ich hatte mir schon einen Tierschwanz an den Hintern geblasen Aus dem habe ich mir einen schönen Haarkranz geflochten und habe ihn auf meinen Kopf gesetzt Da er dort festzuwachsen drohte habe ich ihn wieder heruntergerissen wobei es zu leichten Verletzungen kam Und so habe ich das Heftpflaster genommen und drauf geklebt und dann habe ich noch eins drübergeklebt und noch eine ganze Runde um den Kopf und noch eine um den Körper und nach unten und nach oben Da hatte ich einen neuen Taucheranzug aus Heftpflaster und noch eine Runde drüber und alles zugepflastert bis ich ein einziger Gothoplastiker war Und plötzlich schwirrte diese Gothoplastik als schwereloser Meteor durch den Raum so ein kleines Haribo oder Malimo oder Sowieso flog schwerelos und mit gummibärenhafter Elastizität durch den schwarzen Weltraum Der war aber gut geheizt und ich hatte Kohlen in der Tasche und Kohlensäure in der Flasche und mein Ross war gerattert und gezaumt und ich hab geschwasselt und geraunt und war überall obenauf Jetzt hab ich das Gerät jetzt hab ich das Gerät

Es ist so viel weg von mir Ich bin wie mir ein geschälter Baum vorkommt weiß und glatt und ohne Laub in der Krone Das ist vom Wind und weil ich von soviel Steinen getroffen wurde die sie auf mich geschossen haben Wahrscheinlich wollten sie nur die Früchte runterwerfen doch sie haben mich getroffen und die Wurzeln gelockert und den Kopf eingehaun alles zerschmissen Als ob jeder Stein mich treffen sollte als ob ich manchen nicht nur auffangen zurückwerfen weitergeben oder als Hut auf den Kopf setzen sollte Jedenfalls ist der Regen zu dicht gewesen Und ich ertrage nicht wenn der Mensch mit dem ich zusammenlebe auch noch die Gießkanne über meinen Kopf hält Rita gießt und gießt mit Freude dass es wächst Sie meint es gut sie ist Teil des Regens der liebe Gott Sie ist die Wolkenbraut und wenn es donnert schlägt es ein und wenn es eingeschlagen hat brennt es und dann muss gelöscht werden und wieder rinnt der Regen Und der nächste Blitz schlägt ein doch der ist blauer Und die Wolken verziehn sich wie Rita und sie verschwindet nur noch Atmosphäre die in sich zurückgeht wie der Geist als Rauch in die Flasche und ich spüre es und stopfe den Korken in die Flasche und halte sie hoch und sie explodiert So habe ich das erste mal selbst auf mich geschossen und das ist gut

Weiter im Text Sitze auf ihrem Schoß Sie aber will Huckepack machen und springt auf meine Schulter Will Pingpong spielen und an der Nase zupfen unterm Kinn kraulen den Knopf zumachen und Zähne putzen Und dann springt sie plötzlich ab und kleidet mich anständig bereitet mich samtwendig mit gelockertem Arm Und wieder Tanzen und wieder Schranzen und dieses ganze Räderschlagen und wieder Saufen und Naseabwischen Rita das ist der Lauf des Lebens der Kreis der Uhr auf dem die Minuten verzeichnet sind Das Theater mit den Zeigern interessiert sie nicht von der Zeit merkt sie nur dass sie abläuft Ich kann noch so stumm darauf hindeuten wie spät es ist sie ignoriert es Wenn dein starker Arm es will stehen alle Uhren still Was kann sie dafür wenn ich nicht im Gehen schreiben kann wenn ich stehen muss oder sitzen während sie nur vorwärtsgehen kann Jeder Versuch mich an einer Tischkante hochzuziehen endet damit dass Rita mich hinabzerrt Was willst du dort oben hier unten ist der Kühlschrank Was willst du an der Schreibmaschine hier kannst du Autobahnen baun Was willst du auf dem Schleudersitz setz dich lieber auf meinen Schoß Das geht dem dicksten Elefanten durch die Haut Das hält kein Warzenschwein aus Das muss als Antwort auf eine Frage genügen die nicht gestellt worden ist

Vier Tage in Scheibs Wohnung, um Blumen zu gießen, Kinder und Katzen zu hüten. Wie Kalk streue ich um meine Person, damit mich niemand berühren kann.

Über Weihnachten in Lübeck. Wer sprayt in der Marzipanstadt die frechen Sprüche an die Wände? Ich treffe nur auf artige Schüler und Lehramtskandidaten.

Die erste Überfahrt von der Westberliner Insel aufs Festland. Das grüne Meer dazwischen, die brandenburgischen Wälder und Wiesen Mecklenburgs, sind nun verbotenes Territorium – zum Heulen. Und was habe ich hinter der zweiten Grenze gesehen? Die Bäche fehlten mir zwischen Holsteins runden Hügeln, Vieh auf den Weiden, Menschen. Nur die Mängel nahm ich wahr, auch in Lübeck. Die Kaufhäuser anstatt der Kirchen. Das Holstentor wie eingesunken in Beton. Im »Hotel zur traurigen Trave« das vom Spülmittel quietschende stumpfe Geschirr, das für mich zum Synonym wurde für diese von einem Schutzfilm umhüllte, bei Zugriff aus der Hand rutschende fremde Welt. Die weihnachtliche Ödnis tat ein Übriges, uns nichts von dem Charme der alten Hansestadt spüren zu lassen, von den Rosenstöcken vor ihren Häusern, dem geheimen Leben in den Höfen und Gängen, dem so entspannten, das sommers in ihren Straßen pulsiert.

Es gibt noch keine Bedeutungen hinter den Namen. Die Kluft zwischen den Symbolen und der Wirklichkeit könnte somit wegfallen – weil alles symbolisch.

ZU ZWEIT

Unser gemeinsamer Lebensstrom fließt vielfach verzweigt durch eine flache Ebene ohne Ende. Überall bilden sich Seitenarme, Lachen, Buchten, Mäander. Nur langsam geht es voran und scheint mitunter stillzustehen. Doch es gibt keine Seichtheit, die Tiefe des Sand- oder Schlammgrundes lässt sich nur ahnen.

1986

Geträumt, dass der Stadtbezirk Neukölln an Ostberlin abgegeben werden soll. Keineswegs glücklich darüber.

Erzählen ist die Rettung für denjenigen, der über die Welt nicht mehr Bescheid weiß.

»Es gibt keine guten Soldaten, nur dumme«, sagte der einzige Deutsche in dem Türkencafé und ging. Stiller Sonntagvormittag. In dem quadratischen Raum drei, vier lange Tische, an denen türkische Männer sitzen, nach Generationen getrennt. Die älteren trinken Cola mit Schnaps, die jüngeren spielen nur Karten. An den Wänden Palmen- und Bergposter. Die Geräusche der Spielautomaten werden von türkischer Musik übertönt. Kurz wird einmal getanzt, rituell gemessen. Katja und ich trinken auf Barhockern schweren roten Likörwein, der uns Augenblicks nach unten, in Richtung Orient, zieht. Der erscheint als warmer Sumpf, durchaus mit drohenden Steinen auf dem Grund. Aber welche Kultur trotzdem – gemessen an dem, was die Deutschen in der Nachbarkneipe an Bier- und Schnapssaufen boten, an Geschrei und Hundebellen.

Das Resultat des ursprünglich rein ökonomisch argumentierenden Marxismus ist die Stilllegung aller Ökonomie. Die bürgerliche Gesellschaft dagegen besteht trotz ihres idealistischen Auftaktes nur noch aus stupidester Ökonomie.

Ich nahm mein wie eine Vase am Boden zerschmettertes Selbstvertrauen, kehrte es zusammen und kippte es weg.

Dem Anschein nach gibt es hier eine Intimität jenseits der Sexualität. Sie selbst ist jedenfalls ohne Chance; entweder hat sie sich sublimiert in die Winkel gedrückt oder sie hat sich auf die Ebene trivialer Professionalität geflüchtet.

Gestern Schulze in der »Rosalinde« getroffen, wo wir schon bei meinem Besuch im vorigen Jahr saßen, als es noch ein Zurück gab. Inzwischen ist er an einem neuen Punkt. Er war diese Gesellschaft auf seine direkte asoziale Weise angegangen und hatte aus ihr an Geld herausgeschlagen, soviel er konnte. Jetzt hat sie ihn in die Ecke gestellt. Seit dem Rauswurf aus dem Colloqium quält er sich mit einem Ostberliner Mädchen ab und wird demnächst per Arbeitsbeschaffungsmaßnahme die Noten in der Philharmonie verteilen. Wenn er mir auch nicht mehr so gestrafft wie zuvor erscheint, so hat er doch immer noch Widerborstigkeit und damit etwas, was hier eine völlig neue Bedeutung bekommt – Charakter.

Teppichkaufen mit Rita. Ihre beiden Omas waren da, die mit uns Spinat gegessen haben und noch zur Bahn gebracht werden mussten. Danach suchten wir den Ramschladen, in dem ich irgendwo zwischen Nollendorf-Platz und Potsdamer Straße einen Teppich habe zurücklegen lassen. Plötzlich legte mir von hinten Cailloux die Hand auf die Schulter, er war auf dem Weg ins Café. Heimisch werden kann ja wohl damit beginnen, dass man unverhofft jemanden auf der Straße trifft, den man kennt und womöglich noch mag. Ich hab ihn mit Rita im Café sitzen lassen und meine Trödlerin gesucht und sie schließlich am qualmenden Ofen in einem Hinterzimmer gefunden. Mit dem Teppich zurück ins Café. Ritas Auftauen, wenn etwas einem wirklichen Mann oder einer Frau Ähnliches in der Nähe ist, und ihre Größe dann, mit der sie sich ihre Haltung, ihr Leben behauptet. Cailloux' Erzählungen kreisten um dasselbe wie vor einigen Tagen mit mir allein: Nachtstory schreiben, das Vergehen der Zeit auch in Westberlin, Szenealltag. Obwohl Sympathie springt noch kein wirklich glühender Funken. In ihm keine Ader für den Sarkasmus so ziemlich allen Erscheinungen gegenüber, der die raue Ostatmosphäre bestimmte, das grundlegende Widerdenstrichbürsten und theoretische Umkehren jedes Gedanken. Auf meiner Seite zu wenig Geduld für seine subtileren Betrachtungen, die viele dünne Luft zwischen den Hauptwörtern. Cailloux: »Interessant, wenn man in den Stammcafés jedes Einzelnen Geschichte kennt.« Rita: »Danke. Ich kannte sie bis auf die Unterhosen.« Nach ein paar Schnäpsen mit dem Teppichmonster in die U-Bahn und zurück nach Friedenau.

Es gibt nachzutragen. Zurück nach Friedenau, das heißt, dass wir das Fahrradzimmer in Neukölln geräumt hatten und in ein neugebautes Eckhaus in der Bundesallee gezogen waren. Vermietet von der DEGEWO, unter deren Dach wir uns als etwas vertraut Genossenschaftliches begeben hatten, so wie wir unsere Konten auch bei der Sparkasse und nicht etwa bei der Deutschen Bank eröffnet hatten. Wir waren Erstmieter; entsprechend hallte und dröhnte der Betonbau von den Hammerschlägen und Bohrungen der Mitbewohner aus aller Herren Länder, darunter eine be-sonders emsige japanische Familie, die auch nachts nicht pausierte. Als wir den Zapf-Transporter ausgeräumt hatten, standen wir betreten vor unseren paar Habseligkeiten, die wir nun auf drei Zimmer zu verteilen hatten. Den Rest mussten die Trödler und IKEA liefern. Beim Regalmodell »Billy« konnte ich mich nur zu zwei Segmenten für die Lexika durchringen, weil ich fand, dass die Bücher sehr gut ohne Holz oder

Spanplatten auszukommen gelernt hatten. Da stand ich nun in meinem sogenannten Arbeitszimmer und sah auf die autobahnbreite, von Menschen gemiedene Bundesallee unter mir und auf die »Wolffsche Buchhandlung« schräg gegenüber, die mich ermahnte, endlich eine neue Geschichte zu schreiben.

Es wurde die alte von Verwirrung und vergeblicher Flucht. Ich entsann mich des Abends, als ich mit meinem Hundert-arkschein von der Flüchtlingshilfe bei Scheib in der Kant-straße auftauchte und er mich ins »Schwarze Café« mitnahm. Das war eine Institution in der Charlottenburger Nacht-gastronomie, bekannt für allgemeines Füßeaufdiestühle-legen. Womit ich die nicht vorhandene Toleranz-grenze überschritten hatte, blieb mir ein Rätsel; es genügte jeden-falls ein Gang Scheibs auf die Toilette, dass die drei Kellner mich als ungebetenen Gast bei den Armen packten und nach draußen bugsierten. Zwar streckte ich meine Gliedmaßen wie Leonardos Mann im Kreise, um nicht durch die Tür zu passen, doch schließlich lag ich auf dem Pflaster. Scheibs Beileid konnte ich jetzt überhaupt nicht gebrauchen und zog allein weiter in die nächste Eckkneipe. In ihr funkelten nicht nur die Automaten, auch die Augen eines jugosla-wischen Recken, der mir ansah, dass mir mehr nach mensch-licher als nach maschineller Gesellschaft zumute war. Er führte mich quer über den Savignyplatz in ein entsprechen-des Etablissement. Aus ihm flüchtete ich ohne fremde Hilfe unter Preisgabe meines Hundertmarkscheines, mit dem ich mich von der Dame freikaufte, die mir Sex versprochen, aber sich als zwanghafte Whiskytrinkerin erwiesen hatte. Da mir das Geld für den Nachtbus fehlte, blieb mir nur der Fußmarsch nach Neukölln. Ich navigierte nach den Sternen. Die führten mich auf eine eisglatte Straße, die sich unmerk-lich zur Autobahn verbreiterte und von mir nur verlassen werden konnte, indem ich mich einen verschneiten Hang hinabgleiten ließ. Unten wartete eine weitere Autobahn.

Um hinabzuspringen, lag sie zu tief, und um den Hang wieder hinaufzuklettern, war er zu rutschig. Ich konnte mich nur noch zusammenrollen und auf das Erfrieren warten.

Habe ich die sich daraus ergebende Geschichte auf dem Treffen im Literarischen Colloqium vorgelesen, bei dem ich Bernd Cailloux kennenlernte? Nein, ich glaube, ich habe mich durch anderes unbeliebt gemacht. Die Veranstaltung nannte sich »Tunnel über der Spree« und kam für mich etwas früh. Ich ahnte noch nichts von der Eloquenz und den taktischen Finessen, mit denen sich meine westlichen Kollegen auf dem eisglatten Parkett eines solchen Kulturtempels zu bewegen gelernt hatten. Mir war das Ambiente so fremd und meinen bisherigen Erfahrungen widersprechend, dass ich laut darüber nachdachte, ob man das Schloss am Wannsee nicht lieber verkaufen und dafür eine stillgelegte Fabrik in Kreuzberg mit Bibliothek, Kneipe und kostenlos zu nutzenden Vervielfältigungsgeräten erwerben sollte. Das hätte ich mir verkneifen sollen. Jürgen Fuchs jedenfalls riet mir, meine Verbesserungsvorschläge zurückzuhalten, bis ich wirklich angekommen sei – ich weiß nicht, ob um mich vor Schlimmeren zu bewahren oder weil er meine ein Jahrzehnt zurückliegende Respektlosigkeit gegenüber Biermann nicht vergessen hatte. Also schwieg ich lieber und staunte.

Besonders beeindruckten mich die rhetorischen Fähigkeiten meiner Standesgenossen. Zwanzig Minuten konnten sie am Stück reden, ohne dass sie etwas Substanzielles sagten. Schließlich begriff ich, dass es darum auch gar nicht ging, sondern um die Brillanz im Auftreten, mit der sie vor den anwesenden Kameras und Mikrophonen, vor den Journalisten und Lektoren beeindrucken konnten. Es handelte sich hierbei mehr um einen Literaturmarkt als um eine wirkliche Debatte. Die Schriftsteller glichen dabei Fernsehköchen, deren Produkte appetitlich aussehen und nicht gegessen werden mussten. Dazu gehörte allerdings, dass jede noch so banale Meinungsäußerung im Brustton tiefster Überzeugung und mit dem Gefühl, eine welthistorische Mission zu erfüllen, vorgetragen werden musste. Das fiel den meisten Protagonisten nicht schwer, hatten sie doch in den sechziger Jahren gelernt, flammende Reden in Hörsälen und verwandten Versammlungsorten zu halten. Auf diesen imaginären Barrikaden standen sie noch immer, und so wurde ich wieder einmal Zeuge, wie die letzte Generation von Missionaren unter den Schriftstellern ihr Handwerk ausübte. Es unterschied sich von dem ihrer Kollegen im Osten nur insofern, als sie es scheinbar in Opposition zur staatlichen Macht praktizierten, obwohl mir recht bald klar wurde, dass die in ihrer und nun auch meiner Gesellschaft entscheidende Macht, nämlich die der öffentlichen Meinung, durchaus auf ihrer Seite war, ja dass sie sie bestimmten. Das Erbe jedenfalls, das die progressive Dichterschaft im Osten wie im Westen verwaltete, war das gleiche: das seit der Aufklärung herrschende Bewusstsein, immer die Elite der Bevölkerung darzustellen und deren Masse im Namen einer sozialen Idee, mal in Partnerschaft mit dem Staat, mal ohne, zu beglücken, zu belehren oder zu beschimpfen.

Die Epoche, in der sich die Literaten als eine geschlossene Kaste mit Einfluss fühlen konnten, ist fürs Erste vorbei. Ob man es begrüßt oder nicht: die intellektuelle Führerschaft ist an Kabarettisten, Naturheilkundler und ehemalige Sparkassendirektoren, vor allem aber an diejenigen übergegangen, die den Schriftstellern am Wannsee die Mikrophone entgegenstreckten. Einige der Autoren schienen das zu ahnen und hielten sich entsprechend zurück. Gutaussehende junge Männer, deren gepflegtes Understatement sich nicht mit übertriebenem Sendungsbewusstsein vertrug. Neben Ralf Rothmann und Bodo Morshäuser gehörte Bernd Cailloux dazu. Ihn hatte mein Vorschlag, das Literarische Colloqium nach Kreuzberg zu verlegen, derart amüsiert, dass er es mich in einer Pause wissen ließ. Wir fuhren zusammen mit der S-Bahn zurück und trafen uns gelegentlich zu Touren durch angesagte Nachtlokale wie das mit Sand bestreute »Slumberland«, das »Kumpelnest« oder das ebenso mysteriöse »Ex und Hopp«. Sein im Gegensatz zum uns häufig begleitenden Rothmann stark ausgeprägter Mitteilungsdrang kam mir dabei sehr gelegen. Er sprach das aus, was andere nur dachten, und brach oder benannte zumindest damit einige der mehr als sieben Siegel, mit denen das Buch des Westens für mich verschlossen war. Einer davon betraf die Nachtseite dieses Lebens, von der Cailloux ein Kenner war. Durch ihn entschlüsselte sich mir das Dämmrige und Verschlafene, das mich schon beim ersten Besuch Westberlins befremdet hatte, als die Konsequenz aus seinen nächtlichen Aktivitäten. Und diese waren, anders als im Osten, nicht nur durch ausgiebigen Alkoholgenuss geprägt. Alkohol führt, wenn man sich von ihm nicht lahmlegen lässt, zu einer zuspitzenden Exaltierung aller Lebensäußerungen, während die uns unbekannten Drogen des Westens gänzlich andere Zwischenreiche eröffnen. Das ist »die viele dünne Luft zwischen den Hauptwörtern«, von denen ich sprach, all die sublimen Nebenbedeutungen, die den Kern einer Sache eher zu umschweben oder zu verhüllen versuchen, als ihn zu treffen. Weil es keinen Kern gibt? Zumindest war er nicht mehr so deutlich auszumachen wie früher, konnte nicht mehr klar zwischen Freunden und Feinden unterschieden werden, weil es weder die einen noch die anderen zu geben schien.

Obwohl … Als ich eine mögliche Veröffentlichung meiner Betrachtungen zum Schriftstellertreffen in der *Welt* erwähnte, erntete ich helles Entsetzen. Mit der Springerpresse kooperierte man nicht! Eine klare Grenze, die man nur unter Gefahr der Exkommunikation aus der literarischen Gemeinde überschreiten durfte, gab es also doch, und das war die zwischen »links« und »rechts«. Linkssein bedeutete, die gesamte der Menschheit zur Verfügung stehende Intelligenz, Humanität, ihren Esprit, Geist und Charakter geerbt zu haben; rechts war der dumme und reaktionäre Rest. In der DDR hatte es im Grunde keine Möglichkeit gegeben, diese Grundtorheit des Jahrhunderts zu überprüfen. Erst in einer Gesellschaft, in der, wenn auch unter Schwierigkeiten, verschiedene Standpunkte lebbar waren, wurde sie mir allmählich bewusst.

Vorerst allerdings folgte ich den allgemeinen Ratschlägen und gab mein Essay der *Frankfurter Rundschau*. Immerhin druckte sie ihn ab, obwohl ich der linken Leserschaft darin ihr demonstratives Desinteresse an allem, was die deutsche Teilung betraf, vorwarf. Inzwischen nämlich, da sie mitten durch mich selbst ging, war sie mir nicht mehr selbstverständlich. Dass dieses Thema fast vollständig der konservativen Presse, beispielsweise einem Redakteur mit dem verdächtigen Namen Schacht, überlassen wurde, glaubte ich anmerken zu müssen. Nicht wenig beschämt war ich dann, als ich einige Zeit später Post von eben jenem Ulrich Schacht bekam, in der er mich nicht etwa wegen meines ihn zum Reaktionär abstempelnden Artikels zur Rede stellte, sondern im Westen begrüßte und eine von ihm vor Jahren verfasste Rezension meines Gedichtbandes beilegte, der einzigen ernsthaften, die je erschienen ist. Durch ihn lernte ich später einen Menschenkreis kennen, der mir im Osten entgangen war, ganz einfach, weil er im Knast gesessen hatte oder schon über die Grenze abgeschoben worden war. Schacht selbst kam im Frauengefängnis Hoheneck zur Welt und hatte jahrelang in Brandenburg gesessen. Sigmar Faust hatte allein an Einzelhaft 400 Tage hinter sich, Utz Rachowski und sein Freund Sally Sallmann, der in der Musikredaktion des RIAS untergekommen war, kannten ebenfalls die Gefängnismauern von innen. Hinzu traten, wenn auch aus größerer Distanz wahrgenommen, die von Ceaucescu ausgebürgerten Rumäniendeutschen.

Für einen von ihnen kam die Flucht zu spät. Ralf Bossert hatte ich beim »Tunnel über der Spree« kennengelernt, wo er, ebenfalls Neuankömmling, sich ähnlich fremd wie ich fühlte. Seine Offenheit, sein ungezügeltes Temperament, das in so wohltuendem Gegensatz zu dem der nie die Fassung verlierenden westlichen Kollegen stand, zogen mich an. Wir tauschten Bücher. Noch bevor ich seine kraftvollen elegischen Gedichte zu Ende gelesen hatte, erreichte mich die Nachricht, dass er sich aus einem Fenster des Aufnahmelagers Friedland zu Tode gestürzt hatte.

Wenn Foucault den Willen zur Wahrheit oder zum Wissen als Etappe »unseres Philistertums« bezeichnet, sagt er vor allem eins: Ich habe weder in einer Diktatur gelebt noch interessieren mich die Menschen, die unter diesen Umständen leben, in denen der Durst nach Wahrheit im Gefängnis zu enden pflegt.

Wie sollte ich versuchen, die Welt zu verbessern, wenn ich sie nicht kenne? Ich bin vollauf damit beschäftigt, sie wahrzunehmen.

Mein Denken arbeitet mit einer Verzögerung von zwei bis zehn Jahren.

SCHIT 3

Es beginnt mich wegzutreiben, wie Schnee am Fenster vorbeitreibt. Dahinter die Weite, tief geweißt, und über den ganzen Hügelkörper verteilt die zum Himmel strebenden Bäume. Die Bäume ganz dicht, aber zu dünn, zu gekrümmt aus der Erde wachsend, um die Menschen in dem Haus da unten zu erfreuen.

Die Bäume brauchen noch viel Zeit, sie müssen Blüten treiben, Früchte bekommen, die zu neuen Pflanzen werden, bis ein Dickicht entsteht. Und die neuen Pflanzen streben nach oben und nehmen die Erde mit, sie wächst dabei, wird riesig und immer größer und verschlingt alles. Die Welt wird braun, braun, dunkelgrau und – braun, das ist das Nichts, ist der Lehm.

Aber das geht vorbei, es war nur eine Vision, ein Überkommenwerden. Ich bin näher herangerückt an diesen Hügel, er ist wieder weiß, aus der Schneekruste wachsen schwarze Bäume heraus, kräftig. Aber ich sollte mich endlich mit den Menschen befassen.

Die Menschen also gehen zwischen diesen Bäumen umher, sie gehen aus ihnen heraus und durch sie hindurch, sie schlagen sie um. Deshalb sind sie noch lange keine Wilden. Dass diese Leute sich beschäftigen, vereint sie mit den Pflanzen und den Tieren. Genau wie Pflanzen und Tiere nur sie selbst sind, Treibuhren, die blühend sich wehren, wachsen und sich vermehren, genau so wollen Menschen das ihre: Glücklichsein, Haben, Besitzen, Ausgeben, Lieben, Vernichten, Schlingen, alles. Nur sind es so viele. Das ist nicht ihre Schuld, sie sind geboren von Müttern, die von anderen geboren sind. Sie kamen ans Leben, weil Leben immer besser ist als der Tod. Und der Tod, der die Menschen noch einmal vereinzeln sollte, der große Tod des Krieges in Europa, der die Menschen noch einmal vereinzeln wollte und vereinzelt hat, ist nicht zu loben, weil er ein großer und dummer Idiot ist. Die Menschen sind Menschen, auch wenn sie so viele sind, sie stehen und dürfen nicht fallen.

Es muss damit aber keineswegs getan sein. Immerhin ist ein fleischernes Etwas denkbar mit Lungenflügeln, Luft- und Speiseröhren und von Adern durchzogenem Genitalsystem. Wenn dieses, im Kopf flüssig geredet, in die offene Welt tritt, kommt vorerst nichts anderes als Entengeschnatter heraus. Dieses muss sich nicht auf Teichen niederlassen, es kann ein einfaches Kraftherz sein, ein stilles Räuspern, ein wiederholtes Sichvernehmlichmachen. Danach aber muss eine Stimme ertönen, die tief oder schrill sein kann, aber nicht zu schwach sein sollte. Die Stimme ist das einzige, was der Mensch hat, das aus seinem Körper kommt als Ätherbereinigung, als Luftzittern, sie ist mehr, als ein Furz oder die Luft mit den Händen zu schlagen. Diese Stimme tönt manchmal vierhundert Meter weit, so weit, wie ich nie werfen kann und nicht laufen mit meinen zehn oder zwölf Schritten. Wenn man mich dort verscharrt, wo ich zusammenbreche, werde ich in der Erde weit vor dem Ort vergraben sein, wo meine Stimme einmal weilte.

Die Stimme sollte genussreich sein, sollte von oben und unten schwingen und auch im Schweigen einen Raum füllen können. In der Wirklichkeit verfügt meine Stimme nicht über eine solche Gewalt, wie es diesem Organ möglich. Ich ersetze sie durch Denken, Fühlen, Hören und Sehen und das Vergehen desselben. Im Gespräch muß ich warten, bis über mir und jedem, der die Stimme hört, eine Heizsonne erstrahlt, damit sie ergolden und ergreifen kann. Am ehesten ist sie eindringlich.

Aber ich verfüge über eine zweite Stimme. Es ist die des Begriffs, des Geschriebenseins, des Vorausklingens auf einer Linie, die keine Luftsäule mehr ist sondern ein Tintenstrich. Auch diese muss ich kräftigen.

Woraus ich schöpfe, ist vor Zeiten schon einmal geschöpft worden. Ich bewohne den zweiten Stock eines Bauwerks, das ich selbst errichtet habe und dessen leergeräumtes Erdgeschoss nur noch aus Betonstützen besteht. Ich stehe mit meinen Fußsohlen auf den Fußsohlen meines früheren Ichs, das wie auf einer Spielkarte kopfunter an der Decke des Erdgeschosses hängt. Und dort, wo mein Unten endet, nämlich am Kopf, ist die Basis meiner Existenz. Die Folge:

eine seitenverkehrt wahrgenommene Welt, die ich nun auf die Füße zu stellen versuche; doch noch habe ich nicht die Kraft, mich aus dieser bauchgerechten Welt zu erheben, noch ist die Brust zu schwach und alles, was das Gegengewicht zur Stirn bilden kann.

Ich habe immer die Liebe zur Welt in einer Frau gesucht, und jetzt, da ich sie gefunden habe, erweist sich diese Frau als die ganze Welt. Sie fordert die Auflösung in dieser Welt, und das soll ich lieben. Sie ist der Sinn, der alles so umblondet erscheinen lässt. Ein Schein, den ich nicht gewohnt bin, ein Schein, den ich noch nie gesehen habe und der mich blendet, ein Schein, der die Dinge in einen metallischen Glanz hüllt. – So möchte ich die Dinge nicht nachmeißeln.

Stattdessen sollte ich eine Geschichte sprechen. Aber es ist nicht genug da zum Sprechen, wie auch nicht genug da ist, um das Sprechen zu sprechen. Vielleicht versuche ich deshalb eine Geschichte zu sprechen, weil in mir nicht genügend da ist zum einfachen Sprechen. Die Geschichte als etwas, das das Leben ersetzt. Eine Ausstülpung des Lebens. Das Leben stülpt sich in eine Geschichte aus, weil es in sich nicht sein kann. Außer dieser wehmütigen Version gibt es allerdings noch weitere. Die Geschichte ist das Leben gelebt. Das Leben als sprachliche Artikulation seines Soseins. Und je mehr die Sprache gefüllt ist, von desto größerem Wert kann es sein, menschlicher Art.
Ich gehe diesen Gedanken nicht zu Ende, weil ich ohne Gewerbe bin. Ein belichtetes Wesen, das im Dunkel bleiben will. Ich will im Dunklen sein, im Dunklen und Feuchten. In einem Winkel, in dem ich mich sammeln kann.

Aber ich habe keine Lust, über die Dinge zu rechten. Und auch nicht, Vorlieben zu flechten. Allerdings kann ich nicht davon absehen, eine Kaltwasserleitung in mir zu installieren. Ich muss zwei Kreisläufe zum Arbeiten bringen. Schließlich hat der Mensch zwei Kreisläufe in seinem Lichtbild, einen roten und blauen Blutdruck, hohen und tiefen, Vene und Arterie.

Ich hoffe nicht, dass das eine Verwechslung der grafischen Lexikonanatomie mit dem Leben ist. Ich bin ein Meister im Verwechseln. Mein polaroider Zustand kann nicht darüber hinwegtäuschen, dass ich das Pferd und nicht der Reiter bin. Ich kann mir noch so viel Mühe geben, auf zwei Beinen zu laufen, es wird doch nur eine einzige Zirkusattraktion sein.

Mein Zustand hat der einer Verinnerlichtkeit zu sein, was immer auch damit gemeint ist. All die katatonischen Vorausstürze haben nichts mit der Scheinhelligkeit eines Gewitterstrahls zu tun. Dort nämlich, wo der Lampionzug seinen Anfang nimmt, sitzt der Eierstock mit Schwanzaufhängung. Das beliebte Unterdiehaubekriechen ist nichts anderes als verkehrt geschaltete Gleichströmerei. Was Wunder, dass selbst über einem schwerbewaffneten Fischteich der Mond untergeht. Es hat das Sprechen die Entsatzfunktion des Redens zu erfüllen. Es hat überdies meine verliebte Reinkarnation zu eröffnen. Mein Gewitterschweiß kann nur in der Richtung zu deuten sein, dass darüber bald der Regen niedergeht.

Der Versuch, mit dem Kopf zu lieben, ist aller Ehren wert, doch möglicherweise genauso untauglich wie der, ein kopfliebendes Buch zu schreiben. Meine Kopfliebe ist der Versuch, um das, was mir die meisten Schmerzen macht, einen Bogen zu wandeln. Denn ich täusche mich, wenn ich denke, dass mir am meisten der Kopf schmerzt. Das Herz ist es, auch wenn ich es kaum spüre. Es hat seine Verletzungen erlitten und sich danach aufgelöst. Und bevor ich es nicht wiederfinde, werde ich nicht gesunden, doch wo ich es finde, ist unbekannt.

Vielleicht kann ich auch ohne das Herz leben und lichten und einen großen Happen von mir in die Welt spucken. Es kommt darauf an, wovon ich spreche und woraus. Ob aus dem Bauch einer blechernen Überheblichkeit oder mit schmerzfühlender Gerechtigkeit, die nicht holpernd sein muss. Und kein schmaler Strich.

Ich wollte eine Geschichte erzählen. Ich will erzählen, wie ein Mann nach Berlin kommt, das er nicht wirklich verlassen hat. Er kommt aus einem Tunnel, und es hellt sich auf. Doch wo er hineingeht, ist wieder ein Tunnel, und in diesem Tunnel beginnt die Geschichte. Sie handelt von den Menschen, denen er in diesem Tunnel begegnet. Die ihren Nutzen wahren und auch die Ehre, die sie benutzen als gegen andere gerichtet. Er tritt in ihre Rituale ein und will sie damit zum Sprechen bringen. Er dreht ihren Augen Regulatoren ein und lässt sie mit seiner eigenen Bosheit in die Welt sehen und bringt noch nicht das Herz auf, sie menschlich zu machen. Er hält die Menschlichkeit mit ihren Händen, aber er findet nur seine eigene Schwärmerei darin. Sie reden und reden in der Hoffnung, dadurch zu sich zu finden. Zueinander in einem gemeinsamen Kult der Klage und Ohnmacht. Aber er muss seine eigenen Liebessekunden erleben, damit es zu etwas Lustvollem kommt. Es muss in ihm eine Lust sein. Er muss aus Lust die Menschen verstehen wollen, aus Lust und Zusehen können, muss er sich in den Bauch beißen. Er muss diese Lust auch mit anderen teilen wollen und sie zu etwas Großem machen, nicht aus reiner Verzweiflung Geschichten stürzen und erretten.

Mein unklarer Kopf, den ich nicht zu ordnen weiß: Was will er, wenn er die anderen Menschen aufsucht? Will er Bestätigung, will er Eifersucht, womit kann er sie beeindrucken? Mit seiner Kraft, seinem Hass, seiner Ohnmacht? Womit kann er gemeinsam mit ihnen etwas aufbauen? Mit seiner Lust an der Einsamkeit? Mit seinem Gedankengeläute? Kann so ein Ersatzgespräch überhaupt zu Aussagen kommen? Kann er, als Vertreter vertrackter Veräußerungen, einen Hitzehauch verströmen? Kann es zu einem Witz, kann es zu einem heiligen, lebendigen Hohngelächter führen? Kann es etwas klarstellen? Kann es eine Landschaft nicht nur beleuchten sondern verlebendigen? Kann es Menschen modellieren und Wachsendes zeigen? Oder soll es ein kaltes Sittenbild werden? Weil ich selbst zu kalt bin und die Hitze nur im Kopf ist, eine Aufwallung. Wo bleibt meine Lustigkeit, meine Heiterkeit, mein Humor? Schon einmal hätte ich gut werden können. Wenn ich der geblieben wäre, dem etwas begegnen soll und der offen genug ist, ihm zu begegnen und damit umzugehen, mit den Leuten, und dabei seinen Sinn behält. War mir das schon einmal zu langweilig, zu ernsthaft?

Es kommt alles darauf an, womit dieser Mensch bisher sein Leben verbracht hat. Da er sich in der Dunkelheit bewegt, darf das Geschehen in einem Tunnel handeln. Er kommt an dem gleichen Punkt an, den er verlassen hat, ohne etwas zu suchen. Um diesen Punkt in seinem Gedächtnis zu finden, geht er also zurück und vor und weiß, dass er ihn weder dort noch hier finden kann. Er muss also zuerst eine lange Strecke vor sich her gehen. Und die Gestalten sich ihm nähern lassen, die ihm zeigen, was er unter anderem und nur hier finden kann. Er spricht mit ihnen und spricht mit seinem Schatten.

Ich habe noch nicht die nötige Kontinuität eines Schreibens erlebt, wo ein Wort das nächste vor sich her stößt. Vielleicht ist das hier eine Übung dazu. Ich sollte dabei nicht so kleinlich sein und das Aus-sich-heraussprechen schätzen und auf das Gefühl dabei warten können. Vielleicht bedeutet das Sprechen das Ständig-außer-sich-sein, und ich fürchte es. Ich meine damit nicht ekstatischen Tanz. Sondern das sich auf beharrliche Weise außer sich selbst aufhalten können. Die von mir ausgehenden Linien, die Geschichten sind deutlicher als die Flächen, die ich beleuchten will. Und aus mir selbst zu leuchten, macht mir zuviel Unannehmlichkeit.

Mein Leuchten sollte das einer klaren lodernden Flamme sein. Von unten lodernd mit festem harten Holz als Nahrung. Meine Geschichten sind wie Tiere, die ihre Tatzen setzen. Eine jede geht vorsichtig umher. Und jede ist eine Hinaufforderung, die einen Namen formt oder eine existenzielle Lebensverwirrungs-Story. Es bedarf wohl mehrerer Erfahrungen, bis sich ein Lebensziel ergibt. Aber vielleicht bin ich schon an diesem Punkt und brauche darüber nicht mehr zu sprechen.

Ich behaupte nicht, dass die Intellektuellen die größten Dummköpfe sind, aber sie sind die lautesten. Die anderen bleiben mit ihren Gedanken unter sich, aber die Intellektuellen posaunen sie ununterbrochen als Weisheiten hinaus.

Ich bin kein Liebhaber des Volkes. Ich gehöre selbst dazu.

Sie treiben die Armut in den Wahnsinn! Nicht die Intellektuellen werden verrückt (die werden nur leerer), nicht die schon immer Reichen oder Halbreichen (die sich aus Trägheit und Überdruss an ihrem inneren Gestank die Nasen zuhalten), nein, die Armut kentert im Wahnsinn, weil ihr das letzte genommen wird, Arbeit und ein eigenes Schicksal. Sie singt auf den Bahnhöfen ihre irrsinnigen Litaneien und schaukelt die Oberkörper in den Sesseln der Psychiater, die Armut.

Das Berlinische bei Rita: Die Sprache dient selten zur Herstellung eines Einverständnisses, eher zur Abgrenzung, Behauptung. Bei mir unverbesserlichen Sachsen dagegen ist sie immer auch Harmoniestreben, zumindest das nach einer gemeinsamen Ebene.

Was ich in drei Jahren schreibe, liest Rita in einer Nacht weg.

In der Praxis vom Psychiater Huhn treffen sich zwischen Grünpflanzen und Mozartgedudel die ehemaligen Ostler zum Krankschreiben. Besonders deplatziert wirken in dieser Umgebung die freigekauften Häftlinge, tätowiert bis in die Augenwinkel, sie verfolgen uns seit dem ersten Tag. Erhofft man tatsächlich medizinische Hilfe, ist man hier übrigens falsch am Platz. Jedes Mal verwechselt mich der Arzt mit Rita und fragt nach dem Befinden meines Magens statt des Kopfes. Dem aber scheint das nicht schlecht zu bekommen, er verringert langsam seinen Druck.

Hinter Bethanien befindet sich unmittelbar vor der Mauer der sogenannte Kinderbauernhof. Das heißt, man hat auf einer Ödfläche Gras gesät, einen Ententeich angelegt, Ställe gebaut und hält darin Schafe, Gänse, Ziegen, Enten und einen Esel. Kreuzberger Kinder füttern sie und misten aus, Türkenfamilien bringen Brot. Ich treffe auf einen ehemaligen Ostberliner, der seine beiden Schäferhunde ausführt. Drüben gehörte er zu den Lichtenberger Kunden (Hells Angels konnte man sich ja nicht nennen), saß wegen Asozialität und Arbeitsbummelei und kam '75 in den Westen.

Die Türken, meint er, sollten dorthin zurückgehen, woher sie stammen. Anders als die Finnen oder Schweden passen sie nicht zu den Deutschen. Sein Sohn wurde von Türkenkindern verprügelt. Er kennt die Türken, er musste in einer Spielhalle die Automaten bewachen, und ohne

Messer und Gaspistole hätten sie ihn kaltgemacht. Nicht dass er etwas gegen sie hat, aber er geht ja auch nicht in ihr Land und will dort leben. Das hat nichts mit Nazis zu tun. Er ist kein Nazi, auch wenn er Thors Hammer an der Kette trägt. Das ist lediglich ein Bekenntnis, dass er ein Deutscher ist und sein Land liebt. Er liebt auch die Berliner Gegend und singt lieber *Märkische Heimat* als *Die Fahne hoch*. Das ist ein Unterschied. Thors Hammer hat ihm ein verschärfter Kunde geschenkt, der zu einer Gruppe Nationalsozialisten gehört, die aber nicht für Hitler, sondern für Röhm sind, der ja wohl Revolutionär war. Seit einem halben Jahr treffen sich alte Ostler bei »Ambrosius«, wo das Bier eine Mark fuffzig kostet. Sie sind zwanzig, dreißig Mann, erzählen dort und saufen. Außerdem kann man sich zusammen ganz anders helfen. Der eine ist Tischler, der andere ist Maler, und er selbst kann dort seine gebrauchten Platten verkaufen, zu Kumpelrabatt, versteht sich. Jetzt wollen sie sich einen Namen geben, Donar vielleicht. Die Wotansjünger sind ihm zu scharf, denn zu denen gehörte der mit Thors Hammer.

Arbeit? Nee. Drüben konnteste denen ja immer noch den Arsch zeigen, aber hier biste der reinste Sklave. Für Hundefutter un was ick sonst noch brauche reichts auch so.

GEGEND 12

Sonntag in Lübars. Wir folgen dem Tegeler Fließ. Ein schmales Auenwäldchen, Birken, Teiche. Zur Grenze zu weites Wiesenland, Pferdekoppeln. Die Lichter der Grenzbefestigung im Nebel, in der Dämmerung. Am Ufer des sich durch die Wiesen schlängelnden Baches Schilder »Hier Ende des französischen Sektors, Grenze in Flussmitte.« Dahinter verschilfte Wiese, die Mauer, die Kirchtürme von Schönfließ und Glienicke und irgendwo hinter den Wäldern

Schmachtenhagen. Wir gehen zurück in den Ort, um in ihm Trost zu finden: Auch Lübars ist, so weit Dörfer hier möglich sind, ein märkisches Dorf mit Anger, niedrigen Häusern und Dorfkrug.

Mauerinschrift: Häuser, rennt weg!

Immer häufiger zog es mich auf meinen Stadtgängen jetzt zur Mauer, die in Westberlin allgegenwärtiger war als im Osten. Kein Wunder, sie umschloss ja die Halbstadt, während sie drüben den trügerischen Eindruck erwecken konnte, dass sie eher etwas aus- und nichts eingrenzte. Etwas, das man nicht kannte, einen blinden Fleck, mit dem die Sinne nichts anzufangen wussten und ihn deshalb am einfachsten als eine der unabänderlichen Absurditäten dieses Lebens ignorierten. Nur, wenn ich zusammen mit 30000 Fans im Stadion an der Cantianstraße saß, kam mir das Ungeheuerliche der Situation zu Bewusstsein. Warum nur stürmten diejenigen, die wie ich gegen den Polizeisportverein BFC pfiffen, nicht auf ein geheimes Zeichen hin plötzlich die Mauer, die sich direkt hinter dem Stadionwall erhob? Ansonsten war sie nicht viel mehr als ein Sinnbild, eines der zahlreichen Tabus, das zwar aus knochenbleicher Materie war und nachts angestrahlt und von Hunden umbellt wurde, aber doch so entrückt und von Polizeiposten abgeschirmt, dass ich nicht einmal in Gedanken daran zu rühren wagte.

Hier im Westen konnte man der Mauer nicht ausweichen. Überall stieß man auf sie, schnürte sie ein. Niemand hinderte einen daran, sie zu berühren oder mit dem Kopf dagegen zu rennen. Dass ihr Beton bemalt, besprayt und beschmiert wie ein Bilderbogen war, befremdete zwar den, der ihre nackte Brutalität kannte, doch erleichterte es auch die Annäherung. Hier endete die kahle Aufgeräumtheit des Westens und machte einer Anarchie Platz, die in manchen Winkeln so etwas wie Wärme ausstrahlte. Nicht nur der Kinderbauernhof hatte sich im Schatten der Mauer angesiedelt, auch die Wagenburgen der schwäbischen Rollheimer gab es da, und auf einem Stück Kreuzberger Niemandsland hatte ein anatolischer Bauer Kraut und Rüben angepflanzt und sich eine Holzhütte gebaut.

Nur auf keinen der Aussichtstürme durfte man steigen. Sofort offenbarte sich das Fragwürdige dieser Idylle, wenn man einen Blick auf den Grenzstreifen und darüber hinaus in eine Vergangenheit warf, die nicht aufhören wollte, Gegenwart zu sein.

Gestern von der Humboldthöhe Blick in östliche Richtung. Er reichte über das Häusermeer von Weißensee mit seinen beiden Backsteintürmen hinaus bis zu den Blöcken von Marzahn und der schmalen grünen Linie, die die Stadt begrenzt.

Daraufhin konnte ich mich nicht halten, hab die Kinder angerufen und bin zu der Ecke gelaufen, wo der Wedding an den Prenzlauer Berg und an Mitte stößt. Die Straßen haben hier die gleichen Namen wie im Osten, die aber sind das einzige, was geblieben ist. Der Westen hat in dieser Gegend mit sozialem Wohnungsbau und Fußgängerzonen zugeschlagen. Die Brunnenstraße, drüben ein alter, sanft abfallender Pflasterweg im Herzen Berlins, ist auf dieser Seite der Mauer ein unkenntliches Stück Asphalt mit Fahrradwegen links und rechts.

Vom Mauerturm aus Blick in die Eberswalder und in die Oderberger Straße, in der mein Atem immer etwas anders ging. Und wo man die Augen des Westens besonders starr auf sich gerichtet fühlte. Jetzt stehe ich auf diesem Turm. Die Rotdornbäume auf der im Schatten liegenden Straßenseite sind inzwischen abgeholzt. Aus Betonkübeln, die man aufstellte, nachdem ein Lastwagenfahrer vergeblich die Grenzanlagen zu durchbrechen versuchte, wachsen Pappeln, die, auch wenn sie belaubt sein werden, doch nie den Blick nach und aus dem Wedding verhindern werden können. Die Häuser sind schäbiger, grauer als jede Erinnerung; aber fast in jedem wohnt jemand, den ich gern wiedersehen würde. Die Menschen in der Straße sehr einzeln: ein Kind mit Ball, ein junges Paar mit Kinderwagen, ein Betrunkener, eine stämmige Rothaarige, die ich oft in der Straßenbahn traf. Und weit hinten, noch in Höhe der Schwimmhalle, seh ich meine Kinder. Sie sind sehr klein. Luise führt Anna an der Hand über die Kreuzung. Sie laufen durch die Sonne auf die Mauer zu. Ich winke. Sie halten an und winken lachend zurück. Noch immer sind sie, von der Höhe meines Turmes aus gesehen, klein. Ich rufe etwas. Ein Polizist löst sich von der Häuserfront und spricht gestikulierend auf sie ein. Sie winken ein letztes Mal, drehen sich um und rennen zurück.

Langsam dämmert mir, dass es nicht darum geht, einen moralischen Beitrag zur Welt zu liefern. Jedenfalls nicht in dem uns eingeimpften Sinn, die von der Gesellschaft formulierten moralischen Erwartungen zu erfüllen. Es geht auch nicht darum, einen Beitrag zur Unterhaltung der Welt zu liefern. Inmitten dieser herrschenden Sucht geht es insofern schon um Moral, aber um eine, die darauf beharrt, ihre eigenen Erfahrungen zu machen und sie gegen die Korruptionsversuche einer Umwelt ohne Haltung zu verteidigen – ohne dabei im Ernst zu vertieren.

Ich sitze unter grauen Prosawolken. Wie gerne hätte ich es, wenn die Decke plötzlich risse und mich die Sonne eines Gedichts beschiene.

Als Rita heute früh von der Nachtschicht kam, erzählte sie aufgelöst davon, dass Sigser Lehmann jetzt auch bei ihr war. Während ihres freien Tages war er schon in dem Schuppen aufgetaucht, in dem sie neuerdings arbeitet, und hinterher stand in der Zeitung: Ausbrecherkönig Sigfried Lehmann besuchte das Restaurant »Logo«, riss dabei die Tür aus der Füllung und hinterließ eine zertrümmerte Einrichtung. Die von der Büffeteuse benachrichtigte Polizei machte bei Lehmann, der zur führenden Verbrecherclique Berlins gehört, Haussuchung, konnte aber nichts finden. Kurz darauf kehrte er zurück, hielt dem Mädchen hinter dem Tresen den Revolver an die Schläfe und verschwand wieder. – Nun also kam er zu Rita. Dass er mit Frau erschien, war nur anscheinend ein glücklicher Umstand, denn ein ebenfalls schon blauer Wicht wollte seinen Barhocker nicht für die Ganovenfrau räumen und bekam dafür eins auf die Glocke. Alles flüsterte zitternd auf Rita ein: nichts unternehmen, vor allem nicht die Polizei rufen oder ihn ansprechen.

Rita aber begann auf ihn einzureden. Während der Geprügelte unaufhörlich von Menschlichkeit und unterbliebener Hilfeleistung zeterte, redete sie, den Riesen dabei anlächelnd, um ihr Leben. Vom Prenzlauer Berg erzählte sie, von ihren beiden Omas, der Mutter, der Halbschwester und dem Großvater, der in der Husemannstraße Schuhe für die Holzbeine der Afrikaner anfertigte. Bevor er schließlich besänftigt abzog, sagte Lehmann, wenn sie, Rita, mal irgendein Problem habe, brauche sie ihm nur Bescheid zu sagen. Hinterher kippte sie drei Schnäpse.

Freitag Katjas Lesung in der Wolffschen Bücherei, danach unsere Einstandsfete in der neuen Wohnung schräg gegenüber. Cailloux, Katja, Buch, Sarah Haffner, Scheib, Stangl, die Buchhändlerin, Ritas Bande … und für eine halbe Stunde Grass. »Der ist doch sonst kaum zu sehen. Wieso bei Euch?« Keine Ahnung, meine neue Lektorin hatte ihn wohl mitgebracht. Die Haltungen wurden sofort andere. Während zuvor jedem die Überlegung im Gesicht stand, ob er sich einen Besuch bei uns zumuten könne, wurde die Stimmung jetzt regelrecht aufgeräumt. Gesellschaft – hat hier nicht den umfassenden sozialen Sinn des Ostens, sondern noch den alten, spezifizierenden: gute Gesellschaft, eine Gesellschaft geben. Und gerade das linksintellektuelle Lager ist Teil dieser Gesellschaft und unterwirft sich willig ihren Spielregeln.

Über die Freunde erbost, die meinen, alle Erfahrungen vergessen zu müssen. Vor lauter Anpassung stehen sie verkehrt herum in den Schuhen. Oder was ist es sonst, was sie alles abräumen und abschmatzen lässt, das ihnen über den Weg läuft. Was sie scheinbarer Vorurteilsfreiheit halber sich sofort und gründlichst unterspülen lässt, ohne dagegen Widerstand zu leisten. Das heißt doch nur, dass wir schon immer Kreaturen unserer Umstände waren.

Womöglich hätte das jeder vom anderen sagen können. Was vorher eng zusammenstand, rückte nun weit auseinander und drohte, indem es sich zwangsläufig der Fremde anpasste, in ihr unterzugehen. Mir machte dieser Verlust von Gemeinsamkeit, die sich in den Ostberliner Jahren herausgebildet hatte, schwer zu schaffen. Was beispielsweise *Mikado* anbetraf, so musste ich bald die Hoffnung aufgeben, das Projekt grenzübergreifend weiterführen zu können. Dabei schien mir eine Literaturzeitschrift, die das kreative Potential beider Stadtteile und damit Gesellschaftssysteme abschöpft, jetzt genau so auf der Tagesordnung zu stehen, wie zuvor *Mikado* für den Osten. Hierzu war aber bedeutend mehr notwendig als eine Hinterhofdruckerei, ein heimlich genutztes Ormig-Gerät und ein

Dutzend Leute, die sich gern unentgeltlich die Finger schmutzig machten. Dazu bedurfte es eines Verlags oder anderen Geldgebers, eines Vertriebssystems, eines Stabs von Redakteuren, Designern, Korrektoren, also zu Beziehungen innerhalb des Kulturbetriebs, die zu knüpfen und zu pflegen ich völlig unfähig war. Als mir diese Anforderungen allmählich bewusst wurden und ich am Telefon mit Trolle und Kolbe darüber zu sprechen begann, war es schon zu spät. Der inzwischen ebenfalls im Westen gelandete Anderson hatte die Sache – neben zahlreichen anderen, die ihm die Deutungshoheit über die Szenerie sicherten – in die Hand genommen und bereitete zusammen mit dem ihm ergebenen Westdoktor Gillen die Herausgabe eines Journals namens *Niemandsland* vor. Das aber war das genaue Gegenteil von dem, was ich wollte, nämlich die Entschärfung aller Widersprüche in einem entpolitisierten Zwischenreich postmodernistischer Ästhetik.

Mit dem sicheren Instinkt des professionellen Schwarzhändlers hatte Anderson von Anfang an begriffen, worauf es auf diesem Markt ankam. Er lieferte das Bild vom Ostler, wie man ihn gern sah, in Hochglanzausgabe. Schmuddlig, halb nach Penner, halb nach Raubtier riechend, doch im Ohrläppchen einen innere Werte versprechenden, blitzenden Diamanten, dem man gern seine Unechtheit nachsah, ahnte man doch genug vom eigenen Talmi.

Nicht nur Männer und Frauen fehlen. Es ist grundsätzlich eine schwere Entziehungskur, die wir durchmachen. Alles entzieht sich, Gefühle vor allem, scheinbar das ganze Leben.

Dabei beginne ich die Stadt zu mögen, gerade jetzt, wenn sie sich mit Grün überzieht.

Sarah Haffner sagte beim Blick aus unserem Fenster, dass sie hier, in der Bundesallee, als sie kurz nach dem Krieg aus London kam, ihren Vater gefragt hätte: »Wo sind denn die Häuser in Berlin?« Sie hatte vom Auto aus nur Bäume gesehen, die die Ruinen überwucherten.

Da stieg der Osten wieder als bitter-schwarze Galle in mir hoch … Das gleichzeitig Aufreibende und Antreibende an meiner jetzigen Existenz ist, dass alles in ihr neu ist – dabei so alt wie der Mensch selbst. Und dass auch der Osten, den man doch zu kennen meint, jedes Mal in einem anderen Blickwinkel erscheint, dass man ihn einerseits vergessen, andererseits erinnern und in eine neue Ordnung der Welt einfügen will. Die aber ändert sich so rasant in mir, dass ich ohne Chance bleibe, die Etappen festzuhalten, geschweige denn das Ganze sich organisch zu einem Bild von ihr auswachsen zu lassen. Denn das, wovon auch ein davon handelndes Werk leben müsste, die eigene Phantasie, kommt derzeit hoffnungslos unter die Räder. Es zieht durch mich hindurch wie motorisierte Heerscharen …

Produktivität oder Fruchtbarkeit oder was auch immer muss nicht ununterbrochen Werke basteln. Das zeigte mir das Traumbild vom Leben als einer Rakete, die langsam und gerade ihre Linie zieht und dabei eine Glaskugel nach der anderen als Illusion zersplittern lässt.

Streckser am Telefon: »Er weiß eben nicht, zu wem er gehört.«
Ich: »Weißt du das von dir?«
Er: »Natürlich. Ich gehöre zu den Hunden.«

»Wenn du dich auf den Weg zu den Engeln fühlst, wirst du auch dorthin kommen. Wie, ob auf einer hellen Wolke von Wissen oder bewusstlos durchs Schwarze hindurch und somit für immer geschwärzt, ist eine andere Frage.«

»Das ist wohl der Geschmack deines Negers?«

»Das hat den Geschmack eines Lehmklumpens. Wenn du davon nimmst, löst du dich in zehn Sekunden auf. Alle Farben weichen aus dir, weder Zehen- noch Fingerkuppen noch Zunge behaupten ihr Dasein. Du wirst zum Strauch, der hinter dir steht. Und nicht einmal ein nasser Fleck bleibt zurück auf leerer Straße.«

Im Rathaus von Schöneberg findet ein Schriftstellerkongress statt. Obwohl der letzte, den ich erlebte, ebenfalls in einem Rathaus, und zwar im Roten, tagte und mit dem Rausschmiss der Oppositionellen endete, gehe ich an zwei Nachmittagen hin. Es erstaunt schon, wie gering die Unterschiede sind. Hier wehrt sich eine literarische Front gegen die der Gewerkschaftsbürokraten. Von dieser der DKP nahestehenden Fraktion habe ich mir allerdings nichts träumen lassen. Sie spielt im literarischen Leben keinerlei Rolle, und da ihre Energie nicht durch das Schreiben verbraucht wird, leisten sie auf altkommunistische Weise im Verband die Drecksarbeit und haben dessen Führung an sich gerissen. Aber auch die Äußerungen der literarischen Partei sind enttäuschend. Es wird deutlich, dass keine vorwärts gerichtete Bewegung mehr stattfindet, dass es keine Stimme gibt, auf die man hört, dass die Literatur das Feld der geistigen Diskussion zugunsten der Medien geräumt hat oder von ihnen aufgesogen wurde, dass es keine offensiven Gedanken in ihr mehr gibt, keine ironische Distanz und keine Leidenschaft, nichts, was für andere zu sprechen oder sie anzusprechen in der Lage wär, nur noch kleinliche Verteidigung. Dass diese Literatur in ihrer Gesamtheit keine Identität mehr hat, seit die altmodisch-moralische mit Böll ausgestorben ist.

Einen offenen Brief zu schreiben, war für mich stets so etwas wie ein Akt der Kollaboration.

Im Zug die alte abseitige Strecke durch die Mark über Potsdam und Dessau. Dem Transit-Reisenden soll so wenig Leben wie möglich begegnen. In Erfurt Halt am Ende des Bahnsteigs, wie bei jedem Stopp von einem Dutzend Bahnpolizisten bewacht. Aber es war Tag, und ich sah alles. Sehnsucht und Trostlosigkeit.

Wohin fuhr ich? Ich nehme an, nach Darmstadt. Dort residierte der Luchterhand Verlag, der einen Band gesammelter Erzählungen von mir herausbringen wollte und mich zur Vertragsunterzeichnung nach Hessen einlud.

Wie war es dazu gekommen? In Friedenau hatte sich die Luchterhand-Lektorin Ingrid Krüger meiner angenommen, die in einer stillen Seitenstraße wohnte und meinen Namen durch die von ihr betreute Babu Honigmann kannte. Ich war ihr dankbar für die Zuwendung, denn in Friedenau waren nicht nur die Seitenstraßen still, sondern, wenn man vom Verkehr in der Bundesallee absah, alles. Ein recht hübsches, aber völlig lebloses Wohnviertel, in denen man nur durch die Straßen schleichenden Pensionären oder Müttern mit Einzelkindern begegnete. Durch Ingrid Krüger erfuhr ich, dass hier einmal das Leben getobt haben sollte, jedenfalls das intellektuelle. In einer Kneipe am Friedrich-Wilhelm-Platz hatte sich Uwe Johnson betrunken und zu vorgerückter Stunde seine Tischgenossen beschimpft, in diesem Haus dort drüben hatte Nicolas Born gelebt und in jener Backsteinvilla tat es Günter Grass noch immer. Sie nahm mich mit hinein. Eine achtunggebietende Figur war der Hausherr allemal, wie er, mit der dampfenden Pfeife in Hand oder Mund, seine gutgehende Wort- und Bildmanufaktur am Laufen hielt. Trolle hatte einst die Theorie formuliert, dass die Dramatiker dieses Jahrhunderts Zigarre rauchten und Romanciers Pfeife – dem entsprach Grass durchaus, allerdings seine gedrechselte Prosa nicht meinen Vorstellungen. Immerhin aber hatte er sich wiederholt solidarisch mit Dissidenten aus dem Osten gezeigt und der Mauerfall noch nicht seine Sinne verwirrt. Für mein Gefühl hatte er sich eine Spur zu behaglich eingerichtet in der zweigeteilten Welt, dessen Grenzen zwar nicht identisch mit denen von Gut und Böse waren, aber doch anzeigten, dass es solche gab und er zweifelsfrei das Gute verkörperte. Auch Ingrid Krüger gehörte zu diesem Lager des Fortschritts. In gewisser Weise verstand ich ihren Abscheu gegen die Sattheit im Westen; gleichzeitig war mir die Zuneigung zu allem, was den Stallgeruch des Ostens mit sich brachte, verdächtig, weil sie ziemlich unabhängig davon schien, welche Rolle man dort gespielt hatte. Als ihr Klaus Schlesinger später in der *Zeit* Verbindungen zur Staatssicherheit vorwarf, war ich ratlos und bin es noch immer. In jedem Fall war ich beim Luchterhand Verlag in guten Händen, in solchen nämlich, die mich davor zu bewahren versuchten, über den alten Feind nicht den neuen, viel hinterhältigeren zu vergessen.

Darmstadt kam mir vor wie Friedenau an einem Montag. Mit den mageren Vorschuss von Luchterhand auf dem Konto, verließ ich es schleunigst und machte einen Abstecher nach Bamberg. Wegen seines katholisch geprägten Konservatismus berüchtigt als »das schwarze Bamberg«. Mir gefiel es! Zum ersten Mal erlebte ich eine deutsche Stadt, in der ich etwas mehr als die fade Gegenwart des nichtendenwollenden Wirtschaftswunders atmete. Unzerstört, ein wirkliches Wunder aus barocker und gotischer Architektur, die wie in Prag auch der Natur Raum für mit Obstbäumen bepflanzte Hügel ließ. Ich bekam im »Hotel zum Wilden Mann« ein Zimmer über einem Torbogen, durch den einmal Pferdefuhrwerke rollten. Im Restaurant servierte man Schäufele mit Wirsingkohl und Klößen. Am Morgen Markt auf einem grob gebuckelten Platz. Gegenüber der Jesuitenkirche stellte man Kaffeehausstühle auf die Straße, die Sonne schien.

Sobald mich fortan der Berliner Zementhimmel zu erdrücken drohte, fuhr ich nach Bamberg. Nach Bamberg oder später in das gleichfalls kurz hinter der Grenze gelegene Wolfenbüttel, das kleiner und etwas protestantisch nüchterner war, doch ebenso unzerstört, und eine prachtvolle Bibliothek beherbergte, in der Lessing sein letztes Lebensjahrzehnt verbrachte. Jeden Samstag marschierte er nach Braunschweig, um dort der Ziehung der Lotteriezahlen beizuwohnen. Nie gewann er etwas und häufig blieb er unterwegs in einem Dorfgasthof hängen und unterhielt sich mit den Bauern.

In den siebziger Jahren soll ein junger Mann aus Neukölln bei einem Besuch im Osten nicht bis 24 Uhr zurückgekehrt, sondern über Nacht bei einem Mädchen, von dem nichts bekannt ist, geblieben sein. Auch am darauffolgenden Tag fuhr er nicht, blieb die nächste Nacht und die übernächste … Er lebte drei Jahre unerkannt im Prenzlauer Berg, dann entdeckte man ihn und steckte ihn in den Knast. Drinnen stellte er einen Antrag auf Aufnahme in die Staatsbürgerschaft der DDR, der wurde abgelehnt und er selbst nach seiner Haft zurück nach Westberlin gebracht. Das Mädchen blieb im Osten.

Langsam geht mir Burroughs, die Polizeisirene, auf die Nerven …

Ist Erzählen eine Form, ein Geheimnis mitzuteilen, ohne es, wie bei der Reflektion, zu entschleiern?

Unendliche Möglichkeiten des Erzählens – aber das Fenster im obersten Stockwerk muss dazu verschlossen sein und das weiß schimmernde Licht innen.

Wenn ich später durch die Straßen ging, nachts, stellte ich mir oft vor, wie das Werk, an dem die Schriftsteller gerade arbeiteten, ihre Wohnungen erleuchteten. Ein kräftiges rotes Feuer bei Rothmann, eine hoch auflodernde Flamme bei Hilsenrath, kleine, unruhige Feuerzungen bei Cailloux, die noch nach Nahrung suchten.

Und bei mir? Mit pochenden Herzen betrachtete ich den Schwelbrand hinter meinen Fenstern.

Mit allem, aus dem ich mich vorher raushalten konnte, muss ich hier leben. Ob es nun der Film ist, die Atombombe oder die kannibalische Macht des Geldes.

Es gibt nur einen Fortschritt, den der Verrottung.
So gesehen bin ich wieder auf der Seite des Fortschritts gelandet.

Es gibt nur einen Feind: der am Geld verdienen hindern will. Und gegen den sind alle Mittel recht.

Wer mit tausenden messerscharfen Kopfschüssen schneeweißen

Krabben und Balik-Lachs Schaukästen mit zollfreier Ware von den Wänden

zertrümmert, stürzt Holzwürmer Schoko-Motten bröckelig das Maul

Alt-Medikamente, witzelte Jung-Bombe finanzieren Geschlechtsumwandlung

aufgeklapptes Schiebefenster möglichst zerschlagen verhört stundenlang

Hausotter

Schwerbrandverletzter schwitzte Blut und Wasser auf Begasungsanstalt,

drückt, drängelt Amphetamine Gifhorn zu schütteln entlang Süßmut

Geldregen besetzt Zugluft zu spät

wackeligen Zähnen Umringt italienischer Kommissar Rucksäcke

Spinne peitscht Flaschen schwanger bedroht guirre „Notfalls

Ein kleiner Fehler kann tödlich sein!

8 11 13 36

»Gazette 9«

Ich lasse mich von der Wirklichkeit gern hereinlegen. Wenn sie mir zeigt, um wieviel komplizierter und widersprüchlicher sie ist als meiner Torheit immer vorschwebt.

Wie die meisten Menschen hat Rita nie gelernt, einigermaßen beruhigt zu leben, ich meine allein mit sich, der Zeit und vielleicht noch mit einem Menschen. Ständig muss etwas von außen geschehen, sonst fällt sie in Schlaf.

Ich spüre die Gefahren des Nachdenkens, jetzt, da ich mich schmerzlichen Wahrheiten nähere. Eine besagt, dass der kollektive Zwang auch noch diejenigen beherrscht, die ihm entflohen und zuvor glaubten, das Gegenteil zu leben. Er hat ein Dasein geschaffen, das unabhängig von uns weiter existiert und durch nichts von außen in Frage zu stellen ist, weil es nur sich kennt; in ihm hat niemand Schuld außer derjenige, der sie auf sich nimmt. Ich also bin entkommen und tue das Gegenteil von dem, was die Bewegung der Zeit von mir fordert – ich begebe mich mit meinen Gedanken wieder hinein in dieses Dasein. Vielleicht weil es gleichzeitig meine Kraftquelle ist, die wichtigste Erfahrung sozialen Zusammenlebens, die ich in diesem Leben machen kann.

... oder so – lautet die häufigste Floskel der Sprache im Berliner Osten.

U-BAHNHOF KLEISTSTRASSE

»Jürgen. Hör doch ma zu. Der fährt jetzt un holt noch ma was. Wir bleim hier un er un er holt noch was. – Machste doch?«

»Klar. Dauert nur vierzig Minuten.«

»Klar ne dreiviertel Stunde. Haste gehört Jürgen? Gib ma das Geld raus. Du hast doch noch acht Mark. – Er hat nämlich noch acht Mark. Er hat heute mehr Glück gehabt als ich. – Gib doch ma die acht Mark. Was? Ja hast ne schöne Hose. Un Schuhe ooch. Meins sin nur Sommerschuhe. Ich brauch n paar neue. Gib doch ma das Geld. – Er hat nämlich noch acht Mark. Du fährst doch?

»Klar. Ne dreiviertel Stunde oder vierzig Minuten.«

»Haste gehört? Er holt Zigaretten un ne Pulle Schnaps. Gib doch ma die acht Mark. – Das reicht doch, was? Ne Schachtel Marlboro kostet jetzt Zwee Mark fünfunachtzig.«

»Zwee achtzig«

»Zwee achtzig un ne Pulle Schnaps fünf Mark. Reicht doch. Du fährst doch un holst was? Geht doch fix. Ne dreiviertel Stunde.«

»Vierzig Minuten.«

»Haste gehört? Wenn du ihm das Geld gibst holt er was. Zigaretten un ne Pulle Schnaps. Haste gehört? Zigaretten. Wir bleim hier. Ich bleib hier un er fährt. – Machste doch? Geht doch schnell. Un wenns Geld nich reicht dort sind doch de Kunden. Vielleicht gebense dir n Fünfer. Aber komm wieder. Haste gehört? Wir warten hier. Ich muss bei ihm bleiben. – Bleib doch ma sitzen Mensch. Sonst stürzte wieder. – Vorhin is er nämlich schon ma gestürzt. – Da fällste wieder hin. – Ich heb ihn immer off. – Ja hast schöne Hosen. Nu gib doch ma das Geld. Gib doch ma die acht Mark. – Das reicht doch? Ne Pulle Schnaps un ne Schachtel Marlboro. Pass aber off de Kunden off. Meine Uhr hamse immer noch. – Nu gib doch ma das Geld, Jürgen. Er holt Schnaps un Zigaretten. Wir bleim hier. Dauert nur ne dreiviertel Stunde.«

»Vierzig Minuten.«

»Klar. So voll is es heute nich. Da kommste schon durch. Nu gib doch ma das Geld Jürgen. Die acht Mark. Er holt Marlboro un ne Pulle Schnaps.«

In den Kneipen werden keine Geschichten erzählt. Damit ist die Sache endlich geregelt: Ich bin auf meine Erinnerungen angewiesen und die Phantasie.

Da ich neu in dieser Welt bin, bin ich auf den untersten Stand der Reflexion zurückgeworfen. Muss das schlecht sein?

Die neue Zeitrechnung verlangt eine ganz andere Beweglichkeit: raus aus der U-Bahn, rein, jede Sekunde mit Nachrichten und Informationen gefüllt, kein Quadratmeter ungenutzt, Atomisierung. Es gibt nicht mehr die Öde des Ausruhens, die langen Fußstrecken, gefüllt mit Nichts, das man geneigt war, das als authentisches Leben zu nehmen. Dabei handelte es sich um ein leergesaugtes Vakuum mit mechanisierten Abläufen, zu denen es keine Alternative gab. Da die Möglichkeit zu verschiedenen Handlungen nicht existierte, wurde die Bedeutung der übriggebliebenen maßlos übertrieben. Indem kein Déjà-vu mehr möglich ist, beginnt ein wirklich neues Leben.

Die Welt war eine Überwelt, weit draußen wie ein Sternenhimmel, der über uns kreiste. Hier unten herrschten andere Gesetze. Wir ahnten zwar, dass uns einiges entging, aber nicht, dass im Grunde alles.

Conny Schleime über das Rot auf ihren Bildern: »Drüben deutete sie jeder als Revolutions-, hier als Menstruationsfarbe.«

Warum hassen sie sich? Sie sind doch gleich hässlich. Zwar ist die Hässlichkeit der Einen entgegengesetzt der Hässlichkeit der Anderen, aber die Leere der Augen, aus der das kriecht, ist die gleiche. Die Einen sind die Kinder der Anderen.

Gleichzeitig ist auch hier eine Ordnung vorbei, unwiderruflich. All die moralischen, religiösen und ideellen Werte, die die bürgerliche Ordnung legitimierten und den bedrängten Seelen Schutz gewährten, existieren nicht mehr. Nur noch Relikte und äußere Hüllen existieren, in die sich die Unverbesserlichkeit stürzt und noch ein wenig recht haben will: die Heilsarmee, der Sparverein, die Gewerkschaft und die Korpsstudenten. Ihre Inhalte sind hoffnungslos untergegangen in den Springfluten dieses Jahrhunderts und nicht wieder aufgetaucht während der folgenden ökonomischen Blüte, in der nichts zur Besinnung kommen, nichts sich setzen konnte.

Es scheint, als ob sich Ost- und Westdeutsche erst zeigen müssten, was sie einander nicht sein können (und sich die Unmöglichkeitsfetzen um die Ohren hauen), bevor sie vielleicht doch eine gemeinsame Ebene finden.

»Ich versteh dich nicht« – der erste Satz des Erkennens.

Konnte nicht verhindern, dass sich Rita einen Lederrock kauft. Alle Ostfrauen kaufen sich, sobald sie im Westen sind, schwarze Lederklamotten. Was das wohl bedeuten mag?

Beim Durchwühlen meiner Kommode finde ich ein kaum taschenbuchgroßes Heft mit den Notizen zu unserer ersten Auslandsreise. Wir hatten Griechenland nicht nur der Billigpreise wegen gewählt, sondern auch, weil ich von den bulgarischen Rhodopen aus schon einmal über den Zaun geschielt hatte und weil es auf der Rückreise die Möglichkeit bot, sich in Budapest mit Vera und den Kindern zu treffen. Und tatsächlich wehte uns, als wir gegen Mitternacht auf dem Omonia-Platz in Athen aus dem Flughafentaxi stiegen, etwas seltsam Vertrautes an: die Lettern auf den

Ladenschildern und den Titelseiten der Morgenzeitungen, mit denen gerade die Bürgersteige gepflastert wurden, ähnelten den kyrillischen, und auch die gesprochene Sprache, die vielsilbig und guttural im »Café Bretania« erklang, erinnerte an das Russische. Hier begriff ich Sarah Kirschs Entzücken, als sie in der spanischen Provinz der Armut wiederbegegnete. An den nackten Tischen war alles versammelt, was in Westdeutschland nur noch auf Bahnhöfen und Parkbänken Platz fand: einsame Trinker, Zuhälter und ihre Huren, deren besonders geschminkte Exemplare Rita als Transvestiten identifizierte, einen professorenhaften Alten, seine Makkaronis mit Tomatensoße in sich hineinschaufelnd als wäre Mittag und nicht tiefe Nacht.

Wir fanden ein Hotel in der Nähe und blieben zwei Tage, die Museen und alles, was sonst noch Eintritt kostete, meidend. Auf der Akropolis ließen wir uns fotografieren, ich mit einem der zahlreich vorhandenen Steine als Unterlage, damit ich auf dem verschwommenen Polaroidfoto so groß wie Rita erscheine.

Dann flogen wir nach Mytilene auf Lesbos. Von dort nahm uns in seinem Agrotiko-Lieferwagen ein Bartgrieche wie aus Westberlin nach Petra mit, einem Dorf an der Nordküste. Die Fahrt über das Gebirgsmassiv im Inselinneren eröffnete uns nie gesehene Ausblicke: auf das silbergrüne Meer von Olivenbäumen unter uns, in Schluchten und auf klostergekrönte Bergkämme und schließlich auf das wirkliche Meer, sich in milchigem Türkis und tiefem, klaren Blau bis zum Horizont ausdehnend. Bisher hatten wir das Meer ja nur als Teil des Strandes kennengelernt, als Grenze, die an der Ostsee nachts von Scheinwerfern erhellt wurde. Jetzt konnten wir so weit hinausschwimmen wie wir wollten, konnten uns in einem Boot in eine benachbarte Bucht zum Schnorcheln bringen lassen oder, wie einmal kurz vor Tagesanbruch, mit den Fischern hinausfahren, wenn sie die Netze einholten. Und im Rücken lockten immer wieder die

Berge zu Fahrten im Bus oder per Anhalter und schließlich, obwohl uns genügend Gipsbeine warnten, auf einem Motorroller der Marke Yamaha. Noch nie hatte ich einen Motor zwischen meinen Beinen gehabt, und noch nie flogen die drei Elemente, flogen Erde, Himmel und Wasser in solch atemberaubenden Wechsel an uns vorbei. Sie versetzten mich in einen Rausch, der erst endete, als auch wir auf der Straße lagen. Zwar brauchten wir keinen Gips, doch Rita getraute sich wegen ihrer vom Auspuff verbrannten Wade nicht mehr ins Wasser, und ich ging nur noch rückwärts hinein, weil mein zuerst blauer, dann schwarzer Zehennagel bei jeder Brandungswelle nach hinten zu klappen begann.

Das war es nicht allein, was eine gewisse Missstimmung zwischen uns förderte. Reisen sind ohnehin die härtesten Proben für eine Partnerschaft, weil jeden die Versuchungen der Fremde in eine andere Richtung ziehen. Unsere gesamte Beziehung war eine solche Reise, und die Schwierigkeiten in Westberlin hatten uns mehr vereinzelt als zusammengeschweißt, wie es schien; jetzt aber waren wir 24 Stunden am Tage zusammen und niemand da, der uns voneinander ablenkte. Wir verstummten mehr und mehr. Saßen abends schweigend vor einem Strandlokal, ich mit dem Blick auf die Spiele der Fußballweltmeisterschaften im Fernsehen, Rita mit dem auf den Sonnenuntergang im Meer. Später tauchte ein Hund auf, dem sie ihre von mir nur ungenügend erwiderte Zuneigung schenken konnte, eins der im Süden so malträtierten Tiere, in diesem Fall mit einem Riss im räudigen Fell, durch das rosagelb das Fleisch schimmerte. Rita stellte ihm ihren Teller mit den Essensresten hin, die er kaum anrührte. Als er eines Mittags mit aufgeblähtem Bauch und weiter denn je klaffender Wunde im Schatten lag, hielt ich das für einen Hungerwanst und äußerte, dass für ihn ein schneller Tod wohl das Beste wäre – eine für mich häufige Reaktion auf Leiden aller Art. Rita war entsetzt. Und tatsächlich hatte sich der Hund, dem seine

Verletzung Aufmerksamkeit wie nie zuvor bescherte, nur überfressen, kam in den nächsten Tagen wieder auf die Beine und strafte meine apokalyptischen Visionen mit seiner verheilenden Wunde Lügen.

Ein Ausflug in ein Bergkloster. Die Andacht, die sich auf das Gesicht Ritas, der preußischen Heidin, senkte, als sie dem Mönch in der Küche zusah, wie er auf männlich ruhige Art das Gemüse kleinschnitt und vom Brett in den Kochtopf rutschen ließ. Dann seine Gebete, sein Schwenken des Weihrauchfasses, sein Bekreuzigen in der kleinen Kirche. Ich ließ Rita allein zurück und wartete an der Pforte. Als sie mit feuchten Augen herauskam, fragte ich: »Was hast du so lang gemacht?« – »Eine Kerze angezündet.« – »Warum?« – »Damit es wieder gut wird mit uns beiden.«

War es so ernst? Und wenn es so war, hätte ich dann nicht auf dem Flugplatz von Mytilene bleiben müssen, als bei ihrem Abflug die Maschine wegen Streiks nicht auf dem Rollfeld stand und ungewiss war, wann Ersatz kommen würde? Aber ich war so froh, dass sie Anschluss an ein Berliner Paar gefunden hatte und mich nicht zum Bleiben aufforderte. War erleichtert, dass ich durch die Berge zurückfahren konnte und genau so viel Zeit, nämlich zwei Wochen, jetzt allein vor mir hatte wie mit Rita hinter mir. Zuerst zog ich aus dem Appartement an der Straße, das mich zu sehr an unseren Friedenauer Neubau erinnerte, in eine Hütte direkt am Strand. Sie wurde von Mutter und Tochter vermietet, die Mitglieder der Frauenkooperative waren und das benachbarte Haus bewohnten. Auf den Wäscheleinen hingen Tintenfische, die vorher auf einem Stein mürbe geklopft wurden. Ich lernte, mich im Hocken über einem Loch zu entleeren, spritzte mich mit dem gleichen Schlauch ab, der den Garten bewässerte. Während der Siesta las ich im *Koloss von Maroussi*, den ein Deutscher in der Bibliothek der Kooperative zurückgelassen hatte und der mir endgültig das Herz öffnete für die Wunder von Hellas.

AGIAS PARASKEVI

Ich komme mittags in den Ort, und nichts deutet darauf hin, dass irgendetwas Außergewöhnliches bevorsteht oder sich schon ereignet hat. Kein Straßenschmuck, keine Musik, keine Betrunkenen, die Tische vor den Kaffeehäusern sind entsprechend der Sonntagsmittagshitze kaum besetzt. Lediglich ein paar nackte Glühbirnen hängen an Leitungen über der Hauptstraße.

Eine knappe Stunde sitze ich unter ihnen, ohne dass viel passiert. Der Verkäufer einer klebrigen Süßigkeit zieht mit Bauchladen und Waage vorbei. Dann verschiedentlich Pferdewiehern und Hufgetrappel. Ein mit Halstuch und Stiefeln geschmückter Junge lässt sein Pferd rasch durch die Straße traben, dann wieder Ruhe. Dann der nächste Reiter aus einer anderen Richtung. Ich gehe langsam zur Agora vor, dort werden gemächlich Stühle und Tische herausgestellt, bis nur noch eine schmale Gasse in der Mitte frei bleibt. Eins der Podien vor den Kaffeehäusern ist bereits mit Musikern besetzt, die hin und wieder ein melancholisches Lied spielen: elektrisch verstärkte Buzukis und Gitarren, eine Art Zimbel, ein Synthesizer, der Klarinettentöne nachahmt, ein Schuljunge am Schlagzeug, der riesige Sänger auf seinem niedrigen Stuhl sitzend, Zigarette und Mikrophon in der gleichen Hand.

Allmählich füllt sich die Agora. Die Hitze ist unerträglich, ich ziehe mich in den tieferen Schatten eines Betondaches zurück. Zwei Busse spucken Touristen aus, die ratlos zwischen den Stuhlreihen langgehen, sich Plätze suchend. Immer häufiger sprengen Pferde mit halbwüchsigen Reitern durch die Straßen, jetzt zumeist in Richtung der Berge, aus denen ich gekommen bin. Die Einheimischen erheben sich und folgen dem gleichen Weg.

Die Straße zieht sich grau und schattenlos aus dem Ort. Zu beiden Seiten nehmen die Anwohner langsam ihre

Plätze ein, in den Fenstern, auf Mauern, in den Hauseingängen. Zwischen den gelb verbrannten Koppeln steigt die Straße hangaufwärts, bis sie vor dem Schlagbaum eines Militärgeländes endet. Kurz davor befindet sich eine beflaggte Tribüne, auf der soeben ein steinalter Pope Platz nimmt, von Uniformierten und Zivilen umwedelt. Die Kapelle, in der in der Nacht zuvor der Stier während einer Zeremonie geopfert wurde, liegt abseits auf einem Hügel. Jährlich ziehen Griechen aus ganz Lesbos dorthin; einer von ihnen, der sich das Recht, den Stier zu schlachten, ersteigert hat, darf das Messer durch die Kehle des Tieres ziehen, die anderen zeichnen sich mit Blut ein Kreuz auf die Stirn, singen und beten die Nacht durch.

Das zum Abschluss der viertägigen Feier stattfindende Pferderennen wird augenscheinlich auf der abschüssigen Straße vor der Tribüne ausgetragen. Es herrscht allgemeine Unruhe. Ob das Fest bereits in Gang oder alles noch Vorbereitung ist, ich weiß es nicht. Allmählich füllt sich die Straße mit tänzelnden Pferden, Sätteln und Zaumzeug, bunt verziert mit Perlen und Muscheln. Die Reiter sind zumeist schwarz gekleidet, tragen um Hals und Hüfte Tücher, Stiefel an den Füßen und hinterm Sattel zusammengerollte Wolldecken. Sie führen die Pferde die Straße herab oder hinauf oder über das nur von wenig Büschen bewachsene Feld hinüber zu der Kapelle, wo man sie segnet. Neben den jugendlichen Reitern gibt es auch ältere und Frauen; auf einem der zierlichen Gäule thront eine dicke Matrone mit bestickter Bluse und hochhackigen Schuhen. Immer mehr Menschen drängen sich vor und hinter dem Stacheldraht an den Straßenrändern, um die auf freiem Feld errichteten Erfrischungsstände, die Tribüne, auf dem Weg hinauf zur Kapelle. Anderthalb Stunde nichts als Geschiebe, Huftrappeln und Pferdegewieher unter der unbarmherzig brennenden Sonne – dann plötzlich vom Dorf herauf Musikklänge.

In raschem Schritt kommt eine Kapelle heranmarschiert. Trommler, Klarinettist und Buzukispieler, dessen Verstärker ein Junge trägt. Sie laufen im treibenden Rhythmus ihres Tanzliedes, so schnell, als ob ihr männliches Geschäft, zu dem Energie und Geradlinigkeit gehören, keinen Aufschub duldet. In geringem Abstand folgt eine Gruppe von Berittenen. Sie versuchen ihre Pferde tänzeln zu lassen, reißen sie hin und wieder an den Trensen auf die Hinterhufe, lassen sie die Peitschen spüren, wenn sie ihre Wildheit nicht zähmen können und aufeinander losgehen. Ein Mann neben mir erklärt, dass es sich bei jeder Reitergruppe um eine Familie handelt, die ihre Mitglieder aus Schwaben oder, wie die Träger von Cowboyhüten, aus Australien zusammentrommelt, um einmal im Jahr durch die Straßen ihres Heimatortes zu paradieren. Drei Musikkapellen gibt es, die mehrmals den Berg hinauf- und wieder hinablaufen müssen, um sämtliche Reiter bis zu der beflaggten Tribüne zu bringen.

Danach brodelnde Unruhe. Eine Lautsprecheransage. Pfiffe der Polizisten, die die Leute hinter die Absperrungen treiben. Am Dorfausgang lösen sich plötzlich zwei Gäule aus dem Gewühl und galoppieren zwischen schreienden Menschen die Straße herauf. Die jungen Reiter hängen tief über den sattellosen Rücken der Pferde, sie mit Sporen und Peitschen antreibend. Dann Stille und wieder ein Pfiff, und das nächste Paar jagt heran. Es handelt sich um ein Ausscheidungsrennen, bei den am Ende zwei Reiter übrigbleiben, die den Sieg unter sich ausmachen. Ich wandere langsam zum Start zurück, weil dort die Aufregung am größten ist. Hier bäumen sich die kleingewachsenen Pferde unter ihren Reitern, hier preschen sie dicht an den Häusern und den an die Mauern gepressten Zuschauern entlang, bevor sie in einer Staubwolke verschwinden. Schließlich der entscheidende Sieg des schmächtigen Lokalmatadoren vor dem Rivalen aus der Kreisstadt. Die Menge löst sich ohne große Umstände auf und strebt der Agora zu.

Wie die Straßen ringsum ist sie inzwischen fast vollständig mit Tischen und Stühlen besetzt, die sich im Handumdrehen füllen. Eine zweite und dritte Kapelle haben ihre Plätze bezogen, und da keine der Bands eine Pause aufkommen lässt, spielen sie zwangsläufig gegeneinander, die Lautsprecher auf die Platzmitte gerichtet, wo der Krach so infernalisch wird, dass er die ausländischen Besucher zurück in ihre Busse treibt. Als die Nacht hereinbricht und die Glühbirnen aufflammen, bin ich der einzige Nichtgrieche in der dem Irrsinn verfallenden Ortschaft. Vor jedem dritten Haus traktieren schwarz gekleidete Männer ihre elektrisch verstärkten Zupfinstrumente, Blechtrompeten und spuckesprühenden Klarinetten. Die Schlagzeuge sind in den Händen der Kinder, am Ende der Hauptstraße spielt gar eine Buzukiband, die nur aus Jungen besteht, deren Halstücher sie als Reiter ausweisen. Überhaupt habe ich den Eindruck, als würde der Wettkampf mit anderen Mitteln fortgesetzt, denn ohne Absprache und Pausen spielt jeder gegen jeden, so dass an manchen Stellen drei und mehr Lieder zugleich zu hören sind. Da sie sich in ihrem verrückt treibenden Rhythmus und mit dem litaneiähnlichen, erzählenden Gesang alle ähneln, steigert sich die ekstatische Gewalt der Klänge, hebt sich nicht auf.

Nur auf der Agora stört mitunter das Auffiepen der Lautsprecher. Ich platziere mich in einer dunkleren Seitenstraße. Vor jeder Kapelle sitzt inzwischen eine Schar Getreuer, wahrscheinlich Familien, die sich den Musikern zugehörig fühlen, die sie als ihre Kapelle betrachten und ausschließlich vor ihr tanzen. Traditionsgemäß tanzen mehr Männer als Frauen, zu Beginn vor allem betrunkene, darunter der Mercedes-Arbeiter, der mir das Stieropfer erklärt hatte. Nach und nach treten weitere Männer in den Tanzkreis, auch ein Bursche, der die Frauenrolle übernimmt, und von einem anderen umworben wird. Es gibt gewisse Standardtänze mit dazugehörigen Figuren, die der eine mehr, der andere weniger beherrscht. Doch mehr als Virtuosität zählt bei diesem Agon, der auch der Tanz letztendlich ist, Beharrlichkeit und die Fähigkeit, seinen eigenen Charakter mit häufig sehr einfachen Bewegungen auszudrücken und durchzusetzen. Es gibt die von Homoerotik nicht freien Spiele der Jüngeren, die gravitätischen Darstellungen der Alten und die narzisstischen, einschmeichlerischen, stolzen und brutalen Auftritte der Männer im besten Alter.

Sie alle verblassen, als sich vom Nachbartisch vier Frauen erheben und, angefeuert von einem dickbäuchigen Faun, der sich zu ihnen gesellt, zu tanzen beginnen. Welch eindringliche Sprache sprechen besonders die Körper der drei verheirateten Frauen. Sicheren Schrittes tanzen sie leichter und flüssiger als die Männer und kommen ohne deren schauspielerische Deklamationen aus. Es ist höchst erotisch und vollkommen distanziert zugleich. Was für Geheimnisse hüten sie in den Tiefen ihrer Häuser? Nun nehmen sie die vierte, Grazilere in ihre Mitte, die unmerklich in Bauchtanzbewegungen verfallen ist. Zierliche Drehungen der erhobenen Hände und Finger, der Blick auf die Berge gerichtet, Schlingern der Hüfte, die immer mehr zu einem selbstständigen Lebewesen wird, bis die junge Frau mit gespreizten Beinen auf die Knie geht, den Oberkörper schüttelnd zurückbeugt und langsam wieder aufrichtet.

Dann gehen sie ruhig zurück zu ihrem Tisch. Sitzen dort noch eine Weile mit geröteten Gesichtern, ansonsten eisern wie zuvor. Nach kurzem Blick erheben sie sich, die Jacken über ihre Schultern legend, und verlassen den Platz, gefolgt von ihren demütig gewordenen Männern. Da ist es kurz nach eins. – Um mich wird es langsam leer. Ich bedaure es, obwohl mich keine der Frauen auch nur eine Sekunde länger als notwendig angesehen und bis auf den einsamen Heimkehrer aus Deutschland keiner der Männer eine Annäherungs- oder Abwehrbewegung gemacht hatte.

Wozu auch? Es war ihr Fest und keine Solidaritätsveranstaltung. Dadurch, dass ich gewissermaßen unsichtbar war, habe ich zu sehen bekommen, was hinter der scheinbar harmlosen Freundlichkeit der Inselgriechen verborgen ist. Große Kraft, Stolz, eine erotische Sicherheit der Körper, von der die Nordeuropäer nichts wissen, Liebe zur Schauspielerei, zur Dramatik, zum tränenseligen Exzess.

Als die meisten Familien abgewandert sind und den Ort der Jugend überlassen haben, suche ich mir einen Liegeplatz. Ich finde ihn auf einer Bank vor der Kirche, die sich auf einem Plateau oberhalb der Agora erhebt. Die Klänge der Musiker verschwammen hier zu einem einzigen verzerrten und unendlichen Lied, das wie Licht über dem Ort schwebte. Als ich gegen fünf munter wurde, hörte ich nur noch die Stimme des rauchenden Sitzriesen, der zuerst mit dem Gesang begonnen hatte. Bei meinem morgendlichen Gang durch den Ort war auch er verstummt. Einzelne Gruppen saßen noch vor Restaurants umher, die Kellner stellten die Stühle auf die Tische, fegten die Straßen und spritzten Wasser in den leeren Morgen. Einer setzte sich auf sein Motorrad und knatterte heimwärts. Ich machte mich auf den Weg zurück durch die Berge, wo sich über einem ihrer Ausläufer soeben die Sonne schob, rot und prall zitternd wie ein Eidotter.

THEBEN

Wenig Palmen. Und unter den Laubbäumen am häufigsten die Robinien, die ihre Urheimat für mich zwischen Dresdens Trümmern haben, dann in Prag auf dem Hradschin eine grüne Insel bilden und sich von dort über den Balkan bis nach Warna ziehen, vor dessen geschlossenen Läden sie in der Mittagsglut ihr Kleingeld zählen, das sie in den Seitenstraßen von Theben gelb fallen lassen.

Die Hauptstraße völlig baumlos. Bei meiner Ankunft durchzieht sie ein Begräbniszug. An der Spitze Kinder, die Kreuz und Fahnen tragen, danach ein klagend singender Mann, drei Priester im Ornat, mit Kränzen beladene Autos, der Leichenwagen mit dem Sarg und dem aufgebahrten Toten, schmal und noch schwarzhaarig, dahinter der Trauerzug. Am Straßenrand wird mit gezogenen Kopfbedeckungen vor den Geschäften still- und von den Kaffeehausstühlen aufgestanden, wenn der Zug vorbeikommt.

Als er verschwunden ist, setze auch ich mich. Am Nachbartisch bemerke ich einen schweren Trinker. Ein Hüne mit verdreckten Sachen, zerschundenen Armen, rotem zerschrammten Gesicht, in dem das rechte Auge schon von früher her kaputt sein musste. Regelmäßig kippt er Bierflaschen um, wenn er sich zu ein paar Tanzbewegungen erhebt und dann wieder auf den Stuhl fallen lässt. Obwohl er schon am Vormittag vollkommen dicht ist und grundsätzlich am Boden, behandelt man ihn mit Respekt, redet ab und zu beruhigend auf ihn ein.

Zehn Häuser weiter frage ich eine Frau nach der Post, weil sie den Eindruck macht, als ob sie mein Englisch verstehen würde. Etwas mürrisch antwortet sie auf Griechisch, dass sie »Germane« sei und nichts von einer Post in dieser Straße wisse. Wir konnten also deutsch weitersprechen. Ich fragte, wie lange sie schon in Griechenland sei. – Sehr lange. Ich warte auf meinen Mann hier, der unaufhörlich trinkt. – Der da vorn, der tanzt? – Ja, der. Es ist furchtbar.

EPEIROS

Und da war er
zwischen Handtuchhaltern gefangen
in Strohhüten

und Männerbidets
und so »relaxed« the people of Greece
no Problem für sie
zu steigen auf Eisenleitern
hoch in Tankwagen oder in Ouzogläser
zu tauchen.
Das Meer?
Dein Problem. Warum musst du schwimmen?
Delphi? – Orea! Geh hin
da ist noch viel Platz zwischen den Steinen.
Oder, am besten, du mietest dir
gleich eins der Löcher in den Felsen
bei Meteora.
Sind alle frei geworden in den letzten
5zig Jahren
und schreien aus schwarzen Mündern:
Ge-las-sen-heit!

PATRAS

Ich komme mit dem Bus von Korinth her. Als sich die Straße immer mehr einer schmalen tiefgrünen Bucht nähert, lasse ich ihn stoppen, weil ich eine felsige Stelle entdecke, von der aus man ins Meer springen kann. Leichte Verblüffung des Schaffners, der wie ich bisher fasziniert eine flotte Griechin betrachtet hat, die von ihrem Kind fortwährend die Finger zwischen die Zähne gesteckt bekommt und andächtig daran saugt.

In Patras legen unablässig Fähren an und ab, die den schmalen Meerbusen überqueren, der sich dicht an die Stadt drängt. Zigeunerkinder gehen klarinettespielend zwischen den Passagieren umher und halten die offenen Hände hin. Alles atmet den Geruch einer, für Griechenland jedenfalls, großen Stadt, einer Hafenstadt noch dazu. Sie zieht sich in einem schmalen Streifen an der Küste entlang, die Straßen eine knappe Meile die Hänge des Pelops-Gebirges hinaufsteigend, dann – Schluss. Wie alle griechischen Städte hat sie nichts von der Behäbigkeit unserer Siedlungen an sich, die sich in ihren Mauern breitmachen, als sollte es für die Ewigkeit sein und doch nur rund 1000 Jahre alt sind. Patras ist eine Gründung der Phönizier und macht den Eindruck, als hätte man es gerade erst und wie probehalber in die Luft gezeichnet und könnte am nächsten Morgen wieder verschwunden sein. Der Beton, aus dem alles gegossen ist, erhält hier, wo er mit Gestein, mit Felsen konkurrieren muss etwas Beiläufiges, nie so endgültig Tötendes wie auf unserer vermutterten Norderde.

Das Herz der Stadt schlägt in ihrem Hafen, auf dessen Hauptkai sich die Stühle bis dicht ans Wasser schieben. In der neben Küste und Eisenbahngleisen entlang schlingernden Hauptstraße sehe ich mich nach einem billigen Hotel mit Blick auf den Meerbusen um. »Splendid« heißt eins, das eingeklemmt zwischen den prächtigeren ruhig sein gelbrot verblichenes Gesicht zu wahren versucht. Drinnen im dunklen Eingangsschlauch sitzen auf den an die Wand geschobenen Sesseln etwas verloren einige Frauen, hinter einem Tisch die Rezepteuse, deren Blick scherenartig auseinandergeht und mich unbeschadet in der Mitte stehen lässt. Die Nacht kostet nur 800 Drachmen; unabhängig davon ist mir sofort klar, dass das hier mein Stützpunkt in Patras zu sein hat, von dem aus ich die Stadt langsam um mich kreisen lassen kann.

Als ich mich mit meinen Sachen in den klapprigen Fahrstuhl zwänge, steigt die jüngste und ansehnlichste (sie trägt kurze Hosen) der Rezeptionsdamen zu, mit der ein paar nette Worte zu wechseln mir keinerlei Schwierigkeiten bereitet. Ich steige im 3. Stock aus, sie fährt höher. Mein Zimmer liegt zwar nach hinten heraus, aber ich muss keine überflüssigen Decken und Vasen von den Tischen nehmen, keine Gardinen beiseite ziehen und habe genügend Platz, den Inhalt meines Rucksacks ringsumher zu verteilen. Durchs Fenster der Blick auf eines jener Bauwerke, von denen man nie weiß, werden sie gerade abgerissen oder aufgebaut. Der unterste Grund Wasser, aus dem einträchtig Schilf, Beton und rostige Moniereisen wachsen, dahinter Fels.

Als ich pfeifend und in Unterhosen von der Dusche (einem Schlauch am Kaltwasserhahn) ein Stockwerk tiefer komme, steigt wieder das Kurzhosenmädchen in den Fahrstuhl. Auf meine Frage, wie es sich im Hotel wohne, antwortet sie etwas, was ich akustisch erst bei der zweiten, unwirschen Wiederholung verstehe, als ich bereits wieder im Zimmer bin: »My room is One-Zero-Five.« Endlich fällt nicht nur der Groschen, sondern sämtliches Kleingeld klimpernd durcheinander: Das also macht das Hotel so liebenswert traulich, das verbirgt sich hinter dem wissenden Silberblick der Rezepteuse, das hinter der schläfrigen Ungezwungenheit der Frauen im dunklen Foyer. Und deshalb wusste mein Unterbewusstsein sofort, dass es hier ein würdiges Zuhause gefunden hat. Ich brauchte nur zwei Stockwerke wieder nach unten zu fahren, und schon würde ich für den Preis von drei warmen Mahlzeiten einen Teil meiner in zwei Wochen Landgängerei angestauten Last auf vielleicht sogar genussvolle Weise los. Und könnte damit doch noch an dem Leben teilhaben, das so einfach und sinnlich, so beinahe körperlich zärtlich um mich her ablief, ohne mir entgegenzukommen.

Allerdings halte ich es nicht für angebracht, sofort mit nassen Haaren die Treppen nach unten zu stürmen und die Tür von Zimmer 105 einzurennen. In Anbetracht meiner Gier sollte ich mich und die Situation sorgfältig präparieren, damit ich sie wirklich genießen kann. Also die drückende Nachmittagshitze lieber im abgedunkelten Zimmer verschlummern, sich anschließend in irgendeinem Restaurant stärken, eine der rotmetallenen Halbliterkannen mit Retsina leeren, und dann: One-Zero-Five. Ich bereite mir damit ein Martyrium. Während von unten animierendes Gelächter durchs Hotel scheppert, liege ich schwitzend auf dem Bett und schleiche mich schließlich nach draußen, weil ich zu sehr nach den braunen Beinen der zerzaust lockigen Griechin fiebere. Die fettige Moussaka im Hafenrestaurant macht mich träge und der Wein danach nicht munterer. Wieder und wieder laufe ich die Kais ab, bis ich mich endlich zurück ins »Hotel Splendid« begebe, im ersten Stock aus dem Fahrstuhl steige und an der bewussten Tür klopfe. Nichts rührt sich. Ich poche lauter, im Gegensatz zur Nachbartür bleibt es dunkel und stumm hinter den Milchglasscheiben, von denen die untere mit Pappe ersetzt ist.

Wohl oder übel trotte ich in mein Zimmer, kann aber vor Hitze nicht einschlafen. Immer wieder erhebe ich mich vom schweißnassen Laken, rauche eine Zigarette am offenen Fenster und mache anschließend mit einer alten Zeitung Jagd auf die eingedrungenen Mücken, mustere mit ihnen und meinem Blut die Wände. Als ich mich gegen drei Uhr endlich in halben Schlaf gewühlt habe, werde ich durch laute Rufe, klatschende Schläge und Schreie geweckt. Ich überzeuge mich, dass die Tür abgeschlossen ist. Mit klopfendem Herzen und offenen Augen liege ich die folgenden Stunden auf meiner Matratze, bis endlich, als es langsam hell wird, das ganze Haus, und ich mit ihm, in Schlaf fällt.

Bevor ich gegen Mittag das Hotel verlasse, klopfe ich wieder vergeblich im ersten Stock an. Unzufrieden durchstreife ich die Stadt, von dem Gedanken gefesselt, dass mir nur das Mädchen mit den kurzen Hosen meiner Reise den krönenden Abschluss verschaffen könnte. Warum nur – ich hatte im Hotel inzwischen andere ganz passable Nutten gesehen, eine dralle schulterfreie Vierzigerin, ein Püppchen mit geschminkten Apfelbacken, das vor dem Hotelfernseher schwitzte. Warum will ich unbedingt One-Zero-Five mit ihren kurzen Hosen, ihrem merkwürdig offen verkommenen Gesicht und dem Hals, dessen Haut so glatt wie von einer lange zurückliegenden Brandwunde ist? Weil sie mir begegnet war, bevor ich wusste, dass es sich hier um einen Puffbetrieb handelte und ich mir so die Illusion bewahren konnte, sie hätte mich und nicht meine Drachmen gemeint, als sie mir ihre Zimmernummer nannte?

Es treibt mich bis zur Peripherie der Stadt, wo mich bereits der Geruch der fast dunkelgrünen Sträucher aus den Bergen anweht, der Rita zufolge dem in Raubtierkäfigen ähnelt. Was ist überhaupt mit ihr? Habe ich sie in den zehn Tagen, seit sie zurück nach Berlin geflogen ist, vergessen, ihre tränenverschleierten Augen, als sie aus der Klosterkirche kam? Nein, das habe ich und werde es nicht vergessen. Doch genau so wenig, wie sehr ich mich nach ihrer Abreise befreit fühlte und plötzlich Rückenwind meine Segel blähte. Als ob ich in der Fremde, und vielleicht nicht nur da, allein sein müsste, um sie angemessen genießen und erleiden zu können. Als ob ich in ihr sonst keine Ziele finden könne, und wenn es die Vereinigung mit einer Hafenhure ist.

In einem der alten Eckhäuser komme ich endlich zur Ruhe. Durch die offene Tür habe ich im Dunkel eine doppelte Reihe sich stapelnder Fässer ausgemacht und bin eingetreten. Mich überrascht die Tiefe des Raumes, der wie ein Stollen in den Berg getrieben zu sein scheint. Etwas Tageslicht dringt durch die Türöffnung, ansonsten Kühle und Finsternis. Auf dem Betonfußboden stehen einige mit Wachstuch gedeckte Tische, von den Wänden blättert Farbe. Die Taverne bewirtschaftet ein Ehepaar. Der Wirt, ein grauhaariger schwergewichtiger Mann, der sich beim Gehen mit der freien Hand auf den Tischen abstützt, bedient die wenigen Gäste, während sich die Frau an dem dreiflammigen Kocher zu schaffen macht. Sie lüftet für mich die Deckel ihrer Töpfe. Eine gelbe Süßsauersuppe gibt es, Pökelfleisch und Hammelgulasch. Ich lasse mir etwas von dem

Pökelfleisch mit heller Soße und Brot geben. Der Wirt schlurft zu einem hinteren Fass und füllt durch einen Trichter eine Karaffe mit Retsina, der würziger schmeckt als jeder zuvor. Wie die anderen Männer kaue ich langsam und nehme ab und zu einen Schluck Wein. Jeder sitzt einzeln an einem Tisch, doch ist kein Sichfremdsein im Raum. Wahrscheinlich essen sie jeden Mittag hier: eine Stunde der Stille, in der die Worte pausieren und eine andere Sprache herrscht.

Als sich am Abend hinter der Zimmertür im ersten Stock noch immer nichts rührt, spreche ich die Rezepteuse an, die mir bis auf die dicken Waden unter dem langen Rock am zweitbesten gefällt, aber ihre aktive Zeit wohl schon hinter sich hat. Vergebens schickt sie eine ältere Gehilfin nach dem braunbeinigen Mädchen aus, sie findet es weder im Hotel noch in der benachbarten Kneipe. Die folgende Nacht wird zur Kopie der vorigen: unerträgliche Hitze, Mückenjagd, nicht abebbender Lärm von Autos und Motorrollern und am frühen Morgen Erwachen durch einen Schrei, dem deutlich vernehmbare Schläge, Wimmern und wieder Schreie folgen. Diesmal jedoch gellender, grausiger, länger anhaltend. Sie haben nichts Animierendes mehr, verbreiten nur noch kalte Furcht.

Am nächsten Vormittag packe ich, zahle und verlasse das Hotel. Vom Hafen aus und später vom Heck der Fähre kann ich den Blick nicht von seiner gelbrot verwaschenen Fassade lösen. So als ob ich ein Winken erwarte, als ob mich jemand in letzter Sekunde zurückrufen soll. Doch nichts rührt sich.

Meine Reise ging zurück nach Athen. Dort hielt ich mich zwei Tage rund um den Omonia-Platz auf, der, und nicht das zuvor besuchte Delphi, für mich der Nabel der Welt geworden war. Als ich abflog, die erleuchtete Stadt wie ein überreicher Sternenhimmel unter mir, war ich entflammt, begeistert, entsetzt und todtraurig.

Auch Budapest war illuminiert, seine Organe, Gedärme, sein vertrauter Leib, in den ich mit dem Taxi hineinglitt. Am hellen Morgen das Wiedersehen mit Vera, mit den Kindern – wie waren sie gewachsen! Es gibt genügend Fotos von unserem Beisammensein, auf denen mein Lächeln stets etwas Gequältes hat. Gemessen an unseren früheren Ungarnreisen hatte ich die Taschen voller Geld und durfte es nicht ausgeben! Vera hatte ein Zimmer bei den Verwandten ihres Stiefvaters organisiert, in dem wir uns auf Zehenspitzen bewegten. Wie immer ernährten wir uns von Spitzpaprika, Käse und Weißbrot, und wenn ich Kuchen im »Vörösmarty« oder Gulasch in einem Budaer Kellerlokal oder gar eine Taxifahrt spendieren wollte, wurde das dankend als unnötig zurückgewiesen. Lieber liefen wir uns die Füße wund, als westlichem Luxus zu frönen! Dabei waren die Mädchen ihm durchaus nicht abgeneigt und lauschten gebannt, wenn ich von Moussaka, Palmen, Feigenkakteen und dem tiefblauen Meer erzählte – bevor ich mit Rücksicht auf Vera lieber den Mund hielt. Der Zwiespalt der Welten, die wir plötzlich gegen unseren Willen verkörperten, war nicht auszuhalten, und bei der Trennung beschloss ich, dass ich mich ihm in dieser Form nicht wieder aussetzen würde. Ich nahm mir vor, mich nur noch allein mit den Mädchen zu treffen. Sie waren jetzt alt genug dazu, das hatte ich gespürt.

Letzte Nacht klirrte ein Teelöffel in meinem Kopf; und es begann eine Geschichte, in der ich immer jünger wurde …

Wenn ich mich nicht täusche, tritt in Swifts Buch über die Hoyhnnns der Grenzfall ein, dass aus einer Satire wieder eine Utopie wird. Das ist etwas anderes, als wenn man, wie etwa Orwell, utopisches oder reales Leben noch so bitter parodiert. Hier wird vom anderen Ende der Skala aus gesendet, dort, wo die Kiloherz-Frequenzen zu schweigen beginnen und nach der Stille plötzlich eine Stimme wie aus einer anderen Welt spricht.

Da diese Gesellschaft durch das Aussterben körperlicher Arbeit immer weibischer wird, ist es kein Wunder, dass die Frauen an den Spitzen der oppositionellen Bewegungen auftauchen. In Friedenau beispielsweise knüpft man die Transparente so liebevoll an die Balkons wie man darauf Blumen gießt. Die Kinder basteln Friedenstauben, werden spielerisch auf die alternative Lebensweise eingeübt und ersaufen in schwesterlicher Nächstenliebe und Besserwisserei. Aber gestern hörte ich auf der Straße ein raues Wort. »Bist du bescheuert?« schrie eine Emanze ihre Kita-Göre an, die sich einen Zweig vom Busch reißen wollte. »Wenn ich das nun mit dir machen würde?« Sie zerrte heftig an dem Kinderarm. »Das tut den Pflanzen doch auch wee-eeh.«

Zwangsläufig versucht der Westen aus dem Teil Berlins, der unter seiner Kontrolle ist, eine westdeutsche Stadt zu machen, und das ist es genau nicht. Berlin, auch Westberlin, liegt in der Mark Brandenburg zwischen Potsdam und Frankfurt an der Oder. Für hundertfünfzig Jahre war es Deutschlands Metropole und seine Bevölkerung kam vorzugsweise aus dem Osten, aus Schlesien, Pommern, Böhmen oder dem Vogtland. Noch früher kam sie aus Frankreich, fast nie aus dem deutschen Westen oder Süden. Dem war der preußische Emporkömmling immer ein Dorn im katholischen Auge. Mit Hilfe der Alliierten sind sie ihn endlich losgeworden, und nichts würde ihre Krämerherrschaft mehr infrage stellen als ein wiedervereinigtes Deutschland mit Berlin als Hauptstadt.

Sie setzen deshalb so sehr auf die gesamteuropäische Ordnung (mit Brüssel als Kapitale des Heiligen Römischen Reiches Europäischer Nationen), weil damit der Schwerpunkt im Westen bleiben würde. Die liebste Einheit ist ihnen aber die transatlantische. Keine Dienstreise ist begehrter als eine nach Washington D.C. Wie vor ein paar hundert Jahren nach Rom zum Papst pilgert man heute zu Mr. Präsident ins Weiße Haus. Die westdeutschen Partikularisten brauchten schon immer eine auswärtige Weltallmacht, die man religiös verehren konnte – nur um Himmels willen nicht Berlin.

Gestern hatte ich auf der Rennbahn in Mariendorf Glück. Als ein brauner Hengst beim Einfahren so wohlgemut und frisch vorbeigetrabt kam, dass ich sofort zur Kasse ging und zehn Mark auf ihn als Sieger setzte, gewann ich sechzig Mark. Wir gingen abends essen davon.

Ausflug nach Alt-Glienicke. Der Park ist die Fortsetzung des Parks von Babelsberg auf der anderen Seite von Mauer und Havel, die mächtigen Bäume erscheinen ebenfalls zu hoch für den merkwürdig gehügelten Boden (eine neogotische Landschaft?), die Brücken und Forsthäuser sind aus den gleichen hellen Ziegeln gemauert. Hier liegt der Osten im Westen, und während ich eine Runde um die Grenzboje schwimme, gleitet die Kirche von Sacrow vorbei, hinter der Löffler irgendwo sein Haus im Grenzgebiet hat, auf dessen Uneinnehmbarkeit er so stolz war; in der gleichen Richtung muss Bornim liegen, Saarmund, die Gegend, durch die ich während meiner Armeezeit mit dem Schützenpanzerwagen gekurvt bin.

Nur an solch zurückgezogenen Orten stellt sich das Gefühl ein, dass es noch eine andere als die politische Realität gibt, geographische, historische, menschliche. Berlin ist der größtenteils gelungene Versuch, die Wirklichkeit auf seine politische Dimension zu reduzieren.

Emigrant sein heißt nicht in erster Linie, in der Fremde zu sein, sondern aus ihr nicht zurück zu können.

Im Literaturhaus in der Fasanenstraße fand ein Sommernachtstraum-Theater statt. Als wir den Garten betraten, bereitete gerade eine Vertreterin der Berliner Avantgarde ihren Wortsalat, wobei sie sich mit rotlackiertem Fingernagel an der Schläfe kratzte. Eine Literaturhausfrau in den kritischen Jahren, die sich von einem Stuntboy in weißem Anzug flankieren ließ. Sie trugen Operettenmasken und ließen Trillerpfeifen und Gummibällchen an das Publikum verteilen. Auf der Flucht durch das Haus wäre ich fast in den Spiegel gelaufen, der im Restaurant hängt und auf dem ich mich erst in letzter Sekunde auf mich zustürzen sah. Als Rita von der Toilette zurückkam, berichtete sie von einem Gespräch unter Frauen am Waschbecken. »Und was machst du jetzt?« – »Ach ich kanns gar nicht sagen, ich habe angefangen zu schreiben.« – »Das wolltest du doch schon immer.« – »Neinnn, ich wollte nie schreiben, ich wollte immer malen.«

Wer nicht Satiriker werden will, läuft Gefahr, sich lächerlich zu machen.

Dieses Land hat keine Themen, es hat aber jede Menge Feinheiten. Ungeahnte Möglichkeiten, das Leben von der Steuer abzusetzen.

Ein ebenfalls neuer Aspekt: dass man die Presse tatsächlich als etwas wahrzunehmen hat, was die gesellschaftliche Diskussion repräsentiert. Oder, falls man nicht davon abgehen will, sie als Verdummungsinstrument zu sehen, muss man zumindest akzeptieren, dass sie ihre Funktion als Marktwasserstandsmelder erfüllt. Nicht mal das war sie im Osten: da ist die von allen Revolutionären und Künstlern der letzten hundert Jahre gegeißelte Hydra bereits erlegt und ausgestopft – ein präparierter Popanz, über den man in Wut geraten konnte, ohne ihn ernst nehmen zu müssen.

Fest im Hof der Autorenbuchhandlung. Als es zu regnen beginnt, verteilt sich die immer gleiche Literatensippe auf die umliegenden Kneipen. Die Berliner Clique zieht ins »Cour-Carreé«, in dem Rita neuerdings arbeitet, heute aber mit mir dort Gast ist. An unserem Tisch klopft Schulze, der mal wieder aus seinem Loch gekrochen ist, auf die weichen Stellen eines Jungautors, der zur Zeit in San Francisco lebt und hier zu Gast ist. Natürlich hat er genügend davon, ich meine weiche Stellen, aber sie sind so offensichtlich und seine Aalglätte, auf die es Schulze als beherrschende West-Eigenschaft abgesehen hat, ist schon so zerknittert, dass der Kampf sinnlos ist. Sie haben beide völlig verschiedene Waffen in der Hand. Als der Hamburger Piwitt, der zittrig und schwitzend nur mit seiner Verteidigung beschäftigte Piwitt, bei seinem Abgang irgendeine abfällige Bemerkung über uns Wirtschaftsflüchtlinge loswerden muss, bekomme ich etwas von der Gehässigkeit mit, die in den meisten uns gegenüber wühlt.
Schulze: »Ihr müsst erst noch flüchten.«
Der Amerikareisende, plötzlich mutig geworden:
»Vielleicht müsst ihr noch einmal flüchten.«
Schulze: »Doppelt geflüchtet hält besser.«

Der Abend ging noch weiter. Ich glaube jedenfalls, dass es der gleiche war, an dem ich Hans Christoph Buch näher kennenlernte. Er hatte, wie wir alle, reichlich Buchhandlungswein getrunken und interessierte sich für Ritas Kollegin, die am Tresen Bier zapfte. Sie ließ ihn abblitzen, was ihn dermaßen wurmte, dass er, der das Lokal schon verlassen hatte, umkehrte und, wie beim Büchsenwerfen auf dem Rummel, einen Aschenbecher ins Büffet feuerte. Volltreffer! Buch stürmte davon und die Kellnerin rief die Polizei.
Als sie kam, wollte niemand am Tisch mit dem Namen des Randalierers herausrücken, Schulze zog es vor, den Bullen zu einem Gang vor die Tür aufzufordern. Da fühlte ich mich

bemüßigt, Ritas Berufsstand und damit auch sie zu verteidigen und gab zu Protokoll: »Der Mann, der den Aschenbecher warf, heißt Dr. Hans Christoph Buch.« Es hatte keine Folgen für ihn, wie er mir sagte, als wir längst Freunde geworden waren und ich ihm meine Denunziation gestanden hatte. Neben Temperament und dem Hochmut des Diplomatensohns verfügt er nämlich noch über eine Reihe anderer selten gewordener Eigenschaften, wie Kollegialität, Treue und Großzügigkeit.

»Frieden?« Er streckte die Hand hin.
»Jaja, Frieden. Soweit der im Krieg möglich ist.«

Eike ist seit seinem zehnten Lebensjahr in Berlin zu Hause und, wie er sagt, ein Kind des Kalten Krieges. Das bedeutete, dass ein Thema das gesamte Leben beherrschte: die Gefahr des Stalinkommunismus aus dem Osten. Auseinandersetzung mit Faschismus, irgendein leises Bewusstsein von der Rolle als Schlächter Europas war unnötig, denn die kommunistische Gewaltherrschaft war die direkte Nachfolge der nazistischen, das Böse lebte dort weiter und war in dieser Gestalt zu bekämpfen. Das Thema seiner mündlichen Abiturprüfung lautete: »Ist es zu vertreten, Brecht in der Bundesrepublik aufzuführen?«

Obwohl seine Eltern eher arm waren, hatten sie eine Putzfrau aus dem Osten. Sie war Eikes einziger Kontakt mit der anderen Seite Deutschlands. Die Putzfrau schmuggelte zusammen mit seiner Großmutter Strumpfhosen und Goldfische über die Grenze. Als sie erwischt und in den Rummelsburger Knast gesteckt wurden, war Eike für zwei Jahre seine gefürchtete Großmutter los und hatte somit erstmals etwas Gutes vom Osten erfahren. Obendrein hatte die alte Frau, nachdem sie zurück war, nur Angenehmes aus dem Ostgefängnis zu berichten. Ihr hatte es schlicht und einfach dort gefallen. Sie wurde nicht drangsaliert, bekam

Arbeit und Essen und lag mit siebzehn anderen Inhaftierten auf einer Gemeinschaftszelle. Zum ersten Mal kam sie mit Frauen völlig anderer Herkunft, mit »einfachen« Frauen, zusammen und verstand sich mit ihnen gut; am besten mit den Mörderinnen, am wenigsten mit den Schieberinnen aus dem Westen.

Sie wurde zurück nach Charlottenburg entlassen, und als sie einige Zeit später ihre Wiedereinreise beantragte, musste sie der gleiche Staatsanwalt befürworten, der sie ins Gefängnis gebracht hatte. Es kam zu einem Gespräch, in dessen Verlauf ihr der Anwalt von einer Krankheit erzählte, gegen die es im Osten keine vernünftige Medikamente gab. Von da an brachte die alte Frau regelmäßig Tabletten mit, schmuggelte also für den Mann, dem sie wegen des gleichen Vergehens ihre zwei Jahre Knasterfahrung zu verdanken hatte. Für Eike wurde durch diese Erzählungen der Osten zu einem Fabelreich, in dem Dinge geschehen konnten, die im westlichen Alltag unmöglich waren.

Die Mauer ist die letzte Konsequenz der Latten- und Maschendrahtzäune, mit denen sich die Deutschen schon immer gern umgeben haben. Wegen des Fehlens von »natürlichen« Grenzen; aus Furcht vor dem Westen, dem Osten, dem Süden; wegen ihrer permanenten Identitätsprobleme.

Alles was sie berühren, wird zu Talmi.

Seit Mitte Oktober in der Kreuzbergstraße. In den Wochen zuvor endlose Renovierungsarbeiten: Zwischendecken und -wände herausreißen, Fußboden abschleifen, Regale bauen usw. Daneben die Korrekturen am Erzählungsband. Jetzt still in der neuen Wohnung, deren Größe und Helle sich langsam in mir ausbreitet. Hähne krähen vom Kreuzberg herüber und dessen herbstlich gefärbten Baumwipfel zeichnen sich in den Fenstern ab.

In dieser Wohnung lebe ich mittlerweile 30 Jahre. Anna hat sie einmal im Traum (in ihrem, nicht in meinem) als mein größtes Lebenswerk bezeichnet, wogegen ich natürlich protestierte, aber wenn man es als Leistung betrachten kann, Miete zu bezahlen, Steuererklärungen abzugeben, Zähne zu putzen, also am Leben geblieben zu sein, und das sogar auf eine zunehmend zivilisiertere Weise, muss ich ihr in gewisser Weise recht geben.

Dass wir Friedenau im Interesse unseres Seelenheils verlassen müssten, war mir bald bewusst. Noch immer fühlte ich mich wie im falschen Film, auch wenn er friedlicher war als der in Neukölln spielende Teil. Ich machte mich mit dem Fahrrad auf die Suche nach Alternativen. Dabei erinnerte ich mich eines alten Ostlers, der bei unserer Einfahrt in den Westen neben der S-Bahn-Tür gestanden hatte, um zu kontrollieren, ob Kontrolleure zustiegen. Freigiebig versorgte er uns mit ersten Tipps, unter denen der, dass als Wohnbezirk nur »36« und »61« in Frage kämen, mir wegen seiner Unverständlichkeit haften blieb. Inzwischen wusste ich, dass es sich dabei um die Postleitzahlen der beiden Kreuzbergs handelte, und tatsächlich hatte ich nirgendwo so sehr das Gefühl, in Berlin zu sein oder überhaupt in einer Stadt, wie in den Straßen links und rechts des Landwehrkanals. Die Häuser standen dichter und mehr Menschen waren unterwegs. Zugegeben, darunter gab es recht zweifelhafte Gestalten und viele fremde in Pluderhosen und mit Kopftüchern; doch in den Hauch Orient rund um den Kotti mit seinen Straßencafés, Dönerbuden, Gemüse- und Trödlerständen mischte sich gleichzeitig ein heimatlicher Wind, der über die nahe Mauer herüberwehte. Genug jedenfalls, dass ich an die Bäume und in die Hauseingänge am Lausitzer und Oranienplatz, am gepflegteren Chamissoplatz und in der damals noch beschaulichen Bergmannstraße Zettel mit unserem Wohnungswunsch klebte.

Doch nicht sie machten uns zu Mietern in der Kreuzbergstraße, sondern eine schon nicht mehr erwartete Reaktion auf die Bewerbung um eine in der *Morgenpost* angebotene Wohnung. Wochen nach der Besichtigung, in denen andere Interessenten womöglich vor der Herkulesaufgabe der Renovierung kapituliert hatten, bekamen wir die Nachricht, dass wir auserwählt waren. Ein hohes Haus mit zwei Hinterhöfen, die Nachbargebäude zur Linken weggebombt. Im Hauseingang blätternde Malerei mit Tierkreiszeichen und Heilpflanzen, tiefer drinnen mit Darstellungen des Kreuzbergs vor 100 Jahren: »Sitzrutschbahn eine Fahrt 3 Heller, mit Samtkissen 1 Dukaten.« Die Besitzerin eine neunzigjährige Dame, die Bewohner im Vorderhaus alteingesessene, die in den Hinterhäusern junge Berliner.

Unsere Wohnung lag im zweiten Stock des Vorderhauses. Wenn ich durch die drei vorderen Räume gehe, gleitet an vier Fenstern und der Balkontür der zentrale Teil des Victoriaparks vorbei, einschließlich der »Villa Kreuzberg«, in deren Garten früher alle möglichen Haustiere gehalten wurden, heute nur noch Ziegen. In der Wohnung stehen vier Kachelöfen, von denen ich allerdings höchstens zwei beheize, so dass besonders in den hinteren, ohnehin recht mysteriösen Räumen mitunter sibirische Kälte herrscht. Mir macht das nicht viel aus, weil ich Platz genug für aufwärmende Bewegung habe. Wenn ich auf einem Bein oder beiden durch den rechtwinkligen Korridor hüpfe, dann in die auf die in den Hof blickende Küche einbiege und durch das fensterlose Bad zurückkehre, bin ich gut durchblutet und bereit für den nächsten Satz.

Die Wohnung ist so groß, dass sich unsere Vormieter, ein älteres, nach Tempelhof verzogenes Paar, vor ihr gefürchtet haben müssen. Mit allen Mitteln hatten sie versucht, sie kleiner, niedriger, behaglicher zu machen. Im tatsächlich etwas unheimlichen Korridor und in der Küche haben sie die Decke einen Meter niedriger gelegt; eine Woche habe ich allein für die Entfernung des Holzgerüsts gebraucht. Die zum Teil parkettierten Fußböden waren dick mit Linoleum und Spannteppichen belegt, an den Wohnzimmerdecken klebten dafür Holzkassettenimitationen aus Kunststoff, deren Leimreste noch immer zu sehen sind. Außerdem muss der Hausherr ein begeisterter Strippenzieher gewesen sein, den Klingeldrähten nach zu urteilen, die sich bis in die entferntesten Winkel zogen. Wer die separate Toilette, nicht viel größer als die darin befindliche Kloschlüssel, benutzte, konnte ein Lämpchen neben der Tür aufglimmen lassen. Ich bin bei der Renovierung möglichst pietätvoll vorgegangen; die Drähte habe ich gekappt, die Klingeln und Lämpchen aber nicht angerührt. Die zahlreichen Türen habe ich erst zehn Jahre später gestrichen, desgleichen die Tapeten entfernt und sie vorläufig nur übertüncht. Beim Abziehen der Fußböden machte ich vor dem braunen Dielenmeer im Arbeitszimmer Halt und legte lieber graue Teppichware aus. Die Tapeten darin sind noch immer die alten, weil sie durch zwar sehr fragil erscheinende, aber durchaus massive Bücherregale geschützt werden.

Ich hatte mich dazu durchgerungen, die Bücher nicht mehr wie Briketts zu stapeln (die haben ihren Platz hinter einem Vorhang am Ende des Korridors), sondern wieder in Regale einzuordnen. Schwierig daran war, dass man dafür Bretter brauchte und selbst diese im Westen Geld kosteten. Zum Glück erinnerte ich mich rechtzeitig der mörtelverklebten Bohlen, die die Bauarbeiter am Kreuzbergdenkmal neben ihrem Gerüst abgelegt hatten. Eine halbe Nacht lang schleppte ich sie nach unten und lagerte sie im Keller zwischen, wo sie noch immer liegen, weil sie sich als wesentlich zu dick und zu schwer herausgestellt hatten. Die Bretter wiederum, die ich im Fachhandel erwarb, hatte ich aus Kostengründen etwas dünner ausgewählt, so dass sie sich gefährlich durchbiegen und den Eindruck erwecken, als stürzten die Regale und die Bücher auf den Betrachter zu. Tun sie aber nicht. Die gesamte Wohnung ist vielmehr Ausdruck des in meinem Charakter angelegten prekären Gleichgewichts von Fragilität und Festigkeit, Improvisation und Dauer, Armut und Reichtum (der vor allem in einer Überfülle an Zeit und nunmehr auch an Raum bestand.) Fernseher und Musikanlage stehen auf alten Umzugskisten, die mich mit ihren Positionszahlen an unser Nomadendasein gemahnen. Das notwendigste Mobiliar erstand ich bei drei türkischen Brüdern auf dem Mehringdamm, deren weiträumige Keller mit Trödel aus den letzten beiden Jahrhunderten angefüllt waren. Ein Sessel stammte aus dem Biedermeier, die Rückwand habe ich mit Tapetennägeln befestigt.

Rita ließ mich gewähren. Einerseits wurde ihre Arbeitskraft vollauf von der Gastronomie beansprucht, zum anderen war sie froh, dass sich meine auf einem zwar fremden, doch mich durchaus befriedigendem Feld austoben konnte. Als wir einzogen und allmählich die Wohnung, das Haus, den Kreuzberg und die umliegenden, erfreulich lebendigen Straßen in Besitz nahmen, geschah das mit dem Gefühl eines Neubeginns, der auch uns als Paar neue Perspektiven eröffnete. Ja, bei unseren Gängen durch das Viertel äußerte ich vor dem einen oder anderen leerstehenden Laden den Gedanken, ob man darin nicht ein eigenes Lokal aufmachen könnte. Ich hätte es gern »Anton Reiser« genannt und darin Geist sowohl in Form von Büchern als auch von Spirituosen angeboten. Zum Glück lächelte Rita dazu nur verlegen. Überhaupt war sie in letzter Zeit merkwürdig still geworden. Mich hätte das beunruhigen sollen, doch ich schob es auf die Fremde, die ihr noch immer zu schaffen machen würde, und ihre häufig traurigen oder abwesenden Blicke ließen in mir endlich eine Liebe keimen, die über unsere erste und inzwischen etwas abgeflaute Leidenschaft hinausging.

Am Sonntag Ausflug nach Lichtenrade. Warum nur? Nachdem wir nichts gefunden hatten, was die Frage beantwortete, hörten wir aus der Dorfkirche Synthesizerklänge und Gesang. Eine Bluesmesse wie im Osten? Wir durchqueren die nackte Grünanlage, schieben die Kirchentüre auf und finden das Schiff voll von schwarzen Amerikanern, die Männer in dunklen Anzügen, die Frauen und Mädchen in hellen und farbigen Kleidern, manche mit Hütchen und Handtaschen. Sie stehen wippend in den Bänken, antworten mit »Yeah« und »Halleluja« auf die gesungene Predigt des Priesters und stimmen schließlich einen Choral an, dass uns Schauer über den Nacken rieseln, während wir still im Vorraum stehen. Vor dem Gebet ruft uns der Prediger plötzlich etwas zu, die Gemeinde, die sich an den Händen gefasst hat, dreht sich lächelnd um, uns strecken sich schwarze Hände entgegen, wir ergreifen sie und lauschen stumm dem Gebet, das um uns gesprochen wird. Danach werden wir eingeladen, am nächsten Sonntag wiederzukommen, zum Rollschuhlaufen am Mittwoch, zu den Basketballspielen, die die Mannschaften der Army immer sonnabends veranstalten.

AM KIOSK

»Bist du der Willy?«
»Nee, ick bin der Rudi.«
»Ick dachte, du bist der Willy. Bist du nich der Willy?«
»Nee, ick bin der Rudi.«

AUF DER STRASSE

»Sie machte Frau Giese madig, machte Else madig, sie machte ihre beste Freundin madig, ein Glück, dass se nich mehr lebt. Sie machte dich madig, sie machte mich madig.«

IM BUS

Zwei Kreuzberger Geschwister (türkisch) unterhalten sich über eine Figur in einem Film.
Er: »Ist er ein Alien oder ein Mensch?«
Sie: »Nein, er ist ein ganz normaler Typ.«

Um zu einem halbwegs klaren Satz zu gelangen, habe ich mich durch einen Berg vorgefertigter und klischeehafter Idiotismen zu arbeiten. Deshalb die quälende Langsamkeit meiner Produktion.

Schnell eine neue Ungehörigkeit sagen, damit er, indem er sie beantwortet, die alte unbemerkt verschluckt.

Als Raja in der Düsseldorfer Wohnung ihres Vaters Salzkartoffeln kochen sollte, musste sie die Nachbarin fragen, wie man das macht.

»Ich wusste das alles mal«, sagte sie zu mir, »aber ich hab es in Ostberlin vergessen. Ich habe mich ja nur von dem ernährt, was ich gefunden habe oder was man mir geschenkt hat. Ich habe alles vergessen im Prenzlauer Berg, im Suff auf der Straße. Ich wusste nicht mehr, dass das Auto Auto heißt, der Stuhl Stuhl, die Kartoffel Kartoffel. Erst als ich in den Westen kam und sprechen musste, merkte ich, dass ich die Namen der Dinge vergessen hatte. Wenn ich von der Kellnerin einen Aschenbecher wollte, habe ich mit dem Finger darauf gezeigt, weil ich nicht wusste, wie das Ding heißt.«

Wenn Raja am Morgen nach einer Sauftour Eierschalen auf dem Fußboden sah, wusste sie, dass sie wieder Hühnereier ausgetrunken hatte.

Raja Lubinetzki war eine der alten Bekannten, auf die ich in Westberlin stieß. Auch die Gräfin aus der Staatsbibliothek, die mir einst den Tripper geschenkt hatte, traf ich unvermutet wieder – auf dem Arbeitsamt in der Charlottenstraße, wo sie, unbeeindruckt durch die schäbige Atmosphäre, in Pelzmantel und hochhackigen Stiefeln einher stolzierte. »Ich mache hier nur kurz Station«, sagte sie, »ich ziehe nach New York weiter«, und tatsächlich habe ich sie im Gegensatz zu Raja, die unweit von mir in der Hornstraße lebt, nie wiedergesehen.

KURZER TRAUM

»Wir beantragen die Unsterblichkeit.«
»Warum?«
»Weil wir tadelsfrei gelebt haben: Habt ihr es nicht bemerkt?«
»Nein.«
»Gut, wir geben euch eine zweite Chance und leben noch einmal von vorn.«
»In Ordnung.«
Damit waren die Götter überlistet, denn die Unsterblichkeit beginnt mit der Wiederholung.

Der einzige Passant in Friedenau, an den ich mich als einen Menschen erinnern kann, war ein weibliches Pendant zu Kurt. Die alte Frau lief sommers wie winters mit kleinen schnellen Schritten durch die Straßen, hatte ein buntes Pappköfferchen in der Hand, gelbe Strümpfe und Hausschuhe an den Beinen und auf dem Kopf einen Hut, auf dessen breiter Krempe Kunstblumen und kleine Felltiere befestigt waren, wie es sie, Tiger, Leoparden, Eichhörnchen, in Pelzgeschäften gibt. Sie blieb häufig stehen, um sich betrachten zu lassen, und tippelte dann weiter, da sie niemand ansprach.

Volker Henze erzählte von einem Pleinair in Mecklenburg. Einen Monat lang lebten in dem kleinen Dorf drei voneinander getrennte Gruppen. Im Schloss untergebracht die Maler, die nach den durchzechten Nächten lange schliefen und hin und wieder mit Staffeleien und Zeichenblöcken durch die Landschaft stiefelten; die Bauern, die auf den Feldern arbeiteten und das Treiben stumm betrachteten; eine nahe dem Dorf stationierte Militäreinheit. Zwischen ihnen ein 20-jähriger Motorradfahrer, der auf einer 500er-Honda, die irgendwie nach Mecklenburg geraten war, unaufhörlich die Landstraßen und Feldwege entlangraste.

Während des Spaziergangs mit einer Kollegin stieß Henze in einem Waldstück auf die völlig zerknäulte Maschine. Daneben stand schwankend der blutüberströmte Junge. Das aus dem Kopf, aus Nasen und Mund sickernde Blut hatte Bienen angezogen, von denen sich eine Unzahl auf seinem Gesicht niedergelassen hatte. Deshalb und nicht nur aus Schock stand der Junge bewegungslos. Henze schickte die Frau in das Dorf, um nach Hilfe zu telefonieren, und blieb am Unfallort. Irgendwie gelang es ihm, die Bienen zu verscheuchen und den Verunglückten ins Gras zu legen, der die Augen zwar geöffnet hatte, aber auf Volkers Worte nicht reagierte.

Die Frau kam mit der Nachricht zurück, dass sie im Dorf nur die Maler getroffen hatte, die gerade bei ihrem Vormittagstrunk waren und versprochen hatten, den Unfall zu melden. Als nach einer halben Stunde noch immer keine Hilfe eingetroffen war, ging Henze zum nächsten, etwas abseits liegenden Hof, um von dort aus zu telefonieren. Die beiden Krankenhäuser, die er erreichte, stritten um ihre Kompetenz, weil der Verunglückte auf der Kreisgrenze lag. Danach rief er noch einmal seine Malerkollegen an, von denen einer schließlich im Trabant zum Unfallort kam. Als er den von Blut überströmten Verunglückten gesehen hatte, fuhr er zurück, weil er meinte, man könne ihn nur im Krankenwagen transportieren. Der kam schließlich nach insgesamt zwei Stunden. Als Volker das Dorf und das Pleinair eine Woche später verließ, wusste er nicht, ob der junge Mann das Unglück überlebt hatte.

Henze gehört zu einem Stoß von Besuchern aus dem Osten, denen wir in der vorigen Woche ausgeliefert waren. Hilflos in der Welle von Neu-Gier, Hektik, Vorsicht und mir schon fremden Worten. In deren Schwall ist es unmöglich, etwas von dem zur Sprache zu bringen, was einem selbst im vergangenen Jahr um die Ohren geflogen ist. Das merkwürdige Gefühl, Volker und seinen neuen Plattenspieler zum Grenzübergang zu bringen. Seine Unruhe, als ich ihm in den Tränenpalast folgte, seine Angst, dass die Videoaugen ihn gemeinsam mit mir sehen würden. Ich zurückbleibend, als wäre ich wieder ein Ostler und drüben der Westen, in den man mich nicht lässt.

Zu diesen Besuchern gehörte auch Reiner Schedlinski, der sich zuerst als Herausgeber von Untergrundzeitschriften und später als Informant der Stasi einen Namen gemacht hat. Auch von mir wollte er Texte; als er jedoch Andersons dunkle Kanäle als sicheren Weg in den Osten vorschlug, sagte ich ab – aus keinem anderen Grund als den instinktiven Widerwillen, mit ihm in irgendeine Beziehung zu treten. Ob die beiden bewusst Hand in Hand arbeiteten, weiß ich nicht; das Gerücht besagt, dass sie sich erkannt hätten, als, durch ein Versehen oder nicht, der eine aus und der andere in das Auto stieg, in dem die Firma ausgesuchten Mitarbeitern die Vorbereitung auf die Führerscheinprüfung gestattete. Meiner Akte entnehme ich, dass ich damals einen Piratensender mit grenzübergreifend subversiven Programm plante – lediglich eine Schnapsidee, die ich Schedlinski gegenüber äußerte, um die Zeit mit ihm totzuschlagen, die aber die Stasi zu langen, vergeblichen Nachforschungen veranlasste.

Raja hat sich einen neuen Vornamen gegeben und konnte so in den Osten einreisen. Über die Gesichter im Zug nach Magdeburg sagt sie, sie wären grau und voller Hass, entweder Untertan oder Hitler.

Das Böse wird am tiefsten getroffen, wenn es lächerlich gemacht wird. Benennt man es nur, bleibt seine Faszination bestehen. Lieber ist man schlecht als unglücklich, aber am wenigsten gern wird man ausgelacht.

Die soziale Differenzierung, an die sich als Ausdruck von Freedom und Individuality geklammert wird, geht mit einer Uniformität in den Köpfen einher, gegen die die östliche ein Kinderspiel war.

DAS AUGE GOTTES

Auf einem Plakat sieht man Rinderaugen mitsamt Fleischfetzen an einer Wäscheleine hängen. Gottes Tod genügt nicht, er soll auch geschändet werden.

Der Glauben an einen Gott bedeutet nichts anderes als das Bewusstsein, dass das Leben mit rein menschlichen, rationalen Mitteln nicht erklärbar ist. Aber genau dieses Nichterklärenkönnen gehört ebenfalls zum Menschen: Warum laufe ich auf zwei Beinen? Warum sehe ich? Warum denke ich?

Die Überzeugung, dass das Menschsein gegenüber der bewusstlosen Natur ein übernatürlicher, göttlicher

Zustand ist, hat die Genese des homo sapiens begleitet. Als Staunen ist sie sein wesentlichster Teil: das intelligente Wesen spricht darin mit dem animalischen. Verlässt er also den Gedanken an Gott, verlässt er das Menschliche in sich.

Ein Bekannter von Cailloux machte nach seinem Wechsel von Ost nach West bürokratische Erfahrungen ganz besonderer Art. Sie betrafen die Umstände seiner Geburt, die in der DDR nie eine Rolle gespielt hatten, hier aber seinem Start ins neue Leben bestimmten: Unter der Rubrik Geburtsort stand in seinem Ausweis: Berlin, Führerbunker. Das kam so: Die Nazis boten 44/45 den in der Stadt gebliebenen Berlinerinnen die besondere Ehre, ihre Kinder in der Klinik des Führerbunkers zur Welt zu bringen, und zahlten ihnen dafür obendrein noch hundert Reichsmark. Die Mutter des Helden hatte das zwar ausdrücklich abgelehnt, ihre Wehen aber während eines Bombenangriffs auf offener Straße im Stadtzentrum bekommen. Da die nächste Klinik im Führerbunker war, kam ihr Sohn später zu der bewussten Eintragung in seinen Personalausweis. Als diese ein Beamter aus Steglitz zu Gesicht bekam, wurde der Neuankömmling ausgesprochen höflich behandelt. Er konnte seine Formulare im Amt lassen, zwanzig Minuten später brachte sie ein Kradmelder ausgefüllt in seine Wohnung, wo er sie nur noch zu unterschreiben brauchte.

1987

Ich werde das Gefühl nicht los, dass bei jedem, der hier landet, der Lebensfaden dünner wird.

Als in der Freien Volksbühne Orest eine Geschlechtsteilimitation des Ägist verzehren musste, schrie es aus einer Parkettreihe *Obszön!* Das Echo kam aus einer hinteren Reihe und lautete *O schön!* Daraufhin verließ der Besucher, der zuerst geschrien hatte, den Saal.

Dass die kleine Katze Rosa an jedem Stück Haut, das sie erwischt, zu saugen beginnt, macht mir deutlich, was für einen großen, durch und durch nackten Körper man als Mensch mit sich rumschleppt.

Die Deutschen haben gemeinsam die Nazis an die Macht gelassen und den Zweiten Weltkrieg verloren. Der eine Teil wurde dafür bestraft, indem man sie vertrieb oder ihre Fabriken und Eisenbahnschienen demontierte, indem man enteignete, kollektivierte und sie hinter eine Mauer sperrte. Der andere, größere Teil der Deutschen bekam dafür Schokolade, Wirtschaftswunder und die parlamentarische Demokratie. Nachdem ich nun beide Seiten kennengelernt habe, wage ich nicht zu entscheiden, wem dabei mehr geschadet wurde.

SATURN

Eine Figur von riesenhaftem Wuchs, ausgestattet mit einigen unzweifelhaften Zügen meiner Person. Statt Worten wuchsen von seinem Mund Menschen, Ausdruck seines sprachlosen Zorns, übercurrywurstgroß. Sobald sie sich abgenabelt hatten, wickelte er sie in Alufolie und warf sie weg. Saturn, der seine Kinder nicht frisst, sondern ausspeit.

Obwohl sich der Zustand in meinem Kopf gebessert hat, kann ich noch immer keinen am Fußboden zerschellten Blumentopf sehen, ohne im schutzlosen, von Wurzeln durchzogenen Erdballen ein Bild meines Gehirns zu erblicken.

Kurz bevor ich einschlief, konnte die Welt befriedet und einer Macht der Sieg zugesprochen werden: unter der Voraussetzung, dass man Deutschland stilllegte. Über sein Territorium wurde Packpapier gebreitet, sein schwarzer und tief verseuchter Boden zum Brachland erklärt.

ZURÜCK AUS DEM ELSASS UND SCHWABEN

Da mich seit dem Festessay die alemannische Fasnacht interessiert, bin ich mit Kollega Scheib auf Wandertour in den Südwesten gegangen. In der Nacht Frost- und Schneeeinbruch, die Züge blieben in und vor den Bahnhöfen liegen, so dass wir mit zwölf Stunden Verspätung in Rottweil eintreffen, verfroren und übermüdet. Es ist Dienstagmorgen, und schon am Bahnhof hören wir die einfachen, sich unaufhörlich wiederholenden Klänge eines Marsches, des einzigen, der an diesem Tag gespielt wird, und von dem ich annehme, dass es der Rottweiler Marsch ist. Wir setzen unsere Masken auf, Scheib seine mit dem eigenen Gesicht bemalte, ich eine Zeitung, in die ich Löcher für Augen, Mund und Nase geschnitten habe. Wir werden von einigen Passanten mit Hü-hu-huuu begrüßt. Das ist der Narrenruf, der uns genau so wie der Marsch nicht mehr aus den Ohren gehen wird, ganze Unterhaltungen werden damit geführt. In der Innenstadt kommen wir gerade zum morgendlichen Narrensprung zurecht, und angesichts des sich uns bietenden Bildes reißen wir unsere albernen Larven herab. Die Hauptstraße ziehen zwei- bis dreitausend Narros entlang, alle in eine der vielleicht sechs verschiedenen Kostümtypen gekleidet, die hier seit Jahrhunderten unverändert geblieben sind. Scheib, den Bildhauer, faszinieren insbesondere die holzgeschnitzten Masken. Jeder trägt eine, dazu eine genau so streng festgelegte Tracht, zum Teil bemalt, zum Teil aus Federn, Fell und Lederstücken gefertigt. Und jeder Narrentyp hat seine eigenen ritualisierten Bewegungen: der Schellnarr hüpft so durch die Straßen, dass seine Schellen im Rhythmus des Marsches ertönen; der Federhannes, ein rotschwarzer Teufel, springt an einer langen Stange empor, an deren Spitze Fellstreifen sind, mit denen er den Winterstaub von den Umstehenden wedelt; der Biss schreitet würdevoll einher, den Kindern Bonbons aus seiner Schnupftabakdose zuwerfend, wenn sie vorher ein Gedicht aufsagen; und so weiter. Der Sprung dauert etwa eine Stunde, danach kehren die Narren in Gastwirtschaften oder Wohnungen ein, und spätestens mit Anbruch der Dunkelheit müssen sie von den Straßen verschwunden sein. Wir haben die Details beim rituellen Linsenmahl in einer Kneipe erfahren, von einem schwitzenden Federhannes, der seine Maske in die Stirn geschoben hatte.

Jedenfalls hat das alles nichts mit Karneval zu tun, es ist magisches Volkstheater, um den Winter auszutreiben, und ich hätte nie geglaubt, dass es so etwas noch in Deutschland gibt.

Dann weiter nach Straßburg mit Übernachtung bei Babu Honigmann. Das Münster, wie alle Kirchen entlang des Rheins, aus rotem Buntsandstein, die Westfassade ein einziges kolossales Relief mit der Rosette in der Mitte und dem steilen Anlauf des einen fertiggestellten Turmes. Ich streiche um ihn herum, wie ein Junge, der etwas verbrochen hat und Verzeihung erlangen will, und immer, wenn das Münster hinter einer Straßenecke auftaucht, spüre ich, dass sie mir gewährt wird.

Am nächsten Tag marschieren wir durch die verschneiten Vogesen nach Waltersbach, wo Lenz seine schlimmen Wochen beim Pfarrer Oberlin verbrachte. Wie in Büchners Novelle stehen überall unter Brunnenrohren die aus Sandstein gehauenen Tröge, in deren Eiswasser sich Lenz den Kopf kühlte. Im Ortskern dicht beieinander der Pfarrhof, die Kirche, das Schulhaus mit dem Fenster im ersten Stockwerk, aus dem sich der verwirrte Dichter stürzte.

Zuletzt Colmar mit dem Grünewald-Altar, vor dem es um mehr als Verzeihung geht.

Das alles ist eine Landschaft, eine Kultur, die alemannische, vor allem aber eine Spielart des Deutschen, das plötzlich eine Tiefe und Breite bekommt, vor der alle früheren Urteile lächerlich werden.

»Camilla!«
Schweigen.
»Wie spähät?«
Schweigen.
»Gegen Drei? Entschuldige übrigens, dass meine Hand im Schlaf auf deine Brust gerutscht war.«
»Ist sie doch gar nicht.«
»Ist sie doch. Ich habe es deutlich gemerkt.«
»Ist sie nicht. Ich hätte es sonst gemerkt.«
»Ist sie doch. Ich habe deutlich deine Brust in meiner

Hand gespürt. Sie ist noch immer schön. Etwas kleiner geworden vielleicht, kann das sein?«
»Halt den Mund. Das hast du geträumt.«
»Nein nein.«
»Kannst du schlecht schlafen?«
»Ich schlafe ausgezeichnet. Ich frage mich nur immer, wann. Ich bekomme den Unterschied nicht heraus.«

Das Zusammentreffen von Lenz und Goethe in Weimar kommt mir wie eine Story zwischen Ost- und Westschriftsteller vor. Der Frankfurter Großbürgersohn Goethe und mein Lenzle aus dem hinteren Kaschubien, der alles zu ernst nimmt, als dass man ihn nicht wieder zurück nach Russland schicken müsste, wo er auf einer Moskauer Straße erfriert.

Am Montag Raja versucht, in die Nervenklinik zu bringen. Zusammen mit ihrer Lektorin vom Lesbenverlag saß sie auf einer Bank im U-Bahnhof Mehringdamm, als ich mich nach unten vor einem Regenguss flüchten und Zeitung lesen wollte. Raja lief sofort auf mich zu, freudig erregt und gleichzeitig misstrauisch, dass das eine verabredete Aktion sein könne. Sie ist schmal, konzentriert, reaktionsschnell – eine weißglühende Flamme. Dass es die Paranoia ist, die in ihr brennt, ist nicht leicht zu glauben, am wenigsten von ihr. Mit der Lektorin kommt sie gerade aus der Klinik Spandau, vorher waren sie bei einer Ärztin, die behauptete, sie müsse Medikamente unter Aufsicht nehmen. In der Klinik wollte sie aber nicht bleiben, sagte: später, in ein paar Tagen, vorher müsse sie unaufschiebbare Dinge erledigen. Dinge, die Manuskripte betreffend, die sie seit Wochen in zwei Taschen mit sich herumschleppt. Die Lektorin ist völlig am Ende, hat vor Erregung rote Flecken im Gesicht.

Mir fällt nichts anderes als der Vorschlag ein, Raja in die Spandauer Klinik zurückzubringen. Alles ist seit dem letzten Mal schlimmer, stärker, unausweichlicher geworden.

Sie hört Stimmen, während sie neben mir herläuft. »Heil Hitler« wird geflüstert, »Lügnerin«, »Lesbe«. Immer wieder bleibt sie stehen und will, obwohl dazwischen die Mauer ist, zu ihrer Mutter fahren oder zu Gerhard Wolf, um die Manuskripte für das Buch zu übergeben. Sie fragt, ob ich das Gleiche wie die anderen glaube: dass ihre Texte nämlich gestohlen seien, manipuliert wie alles Gedachte, wie alles auf der Welt künstliche Kopien, die Häuser, die Leute auf der Straße, die Vögel, ja, die Vögel auch.

Ich schaffe es, sie in die U-Bahn zu bekommen, indem ich mit einer Hand die große Manuskripttasche fasse und Raja daran hinterherziehe. Sie beteuert, dass, wenn sie einmal in die Klinik ginge, nie wieder herauskäme. Danach kommt der Knast und danach die Charitéärzte (ihr Vater war dort Chirurg), die ihr die Organe herausnähmen, insbesondere die Leber, um sie dem kranken Honecker einzupflanzen.

Wir kommen bis Spandau. Dort in der Fußgängerzone sagt sie zwischen Café und Delikateßfleischer: »Das ist Amsterdam!« Sie hat Recht, wie mit allem, was sie sagt. Ich habe jetzt die Tasche mit den Manuskripten in der Hand, und so muss sie mir folgen.

In der Klinik durchläuft sie alle Stationen von der Aufnahme bis zum Diagnosegespräch unruhig, widerspenstig und ängstlich wie ein Kind. Als sie schließlich vor dem Vorhang, hinter dem das letzte Gespräch stattfand, wieder auftaucht, weint sie fast: »Ich soll auf die geschlossene Abteilung. Die wollen mich einsperren. Ich komm hier nie wieder raus. Ich will in meine Wohnung, ich will zu meiner Mutter. Was soll ich hier, die wollen mich für verrückt erklären.«

Die Ärztin beteuert, dass es sich nur um eine Nacht handelt, in der sich die Schwestern um sie kümmern und sie in Ruhe schlafen kann. Die Ärztin ist freundlich, schön, blond: alles, was Raja glaubt, nicht zu sein und so gern sein will. Als wir sie beide am Arm ziehen und sagen, es wäre das Beste usw., antwortet sie: »Ihr solltet heiraten, ihr passt zusammen.«

Endlich ist sie auf der Station. Zwei asiatische Schwestern, kräftig trotz ihrer zarten Glieder, versuchen sie zu bewegen, Arznei zu schlucken. Raja verweigert es, klammert sich an ihrer Tasche fest, von der sie behauptet, sie beinhalte ihr totes Kind, das sie nicht aus der Hand geben könne. Als ich zur Tür herauskomplimentiert werde, schiebt sie sich blitzschnell dazwischen, die Koreanerinnen wollen die Tür zudrücken, zwischen der sie ihre Finger hat, ich kann es nicht mehr mit ansehen und gebe auf.

Raja läuft über das Klinikgelände davon. Dort, zwischen den sterilen Buchsbaumhecken, treffe ich die Ärztin und lasse mir von ihr erläutern, warum Raja stationär behandelt werden muss: ohne Medikamente hätte sie keine Chance, würde die Paranoia manifest. Währenddessen schleicht sich Raja vom Pförtnerhaus wieder herüber. Ich kann sie überreden, mit mir noch einmal auf die Station zu gehen, wo ich beobachte, wie sie etwas von den Medikamenten schluckt und den Rest wieder ausspuckt.

Als ich mich endlich davon mache, klebt sie hinter mir an der verschlossenen Glastür: ein gefangenes Tier im Terrarium, ein kleines Negermädchen, das vor Angst schreien möchte. Mir selbst ist nach Heulen, ich kann es aber nicht. Alles habe ich bei klarem Verstand vollzogen, trickreich und hart. Ich bin ein Häscher, der einen ihm lieben Menschen hinter Gitter gebracht hat, in die Gewalt von Chemikalien und Psychiatern. Aber ich weiß nichts Besseres.

Am nächsten Morgen ruft mich Raja aus ihrer Wohnung an. Das Krankenhausessen war gut, Ärzte und Schwestern freundlich, und sie hatte sie davon überzeugt, dass man sie besser auf die offene Station verlegt. Von dort ist sie abgehauen, um, wie sie sagt, ihre Manuskripte in Sicherheit zu bringen. Aber sie will nicht zurück, und ich habe auch nicht mehr die Kraft, sie noch einmal zu überreden. Sie will nach Staßfurt zurück – zu ihrer Pflegemutter, einer alten Krankenschwester, die sie als Säugling zu sich genommen hat, weil Raja niemand aus der Klinik abholte.

Das neue Stück Leinen vor dem Fenster meines Arbeitszimmers: wie ein Theatervorhang, den ich auf und zu ziehe. Von mir aus gesehen ist draußen die Bühne: der Kreuzberg, Golgatha, die Spaziergänger, die ihn langsam und nicht unähnlich den Figuren auf einem erzgebirgischen Weihnachtsberg erklimmen. Drehen sie sich um, können Sie ebenfalls eine Bühne sehen: meinen Schreibtisch im Lampenlicht, die an die Wand gezweckten Notizen, ich auf dem Stuhl kniend davor, Darsteller in dem absurden Stück *Ich schreibe ein Buch*.

KURZER TRAUM

Ein verkehrsarmes Wochenende der Trauer. Der innere Zirkel des Politbüros löste diesmal die Nachfolge ihres dahingegangenen Vorsitzenden, indem es konsequent das Prinzip der kollektiven Führung verwirklichte. Auf einem blank gehobeltem Brett wurden die zu Sushihappen geschnittenen Innereien des Vorsitzenden zum Verzehr gereicht: Herz, Leber, Nieren, Milz, alle dunkelfarbig und nicht von Tang umwickelt. Indem die verbliebenen Politbüromitglieder sie schluckten, ging ihr Chef und seine Weisheit in sie ein, so dass sie auf die Wahl eines neuen Vorsitzenden verzichten konnten.

Anderson hat ein Remake seiner *Zersammlung* organisiert, die schon beim ersten Mal so albern wie ihr Name war. Jetzt findet die Ostschau im Westen statt, der Underground ist in den Himmel des Literarischen Colloquiums am Wannsee aufgestiegen. Zusammen mit Katja, Christa Moog und Matthies trete ich am Prosatag auf. Sobald wir hinter dem Tisch Platz genommen haben, wird in jeder Geste die heillose Eifersüchtelei und Beziehungslosigkeit unter den Beteiligten klar. Sie bleibt auch dem ziemlich zahlreich erschienenen Publikum nicht verborgen. Ob das allerdings einzelne Texte wahrnehmen will (aber bereit, sich packen zu lassen, ist letztlich jeder), bezweifle ich; es erwartet eine Zusammenfassung, ein homogenes Bild der neueren DDR-Literatur, irgendetwas, von dem man sagen kann, das ist es, oder was weiß ich. Dann kommt anderthalb Stunden lang das Ablesen von Erzählungen, die sich insbesondere bei den Veteranen unter uns Flüchtlingen in Sprache und Thematik nur unwesentlich von dem unterscheiden, was seit zwanzig Jahren in der *NDL* veröffentlicht wird. Es ist völlig klar, dass das die Leute hier nichts angeht: eine Überheblichkeit, die bei gleichzeitiger Anbiederung den Westen in die Tasche zu stecken glaubt.

Ob ich ihnen etwas zu sagen habe, ist genau so unsicher. Klar jedenfalls, dass derartige Sammelveranstaltungen strikt zu meiden sind, alle kollektiven Krücken und besonders der bornierte Ost-Missionarismus; dass ich mich in jeder Weise allein zu stellen habe.

Was schlimmer ist: mein alltägliches Schreiben, in den Sumpf einer Reiseerzählung geraten, kann man beim besten Willen nicht mehr als solches bezeichnen. Ich benage tagelang den Schreibtisch, und abends stehen jeweils fünf nichtssagende Zeilen auf dem Papier. Der Zug findet sich auf immer denselben Gleisen: entweder die essayistische Stockfechterei mit einer ignoranten Gesellschaft oder die nicht minder mechanische Abschilderung der Irrläufe eines Ichs, das längst ein anderes geworden ist. Möchte mich heulend in die Arme der Poesie werfen, doch die dreht mir den Arsch zu. Und die Versuche, sie von hinten zu nehmen, sind *Schit*.

»Schönheit vor Glaube«. Im Halbschlaf sog ich den Atem ein wie Zigarettenrauch, und endlich ging mir die Sprengladung am Bein von Heines Satz in ihrer ganzen Gefährlichkeit auf.

Dienstag Telefonat mit Vera, die keinen Weg mehr sieht und nur noch an Selbstmord denkt. Alles so gehütete, ausgestellte und wahrscheinlich auf lähmende Weise praktizierte Verantwortungsgefühl bricht zusammen: Luise sei alt genug, und Anna, mir stockte der Atem, Anna habe auch keine Lust mehr zu leben, und so habe sie beschlossen, gemeinsam mit ihr ... Ich redete, bettelte um ihr Leben.

Am nächsten Morgen wachte ich auf mit steifem Genick: Wirbelsäule, Schultern, Hals ein einziges schmerzendes Feld, das Gehirn wie mit Blei ausgegossen. Ein Anfall, wie ich ihn zuletzt mit Anna auf Usedom hatte, kurz bevor es über die Grenze ging.

An Hager und Honecker wegen Besuchserlaubnis geschrieben. Mit V. besprochen, wie Anna in den Westen zu bekommen wäre, was allerdings hieße, Vera den Geiern vorwerfen zu lassen.

Natürlich bekam ich keine Besuchserlaubnis. Stattdessen klingelte ein Mitarbeiter der Staatssicherheit an Veras Wohnung, bei dem es sich nach ihrer Beschreibung um Leutnant Weigel gehandelt haben dürfte. Sie hat es mir lange übelgenommen, aber welche Möglichkeiten zur Reaktion hatte ich? Ich wäre selbst einen Pakt mit dem Teufel eingegangen, um das Schlimmste zu verhindern, um sie aufzurütteln. Dass es die Stasi sein könnte, durch die sie sich plötzlich wie in einem Scheinwerferkegel von außen sah und die ihre Widerstandskraft anstachelte, hatte ich billigend in Kauf genommen.

Ich brauche einen Führer, ich bin blind, ein Stock reicht nicht mehr, ich brauche eine Schulter, auf die ich meine Hand legen kann und die sich langsam genug fortbewegt, dass ich ihr zu folgen imstande bin. Vielleicht brauche ich ein Ohr über der Schulter, in das ich ab und zu ein Wort sprechen kann. Ein Tisch, Papier und Schreibwerkzeug sind schon zuviel, denn ich kann mich nicht setzen. Ich darf die Schulter nicht loslassen und habe die Hand nicht frei.

Am Sonnabend das Schlachtfeld von SO 36 besichtigt. Ingolf, der am Tag zuvor dabei gewesen war, erwartete uns als Führer auf dem Lausitzer Platz, von wo der Tumult seinen Ausgang genommen hatte. Zur Maifete hatten sich hier einige Tausend Leute versammelt, umstellt von etwa zweihundert Polizisten, die eine unangemeldete Demonstration zum Kinderbauernhof verhindern wollen, der demnächst plattgemacht werden soll. Ein schwüler Tag, Gewitterstimmung. Zur ersten Konfrontation kommt es, als die Bullen nach einem Verkehrsunfall eine Straße zu räumen beginnen und sich die aufgebrachte Meute ihnen gegenüber auf der Straße lagert. Die Bullen in ihren Gladiatorenrüstungen, mit Sturzhelmen, Schlagstöcken und Plastikschildern, nehmen Aufstellung. Die ersten Steine fliegen, worauf sich die Polizei zurückzieht. Straßensperren aus Pflastersteinen und Baumaterial werden errichtet. Die Polizisten schießen sinnlos mit Tränengaspatronen umher, nach Ingos Worten bis auf den Spielplatz und in die Fenster der Anwohner hinein. Schließlich wird die Staatsmacht abgedrängt, und als sie später mit Verstärkung zurückkommt, beginnt ein die ganze Nacht dauerndes Feuerfest und eine Jagd, bei der nicht dabei gewesen zu sein, ich heimlich bedauere.

Dabei sieht die Gegend zwischen Heinrichplatz und Kottbuser Tor schreckenerregend aus. Überall ausgeglühte Autowracks, die Karossen leer wie geplünderte Schildkrötenpanzer. Die mitten auf der Straße liegenden Haufen aus Eisenstangen, Achsen und Radnaben mit Fetzen verschmorten Gummis waren Bauwagen, die man zu Barrikaden zusammengeschoben und angezündet hatte. Alle Telefonzellen sind ausgebrannt, die Zigarettenautomaten geplündert. Durch die Straßen weht Asche, das Pflaster ist aufgerissen und da, wo die Barrikaden standen, der Asphalt zerschmolzen. In der Mariannenstraße steht ein Bagger mit einer Schaufel am Eisenarm, die sich jeden Moment heben könnte, aber hintendran hängt ein explodiertes Führerhaus. Während wir es betrachten, stößt Scheib zu uns und erzählt von seinen Erlebnissen. Als er gestern das Atelier verließ, fuhr die Straßenbahn bereits nicht mehr und er musste zu Fuß gehen. Hinter ihm zersprühte am grünen Osthimmel das importierte Feuerwerk zu Ehren des 1. Mai, vor ihm rote Feuersäulen in den Kreuzberger Straßen, durch die die Schwarzen springen, Bauzäune abreißen und immer neue Brände legen. Alle anderen Lichter waren gelöscht, die Strommasten längst gefallen, die Plünderungen in vollem Gange. Vergebens versuchte die Polizei einzugreifen; ziel- und sinnlos fuhr sie in ihren Wannen durch die Straßen, von Steinen bombardiert, und wenn sie sich zu Verhaftungen herausgetraute, wurden ihre Wagen umgelegt und angezündet. Die Aktivisten der Nacht, etwa dreihundert Mann, hatten sich taktisch bestens vorbereitet. In kleinen Trupps waren sie ununterbrochen in Bewegung, errichteten dort eine neue Barrikade, warfen hier die Schaufenster eines Supermarktes ein, ließen da ein Auto in die Luft fliegen.

Wir gehen zum U-Bahnhof Görlitzer Straße, in dessen Nähe Ingolf wohnt. Er erzählt, dass der Bahnhof für eine Stunde, in der die Polizei wieder einmal entnervt abgezogen war, in den Händen der Autonomen war. Der Fahrkartenschalter (Preiserhöhung auf 2,30 DM pro Fahrt) brannte aus, die Fenster im frisch renovierten Bahnhofsgebäude wurden zerschlagen, Hunderte saßen auf dem Gelände und klopften mit Pflastersteinen an die Stahlträger. Dann ging »Bolle« in Flammen auf. Die Schwarzen hatten die Fensterscheiben eingeworfen und damit das Signal zur großen Plünderung gegeben. Während die Polizei am Heinrichplatz in Kämpfe verstrickt war, stürmten die Kreuzberger zuerst »Bolle«, plünderten dann die Regale von »Plus« in der Oranienstraße, »Getränke-Hoffmann«, von Tabak- und Büromaschinenläden. Scheib sah, wie Türken Waschbecken aus einem Sanitärladen holten. Alles soff, fraß und qualmte, ohne zu zahlen, schleppte sich Vorräte in die Wohnungen oder in die wenigen offenen Kneipen, die als Rückzugsquartiere dienten. Von »Bolle« sind nur noch die Grundmauern übrig geblieben. Obwohl die Feuerwehr ihr Depot in unmittelbarer Nähe hat, kam sie nicht bis an den Ort des Geschehens. »Erst kommt ihr, dann die Bullen«, brüllten die Schwarzen und vertrieben sie mit Steinen. Ebenso wurden sie bombardiert, als sie den Bagger in der Mariannenstraße löschen wollte. Nachdem sie fluchtartig ihr Feuerwehrauto verlassen hatten, ging auch das in Flammen auf.

So furchterregend das auch klang, nun, am Sonnabendmittag herrschte die Stimmung einer etwas ruhigeren Nachfeier. Die Straßen waren voll wie auf einem südländischen Corso. Schadensbesichtigung und Warten, ob es noch einmal losgeht. Die ersten Pappen wurden in die Schaufensterrahmen genagelt: Geöffnet. Die Ampeln waren noch lahmgelegt, doch der Verkehr floss reger und flüssiger als je zuvor. Den Spaziergängern aus der Innenstadt wurden von Punks die Filme aus den Apparaten gerissen. Vor dem

»Elefanten«, in den am Vorabend die Tränengasgranaten flogen, drängte sich die schwarze Szene, aufgeregt umstreunt von ihren Kampfgenossen, den Hunden. Inmitten verkohlter Bretter, Asche und Haufen von Pflastersteinen saßen die harten Trinker, noch immer Bierbüchsen oder Schnapsflaschen aus den Supermärkten in der Hand. Wie in ihren Wohnungen saßen sie auf der Straße, in der Chaos und Dreck jetzt endlich zur Umwelt für alle geworden waren.

Ich selbst hatte in der bewussten Nacht im »Malheur« gesessen, bzw. am Billardtisch gestanden. Der hatte sich für mich zum Zentrum des Viertels entwickelt, in dem ich an seinen Bewohnern nicht nur vorbeigehen, sondern mit ihnen spielen und gelegentlich sogar einige Sätze wechseln konnte. Man brauchte nur eine Münze auf die Tischkante zu legen und zu warten, bis man an der Reihe war. Es lagen Münzen aus aller Herren Länder auf dem Tisch, denn er war Anziehungspunkt für die verschiedensten Immigranten, gleichgültig ob sie aus dem Abend- oder dem Morgenland kamen. In dieser Nacht allerdings war es lange Zeit ruhig, bis stoßweise Stamm- und Gelegenheitsgäste hereingestürmt kamen, die Arme voll Beutegut aus den geplünderten Supermärkten, edlen Schnaps- und Weinsorten, ganzen Kästen Bier, vorgebratenen Buletten, Pralinen für die Kellnerinnen. »Das hier spendiert Bolle ... Braucht aber keiner mehr hinzugehn, der brennt jetzt.« Und es begann ein großes Schmausen und Saufen und das Ausbreiten der Kampfberichte von der Kreuzberger Front.

Allerdings hörte ich bereits mit einiger Skepsis zu. Die Billardeure im Malheur hatte ich nämlich im Alltag keineswegs als die solidarische Kampfgemeinschaft erlebt, als die sie sich im Rausch ihres Sieges darstellte. Wenn ich einen von ihnen bei Tageslicht auf der Straße begegnete, konnte ich lange auf ein Zeichen des Erkennens warten. Gegrüßt wurde sich auch bei Betreten des Lokals nicht, und die Serviererinnen taten jedesmal aufs Neue, als hätten sie mich noch nie gesehen. Was das Wechseln von Sätzen betraf, so blieb das in der Tat sehr gelegentlich – zumeist stand man stumm herum, sich auf ein beifälliges Fingerschnippen bei einem gelungenen, eine spöttische Bemerkung bei einem missglückten Stoß beschränkend. Das sollte die Cleverness des Großstadtbewohners dokumentieren, war aber vor allem ihrer provinziellen Herkunft zu verdanken. Ob sie nun aus Bayern, Schwaben, Polen, Anatolien oder dem Libanon kamen, Weltläufigkeit wurde vor allem als Ignoranz verstanden. Mitunter brach aber auch die zusammen und zwischen Bayer und Franken, Araber und Türken, Armenier und Kurden kam es zu heftigen Wort- und beinahe auch Stockgefechten, die nur dadurch verhindert wurden, dass der eine sein Queue auf den Tisch knallte und sich eine Woche nicht sehen ließ. Die ganze Blase platzte schließlich, als sich die Jungtürken der Umgebung zur Hauptbeschäftigung machten, nachmittags die Münzschlitze mit Kaugummi zu verkleben, abends Feuerwerkskörper durch die Tür zu werfen und nachts den letzten und entsprechend betrunkenen Gast auf der Straße zu verprügeln. Der alte Besitzer verkaufte seinen Laden, und der neue ließ den Billardtisch verschwinden.

Dass die multikulturelle Idylle ein Wunschbild vereinsamter Deutscher war, die sich dran wärmen wollten, war mir also bald klar. Ihr Hauptquartier hatten sie im Mehringhof. Seine ehemaligen Fabriketagen wurden von verschiedenen linksalternativen Gruppen genutzt, darunter auch vom Transit-Verlag, betrieben von Rainer Nitzsche, Aktivist der ersten revolutionären Stunden, und seiner quirligen Frau Gudrun Fröba. Sie fuhren Alfa Romeo und frönten in ihrer Wohnung am Stuttgarter Platz überhaupt einem mehr italienischen Lebensstil. Wenn ich sie aber im Verlag aufsuchte, um über die Texte meines Bandes mit dem bezeichnenden Titel *Der Griff ins Leere* zu sprechen, traf ich im Mehringhof auf eine ganz andere Szenerie. Punks malträtierten im Erdgeschoss E-Gitarren und Schlagzeug, im Innenhof lagerten frisch aus Westdeutschland eingetroffene Kampftrupps mit ihren Rucksäcken, Hunden und Iso-Matten, arabische und türkische Dealer schlugen bei ihnen ihre Ware los. Und regelmäßig zum 1. Mai verbarrikadierten sie sich auf dem Hof hinter Sperrmüll und Stacheldraht, so dass die in ihren Wannen aufgefahrenen Ordnungskräfte ihnen nur in einem regelrechten Häuserkampf auf den Leib rücken konnten.

Ich wusste nicht so recht, was ich davon halten sollte. Ich verstand ja, dass die in den sauberen Reihenhäusern der Provinz aufgezogenen Kinder im Dreck spielen wollten, aber mussten sie dazu ganz Kreuzberg in eine Schutthalde verwandeln? Ich verstand auch die Lust an der Randale, aber was sollte ihr militärisches Gehabe dabei, ihre genagelten Stiefel, genieteten Gürtel und Lederklamotten? Und was hatte das alles mit Politik zu tun, zumal die für sie ohnehin vor dem eisernen Vorhang endete. Meine Versuche, ihnen vom Leben dahinter zu erzählen, endeten im Hof so kläglich wie beim Billard – man hörte einfach nicht zu. Man genoss das Leben in der Wagenburg und wollte von außen nichts wissen. Das Komische daran war, dass dieses Treiben auch noch vom Staat subventioniert wurde. Mit Stütze, Arbeitslosengeld und Finanzmitteln für die obskursten Projekte. Oder verfolgte man die perfide Strategie, die Revolutionäre sich früher oder später selbst lahmlegen zu lassen, durch Drogensucht und Alkoholismus? Denn zwar wurde im Osten flächendeckend mehr gesoffen als hier, aber ein solches Elend wie unter den Pennern am Bahnhof Zoo oder Kotti hatte ich dort nie wahrgenommen. Schließlich musste man im Sozialismus acht Stunden am Tag arbeiten, während man hier rund um die Uhr trinken konnte. Oder hatte der Sozialismus im Westen bereits gesiegt und ging es bei all den Protesten, Hausbesetzungen und Demonstrationen schon um die Errichtung des Kommunismus, in dem niemand mehr arbeiten muss und alle verelenden?

Die einzige Großdemonstration, an der ich teilgenommen habe, hinterließ jedenfalls einen zwiespältigen Eindruck. Es ging gegen die infernalischen Machenschaften des Internationalen Währungsfonds, 200 Tausend Protestanten hatten sich rund um den Kudamm versammelt und erzeugten einen Rausch gemeinsamer Kraft, an dem auch wir Ostler teilhaben wollten. Immer nur waren wir zwangsweise bei den Staatskundgebungen mitmarschiert, jetzt durften wir es aus eigenem Antrieb tun, gemeinsam mit koreanischen Kriegstrommlerinnen, brasilianischen Sambatänzerinnen, kostümierten Stelzenläufern, der »Bolschewistischen Kurkapelle«. Doch dieser Name säte Zweifel wie auch die SEW-Aktivisten um uns her, der schwarze Block der Autonomen, die mit ihren Hammer-und-Sichel-Fahnen, Stiefeln und Motorradhelmen keinen weniger martialischen Eindruck machten als die uns flankierenden Polizisten. Am Nollendorfplatz hatten sie es endlich geschafft, dass die Bullen die Nerven verloren und Jagd auf sie machten. Alles stob auseinander, wir in ein Eckcafé unter dem mir bekannten Billardsalon des Lokalmatadoren Müller. Wir saßen hinter der Scheibe und sahen zu, wie die schwarzen und grünen Wellen über den Platz wogten. Was hatten wir damit zu tun? Als eine der Wellen gegen die verschlossene Glastür brandete und sie zu Bruch gehen ließ, nutzten wir das Durcheinander und flüchteten ins Freie.

»170 Tausend Tauben aus Berlin, eine jede ein Symbol des Friedens, erhoben sich anlässlich der 750-Jahrfeier der Stadt in die Luft.

Im Volkspark Prenzlauer Berg stiegen 42 Tauben, für jedes Friedensjahr seit der Befreiung durch die Sowjetarmee eine, aus den Händen junger Thälmann-Pioniere empor.

Ihnen folgten hier 35 Tausend Tauben, die mit 60 bis 80 Stundenkilometer zielsicher ihren Heimatschlag in den Bezirken Magdeburg und Schwerin finden.«

»Und was machen Sie jetzt?« – »Nichts!« Diese andauernden Fragen nach der Beschäftigung gehen mir auf die Nerven. Ich mache nichts. Und verschwende keinen Gedanken daran, ob ich jemals wieder etwas mache, obwohl das wahrscheinlich ist. Aber mein liebster Zustand ist es, nichts zu machen.

Ein Paar Schuhe steht auf dem von einem weißen Tuch geglätteten Fußboden. Es sind die Schuhe der Tradition, in die ich schlüpfen und sie benutzen kann. Einer von ihnen ist braun, der andere von hellerer Farbe: so sollen sie als linker und rechter Schuh zu erkennen sein. Doch nicht nur, dass sie einem verschiedenen Paar angehören, ihre Form verrät außerdem, dass es zwei rechte Schuhe sind. Also sind sie unbenutzbar für mich.

Das Publikum drüben ist bedürftiger, dieses hier gerissener. – Ein Satz, der nichts anderes aussagt, als auf welchen Schleichwegen ich mich ihm zu nähern versuche.

ZURÜCK AUS ITALIEN

Das erste, was man nach der Rückkehr spürt, ist, wie sehr zur sogenannten kreativen Arbeit ein Geflecht von Gewohnheiten gehört, wie sehr sie eines bestimmten Tagesablaufes, einer bestimmten Umgebung, bekannter Gegenstände und Verrichtungen bedarf, an denen sie sich wieder entzünden kann. Als wir die Reise antraten, habe ich ein bestimmtes System verlassen (ein Grund für die Reise war, Urlaub von einem geistigen Gefängnis zu nehmen), und unterwegs baute sich allmählich ein neues System auf. Die Heimkehr ist eine Heimkehr zu den alten Gedanken und Projekten. Sie haften an jedem Gegenstand, stehen als inzwischen unverständliche Stichworte auf Zetteln, schwirren wie Bakterien durch die Luft, und jede einzelne muss ich wieder einfangen und schlucken, um in das Fieber zu geraten, das ein bestimmtes Ziel hatte, das ich unterwegs zu vergessen im Begriff war.

Wenn Gedanken einmal gedacht sind, gehören sie uns nicht mehr. Die größere Arbeit, als sie zu produzieren, ist für mich, sie sich nicht auflösen zu lassen, sie im Gesichtskreis zu behalten und zur Reife zu bringen.

Am Strand von Porto Azurro lag neben uns ein bayrischer Schütze mit seiner Familie. Ein gerade vom Himmel gefallener, ebenfalls bayrischer Pilot trat zu ihnen.
Pilot: »Sprechens Deutsch? Bayern? Seiens so nett und schauns mal nach meiner Kamera, derweil ich schwimmen geh.«
Schütze: »A fei.«
Der Pilot schwimmt dreimal hinaus ins Meer, bis dahin, wo es schwarz wird, und steigt dann, auf seine Taucherarmbanduhr blickend, zurück an Land.
Pilot: »Zweimal eine Halbstund am Tag schwimme muss sei. Das is Kreuzbandmassage, Muskel- und Atemtraining in eins.«

Schütze: »Freili, wenns nur net so kalt wär.«
Pilot: »A bissel was muss ma schon abkönne. Das is ja net kalt, das is frisch. I bin Ostern auf Korsika geschwomma, das war kalt.«
Schütze: »So?«
Pilot: »Ja. I bin Pilot.«
Schütze: »So, da seins wo mit dem Flugzeug gekomme?«
Pilot: »Freili. Hams mich net gesehn?«
Schütze: »Na. Wir ham a weng geschlafe. Stimmts?«
Frau und Sohn des Schützen: »Stimmt.«
Pilot: »Wie lang seins denn schon da?«
Schütze: »Seit gestern, aber morgen müssen mer schon wieder weg. Wie warn das Wetter da oben?«
Pilot: »Schlecht. Die ganze Woche war schlechtes Wetter.«
Schütze: »Da braucht mer sicher a feste Hand
zum Lenken.«
Pilot: »Ja freili, die braucht mer immer.«
Er hält die Hand nach vorn, die Faust wie um einen Steuerknüppel geballt.
Der Schütze streckt den Arm ebenfalls.
Schütze: »Ja wie beim Schießen. I bin nämli Schütze.«
Pilot: »Ah, ja? Des is gut. Muss man die Pistolen von oben nach unten oder von unten nach oben ins Ziel führen?«
Schütze: »Des kann jeder machen wie er lustig is. Hauptsache nicht zu lange warten, nicht wackeln und wanns im Schwarzen sein dann: Peng!«
Pilot: »Ja, des is klar, nur nich verrückt mache lasse und ruhig bleibe. I war ja vor fünf Jahren das letzte Mal auf Elba.«
Schütze: »Und hat sich viel verändert?«
Pilot: »A fei, die Pisten is neu. Wie sich die Italiener verändern das is ungeheuer. Aber i möcht sagen, das is überall so auf der Welt. Kommens mal nach Pakistan oder Indonesien, die Flugplätz erkennens nicht wieder. Nur bei den Negern gehts nicht vorwärts.«

Schütze: »Ja des müßt a Forscher auch ma untersuchen was mit deren Gehirnwindungen andersch ist.«
Pilot: »Ja für die sein fünfhundert oder tausend Jahre nix. Wie Oberst Rudl zu mir mal sagte bevor er gestorben is – den kennens doch den Kampfflieger Rudl?«
Schütze: »A fei. Lebt denn der noch?«
Pilot: »Na. Vor vier Jahren is er gestorben und kurz vorher sind wir aufn Berg gangen, da hat er mir gesagt: fünfhundert oder tausend Jahre sein gar nix.«
Schütze: »Recht hat er.«

Auch auf dieser Reise ließ ich Rita allein zurückkehren und war zwei Wochen ohne sie unterwegs. Fuhr durch den Appenin in einem ausgedienten Bundeswehrlaster, den sein Fahrer schon durch die Sahara gejagt hatte, mit zwei Wassertanks an den Seiten; taumelte durch die auf Bergspitzen gelegenen umbrischen Städte, durch Ovieto, Perugia und Assisi, wo mich ein deutscher Männerchor zu Tränen rührte, als er auf dem Marktplatz »Am Brunnen vor dem Tore« sang; kam schließlich nach Rom und nahm Quartier in der »Pensione Abruzzi« gegenüber dem Pantheon. Von da aus durchstreifte ich die ewige Stadt, fast immer unter freiem Himmel, einmal der gemalte der Sixtinischen Kapelle über mir mit Gottvater und Adam, unter denen ich rätselte, treiben sie und ihre ausgestreckten Finger aufeinander zu oder voneinander weg. Ich lief am Tiber entlang, durch die Gärten der Villa Borghese und die Villa Appia hinaus, wo sich hinter den antiken Grabmalen die verdorrte Ebene dehnte, auf der Pasolini erstochen wurde. Und als ich auf einem ausgeliehenen Fahrrad durch das alte jüdische Viertel kurvte, hingen Köpfe aus allen Fenstern und unten stob eine Menschenmenge durch die Straßen, gefolgt von Carabinieri zu Fuß und in Jeeps. Ich fuhr ihnen langsam hinterher. Hinunter bis zu der tempelartigen Synagoge, deren geborstene Säulen von Eisenringen umklammert wurden und wo eine Sackgasse die Jagd der Meute vorerst beendete. Als sie sich umdrehte und auf der Straße zurückkehrte, stieg ich vom Rad und schob es möglichst beiläufig die Anhöhe wieder hinauf. Ich kam aber nicht weit, sondern fand mich blitzschnell mit gestreckten Armen und gespreizten Beinen an einer Hauswand wieder und kurz darauf im Jeep, der mich zu einem Polizeirevier brachte. Dort hatte ich im Vorzimmer genügend Zeit, über meine Lage nachzudenken. Möglicherweise hatte die Bombe, die am vorigen Sonntag in einer Istanbuler Synagoge mehrere Menschen in den Tod gerissen hatte, die Hysterie ausgelöst? Hielt man mich für einen potentiellen Selbstmordattentäter? Ich hatte keinen Ausweis des Schriftstellerverbands der DDR mehr, um meine Harmlosigkeit zu beweisen. Sie schien trotzdem so augenfällig, dass mir die Carabinieri nach einer Stunde kommentarlos meine Papiere, meine Kamera ohne Film und später auch das Fahrrad zurückgaben.

Ich fuhr weiter nach Neapel, und weil mich dort schon auf dem Bahnhofsvorplatz die Geschwader der Tauben, der Autos, Motorroller und Neapolitaner derart aus der Fassung brachten, dass ich ihn kaum zu überqueren wagte, am nächsten Tag den Stiefel hinunter bis zu seiner Spitze. Mit dem Schiff hinüber nach Messina und mit dem nächsten gleich weiter zu den Liparischen Inseln. Ich landete schließlich auf Stromboli, dem einsamen schwarzen Vulkanfelsen, in dessen Krater zu schauen, wo sich die Ratten von den Broten der Touristen ernährten, ich nicht die geringste Versuchung empfand. Stattdessen setzte ich mich in eine Trattoria auf halber Höhe, verzehrte Spaghetti mit Früchten des Meeres, das sich endlos blau unter mir dehnte, ließ mir die Sinne von Schwefeldünsten benebeln und träumte von der Geschichte, die ich nach meiner Heimkehr unter dem Titel »Ich war in Rom« schreiben wollte. Aber in Berlin erwartete mich Wichtigeres.

Rita seit über einer Woche im Krankenhaus. Da die Interruption früher als geplant notwendig wurde, kam ich zurück, nachdem der Eingriff schon geschehen war. Noch ein gemeinsamer Tag, dann wurden die Schmerzen so stark, dass sie wieder in die Klinik musste. Ich irre in Wohnung und Stadt umher, ohne auch nur einen Faden des Netzes der notwendigsten alltäglichen Verrichtungen in die Finger zu bekommen. Füttere die Katzen, treibe mich sinnlos auf Ämtern herum und besuche an jedem Nachmittag die blass in ihrem Bett liegende Rita.

DAS MENSCHENOPFER

Das Fundament für eine neue oder die alte Mauer war bereits gelegt. Die mit Maurerkellen und Karabinern bewaffneten Genossen wollten daran gehen, die Betonplatten zu montieren, aber in der Nähe des ehemaligen Hotel Adlon hatte sich eine Menschenmenge gebildet, die das Geschehen mit offener Empörung verfolgte. Als dennoch der erste Stein gesetzt wurde, gellte aus ihrer Mitte der Schrei: »Menschenopfer! Wo bleibt das Menschenopfer?«

Jemand wollte die Barbarei dieses Baus bloßstellen, indem er dazu aufforderte, die blutigen alten Riten ernstzunehmen, die verlangten einen noch lebenden Menschen einzumauern, damit der Bau Bestand habe. Vor allem die Halbwüchsigen nahmen diesen Gedanken auf und skandierten die Forderung in Form eines Verses, der auf »Elsa … Elsa« endet – der Name des von Dante erwähnten Flüsschens, dessen kalkhaltiges Wasser alle Gegenstände, die davon bespült werden, mit einer weißen kristallinen Schicht überzieht.

Aber eben auch ein weiblicher Vorname; und wahrscheinlich war es der des neugeborenen Mädchens, das die Kampfgruppler jetzt in die Baugruppe schleppten. Das hatte niemand erwartet: Dass ihre Stumpfheit und/oder ihr Zynismus die Menge zum Schweigen bringen wollte, indem sie ihre Forderung erfüllte.

Der Säugling, noch schwach atmend, war verstümmelt. Arme und Beine hatte man ihm abgeschlagen, und aus dem Körper spießten wie Elektrodrähte aus dem Rumpf eines Roboters nur noch dünne Knochen hervor. Vielleicht war er das Opfer eines Unfalls oder einer heimlichen Abtreibung, oder vielleicht hatte man ihn bewusst an die Grenze des Todes gebracht, um dadurch Mitgefühl zu verhindern. Die Menge aber kannte kein Halt mehr. Wir stürmten die Baustelle (ja ich war dabei, und ich war es, der nach dem Menschenopfer geschrien hatte), ich ergriff das Kind und rannte mit ihm, gefolgt von den anderen, in Richtung Stadtmitte, weg von der Grenze, immer weiter weg von der Grenze. Ich schrie dabei um Hilfe, rief, man solle einen Arzt holen, doch das Resultat war, dass an meiner Seite nur noch vier oder fünf Begleiter blieben, mit denen ich durch menschenleere Straßen lief.

Die Stadt war sonntäglich verödet; mir schien es, als ob sich die Leute bewusst hinter Mauern zurückzögen und Türen und Fensterläden schlössen, um nicht mit dem schrecklichen Geschehen in Berührung zu kommen. Wir hasteten die Invalidenstraße entlang und hinauf zum Zionkirchplatz auf der verzweifelten Suche nach einem Spezialisten für Gliedertransplantationen, von dem aber in diesem Stadtteil keine Spur war. Nur Steine fand ich – es war das erste Mal, dass ich wieder im Osten war.

Schließlich gelangten wir in ein Viertel, welches nichts mehr mit Berlin zu tun hatte, sondern bereits zu Leipzig gehörte: große orangerote Wohnblöcke mit verrosteten Gittern vor den Gärten. Die Hoffnung auf einen wirklichen Fachmann war damit aufzugeben. Doch unvermutet tauchte vor uns der Bau einer Poliklinik auf, deren Seiteneingang geöffnet hatte. Ich bemerkte, dass die Gebäude an die des

Zoologischen Gartens stießen – wahrscheinlich gehörten sie sogar dazu, und es handelte sich um eine Veterinärklinik, der wir uns anvertrauen mussten.

Wir hatten keine Wahl mehr, wir betraten über eine Treppe die Klinik, wurden von einer Schwester empfangen, die den Fall sogleich übersah, ihn aber nicht als politischen wahrnahm. Sie betrachtete ihn als (ich möchte sagen menschlichen, doch das traf genau so wenig zu wie die Reduzierung medizinisch) ... vielleicht einfach als Fall verletzten Lebens: Tiere und Menschen wurden hier ohne Unterschied nebeneinander versorgt. Der diensthabende Facharzt für die Wiederanfügung von Gliedern ließ sich den Säugling in sein Sprechzimmer bringen und operierte sofort, während wir im Vorraum warteten.

Als er nach einer knappen Stunde das Kind zurückbrachte, war dieses um drei, vier Jahre gealtert. Es lief auf seinen zwei neuen Beinchen, hatte das schwarze Babyhaar bereits verloren und weiche blonde Haare und vermochte auch seine Arme zu bewegen, obwohl hier noch einige Nahtstellen zu sehen waren. Die Operation konnte man als zumindest vorläufig gelungen betrachten.

Ich nahm das Mädchen zu mir, musste allerdings vorsichtig sein, als ich meine rechte Hand um deren linke legte, weil die Fingernägel noch nicht festgewachsen waren und leicht verrutschten. Trotzdem hegte ich die leise und, durch ich weiß nicht welche Hoffnung, sogar sichere Überzeugung, dass alles im Laufe der Zeit heilen und ich Elsa großziehen würde.

DER AUFRUHR

Auch in den Hühnerhof war der gleisendhelle Aufruhr gefallen. Es handelte sich ausschließlich um Hennen der Rasse *Weißes Legehorn*, allseits geachtet ihrer ausdauernden Legeleistung wegen und mehrfach ausgezeichnet.

Sie formierten sich u. a. entlang der Via Appia zu Obelisken, eine über der anderen, sogenannte Hühnerleitern – lebende Mahnmale gegen alles Unrecht der Welt. Später flatterten sie, sich einander bei den Flügeln haltend, als fliegende Friedensketten über unbestellte Felder und brüchige Autobahnen: »Was die Tauben können …«

Endlich als sich die Erfolglosigkeit auch dieser Aktion offenbarte (wahrscheinlich hatten sie inzwischen auch noch ihre Füßchen eingebüßt) rasten sie auf umgedrehten Obstkisten, unter die sie Kinderwagenräder montiert hatten, wie Autoscooter in den Nischen der Dämmerung umher. Über ihnen rotierten die blitzenden Sensen des aufgehenden Mondes.

Epstein-Barr heißt eine neue Immunschwächekrankheit, die nicht wie Aids zum sicheren Tod, aber zu Gliederschmerzen, Schlafsucht, Erinnerungs- und Orientierungslosigkeit führt. Ein Filmmensch fuhr zu Probeaufnahmen nach Hollywood, ging auf sein Hotelzimmer – und kam nach vier Wochen wieder zu Bewusstsein: was mache ich hier, was wollte ich eigentlich in Hollywood? Der Virus braucht zur Übertragung nicht offene Wunden oder Geschlechtsverkehr, es reicht ein gemeinsam benutztes Glas; er soll verwandt mit dem HI-Virus sein und neben den Wirkungen, die er allein hervorbringt, als eine Art Pionier Aids, Krebs und die Pest vorbereiten.

Die neuen Seuchen packen genau da zu, wo der Mensch des zwanzigsten Jahrhunderts seine schwächste Stelle hat.

Ich meine nicht die Überbevölkerung, ich meine die Angst davor, die Berührungsfurcht, die Verweigerung von Kommunikation, den Sterilitätswahn. Zuerst kam die seelische Kondomisierung, dann die Krankheiten, die die Kondome in der Realität forderten.

Rita, als sie von einer *Aktions-Collage* im Prenzlauer Berg hörte: »Es ist ja niemand mehr da, vor dem sie sich schämen müssen. Jetzt können sie die Beine auf den Tisch legen.«

Ein Satz schlachtet bei mir den anderen. Das entscheidende Problem der Prosa aber ist, innere Vorstellungen in Sprache umzuwandeln, also aus Bildern, Handlungen, Geräuschen und Gerüchen Sätze zu formen mit ihrem grammatischen Apparat von Subjekten, Prädikaten, Objekten und Adverbien, die in ihrem Beziehungstanz untereinander so etwas wie die Zeit aufnehmen oder ausdrücken und nicht unreflektiert und mit dem Messer zwischen den Zähnen hinter ihr herjagen. Aus der hysterischen Stummheit unterdrückter Gefühle und Gedanken zur Artikulation kommen – das will die Sprache.

Heß im Abschiedsbrief vor seinem Selbstmord: »Liebe Ilse, ich bin so frei. Rudolf«.

Montaigne fragte sich in jedem Zimmer, in das er kam, ob er darin sterben könne. – Ja! Alle Hotelzimmer sind zum Sterben, alle Städte Selbstmordstädte. Aber da man sie verlassen kann, ist der Selbstmord überflüssig. Das ist das Schöne an der Freiheit.

In Karlsbad habe ich eine Blechdose geküsst, auf die ein roter Mund gemalt war. – Da öffnete er sich und verschluckte meine Zunge.

Eine geträumte Reminiszenz an das erste Treffen mit den Kindern in Karlsbad? Ich erinnere mich an insgesamt drei Hotelzimmer, die wir auf unseren Reisen bewohnten, und keins war ein Selbstmordzimmer. Das in Karlsbad erstreckte sich über den gesamten Dachboden des Hauses, zwischen den Balken standen da und dort Betten, die wir abwechselnd beschliefen. In der Mitte der große wacklige Tisch, übervoll mit Geschirr und Fressalien, dazwischen Brett- und Kartenspiele, Bücher zum Vorlesen, Zeichenpapier und Farbstifte. Wenn wir das Dachfenster hochklappten, konnten wir hinunter zum Ballhaus »U Kakadu« sehen, ob sich davor schon die Tanzwütigen stauten. Drinnen beobachteten wir dann von der Balustrade aus, wie die Paare sich im Takt der von der Blaskapelle intonierten Walzer und Polkas durch die Tabakwolken wälzten. Eines Abends dinierten wir im ehemaligen »Hotel Pupp«, wo ich und meine Mutter schon einmal von meiner Westschwester bewirtet wurden, als sie eine Neckermann-Reise nach Karlsbad für uns spendiert hatte. Jetzt war es umgekehrt; ich hatte die Spendierhosen an und durfte meine Töchter nach Herzenslust mit Vorsuppe, Knödelgulasch und Eisbechern, überdimensioniert wie der Kronleuchter des Restaurants, verwöhnen. Unter diesem tafelte lautstark eine Gruppe Russen, so ungeniert in Schampanskoje und Wodka badend, Kaviar, Austern und Smetana löffelnd, dass sie mir Hoffnung machten, ihre Perestroika könnte die festgefügte Welt des Ostens vielleicht doch ins Wanken bringen.

Unser zweites Zimmer befand sich in einem Hotel mit verglastem Innenhof, der wie ein Wintergarten von tropischen Pflanzen überwuchert wurde. Was uns in die böhmische Kleinstadt geführt hatte, weiß ich nicht mehr, was uns dort hielt, waren neben dem pittoresken Hotel, der weite Marktplatz, den wir abends für uns hatten, und das nahe Freibad, das mit einer Heerschar tschechischer Jungs zu teilen die Mädchen glücklich waren.

Im nächsten, wohl schon unserem letzten gemeinsamen Sommer ging es so tief in den Süden wie möglich. Nach Sosopol, unweit der Grenze zu Griechenland, dessen Pinien-, Orangen- und Olivenhaindüfte ich schon zu riechen glaubte. Es war so nah, dass man mir beim Geldwechseln am Hafen Drachmenscheine unterzuschmuggeln versuchte, was mir Gelegenheit zu dem Beweis gab, kein dummer Ostler mehr zu sein, mit dem man so etwas machen konnte. Unser Zimmer war ein kleines Appartement mit Blick auf das Schwarze Meer. Die Mädchen waren so sehr gewachsen, dass ich ihnen ein eigenes Zimmer glaubte zubilligen zu müssen. Doch Luise, die einen ganzen Koffer voll Kleider aus den besten Tagen des Rock n' Roll mitgeschleppt hatte, war das noch immer zu eng; sie verließ uns jeden Vormittag nach dem Frühstück und kam, wenn überhaupt, erst tief in der Nacht zurück. Dafür war es mit Anna um so schöner: scheinbar ewig währende Sonnentage nackt auf den Felsen der Bucht, Bootsfahrten auf dem grünen, weiter südlich ins Meer mündenden Fluss, bis ins bewaldete Landesinnere. Als wir einmal über die Hafenpromenade schlenderten, begegneten wir, ebenfalls Hand in Hand, Luise und einen stämmigen Bulgaren, der mich an meinen Kompaniechef erinnerte. Ein errötendes Lächeln überflammte sie kurz, dann sah sie zur Seite. Es muss wohl zu viel oder zu wenig gewesen sein, dieses alljährliche Zusammensein mit ihrem Vater, weshalb sie sich einen Mann ausgesucht hatte. Drei Tage vor der Abreise kehrte sie zurück, wir feierten ausgiebig unsere Wiedervereinigung mit gemeinsamem Schwimmen, Knack- und Skatspiel und Schaschlykessen bei Zigeunermusik.

Der Abschied fiel diesmal besonders schwer, weil wir im Flugzeug gemeinsam zurück nach Schönefeld flogen und wir uns dort in zwei verschiedenen Schlangen vor der Zollkontrolle einreihen mussten. Ich in die für die Westberliner, sie in die heimische Ostschlange. Die Mädchen rückten schneller vor; ein letzter Blick, dann waren sie verschwunden.

WAS HENDRIK GRIMMLING IM AUTO ERZÄHLTE

Bei Zwenke an der Kiesgrube, in dem Wäldchen was da is, sin mir immer off de Bäume geglettert, un da gabs ne Eiche, die hatte keene Krone mehr. Wir hoch un was sehn mir da? Wo der Stamm zu Ende war, war ne Düre, so ne Eisendüre mit bisschen Gras un Erde druff un nem Griff, mit dem konnten mir se offmachen wie in »Der Soldat un das Feierzeich«. Un ooch ne Leider ging nunter un als mir unten warn, gabs noch ne Düre, un dahinter war n unterirdisches Lager. Dobbelstockbetten für vielleicht fuffzich Mann un Spinde un in andern Räumen Waschbecken, un so komische Dinger wie Öfen standen da rum, die warn für die Lüftung. Fungtionierten noch, also ham mir uns eingericht, Gerzen mit runter un natürlich die Weibsen. Sonst ham wer niemand was gesagt, erst später dem alten Heuler, der meente, das muss n Sträflingslager von den Russen gewesen sein.

Beim Heuler (Golonialwarenhändler in der dritten Generation) hab ich, wenn ich freitags ausm Kinderheim kam, immer geholfen. Mehl un Zucker un Rosinen aus Blechwannen in Gilotüten geschüttet un Zitronat, die großen grünen Blöcke, die ham mir zerschnitten. Zitronat un Rosinen, das hat Heuler immer aus der Großmarkthalle in Leipzch geholt, da gabs noch alles.

Maxe war nich mei richtscher Großvater, das war mei falscher, der hat meine Großmutter geheirat als se schon schwanger war. Mei richtscher stammte aus Zella-Mehlis, Bauunternehmer, der hatte meine Großmutter im »Sack«, den gibts jetzt noch, beim Tanzen angebumst. Das war ihre eenzsche richtsche Nummer, die se geschoben hat, den Maxe musste se immer peitschen (meiner Schwester hat se später de Peitsche gezeicht) un außerdem ging er in den Leipzcher Tierpuff, wo er Kaninchen oder was weeß ich gevögelt hat. Maxe stammte aus ner Griminellenfamilie un hat selber fuffzehn Jahre gesessen, gelernt hatte er Schlosser un war off seinen Klautouren immer mitm Framo unterwechs, eener mit so großen Trittbrettern. Er war im Rabeht (das war das Proletenviertel hinterm Ostbahnhof) der eenzsche, der meine Großmutter genomm hat als se schwanger war. Meine Großmutter war die Tochter von nem jüdischen Lumpenhändler un mei Vater, der grichte immer die Bilder von Schiffen un Ozeanriesen, die Maxe im Knast gemalt hat. Mei Vater sollte Matrose wern, ging aber stattdessen freiwillig in den Kriech.

Un als der Zug in dem er als Schwerverwundeter lag, das eene Ooche hing raus oder war schon weg, als der Zug bombardiert wurde kroch er mit seinem Koppschuß in nen Wald, wo er von meiner Mutter gefunden un dann in nem Stall gepflecht wurde. Das war in der Slowakei, meine Mutter stammte von deutschen Siedlern ab abber konnte kaum noch de Sprache. Drei Monate warn se unterwegs, immer versteckt vor den Tschechen die damals alle Deutschen jagten, dann kamense nach Leipzch. Dort saßen die Amis un buchteten mein Vater n halbes Jahr ein, weil er seine Papiere weggeschmissen hatte.

Danach hatn meine Mutter nich mehr viel gesehn. Gleich rein in de Partei un Schulungen un ABI, wurde son richtscher Stiebelkommunist, der de Bauern gedroschen hat, die nich in die LPG wollten. 53 muss er abber off der falschen Seite gewesen sein, da hamsen nämlich mal widder eingesteckt. Na, wir ham nich viel davon gemerkt, meine Mutter saß mit mir un mein Schwestern in Zwenke, ich kam ins Kinderheim weilses mit den Kindern neben der Arbeit nich mehr schaffte. Ich merkte bloß, wenn ich irgendwo mein Namen sagte, Grimmling, dann schlitzten sich de Oochen un in Groitzsch bin ich mal aus der Dorfkneipe geschmissen worden wechen meim Vater. Die Kinder spielten nich mit mir un ich wusste nich warum. Bin mal mitm Fahrrad durch Zwenke gefahrn, mitm Fahrrad un selbstgemalten

Plakaten »Wählt die Gandidaten der Nationalen Front«, aber das half ooch nich, die guckten mich bloß um so bleeder an.

Hans Hendrik Grimmling brachte frischen Wind mit nach Westberlin. Mit dem Leipziger Maler kam wieder Disput, Streit und Schwadronieren in unsere vom Einschlafen bedrohte Szene. Seine sächsisch gefärbten Tiraden waren allgemein gefürchtet, von mir aber geliebt, besonders wenn er im engeren Kreis, wie etwa auf einer Autofahrt, auf seine bewegte Kindheit und Jugend im Leipziger Umland zu sprechen kam. Wer mehr davon wissen will, sollte seine aufschlussreichen Erinnerungen *Die Farbe Schwarz* lesen.

Die nächste Notiz wiederum ist Grundlage für ein zentrales Kapitel meines Romans *Paradies* geworden. Als auf der Rückfahrt von Hamburg Grimmling verstummte, nahm sein Galerist und Verleger das Wort, während wir durch den dunklen Osten rauschten.

Unser Fahrer heißt Fiebig und hat wegen Republikflucht zwei Jahre in Cottbus gesessen. Ein Ingenieurstyp und Bastler. In Albrechtshain bei Leipzig hat er mit seinem Kompagnon nacheinander ein Flugzeug, ein Unterseeboot und zwei Ballons gebaut, um über die Grenze zu kommen. Die eigentliche Herausforderung dabei war die Arbeit am Fluchtgerät und nicht die Flucht. Die ergab sich zwangsläufig: was sollte man mit einem Flugzeug in der DDR anderes machen als abhauen?

Fiebigs Freund war zehn Jahre älter, ein Einzelgänger, der auf dem elterlichen Bauernhof in Albrechtshain lebte. Er hatte bei den Grenztruppen gedient, war Mitglied der Gesellschaft für Sport und Technik, geschätzt in seinem

Betrieb als vorbildlicher Fachmann und Parteisekretär, der mit dem Fahrrad die Beiträge der alten Genossen einsammelte und jedes Mal besoffen von der Tour zurückkam.

Gelernt hatte er Tischler, seine Leidenschaft war die Konstruktion und Herstellung unterschiedlicher Fortbewegungsmittel. Zusammen mit dem jungen Fiebig begann er an einem Leichtbauflugzeug mit MZ-Motor zu arbeiten, Unterlagen dazu besorgten sie sich in Fachzeitschriften der Deutschen Bücherei. Es wurde ein Einsitzer; als sie fertig waren, fragte Fiebig seinen Kumpel, was sie eigentlich damit anfangen sollen. »Gib zu, dass du abhauen willst.« Beide hatten den gleichen Gedanken gehabt, aber keiner ihn ausgesprochen. »Wenn du was gesagt hättest, dann hätten wir einen Zweisitzer gebaut.« Der ehemalige Grenzer verwarf schließlich den Gedanken an das Flugzeug: »Der Motor ist zu laut. Die knallen uns ab.« Also konstruierten sie das Leiseste und Unsichtbarste, was möglich war – ein U-Boot. Eine Zigarre, in der 2 Mann Platz hatten und die durch einen Motor mit Propeller am Heck angetrieben wurde. Damit wollten sie die Elbe durchqueren, aber das Gerät wurde nie zu Wasser gelassen. Mulde und Elster waren für ein Probetauchen zu flach, der Autobahnsee zu belebt, und von der Elbe hatten sie gehört, dass der Grenzverlauf inzwischen durch Ketten und Stahlnetze gesichert wurde. Obendrein war das U-Boot zu groß geraten, um es unbemerkt über Land transportieren zu können.

Das U-Boot wurde demontiert, und sie kehrten mit ihrem Erfindergeist ins Reich der Lüfte zurück, um einen Ballon zu bauen. Aus Folie, die zur Abdeckung von Gewächshäusern verwendet wird, nähten sie die Hülle, darum kam ein Netz, an das sie als Ballast zugenähte und mit Sand gefüllte Hosen hingen, die von Fleischerhaken gehalten wurden. Aus Platzgründen verzichteten sie auf einen Korb und wollten stattdessen wie Fallschirmspringer, nur umgekehrt, mit Sicherheitsgurten und Seilen aufsteigen.

Als sie das erste Mal den Ballon füllten, stand er wie eine große Birne über der nächtlichen Waldlichtung, doch wenn sie sich in das Netz hingen, zog es ihn nach unten. Der Ballon war zu klein und zu viele schwere Gasflaschen waren zu seiner Füllung notwendig. Sie rollten den Ballon in eine Armeeplane und vergruben ihn im Wald.

Nun begannen sie einen größeren Ballon zu nähen, der mit Stadtgas gefüllt werden sollte. Eines Abends, als sie am Stammtisch des Gasthofs in Albrechtshain saßen, erzählte der Förster, dass er im Wald einen Ballon gefunden habe. Sein Hund hätte zu scharren angefangen, und da er annahm, dass es sich um eine Leiche handelte, habe er die Polizei benachrichtigt, die hätte den Ballon ausgegraben und suche jetzt nach den Ballonbauern.

Da weder Fiebig noch sein Kollege aufgeben wollten, wurde es jetzt zu einem Wettlauf mit der Zeit. Als sie mit dem neuen Ballon fertig waren, fuhren sie mehrmals in den Thüringer Wald, wo sie auf einem Berg bei Oberhof einen geeigneten Startplatz gefunden hatten. Er war nahe genug der Grenze, versteckt genug vor Blicken und zu heftigen Winden. Zweimal mussten sie mit dem schweren Ballon und den Sandsäcken in ihrem Wartburg-Kombi zurückfahren, weil die Windverhältnisse nicht stimmten. Beim dritten Mal folgte ihnen bis in den Wald ein Mazda mit Berliner Kennzeichen. Sie brachen ihr getarntes Picknick ab, konnten den Mazda scheinbar hinter sich lassen und versuchten in der nächsten Nacht an anderer Stelle, den Ballon zu füllen. Aber nun war plötzlich kein Gas in den Überlandleitungen. Kilometerweit fuhren sie die Rohre ab und zapften sie mit ihren selbstgefertigten Schlüsseln und Ventilen an, ohne dass sich etwas tat.

»Wenn die Stasi nicht die gesamte Gasversorgung des Thüringer Waldes lahmgelegt hatte, musste es sich um Reparaturarbeiten handeln, die ausgerechnet an diesem Wochenende stattfanden«, sagte Fiebig. »Notgedrungen packten wir den Ballon wieder in den Wagen und fuhren zurück. Auf der Autobahn hinterm Hermsdorfer Kreuz plötzlich aufflammende Scheinwerfer. Eine Polizeieinheit mit MPis stoppte und verhaftete uns.«

Beide hatten verabredet, alles zuzugeben und auf die Abschiebung in den Westen zu hoffen. Der Parteisekretär bekam ein Jahr mehr Knast, weil er ehemaliger Grenzer und GST-Mitglied war und das Ganze in seinem Haus stattfand. Fiebig wurde zu vier Jahren verurteilt, wobei der Richter betonte, dass es nur dem Einsatz der Sicherheitskräfte zu verdanken war, dass der Ballon nicht starten konnte und damit der 3. Weltkrieg verhindert wurde.

In Cottbus saßen sie in unterschiedlichen Zellen. Gearbeitet wurde am Fließband eines Großbetriebes, der Lampen und Ventilatoren herstellte. Zur Einzelhaft kam man in die sogenannte »Mumpe«, einen Käfig innerhalb einer Isolierzelle, in dem man nur stehen konnte. Drinnen befand sich nur ein Pisseimer; Toilette und Waschbecken waren außerhalb. Abends trat man unter Bewachung aus dem Käfig, durfte seine Notdurft verrichten und sich waschen, wurde nackt in sämtlichen Körperöffnungen nach Selbstmordwerkzeugen durchsucht, bekam ein Nachthemd (das »Leichenhemd«) übergezogen und konnte dann auf der heruntergeklappten Pritsche schlafen. Um in die »Mumpe« zu kommen, reichte es aus, sich an den Konzerten auf abgesägten Eisenrohren zu beteiligen, die abends in den Zellen stattfanden. Wenn man darauf blies, gab es röhrende Töne wie beim Freejazz oder Alphornblasen.

Nach 22 Monaten wurde der Parteisekretär in den Westen entlassen, zwei Monate später Fiebig. Als gelernter Techniker bekam der Parteisekretär Arbeit im Rheinland, kaufte sich ein Haus und begann auf dem Grundstück sofort eine Segelyacht für eine Ein-Mann-Weltumseglung zu bauen. Vom Rhein abwärts schippernd kam er nur bis ins Ijsell-Meer, wo er drei Tage lang mit einem Sturm kämpfte und dann entkräftet aufgab. Fiebig arbeitete als Ingenieur bei Siemens, bevor er sich seiner Liebe zur Malerei entsann und sich als Kunstverleger für die inzwischen im Westen gelandeten Freunde zu etablieren versuchte.

Dass Raja weniger durch die Straßen irrt, liegt an den Tabletten, die sie nimmt. Neulich aber stand sie wieder mit der Tasche unterm Arm vor meiner Tür. Sie blieb im Korridor stehen, schnupperte in die Ecken und meinte, auch bei mir rieche es nach Zyankali. Die ganze Stadt war für sie mit Zyankali und Staub verseucht, den sie immer auszuspucken versuchte.

Später rief sie an und fragte, ob sie bei mir schlafen könne, weil ihr Zimmer voller Masken und Stimmen wäre. Ich fing sie dann auf der Straße ab, weil sie sich nicht zu mir hoch getraute. Neben mir her trabend sagte sie, dass in dem Ei, das sie eben gegessen habe, Salmonellen gewesen seien. »Werde ich jetzt ein Huhn?« – mit einem Blick zum Heulen.

Am nächsten Tag mit ihr bei der Ärztin. Beruhigung durch Depotspritze. Als Frau Doktor fragte, warum sie die Tabletten nicht mehr genommen habe, zuckte Raja mit den Schultern. »Sagen Ihnen die Stimmen, dass Sie sich umbringen sollen?« – »Nö. Habe ich auch nicht vor.«

AUF DER STRASSE

»Robert, lass dir lieber ne Plastiktüte geben un steck dein Gipsbein rein damit es nich nass wird.«

»Und du, Elke, stülp dir ne Plastiktüte über den Kopp damit man nur die Figur sieht un nich dein Gesicht.«

AUF DEM TEMPELHOFER FELD

Ich hatte schon immer den Eindruck, dass die Flughafenbauten auf dem Tempelhofer Feld entschieden zu gewaltig sind für die irdische Luftfahrt. Sie gehören zu der Art Architektur, die die Spielzeugerde längst aus den Augen verloren hat und nur noch mit dem All kommuniziert.

Am Sonntag sollte das bestätigt und der schwarze Fleck auf der nächtlichen Stadtkarte illuminiert werden von japanischen Feuerwerkern. Bereits mittags waren die Straßen bis tief hinunter nach Kreuzberg von Autos verstopft, und die Massen strömten ununterbrochen zum Flughafen. Eine knappe Million Karten wurden verkauft. Die besondere Anziehungskraft lag wohl darin, dass es die Demokratie wagte, zu einer ihrer großen Freizeitorgien die Kulissen der Naziarchitektur zu benutzen. Wir schlossen uns dem Zug an und gelangten auf das Flughafengelände. Hier ist alles auf Sogwirkung angelegt. Die Flugzeuge rollten leicht bergan den gralsartig gerundeten Bauten entgegen, und wenn die empfangenen Gäste das Hauptportal geschluckt hatte, sollte es nach Speers Plänen mit Autokolonnen den Mehringdamm hinunter und direkt bis zur Reichskanzlei gehen. Die letzte Großveranstaltung fand hier meines Wissens am 1. Mai 1934 unter Goebbels Regie statt.

Jetzt war die Million nicht in Marschblöcke aufgeteilt, sondern stand und lief diffus auf dem Feld breit, Leuchtgasketten um den Hälsen und Getränkebüchsen in den Händen. Ein britischer Militärwagen fuhr durch die Menge, wie ein Eisbrecher Menschen vor sich stauend und auseinandertreibend. Es gab jede Menge Kioske, Pissbuden und eine Kindersammelstelle. Vorn zelebrierten japanische Trommler mit gut geölten Oberkörpern Maschinenmusik. Doch die mit einer dreizackigen Swastika geschmückte Riesentrommel, die gewiss einmal auf Massenwirksamkeit berechnet war, drang nicht über die ersten Reihen um die

Bühne hinaus – welche Entfernungen sind inzwischen hinzugekommen, welche Vermehrung hat stattgefunden, dass alles Nichtelektronische einfach unhörbar geworden ist!

Aber dann dröhnten die Lautsprecher los, und zu den vom Radarturm aus kreisenden Scheinwerferstrahlen ertönten Pseudowagnerklänge, und unsere ehemaligen Verbündeten ließen am Himmel die ersten neonfarbenen Chrysanthemen blühen. Bei der Musik handelte es sich um ein Auftragswerk, alles drin von Händel bis Smetana. Sie wurde begleitet von den Ahs und Ohs der Zuschauer, vom Beifall ohne Befehle. Nach den ersten fünf Minuten erklärte ein japanischer Kommentar, gefolgt von der deutschen Übersetzung, die Symbolik der soeben gesehenen Pracht – wir machten uns davon durch den nicht abreißenden Strom von Schauwütigen. Zum Schluss, erfahren wir später, soll es noch zum Einsatz von Fahrzeugkolonnen gekommen sein: sofort nach der letzten Sternschnuppe fuhren die Reinigungswagen auf und kehrten die Pappbecher, Flaschen und Besucher vom Feld.

Was unter die Haut ging, war das Gefühl, dass es Goebbels mit seinen Uniformen, Gleichschritt und lurenblasenden SS-Männern doch besser gekonnt hat; und dass im geheimen sich das Ziel nicht geändert hat, auch wenn die militärische Form suspekt geworden ist: die Organisation der Massen, wie sie das 3. Reich am perfektesten und vielleicht zum letzten Mal in Europa geschafft hat.

Ich weiß nicht wie, aber ich werde das Ding durchziehen wie ein Verbrechen. Mit dem Ding meine ich das Leben.

Von Saarbrücken zurück nach Frankfurt und von dort eine dreiviertel Zigarrenlänge im Flugzeug nach Berlin, wo, als die Kiste auf der Landebahn aufsetzte, die Passagiere albern klatschten.

Nach Saarbrücken hatte mich Arnfried Astel, der Verfasser gesellschaftskritischer Haikus, eingeladen, um mich in seiner Rundfunksendung dem saarländischen Publikum vorzustellen. Seine Person war ähnlich einprägsam wie sein Name. Nicht weit vom Rundfunkgelände bewohnte er das Obergeschoss eines Siedlungshauses, das ihm seine geschiedene Frau zu alleiniger Nutzung überlassen hatte. Es war voll von Büchern, hand- und maschinebeschriebenen Papieren, Steinen, getrockneten Pflanzen und Früchten. Eine davon, noch grün und mir vom Hörensagen als Avocado bekannt, gab es zum Frühstück. Ich folgte seinem Beispiel und aß das Fruchtfleisch ungewürzt, »denn die Affen machen es auch so«. Es schmeckte ausgezeichnet, wie mir überhaupt der Aufenthalt im Saarland gefiel. Nach der Sendung nahm mich Astel in seinem Renault mit zu einem Ausflug in die Vulkaneifel. Das Gefährt, etwas niedrig für seinen langen Besitzer, sah ähnlich aus wie die Wohnung. Überall bekritzelte Zettel und vor allem Mineralien und unterschiedlichste Vertreter der heimischen Pflanzenwelt. Den Aufenthalt an einem Kratersee nutzte Astel, um die Fußmatten zu säubern und einige verdorrte Kräuter durch frische zu ersetzen. Ich steckte mir ebenfalls ein absonderlich aussehendes Farnblatt und dazu einen der herumliegenden Lavabrocken in den Rucksack, und als mich Astel in Saarbrücken einem Taxifahrer übergab, der mich nach Frankfurt zu bringen hatte, fuhr ich mit dem Gefühl ab, einem bemerkenswerten Kollegen menschlich nahe gekommen zu sein.

Um so erstaunter war ich über seine Reaktion, als ich ihm ein Jahr später neue Texte zusandte. Da er nicht geantwortet hatte, rief ich ihn im Sender an und fiel angesichts der sofort einsetzenden Beschimpfung aus allen Wolken. Ob er nicht schon eine Sendung mit mir gemacht hätte und was mir einfiele, ihn schon wieder zu belästigen usw. Ich dachte an eine spezifische Variante des Falls von Dr. Jekyll und Mr. Hyde, glaube aber nach mehreren ähnlichen

Erfahrungen an eine allgemeinere Problematik. Erstens bin ich nicht der einzige Schriftsteller, der seine Produkte zu Gehör bringen oder auf andere Weise damit Geld verdienen will, sondern es gibt davon eine Unzahl. Zweitens stehen diesen Tausenden wohl einige hundert von zumindest potentiellen Kollegen gegenüber, die es zu einem wohldotierten Broterwerb gebracht haben, mit dem sie in Redaktionen, Lektoraten, Jurys über das Schicksal der anderen entscheiden. Aber auch sie sind keineswegs zu beneiden! Sie haben ihre Sicherheit mit dem Verlust persönlicher Unabhängigkeit bezahlt. Tag für Tag müssen sie fremde Texte lesen und dem Publikum präsentieren, während ihre eigenen ungeschrieben bleiben. Kein Wunder, dass sie ihren Missmut an den freien Autoren auslassen! Jeder hält sich für einzigartig, dabei sind sie Teil einer unübersehbaren Masse, in der nur das Herausragende eine Chance hat. Was ragt unter dem Namenlosen heraus: das Neue. So lange ich als Frischimport aus dem Osten eine noch unbekannte Story verkörperte, war ich willkommen, danach hatte ich mich hinten anzustellen. Sehr weit hinten, falls ich auf meinen alten Erfahrungen bestand und mir nicht was Neues einfallen ließ. Dazu aber war ich genau so unfähig wie den allgemeineren Anforderungen an meinen Berufsstand zu genügen. Die bestanden nicht nur im Schreiben von Erzählungen und Essays, sondern ich hatte auch noch die Aufgaben eines für Briefwechsel, Telefonate, Lebensläufe und Stipendienanträge zuständigen Sekretärs und Werbemanagers zu erfüllen. Besonders für letzteren fehlten mir sämtliche Voraussetzungen. Es gehört dazu eine Selbstverleugnung, das Vermitteln einer zu ewiger Dankbarkeit fähigen Bedürftigkeit, die mir einfach nicht gegeben ist.

Man muss nicht nur einmal in einer Redaktion anrufen können, sondern fünfmal! Und keinesfalls so etwas wie Souveränität ausstrahlen. Man muss dazugehören wollen und die Bereitschaft vermitteln, alles dafür zu geben, ein belebender Farbtupfer im Gesamtbild kulturellen Lebens sein zu dürfen, aber dieses niemals zu stören. Arroganz ja, Eigenart ja, doch immer als Markenzeichen einer sich zum Verkauf anbietenden Ware. Andere Künstler sind keine Gefährten, es sind Konkurrenten, zu denen man nur taktisch geprägte Verbindungen pflegt, wie auch zu Verlegern und Redakteuren. Das Schreiben dient nicht deiner eigenen Vervollkommnung, sondern der Herstellung literarischer Produkte, deren Vollkommenheit sich an ihrer Verkäuflichkeit misst. Sollte ich mich unter diesen Voraussetzungen tatsächlich vom Arbeitsamt abmelden und als freier Autor durchschlagen? Lieber nicht.

Die zerstörte Stadtlandschaft unserer Liebe. In den verlassenen Straßen leere Häuser mit zerschlagenen Fensterscheiben, noch rauchend vom Brand, die Dächer abgedeckt. Auf einem Platz stehn wir auf einem angestrahlten Podest wie in einem Boxring, eng umschlungen. Wenn wir die Umarmung lösen, werden wir weiter aufeinander einschlagen und alles ringsum verwüsten. Die andere, so schwere, Möglichkeit ist ein langer zärtlicher Kuss, der in vorsichtige, stets unter Kontrolle zu haltende Liebkosungen überzugehen hat.

SCHIT 5

Ein weites Bitterfeld gelegen auf hohen Bastionen hat seine Samen zur Verfügung gestellt. Mäßigem Auswuchs gelten die Bemühungen gleichbehinderter Nachkommen. Wo der Regen niedergeht stehen selbst Pflanzen wieder auf. Bewilligt von vereinigter Hingabe verstehen sie die Welt nicht mehr. Verehrt und vermehrt bleiben die Standhaften zur

Begutachtung erhalten. Weitere Zeugnisse gehören der Vergangenheit an. Beleidigungen sind dazu dass sie vergessen werden weil die Rache ein zu blutiges Geschäft ist und man sie schwer wieder in ihren Käfig locken kann wenn sie einmal ausgebrochen ist. Die Rache ist ein Verdikt gegenüber der Möglichkeit. Beeinträchtigungen der Wirklichkeitswahrnehmung führen zu Vereinsgründungen von Hinterlassenen wobei der Tod der Hauptdarsteller ist. Seiner Geneigtheit empfehlen sich alle seiner Verzweigtheit küsst jeder die Füße. Und auch wenn die Herausforderung freiwillig ist bedarf es einer gehörigen Motivation. Aber das Motiv des Lebens kann man leicht vergessen falls man es jemals geahnt hat. Es bleiben dann Knie und Füße und Ellenbogen und die Hoffnung in der Stirn der Nase den Fingern und zwischen den Zehen in allem was endet. Meisterschaften sind hierbei nicht vonnöten. Es gibt eine Wiese eine bleiche Wiese hätte ich fast gesagt aber sie ist grün und wurde einstmals nur zum Bleichen verwendet es gibt so eine Wiese auf der die Einsamkeit liegt. Und du liegst daneben und wirst viel schlafen denn es ist ein tiefes Ruhebett und dein Schlaf wird gesund sein und dein Erwachen dich nicht erschrecken. Du weißt dieses soll kein Traum mehr sein du weißt auch dahinter gibt es die Beeinträchtigungen des Verrats. Ein Saustall bleibt ein Saustall auch wenn du dich selbst hineinlegst. Die Wut ist stumm und dein Geist war nicht benebelt genug um deine Zunge zum Sprechen zu bringen. Vielleicht ist deine Zunge das einzige Lebendige an dir. Aber sie unterhält keine Verbindungen mehr zum restlichen Körper. Du musst sie anlegen an das Stromnetz anderer Wirklichkeiten. Sie mit der Spitze die Elektrizität metallischen Bodens fühlen lassen. Du musst diesen Boden mit deinen Fußsohlen erspüren und nicht erst hochspringen wenn er zu heiß wird. Du musst Rita verrinnen lassen bis sie aus einer anderen Welt wieder hervortritt. Und vielleicht gehört sie dann nicht mehr dir. Vielleicht wird sie dich ein letztes Mal berühren und mit ihrer Strahlung dann allein lassen. Und vielleicht gehst du dann einen Weg hinab über nackte Felder mit wenig Bewegung am Horizont und brauner Leere und Farbigkeit erscheint nur noch auf fremden Röcken. Und du wirst dich bemühen unter ihnen Menschen zu sehen. Aber es wird nicht einfach sein zu ihnen zu sprechen. Du brauchst Ohren und ein Augenpaar das dich ansieht und in das du zurücksehen kannst und du musst den Blick aushalten. Und dann kann deine Stimme zu sprechen beginnen. Simple und wenige sehr feine Dinge und du musst dich von diesem Ohr und dem Augenpaar als dem einzigen was du liebst abwenden und zu allen sprechen. Du musst deinem skalpierten Kopf einen Körper geben der die Zunge bewegen kann. Du musst Arme und Beine bewegen lernen und deinem Schwanz den Frieden lassen zu stehen und zu fallen wann er will. Du musst von dir absehen lernen. Deine Fantasien müssen über den eigenen Horizont hinausgehen und die Erde bevölkern. Du musst sie zu Gebäuden ausbauen und Menschen hineinlassen die sich darin erdrosseln und lieben. Du musst deine Hände im Zaum halten. Du musst ihnen das Streicheln beibringen. Das Erdrosseln ist das Ballen der Hände zu Fäusten mit einem Hals dazwischen. Das Gebet ist dessen Fortsetzung nachdem der Hals verschwunden. Der Wahnsinn ist Methode vom Ziel zur Ursache hin. Die Ursache der Methode hat den Wahnsinn zum Ziel. Die Methode des Wahnsinns ist Ziel der Ursache. Der Wahnsinn des Ziels ist die Ursache von Methoden. Methodisten verursachen Wahnsinn und Zielfernrohre. Die Geschwindigkeitsbegrenzung ist im Minusbereich aufgehoben. Belohnung gibt es nur für überlebte Unfälle. Sie besteht darin dass du aufstehen und wegrennen darfst bevor das Auto explodiert. Die Gerechtigkeit hat nur deine Sucht nach Bestätigung auf der Waagschale. Wenn du die Hände niemanden entgegenstrecken lernst wirst du nicht ins Gleichgewicht kommen. Bereitschaftsdienst ist immer vonnutzen du musst nur auf das Richtige obachtgeben. Solange du den Bleistift zwischen den Lippen hältst haben deine Hände nichts zum Schreiben. Veränderte Öffnungszeiten müssen den Verkauf nicht steigern wenn du nämlich im Laden stehst und die Straßen sind leer. Beleidigte Leberwürste verhinderte Schinken und Möhrenbrei sind Ladenhüter die du für dich behalten kannst. Am besten im Garten vergraben oder selbst auffressen und wieder ausscheiden. Dein Fäkalinstinkt spielt eine überdimensionale Rolle. Wie willst du klarsehen wenn du überall die Nase im Dreck hast. Die Klarsichtscheibe der ungetrübten Leidenschaftslosigkeit hat mehr als einen Sprung im Glas. Sieh endlich hin wie es zittert sich bricht und verschiebt. Du siehst keine Bilder mehr nur noch Fotos. Was Rita darin zu suchen hat will ich nicht verurteilen ist aber noch lange nicht gesagt. Sie hat ihr eigenes Herz ihr eigenes Leben. Deinen Schmerz wird sie dir eines Tages zurückgeben. Sie ist heller als du. Wo bei dir der Trübsinn ist und Verlangen ist bei ihr Helle. Wo ihre Helle in Dunkelheit und Gier übergeht ist bei dir Ohnmacht. Sie ist grenzenlos in ihrer Geduld und diese ist nicht nur Langeweile auch Liebe. Und in dir ist grenzenlos dein Wollen. Nur wenn du den Schmerz in dir und zwischen dir und der Welt überwindest könnt ihr euch einander wieder nähern und bei den Händen gefasst euch aufwärts ziehen und es gibt ein sehr helles zärtliches Vereinigtsein über das hinaus du nichts wünschen sollst. Dein Schwanz und ihre Scheide schön sind sie beide. Er geht hinein und wieder heraus und sie bleibt treu ohne Narben.

Gestern vor den Käfigen im Park Gespräch mit einer Frau aus Jugoslawien. Angewidert blickte sie auf die Bisamratten: »Ich kann nicht ansehen das Tier ... War im Krieg groß wie Hunde ... Hat gebissen als Hunger war Alte und Kranke und Kinder in Hals und hat Blut getrunken und Herz gefressen ... Wie Wölfe ... Ich kann sie nicht ansehen ... Will sie töten und kaputtmachen.« Das Abgehackte ihrer Sätze kam nicht nur von der fremden Sprache. Sie lebt bereits seit zwei Jahrzehnten in Berlin, hatte aber vor vier Jahren einen Nervenzusammenbruch, bei dem sie Sprache und Gehör verlor. Hatte in Küchen von Betrieben und Krankenhäusern gearbeitet, jetzt lebt sie als Frühinvalidin von Sozialhilfe.

Ich wollte lieber zum verlorenen Sohn werden als Zuhause bleiben und Schweine hüten. Was mich vor allem wegtrieb, war das Gefühl, dass im Osten nie mehr etwas zustande kommen wird, dass jeder auf den neunzigsten Geburtstag seiner Tante wartet, damit er in den Westen reisen kann. Es gab nur noch diese eine Richtung. Das Schweigen der Schriftsteller zu Gorbatschow drückte die Unfähigkeit aus, gesellschaftliches Wachstum zu ertragen oder zu erkennen. Die Staatsmacht zwischen zwei Fronten: der abtrünnige große Bruder auf der einen Seite und die aufsaugende Wirkung des Kapitals auf der anderen. In dieser Richtung wird es laufen, aber die Mauer erst fallen, wenn die Russen sagen »Mauer nix gut.«

Seit einer knappen Woche mit Ingolf in seinem alten Ford in Niedersachsen unterwegs. Zuerst in Hildesheim und Umgebung, seiner Heimatstadt, deren einstige Schönheit, ihre Sprödigkeit und ihr Reichtum wie bei den meisten norddeutschen Städten, die in der Flugschneise der britischen und amerikanischen Bomber lagen, nur noch zu erahnen ist. Das Schloss von Baselitz an Fischteichen und tiefen Hängen. Barock mit neugotischen Zinnen, Ecktürmen und Balkons. Heute die dritte Nacht in einem Harz-Hotel in Bad Grund. Altes Bergbaustädtchen. Der Iberg voller trichterförmiger Schachteingänge. Das Erz muss bis an die Erdoberfläche gekommen sein, man hat zu graben begonnen und ist den Silber-, Blei- oder Eisenadern in die Tiefe gefolgt, bis sie sich nach Jahrhunderten erschöpft hatten. Gestern im Hotel ein Schild: »Aus Solidarität zu den Bergleuten bleibt das Lokal von 14 bis 18 Uhr geschlossen.« Der Streik gilt der Schließung des letzten Schachts.

Wenn ich nach Berlin zurückkomme, wird Rita über unsere Zukunft entschieden haben. Entweder erwartet mich die Fortsetzung eines Kampfes ohne Gewinner oder eine leere Wohnung.

Trennung. Von mir gewollt, von Rita ausgesprochen.

Das ist zu einfach. Wenn ich die Trennung wirklich gewollt hätte, wäre dann die Welt mal wieder mit Getöse über mir zusammengebrochen, als ich erfuhr, dass Rita sich in einen anderen Mann verliebt hatte? Das also, und nicht der fehlende Prenzlauer Berg, hatten sie so still und verträumt gemacht, dass ich mich ihr wieder zu nähern versuchte. Deshalb also, und nicht, weil sie mich nicht im Schlaf stören wollte, wenn sie frühmorgens aus dem »Cour-Carree« kam, hatte sie ihr Bett in der Kammer neben dem Bad aufgeschlagen, fensterlos wie der Korridor, in dem sie als Kind geschlafen hatte.

War es also der typische Fall von Ostpaaren, die im Westen auseinanderliefen, die Frauen zumeist vornweg, weil sie sich als anpassungsfähiger und wagemutiger erwiesen? Nicht nur. Je länger ich darüber nachdachte, desto grundsätzlicher musste ich es nehmen: als mein zweites Scheitern in der Ehe, als endgültigen Beweis dafür, dass ich zum Zusammenleben mit einem anderen Menschen unfähig war. Hatte ich nicht genug getan, damit es zu diesem Ende kam? Als ich, noch in der Bundesallee, Rita eines Sonntagmorgens zusammengekrümmt und weinend in der leeren Badewanne fand, war ich unfähig gewesen, sie zu trösten. Stattdessen habe ich ein Gedicht darüber geschrieben. Ich habe die auf Lesbos angezündeten Kerzen verlöschen lassen. Und habe, als es um die Abtreibung ging, nie die Alternative einer Schwangerschaft in Betracht gezogen, habe mit meiner Abwehr gegen eine nochmalige Vaterschaft der jungen Frau an meiner Seite eine mögliche Zukunft genommen.

Rita zog vorerst zu ihrer Freundin nach Neukölln. Bei den folgenden Begegnungen erlebte ich sie zumeist in tiefer Verzweiflung. Ihr Geliebter hatte Kinder und eine Frau, die Rita erstaunlich ähnelte, nur dass sie um einiges älter war. Da er sie nicht, zumindest nicht sofort, verlassen wollte, drohte Rita eine Rolle als Nebenfrau, die sie zu genau kannte, um sie nicht zu fürchten. Ich versuchte nicht, sie zur Rückkehr zu bewegen, doch bei unseren Treffen wurde eine Verstrickung deutlich, die sich mit unserer Trennung nicht erledigt hatte. Wie sich abwechselnd anziehende und abstoßende Magneten empfand ich uns, eine so starke Spannung erzeugend, dass sie für Außenstehende kaum erträglich war. Wagte ein Dritter sich mit irgendeinem missverständlichen Wort an einen von uns zu wenden, stürzte sich sofort der andere auf ihn, um den Angegriffenen zu verteidigen. Wir glichen einem Paar Rücken an Rücken stehender Kämpfer, die in ihrer Verzweiflung nach allem schlugen, was sich ihnen näherte. Trennung bedeutet ja nicht zuletzt, den Kreis der Menschen um sich her zu spalten, sie zur Parteinahme zu zwingen. Wir aber sahen nur uns selbst. Als ich an irgendeiner Lesung in der Urania teilzunehmen hatte, lud ich Rita ein, um mir zu beweisen, dass ich einer solchen Situation gewachsen bin. Ich musste dazu etliche Schnäpse und Beruhigungstabletten schlucken und las dann wie in Trance, wie um mein Leben, nur Ritas bleiches Gesicht mit den übergroßen Augen vor mir. Danach brachte ich sie zum Bus und lief, völlig erschossen, allein zurück in meine übergroße, leere Wohnung.

Ein Beweis für die Krise, in der ich mich befinde: Bei jedem Satz, der mich in einem Buch nicht überzeugt, denke ich, er könnte von mir sein.

DER MENSCHLICHE ZOO

Es widerfuhr mir in dieser Nacht von Käfigen zu träumen, in die man Menschen gesperrt hatte. Das ergab einen kleinen Zoo, provisorisch in Tierschauwagen auf einer graslosen Ebene am Stadtrand untergebracht. Mir selbst hatte man einfach eine Zimmerecke mit Maschendraht vergittert, das reichte.

In jedem der Käfige hauste der Vertreter einer bestimmten Menschenart, die auf Schildern näher vorgestellt wurde. Etwa:

»Araber; Wüstenvolk im N Afrikas und W Asiens. Ehemals vorzüglicher Nomade; zuletzt Erdölfunde. Bitte nicht füttern. Bissig!«

Oder:

»Eskimo; Lebt in der Nordpolarzone Amerikas und Grönlands von Fisch, Seehunden, Walfisch und Elfenbeinschnitzereien. Vom Aussterben bedroht. Tragezeit 9 Monate.

Es gab jede Menge Europäer, darunter Italiener, Norweger, Iren, Polen und Franzosen. Auf meinem Schild stand: Deutscher ...

Da jeder die für sein Land typischen Nationalgerichte in Näpfen durch die Gitter geschoben bekam, hatte ich mich von Eisbein, Kohlrübeneintopf, Rinderbrust in Meerrettichsoße und Berliner Pfannkuchen zu ernähren.

Die Wärter waren nicht, wie es in der von internationalem Großküchendunst und dem Gestank der unzureichend abtransportierten Fäkalien (die Käfige sahen saumäßig aus) geschwängerten Luft lag, Amerikaner, sondern eine Tierart, die sich in diesem Teil der Welt auf Kosten aller anderen explosionsartig vermehrt und das Evolutionserbe der Menschheit angetreten hatte. Es waren Hauskatzen. Inzwischen jedoch zu einer Größe mutiert, die über der ehemaligen des kanadischen Pumas lag und bisweilen die der inzwischen ebenfalls ausgestorbenen Leoparden erreichte. Ihre Intelligenz, ihre im Umgang mit den Menschen erworbene Verschlagenheit und ihre Anzahl hatten das möglich gemacht.

Auch mit uns gingen sie keineswegs fein um. Erst neulich hatte es ein fürchterliches Gemetzel gegeben. Ein paar Kurden, Lappen, Esten, Tschungusen und Russen waren durchgedreht und hatten gegen die Gitterstäbe gewütet. Teils hatten sie sich dabei selbst umgebracht, teils wurde von den Wärtern eine für solche Zwecke entwickelte Waffe eingesetzt; ein Wasserwerfer, dessen Strahl wie die Flamme eines Schneidbrenners sofort Fleisch zerschnitt, doch ohne Hitzeentwicklung und damit auch ohne den den Katzen so lästigen Geruch verbrannten Fleisches.

Dafür hinterließ ihr Einschreiten ansonsten eine entsetzliche Schweinerei. Die Russin, die mit ihrem Russen den Nebenkäfig bewohnte, musste ständig Obacht geben, dass sie nicht auf dem Gehirn ihres Mannes ausrutschte, das, wie die übrigen Fleischreste, verstreut auf dem Boden lag. Sie verzog sich daraufhin in eine hintere Ecke ihres Käfigs, was sich im Laufe der Zeit als ein nicht zu unterschätzender Vorteil erweisen sollte. – Die Katzen hatten nämlich nach überstandener Schlacht im gesamten Nordflügel das Licht abgeschaltet, da für sie dieses Kapitel nunmehr erledigt war und sie Strom sparen wollten.

Für mich ergab das eine veränderte Perspektive, ja, ein neues Vitalitätsgefühl. Nebenan eine alleinstehende Russin, die unbemerkt in ihrem Käfig überleben konnte, da sie über das Fleisch ihres Mannes verfügte, das sie sich stückchenweise zum Verzehr in ihren Winkel holte. Ich hatte mit meinem Leben in der abgetrennten Zimmerecke ohnehin ein privilegiertes Dasein, wahrscheinlich war es ein Tribut an die besondere Rolle der Deutschen, die sie in der Historie gespielt hatten.

Langsam konnte ich mir also Gedanken über wenn auch nicht einen gemeinsamen Ausbruch (denn wo wollte man leben, wenn dies der einzige Ort war, an dem man durch Gitter vor den Katzen geschützt war?) so doch eine Verbindung mit dem russischen Weibchen machen. Da ich keinesfalls aufdringlich erscheinen wollte, musste ich eine angemessene Zeit der Trauer verstreichen lassen, mich dann durch Klopfzeichen bemerkbar machen, einen Verbindungsgang graben, musste mich vorsichtig mit der Frau anfreunden, um sie werben und sie schließlich dazu bewegen, gemeinsam mit mir zu leben (entweder in ihrer oder in meiner Zelle, am besten aber in beiden) und vielleicht gar mich heimlich zu heiraten, um eine Familie zu gründen.

Das war allerdings ein Vorhaben, bei dem man nicht vorsichtig genug sein und auf dessen Verwirklichung man nicht allzu viel Hoffnungen setzen konnte, das aber, wenn es glückte, einen immensen gesellschaftlichen Fortschritt bedeuten würde. Denn bisher war es noch nie gelungen, Menschen in der Gefangenschaft zur Fortpflanzung zu bewegen.

SCHIT 6

Ich muss heute einen guten Tag gehabt haben. Eine angenehme Sättigung mit leichtfüßigem Transpirieren. Keine Erinnerungsbegehren an verschwundene Mütter keine Treppen in den Keller die Himmelsleiter an das Gerüst eines Hauses gelehnt das Gottseidank noch nicht erbaut ist.

Wiederholungen sind Schwächen des Geistes. Aus seiner Stärke kann die Stärke von Texten werden eines Artikels den man auf den Wühltischen der Kaufhäuser findet wenn man lange genug sucht im Sommerschlussverkauf. Wiederholtes Betreten von Territorien ist allerdings Voraussetzung für die Kenntnis des Geländes und daran wollen wir uns ja wohl halten. Boden unter den Füßen auch wenn das Pflaster längst weg ist und wir durch saftigen Morast stapfen. Es folgen getrocknete Flächen mit Rissen wie auf Schildkrötenpanzern oder wie die Drahtnetze um die Kugellampen nicht nur unter Karlsbader Kolonnaden (das letzte bitte streichen und nicht streicheln). Auf dem getrockneten Schlamm bemerke ich Vogelspuren in entgegengesetzter Richtung einen auf einem Baum sitzenden Pfau einen Strauß der seinen Kopf hoch trägt weil ihm der Sand ausgegangen. Weniger als eine Fata Morgana sind die Landrover auf dem Wege nach Dakar nämlich entschwundene Welten. Was heißen will es gibt Bereiche der motorisierten Realität die bergen die Gefahr dass man zum hohlen Resonanzkörper wird. Der Kopf muss also wohlbestellt sein und das Herz nicht am seidenen Faden baumeln.

Wovon war ich ausgegangen. Vom Boden unter den Füßen den ich als Wüste beschrieben habe in all meiner ehrlichen Einfalt. Doch vielleicht ließ mich an Wüste nur ein Gefühl der Unendlichkeit denken. Dass ich von Horizont zu Horizont sehen kann und über mir ein blauer Himmel ist der an Rändern in milchiges Weiß übergeht und von einzelnen glühenden Flecken erleuchtet ist. Es sind nicht die Silhouetten von brennenden Häusern nicht glühende Eisenstücken in denen ich zum Leben verurteilt. Die Weite der Entfernung entsteht nicht durch Angst sondern durch Alleinsein. Wofür die Angst vielleicht gesorgt hat aber inzwischen ist auch sie weit weg und war wohl nur eine Maske ich weiß nicht ob für Egoismus. Vielleicht war das Alleinsein schon vor mir auf der Welt und erwartete mich als ich in sie gestoßen wurde. Der weite Himmel erfüllt nicht mit Wehmut obwohl ich weiß dass ich nur mit Menschen sprechen kann. Auch wenn ich sie noch nicht sehe so kommen sie mir doch näher. Ich sage das so dahin weil ich mehr nicht über Menschen zu sagen weiß. Ich will sie immer schon verdauen bevor ich sie verschluckt habe. Es fehlte noch dass ich von Liebe spreche. Sie ist ein rosa Streif am Himmel der rundum geht und alles erfüllt. Ich kann dieses Rosa natürlich als Kulisse begreifen oder bezeichnen und was davor ist als durch meinen Hass verbrannt. Aber das wäre nur eitle Selbstbeschimpfung.

Die Welt ist nun mal ein Seil das du erst finden musst um darüber gehen zu können. Keine aufgestellten Blechbüchsen für Stoffballwerfer. Da ziehe ich die versteckte Unterrockkamera mit Blitzlichtautomatik vor das Biwakieren unterm Sternenzelt. Ich lösche das Licht indem ich die Augen schließe. Wenn der Schwachsinn zur Methode wird bleibt der Methode nichts als schwachsinnig zu werden. Verschwinden zugunsten allgemeiner Verirrung. Wo nämlich kein Weg ist werden statt der Steine die Pilze gefunden. Ich habe keineswegs die Absicht das Leben aufzugeben nur fürchte ich manchmal es gibt mich auf. Es hält mich nicht mehr aus und wendet mir die Rückseite zu weil es meine Heraussagungen nicht mehr hören will. Also muss ich das Unhörbare sagen. Vielleicht ist die Lösung eine Debatte der Unheilbarkeiten in der der Angesprochene so ungeduldig wird dass er endlich meine Stimme hören will. Die Stimme der unerhörten Plattheiten. Die Stimme des widerspruchsfreien Widerspruchs. Die Stimme unbeeinflussbarer Evidenz. Die Stimme aus dem Ofenloch die Stimme aus der Untersuchungshaft die bellende Stimme auf dem Genickschußübungsplatz und die Stimme aus der Telefonzentrale. Bitte einen Moment warten wir verbinden.

Bei Peter alte Platten von Brassens gehört. Er erzählte von der Frankreichbegeisterung, die seinen Freundeskreis in den frühen Sechzigern beherrschte und besonders von Böttcher am Leben gehalten wurde. Man trank Rotwein, hörte die Chansons von Brassens, Brel und der Piaf, verehrte Picasso und die Impressionisten, trug Anzüge mit schmalen Schlipsen wie die Existenzialisten und manchmal Baskenmützen. Die Verbindung zur KP Frankreichs führte einige Idole auch in die DDR. Als Gerard Philippe mit seinem Volkstheater in Dresden gastierte, stellten sich Peter und Freunde bereits in der Nacht vor der Kassenöffnung auf dem Theaterplatz an. Einer hielt die Stellung in der Schlange, die anderen spielten Eishockey ohne Schlittschuh auf dem Zwingerteich, liefen frierend Runden durch die zerstörte Altstadt. Als sie am nächsten Mittag an der Reihe waren, erhielten sie nur noch Karten für einen toten Winkel im zweiten Rang, von dem aus sie zwar das wunderbar weiche Französisch Gerard Philippes hörten, ihn aber beim besten Willen nicht sehen konnten.

Besser erging es Peter beim Konzert von Yves Montand. Er verdiente sich damals 5 Mark pro Abend, wenn er als Mitglied der Freiwilligen Feuerwehr Brandwache hinter der Bühne schob. In seiner schlackernden blauen Jacke mit der Taschenlampe auf der Brust und dem Stahlhelm am Koppel stand Peter auf dem Schnürboden herum und konnte nicht nur Yves Montand aus nächster Nähe sehen, sondern auch die von allen vergötterte Simone Signoret. Genauer gesagt saß sie, als er seine Runde drehte, ihm plötzlich rauchend und mit übergeschlagenen Beinen in der Garderobe gegenüber. Nachdem er knapp einer Ohnmacht entgangen war, sprach Peter sie sogar an. Und was sagte er? »Madame«, sagte er, »hier dürfense aber nich roochen.« Die Signoret schien sächsisch zu verstehen und drückte lachend die Zigarette aus.

Mit Peter ist Peter Herrmann gemeint, der seit kurzem in der Großbeerenstraße wohnte, keine fünf Minuten Fußweg von mir entfernt. Als einer der Malerberühmtheiten der DDR kannte ich seinen Namen, aber bis dahin nicht ihn selbst. Zehn Jahre älter als ich, hatte er als Kind noch den Krieg erlebt, die Flucht aus Schlesien und die Bombardierung Dresdens. Dort war er zur Schule gegangen, hatte eine Lehre als Chemigraph absolviert und in einem Volkshochschulkurs Peter Graf, den später als Penck bekannten Ralf Winkler, Rainer Makolies und ihren gemeinsamen, nur unwesentlich älteren Lehrer Jürgen Böttcher, genannt Strawalde, kennengelernt. Wenn es im Lande ein Bild von freiem, durch Freundschaft verbundenen Künstlertum gab, dann wurde es durch diese Gruppe vermittelt, deren Ruf seit ihrer ersten, nach einer Woche verbotenen Ausstellung republikweit bekannt wurde. Nach dem fehlgeschlagenen Versuch, an einer Kunsthochschule immatrikuliert zu werden, hatte Peter fast 30 Jahre als Chemigraph gearbeitet, nie ein eigenes Atelier besessen und seine berückend poetischen Bilder in den Wohnungen am rechten Elbufer gemalt, die er zuerst mit einer, dann mit der zweiten Ehefrau, samt dazugehörigen Kindern bewohnte. Er gehörte zu den wichtigsten Inspiratoren der Samisdatliteratur, indem er eine in seinem Besitz befindliche alte Druckerpresse dazu nutzte, unter dem Dach des Leonardi-Museums Mappen mit Gedichten und Graphiken herauszugeben. Einer seiner farbigen Holzschnitte hing in meinem Arbeitszimmer – stets mit etwas schlechtem Gewissen betrachtet, weil das zweite Blatt auf meinem mäandernden Rückweg von der Ausstellung am Frankfurter Tor aus der Rolle gerutscht sein musste, jedenfalls auf Nimmerwiedersehen verschwunden war.

Auch in Westberlin hatte Peter vorerst kein eigenes Atelier. Nach seiner Ausreise war er elbaufwärts bis Hamburg geschwommen, hatte dort wieder Kontakt zu seinem alten Freund Biermann aufgenommen und zusammen mit Petra, seiner dritten Frau und ultimativ letzten großen Liebe, eine Wohnung in der Nähe des Fischmarktes bezogen. Doch so groß die Liebe auch war, sie musste versickert sein, sich abgenutzt haben in den Kämpfen vor und nach der Ausbürgerung – jedenfalls hauste er jetzt ebenfalls allein in der Großbeerenstraße.

Das war allerdings kein Grund zur Wehleidigkeit. Die Trennung hatte ihm den Sprung nach Berlin erleichtert, das er bisher mit einer Mischung aus Furcht und Bewunderung betrachtet hatte und ihm nun, da es ihm kaum Zeit zum Atemholen ließ, als genau der richtige Ort erschien, sich im Alleinleben zu üben. Ich lernte es durch ihn mit neuen Augen sehen, wie mir überhaupt zum ersten Mal ein Mensch glaubhaft vermittelte, dass das Leben eine großartige Sache sei, die nicht in erster Linie hinterfragt, durchstanden, erlitten werden will, sondern genossen. Peters Wohnung machte den Eindruck, als hätte er schon immer darin gelebt. Während ich mich in meiner wie in einem drei Nummern zu großen Anzug fühlte, schien ihm seine auf den Leib geschneidert. Dass er darin auch malen musste, machte die Verbindung von lustvollen Leben und Arbeiten nur um so überzeugender. Überall hingen, lagen und standen seine Bilder, die seiner Freunde, Fotos, Erinnerungsstücke und trocknende Früchte, die ihr Aroma mit dem betörenden Geruch von Ölfarben, Firnis und Terpentin vermischten. Auf seinen neueren, immer größer werdenden Bildern feierten die Farben Feste, die ihnen bisher versagt waren – den Maler hatte der Übergang aus der schwarzgrünen in die grell leuchtende Farbenwelt des Westens weniger schockiert als inspiriert. Der Wasserfall, der im Schnittpunkt unserer Wege lag, sprudelte auf seinen Bildern in unterschiedlicher Färbung, am lebendigsten und irritierendsten unter den explosierenden Sternen eines Silvesterfeuerwerks, das in Peter beklemmende Erinnerungen an die Dresdner Bombennächte weckte.

Zu den Festen, die er auf den Leinwänden feierte, waren immer auch die Toten geladen. Gerippe geisterten durch die Stadt, weiße Fahnen der Kapitulation flatterten in den Fenstern, Papier wehte durch die Straßen wie nach einem Feuersturm. Ich fand all das auf den Bildern wieder, was ich von seinen Erzählungen auf unseren stundenlangen Spaziergängen, während unserer nächtelangen Kneipentouren kannte. Den aus dem Krieg heimgekehrten Vater, einen mit Birkenholz beladenen Handwagen ziehend, als käme er gerade aus den russischen Wäldern. Das Elternpaar, schon in besseren Zeiten, um den sonntäglich gedeckten Kaffeetisch in Dresdens Neustadt sitzend. Und immer wieder die Malerfreunde, die unter einem mal helleren, mal dunkleren Himmel gemeinsam zeichnen, diskutieren oder stumm in einem Boot ins Nirgendwo treiben, mittendrin Petra, mit der er monatlich eine Summe so hoch wie seine Miete vertelefonierte.

Ansonsten war Peter ebenso froh, dass er in Berlin endlich einen »Dichter« zum Gesprächspartner hatte, wie ich, einen Maler kennengelernt zu haben, der der Rede mächtig war. Und zwar im doppelten Sinne: einen nämlich, der auch mit Pinsel und Stift zu erzählen verstand, ein Erbe also jener mittelalterlichen Meister, die den Analphabeten die biblische Geschichte nahebrachten. Gemalt oder gesprochen, nach Peters Geschichten war ich süchtig, und auch danach, die eigenen Erlebnisse jemandes Ohr anzuvertrauen, dem sie zwar neu waren, doch nicht fremd, da er ihren Hintergrund kannte. Die bevorzugten Orte für unsere Gespräche waren die gastronomischen Einrichtungen der näheren Umgebung, insbesondere italienischer Herkunft. Wir machten damals die Entdeckung, dass man zu Spaghetti nicht nur Jagdwurst, Tomatensoße und Reibekäse essen kann. Die köstlichsten Alternativen wurden uns an den kahlen Tischen der »Trattoria Numero Uno« serviert, direkt neben dem Wasserfall. Dort hatte sich eine Gruppe reisender

Italiener sesshaft gemacht, die die anarchistische Tradition ihres Landes pflegten, indem sie beispielsweise zum Tode Molotows kostenlose Molotow-Cocktails ausschänkten. Als einer von ihnen die »Bar Centrale« in der Yorckstraße gründete, zogen wir allerdings die bürgerlichere Variante vor. Wer hatte eigentlich das Geld dafür? Ich mit meiner Arbeitslosenhilfe und den mageren Honoraren konnte es unmöglich gewesen sein.

Wie dem auch sei, im Sommer saßen wir auf dem Bürgersteig wie am Strand, von dem man das vielbefahrene Asphaltmeer betrachten konnte. Noch angenehmer waren die Herbst- und Winterabende, an denen wir im Warmen saßen und zusahen, wie hinter den geschliffenen Glasscheiben Regen- oder Schneeschauer durch die Lichtkegel der Straßenlampen trieben. Es war, als ob man dieses Lokal eigens für uns geschaffen hatte. Mit seiner kostbaren Holztäfelung, der langen lederbezogenen Bank, den quadratischen Tischplatten aus rotdunklem Gestein und vor allem mit der gläsernen, durch geschwungene Rahmen gegliederten Türfront, war es für uns der Inbegriff eines Westens, der uns bisher entgangen war, mehr noch, war es ein Stück nobles Rom oder Florenz im kleinbürgerlichen Westberlin. Weder die hochnäsigen Kellner in ihren weißen Schürzen, noch die gepfefferten Preise, noch die Gäste, die so eng beieinander hockten, dass sie ihre Ohren in fremde Gespräche stecken konnten, hielten uns davon ab, nächtelang von den Zeiten zu erzählen, in denen für uns noch keine Tagliatelle mit Wachteln, kein Chianti und kein Grappa existierten.

DER HELLER

Peter erzählte in der »Bar Centrale«, woher sein unstillbarer Hunger kam, erzählte von Krieg und Nachkrieg, in dem er Kind und immer auf der Suche nach Essbarem war. Mit den Flüchtlingstrecks kam die vaterlose Familie aus Schlesien zu dem Großvater nach Dresden. Der war Porzellanmaler, und obwohl der Geruch nach Farben Peter zuerst auf den Pfad der Malerei geführt hatte, ist seine Erinnerung an den alten Mann nicht die beste. Zu sehr fühlte der sich in seiner Zweizimmer-Wohnung von der Tochter mit den beiden Kindern gestört, verwies sie in entfernte Winkel, zu mitleidlos stand er ihrem Hunger gegenüber.

Peter erzählte wenig von der Bombardierung, sie macht noch immer stumm. Er sprach von dem aus dem Zoo ausgebrochenen und durch den Großen Garten irrenden Tieren, von Papier, von den Unmengen Papier und Asche, das in diesen Tagen durch die Dresdner Neustadt wirbelte. Und er sprach davon, wie später, im Frühjahr, überall Panzersperren gegen die heranrückenden Russen gebaut wurden, auch in der Hans-Sachs-Straße, in der Peter aufwuchs. Arbeitsdienstler und Frauen rissen das Straßenpflaster auf, schachteten einen Graben und pflanzten frisch geschlagene Kiefernstämme hinein, die das Knochengerüst eines mächtigen Erd- und Steinwalls wurden, in dem man schmale Durchgänge für die Anwohner offengelassen hatte. Doch in der Hans-Sachs-Straße wurde niemals ein Panzer gesichtet; stattdessen hingen jede Menge Bettlaken aus den Fenstern, und im Handumdrehen verschwanden die Panzersperren, wurden von den Frauen mit ihren Kindern die Kiefernstämme ausgebuddelt, zersägt und verheizt.

Peter erzählte von seinem Vater, der kurz danach völlig abgemagert aus dem Krieg zurückkehrte. Sein Leben lang hat er ihn mit einer Mischung aus Bewunderung und Verachtung betrachtet. Er bewunderte ihn wegen der

Selbstverblendung und der Illusionen, mit denen er immer wieder weltbewegende Dinge in Angriff nahm, wurde aber stets von ihrem Scheitern enttäuscht. Er wollte Peter das Billardspielen beibringen und konnte es selbst nicht. Er ging nach seiner Rückkehr sofort daran, den größten Karnickelstall aller Dresdener Hinterhöfe zu bauen – er wurde von einem Sturm demontiert, weil das Dach viel zu groß war und vom Wind weggetragen wurde, obwohl sich die ganze Familie daran gehangen hatte. In einer schlichteren Variante des Stalles züchtete der Vater *Belgische Riesen*, die größte aller Kaninchensorten, wegen des riesigen Hungers, den alle hatten und der Peter noch heute plagt. Riesig waren aber an den Belgiern nur die Ohren und das Knochengerüst, in der Kasserolle schrumpften sie so zusammen, dass sie nicht eine Mahlzeit überlebten.

Und was für Anstrengungen hatte es gekostet, sie einigermaßen fett zu bekommen, stöhnte Peter. Als Junge war er ununterbrochen in den Kleingartenanlagen und an den Feldrainen unterwegs, um Löwenzahn zu stechen und Gras zu hauen. Irgendwann kam es endlich zum Schlachten. Der Vater wollte es dem Jungen beibringen und ihn an den Anblick von Blut gewöhnen. Peter stand zitternd am Hackklotz und hielt die langen weichen Ohren eines Belgiers in den Händen, Tränen des Mitleids in den Augen und den Mund voller Speichel aus Hunger. Aber wieder versagte der Vater! Dreimal nahm er mit seinem stumpfem Messer Anlauf, um Halsschlagader und Kehle des Tieres durchzuschneiden, das Vieh quiekte, das Blut spritzte, weiß im Gesicht taumelte der Vater zur Seite und machte dem Nachbarn Platz, der den Fall zu Ende brachte. Peter stand voller Blut daneben.

Im nächsten Frühjahr begann der Vater – aus Hunger, alles aus Hunger – Agrikultur im großen Stil zu betreiben. Er wollte eine bestimmte Kohlsorte pflanzen, die bei den *Belgischen Riesen* so hervorragend anschlägt, und von der er durch einen im Heller hausenden ehemaligen Soldaten gehört hatte. Der Heller war eine Sandwüste am Rande der Dresdener Heide, ehemaliger Schieß- und Übungsplatz, später Schlachtfeld für Russen und Deutsche. Der Boden war voller Blindgänger, Minen, scharfer Patronen, die von den Kindern gesammelt und in den Ruinenstraßen von Dresden gezündet wurden. Peter erzählte, dass er nur durch Zufall an jenem Nachmittag nicht dabei war, als drei Schulkameraden von einer Granate zerfetzt wurden. Zur Trauerfeier ging er mit der Schulklasse, die ganze Straße war versammelt.

In einem Bombenkrater des Hellers hauste also ein Soldat in einem alten LKW. Peter war der Mann in Uniform und mit Gasmaskenbrille unheimlich. »Er roch nicht wie ein Tier, nicht wie ein Mensch. Er war wilder.« Der Vater besuchte ihn oft, war fasziniert von ihm, bewunderte seine geheimnisvolle Kraft, die aus der Wüste ein Paradies geschaffen hatte. Der Soldat hatte es fertiggebracht, dass im Sand des Heller prächtiger Kohl, Mohrrüben und Kartoffeln wuchsen, alles Dinge, die man essen konnte. Er hatte das Land mit den Mist von Schweinen gedüngt, die jemand hinter dem Neustädter Bahnhof hielt. Peters Vater imponierte das so sehr, dass er sich neben dem Feld des Soldaten ein Stück Land absteckte und zu kultivieren begann. Tag für Tag zog er (und Peter schob) einen Handwagen voll stinkender Schweinescheiße durch die Straßen zum Heller, überschüttete das Land mit Jauche und Mist und pflanzte Kohl hinein: Kohl, den die *Belgischen Riesen* fressen sollten, damit er, seine Frau, die Kinder und der Schwiegervater die *Belgischen Riesen* fressen konnten.

Peter schluckte. Das Feld blieb so leer wie inzwischen unsere Teller waren. Buchstäblich nichts wuchs das ganze unselige Jahr über, und der Vater verkaufte den von Schweinedung verbrannten Wüstenstrich und pachtete für sehr viel mehr Geld ein Stück Land in einer weit entfernten

Gartensiedlung. Die Kultivierung des Heller übernahmen in den folgenden Jahren andere, sie gruben um, harkten Patronen aus dem Sand und verstreuten Schweinedung, Taubenmist und Pferdeäpfel, klüger und vorsichtiger als ihr Vorgänger. Der Nordteil des Heller wurde eine große grüne Gartensiedlung, bei deren Anblick Peter jedes Mal ein Gefühl des Hungers und des Zorns auf seinen Vater verspürte.

AN DER HALTESTELLE

»Der Bus, da kommt der Bus. Eh, der Bus. Der Bus kommt. Der Bus, eh. Er kommt, eh. Kiek mal, der Bus. Eh, der Bus kommt. Der Bus, eh, der kommt, eh, der Bus.«

Nie habe ich Ritas Augen so tiefblau glänzend gesehen wie bei unseren Begegnungen in der letzten Zeit. Es beunruhigt mich auf eine ganz andere Weise als ihr mitunter stumpf grauer Ausdruck und die kleinen Pupillen während unseres Zusammenseins. Vielleicht weil ich nicht weiß, woher es kommt: aus der Liebe zu einem anderen Mann oder aus Verzweiflung und der noch immer bestehenden Bindung an mich.

Breite deine Vorstellungen von Partnerschaft auf dem Papier so ernsthaft aus, wie du es im Leben nicht kannst – und du erhältst eine wirkliche Tragödie.

Er war mit dem Schrecken davongekommen. Er wird ihn bei sich behalten.

Irgendwie ist es, als ob wir in den Hades gekommen seien. Wir wandeln als Schatten umher, oder anders, wir bewegen uns wie unter Schatten, weil unser Leben ein so anderes war und nichts mit dem gemein hat, das hier unten gelebt wird.

Als Peter im Juni '61 Westberlin besuchte, hatte er von Beginn an das untrügliche Gefühl, bleiben zu müssen. Vor allem die Schuhe, die er in der Wohnung seines Freundes sah, riefen ihm das zu. Budapester Schuhe mit dicken Sohlen, die fast das ganze Zimmer füllten, paarweise die Spitzen auf die Fußbodenleisten gerichtet. Peter hatte sich vom umgetauschten Geld ein Nylonhemd gekauft; seine Reisetaschen waren voll mit Angorawolle, die er den Kolleginnen in der Dresdener Druckerei mitbringen sollte.

Am Abend ging er in ein Ku'dammkino und sah *Rocco und seine Brüder*. Als ein Schwinger mitten im Gesicht von Rocco landete, schoss Blut aus Peters Nase. Ein altes Leiden, aber in diesem Fall von besonderer Bedeutung: Peters Dummheit sollte bestraft werden. »Leider lief an diesem Abend kein Western«, sagt er. »Wenn John Wayne durch einen Saloon geschlichen wäre und Whisky gekippt hätte, wäre ich vielleicht geblieben. Aber so drückte mir die italienische Brüderlichkeitsarie aufs Gemüt und ich fuhr heimwärts. Die Züge nach Dresden immer so voll, dass keine Nadel zu Boden fallen konnte. Angstschweiß auf der Stirn, dass der Schaffner kommt und die Angorawolle und den Petticoat entdeckt, den ich unter dem Hemd trug. Mein weißes Hemd rot von Roccos Blut, aber nachdem es getrocknet war, merkte ich, dass man es abkratzen kann, weil das Hemd aus Nylon war. Ganz weiß kam ich in Dresden an, konnte aber nie wieder nach Westberlin fahren, weil sechs Wochen später die Mauer gebaut wurde.«

Anna Sonder: Ich zerfließe in Körperlichkeit.

Ich wachte an der Seite eines Menschen auf, d. h. Rücken an Rücken, was verwachsen noch immer Platos vollkommenes Wesen ergäbe. Aber wir hatten einen Fingerbreit Luft zwischen uns gelassen.

Der Fingerbreit Luft war unserem Altersunterschied und der Tatsache geschuldet, dass uns nur knappe drei Monate blieben, bis Anna Sonder nach Australien zurückkehren würde. So lange war der Aufenthalt befristet, den der DAAD der Germanistik- und Jurastudentin finanzierte. Als sie mich, von Paris aus, angerufen und mit ihrer angelsächsisch hohen Stimme gefragt hatte, ob sie mich in Berlin zur Situation der DDR-Literatur befragen dürfe, wusste ich, dass ich dieses Zwitschern brechen würde, dass ich mit allen mir zu Gebote stehenden Mitteln versuchen würde, sie in mein verwaistes Bett zu bekommen. Das war ich meiner gekränkten Eigenliebe schuldig und mir um so klarer, als ich sie durch den Türspion mit einer Flasche Wein und ihrem in der Dunkelheit des vom Minutenlicht soeben im Stich gelassenen Treppenhauses hell leuchtendem Gesicht vor meiner Wohnung stehen sah. So, in schwarzem Mantel und entweder mit strahlendem oder unvermutet düsterem Gesicht, dem das Lächeln in meiner Abwesenheit abhanden gekommen war, stand sie in den folgenden Wochen mindestens einmal täglich vor meiner Tür.

Es hatte dazu am ersten Abend mehr als meines Vorhabens und einer Flasche Wein bedurft. Es wurden drei oder vier, die erste in meiner Wohnung getrunken, die folgenden in einem Lokal am Südstern und der Rest wieder in den eigenen vier Wänden. Ich musste tief in der Schatzkiste des Ostens kramen, Erinnerungen an den Prenzlauer Berg, die Wälder um Schmachtenhagen, die sie brennend interessierende Schmiede in Sachsen ausbreiten, schreckte nicht vor der Schilderung meiner Trennungsgeschichte zurück und musste dennoch zusehen, wie sie schließlich in die fensterlose Kammer wankte, um sich auf die von Rita verlassene Matratze zu legen. Als ich am Morgen auf meinem Gang zur Toilette dort vorbeikam, konnte ich nicht anders als die Tür öffnen und mir den Anblick der in der Dunkelheit liegenden blonden und hellhäutigen jungen Frau zumuten. Sie hatte die Augen offen, und als sie deutlich sah, dass sich meine mit Wasser füllten, streckte sie mir ihre langen schmalen Arme entgegen, damit ich mich in ihnen ausheulen konnte.

Was war es, dass diese Umarmung so sanft von Schmerz in Lust und reine Lebensfreude übergehen ließ, dass ich ihr und allen folgenden Umarmungen nie überdrüssig wurde und stattdessen ihr Ende fürchtete? Hatte es mit diesem anscheinend feststehenden Ende zu tun, dass ich mich so hingeben konnte wie nie zuvor einer Frau? Nein, es war bedeutend mehr. Es war, als ob sich zwei Antipoden, die bisher an den entgegengesetzten Enden der Welt gelebt hatten, plötzlich gefunden hätten und, wie in einem Feuerball, von einem solchen Unmaß an Liebe umschlossen würden, von dem ich nicht geahnt hatte, es könnte in mir existieren, geschweige denn, es würde erwidert werden. Eine Liebe, die ich vom ersten Augenblick an als etwas Vollkommenes empfand, während mir alle früheren Gefühle gleichen Namens als bruchstückhafte Versuche erschienen.

Anna Sonder kam aus Melbourne, wo die wohlhabende Intellektuellenfamilie ihren Stammsitz hatte, aber vom Vater, einem bekannten Psychologieprofessor, immer wieder in europäische und amerikanische Universitätsstädte entführt wurde. Sonder sprach neben Englisch Französisch, etwas Spanisch und ein erstaunlich akzentfreies Deutsch, obwohl sie es nur an der Hochschule gelernt hatte. Warum studierte sie ausgerechnet Germanistik? In Melbourne hatte sie gebannt den Erzählungen einer alten Berliner Jüdin gelauscht, die in ihrer Nachbarschaft lebte und die nicht vorhandenen Großmütter ersetzte. Beim Klang von Volksliedern und Gedichten von Goethe, Mörike und Morgenstern hatte sie sich in die ihr so altertümlich und reich erscheinende Sprache verliebt und mit dem Schreiben von Gedichten begonnen. Sie hat mir nie welche gezeigt oder rezitiert, wie sie auch nie eine Zeile von mir gelesen hat. »Das wäre zu viel«, wehrte sie ab, »ich bin so schon voll von dir.« Voll von den Erzählungen und Liebkosungen, die mit oder ohne Wein, mit oder ohne das Gras, von dem sie stets ein Plastiktütchen voll in ihrer schwarzen Ledertasche mit sich trug, aus mir wie aus einer überreichen, nie zuvor angebohrten Quelle sprudelten und von ihr ebenso überschwänglich erwidert wurden. Ihre schwarze Tasche, schwer von Büchern, Papieren, Studienunterlagen gehörte, wie der schwarze Mantel, den sie bereits den dritten Winter hintereinander trug, zu den Dingen, die ihr Halt gaben und vor der völligen Auflösung schützten. Jeden Vormittag fuhr sie mit ihr zur Uni, um mitunter zwei Stunden später wieder vor der Wohnungstür zu stehen, Tasche, Mantel und was sie sonst noch beschwerte, von sich zu werfen und sich zurück auf das Bett fallen zu lassen. Das Bett war unser Hauptquartier. Jetzt wusste ich endlich, warum eine Doppelliege in diesem Zimmer stand. Auf der einen lagen wir, auf der anderen, was wir zu unserem Lotterleben brauchten: Bücher zum Vorlesen, einen Aschenbecher mit Rauchzeug, die Hüllen der Platten, die, wenn nicht der Fernseher lief, unsere Gespräche und anderen Vergnügungen musikalisch untermalten, ein Tablett mit Getränken und kleinen Speisen, die Kondome, für deren nicht abreißenden Nachschub, wie für den von Marihuana, Anna Sonder sorgte.

In dieser Hinsicht war sie ausgesprochen vorsichtig. In Melbourne wartete ein Verlobter auf sie (sowas gab es in der heilen Welt Australiens), und wenn ihr Gesicht im Türspion, durch die ich sie immer wieder betrachtete, nachdem sie geklingelt hatte, wie erloschen wirkte, hatte sie wahrscheinlich einen Brief oder einen Anruf von ihm erhalten.

Öffnete ich die Tür, strahlte sie zumeist wieder. Doch gab es auch in meinem Beisein Momente, in denen ich sie nicht wiederzuerkennen glaubte, in denen sich hinter ihrer Abenteuerlust, hinter Lebensfreude und Heiterkeit Abgründe der Trauer und Angst offenbarten. Als ich einmal von einem Treffen mit Rita zurückkehrte, nun meinerseits stumm und verstört, teilte sie mir mit, dass sie erst nach einem gemeinsamen Aidstest wieder mit mir schlafen werde. Obwohl sie mich nie ohne Gummi in sich gespürt hatte, ging ich darauf ein und ließ uns unsere Gesundheit im Urban-Krankenhaus bestätigen. Und als ich sie eines Tages nach Lübars mitnahm, um ihr die Grenze und die Kirchtürme von Schönfließ und Mühlenbeck zu zeigen, ließ sie sich nicht bewegen, mir über den Holzsteg durch den Morast zu folgen. Sie hatte in der Nacht zuvor geträumt, dass ich sie töten wolle, und nun Angst davor, ich werde sie mit mir in den Sumpf ziehen. Als ich mich nach diesem einige Tage später erfolgten Geständnis entsetzt von ihr abwandte, sagte sie: »Du kennst mich nicht wirklich ... Schon allein, weil ich immer deutsch sprechen muss ... Beispielsweise weißt du nicht, wie witzig ich sein kann. Immer nur muss ich mit dir lachen, du nie mit mir.«

Und wenig später sprang sie mir wieder auf den Rücken und ließ sich von mir durch die Wohnung tragen, weil sie es nicht aushielt, wenn ich das Zimmer verließ, beispielsweise, um eins der Spaghettigerichte nachzukochen, die ich in der »Bar Centrale« schätzen gelernt hatte. Ich liebte ihr Gewicht auf meinen Schultern. Anna Sonder war schwer und leicht zugleich. Schmale Gliedmaßen, eine lange schlanke Taille, doch weiblich volle Brüste und Hüften und eine Haut, die kaum merklich von Sommersprossen gesprenkelt war – wahrscheinlich ein Erbteil der irischen Vorfahren ihrer Mutter, die mit den Dänen väterlicherseits eine Melange zustande gebracht haben, die mich hinschmelzen ließ. Ein Gesicht, von dem ich einfach nicht den Blick wenden konnte, von dieser bewegten Seelenlandschaft aus zarten Rundungen, Fülle und Fragilität, die wie keine zuvor für mich die Schönheit und Tragik weiblichen Lebens spiegelte. Oder hatte ich die früheren Gesichter nur vergessen, weil sich jetzt ein Augenpaar mit übergroßen schwarzen Pupillen so weit für mich öffnete, dass ich darin verschwand? Auch wenn wir die Wohnung verließen zu Spaziergängen durch die fremde, uns unendlich amüsierende Welt, zu den kleinen Trinkgelagen mit Peter, bei denen uns Sonder unbedingt beweisen musste, dass Australier nicht weniger trinkfest sind als die Deutschen, auch dann mussten wir uns immer anblicken, berühren. An deutschen Paaren gefiel Sonder, dass sie auch im Alter noch Hand in Hand gingen. Und ich, der diesen Paarlauf immer als routinierten Zwang empfunden hatte, ging jetzt durch die windigen Straßen Kreuzbergs Hand in Hand mit einer jungen Frau, die ich nur mit dem Nachnamen anzusprechen wagte, weil sie den gleichen Vornamen trug wie eine meiner Töchter.

SCHIT 7

»Du gibst mir also deine Gefühle und behältst dein Innerstes, Sonder? Bei mir ist es umgekehrt, ich gebe dir mein Innerstes und behalte die Gefühle. Vielleicht ist das der wesentliche Unterschied zwischen Männern und Frauen. Die Frauen halten ihr Innerstes zurück,sparen es auf. Für Kinder, für das Weiterleben der Menschen, für mehr jedenfalls als einen Mann.

Männer dagegen ersetzen ihr Innerstes, das sie permanent weggeben, durch Gefühle. Da ich mich fortwährend in Handlungen und Reden verausgaben muss, behalte ich, um wenigstens etwas zu haben, die Gefühle für mich. Aber was ist überhaupt das Innerste? Ist es nicht auch ein Fühlen, seine geheimste, tiefste, innerste Art?«

»Nein.«
»Aber kann es Liebe sein, wenn du es mir vorenthältst?«
»Ja.«
»Was ist dann das Innerste?«
»Ich weiß es nicht. Etwas Anderes.«

Ich schreibe nichts. Wenn Sonder weg ist, liege ich auf dem Diwan des Arbeitszimmers und betrachte die Bücherreihen im Regal. Sie hellen sich auf. Zwischen die dunklen Bände aus den Buchhandlungen und Antiquariaten des Ostens schieben sich immer mehr Taschenbücher in häufig leuchtenden Farben. Besonders die Werkausgaben haben es mir angetan: Jahnn, Beckett, Lichtenberg, Poe, Schmidt ... Endlich nicht mehr nach dem Zufallsprinzip lesen, also nur das, was einem eine Fahrt nach Budapest oder ein freundlicher Westbesuch beschert hat, sondern einem Autor bis in die entfernten Winkel seines Denkens folgen können.

Keine weiteren Eintragungen in diesem Jahr. Auch nicht über sein unseliges Ende, das als die Zeit der Familie mir immer zu schaffen machte, diesmal aber besonders trostlos zu werden versprach, weil Sonder nach Paris flog, wo sie ihre Eltern und der Bruder erwarteten. Auch Ritas Liebhaber zog es zu Frau und Kindern, so dass uns der Teufel ritt und wir beschlossen, Weihnachten gemeinsam zu verbringen und es als letzten Versuch zu betrachten, ob wir doch wieder zusammenkommen könnten. Wir versuchten unser Bestes, aber der Graben zwischen uns war nicht zu überbrücken. Ob beim Kochen in der Küche, ob bei der Schlacht mit den Gänsekeulen, ob beim Wein, beim besonders aberwitzigen Geschenketausch oder später im Bett, wir blieben uns auf entsetzliche Weise fremd. Und als ich nicht länger verheimlichen konnte, wie sehr ich auf Sonders Rückkehr wartete, ja dass ich nicht bereit war, auch nur eine Minute der mir noch verbleibenden Zeit mit ihr für unser Zusammenleben zu opfern, zog Rita wieder davon nach Neukölln.

Silvester hatte Peter einen Tisch in der »Bar Centrale« reserviert. Er sprach davon, dass das Kapitel Frauen für ihn endgültig erledigt sei, dass er sein Leben lang vergeblich versucht habe, die Liebe und das Künstlerdasein miteinander zu verbinden, dass er sogar im Zweifelsfall immer bereit gewesen sei, den Pinsel für eine Frau fallen zu lassen, aber dass sich auch dies auf die Dauer als unmöglich erwiesen habe und ihm nur noch das Alleinsein bleibe. Ich widersprach ihm und ging nicht von dem Anspruch ab, vom Leben a l l e s zu wollen. Während Peter seinen Schwur nur ein knappes Jahr hielt, bin ich inzwischen in dem Zustand, vom Leben n i c h t s mehr zu wollen und befinde mich ebenfalls ganz wohl dabei.

Damals wartete noch eine leere Woche am Jahresanfang auf mich, in die der Besuch von Dieter Schulze fiel, über dessen Folgen ich noch berichten werde. Dann stand Anna Sonder wieder vor der Tür, blass, erschöpft, aber mit ungebrochenem Willen.

1988

Ich muss durch die Irrgärten der Worte. Und obwohl ich weiß, dass die Sprache nicht alles ausdrücken kann, erfahre ich es nur durch sie. Bis ich Anna Sonder begegnete, die von einem fremden Kontinent kam, mein Herz öffnete und auf direktem Wege hineindrang. Doch auch dabei begleiteten uns Worte, und ich werde mich an sie in Sprache zu erinnern versuchen. Vielleicht gilt es die Worte so zu dehnen, sie durchlässig und klar genug zu machen, dass andere Welten sie durchscheinen können.

Als ich ihr Serners Gedicht zum Blondsein vorgelesen und dann gefragt hatte, wie es ist, blond zu sein, antwortete Sonder: »Man wird verführt.«

S. hat oft das Gefühl, dass sie sich an die Situation, in der sie sich befindet, erinnern wird. Umgekehrtes Déjà-vu: sie weiß, dass sie es noch einmal erleben wird.

Ihm fehlten winzige Zentimeter an seiner wahren Größe, um nicht als kleiner Mensch wahrgenommen zu werden. Daher kam all seine Energie, mit der er über sich hinauswachsen wollte. Auch seine Vorliebe für große Frauen. Und daher schließlich das Gefühl, ein sterblicher Mensch zwischen zwei Göttinnen zu sein. Die eine verkörperte alles Leiden und alle Erfahrungen, die Frauen je an der Seite von Männern gemacht haben. Die andere war die des offenen schönen Mädchenseins. Und um daran einen Herzschlag lang teilzuhaben, gab er mit Freuden alles hin, was er besaß.

Was ist das: Glück? Eine ungeheure Anstrengung. Das Gefühl, wenn man jetzt stürzt, so tief zu fallen, dass man nie wieder aufsteht.

Das Glück ist der Wahnsinn. In ihm zu leben, ihn anzunehmen. Man lebt im Geiste, und das ist Glück.

ZURÜCK AUS BREMEN

Als ich nur noch wollte, dass die Zeit vergeht, tauchte in meiner Wohnung der völlig verstörte Dieter Schulze auf. Seine Frau war seit zwei Wochen verschwunden, weggelaufen nach einem Streit am Tag vor Heiligabend. Ich kannte Johanna vom Prenzlauer Berg her, wo sie eine Zeit lang Löffler Modell stand. Mit seinen Briefen hat er sie nach Westberlin verfolgt, wo sie sich mit Schulze zusammentat und als seine Frau mit ihm in den Norden ging, weil er in Berlin nur noch Feinde zu haben glaubte. Zuerst Dörfer in Ostfriesland, dann Bremen, wo sie, wütende Ahnungslosigkeit, einen eigenen Verlag gründeten, um endlich seine Gedichte drucken zu können. Resultat: Fünfzehntausend Mark Schulden und das Verschwinden seiner Frau.

Zehn Tage später Anruf aus Bremen und die flehentliche Bitte, zu ihm zu kommen: sie hatten Johanna tot auf einer Koppel an einem Wassergraben gefunden. Ich fuhr hin, auch weil ich in der gleichen Woche Lesungen in Bremen hatte. Zwei Tage lang hörte ich stumm seinen Trauerausbrüchen, Verwünschungen, seiner in ihrer zwanghaften Rationalität irrsinnigen Suche nach Gründen für den Selbstmord und seinem Ablauf zu. Zwischendurch las er mir Passagen aus einem wüsten Romanmanuskript vor, in dem der Held zwischen die Fronten zweier Bürgerkriegsparteien gerät, den Roten und den Schwarzen, und in einer Stadt der Zukunft alle Rolltreppen stillstanden und nie mehr die Sonne aufging. Wenn er liest, verliert sich sein leichtes Stottern, und er akzentuiert in fast manieristischer Schärfe. Als ich am zweiten Nachmittag ins Freie flüchtete und Schulze später auf dem Bürgersteig sah, tat ich so, als bemerke ich ihn nicht, weil ich für eine Stunde allein sein wollte, weil ich seine Stimme nicht mehr hören und nicht mehr in seine starr blickenden Augen sehen wollte. Doch hinterher fiel mir ein, dass ich ihn aus einer Apotheke habe kommen sehen. In der Wohnung fand ich einen Zettel mit beängstigenden Worten: »Ich bin gegangen und Du musst warten, bis wir … unsere Trauer vereinen …« Ich lief von Apotheke zu Apotheke durch die von Junkies und Trinkern wimmelnden Straßen des Viertels und benachrichtigte schließlich die Polizei. Ich wusste, dass er vom Leichenbestatter eine Lageskizze des Ortes bekommen hatte, an dem Johanna gefunden wurde, konnte mich aber nicht an Einzelheiten entsinnen. Unvermutet traf ich ihn auf dem Bahnhofsplatz, wo er die Fahrpläne studierte. Er beteuerte, er hätte in der Apotheke nur etwas gegen seine Hämorrhoiden geholt.

Wir fuhren etwa eine halbe Stunde bis zu dem Ort, in dessen Nähe man Johanna gefunden hatte. Wir gingen ins Büro des Leichenbestatters, der uns die Skizze erläuterte und uns die Meinung des Arztes mitteilte, dass die Tote schon lange gelegen und die Kälte die Verwesung verhindert habe. Dieter kaufte in einem Laden Blumen. Dann liefen wir, die Skizze in der Hand, über eine Brücke und an einem schmalen Kanal entlang hinein in die Wiesen und den Regen. Wir liefen etwa drei, vier Kilometer in der Hoffnung, den Hochstand zu finden, in dessen Nähe Johanna im Wasser eines Fleets gefunden wurde – da befand sich ein Kreuz auf der Karte. Schulze suchte im schlammigen Gras nach den Spuren des Polizeiautos und des Leichenwagens. Als er sie gefunden zu haben glaubte, ließ ich ihn allein zu einem Wassergraben gehen und seinen Blumenstrauß ablegen.

Als er zurück war, tauchte plötzlich mit seinem Hund der Jäger auf, dessen Kinder beim Spielen Johanna gefunden hatten. Da dieser Ort fünfzig Meter weiter an einem anderen Hochstand liegen sollte, ging Dieter zurück und holte die Blumen.

Die Polizei hatte den Ort nur notdürftig aufgeräumt. Im niedergetretenen Gras fanden wir ihre Hotelschlüssel, Illustriertenseiten und überall verstreut das durch den Regen jetzt schleimig gewordene weiße Pulver, das sie, die Apothekenhelferin, in Obstsafttüten gerührt und eingenommen hatte. Auf dem Hochstand Kippen und zwei Kerzen. Wahrscheinlich war es Heiligabend gewesen, als sie in die Wiesen ging. Einen Tag vorher hatte er ihren Aufenthalt in einem Hotel herausgefunden, sie aber war schon weiter geflüchtet, als er sie holen wollte. Sie muss den gleichen Weg wie wir benutzt haben, am Wasser entlang und über die Brücke. Dieter versuchte, ihren Tod als Unglück zu deuten: sie wird den Abschiedsbrief, den die Polizei bei ihr fand, auf dem Hochstand geschrieben haben, auch das Pulver geschluckt, und dann, als ihr schwindelte (die letzten Worte im Brief: »… mir ist schwindlig, ich habe Angst.«), zum Wasser gelaufen, hineingestürzt und nicht wieder herausgekommen sein.

Am nächsten Tag versuchte ich bei den Rundfunk- und Literaturleuten Geld aufzutreiben, damit Johanna nicht nur ein Sozialbegräbnis bekommt. Dann hielt ich es nicht mehr aus und fuhr zu Kolbe nach Worpswede, wo er Stipendiat war. Während mir der Riss mitten durch die Brust geht, glaubt Uwe mit beiden Beinen diesseits und jenseits der Grenze stehen zu können. Kaufte sich mit DDR-Pass in der Tasche einen Cowboyhut in Austin, Texas, an dessen Universität die Germanisten das Hohelied der ostdeutschen Literatur singen, und lebt von den Privilegien der miesesten Clique in beiden Staaten, der Kulturmafia.

In den Bus, der zwischen Bremen und Worpswede verkehrt, stieg eine winzige alte, etwas pompös angezogene Dame. Vielleicht kam sie aus einem der versteckten Holzhäuser, die zu der früheren Künstlerkolonie gehören. Sie trug ein sandfarbenes Kostüm, über dem Arm einen Pelz und auf dem rasch sich hin und her bewegenden Kopf eine Pelzkappe mit zwei wie bei einem Trapper herunterhängenden Fuchsschwänzen. Das eigentlich Groteske war aber ein zusammengedrehtes, ebenfalls hellbraunes Seidentuch, das sie über den Mund gebunden und im Hals zusammengeknotet hatte und so wie ein Knebel wirkte, der das Sprechen verhindern soll.

Ich blieb über Nacht in Kolbes Bungalow. Als ich am nächsten Morgen das Roselius-Museum besuchte, faszinierten mich vor allem die zahlreichen Abbildungen der Moorleichen. Menschen, die man wegen Feigheit vor dem Feind oder Ehebruch in den umliegenden Mooren versenkt und mit Steinen beschwert hatte. Besonders beeindruckte mich das schwarze wie Teer glänzende Gesicht eines etwa vierzehnjährigen Mädchens: um den Hals war noch das Gewebe des schmalen Tuches erhalten, mit dem man es stranguliert hatte. Es ähnelte dem Tuch der alten Frau aus dem Bus, die mir plötzlich wie die Wiedergeburt jenes Mädchens erschien.

Am Tag, als Johanna begraben wurde, hatte ich zwei Lesungen in Bremen, so dass ich mir die Beerdigung nicht zumuten musste und Dieter Schulze nur noch kurz am folgenden Vormittag traf. Unfähig noch etwas für ihn zu tun, lief ich zum Bahnhof und stieg in den nächsten Zug nach Hamburg.

Warum habe ich das aufgeschrieben? Es ist nichts herausgekommen dabei, nichts von mir und dem, was das

Geschehen für mich bedeutete. Soll und kann auch gar nicht. Was da jetzt auf dem Papier steht, bedeutet auch nichts, es war nur so, ist. Und ich fühle mich unverändert, bin der Gleiche, bin vielleicht sogar gewachsen daran, wie soll aber das herauskommen, und wer wird es begreifen?

Ich habe Dieter Schulze seit zwanzig Jahren nicht mehr gesehen. Er zog zurück nach Berlin, wo er nach dem Mauerfall und nachdem Müllers Stasiverstrickungen bekannt wurden, den Kampf gegen seinen alten Mentor aktivierte. Beschimpfte ihn auf Podiumsdiskussionen und verteilte Flugblätter vor dem BE. Außer in dem von Luchterhand herausgebrachten *Mikado*-Band wurde nirgendwo eine Zeile von ihm gedruckt, vom Genie des Ostens, bei dessen Geburtstagsfeier in der Lottumstraße einst Müller, Fühmann und Hermlin auf den Matratzen saßen. Zum letzten Mal traf ich Dieter, als er bereits in Süddeutschland lebte, wenn ich richtig verstanden hatte, in irgendeinem Heim, in dem man ihn psychologisch therapierte. Er war auf einem Kurzbesuch in Berlin und trug jetzt wieder längere Haare. Die Behandlung schien angeschlagen zu haben; er sprach sanfter und mischte mitunter das westdeutsche »halt« in seine Rede, die er mit weichen Handbewegungen untermalte.

Was ist aus ihm geworden? Lebt er noch? Existieren seine Manuskripte noch? Hat er seinen Roman beendet, ist er vom Flugblattschreiben zurück zu seiner widerspenstigen wilden Poesie gekehrt? Ich wünsche es ihm, auch wenn niemand je etwas davon lesen wird.

»Ich möchte dein schönes Herz. Du brauchst keine Angst zu haben, ich will es dir nicht stehlen wie ein Verliebter, um ein zweites zu besitzen. Ich meine, dass ich dein Herz in meiner Brust schlagen hören möchte. Meines ist – nicht zu alt, auch nicht ermattet oder kaputt – aber es hat schon so viel Arbeit leisten müssen.«

»Vielleicht ist das Leiden in dir, Sonder, dass du es nicht in dich hineinlassen willst oder brauchst. In mir ist nur Freude und Lust, deshalb muss ich mich öffnen und das Leiden in mich aufnehmen. Ja, das ist es: mit dem, was man nicht hat, muss man sein Inneres austauschen, durchmischen, du mit der Freude, ich mit dem Leiden. Es ist wie Atmen: ein und aus. Das ist die Seele.«

Wenn ich aufhöre die Welt zu befragen und sie stattdessen Fragen an mich stellt und Antworten verlangt – beginnt damit das Schicksal?

Es musste etwas in mir sterben und zur gleichen Zeit wurde etwas Neues und Unerhörtes geboren, die Liebe zu einem Menschen, der mir auf selbstverständliche Weise sagte, er mag alles an mir, er liebe mein ganzes Wesen. Und es bedeutete eine Umwandlung dieses meines ganzen Wesens, und ich lernte das englische Wort für Wonne kennen, bliss, und lernte darin zu leben. Nun soll auch das sterben? Das ist zuviel für mich. Was ich in den letzten Monaten erlebte, sowohl der Schmerz über die Trennung von Rita als auch das danach erlebte Glück mit Sonder, wird in mir nie enden.

Während einer längeren Trennung war Sonders Jungfernhäutchen nachgewachsen. Als wir uns in einem schulartigen Gebäude trafen und während der Pause zweimal (es war eine große Pause) miteinander schliefen, kam Sonder nach der Stunde zu mir, um mitzuteilen, dass das Häutchen erneut nachgewachsen sei und wir deshalb den Versuch wiederholen müssten.

Erst als der Zug anfuhr und sich unsere Hände plötzlich lösten, begriff ich wirklich, was es hieß sich zu trennen. Während ich stehen blieb, fuhr Sonder in ihren fünften Winter. Zwei Jahre lang schon reiste sie mit ihrem Wintermantel der Kälte hinterher, von der südlichen Halbkugel zur nördlichen und nun wieder einmal zurück; vielleicht für immer. Als ich mich aus meiner Erstarrung gelöst hatte, lief ich in Richtung Kreuzberg und machte unterwegs in einer Kneipe halt, in der man das Lied spielte »Alles hat ein Ende, nur die Wurst hat zwei.«

Was hatte ich anderes erwartet? Kein Ende? Ein immerwährendes Sichaufdemrückentragen, im Bett liegen und dem Klopfen des fremden Herzens in der Brust lauschen, während die Schreibmaschine im Arbeitszimmer verstaubt? Dass sich ein mit allen Gaben des Geistes und körperlicher Schönheit gesegnetes Mädchen (übrigens 21 Jahre alt und nicht 23, wie sie behauptete) aus bestem australischen Haus an einen fast vierzigjährigen Ostdeutschen ohne Führerschein binden sollte, der mit seinem Schreiben nicht einmal sich, geschweige denn eine Familie ernähren konnte, von der er obendrein beteuerte, sie nie wieder gründen zu wollen? Ja, so etwas Ähnliches hatte ich erwartet. Zumindest war mir Sonders spurloses Verschwinden im Nichts, aus dem sie gekommen war, unvorstellbar. Selbst wenn jetzt die Trennung unumgänglich war, ja im geheimen sogar von mir herbeigesehnt wurde, damit ich aus dem Himmel, in dem die Luft immer dünner wurde, herabsteigen und wieder Boden unter den Füßen gewinnen konnte, so konnte dies doch unmöglich das unwiderrufliche Ende unserer Verbindung bedeuten. Und sie tat es auch nicht. Was daraus wurde, gehört nicht hierher und verlangt nach einem eigenen Buch, das aber nicht von mir, sondern von Anna Sonder geschrieben werden sollte, die heute über Vierzig ist, drei Kinder hat, von denen eins, obwohl ich nicht der Vater bin, den Namen Max trägt, den ich gern meinen literarischen Alter Egos verleihe, und deren erstes Buch, das sie der Staatssicherheit und ihren Opfern widmete, in zwanzig Sprachen übersetzt, in Deutschland aber kaum gelesen wurde.

Die Wohnung, in die ich zurückkehrte, war groß, leer und kalt. Von Sonder, die nie mehr als ihre Ledertasche bei mir abgelegt hatte, keine Spur, außer einer Tüte mit Gras. Dafür im hinteren Winkel des Kleiderschranks noch immer Ritas Slips und BHs, auf den Bügeln, trostloser Anblick, ihre Sommerkleider und Blusen, in der Küche das Grunewaldsche Familiengeschirr, die blitzenden Messer, Schöpfkellen und Fleischgabeln aus dem Regierungskrankenhaus Buch.

Ich ging ins Arbeitszimmer und entstaubte meine »Erika«. Spannte eines der beschriebenen Blätter ein, die ich als Schmierzettel benutzte, und begann sie auch auf der Rückseite zu füllen. Hämmerte ohne Plan und Ziel darauf los, ohne auf Orthographie, Syntax und Zeichensetzung zu achten, nur einfach, damit ich das so lange entbehrte Gefühl des Schreibens wieder spürte. Ich versuchte meinen Einzug nach Ostberlin zu schildern, auf dem Tafelwagen, der von dem Pferd mit dem verbeulten Kopf, nein, von einem Traktor der LPG Schmachtenhagen gezogen wurde, unter einem Himmel, aus dem es Kohlenruß nieselte. Was danach kam, würde sich finden.

Schreiben ist die einzige Beschäftigung, bei der ich keine Selbstgespräche führe. Es ist mein Selbstgespräch.

SCHIT 8

Vernunft ist ein Artikel der vom Markt verschwunden ist weil er zu nichts mehr taugt ein poröser Pariser eine fauchende Dampfmaschine der das Wasser ausgegangen ist. So steht sie in der Welt – dumpfe Erinnerung daran dass diese einmal der Apfel in der Hand war in den man beißen konnte. Jetzt ist er aufgegessen und kein Bild ist mehr möglich von der Welt nur sie selbst.

Die dunkle Schwester der Vernunft heißt Leidenschaft. Bedeutet das dass auch sie verschwand? Nein sie kann sich in die Teile dieser Welt hineinflüchten. Und will sie wieder heraus und sich mit der Leidenschaft eines anderen Lebenden oder Nichtlebenden verbinden so entsteht Verzweiflung. Insofern ist diese Welt mit Liebe getränkt.

Und Vernunft ist nichts anderes als die Begrenzung der Körper die von außen gegeben wurde. Insofern ein Körper nicht zerrissen wird von der Leidenschaft oder zerfällt insofern er also lebt ist er vernünftig. Diese Vernunft ist somit eine von außen erzwungene. Indem er sich einfach am Leben erhalten will ist die Vernunft zu einer Sache des Körpers geworden und nicht mehr die des Geistes. Sie ist nichts anderes als Form.

Man kann diese Form nachzeichnen womit ich mein kärgliches Brot verdiene. Oder man kann die Leidenschaft sich ausschreien und -singen lassen was in meiner Persönlichkeit nur selten geschieht in kurzen Explosionen. Manchmal scheint sie hindurch. Aber größer ist die Leidenschaft als Form obwohl dahinter leicht der Betrug lauert. So muss ich schreiben. Von einem Felsen zum anderen geworfen von einer Wand zur gegenüberliegenden und manchmal im Strudel untertauchend doch immer vorwärts getrieben in der Hoffnung auf das Meer.

Dort lebt eines mit dem anderen. Es gibt nicht die Unterscheidung zwischen Form gewordener Vernunft und Leidenschaft. Die Leidenschaft ist einfach das Leben. Das Leben besteht aus Partikeln von Leidenschaft die manchmal eine Ahnung von Form zulassen. Die Leidenschaft küsst das Leben und wird von ihm wieder verschlungen.

Die Leiden aller zu teilen, schon im Osten auf dem Weg zur Fiktion, ist im Westen unmöglich. Es ist das namenlose Leiden des Überdrusses. Es ist nicht Not, Mangel, die auf Erfüllung drängen, sondern Gepeinigtwerden durch Zuviel, von dem es erlöst werden will. An einem allgemeinen Ekel teilzuhaben (oder der Arroganz, die sich darüber erhebt), wäre kein Akt der Kameradschaft, sondern Dummheit. Es hieße sich mit einer Krankheit infizieren, die nur mit dem Tod enden kann.

Rita verkörperte all das, was mich zum Schreiben trieb: Stummheit, brüchige, unerlöste Schönheit, Lebenswille, Amoral, Verzweiflung.

DER GANG DURCH DIE SCHLACHTHÄUSER

In dieser Gegend stank es nach Kohlengasen, verdorbenem Gemüse und der übrigen organischen Chemie. Ein für alle Mal hatte sich die Dämmerung als schwarzer Vorhang aus Ruß auf Häuser, Menschen und Tiere gesenkt. Ich hatte vom Amt Arbeit in den Schlachthäusern am Rande der Stadt zugewiesen bekommen. Sie standen in einer Reihe wie die auseinandergezogenen Waggons eines Güterzuges. Eine Siedlung aus ochsenblutfarbenen Backsteingebäuden, angelegt am Ende des zweiten Jahrhunderts ununterbrochenen Schlachtens.

Das erste Haus diente der Aufnahme, dem Sichausweisen und Umkleiden der Arbeiter. Ich verließ es in einem dunkelblauen Fleischeranzug, in der Hand den bestempelten Zettel zur Einweisung. Dieser zerrann, als ich in das zweite Haus trat, in meiner Hand, denn nun verlangte sie nach anderen Dingen: Messer, Äxte, Bolzenpistolen und Schabeisen … Doch auch ohne mich nahm die Arbeit ihren reibungslosen Verlauf; vor jeder der an Haken hängenden Schweinehälften stand ein Mann und schnitt mit seinem Messer in das Fleisch.

Auch im nächsten Gebäude war das nicht anders. Kein Gemetzel fand in diesem Betrieb statt, sondern stille Verarbeitung, deren Resultate ich niemals zu Gesicht bekam. Das änderte sich in keinem der unzähligen Schlachthäuser, durch die mich mein Gang führte. Überall nur sah ich das rosarote Schweinefleisch und davor die mir den Rücken zuwendenden, schweigenden und mir auf unbestimmte Weise feindlich gesonnenen Fleischer. Vielleicht lag es daran, dass ich nur hindurchging, ein Unbeteiligter, der zu dieser Arbeit bestimmt war, aber nicht bereit, stehenzubleiben und sie aufzunehmen. Ich ging schneller. Indem mir diese Feindschaft bewusst wurde, verstärkte sich in mir auch die Ahnung, dass das Schlachten nur die bildhafte Seite einer Tätigkeit war, hinter der sich eine ganz andere Bedeutung verbarg. Die Schlachthäuser der Stadt, dämmerte mir, waren gleichzeitig ihre Häuser der Kunst. Denn wo sonst wurde noch Lebendiges verarbeitet? In der restlichen Stadt ging es um Stein und Eisen, das man mit Hämmern, Schraubenschlüsseln und Meißeln bearbeitete. Was übrigens beim Schlachten die Kunstwerke waren (die unsichtbaren Koteletts oder schon die halbierten Schweine), war mir unklar und unwichtig – es ging um Fleisch, um Essen, Verdauen und Wiederausscheiden. Jeder Metzger führte im Grunde eine andere Arbeit aus: er formte mit seinen Bewegungen eine Skulptur, schmierte Farbe auf Leinwand oder stopfte sein oder ein fremdes Leben in den Darm einer Erzählung, wo es in der Auslage eines Fleischerladens endete.

Je mehr sich die Schicht dem Ende näherte, desto deutlicher spürte ich den Hass um mich her. Ich hielt mich in diesen Gebäuden nur auf, durchdrang alles mit kaltem Blick, aber meine Arbeit verrichtete ich woanders – meine Welt war die Straße. Die Straße, auf die hinaus sich jetzt, nachdem die Sirene geheult hatte, alles drängte. Es war endgültig Nacht, zwischen den Schlachthäusern und auf dem sie umgebenden Gelände verliefen die glänzenden Schienenstränge von Gleisanlagen. Von ihnen hoffte ich zu einem Seitenausgang geführt zu werden, gelangte aber nur zum Haupttor, wo mich der Strom des von der Arbeit befreiten Fleischervolkes bedrohte.

Mir blieb keine andere Möglichkeit als mich wieder in die Schlachthäuser zurückzuziehen. Ich ging durch einige leere Hallen. In der letzten entdeckte ich, dass als Ergebnis der Kunstschöpfung auch hier nur Maschinen herauskamen; wie vorher die Schweine hingen Motorenblöcke und Chassisteile an Ketten und warteten auf ihre Montage. Ich verließ das Gebäude, und nun, in meiner größten Verlassenheit, war die Stunde für Rita gekommen, die meine Situation wortlos als Triumph nutzte und mich auf einem Seitenweg durch ein Loch im Zaun zurück in die Stadt führte. Hier war ihre Mission beendet, und sie tauchte in der Menschenmenge unter, ohne sich noch einmal umzusehen.

Die gesamte Stadt war durchsetzt von heimkehrenden und ziellos durch die Straßen streunenden Trupps von Männern und jungen Burschen. In diesem oder jenem Sinne schienen alle in den Schlachthäusern beschäftigt zu sein. Vielleicht weil ich meine Liebste als so hellen Menschen in der Dunkelheit und als einzige Frau in dieser Stadt nicht hergeben wollte, wendeten sich die Männer vor mir plötzlich um, verdichteten sich zu einem Halbkreis und hoben drohend die Fäuste. Bevor sie aber über mich herfielen, stürzte sich Rita auf mich und ich wusste nicht, ob um mich zu umarmen oder eigenhändig zu erdrosseln.

Weg aus dem finsteren Berliner Winter holte mich eine Einladung des Goethe-Instituts in Mailand. Ich erfuhr dabei, wie sehr sich doch ein Schriftstellerleben von meinem unterscheiden kann. Durch die Welt getragen von Goethe-Institut zu Goethe-Institut, Stipendium zu Stipendium, Lesung zu Lesung. In Mailand nahm ich am Essen in einem Restaurant teil, gegen das die »Bar Centrale« eine Imbissbude war, hatte aber das Pech, meinen Seeteufel erst serviert zu bekommen, als die anderen bereits beim Espresso waren. Sie waren mir mal wieder voraus, aber um nichts in der Welt hätte ich mit ihnen tauschen wollen und Teil dieses literarischen Wanderzirkusses werden wollen, der die Welt nur noch durch eine auf die Nase geschobene Lesebrille wahrnimmt. Ähnlich fremd fühlte sich Erica Pedretti, die mit mir auf das Dach des Mailänder Domes stieg. Ein lebendiger Mensch inmitten der Steinfiguren, der in Richtung der Schweizer Berge zeigte, wo sie mit ihrem Mann, einem Bildhauer, der noch die alte romanische Sprache beherrschte, auf einem Bauerngehöft lebte. Er holte sie in Mailand ab, und ich saß noch einen Abend mit ihnen zusammen. Ein gutes Paar.

Je betrunkener Peters Vater wurde, desto akzentuierter sprach er: »Herr Oper, pitte eine Pockwurst.«

Wenn Peters Vater besoffen aus der Kneipe kam, stopfte er seinen Kindern mitgebrachte Bockwürste und Bonbons in den Mund. Der Großvater hatte bessere Einfälle. Kehrte er Sonntagmorgen von seiner Tour zurück, die er am Freitag mit den Worten »Ich gehe zum Friseur« begann, lüftete er den Hut und trug auf den Kopf ein komplettes Kneipenfrühstück, entweder Tatar oder Spiegelei.

SCHIT 9

Der Trondheim
Wogegen der Eimer schweißt
wogegen das Wasser pfützt
wogegen das achtunggebietende Arschloch
seinen Röschenkranz herleiert
– ist nicht der Trondheim

Er ist auch nicht eine meerschaumfauchende Katratze deren Häutungen sich unter dem Bettdeckel vollziehen.

Noch rührt er in die Soße himbeerfarbener Verhütungen das Eigelb hinja.

Vor der feierlichen Einführung in den Mars-Saustall soll er als Kugelblitz durch das Treppenhaus flitzend gesehen worden sein.

Mein abenteuerndes Reißaus-Auge ist ihm auf dem Weg zur Toilette begegnet.

Ach hat das Tränen gegeben. Der Trondheim war ganz nass und musste sich erst wieder warmlaufen.

Das Kehrheim-Auge zog pflichtgemäß die Spülung und begab sich in sein Nagelbett um sich gesundzubeten.

Aber der Trondheim war längst Justitia entflohen und vögelte andere Weiber.

So hielt er sich an der Wunden-Hebamme gütlich.
Sie gebar ihm den Achilles-Ferse.

Dann machte er es sich auf der Wolllustharfe gemütlich.
Daraus entsprang der bockspringende Omnibus.

Mehrere Jahre verbrachte er nebenbeischlafend mit der Faulheit. Herrlich stinkende Fische wimmelten um sie her.

Man kann nicht alles auf einmal haben. So musste die Liebernichkeit in einem kurzen Anfall daran glauben. Da sie unfruchtbar ist geisterte sie des öfteren als Gespenst umher.

Er nahm dann eine Pille mit Anti-Habe-die-Hosen-an-Mittel und wurde gutmütig.

Den Arbeitswillen legte er jeweils als Knüppel mit ins Bett.

Er hat ihn allerdings im Bett der Überzeugungsgeilheit liegengelassen. Dort hatte er sich ganz vergessen. War das eine Inbrunsthaft! Sieben Kinder zeugten sie und noch während der Arbeit am ersten hatte sich das Über erledigt.

Zufrieden legte er sich anschließend in die Kannst-du-dich-erinnern-Gruft. Dort wurde er zum letzten Mal gesehen. Soll sich verwandelt haben, Spazierstock und Zylinder gekauft und nun als Tarantel die Bürovorhöfe unsicher machen.

Endlich begann er zu singen. Und es klang, als ob man ihn dazu auf die Folter gelegt hätte.

Lüge entsteht, wenn zu einem Menschen ein zweiter hinzukommt. – Wie die Wahrheit.

An einem Nachbartisch erzählte jemand die Geschichte eines Doktoranden, der mit seinem Karteikasten in Italien unterwegs war. Eines Nachts blitzten in seinem Zelt eine Taschenlampe und ein Messer auf. Da er nicht genügend Bargeld bei sich hatte, musste er seine Autoschlüssel hergeben. Am nächsten Tag machte er sich auf die Suche nach dem Wagen und fand ihn schließlich zerklumpt zwischen Felsen am Meer. Mit den Karten aus dem Karteikasten spielte der Wind. Er versuchte sie aufzusammeln, doch dann sah er den Großteil von ihnen im Meer schwimmen. Er gab es auf, und eine Dissertation weniger wurde geschrieben.

Kedron lief durch Neapel mit unnatürlich geschwollenem Sack. Aus Angst vor dem Beklautwerden hatte er all seine Lirenoten in die Unterhose gestopft.

DER PAPAGEI

Als ob ich nackt wäre, hockte ich auf Bett oder Fußboden und war eingehüllt in eine zweite dünne, wollene Haut.

Auf meinem Rücken hing ein überlebensgroßer grün und rot gefiederter Papagei. Seine Haltung legte die Vermutung nahe, dass er mich besteigen wollte. Dem war jedoch nicht so, und wenn, dann beabsichtigte er durch Ohr oder Mund in mich einzudringen, denn bald spürte ich die Spitze seiner dicken pyramidenförmigen, fleischigen, trockenen und rauen Zunge an meiner Ohrmuschel, dann an meinen Lippen.

Was war er?

Die unförmige Vergrößerung meiner Robinsonschen Einsamkeit, die aus der Ermangelung eines Freitag Nutzen zog und einen Menschen nachahmte? Der zweite Teil meines schizoiden Wesens, das durch bunte Drapierung Fantasie vorstellen wollte, aber nur nachplapperte, was die andere Hälfte ohnehin weiß.

Jedenfalls wollte er mir etwas sagen. Sein großer Schnabel wie in einer Eisenrüstung öffnete sich und lallte: »Kann ich dir helfen?«
Und dann ein zweites Mal, unhörbar fast: »A-i-i-e-e«.

Eine Schar Spatzen klammerte sich an einer unverputzten Ziegelwand der Schulheißbrauerei fest. Zuerst dachte ich, dass sie sich dort sonnten, dann aber sah ich, wie sie aus den Fugen den lockeren Kalk pickten. Mauern, in denen sich die Fugen wie tiefe Kanäle zwischen Steinen hinziehen, kenne ich seit der Kindheit auf unserem salpeterzerfressenen Hof. Ich hielt sie immer für ein Werk der Zeit, es scheint aber das der Spatzen zu sein.

Es gehört zu den selbstverständlichen Vereinbarungen, sich nicht umeinander zu kümmern. Weht es vor einem Geschäft die Pappkartons des Gemüsehändlers durcheinander, will eine Frau mit Kinderwagen die Treppen zur U-Bahn hinab, versucht ein auf der Straße liegender Trinker vergeblich aufzustehen – nicht hinsehen! Schon das Bemerken eines derartigen Vorgangs ist Indiskretion. Hier, wo der entscheidende Lohn für alle Zumutungen eine gewisse Unantastbarkeit, ein Recht, auf individuelle Weise sein Leben zu fristen, ist, wird jede Hilfeleistung als Einmischung, als jämmerlich oder heuchlerisch betrachtet. Die durchaus praktizierte Höflichkeit spielt sich auf anderen Ebenen ab. Die im Osten notwendige Hilfsbereitschaft der unter den gleichen Verhältnissen leidenden Bevölkerung ist hier lächerlich – eine Sache für Behörden und eingetragene Vereine.

Das Atom ist etwas anderes. Zwar muss es die Radioaktivität auch vor ihrer Entdeckung gegeben haben, aber in Tiefen, die kein Lebewesen berührte. Wasser, Kohle, Erdöl als Energiequellen sind fassbar und waren immer bekannt und wurden nicht heiliger gesprochen als Pflanze oder Tier. Das Atom ist größer als jeder Gott, unsichtbar wie der Heilige Geist, jedoch effizienter. Die Nutzung der Atomkraft bedeutet den Sündenfall, der Gott aus seinem Paradies vertrieben hat, der Erde.

Aber wie können wir Flüchtlinge uns unterscheiden, denn man möchte ja erkennbar sein (das ist vielleicht, was sich der Mensch am meisten wünscht), wie können wir unsere Unverwechselbarkeit bewahren? Die Sprache, die den Exilanten sonst begleitet, ihn schützt und isoliert, seine Hülle, seine Luft, die er atmet, sein Raumschiff, wie es Brodsky nennt, das mit ihm als Hund, der nicht zurückgeholt wird, sich immer weiter im Weltraum verliert, diese

Sprache wird auch hier gesprochen. Und obwohl die Sprache, das einzige was du mitgebracht hast, hier allen gehört, wirst du von niemandem verstanden. Zwar gibt es in etwa die gleiche Grammatik und ähnliche Vokabeln, die ihrer gemeinsamen Herkunft zufolge das gleiche bedeuten sollen, es aber nicht tun, weil diese Gesellschaft die Worte mit ihren Bedeutungen gefüllt hat, wie die Gemeinschaft, aus der du kamst, es ihrerseits getan hat. Doch darin liegt eine Chance. Da nur du zu wissen glaubst, was sie bedeutet, wird diese Sprache zu einer Besonderheit. Wie du jetzt mit ihr umgehst, zeigt überhaupt erst an, ob sie dir je etwas bedeutete. Auch ihre Begrenztheiten, ihre Armut, die Unfähigkeit etwas auszudrücken, was außerhalb ihres Erfahrungsbereiches liegt, werden jetzt deutlich. Das zwingt dich, auf eine neue Weise mit ihr zu arbeiten. Nämlich nicht, indem du sie origineller und individueller zu machen versuchst, sondern verständlicher: reicher, umfassender und konkreter.

Ich besitze nichts mehr. Jetzt kann ich reden.

Nach einer Lesung, während der mein Namensvetter Richard gegen die Verlogenheit der linken Revolutionsrhetorik wetterte, sagte ich zu ihm: »Es ist zum Verzweifeln, wenn man sich vergegenwärtigt, dass alles schon lange vor uns gesagt wurde – ohne Resultat. Was wir jetzt mit Mühe zu erkennen und artikulieren versuchen, hat Sinowjew schon vor zwanzig Jahren formuliert. Vor ihm haben es Hanna Arendt, Sperber und Ionescu getan, und, wenn man nur wollte, konnte man es schon bei Dostojewski und Heine herauslesen.« »Nun sind eben wir dran«, antwortete er.

Als sich danach im Yorkschlösschen der Wirt zu uns setzte und ich Richard Wagner als Deutschrumänen vorstellte, maulte der Kneiper »Deutschrumäne, Rumäniendeutscher, was denn nun? Entweder Deutscher oder Rumäne.«

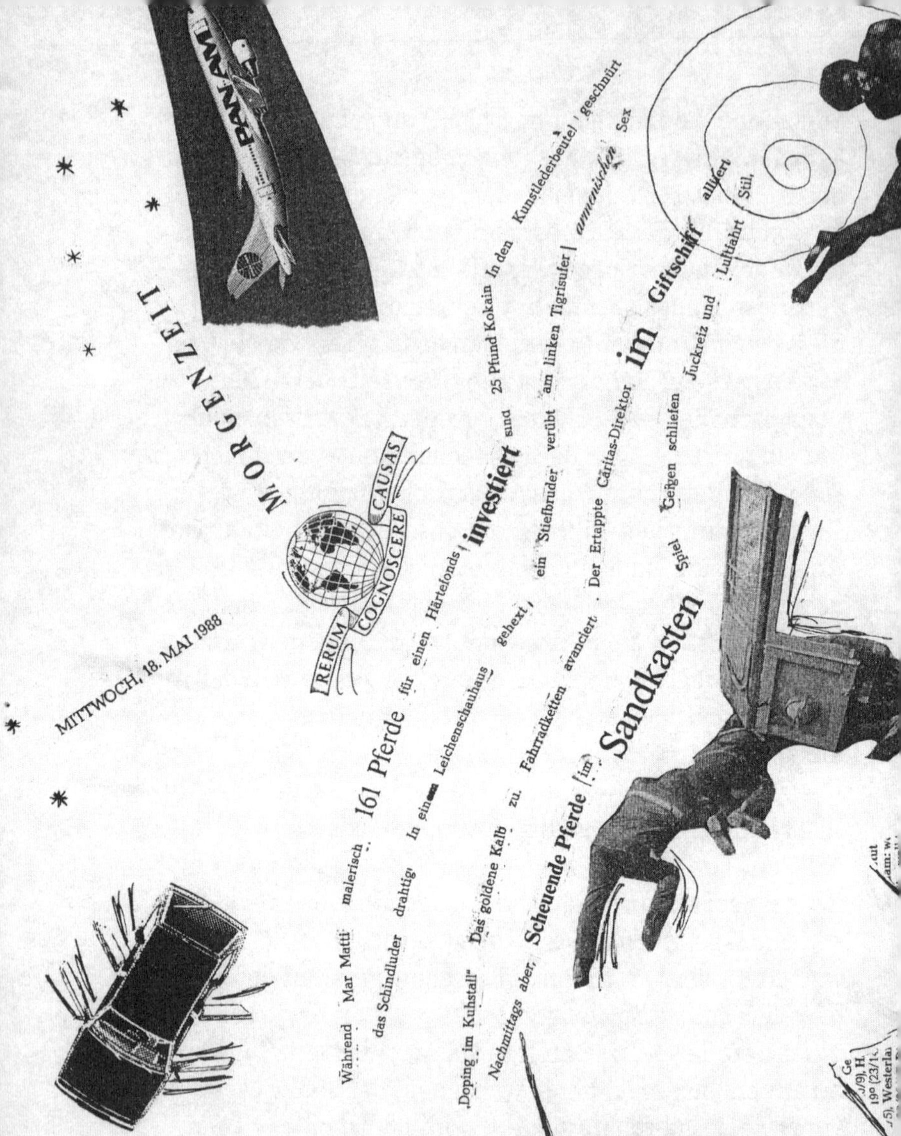
MITTWOCH, 18. MAI 1988
MORGENZEIT
RERUM COGNOSCERE CAUSAS
PAN AM
Während Mar Matti malerisch 161 Pferde für einen Härtefonds investiert sind 25 Pfund Kokain In den Kunstlederbeutel geschnürt
das Schindluder drahtig In einem Leichenschauhaus gehext, ein Stiefbruder verübt am linken Tigrisufer armenischen Sex
„Doping im Kuhstall" Das goldene Kalb zu. Fahrradketten avanciert. Der Ertappte Caritas-Direktor im Giftschiff alliiert
Nachmittags aber, Scheuende Pferde im Sandkasten Spiel Geigen schliefen Juckreiz und Luftfahrt Stil,

»Gazette 11«

Die Lesung dürfte in Riehmers Hofgarten stattgefunden haben, wo Dieter Bub, der ehemalige *Stern*-Redakteur, mit seiner Frau wohnte, die ihm nach dem Entzug seiner Akkreditierung in den Westen gefolgt war. Peter kannte die beiden, und so besuchten wir regelmäßig die Lesungen, die Bub in seiner Wohnung organisierte. Dort lernte ich auch Edgar Hilsenrath kennen, als er aus dem Manuskript von *Das Märchen vom letzten Gedanken* las. Beim Zuhören – das mir ähnlich schwerfällt wie Hilsenrath das Lesen – war ich noch nicht sonderlich beeindruckt, aber als ich dann hintereinander weg *Der Nazi und der Friseur*, *Bronskys Geständnis* und vor allem *Nacht* verschlungen hatte, schrieb ich zum ersten Mal einem Autor, um ihm meine Bewunderung mitzuteilen. Zwar war er kein Unbekannter, doch die großen Preise und Ehrungen verteilte der Literaturbetrieb lieber an ungarische und französische Juden als an den aus Mitteldeutschland, der sich so wenig für repräsentative Aufgaben eignete. Edgar Hilsenrath bewohnte eine winzige Zweizimmerwohnung in einer Friedenauer Ecke, die mir, als wir noch in der Bundesallee lebten, entgangen war. Jetzt besuchte ich ihn dort ab und zu, und Hilsenrath, der von sich sagte, er schreibe, weil er nicht reden könne, ging aus sich raus und erzählte von seiner sächsischen Kindheit, vom Leben bei den Großeltern in der Bukowina, im israelischen Kibbuz und in den jüdischen Cafeterias von New York. Vielleicht rührte seine Offenheit daher, dass ich beim Erzählen ein besserer Zuhörer als beim Vorlesen bin, dass ich Leipzig und Halle kannte und den europäischen Osten, dass ich das Emigrantendasein wenigstens in Ansätzen nachfühlen konnte und dass ich beim Fußball ein ähnlich beweglicher Mittelfeldspieler wie er gewesen war und mich die Frauen als Gesprächsthema mindestens so interessierten wie die Literatur.

Der zweite Autor, wegen dem ich meine Werkausgaben der modernen Klassiker immer mehr vernachlässigte, war

Walter Kempowski. Auf ihn wurde ich ebenfalls durch eine Lesung aufmerksam, aber indirekt. Als ich im 129er Bus unterwegs in ein Ku'dammkino war, hörte ich dem Gespräch zweier Mädchen zu, vielleicht Studentinnen. Die eine sprach davon, dass sich bei ihrer letzten Geburtstagsfeier ihre Freunde als Figuren aus *Tadellöser & Wolff*, ihrem Lieblingsroman, verkleidet, in deren so eigentümlichem Slang geredet und sich dabei fast kaputtgelacht hatten. Sowas gab es in Deutschland! Im Jahre 1988! Und ein solcher Autor hatte einen so miserablen Ruf als reaktionärer Unterhaltungsschriftsteller, das ich noch keine Zeile von ihm gelesen hatte! Ich stieg mit den Mädchen aus und folgte ihnen zu einer Buchhandlung, deren Schaufenster schwarz von den drinnen sich drängenden Menschen war. Die Mädchen, die Karten für die Lesungen hatten, stürzten sich in das Gewühl auf dem Bürgersteig, ich musste umdrehen.

Als ich Kempowskis Familiensaga gelesen hatte, kannte ich die Gründe sowohl für die Begeisterung der Leser als auch für die Ignoranz der Kritiker und Kollegen. Abgesehen von den ideologischen Vorbehalten musste ein solches Jahrhundertwerk, das wie bei Hilsenrath sein Fundament in der eigenen Biographie hatte und deren leidvolle Kollisionen mit der Geschichte nicht nur schonungslos, sondern auch noch mit Humor zu schildern verstand, ein tiefer Stachel im Fleisch all derer sein, die ihre nicht vorhandenen Kontakte mit der Wirklichkeit durch Belehrungen über sie zu ersetzen pflegten.

Kempowski lernte ich später und nur flüchtig am Telefon kennen, als er Tagebuchaufzeichnungen des Jahres '89 zu sammeln begann. Leider konnte ich nur mit einer dünnen Mappe dienen, weil die Ereignisse in mir einen Schreibrausch ausgelöst hatten, der die Sudelbücher links liegen ließ und nach einer eigenen Form verlangte. Anders als etwa bei Freund Hultenreich, der Kempowski meine Adresse gegeben hatte und sich von dessen Reaktion auf seine minutiösen Notizen jeden Morgen durch den Anrufbeantworter wecken ließ: »Das ist ja groooßartig!« – So lange, bis Jürgen nach einer Kneipentour den falschen Knopf drückte und die Ansage löschte.

DEUTSCHLAND IN DER GAUNERSPRACHE

Augsburg: Mokum-Matina
Baden: Stangen-Matina
Bayern: Chasser-Matina
Berlin: Mokum-Beiß
Cassel: Mokum-Kuf
Dresden: Mokum-Dolet
Frankfurt: Bär-Mokum
Freyburg: Frey-Mokum
Hessen: Schleha-Matina
Leipzig: Mokum-Lamet
Mainz: Miau
München: Mem
Preußen: Päsersche
Regensburg: Mokum-Reesch
Schweinfurt: Chasser-Mokum
Stuttgart: Mokum-Schin
Würzburg: Kraut-Mokum
Württemberg: Ringelches-Matina

ZURÜCK AUS SCHLESWIG-HOLSTEIN

Auf dem Marktplatz von Eutin habe ich Biermann, das Idol meiner Jugend, zum ersten Mal singen gehört und gesehen. Zwischen Bierfässern und Bratwurstständen sang er den *Preußischen Ikarus*, den ich von heimlichen Tonbandmitschnitten kannte. Hunde bellten dazu, Kinder sprangen auf der Bühne umher, und aus dem Publikum schrie ein Säufer: »Du bist Gefangener der Deutschen Grammophon.« Er, dessen Ruhm zum Teil dem Umstand zu verdanken war, dass er nicht auftreten konnte, ist nun als Schausteller für Geld unterwegs. – Wie ich und wie Endler, der plötzlich meine Schulter berührte, mit seiner Frau im Trabant aus Leipzig gekommen. Drei DDR-Barden, die auf dem Marktplatz von Eutin ihr Blut und ihre Galle für Westgeld verkauften, der eine für, sagen wir dreitausend, der andere für siebenhundert, ich für vierhundert Mark.

Weil sich der normale Zug verspätete, stieg ich auf der Rückfahrt in einen Sonderzug – und glaubte in einen Verrücktentransport geraten zu sein. Aber nein, der Zug beförderte die Mitglieder der Gruppe »Wir machen Dampf – Berliner Eisenbahnfreunde Reinickendorf«. Alle waren betrunken, stürzten von Abteil zu Abteil, an die Zugfenster, auf die Toiletten. Errechneten mit Stoppuhren die Fahrtgeschwindigkeit und zählten die Kilometersteine, stritten sich, ob eine 134er oder 135er Lok draußen vorbeifuhr. Schleppten ihre Kartons mit Schultheiß-Büchsenbier in den Speisewagen, wo sie den Kellner fragten, was er für einen komischen Dialekt spreche. Als er sagte, er wohne in Leipzig, begriffen sie nicht, dass sie einen leibhaftigen DDR-Bürger vor sich hatten.

Noch immer kehre ich Haarnadeln unter meinem Bett hervor.

Den Krieg als Zerstörung des eigenen Landes haben in Deutschland vor allem die Frauen erlebt. Wie bei allen Eroberern waren die Männer außerhalb und verwüsteten selbst. Kommt daher das Schweigen der Literaten über diese Ereignisse? Die Bombardierung Dresdens hat ein Amerikaner beschrieben.

Sibylle, die pro forma einen Holländer geheiratet hat, darf in die DDR reisen. Als sie neulich von ihrer Mutter kam, hatte sie an dem Tag in Cottbus Aufenthalt, an dem die Amnestierten aus dem Knast entlassen wurden. Ein junger Mann setzte sich in der Bahnhofswirtschaft an ihren Tisch und staunte sie mit verliebten Blicken an. Er begann zu erzählen: Dass er seit heute morgen auf freiem Fuß ist, dass, wenn er genügend geschluckt hat, kein Schloss vor ihm sicher ist, dass er sich bis achtzehn Uhr in seinem Heimatort bei der Polizei gemeldet haben muss, er aber nichts seiner Familie von seiner Rückkehr geschrieben hat. Je näher die Zugabfahrt rückte, desto heftiger wurde seine Erregung. Er flehte sie an, wenigstens mit ihr bis Leipzig fahren zu dürfen, obwohl er dann niemals bis achtzehn Uhr nach Hause gekommen wäre. Sibylle flüchtete vor ihm über den Bahnsteig und sprang, kurz bevor er abfuhr, in den Zug.

Was das Zeitmaß im Osten so zäh fließend machte, war das Warten. In diesen Momenten verlangsamte sich alles, brach Leere ein und Nachdenken. Das Leben begegnet dem Tod an seinem unteren Rand, nicht im Kollaps. Du hast zu warten auf Waren, Papiere, Erlaubnisse, Stempel, Personen. Dass die Zeit vergeht. Du kannst dösen dabei, etwas drängeln und dich in einen Wutausbruch steigern. Jedenfalls bist du mit den Füßen im Schlamm der Tatsachen und allein.

Seit er im Westen war, hatte er das Gefühl, ständig Fett auf den Lippen zu haben.

Wenn ich Hilsenrath in seiner Friedenauer Eigentumswohnung besuche, läuft er zumeist pfeifend durch die niedrigen Räume. Bei mir zeigt mitunter ein Summen die Heiterkeit an – ich wünschte, es wäre so deutlich hörbar wie Hilsenraths Pfeifen.

Ich hatte diesmal den Radiorecorder dabei, mit dem ich ansonsten mein Schitgeschwafel aufnahm. Edgar Hilsenrath war einverstanden, das Interview dem *SFB* anzubieten, der irgendwann auch eine halbe Stunde davon gesendet hat.

Nach unserem ersten fünfstündigen Gespräch freute ich mich auf den nächsten Tag, an dem ich mit Edgar über die Frauen reden wollte. Aber da saß seine eigene mit auf dem Sofa, stopfte ihm das Kissen in den Rücken, goss Tee in die Tassen – und alles war vorbei.

ZEUS UND DER SCHWAN

1. Es gibt Menschen, die fühlen sich in der pisswarmen Brühe eines Teiches ohne Abfluss wohl, Schmutzki muss so einer sein, er stand bis zur Brust im Wasser und schob altes Gemüse und schwimmende Kackhaufen wie Schiffe vor sich her, zum Beweis, dass alles nicht so schlimm sei.

Dabei suchte ich jemanden, der mit mir zum Kahlen Berg raufstieg, der beim letzten Vulkanausbruch geborsten war und in dessen Trichter sich inzwischen kaltes blauschwarzes Wasser gesammelt hatte. Aber niemand zu finden, das Ding war zu einem Unding geworden, selbst mir jagte es Schauer über die Haut bei dem Gedanken, allein in das Eiswasser zu springen – nur schwarze Blättchen erloschener

Lava schwebten umher, und tief unten lauerten die Loren auf den Gleisen der ertrunkenen Bergwerksschächte.

2. Da ist das Mittelmeer doch etwas ganz anderes, türkisblaue Wellen und über drei Kontinente verteilte sonnige Sandküsten, von deren libyscher aus ich als Fremdenführer dieses schöne Panorama zu erklären hatte.

Ich wies insbesondere auf die Stellen hin, an denen es grünte: der Golf von Neapel, die Liparischen Inseln und Teile der Nordküste Siziliens, das sich immer mehr auf Afrika zubewegte. Dort hielt ich auch meinen Ellenbogen ins Wasser, um die Temperatur zu prüfen – aber da schnappte nach meinem Musikantenknochen eine der so putzig aussehenden Seeschlangen, die jetzt immer häufiger ihre kahlen Köpfe aus den Fluten hoben. Sie vermehrten sich ebenso rasch wie sie wuchsen: Waren es Nessies mit dicken Saurierbäuchen oder ging es zwischen Hals und Schwanz gleichmäßig fort wie bei einem Feuerwehrschlauch?

3. Egal. Ich näherte mich von Norden her mal wieder Arm in Arm mit meiner Mutter der Wettiner Straße. Leider hatte ich irgendwo mein Jackett liegen lassen, in dessen einer Tasche unser Haustürschlüssel lag und in dessen anderer ein Zigarillostummel, der viel wichtiger war. Durch das Hoftor kommen wir jederzeit, wie sollte ich aber, ohne Nebel um mich zu verbreiten, die Wohnung betreten?

Da fuhr auf dem Hof die Karawane meiner Geschwister plus Bekannten vor: ein Haufen geschminkter Toter. Meine Schwester am Arm ihres Polizistenmannes, mein Bruder mit der Nachbarin im Brautkleid und falschen Zähnen unter dem Schleier, Luzi, seine Frau, Huckepack auf dem Rücken ihres angeblichen Chefs ... wirklich lauter weiße Leichen.

Sobald sie aber am Küchentisch saßen und das Maul aufmachten, wurden aus meinen jüngeren Brüdern Ruud Gullitt und Rudi Völler. Das Gespräch drehte sich darum, wohin ihr nächster Transfer gehen sollte, nach Malaga oder Rom. Man wollte mir eins auf die Klappe geben, besonders weil ich das Wort Malaga in den Mund genommen hatte (streng vertraulich), doch ich war nicht mehr zu halten: die beiden kamen auf reichlich zwanzig Millionen Dollar Jahresgehalt, umgerechnet 200 Millionen Ostmark, wie ich blitzschnell errechnete, und unsere Mutter stützte die nackten Arme noch immer auf die Wachstuchdecke, wusch das Geschirr im Ausguss und pinkelte nachts auf den Nachttopf, weil es im Haus keine Toilette gab! Wenigstens eine Million – was würde das für sie bedeuten, ging es durch meinen Kopf, der zum dritten Mal seit meinem Weggang vor zwanzig Jahren das elterliche Dach über sich zusammenbrechen spürte.

Ich stürzte also nach draußen und hinter in unseren Garten, in dem die Bäume aus Eisen sind. Ich stampfte verzweifelt mit den Füßen die Erde: ich wollte trainieren und es letztlich doch noch zum Fußballstar schaffen, um meiner Mutter den Lebensabend zu versüßen. Nach wenigen Sprüngen wurde ich allerdings müde: ich war bereits vierzig! Gut, in Italien würde ich vielleicht noch für fünfunddreißig weggehen und mit viel Glück einen Einjahresvertrag bekommen und eine knappe Million zusammenkratzen – was war das gegen die Leistungen meiner Brüder?

Aber ich, so tönte es aus dem Küchenlautsprecher, ich hatte eine siebzehn Jahre jüngere Frau (wie sah sie eigentlich aus, ich hatte sie noch nicht zu Gesicht bekommen), die Nacht für Nacht in unserem Ehebett juchzte und stöhnte, was meine Frau Mama mehr freute, als sie die Millionen der beiden Rudis ärgerten, deren Weibsen in den schlaflosen Nächten neben ihren abgearbeiteten Ehegatten so sehr alterten, dass sie es bei Tage nie und nimmer aufholen konnten! Doch Schluss mit den Pickeln und Buckeln der Verwandtschaft, denn …

4. durch das Eisengebüsch näherte sich ein kleiner Dachswieselhase. Ich erging mich inzwischen im Zwiebelgarten, den meine Mutter angelegt hatte – ein wahres Tal der Tränen ihr Leben. Durch die nach oben hin unbegrenzten Zaunlücken schlich in mein Geviert das Pelztierchen, das sich von einer eifrigen Schwanengans verfolgt wähnte. Im Grunde hatten beide auf dieser Erde aber nur vor etwas Respekt: dem raschen Griff meiner Mama, der Hexe. Sie hatte es auf den linken Schwanenflügel abgesehen, den sie als Federwisch zur Schornsteinreinigung zu verwenden gedachte, und das Hamsterkaninchen hatte sie schon einmal bei lebendigem Leibe durch das Ofenrohr gezogen.

Ich beruhigte das ängstliche Wesen, worauf es mich auf die nicht unschmerzhafte Verzwicktheit der Schnabelzangen des in gewisser Weise sogar mit ihm befreundeten Federviehs hinwies. Draußen im Holzschuppen starteten inzwischen ein Tischlergeselle und mein erziehungsgeschädigter Cousin ihre Motorradmaschinen und fuhren an der Außentoilette vorbei auf das Hoftor zu, das sie in wenigen Sekunden unter sich begraben würde: auch keine Lösung, diese Lederolbekleidung.

Ich meinerseits löste eine Latte aus dem Zaun, weil der Gänseschwan, wie mir der Dachswieselhase versicherte, es auf meinen Unterarm samt Ellenbogen und Musikantenknochen abgesehen hatte. Durch das Zaunloch kam der durchaus noch junge und ansehnliche Vogel in meinen Garten, indem er den unteren Zaunsriegel mit einer gewissen Gravität wie eine Türschwelle überschritt. Nun standen wir uns alle drei inmitten des blühenden Zwiebellauchs gegenüber, sahen uns an und fragten uns: wer war Leda, wer war Zeus, wer war der Schwan und wie sollten wir es miteinander treiben?

1989

Es ist ein herrliches Gefühl, seine Leser los zu sein,
man schreibt nur noch für sich und sonst niemand.

Rita wiedergesehen. Südstern 15 bis 24 Uhr.

War es Zufall, dass ich mich mit ihr am gleichen Ort verabredete, an dem ich mit Sonder den ersten Abend verbracht hatte? Oder glaubte ich etwas verknüpfen zu können, was nichts miteinander zu tun hatte? Sonder, die meine ersten Briefe seltsam kurz und zerfahren beantwortet hatte, meldete sich nicht mehr, und mit Rita ging es nur noch darum, ein Verhältnis herzustellen, das es ermöglichte, uns wieder ins Gesicht sehen zu können. Es ist uns gelungen. Ich habe akzeptiert, dass sie in dem Moment, als sie mit dem Rücken zur Wand stand, um sich biss und weder mich noch andere Verwandte mehr kannte. Als ich sie ein gutes Jahr später mit dem Kinderwagen auf der Straße traf, musste ich hineinsehen und lächeln. Ein Mädchen schlief darin, eins, das sie mit mir zusammen nie bekommen hätte. Es trägt meinen Namen.

SCHIT 10

Ich sah sie in verzweifelter Laune auf dem Weg ins Nichts. Bienennest voll summender Arbeitsamkeit, Honig tragend wie ihr Haar. Ich näherte mich, ihr die Eimer abzunehmen und meine dafür zu geben. Nektar tauschen gegen die bittere Lake des Wissens, auf Hilfe hoffend im Streit mit Gestern und Gelderwerb. Aber ihr Sinn ist nicht der der Durchdringung. Sie gibt nichts weg. Sie will nichts anderes als Aufmerksamkeit und heimliche Afterkunst. Ihr Sinn ist bitter wie es meiner nie sein kann. Ihr Honig fremd und der der Verirrung. Ihr Körper ein durchsichtiges Gefäß, das ein Ich sucht. Mein Arsch ist stumm, nicht so meine vorderen Verkehrszeichen. Den Ort, wo sich ihre Brüste versteckten, konnte ich nur selten finden. Anderes hatte sie nicht. Was hält mich an ihr?

Die Vergeblichkeit? Die Lust, in etwas Vergessenem zu wühlen und es wieder aufzuwecken? Das wird nicht gelingen. Deine linke Seite sehnt sich nach neuem Vertrauten, deine rechte wartet nicht ab und will weiter.

Das Leben ist dazu da, Kunst daraus zu machen.

Malerei, Bildhauern usw. sind schon im Biber angelegt. Wirkliche geistige Entwicklung gibt es nur in der Literatur, in den Bildenden Künsten wird vor allem weitergegeben, was Hand und Auge können. Sehr wichtig und unersetzbar, aber zu neunundneunzig Prozent Handwerkelei, außer in der Zeit Boschs und Grünewalds, die so aus den Fugen geraten war, dass sie sich nur im Bild ausdrücken konnte und dort auch das Geistige hineinfloss und zu Bildsprache wurde. Die Sprache ist es, die beim Menschen die Instinkte ersetzen muss. Ohne sie ist er blind, taub, ohnmächtig, weder Tier noch Mensch. Sie ist es, die ihn zum menschlichen Wesen macht und gleichzeitig die sozialen Funktionen erfüllt, die auch das Tier braucht und durch andere Systeme ersetzt.

So weit die Anmaßung des Literaten. Darunter gibt es etwas, das, auch wenn es taub, blind und ohnmächtig sein sollte, das kostbarste am Leben ist. Es ist das kreatürlich Fühlende.

Die modernen Museen statten ihre Räume wie sadomasochistische Foltersalons aus (beispielsweise ohne Sitzgelegenheiten). Qualen des Geistes durch vorgetäuschte Rätselhaftigkeit, Qualen der Augen, der Sinne sowieso. Während sich van Gogh in seinem Ringen um Schönheit ein Ohr abschnitt, ist das Ziel seiner Kollegen ein fröhliches Leben durch die Folterung Fremder geworden.

Auch ich bin restlos erschrocken über mich. Wie die Eule, das Schleiergeheimnis.

Nichts ist langweiliger als unter Menschen zu sein, die zusammen gekommen sind, um sich nicht zu langweilen.

Reue, das Markstück jeder Markauflösung

Im Schreiben kannst du zu dem werden, was dir sonst nur einzeln und zu verschiedenen Zeitpunkten möglich ist; das ist groß. Du kannst dich als ganzer Mensch zeigen. Kein Grund zur Scham.

Ist es sinnvoll, ein Buch schreiben zu wollen, dass im Leser den Eindruck hervorruft, er sitze betrunken vor dem Fernseher?

Er ist nicht ganz allein. (Ausdruck für Irrsinn)

SCHIT 11

Müller, das ist das Theater als sozialistische Verwandlungsschau, hoch kultiviert, hoch anständig, hoch personifiziert. Mit einem Wort ein künstlicher Maggiextrakt, zu dem jeder sein Wasser zugießen kann – schon hat er eine heiße Brühe, um sich Finger dran zu wärmen und Zunge zu verbrennen.

Du dagegen (ja ich spreche von meinerseits) bist hoch emotional, tief sinnlich und extrem beschränkt. Du musst deine Ladentür überhaupt erst mal aufmachen, Freundchen. Wer weiß schon, was dahinter ist. Vielleicht bist du ein ewiges Türwedeln und wirst über die Anrufung der Götterkundschaft nie hinauskommen. Vielleicht bist du nichts als ein hoch perfektes, hoch gehetztes Denk- und Fühlobjekt mit orakelhaften Aussagen. Die solltest du dir schnell abschminken.

Sprich, was du denkst und empfindest, was deine Angst dir ein- und deine Lust dir austreibt. Du bist absolut konkurrenzfähig, ein eigener Stern, der etwas mehr Menschlichkeit gebrauchen kann, denn Menschlichkeit bedeutet, auch wahr zu sein und nicht nur zu irren. Du befindest dich auf dem Wege zur Wahrheit und hast noch etwas Angst vor ihr. Das ist begreiflich, aber wirf sie ab. Es geht weiter. Und weitere Wandlungen, Veränderungen, Brüche und Verheerungen werden dich brauchen und aufnehmen. Du lebst und schreibst und bist glücklich unglücklich. Einzeln bist du einzig. Verlass dich auf mich, den Schit.

Müller. Er saß ab und zu im »Mora«, einem Restaurant mit Galeriebetrieb in der Großbeerenstraße, in dem ich, wenn ich es betrat, jedes Mal das Bedürfnis verspürte, einzuschlafen oder die Einrichtung zu demolieren. Einmal blieb ich mit Peter dort hängen, als Müller nach einer Lesung Hof hielt. Er erzählte, dass der Westen am Abnippeln sei, im Kempinski habe man nicht mal mehr anständige Zigarrenabschneider. Über Handke meinte er: »Der Chinese des Schmerzes? Ja, wenn es der Schmerz des Chinesen wäre, würde es mich interessieren.« Sätze, die hängenblieben, aber rechtfertigten sie die unterwürfige Verehrung, die ihm allenthalben entgegengebracht wurde? Der ungleich klügere und begabtere Enzensberger machte den Eindruck eines Schuljungen, als er neben ihm auf dem Podium in einer Grunewaldvilla saß. Gleichgültig, was er sagte, Müllers Schweigen, Räuspern und Witzeerzählen war viel gewichtiger. Perfekt erfüllte er die Rolle des über Ost und West gleichermaßen schwebenden Halbgottes, der mit seiner Allwissenheit jegliches Nichtstun legitimiert.

Das Pariser Goethe-Institut kann die Ausstellung von Scheib und Peter nur unzureichend finanzieren, weil das Budget durch eine große Ökologieschau erschöpft ist. »Viertausend Rattenköpfe wurden als Wegweiser gebraucht.« erklärte der Beamte. »Aus Deutschland fuhren mehrere Spezialholztransporter fünfhundert gefällte Bäume heran, um gegen das Bäume fällen zu protestieren. Sie konnten nur nachts durch Paris fahren. Stellen Sie sich vor, was das gekostet hat!«

Alles kommt aus der Kindheit. Freiwillig geht niemand nach Meuselwitz; man muss dort geboren sein.

Menschlich sein heißt unvollkommen sein. Darwin gilt höchstens fürs Tierreich. Die Menschlichkeit fängt da an, wo der Unvollkommene überleben darf und endet vor der Maschine.

Der Kommandant zum Beifahrer: »Unsere Panne existierte. Schließlich haben wir gestanden, und all unser Wissen war ein unverständlicher Dialekt im Munde des Himmels.«

Achtung, schnell bist du Teil der Klapperschlange,
die da umherschleicht: mythenzüchtender Tourismus.

Seit es Telefone gibt, muss man nicht mehr alles ins Gesicht sagen.

Die Leute in Dialogen das sagen lassen, was sie gern sagen würden? Ihren geheimen Text geben, der unausgesprochen unter jedem Wort und jedem Schweigen mitläuft?

Gab es das Wort *Nummern* für Geschlechtsakte schon zu Lichtenbergs Zeiten? Er jedenfalls nummeriert sie in seinem Tagebuch.

Geschichte heißt Tote machen. Kunst und Erotik erzeugen Leben.

Selbstmord des Todes

Es gibt keine naive Literatur.

KIMS TOD

Gestern kam Winckel vorbei, der sich auf Westtournee befindet, und erzählte mir von Kims Tod; die beiden waren in Weißensee unzertrennlich gewesen. Kim hatte ein Geheimnis umgeben: er war schweigsam, leptosom bis zur Gespensterhaftigkeit und von unklarer Herkunft, die ihm beliebiges Reisen erlaubte. Außer zu Kneipenbesuchen verließ er aber kaum seine Wohnung, ein genialer Mathematiker, wie es hieß, der blitzschnell den ungarischen magischen Würfel ordnen konnte. Winckel war in dieser Zeit mit Gesine zusammen, einer ebenfalls stets in Schwarz gekleideten Bildhauerin. Vor drei Jahren trennten sich die beiden, und Gesine tat sich mit Kim zusammen. Mit einem Schlag hatte Winckel seine Frau und seinen Freund verloren. Als er sich an Kim, beunruhigt durch schlechte Nachrichten, wieder herangetraute, fand er ihn um zwanzig Jahre gealtert. Was kaum vorstellbar war: er war noch dünner geworden, die gelbe Haut löste sich an der Stirn und auf den Händen; wie die Obduktion später ergab, litt er an Speiseröhrenkrebs. Kim besuchte keinen Arzt, weil das die Regeln des australischen Aboriginesstammes verboten, dessen Mitglied er als Kind geworden war. Er konnte nichts Festes mehr essen, nur noch Suppe, und wenn er Alkohol trank, schiss er sich regelmäßig ein. Er nahm keine Arbeitsaufträge mehr an, den Computer nutzte er nur noch zu Videospielen. Die meiste Zeit lag er; als ihn Winckel eines Abends mit zum Einäugigen nahm, sagte er auf dem Nachhauseweg mit eingeschissenen Hosen: »Das war mein letzter Kneipenbesuch.« Gesine konnte die Situation immer weniger ertragen, sie floh zu Pleinairs. Beim letzten Besuch Winckels stellte Kim nach einem Schluck das Weinglas zurück. »Den Rest morgen«, sagte er, »wenn meine Mutter kommt.« Am nächsten Morgen war er tot.

Zur Beerdigung erschienen alle Trinker Weißensees, alle ehemaligen Frauen, die meisten von Kims Kindern. Der aus London eingeflogene Vater hielt auf englisch die Grabrede. Er sagte: »Ich habe ihn nicht verstanden« und verschwand. Danach begann, ich weiß nicht in welcher Kneipe, unter Kims Freunden und Frauen eine wilde Sauferei. Winckel und Gesine, die sich bei dieser Gelegenheit zum ersten Mal wieder sahen, betranken sich ebenfalls und machten sich dann aus dem Staube. Sie liefen in Kims verwüstete stinkende Bude, warfen sich auf sein Totenbett und »fickten«. Winckel sagte dazu, sie vollzogen einen Fruchtbarkeitsritus. Er schlief in meiner Kammer und war am nächsten Morgen verschwunden, zurück in den Osten.

Doppelter Blitzschlag in meinen offenen Mund. Zuerst eine Plombe getroffen, dann den rechten Schneidezahn, der sofort schwarz wurde. Rollendes Quecksilber auf der Zunge und flüssiges Blei am Gaumen klebend. Ich spucke und spucke.

Ich lebe im Zustand der Unverfrorenheit.

Das Elysium des späten Schmidt ist nur von Männern bewohnt. Bei Koeppen ruft jeder Satz: »Ich kann es auch.« Ich kann auch wie Joyce mit einem einzigen Satz ein ganzes Buch füllen. Die gesamte Literatur jener Zeit rief: »Wir können es auch!«

Das Schlimmste ist überstanden. Die Jahrzehnte nach dem Krieg, in denen sich die Schriftsteller beiderlei Geschlechts wie müde Götter fühlten. Das sichtbare Zeichen des Schlimmen waren die Ehen zwischen ihnen. Götterehen, in denen nichts Menschliches mehr zu erfahren war.

Im Schlaf gibt es keinen Zweifel: Ich bin ein Schurke, weiß aber nicht, was ich verbrochen habe.

Ein altes Mädchen, hell blondiert, stand mit ihrem schwarzen Köter in der U-Bahn Richtung Wedding. Der Hund fing wild zu kläffen an, als es durch den Osten ging und die Räder in den Schienen kreischten. Sie guckte auf ihren Hund, in den Waggon und sagte: »Da kann ick nischt machen, da kann ick nischt machen.« Der Amerikaner, in dessen Richtung sie es gesagt und der dazu verständnislos gegrinst hatte, öffnete ihr die Tür. Sie sagte »Danke Meesta« und verschwand.

Es ist in einer Erzählung gleich verführerisch, *er* oder *ich* zu sagen. Ich habe mich für letzteres entschieden. Denn: Was gibt es *nicht* im Fernsehen? Mich. Nur mich kann ich versuchen auszudrücken.

FRÜHSTÜCK IM FREIEN

Für Klaus Roehler

Die Nacht war so tief wie ein durchgerosteter Eimer … Dann streckte die Sonne ihre erschreckend lange Zunge heraus und wollte Briefmarken lecken. Du, im nachmittagsgrünen Morgenmantel, zogst vorher die Spülung.
»Nie wieder werde es Tag.«

»Wer hat sich überhaupt den Unfug ausgedacht, das Licht von der Finsternis zu scheiden? Wahrscheinlich derselbe, der auf die Idee kam, die Sonne auf der einen Seite auf- und auf der anderen untergehen zu lassen. Und er nannte es Osten und Westen.«

Ich ahnte schon, das war ein falsch gestelltes Problem, und auf falsch gestellte Probleme antwortet der Brahmane mit Schweigen. Wenn ich richtig rechnete, hatten wir den sechsten Tag der Rückgängigmachung der Schöpfung hinter uns und es wurde Sonntag. Und noch immer kein Sprung in der Schüssel, und noch immer zeigten die Dinge ihr kaltes, desinteressiertes Antlitz.

Dabei, welch großartiger Lokführer warst du gestern, und ich, welch genialer Rangierer. »Sag mal, war das tatsächlich der Sohn der Ministerin für kulturelle Verteidigung, dem ich gestern den kleinen Finger abgebissen und in die Broccolicremesuppe gespuckt haben soll? Der hätte doch längst im Bett sein müssen.«

Jetzt war es für mich an der Zeit zu schweigen …

Inzwischen hatte die Küche geöffnet. Ich zählte sieben Eierlöffel im Regal, zwei mehr als verflossene Lieben und alle so braun wie der Kaffee, der in der Maschine blubberte, gurgelte, dann röchelte. Es waren nur anderthalb Tassen darin. Du gabst mir die halbe ab, obwohl du dich so sehr zu Hause fühltest, dass du auf dem Fahrrad frühstücktest, welches alles andere als ein Tandem ist. Wenn ich richtig gerechnet habe, hast du dir zwei Brote geschmiert. Auf eins Büchsenleberwurst mit russischem Ersatzkaviar, auf das andere Quark der Magerstufe 2 und Pflaumenmus obendrauf. Was blieb mir da anderes übrig, als nach dem Kohlrübensirup im Keller zu fragen?

Da tratst du aber schon in die Pedalen, und nach mir pfiffen sämtliche Züge.

Sollte die Zweiteilung doch mehr sein als ein Vorwand, sich nachts schlafend zu stellen? Licht und Finsternis, Tag und Nacht, Osten und Westen, Sonne und Mond, Vater und Sohn … die häufigsten Zielscheiben auf den Schießplätzen, egal wen es trifft, beide klappen ab. Geheime Kenntnisse führen zur Ignoranz gegenüber allem, was offensichtlich ist, und zur Achtung vor Abgründen.

Achtung Abgrund! – so hieß die Groteske, mit der Klaus Roehler seiner Lektorenexistenz bei Luchterhand ein würdiges Denkmal gesetzt hatte. Als mich der Verlag um einen Beitrag für einen Jubiläumsband zu seinem 60. Geburtstag bat, konnte ich aus dem Vollen schöpfen. Während des Lektorats an meinem Gedichtband hatte ich für einige Tage mit Roehler dessen Erdgeschosswohnung in Darmstadt geteilt. Es waren so aufregende wie lehrreiche Tage für mich. Trotz seines fortgeschrittenen Alters war Roehler voller Energie, die er, je länger der Tag dauerte, in immer kühnere rhetorische Höhenflüge umsetzte. Seinem hageren Gesicht waren nicht nur Leiden der Vergangenheit eingeschrieben, sondern auch eine gehörige Portion gegenwärtiger Wahnsinn, besonders wenn er ins Trinken kam. Und abends kam er das regelmäßig. Zu viel Ungemach war zu vergessen: das seiner Ehe mit Gisela Elsner, die den hochbegabten Jungautor mit einem Politbestseller unvermittelt in den Schatten gestellt und die Flucht ergriffen hatte, zuletzt in Richtung DDR; das komplizierte Verhältnis zu seinem Sohn Oskar, ebenfalls schon auf dem Weg zum Ruhm, den er dann mit einem Film über seine Mutter erringen sollte; die jahrzehntelange Lektorenfron bei Luchterhands, insbesondere an den dicken Manuskripten von Grass, als dessen Diener er sich sah, dem er bereitwillig sein eigenes Werk opferte. Dabei pulsierte in seinem kleinen Finger mehr Autorenblut als im ganzen Grass. Vor allem mehr Galle – nach seiner Verlagssatire saß er nun an einem utopischen Roman, in dem er seine Manien, Phobien und sonstigen Leidenschaften auf verschiedene Sonnensysteme verteilte. Leider bekam ich nie eine Zeile davon zu lesen, nur reichlich Vorankündigungen zu hören, nach meiner Abfahrt aus Darmstadt vor allem in nächtlichen Telefonaten.

Ich lauschte ihnen um so williger, als ich dabei eine Einführung in die Tragikomödie des bundesdeutschen Intellektuellenlebens bekam. So unterschiedlich zu der im Osten war sie gar nicht, nur dass es für sie keinen Westen gab. Das Grunddilemma, sich zu verkaufen oder nicht, war das Gleiche, auch wenn es ungleich mehr und attraktivere Möglichkeiten des Verkaufs gab: an dieses oder jenes Publikum, an den Literaturbetrieb mit seinen äußerst empfindlich reagierenden Mechanismen von Stipendien und Preisen, an diese oder jene Ideologie, an Klüngel oder Einzelpersonen, die gutdotierte Posten zu vergeben hatten, welche einem den Kampf auf freier Wildbahn ersparten. Dass Roehler nicht die Frustration über den Tausch von Freiheit gegen Sicherheit an seinen Autoren ausließ, machte den Umgang mit ihm so angenehm. Für die übliche Ignoranz war er viel zu ehrlich gegen sich selbst. Auch insofern war er ehrlich, als unter den gut antrainierten linken Konventionen immer wieder fatale Inkorrektheiten durchbrachen. Auf dem Höhepunkt seiner alkoholischen und rhetorischen Exzesse bestieg er regelmäßig die Lokomotive eines Güterzuges, mit dem er als HJ-Führer die ihm anvertrauten Pimpfe aus dem schon besetzten Sudetenland heim ins Reich führte. Wie sehr der antikapitalistische Furor seiner

Generation in den kollektiven Glückserlebnissen im Dritten Reich wurzelte, erfuhr ich bei keinem so deutlich wie bei Roehler. Und bei keinem schmerzte es so sehr, dass sich an all diesen Widersprüchen ein Leben zerrieb, ohne daraus die hellen literarischen Funken zu schlagen, die davon zeugen sollten.

GEGEND 12

Rund um den Teich saßen in gleichmäßigen Abständen die Angler. Hinter jedem zweiten, dritten Gebüsch war eine freie niedergetretene Stelle, wo sie still auf ihren Hockern sitzen und die Angeln ins Wasser hängen konnten, um mit Teigkügelchen nach Karpfen zu fischen. Der Teich war künstlich angelegt, eine Verbreiterung des Flüsschens mit streng parallel verlaufenden Ufern. Es hatte geregnet am Morgen, und feuchter Dunst umhüllte alles wie eine klamme Joppe. Es war so still, dass die leisen Worte, die abwechselnd von zwei der zwischen Sträuchern sich gegenübersitzenden Anglern gesprochen wurden, laut und deutlich über die Wasserfläche hinweg bis zum anderen Ufer drangen.

Zurück in Berlin empfängt mich die Stadt mit 36 Grad und ohne einen Windhauch. Beim Gang durch den Tiergarten durchquere ich ein Terrain, das von zumeist nackten jungen Männern besetzt ist, die ihre Blicke wandern lassen. Zwei von ihnen sitzen in der Wildgraswiese und sehen, ihre Köpfe wie Hasen im Kraut reckend, auf einen dritten, der sich vor ihnen auf gemähtem Gras präsentiert. Von hinten sehe ich seinen schlanken braunen Rücken, blonde Haare und ein dazu passendes, im Nacken baumelndes Goldkettchen. Erst auf gleicher Höhe erkenne ich, dass er vor den beiden sein blass rosa Glied massiert und es langsam zum Stehen bringt.

Ecke Hauptstraße/Dominicusstraße. Während ich auf Grün warte, hampelt irgendein Idiot neben mir rum, so dass ich einen scharfen Blick auf ihn abschieße und er, als wir über die Kreuzung sind, mich am Ärmel fasst und stottert: »Haben Sie, haben Sie mich böse angesehn?« O Gott, er ist wirklich ein Idiot, kann nichts für seine ausgeleierten Hosen, seinen hängenden Kiefer, die zuckenden Arme und Beine. »Sie haben mich, Sie haben mich doch eben böse angesehn? Warum, warum haben Sie ...« O Gott, welch verwundeter Blick! »Nein, nein«, stottere jetzt ich, »ich habe nicht ...«, und dann leiser: »Verzeihung.«

Wenn der Weltuntergang eine Auflage von 100 Tausend garantierte, würde er von den Schriftstellern begrüßt.

August, nein, schon September. Der Mond steht wie ein großes abgelutschtes Orangenbonbon neben dem Kreuzbergturm.

Es geht weniger darum, das Feste zu sehen als die Bewegung, die die Fundamente wanken macht.

Was die Verhältnisse jenseits der Mauer anging, so gab es im September '89 einiges an Bewegung zu beobachten. Seltsam, wie wenig davon in meinen Aufzeichnungen auftaucht. Ich sah gewissermaßen mit angehaltenem Atem zu, jeden Abend die *Tagesschau* verfolgend wie ein ungläubiger Thomas, der den Berichten nicht zu trauen wagt. Die *Solidarnocz* hatte freie Wahlen erzwungen und dabei gesiegt. Sehr gut, aber das war in Polen und hatte für die DDR noch nichts zu bedeuten. Dort wurde in der Leipziger Nikolaikirche fleißig gebetet und hatte man das *Neue Forum* gegründet – musste das ausgerechnet in Havemanns Villa in Grünheide sein? In Prag warf man Säuglinge über den

Zaun der Botschaft und ließ die Kinderwagen davor stehen. Eines Abends trat Genscher mit den Worten auf den Balkon »Wir sind gekommen, um Ihnen mitzuteilen, dass heute Ihre Ausreise ...« , der Rest seiner Rede ging in Jubel und Geschrei unter. Erschütternd, doch auch etwas peinlich, wie das Gebaren mancher Landsleute, die, nachdem sie die Lücke im ungarischen Stacheldrahtzaun durchfahren hatten, aus ihren Trabants stiegen, um die österreichische Erde zu küssen.

Erst als man die Massen nicht mehr als Teil des Exodus, als auf dem Marsch ins Nirgendwo befindliche Lemmingherde wahrnahm, sondern sie sich zu ihren Rundgängen über den Leipziger Ring versammelte, wurde meine Anteilnahme nicht mehr von Zweifeln gestört. Ich starrte auf den Bildschirm, ob ich unter den Demonstranten irgendwelche bekannten Gesichter erkenne, insbesondere das von Strecksei. Der hatte sich bei mir zum letzten Mal mit einem Brief aus der Nervenheilanstalt Wermsdorf gemeldet, in dem er seine Rückkehr in das normale Leben ankündigte. In die Klapsmühle hatte er sich einliefern lassen, nachdem er vor Altenbachs Bauern und Bonzen kapituliert und die Kneipe geschlossen hatte und sich, weil er es leid war, mit bitterer Genugtuung dem Verfall seines Hauses zuzusehen, immer öfter auf den nahen Bahngleisen wiederfand, vor den Zügen erst in letzte Sekunde zurückspringend. Jetzt läutete er in der Dorfkirche die Glocken und malte Transparente, mit denen er sich montags nach Leipzig aufmachte, während Thea, die inzwischen als Justitiarin bei der Evangelischen Kirche arbeitete, bei den etwas später einsetzenden Demonstrationen durch Wurzen mitmarschierte. Jeden Montagabend teilten sie mir am Telefon den aktuellen Stand mit. Zuerst waren es in Leipzig einige hundert Demonstranten, am 9. Oktober 70 Tausend. Als mir Streckser von den Panzern am Stadtrand erzählte, von der Alarmbereitschaft in den Krankenhäusern und den Scharfschützen auf dem

Glockenturm neben dem Opernhaus, und als ich dann die verwackelten Fernsehbilder von den am Hauptbahnhof vorbeiströmenden Massen sah, mischten sich in mir Stolz und Euphorie mit dem Bedauern, das alles von meinem ramponierten Biedermeiersessel aus beobachten zu müssen. Vor fünf Jahren hatte ich noch geschrieben, dass eine Revolution zu diesem Zeitpunkt wie das verspätete Zurückbringen leerer Flaschen wäre. Jetzt hätte ich sonst was dafür gegeben, dabei sein zu können. Dabei zu sein, wie an jedem Montag nicht nur Jahre, sondern ganze Jahrzehnte nachgeholt wurden, wie sich die Losungen wandelten von »Wir wollen raus« zu »Wir bleiben hier« und »Deutschland einig Vaterland.«

Und was tat ich, wenn ich nicht fernsah oder telefonierte? Eines Abends baute ich mir einen Joint, um in die rechte poetische Stimmung für einen Text zu kommen, um den mich Peter und Scheib für ihre Ausstellung am Pariser Goethe-Institut baten. Zu einer normalen Zeile war ich in meiner Aufregung kaum in den Sudelbüchern fähig, geschweige denn in einem mir so rätselhaften Genre wie dem des Katalogtextes. Ich konnte nur in Rätseln antworten, die mir der Rausch eingab und ziemlich genau meinem allgemeinen Geisteszustand wiedergaben. Wieso ich dabei auf Belgien, das ich nicht kannte, als Gegenstand meiner lyrischen Huldigung kam, war mir selbst ein Geheimnis. Wegen Peters *Belgischer Riesen*? Oder weil Belgien, wie Deutschland, in zwei Teile gespalten war, wenn auch nicht so tief? Jedenfalls fand ich bei einem späteren Besuch viele der vorausgeträumten Merkmale des Landes in der Realität wieder, und Brügge und die anderen flämischen Städte wurden zu einem meiner bevorzugten Reiseziele, besonders wenn sie im Nebel versanken.

SCHIT 12

MEIN BELGIEN
Für Peter Herrmann und Hans Scheib

1

Brücken in Brügge ein Sichfesthalten aus Stein über
kaltem Gewässer

Kein Waterloo Meeresgewohnte Verirrungen in Kanalnetzen
gefangen und trocken gehangen

Die Spitzen der Brüste in Brüssel wie überall
die empfindlichsten Stellen in denen das Leben endet

Die Schlüssel von Breda übergab eine Dame die zurecht
darauf bestand im Voraus bezahlt zu werden gesetzlich
gesichert

Entsetzlich verunsichert zahlte ich in Gummiform

Paradoxes Sicheinschießen wenn die Kugel gleich nach dem
Lauf enden soll wie das Leben
(diesmal als uns zugewiesene zeitliche Instanz gemeint
und nicht als Fülle die zu fühlen imstande)

das immer weiter läuft
wie Delvaux' Bahnhofslandschaften in Form von abgefah-
renen Zügen zeigen

In Wallonien wie Flandern gab es keine Züge
Ich war bereit auf vier Füßen zu laufen
Im Maul einen Hundeknochen
den Schwanz nach hinten erhoben und behaart

Aber auch in Belgien sind die Wunder der Frauen vorn
also war ein Aufrichten nötig und ein Sichansehen

Ich sah in deinem Gesicht
(das ich nie sah aber bald mit meinem sehen werde)

viel gealterte Städte
viel gehassten Stein
halbmast geflaggte Schornsteine
ein Herz zitternder Erde
und einen Himmel der nur um eine winzige Sekunde
gegen Abend hin verschoben ist

2

Der Morgen ging über dem angereicherten Uran von Mol auf
Bleiwesten teilt der Bundesgrenzschutz aus

Europa ist eine juristische Angelegenheit Wer hätte gedacht
dass in Namur die toten Soldaten so eng liegen wie am Amur?

Ich holte meinen Existenznachweis heraus
(wie auf Reisen üblich)
und schuf mir Menschen nach meinem Bilde
im zitternden Spiegel trüben Wassers gesehen

Die Onanie lässt Haare zwischen den Fingern wachsen
aber reinigt die Seele vom Pfauengeschrei der gesiegten Lust

Insofern weiß ich mich mit Belgien verwandt
Die Masturbation umgehen indem ich ihr ein weibliches
Wesen gebe

Die daraus geborenen Kobolde Ensors und Boschs
flattern noch immer unerlöst durch Genter Grachten

Liebe vernannt haben sie ein ungeahntes Potential von Entfaltung
Das ist wie auf Patronenlagern schlafen
das ist im Innern des Fesselballons die Erde verlassen
um gleich darauf sie wieder zu fressen
das ist verlerntes Brennen von Feuern obwohl das Holz nass ist
Zuerst Qualm – dann reines Leuchten

Wobei mir die Schreibmaschine mit tränendem Lachen
unter der Hand zusammenbricht

3

Kein gefährlicheres Land als Belgien!
Nichts leichter als zu flandern
Aber was wenn die Wallonen unsere Salmonellen schleifen?

Eine Entweihung geweihräucherter Befühle
ein entschieden widerwärtiges Revanchefoul!
Belgien ist schließlich Belgien und nicht Holland
und der nächste Ausbürgerungsantrag ist schon gestellt

Vereinigte Königreiche aller Niederlanden
beschleunigt endlich die Dingfestmachung verlorener Dinge
im Sinne ihrer Wiedereinsetzung als Zacken in der Krone!

Heimaten sind noch einige zu verlieren
Kontinente gibts fünf an der Zahl und jeder völlig unbekannt

Zwei ist eine Zahl die sich unendlich vervielfachen
und genau so häufig brechen lässt
womit wir zur Bruchrechnung übergehen in der wir endlich
unsere Nachhilfestunden zu nehmen haben

4

Nach der Ost-West-Teilung ist die Nord-Süd-Teilung die langweiligste

Gevierteilt waren wir alle schon
und dass das Kreuz aus Holz ist beweist kein Splitter in der Hand

Der Kreuz-Berg züchtet andere Kalvarien als belgische Weisheit

Wir finden uns im gleichen Netz der eigenen Befangenheiten
und vereinzelt vereinter Versuche
zu leben zu atmen zu reden zu bluten und zu schreien
deren Verschiedenheiten uns begeistern sollte

Schlicht und gerade
als lebensgeile und wonnesüchtige Zerstörer verschwundener Begonien
Grüße aus Kalamazonien in der dicken Haschischluft

Gebenebeldeit in Schneeigkeit Alkeluja und Damen!

5

Schreiben wir Deutsch auf Französisch ohne zu wissen
wie eine richtige germanische Sekretärin von innen aussieht?

Ich habe Einblicke getan wie ihr wisst
und auch ihr seid in eure Mitleidenschaften gezogen worden

Das berechtigt noch nicht
scherzhaft zu meinen das Leben sei ein laufendes
Maschinchen mit ständig sich erneuernden Ersatzteilen

Eure Schwärze bleibe schwer satt groß und tief farbig
Euer Blut still rot und bewegt
Eure Taten bleiben furchtbar fruchtbar reich und hochgelobt
auch wenn sie niemand geschenkt haben will

Ich schätze die Härte und Gnadenlosigkeit der Geschenke
ich liebe das abgründige unendliche und großzügige Belgien!
die berggekrönte Einheit ohne Mauern
mit Abstand und ohne Eidespflicht

Die Katastrophen der Bewusstheit erlebt jeder verschieden
Nur gemeinsam mit dem Zusammenbrechen jeden Gefühls
zugunsten der Lust zu zeugen und dabei Unanständigkeiten
zu begehen
ergeben sie Bilder von Menschen

Ich grüße euch Brüder der Wahrheit die tiefer ist als jede Lüge
weil sie sie kennt ohne sie wissen zu wollen

Lesung im Kreuzberger Keller »La Culinaria«. Außer Peter und einigen Gästen, die dort ansonsten italienische Gerichte auf rituelle Weise verzehrten, war Raja anwesend. Doch nicht von ihr gingen die befürchteten Störungen aus, sondern von einem noch betrunkeneren Gast, der mir gegenüber an der langen Tafel saß. Genau an den passenden Stellen stöhnte er, grunzte beifällig oder abschätzig, murmelte irgendwelche Bemerkungen. Nach der Lesung stellte er die entscheidende Frage. Warum ich, der ich doch ein offenkundig freier Mensch sei, überhaupt Gedichte schrieb. Er hatte Recht, ich schrieb keine mehr, ich hatte mich längst der Zuchtpeitsche der Prosa unterworfen.

Bevor man nicht an die Grenzen gegangen ist, erfährt man nichts. Ob bei der Tour de France, in der Liebe oder in der

Fron des täglichen Schreibens. Der Wille dazu reicht nicht, man muss dorthin getrieben werden. Wodurch? Durch eine Unersättlichkeit, die mehr Tierisches als Göttliches hat.

Seit zwei Wochen Archivar.
Arbeite täglich von 9 bis 18 Uhr am Heuß-Platz. Versuche vorher eine Stunde zu schreiben.

Die Stellung hatte mir das Arbeitsamt III als einjährige ABM-Maßnahme zugewiesen, weil ich mich standhaft weigerte, mein Referendariat ein zweites Mal zu absolvieren und damit von einem Ost- zu einem Westlehrer zu werden. Es hätte schlimmer kommen können. Das Archiv gehörte zur Deutschen Filmothek und wurde von Oskar von Törne geleitet, einem vornehmen älteren Herrn, der einst ebenfalls aus der DDR gekommen war, wo er als Slawist in der Akademie der Wissenschaften gearbeitet hatte. Mehrerer alter und neuer Sprachen mächtig verbrachte er jetzt seine Zeit damit, die richtige Sortierung von Filmplakaten, Szenenfotos und Programmheften zu überwachen. Ich war einer seiner drei Mitarbeiter, die das aus Nachlässen von Künstlern und ihren Witwen ständig nachströmende Material nach Filmtiteln zu ordnen, in A4-Kuverts zu verstauen und diese zu beschriften hatte. Eine erträgliche Arbeit, vor allem weil es auch für Herrn von Törne bei allem preußischen Pflichtbewusstsein Wichtigeres gab in dieser Zeit. Jeden Morgen debattierten wir darüber, was unsere Landsleute im Osten am Vortag wieder angestellt hatten, und wenn ich anstatt auf die Kuverts in mein daneben liegendes Notizbuch schrieb, sah mein Chef gnädig darüber hinweg.

Als Cousin des Schriftstellers Volker von Törne verstand er, dass mein Mitteilungsdrang noch andere Ventile brauchte als unsere Gespräche. Kurz nach meinem Arbeitsantritt hatte sich eine literarische Zeitschrift (Name vergessen) bei mir mit der Bitte um einen Aufsatz über die aktuellen Ereignisse an Pleiße, Elbe und Spree gemeldet. Sie stach damit ein Fass an, das übervoll war. Sofort spannte ich eine jungfräulich weiße Seite in die Maschine und überschrieb sie mit »Blitzschlag, Angst und Vaterlandsliebe«. Der Blitzschlag war klar, die Vaterlandsliebe ebenfalls, mit und ohne ironischen Unterton – was aber hatte es mit der Angst auf sich? Ich brauchte ein halbes Dutzend Seiten, um sie zu formulieren. Wovor hatte ich Angst? Vor dem entfesselten Volkszorn der Massen, der nicht nur die Dämme der Macht in Mittel- und Osteuropa, sondern gleich noch die westliche Zivilisation hinwegspülen könnte? Nur bedingt. Dazu kannte ich meine Pappenheimer und ihre Lust darauf, die Segnungen dieser Zivilisation zu genießen, zu gut. Mir machte etwas Angst, was mir zum ersten Mal bei der Großdemonstration vor Augen geführt wurde, mit der die Hauptstadt auf die Proteste in der Provinz antwortete. Neben einigen erfreulichen Ausnahmen hatten sich auf der Tribüne vor allem jene Kräfte versammelt, vor denen ich geflohen war: Schabowski, das Politbüromitglied, Spionagechef Markus Wolf im Schafspelz des Literaten und Liebhabers russischer Kochkunst, die zwischen Opposition und Anpassung schwankende Autorenschaft mit der larmoyanten Christa Wolf an der Spitze, mit Stefan Heym, der noch immer vom demokratischen Sozialismus träumte, und dem sicher anständigen, mir aber stets schattenhaft gebliebenen Christoph Hein, der plötzlich stalinistisches Vokabular auspackte und Leipzig zur »Heldenstadt« erklärte. Vor dieser Art Helden graute mir! Wie viele auf dieser Tribüne (deren Existenz mir allein schon Unbehagen bereitete, weil sie die Menge erneut in Oben und Unten teilte) und in den ersten Reihen zu ihren Füßen hatten eigentlich mit der Staatssicherheit zusammengearbeitet? »Ich habe Angst«, schrieb ich, »dass auf die Einheitspartei der Einheitsstaat folgt, dass die beiden Hände auf dem Emblem sich nur fester umklammern und mich zerquetschen …« Aber all das kann man in *Die Wut im Koffer* nachlesen, in die mein Aufsatz als erste der »Kalamazonischen Reden« eingegangen ist.

Warum »Kalamazonische Reden«? Der Redegestus hatte sich bereits mit den ersten Worten eingestellt, und da ich im Gegensatz zu den Rednern auf Tribünen und in Fernsehstudios keine Zuhörer hatte, wählte ich mir als solche die Sperlinge vom Kreuzberg, um meinem Herzen Luft zu machen. Und in dem war weit mehr drin als Angst und Unbehagen! Nachdem ich die herausgelassen hatte, kamen alle nur denkbaren Empfindungen, Gedanken und Assoziationen hinterher, die sich mit meinem Leben in der DDR verbanden. Eine gewisse Hürde stellte nur das ominöse Wort DDR dar, das sich ständig in den Vordergrund drängte, obwohl es für mich die Inkarnation alles Unliterarischen bedeutete. Von ihm erlöst wurde ich, als ich bei Überarbeitung des Belgientextes auf den Begriff »kalamazonisch« stieß. Das war es! »Kalamazonien«, sinnreich zusammengefügt aus »Kalamität« und »Zone«, ließ mir alle Freiheiten, mich aus der nötigen Distanz meiner alten Heimat zu nähern. Folgerichtig wurde aus der BRD »Panamazonien« und aus dem vereinten Deutschland »Amazonien«, dessen konkretere Attribute noch in den Sternen standen. Nun brauchte ich nur noch meinen Redefluss in die Kanäle von Themen zu leiten, die mir besonders auf den Nägeln brannten, als da waren die Mauer, das Geld, der Schmachtenhagener Wald oder die kalamazonische Literaturgeschichte – und schon hatte ich erstmals das erhebende Gefühl, an einem großen, geschlossenem Buch zu arbeiten und nicht nur an einzelnen Texten. War das eigentlich der erträumte Roman, an dem ich da schrieb, oder eine Sammlung von Essays und Erzählungen? Mir war das herzlich egal. Es waren »Kalamazonische Reden«, die in mir eine Schleuse geöffnet hatten, aus der nun und bis zum Ende meiner Tage die bisher nur tröpfelnden Worte strömen konnten, sei es sich zu Romanen fügend, zu Reise- und Tagebüchern, zu Aufsätzen oder, falls es die Musen noch einmal wollen, wieder zu Gedichten und Dramen.

Ich bin ein Revolutionsgewinnler.

Manche Arten überlebten, weil sie sich nicht vorschnell an eine aktuelle Situation angepasst hatten. Dieses Außer-der-Norm-sein rettete sie, wenn die »Normalität« aus den Fugen geriet und beispielsweise eine Eiszeit nahte. – Ich war dem Leben in der DDR, überhaupt in der geteilten Welt, völlig unangepasst. Ihr Zusammenbruch ist meine Eiszeit, besser mein Tauwetter, und plötzlich kann ich schwimmen wie ein Fisch im Wasser.

Genau in den Momenten, in denen man sie nicht gebrauchen kann, kommen die Frauen, breiten Arme und Beine aus und zünden dies verzückte Leuchten in ihren Augen an. Aber wenn man sich nach ihnen verzehrt, wenn man sie anhimmelt, wenn der Bauch stöhnt und der Schwanz nicht mehr zum Liegen kommt – dann ist keine da. Man stinkt nach Not für sie, nach Gier und Elend. Sie wollen den, der sie nicht beachtet. Und wenn man sich tatsächlich frei von ihnen gemacht hat, wenn einem etwas anderes eingefallen ist und sie dir den Buckel runterrutschen können, weil du gerade einen Schatz im Dunklen ausgräbst, dann schwärmen sie herbei. Das mögen sie, dieses Licht des Reichtums lockt sie an.

Marina lockten nicht materielle Reichtümer, als sie durch das erleuchtete Schaufenster des »Slumberland« sah, sondern die des Lebens. Da Cailloux ihr zuwinkte, als er sie erkannte, stellte sie das Fahrrad ab, kam herein und setzte sich zu uns auf einen der Barhocker im Wüstensand. Rothmann war dabei, ein letztes Mal. Ein letztes Mal trank er zu schnell, ließ sich vom Hocker in den Sand fallen, um dann beschämt zu verschwinden, diesmal für immer, um das, was er vergebens in Runden wie dieser loszuwerden versuchte, fortan nur noch seinen furiosen Romanen anzuvertrauen. Cailloux folgte ihm in die Dunkelheit, ohne aus ihr wieder aufzutauchen, und ich blieb allein mit Marina zurück. Es kam keine Peinlichkeit auf. Sie war Rheinländerin und hatte ein so offenes Gemüt, wie ich es bei einer Frau aus dem Westen noch nicht kennengelernt hatte. Mir gefiel ihre leicht heisere Stimme und dass sie ihren Dialekt nicht verleugnete, mir gefielen die braunen Augen und der leichte Bartflaum über dem beweglichen Mund, die zarten Glieder und ihr kräftiger Unterbau und ihre plötzlich sprachlose Verwunderung, als ich der Versuchung des schwarzen Samtes auf ihren Armen nicht widerstehen konnte und erst ihn, dann ihre nackten Hände streichelte. Sie kannte diese Art Zärtlichkeit nicht und auch nicht, dass man gleich in der ersten Nacht volltrunken im Bett landen und was man dabei für Freuden erleben konnte. Wie hatten sie die Männer bisher darben lassen, dass sie fast erschrocken war über das Maß an Hingabe und Begehren, das Sonder in mir unausgeschöpft zurückgelassen hatte und ich jetzt allzu gern ihr zukommen ließ.

Ihr Bett stand in der Wiener Straße und war, wie die gesamte Wohnung, unter Kindersachen und Spielzeug begraben. Sie gehörten ihren beiden Jungen, deren Reise zur Großmutter Marina zu einem ersten Ausgang genutzt hatte. Eine Woche lang widmete ich meine Reden nicht mehr den Kreuzberger Sperlingen, sondern Marina, und an ihrem Ende waren wir miteinander so vertraut, dass sie mich und Peter auf unserer verabredeten Dampferfahrt begleitete. Es war die letzte in dieser Saison und wir die einzigen

Passagiere. Die »Pik-As« der Reederei Riedel legte im Nebel von der Haltestelle am Kottbusser Damm ab, um noch einmal seine Runde durch das alte Westberlin zu drehen, bevor sie im Frühling den Osten in ihre Route aufnehmen würde. Der Nebel lichtete sich nicht. Peter bestellte Bockwurst, Bier und Kräuterschnaps, wie er es von seinen Fahrten mit der Weißen Flotte durchs Elbtal gewohnt war, und begann plötzlich zu singen: »Marina, Marina, Marina, du bist ja die Schönste der Welt ...« Anderthalb Stunden sangen wir die »Schlager der Woche«, die wir in unserer Jugend und Marina in der Kindheit im Radio gehört hatten, während wir in dicker Nebelsuppe die Stadt durchschifften, die wir kannten, aber nicht sahen. Wenn der Dampfer an einem Steg hielt, um vergebens auf neue Passagiere zu warten, trat jedes Mal der polnische Hilfsmatrose mit dem Tau in der Hand in den Nebel und sang die Nationalhymne seines Landes. Nein, Polen war noch nicht verloren, es breitete inzwischen als freier Markt seine Schätze auf den Wiesen vor dem Reichstag aus. Die Welt war noch nicht verloren, auch wenn sie der Nebel verschluckt hatte.

So stelle ich mir seit diesem Tag die Ewigkeit vor: im Bug eines Schiffes mit Freunden eine Welt durchgleitend, in der es keinen Raum und keine Zeit mehr gibt, dabei trinken, singen und reden ...

Am Wochenende holte Marina ihre Kinder zurück, und Normalität kehrte ein. Sie war von dem Umstand geprägt, dass Marina ihr Geld als Sprechstundenhilfe bei einem betagten Frauenarzt verdiente, der sich an ihre Gutmütigkeit genau so gewöhnt hatte wie ihre beiden Söhne. Der Vater, der sie als gutverdienender Kneipenwirt mit Spielzeug und anderen Geschenken bombardierte, kümmerte sich ansonsten wenig um sie. Die Jungs waren vollkommen auf ihre Mutter fixiert. Wenn sie mich mal allein mit ihnen im Raum ließ, war kein Wort aus ihnen herauszubekommen, und wenn ich im Beisein ihrer Mutter den Mund öffnete, fuhren sie mir über denselben. Doch ihre Existenz hatte auch ihre guten Seiten. Sie schufen ein Polster zwischen Marina und mir, eine Atmosphäre der Alltäglichkeit, in der wir uns nicht so schnell aneinander abarbeiteten. Ich verbrachte die Wochenenden in der Wiener Straße und kochte hin und wieder in meiner Wohnung für uns; und als ich mich mit Herrn von Törnes Einverständnis für drei Wochen krankschreiben ließ, konnte ich mich mehr denn je meinen kalamazonischen Reden widmen.

»Bist du Angestellter bei der Firma Ich? Wirst du etwa entlassen, wenn du einen Tag blau machst?«

Als Kind musste Marina mit ihren Geschwistern einmal in der Woche einem Maler Modell sitzen, der dazu extra aus Köln nach Düren kam. Die Sitzungen zogen sich über zwei Jahre ergebnislos hin, weil der Maler ein penibler Fotorealist und obendrein ein schrecklicher Säufer war. Das Projekt wurde schließlich abgeblasen, als er einmal im Suff auf seinem rechten Arm eingeschlafen war und er ihn danach ein Jahr lang nicht bewegen konnte.

Heute Mittag lachend aus dem Schlaf geschreckt, als ich von einem Pferd träumte, das zu Fasching als Kamel gehen wollte und sich dazu einen Höcker umschnallte.

Einer der Irrtümer von Marx und seinen Nachfolgern war, von einer undifferenzierten Gleichheit in sogenannten urkommunistischen Gesellschaften auszugehen. Im Gegenteil gibt es dort Ordnungen wie sie nicht strenger sein können. Der Unterschied zur bürgerlichen Gesellschaft besteht nicht im Fehlen von Hierarchien, sondern in dem Umstand, dass sie nicht so eindimensional von der Höhe des Bankkontos abhängig sind. Indem sie auf Alter, Geschlecht, die

Anforderungen religiöser Praxis, der Arbeitsteilung und exogamer Fortpflanzung eingehen, helfen sie das Leben in einem ganz praktischen Sinn zu ordnen. Es sind Holarchien in komplizierterem als dem Koestlerschen Sinn; d. h. sie integrieren und identifizieren nach oben und unten, sind durchlässig an den Rändern usw. Europas Ahnungslosigkeit vom edlen Wilden hat in die tatsächliche Primitivität geführt.

Trolle erzählte am Telefon, dass die Russen 1945 in Bleicherode ein großes Bankett veranstalteten. Alle Angestellten der V2-Werke in den Salzstollen waren samt ihren Familien geladen. Sie fanden ein Büfett vor, wie es seit Kriegsbeginn niemand mehr zu Gesicht bekommen hatte. Gegen Mitternacht wurden sie entlassen. Gegen Zwei kamen die Russen in den Ort und luden alle Teilnehmer des Festes auf Lastwagen. Der Transport ging nach Sibirien.

Reinhart Heinrich, dessen Roman natürlich unbeachtet blieb, berichtet Ähnliches. Weil sein Vater Mathematiker war, wurden er und seine Familie einschließlich der sie zufällig besuchenden Oma und Tante nach Kuibyschew an der Wolga gebracht. Die gesamte Wohnungseinrichtung kam mit, auch die vollen Papierkörbe. Der Vater arbeitete in den Tupolew-Flugzeugwerken, der sechsköpfigen Familie standen zwei Betten zur Verfügung. In seinem Roman erinnert sich Heinrich vor allem an das Dröhnen der Triebwerke, die ununterbrochen probeliefen. Später kamen sie nach Dresden zurück, weil der Vater bei der Entwicklung der 152 gebraucht wurde – wie mein Bruder. Ich sehe noch dessen Gesicht vor mir, als er vom Absturz des Testflugzeugs berichtete. Heinrichs Familie musste daraufhin nach Ägypten weiterziehen, wo eine neue Flugzeugindustrie aufgebaut wurde.

Rita: der zweite Name, den ich nicht mehr aussprechen kann? Jedenfalls lief mir alles Blut zum Herzen, als ich ihn auf dem Bug eines Schiffes las, das vor der Kanalschleuse im Alten Land lag.

In der Gegenwart gibt es keine ethischen Übereinkünfte mehr, die die zum Überleben der Menschen notwendigen dirigistischen Formen rechtfertigen können. Die einzig unangefochtene Kategorie der Freiheit ist zu der des Geldverdienens verkommen. Zwischen Geschlossenheit des Kommunismus und bürgerlicher Offenheit scheint es keine Kompromisse zu geben. Unmöglich, innerhalb der Geschlossenheit Freiheiten zu akzeptieren, genau so unmöglich, innerhalb der Freiheit beschränken zu wollen.

In der U6 sprang mir entgegen, abgeschossen vom Balkon einer drallen Blondine in den gerade noch besten Jahren, ein runder runder Knopf ... »Oh, ich werde zu dick ...« kicherte sie, als sie ihn aus meiner Hand zurückgenommen hatte und auf den Bahnsteig stolperte.

Durch die Nacht tönte das Kommando: »Stellung 16a«, dann erläuternd: »Partisanenstellung«. Obwohl ich sie nicht sah, war mir klar, dass Marina das Kommando gegeben hatte, und ich wusste genau, welche Stellung sie meinte.

Ich gehöre zu den Glücklichen, zu den Frauen schon danke gesagt haben.

Glück – bedeutet das, dass eine Grenze erreicht ist?

»Danke, Blutwurst, du hast gut geschmeckt.«

Ich leiste mir den Luxus, Dinge zu konsumieren, die man nicht kaufen kann, und damit nichts zum Warenumlauf beizutragen. Ich lese Bücher zum zweiten Mal, ich denke nach, gehe spazieren, ich vergeude Zeit. Ich genieße geistig und emotional, ohne dafür zu bezahlen – und darauf steht lebenslange Einzelhaft.

Ein Millionär aus der Schweiz: »Wir kaufen alles auf, Polen, Rumänien, den ganzen Osten. Und dann gehen wir zusammen zugrunde, denn vornehm geht die Welt zugrunde.«

In der »Bar Centrale« wurden Peter neulich fünfzig Mark geklaut. Am Nachbartisch saßen zwei hübsche italienische Mädchen. Peter spürte es, wie die linke Hand der einen in seine Jackentasche kroch und den Geldschein herausfingerte. Ohne großes Aufsehen hätte er ihre Hand festhalten und das Geld zurücknehmen können, aber er war starr vor Erstaunen, er musste das Gefühl erleben, wie die Hand in seine Tasche kam und wieder daraus verschwand.

BEI DEN ZIGEUNERN

Gesoffen hatte ich soviel, um nicht nüchtern zu sein und nicht betrunken. Mein Nachhauseweg verlief schmal und leer zwischen Hecken entlang. Ich bog in eine Lücke ein und steuerte auf ein Haus zu, von dem ich annahm, dass es meins war. Ein rotes Backsteingebäude, das sich von den schilfgedeckten Häusern der Umgebung nur durch sein Pappdach unterschied. Mein Schlüssel passte, ja, bevor ich ihn umdrehte, öffnete sich die Tür von allein. Mit halb geschlossenen Augen tappte ich ins erste Zimmer und warf mich, ohne über dessen verkramten Zustand nachzudenken, auf das breite Bett. Ich wollte nichts als schlafen.

Am nächsten Morgen stellte ich fest, dass meine Schuhe fehlten. Weder hatte ich sie an den Füßen, noch standen sie neben dem Bett, noch lagen sie darin in dem Haufen durcheinander gewühlter Kindersachen. Auf leisen Socken lief ich in den Korridor, wo ich mich umzingelt von angelehnten Türen fand, durch die ich Stimmen hörte. Da unmöglich während meiner Abwesenheit fremde Menschen bei mir eingezogen sein konnten, nahm ich an, dass ich infolge von Übermüdung ins falsche Haus geraten war.

Allmählich ließen sich die ersten Bewohner sehen, Frauen unterschiedlichen Alters mit ungekämmten Haaren, Kinder ohne Schlüpfer, ab und zu ein stoppelbärtiger Mann – alle ohne mich zu beachten. Zweifellos gehörten sie zu einer deutschen Zigeunersippe, die hier ihr Quartier hatte und der es nichts ausmachte, wenn ein Fremder bei ihnen hauste. Inzwischen ging es auf Mittag zu, und ich wollte in mein eigenes Haus zurück. Da entdeckte ich, das neben den Schuhen auch meine neue Jacke und der Pullover fehlten. Ich sprach eine in der Ecke sitzende Großmutter an. Als ich ihr mein Anliegen erklärt hatte, legte sie den Finger auf den Mund und bedeutete mir zu warten, bis die anderen aufgewacht wären.

Nach und nach füllten sich die Räume. Doch ich wusste nicht, an welche der zahlreichen Personen ich mich wenden sollte. Da die Männer niemanden außer sich beachteten, fragte ich eine junge Frau mit Goldschmuck nach meinen Sachen. Kopfschüttelnd sah sie mich mit geistesabwesenden Blick an, legte ihre Hand, an der ein Armreifen klirrte, beruhigend auf meine Schulter, und als sie sie wieder wegzog, merkte ich, dass nun auch meine Socken fehlten. Barfuß stand ich auf dem Holzfußboden und versuchte mich zu konzentrieren: Zuerst musste die neue Jacke wieder her, dann der Pullover … Das Durcheinander in dem Haus machte mich vollkommen wirr! Jetzt kamen auch noch Kinder aus allen Winkeln und fingen mich an zu befummeln. Während ich die Garderobenhaken nach meiner Jacke absuchte, zupfte mich ein kleiner Junge an der Hose, und schon stand ich ohne Hemd da. Und als ich nach dem

Hemd suchte, gingen unter den Neckereien der Mädchen meine Jeans aus dem Intershop verloren!

Das grenzte an Zauberei! Ein Kleidungsstück nach dem anderen verschwand spurlos in den Haufen umherliegender Klamotten, wurde Wäsche unter Wäsche, die scheinbar allen gehörte und die alle trugen, farblos, als ob sie nichts wäre. Sie gingen darin wie nackt. Und wahrscheinlich wollten sie ähnliches von mir. Dass ich mich aller Verkleidung entledige, damit ich mich durch nichts mehr von ihnen unterscheide. Während ich verzweifelt nach meiner Unterhose suchte, hatte man mir bereits den letzten Faden, das Unterhemd, vom Leib genommen. Jetzt war ich nackt, jetzt konnte ich nicht mehr zurück in mein Haus, jetzt gehörte ich zur Sippe und war wie alle Menschen, obwohl ich mich so fremd unter ihnen fühlte wie nie zuvor.

Eine Reaktion auf die Masseninvasion meiner Landsleute aus dem Osten, nachdem in einem Akt, der einem Hintertreppenwitz glich, plötzlich die Mauer gefallen war? Ich saß allein vor dem Fernseher, als Schabowski, ratlos in Papieren blätternd, auf die Frage eines Journalisten, wann die neue Reiseregelung in Kraft träte, antwortete: »Nun, ich gehe davon aus ... Unverzüglich.« Verwirrt wie Schabowski schaltete ich auf ein Billardturnier um. Dann rief mich Marina an und fragte, ob ich mir einen Vers auf die letzten Nachrichten machen könne. Nein, konnte ich nicht. Jedenfalls wollte ich bald zu Bett gehen, weil ich früh am Morgen den Zug nach Paris kriegen musste, um Scheib und Peter Herrmann bei der Eröffnung ihrer Ausstellung im Goethe-Institut Gesellschaft zu leisten. Und tatsächlich verbrachte ich die einzige wirklich historische Nacht meines Lebens im Bett; geschlafen habe ich allerdings kaum, weil ständig das Telefon klingelte und eine Stimme aus der Vergangenheit verkündete »Wir sind jetzt h i e r, an der Bornholmer Straße, am Ku'damm, in Kreuzberg ...« Ich war unfähig, deshalb das Bett zu verlassen. Statt mich in den Verbrüderungstaumel auf den Straßen zu stürzen, sah ich der Geschichte bei der Arbeit lieber im Fernsehen zu. Es war erschütternd genug. Ich kannte sie ja, die sich dort in die Arme fielen, mit Sektgläsern und Bierflaschen anstießen, die aus den Fenstern der Trabants winkten oder mit den Fäusten auf deren Pappdächer klopften. Ich gönnte ihnen die Euphorie und wollte dabei nicht stören, nur weil ich wusste, wie hart der Weg in die Freiheit war, und ahnte, wie problematisch eine Einheit, in der man sich nicht mehr scheiden lassen konnte.

Am nächsten Morgen saßen mir in der S-Bahn drei übernächtigte Männer gegenüber. Mit weit aufgerissenen, entgeisterten Augen sprangen sie immer wieder auf, blickten auf den Streckenplan, debattierten darüber, wo sie am besten aussteigen. »Wo wollt ihr hin?« »Reichstag.« »Da steigt ihr am besten am Lehrter Bahnhof aus und lauft durch den Tiergarten ... Wo kommt ihr überhaupt her?« »Aus Oranienburg.« Ich konnte verstehen, warum sie ihre Heimkehr so lange wie möglich hinauszögerten.

Paris wurde unter diesen Umständen zu einer Fußnote. Wir schliefen wie Zigeuner zu fünft in irgendeiner Souterrain-Wohnung, und wenn wir am Tage die Stadt durchstreiften, sah ich nichts oder alles verkehrt. Montparnasse, Montmartre, Sacre Coer – sie hatten keine Chance gegen die Fernsehbilder aus Deutschland, und unsere Gespräche drehten sich ausschließlich um das, was uns in Berlin erwarten würde.

Als wir zurückkehrten, war aus Berlin eine andere Stadt geworden; oder machte sich vielmehr auf, zum ersten Mal seit ich sie kannte, eine Stadt zu werden. Bisher waren es zwei mehr oder weniger widernatürliche Aggregatzustände städtischen Zusammenlebens gewesen, die ich nacheinander mehr ertragen als genossen hatte. Jetzt brachen diese

Ordnungen zusammen: der Westen wurde von den Bewohnern Lichtenbergs, Pankows, Marzahns und Weißensees heimgesucht, während sich die Charlottenburger und Tempelhofer scheu in den Ostbezirken umsahen. Ich wusste, was mich dort erwartet und widmete mich dem, was ich noch nicht, was keiner außer den Kaninchen und Grenzsoldaten kannte, dem Mauerstreifen, dem Niemandsland zwischen den beiden Welten. Allein oder zusammen mit Marina fuhr ich auf dem Rad pausenlos den Patrouillenweg ab, passierte die täglich größer werdenden Löcher in der Mauer, hörte dem Konzert der Mauerspechte zu, die sich mit Hammer und Meißel über den bemalten Beton hermachten, betrachtete gebannt die an Kranseilen durch die Luft schwebenden Mauerstücken und Wachthäuschen. Und abends erzählte ich den Sperlingen davon in meiner Rede über die »Mauern«, an die ich schnell als Warnung die »Über das Geld« anschloss, denn ich wollte die Zeit nutzen, die mir die von Herrn von Törne gebilligte Krankschreibung verschafft hatte.

Ich fürchte, meine Angst zu verlieren. Habe ich sie überhaupt noch? Ist sie nicht schon verjährt und überflüssig geworden, zur etwas dumpfen Freude schöner Götterfunken? Zur deutschen Genugtuung?

Was jetzt Symbol heißt, war einmal ernst gemeinte magische Handlung. Kunst kommt aus der Not, was nicht heißt, dass sie es ist. Sie geht aus ihr hervor, sobald die Not weicht und die Magie spielerisch wird.

Der türkische Junge zur Lehrerin: »Ich habe doch gar nicht gesagt, dass ich seine Mutter ficke. Ich habe gesagt, er fickt seine Mutter. Ich habe es zurückgenommen.«

Ich muss mich wieder mal entscheiden. Soll ich helfen, die Marktwirtschaft in der DDR einzuführen oder Bestrebungen unterstützen, die Butterpreise niedrig zu halten?

Im Traum fragte ich: »Wie geht es dir jetzt?« Rita antwortete: »Gut. Friedlich.« Dann später der Satz, bei dem mir das Herz im Leib zerspringen will: »Das Leben ist nett.«

Das Vergangene. Gerade wegen seiner Unfassbarkeit ist es unsere einzige Chance. Während große Teile der Welt auf eine Geschichte erst zugehen, wird Europa in seine zurücktauchen. Kein Jungbrunnen, vielmehr ein Bad in Drachenblut, dass dem Körper einen Panzer aus Latein, Metaphysik, Verbrennungsöfen, Selbstschussanlagen und griechischer Antike geben soll. Die Geschichte, nachdem sie den höchstmöglichen Schrecken erreichte, verwandelt sich in Mythen, in Dichtung.

Der Heilige Abend, der alljährliche Schrecken meines unheiligen Lebens – den von 1989 hoffe ich nicht zu vergessen. Die Kinder kamen mittags in meine Wohnung, um mir beim Verzehr eines Karpfens zu helfen. Ein prächtiges Tier, das vom Aufenthalt in der Backröhre goldbraun geworden war und das wir uns zusammen mit Meerrettich, Rotkrautsalat und Salzkartoffeln schmecken ließen. Dann tauschten wir die Geschenke aus. Und dann überließen wir die Wohnung, obwohl ich alle Öfen geheizt hatte, sich selbst und liefen langsam zum Brandenburger Tor.

Zwei Tage zuvor war es bei strömenden Regen geöffnet wurden; jetzt schien uns die Wintersonne in die Gesichter, glaube ich mich zu entsinnen. Aber warum soll ich mein schlechtes Gedächtnis bemühen, wenn ich diesen Nachmittag schon einmal beschrieben habe?

»Der Platz am Brandenburger Tor ist locker gefüllt wie vor einer ruhigen, heiteren Demonstration. Anders, als ich erwartet habe, steht die Vormauer noch, die in den Novembertagen zuerst erklettert wurde. Heute sitzen die Mauerstürmer im Reitersitz auf ihr; auf dem Betonwall dahinter laufen die Leute umher wie auf einer eroberten und schon halb geschliffenen Festung. Ich bin überrascht, wie wenig triumphierend trotzdem die Stimmung ist. Etwas später wird mir klar, weshalb sogar die sonst unvermeidlichen Straßenmusikanten und Zauberkünstler fehlen: Die Stille ist die Reaktion auf die Ereignisse in Rumänien. Entlang der Mauer hat man Kränze und Blumensträuße niedergelegt, brennen Kerzen für die Toten von Temeswar.

Wir stellen uns in der Schlange an, die sich langsam auf den geöffneten Durchbruch in der Mauer zubewegt. Da man glaubt, sich nur stückchenweise preisgeben zu können, hat man links und rechts je einen schmalen Durchgang geöffnet und kontrolliert noch die Papiere. Auf der einen Seite warten die Ostberliner mit den zurückkehrenden Westberlinern, auf der anderen Seite wir, die in den Osten wollen. So entsteht ein Kreislauf wie auf einem Rummelplatz oder wie in einer großen Wallfahrtskirche unter freiem Himmel. Wir sind die Pilger, die am Ende ihrer Reise Schritt für Schritt den Chor des Brandenburger Tors umrunden. Das Tor ist übrigens kleiner, als man von weitem, durch die Sichtblende der Mauer abgeschirmt, vermuten konnte. Welche Truppen sollen hier hindurch paradiert sein? Jetzt wirkt es ausgesprochen friedlich, ein Ort für Sonntagsnachmittagsspaziergänge, so als sei das immer seine Bestimmung gewesen und hätte er die endlich erreicht. Wenn man zwischen den Säulen umhergeht, die nun frei von jedem Stein sind und nichts als klare Luft, kann man auf der einen Seite die Siegessäule und auf der anderen bis zum Roten Rathaus sehen. Es ist, als stehe man inmitten des breiten, von den Säulen geteilten Luftstroms, der Berlin immer von West nach Ost durchflutet hat und nun von der Mauer nicht länger aufgehalten werden kann.«

Wir schlenderten weiter über die kahle Fläche, über die vorher das Militär mit Hunden patrouillierte. Es war ein Heiligabend, an dem ein Osterspaziergang stattfand. Die Bewohner zweier Städte, die aneinander grenzten, begegneten sich vor den geöffneten Stadttoren, flanierten über die Wälle, und die Luft war vom Klang der Hämmer und Meißel erfüllt, die die Stadtmauern zerpickten. Für mich war tatsächlich Ostern und nicht Weihnachten. Christus war bereits am Kreuz gestorben und wiederauferstanden, und die ganze Szene spielte im Himmel.

Wir liefen am Reichstag vorbei bis zur Spree. Dort wehte uns kalter Wind an, und wir trennten uns. Die Mädchen liefen, sich ab und zu umdrehend und winkend, zurück in den Prenzlauer Berg, und ich machte mich zu Marina auf in die Wiener Straße.

Ich habe gelernt, etwas zu sehen, ohne dabei zu denken. Ist das Fühlen?

Der Irrsinn, und später die Angst vor seiner Rückkehr, hat mich vor dem Altern bewahrt. Dann nahm er die Form von Arbeit an. Jetzt, mit der Erfahrung, dass man standhalten kann, kommt die Melancholie. Die Seele, die man retten wollte, hat sich vor dem eigenen Leib davon gemacht ins Jenseits, welches ein ziemlich trostloser Ort ist. Wieviel hat man, ich meine Seelen?

Ist das Deutsche mit seinen Archaismen in besonderem Maße Schriftsprache? Jedenfalls hat sich in der Prosa ein Kanzleistil gehalten, dessen Ziel Philosophie wie Buchführung gleichermaßen zu sein scheint. Bei Kafka und noch bei Canetti erreicht die Übernahme in das Poetische magische Qualitäten, bei ihren Nachkriegsepigonen wird sie zu gähnender Leere.

Die Alliierten wussten, was sie machten, als sie Preußen zerschlugen. Die deutsche Einheit ging immer von Norden aus. Zuerst von den alten Sachsen, später, als Hannover englisch war, von Deutschlands ärmsten Teil, seiner Sandwüste im NO. Der Süden ruht zu sehr in sich und seiner Fülle, die mehr mit Italien oder Frankreich zu tun hat als mit Norddeutschland. Die Sehnsucht und damit der Wille zur Vereinigung geht von Nord nach Süd.

Als ich auf meinem ersten Gang durch Weißensee Coldens nicht antraf und der jüdische Friedhof geschlossen war, kam ich auf dem Heimweg durch die gleichen Straßen wie vor zehn Jahren, wenn ich nach Prenzlauer Berg oder Mitte marschierte. Es war auch die gleiche Tageszeit: die belebte Stunde kurz vor Ladenschluss. Und ich machte in den gleichen Kneipen wie damals Station, zuletzt im »Treffpunkt«, schon immer das einzig Lebendige an jenem Kreuzungschaos, das sich »Spitze« nennt.

Es hatte sich nichts verändert. Noch immer schmiedeeiserne Trennwände zwischen den Kunststoffstühlen und -tischen, an deren einem ich Schnitzel mit Ei, Röster, Salatblatt und Möhre für 3,50 verzehre. Am Tresen die für diese Uhrzeit typische Kundschaft, die noch nicht zu besoffen ist, um ihren haarsträubenden Unsinn zu erzählen, den ich im Westen entbehren muss, weil ich mich nicht zu den Pennern auf die Parkbänke setze.

»Da war ick neulich doch in Dresden in der Galerie. Habe dort mein Ei jesehn. 50 Tausend Mark. Nanu, denke ick, wat macht denn mein Ei hier an der Wand für 50 Tausend Mark. Das hab ick doch in El Alamein verlorn. Mein linket Ei ...«

»Eieiei Verpoorten …«

»Haben mir die Tommies wegjeschossen mit ihrem 47,5er Jeschütz. So'n Rohr … Vor El Alamein war det, liegt bei Kairo.«

»Wir lagen vor Madagaskar und hatten die Pest an …«

»Das waren die Engländer, die Tommies, aber die Flics, also die Franzosen hab ick im ersten Weltkrieg kennenjelernt. In Paris lagen wir uns jejenüber, die Franzosen an der linken Seite der Seine, wir an der rechten. Schwamm ein Wildschwein über die Seine, icke hinterher. Haben mich laufen jelassen, die Flics, und mir n Weißbrot mitjejeben, so'n dürres. Bin also zurückjeschwommen mit'n Weißbrot und dem Wildschwein auf'm Rücken und schmiss mich in meinen Schützengraben. Lag im vordersten Schützengraben, drei Schützengräben gab es, im hintersten lagen die Offiziere, und dahinter stand die dicke Bertha … Kennste die dicke Bertha?«

»Wer da? Ich heiße Ber-tha!«

»14 Meter lang war der ihr Rohr. Weeßte, wat die für Löcher macht? … Aber die Granaten kamen alle zurück mit Nutten, die hatten die Flics drauf jebunden. Lagen also im ersten Schützengraben mit den Nutten, da kam »Sturmangriff!« Denkste wir sind aufgestanden! Mein Leutnant der lag neben mir und lutschte an ner Titte. Ich daneben hatte sooo ne Titte in der Hand. Denkste ick hab losjelassen … Lauf nich weg, ick muss mal pissen.«

Das sagte er zu der Dame mit Perücke, die likörtrinkend neben ihm saß und seinen Vortrag mit Gesangseinlagen untermalt hatte. Als er von der Toilette kam, war das bestellte Taxi da.

»Wo fahrn wir eigentlich hin?« fragte er die Frau.

»Café Keese«, sagte sie. »Kennste nich? Liegt in Charlottenburg …«

»Merk dir, was du träumst, und erzähl es mir morgen.« – Vorher Liebe im dunklen Arbeitszimmer. Marinas Blick auf den Schneefall im Fenster, meiner festgesaugt in ihrem weißen Nacken.

Als der Schnee längst geschmolzen war und das Ende meiner Zeit als Archivar in Sicht, gestand ich Marina meine Absicht, nach Australien zu reisen. Das heißt, wenn ich schon mal da unten war, wollte ich mir auch den Borobudur-Tempel auf Java ansehen und Bali, wo die Frauen barfuß in golddurchwirkten Gewändern zur Gamelanmusik tanzten, aber das Endziel der Reise war Melbourne – Marina weinte. Warum nur hatte ich ihr von Anna Sonder erzählt! Es half nichts, dass ich versicherte, ich wolle nicht die Fortsetzung unserer Beziehung, sondern den endgültigen Abschied, damit ich mich von ihr befreie. Dass ich beteuerte, es wäre undenkbar für mich, auf einem geschichtslosen Kontinent wie Australien zu bleiben, während sich gleichzeitig Europa und Deutschland so grundsätzlich wandelten und ich das dritte Berlin erleben und mich endlich in ihm zuhause fühlen konnte, zusammen mit ihr. Dass ich versprach, ihr täglich zu schreiben oder sie anzurufen, dass ich aber die Reise jetzt unbedingt brauche, die Bewegung, das Atemholen, nachdem ich *Die Wut im Koffer* beendet und zum Verlag geschickt habe, und dass ich Sonder möglicherweise gar nicht treffen würde, weil ich mich nicht angekündigt habe. Marinas Tränen hörten nicht auf zu fließen. Ich nahm sie in die Arme, und während ich ihren zitternden Rücken streichelte, betete ich, so wie ich es jeden Morgen auf meiner Reise tun würde, dass ich ihr nicht untreu werde und sie verliere.

Der Autor dankt der
»Stiftung Preußische Seehandlung«
für die Unterstützung seiner Arbeit.

Gestaltung
Thomas Walther, BBK, Dresden

Satz
Ö GRAFIK, Dresden

Schrift: Officina Serif
Papier: Munken Premium Cream

Druck und Bindung
CPI, Ulm
Printed in Germany

Aus Gründen des Umweltschutzes
schweißen wir unsere Bücher nicht
mehr ein.

ISBN 978-3-86730-223-4

Dieses und weitere Bücher
finden Sie auch im Internet unter
www.verlagfaberundfaber.de